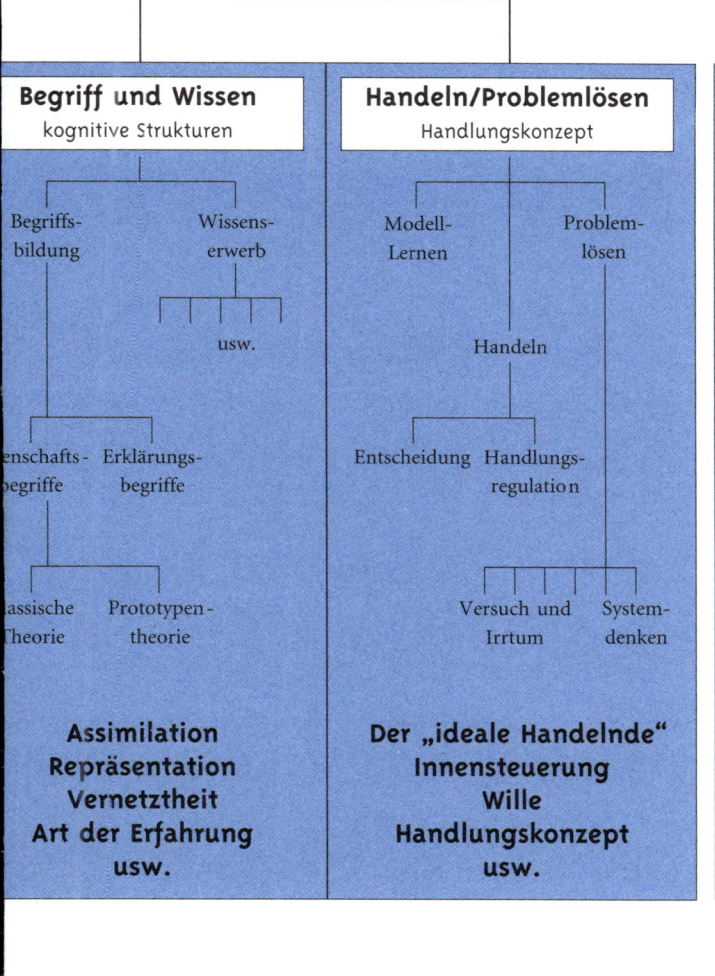

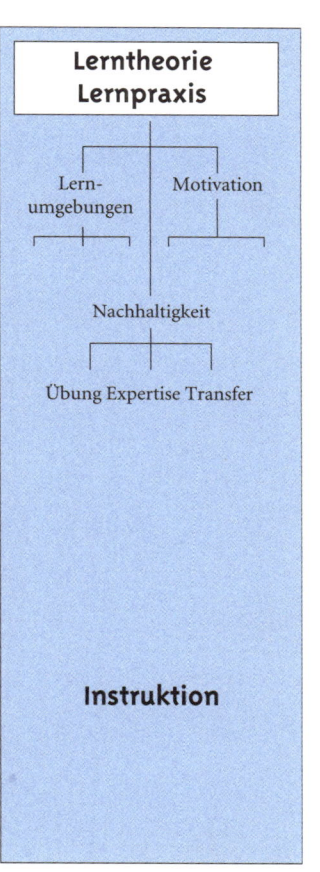

N

| **Begriff und Wissen** | **Handeln/Problemlösen** | **Lerntheorie** |
| kognitive Strukturen | Handlungskonzept | **Lernpraxis** |

Begriffs-bildung — Wissens-erwerb — usw.

Modell-Lernen — Problem-lösen

Lern-umgebungen — Motivation

...enschafts-begriffe — Erklärungs-begriffe

Handeln

Nachhaltigkeit

Entscheidung — Handlungs-regulation

Übung Expertise Transfer

...assische Theorie — Prototypen-theorie

Versuch und Irrtum — System-denken

**Assimilation
Repräsentation
Vernetztheit
Art der Erfahrung
usw.**

**Der „ideale Handelnde"
Innensteuerung
Wille
Handlungskonzept
usw.**

Instruktion

Edelmann • Wittmann
Lernpsychologie

Walter Edelmann • Simone Wittmann

Lernpsychologie

7., vollständig überarbeitete Auflage

Mit Online-Materialien

BELTZ

Anschriften der Autoren:

Prof. em. Dr. Walter Edelmann
Technische Universität Braunschweig
Institut für Pädagogische Psychologie
Fakultät für Geistes- und Sozialwissenschaften
Bienroder Weg 82
38106 Braunschweig

Dr. Simone Wittmann
Pädagogische Hochschule Ludwigsburg
Institut für Pädagogische Psychologie und Soziologie
Reuteallee 46
71634 Ludwigsburg

Das Werk und seine Teile sind urheberrechtlich geschützt. Jede Nutzung in anderen als den gesetzlich zugelassenen Fällen bedarf der vorherigen schriftlichen Einwilligung des Verlages. Hinweis zu § 52 a UrhG: Weder das Werk noch seine Teile dürfen ohne eine solche Einwilligung eingescannt und in ein Netzwerk eingestellt werden. Dies gilt auch für Intranets von Schulen und sonstigen Bildungseinrichtungen.

Haftungshinweis: Trotz sorgfältiger inhaltlicher Kontrolle übernehmen wir keine Haftung für die Inhalte externer Links. Für den Inhalt der verlinkten Seiten sind ausschließlich deren Betreiber verantwortlich.

7., vollständig überarbeitete Auflage 2012

6. Auflage 2000, Beltz Verlag, Weinheim
1. Auflage 1978, Kösel-Verlag, Kempten

© Beltz Verlag, Weinheim, Basel 2012
Programm PVU Psychologie Verlags Union
http://www.beltz.de

Lektorat: Andrea Schrameyer
Herstellung: Uta Euler
Reihengestaltung: Federico Luci, Odenthal
Umschlagbild: Shutterstock Images, New York, USA und Getty Images, München
Umschlaggestaltung: Torge Stoffers, Leipzig
Satz und Bindung: Beltz Bad Langensalza GmbH, Bad Langensalza
Druck: Beltz Druckpartner GmbH & Co KG, Hemsbach

Printed in Germany

ISBN 978-3-621-27703-7

Inhaltsübersicht

Vorwort zur 7. Auflage	13
Die Arbeit mit diesem Buch	15
1 Neurobiologische Grundlagen von Lernen und Gedächtnis	17
2 Das Reiz-Reaktions-Lernen	45
3 Das instrumentelle Lernen	73
4 Begriffsbildung und Wissenserwerb	109
5 Handeln und Problemlösen	163
6 Von der Lerntheorie zur Lernpraxis	205
Lesebrille	243
Glossar	245
Literatur	255
Lösungsschlüssel	265
Hinweise zu den Online-Materialien	267
Sachwortverzeichnis	269

Inhalt

Vorwort zur 7. Auflage	13
Die Arbeit mit diesem Buch	15

1 Neurobiologische Grundlagen von Lernen und Gedächtnis — 17

- **1.1 Überblick über das menschliche Nervensystem** — 17
  - 1.1.1 Aufbau der Nervenzelle — 17
  - 1.1.2 Erregungsübertragung von Zelle zu Zelle — 18
  - 1.1.3 Integrative Funktion des Zentralsystems — 18
- **1.2 Die Großhirnrinde (Kortex)** — 20
  - 1.2.1 Verarbeitung der Sinneseindrücke und Steuerung der Bewegungen — 20
  - 1.2.2 Funktionelle Symmetrie — 21
  - 1.2.3 Funktionelle Asymmetrie — 22
  - 1.2.4 Hirnareale — 22
- **1.3 Unterschiedliche Funktionen der beiden Hemisphären** — 23
  - 1.3.1 Die Split-Brain-Patienten — 23
  - 1.3.2 Die Experimente von Sperry — 23
  - 1.3.3 Die Leistungen der beiden Hemisphären der Großhirnrinde — 25
- **1.4 Komplementäres Verhältnis der beiden Hemisphären** — 29
  - 1.4.1 Der Mensch verfügt nicht über zwei Gehirne — 29
  - 1.4.2 Pädagogisch-psychologische Relevanz — 30
- **1.5 Zusammenspiel von kortikalen und subkortikalen Strukturen** — 30
  - 1.5.1 Das limbische System — 30
  - 1.5.2 Ein komplexes Zusammenwirken — 31
  - 1.5.3 Die Konsolidierung der Gedächtnisspur — 32
  - 1.5.4 Ganzheitliche Sichtweise — 33
- **1.6 Die wesentlichen Gesichtspunkte des Kapitels** — 33
- **1.7 Arbeitsteil** — 35
  - 1.7.1 Forschungsberichte — 35
  - 1.7.2 Übungen — 38
  - 1.7.3 Diskussion — 39
  - 1.7.4 Weiterführende Literatur — 40
- **Test: Neurobiologische Grundlagen von Lernen und Gedächtnis kennen** — 42

2 Das Reiz-Reaktions-Lernen — 45

- **2.1 Die Assoziationen** — 45
  - 2.1.1 Direkte assoziative Verknüpfung von Bewusstseinsinhalten — 45
  - 2.1.2 Klassisches Bedingen oder Konditionieren — 46
  - 2.1.3 Erweiterung des Modells des klassischen Konditionierens — 47
- **2.2 Modell des Reiz-Reaktions-Lernens** — 48

2.2.1	Hinweisfunktion und Auslösefunktion der Reize	48
2.2.2	Ungelernte und gelernte Reiz-Reaktions-Verbindungen	49
2.2.3	Schema des Reiz-Reaktions-Lernens	50
2.2.4	Timing	51
2.3	**Grundbegriffe des Reiz-Reaktions-Lernens**	**51**
2.3.1	Bekräftigung	52
2.3.2	Löschung	52
2.3.3	Generalisierung und Differenzierung	53
2.3.4	Bedingte Reaktionen höherer Ordnung	53
2.3.5	Gegenkonditionierung	54
2.4	**Aufforderungscharakter**	**55**
2.4.1	Motiv und Motivation	55
2.4.2	Positiver oder negativer Aufforderungscharakter	56
2.4.3	Sekundäre Verstärker	57
2.5	**Anwendungsbereiche**	**58**
2.5.1	Werbung	58
2.5.2	Verhaltenstherapie	59
2.5.3	Unterricht und Erziehung	61
2.6	**Die wesentlichen Gesichtspunkte des Kapitels**	**62**
2.7	**Arbeitsteil**	**64**
2.7.1	Forschungsberichte	64
2.7.2	Übungen	67
2.7.3	Diskussion	69
2.7.4	Weiterführende Literatur	69
Test: Die Grundbegriffe des Reiz-Reaktions-Lernens kennen		**71**

3 Das instrumentelle Lernen — 73

3.1	**Die Grundbegriffe des instrumentellen Lernens**	**73**
3.1.1	Schema des instrumentellen Lernens	73
3.1.2	Verschiedene Arten von Konsequenzen	75
3.1.3	Motivation	76
3.1.4	Situation	76
3.1.5	Fremd- und Selbststeuerung des Verhaltens	76
3.2	**Verhaltensaufbau: Die positive Verstärkung**	**77**
3.2.1	Vorgang	77
3.2.2	Verstärkerarten	78
3.2.3	Zeitpunkt der Verstärkung und Verstärkungspläne	78
3.2.4	Verhaltensformung und Verhaltensketten	80
3.2.5	Wirksamkeit positiver Verstärkung	81
3.3	**Verhaltensaufbau: Die negative Verstärkung**	**81**
3.3.1	Vorgang	81
3.3.2	Zwei Formen der negativen Verstärkung	82
3.3.3	Aggression und Ingratiation	82
3.3.4	Angstvermeidung und gelernte Hilflosigkeit	83
3.3.5	Gebotscharakter der negativen Verstärkung	85
3.4	**Verhaltensabbau: Bestrafung und Löschung**	**86**
3.4.1	Vorgang der Bestrafung	86

3.4.2	Wirksamkeit der Bestrafung	87
3.4.3	Löschung	88
3.5	**Komplexe Fälle**	**90**
3.5.1	Positive und negative Verhaltenskontrolle	90
3.5.2	Wechselseitige Lernprozesse	91
3.5.3	Konflikte	91
3.6	**Anwendungsbereiche**	**92**
3.6.1	Verhaltensmodifikation	92
3.6.2	Unterricht und Erziehung	94
3.6.3	Alltag	96
3.7	**Die wesentlichen Gesichtspunkte des Kapitels**	**97**
3.8	**Arbeitsteil**	**98**
3.8.1	Forschungsberichte	98
3.8.2	Übungen	103
3.8.3	Diskussion	104
3.8.4	Weiterführende Literatur	105
Test: Die Grundbegriffe des instrumentellen Lernens kennen		**106**

4 Begriffsbildung und Wissenserwerb — 109

4.1	**Kognitionen und Wissen**	**109**
4.1.1	Was sind Kognitionen?	109
4.1.2	Sachwissen und Handlungswissen	111
4.1.3	Was ist Sachwissen?	111
4.2	**Begriffsbildung**	**111**
4.2.1	Eigenschaftsbegriffe	111
4.2.2	Erklärungsbegriffe	116
4.2.3	Begriff und Definition	117
4.2.4	Begriffshierarchien	118
4.2.5	Die Subjektivität der Begriffsbildung	119
4.2.6	Kulturelle Faktoren	120
4.3	**Assimilation**	**121**
4.3.1	Das Regellernen nach Gagné	121
4.3.2	Zwei Dimensionen des sprachlichen Lernens	123
4.3.3	Sinnvolles rezeptives Lernen nach Ausubel	126
4.3.4	Entdeckendes Lernen nach Bruner	126
4.3.5	Der Begriff der Assimilation	127
4.4	**Repräsentation**	**129**
4.4.1	Die aussagenartige Repräsentation	129
4.4.2	Die analoge Repräsentation	132
4.4.3	Die handlungsmäßige Repräsentation	133
4.4.4	Multiple Repräsentation	134
4.4.5	Kritik der rein aussagenartigen Repräsentation	135
4.5	**Vernetztheit**	**136**
4.5.1	Kognitive Strukturen	136
4.5.2	Vernetztes und lexikalisches Wissen	136
4.5.3	Duale Begriffsnetzwerke	137
4.5.4	Komplexe Netzwerke	139

4.5.5	Mentale Modelle und lineares Wissen	139
4.5.6	Mind Mapping als Arbeitstechnik	140
4.6	**Das Gedächtnis**	**141**
4.6.1	Ein Modell menschlicher Informationsverarbeitung	141
4.6.2	Zwei Gedächtnistheorien	142
4.6.3	Das Bildgedächtnis	143
4.6.4	Mehrspeichermodell des Gedächtnisses	144
4.6.5	Verschiedene Gedächtnisse	146
4.7	**Anwendungsbereiche**	**146**
4.7.1	Alltag	146
4.7.2	Psychotherapie	148
4.7.3	Unterricht und Erziehung	148
4.8	**Die wesentlichen Gesichtspunkte des Kapitels**	**150**
4.9	**Arbeitsteil**	**152**
4.9.1	Forschungsberichte	152
4.9.2	Übungen	155
4.9.3	Diskussion	157
4.9.4	Weiterführende Literatur	159
Test: Die Grundbegriffe der Begriffsbildung und des Wissenserwerbs kennen		**160**

5 Handeln und Problemlösen — 163

5.1	**Das Modelllernen**	**163**
5.1.1	Der Begriff des Modelllernens	163
5.1.2	Verhaltenstheoretische Auffassungen	165
5.1.3	Die sozial-kognitive Theorie von Bandura	165
5.1.4	Die Theorie des Modelllernens als Vorläufer von Handlungstheorien	167
5.2	**Der Handlungsbegriff**	**168**
5.2.1	Mittlere Komplexität	168
5.2.2	Der »ideale Handelnde«	168
5.2.3	Das neue Menschenbild	169
5.2.4	Handeln und Verhalten	170
5.3	**Ziele, Handlungskonzept, Handlungsregulation**	**171**
5.3.1	Verschiedene Schwerpunkte	171
5.3.2	Die neue Willenspsychologie	171
5.3.3	Die Willenshandlung	171
5.3.4	Entscheidung	172
5.3.5	Das Handlungskonzept	173
5.3.6	Die Handlungsregulation	174
5.3.7	Das effiziente Handeln	175
5.3.8	Partialisierte Handlungen	176
5.4	**Das Lernen von Handeln**	**177**
5.4.1	Handlungskompetenz	177
5.4.2	Entwicklung einer eigenständigen Handlungsregulation	178
5.5	**Problemlösen**	**178**
5.5.1	Was ist ein Problem?	179
5.5.2	Tiere als Problemlöser	180
5.5.3	Problemlösen durch Versuch und Irrtum	181

5.5.4	Problemlösen durch Umstrukturieren	181
5.5.5	Problemlösen durch Anwendung von Strategien	184
5.5.6	Problemlösen durch Kreativität	185
5.5.7	Problemlösen durch Systemdenken	188
5.5.8	Problemlöseprozess	190
5.6	**Anwendungsbereiche**	**192**
5.6.1	Alltag	192
5.6.2	Psychotherapie	193
5.6.3	Unterricht und Erziehung	194
5.7	**Die wesentlichen Gesichtspunkte des Kapitels**	**195**
5.8	**Arbeitsteil**	**197**
5.8.1	Forschungsberichte	197
5.8.2	Übungen	200
5.8.3	Diskussion	201
5.8.4	Weiterführende Literatur	202
Test: Die Grundbegriffe des Handelns und Problemlösens kennen		**203**

6 Von der Lerntheorie zur Lernpraxis — 205

6.1	**Lernbegriff**	**205**
6.1.1	Lernen als Erfahrungsbildung	205
6.1.2	Grundformen des Lernens	207
6.1.3	Dualistische Lerntheorie	207
6.1.4	Grundlagenwissenschaft und Anwendungsbezug	208
6.2	**Lernumgebungen**	**209**
6.2.1	Lernen durch Außensteuerung	209
6.2.2	Lernen durch Innensteuerung	212
6.2.3	Lernen durch Integration von Außen- und Innensteuerung	215
6.3	**Nachhaltigkeit**	**220**
6.3.1	Übung	220
6.3.2	Expertise	224
6.3.3	Transfer	227
6.4	**Motivation**	**229**
6.4.1	Der Begriff der Motivation	229
6.4.2	Die intrinsische Motivation	230
6.4.3	Die extrinsische Motivation	232
6.4.4	Die Selbstbestimmungstheorie	233
6.4.5	Lernmotivation – ein zentrales pädagogisches Problem	233
6.5	**Die wesentlichen Gesichtspunkte des Kapitels**	**234**
6.6	**Arbeitsteil**	**235**
6.6.1	Forschungsberichte	235
6.6.2	Übungen	238
6.6.3	Diskussion	238
6.6.4	Weiterführende Literatur	239
Test: Die Grundbegriffe von Lerntheorie und Lernpraxis kennen		**240**

Lesebrille	243
Glossar	245
Literatur	255
Lösungsschlüssel	265
Hinweise zu den Online-Materialien	267
Sachwortverzeichnis	269
Personenverzeichnis	275
Abbildungsverzeichnis	279
Tabellenverzeichnis	285

Vorwort zur 7. Auflage

Dieses Buch ist in erster Linie ein wissenschaftliches Werk. Es verfolgt das Ziel, einen systematischen Überblick über die Lernpsychologie als Teilbereich der Allgemeinen Psychologie zu geben. Die traditionellen Grenzen zwischen Lerntheorie, Gedächtnispsychologie, Kognitionspsychologie und Motivationspsychologie haben sich verwischt. Lernpsychologie kann heute nur als relativ umfassendes Gesamtkonzept von Veränderungsprozessen dargestellt werden. Die in den Vereinigten Staaten vorherrschende (und auch von manchen deutschen Kollegen imitierte) Trennung zwischen einer neo-behavioristischen Lernpsychologie auf der einen Seite und einer kognitiven Psychologie auf der anderen Seite finde ich sachlich nicht gerechtfertigt. Es werden vier grundlegende Lernformen unterschieden: Reiz-Reaktions-Lernen, instrumentelles Lernen, Begriffsbildung und Wissenserwerb sowie Handeln und Problemlösen.

Es ist nach meiner Meinung unverzichtbar, neben der Berücksichtigung einer großen Anzahl experimentell-statistischer psychologischer Studien mit häufig sehr speziellen Erklärungen zusätzlich auch eine geisteswissenschaftlich-hermeneutische Methode anzuwenden, um das Verstehen komplexer Sinnzusammenhänge zu ermöglichen.

Dieses Buch ist von der Aufmachung her auch ein Lehrbuch, und ich bin stolz auf den außergewöhnlichen Erfolg. Lernpsychologie ist auch ein zentraler Bestandteil der Pädagogischen Psychologie. Diese gilt als handlungsorientierte Wissenschaft, von der Hilfen bei der Bewältigung pädagogischer Aufgaben und Probleme erwartet werden. Die Lernpsychologie bietet Lehrern im weitesten Sinn und Erziehern ein überaus differenziertes Bild der verschiedenen Arten von Veränderungsprozessen und schafft so die Voraussetzung für eine flexible Anwendung lerntheoretischer Prinzipien. Gelernt werden auf diese Weise grundlegende Begriffe, die zu einem pädagogisch-psychologischen Denken befähigen.

In die 3. und 4. Auflage konnten die neurobiologischen Grundlagen sowie emotionale und motivationale Aspekte des Lernens aufgenommen werden. Die 5. Auflage brachte in Grundzügen eine neue Wissenspsychologie, die in den folgenden Auflagen systematisch ausgearbeitet wurde. Die 7. Auflage stellt eine gründliche Überarbeitung dar und bietet ein neues Kapitel über die Beziehung zwischen Lerntheorie und Lernpraxis. Ebenfalls neu ist die Erweiterung des Buches um Online-Materialien.

Ab der hier vorliegenden 7. Auflage konnte ich als gleichberechtigte Koautorin Dr. Simone Wittmann gewinnen. Sie ist eine ausgewiesene Kennerin der Lernpsychologie. Ich bin ausgesprochen froh über diese anregende Kollegin.

Wir danken Frau Dr. Wahl und Frau Schrameyer vom Beltz Verlag für die Anregungen und Unterstützungen und Frau Rolle und Frau Kempter für ihre unermüdliche Hilfe.

Braunschweig und Ludwigsburg, im Herbst 2011

Walter Edelmann
Simone Wittmann

Die Arbeit mit diesem Buch

Die Lernleistung lässt sich ganz wesentlich verbessern, wenn man die Gesetzmäßigkeiten des Lernens beachtet. In dieser Einleitung werden einige grundlegende Aspekte, die im weiteren Verlauf des Textes noch ausführlich behandelt werden, konkret und als Vorschläge für das Lernen mit diesem Buch dargestellt.

Innere geistige Repräsentation und äußere Präsentation. Der Lerner bearbeitet den Text sukzessive (die einzelnen Abschnitte nacheinander). Es gilt jedoch, eine simultane (gleichzeitige) innere geistige Repräsentation aufzubauen. Eine große Hilfe hierbei ist die Darstellung dieser Struktur als äußere Präsentation in Form einer Abbildung.

Netzwerk lernpsychologischer Grundbegriffe

Graph als Poster. Der Leser hat nur dann eine Chance, das präsentierte Wissen differenziert aufzufassen und gut zu behalten, wenn er den Inhalt in Form einer hierarchischen oder vernetzten Struktur verarbeitet. Die Vorstellung eines Netzes ist ein hervorragendes Bild dieses vielleicht wichtigsten Prinzips des kognitiven Lernens.

Der Leser soll ausdrücklich angeregt werden, während des Studiums des Buches ein solches Netzwerk selbst zu zeichnen. Dies kann geschehen als Graph (Abbildung auf der *vorderen Innenseite* des Einbandes) oder als Mindmap (Abbildung auf der *hinteren Innenseite* des Einbandes). Beide Formen können entweder als Poster oder als Power-Point-Präsentation ausgeführt werden. Obwohl die Notationen inhaltlich identisch sind, wird dem Lerner aus Gründen der Übersichtlichkeit empfohlen, einen Graphen als Poster auf Papier herzustellen.

Die Gestaltung des Posters. Das Netz zeichnet sich dadurch aus, dass neben relativ abstrakten Begriffen immer wieder prototypische (repräsentative) Bilder oder Fallbeschreibungen vorkommen. Diese sind aus Gründen der Übersichtlichkeit in Kreisen notiert (z. B. »Der kleine Albert«). Wegen der sich in jedem Fall ergebenden subjektiven Verarbeitung der Information wird die zu entwickelnde individuelle Struktur wesentlich differenzierter als das Vorbild sein. Am besten verwendet man für das Poster einen Zeichenkarton im Format von ungefähr 70 × 50 cm (drei aneinander geklebte Blätter in DIN A4-Format).

Wichtig ist auch, das Poster an einem Ort aufzuhängen, an dem Sie häufig vorbeikommen, damit es nicht nur analysierend durchdacht, sondern außerdem bildhaft eingeprägt wird. Vermutlich wird das Behalten durch die Verarbeitung peripherer Reize (z. B. bei einem Wort sieht man Spuren des Radiergummis) noch zusätzlich unterstützt.

Vernetztheit. Vorbildlich haben jene Lerner gearbeitet, die sich am Ende das Wissen so angeeignet haben, dass sie gedanklich Brücken schlagen können zwischen zusammenhängenden Sachverhalten (z. B. Leistungen der rechten Hemisphäre der Großhirnrinde – Prototypentheorie der Begriffsbildung – analoge Repräsentation beim Wissenserwerb – Intuition – Kreativität). Der Versuch, den Wissensstoff sequentiell als fortlaufende Liste der wichtigsten Begriffe auswendig zu lernen, ist ziemlich sicher zum Scheitern verurteilt. Wer dem hier gegebenen Ratschlag folgt, wird erfreut die außerordentlich gute Lern- und Gedächtnisleistung zur Kenntnis nehmen.

Um den Leser auf die Querverbindungen hinzuweisen, finden sich im Text manchmal kleine Pfeile, z. B. → Vernetztheit (Abschnitt 4.5). Aber Vorsicht: Ein Buch hat im Gegensatz zum Computer keine Zurück-Taste. Man darf hierbei nicht den roten Faden verlieren!

Am Ende des Textes ist die *Lesebrille* abgedruckt. Dieser Abschnitt skizziert in kürzester Form abschließend die Grundstruktur des Buches.

Informations- und Arbeitsteil

Die Kapitel gliedern sich in einen Informationsteil mit Lernzielen aus den Verhaltensklassen »Wissen und Verstehen« und einem Arbeitsteil mit Lernzielen aus dem Bereich »Anwenden und Beurteilen« (nach Bloom et al., 1972).

Die Arbeitsteile bestehen aus folgenden Abschnitten:

▶ **Forschungsberichte:** An Ihnen sollen Sie erkennen können, wie das Thema in der Psychologie erforscht wird. Sie finden hier klassische Untersuchungen.
▶ **Übungen:** Hier werden Ihnen Arbeitsaufgaben angeboten, die Sie mithilfe des erworbenen Wissens lösen sollen.

- **Diskussion:** Sie werden mit Situationsschilderungen konfrontiert, die unter Verwendung der einschlägigen Begriffe analysiert und beurteilt werden können.
- **Weiterführende Literatur:** An dieser Stelle finden Sie Literaturempfehlungen.
- **Test:** Er soll Ihnen ermöglichen festzustellen, wo Sie eventuell noch Lücken haben, die aufgearbeitet werden sollten. Am Ende des Buches finden Sie den Lösungsschlüssel.

Übung. Die Arbeitsteile bezwecken eine transferfördernde und anwendungsbezogene Übung. Übung meint hier nicht mechanische Wiederholung, sondern Elaboration (weitere Ausarbeitung und Vertiefung) des Lehrstoffes. Es scheint in Vergessenheit geraten zu sein, dass eine solche Art der Übung integrativer Bestandteil der Mehrzahl der Lernprozesse ist und keineswegs nur eine nachträgliche Hinzufügung. In der Regel wird neues Wissen erst nach mehreren Lerndurchgängen mit dem Vorwissen assimiliert.

Wer sich darüber hinaus informieren möchte, findet im Internet unter www.beltz.de zusätzliche Materialien, außerdem auch Tipps und Links zu Büchern, Videoclips, Internetseiten und vieles mehr.

In welchem Ausmaß der Aufbau einer wohlgeordneten und nachhaltigen Wissensstruktur durch ein solches multimediales Konzept gelingt, hängt wesentlich von der Motivation des Lerners ab. Da sowohl der Leser wie auch der Hörer in der Vorlesung individuelle Lerner sind, sollte man überlegen, ob nicht weitere Sozialformen des Lernens (z. B. Gruppenarbeit, Diskussion) in die Erarbeitung des Lernstoffs einbezogen werden können.

Also …

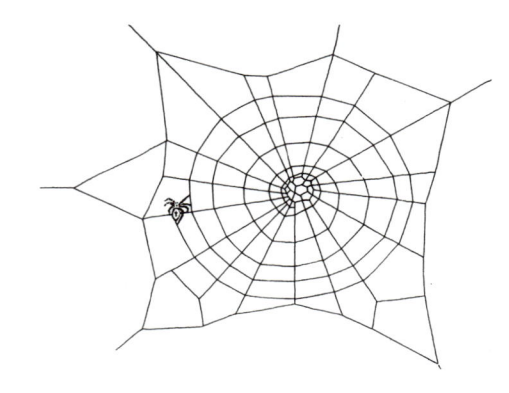

… unbedingt Netzwerk anlegen!

1 Neurobiologische Grundlagen von Lernen und Gedächtnis

Es ist Donnerstagabend, 23 Uhr. Lars steht in der Schlange vor dem Globe. Endlich wieder richtig abtanzen! Drinnen an der Bar wirft er die teure Pille ein. Nach gut einer halben Stunde spürt er ein leichtes Prickeln im ganzen Körper, sein Herz beginnt schneller zu schlagen, die Musik ist jetzt viel intensiver und er hat das Verlangen nach Kontakt. Sekunden später ist Lars mitten in der Menge, auf der Tanzfläche, der Realität entrückt. Er erlebt die Nacht wie im Rausch. Fast sechs Stunden wirkt die Pille, bis Lars erschöpft nach Hause geht und ins Bett fällt. Am nächsten Morgen wacht er mit unglaublichen Kopfschmerzen und riesigem Durst auf. Er fühlt sich hundeelend und hat obendrein noch die erste Vorlesung verschlafen. Die Nacht hätte auch in der Klinik enden oder noch schlimmer ausgehen können.

Hauptbestandteil von Ecstasy ist MDMA (3,4 Methylendioxymethamphetamin). Ecstasy fördert die Ausschüttung des Botenstoffes Serotonin im Zentralnervensystem. Diese Chemikalie erhöht die Erregbarkeit von Zellen in kortikalen und subkortikalen Strukturen des Gehirns. Es kommt zu einer Intensivierung des Erlebens und des Antriebes. Hunger, Durst und Müdigkeit werden ausgeschaltet. Häufig stellen sich allerdings auch Halluzinationen und massive Angstzustände ein. Der Anstieg der Herzfrequenz kann zu Kreislaufzusammenbrüchen führen.

Was Sie in diesem Kapitel erwartet. Die faszinierenden Zusammenhänge zwischen dem Bewusstsein und unserem Körper werden in diesem Kapitel genauer besprochen.

Zunächst werden der Aufbau und die Arbeitsweise des menschlichen Nervensystems dargestellt. Die einzelnen Nervenzellen sind die Bausteine und die Verarbeitung der Informationen erfolgt in verschiedenen Zentren des Zentralnervensystems.

Das Großhirn besteht schwerpunktmäßig aus der Großhirnrinde und dem limbischen System. Diese neuronalen Strukturen dienen hauptsächlich der Steuerung der Organismus-Umwelt-Interaktion. Die Großhirnrinde (Kortex) ist vor allem für kognitive Leistungen zuständig. Sie ist in zwei sehr unterschiedliche Hälften (Hemisphären) geteilt. Unterhalb dieses kortikalen Bereichs sind die Strukturen des limbischen Systems der Ort für Emotion und Motivation. Für Lernen und Gedächtnis sind das Zusammenwirken der linken und der rechten Hemisphäre der Großhirnrinde mit ihren unterschiedlichen Funktionen (horizontale Integration) sowie die gegenseitige Beeinflussung von kortikalen und subkortikalen Strukturen (vertikale Integration) von größter Bedeutung.

Abschließend wird die Relevanz der neurobiologischen Befunde für die Lernpsychologie diskutiert.

Das Kapitel gliedert sich in folgende Abschnitte:
- 1.1 Überblick über das menschliche Nervensystem
- 1.2 Die Großhirnrinde (Kortex)
- 1.3 Unterschiedliche Funktionen der beiden Hemisphären
- 1.4 Komplementäres Verhältnis der beiden Hemisphären
- 1.5 Zusammenspiel von kortikalen und subkortikalen Strukturen
- 1.6 Die wesentlichen Gesichtspunkte des Kapitels
- 1.7 Arbeitsteil

1.1 Überblick über das menschliche Nervensystem

Im folgenden Abschnitt werden zunächst Struktur und Funktion der einzelnen Nervenzelle sowie die Übertragung der elektrischen Impulse von einer Nervenzelle zur anderen behandelt. Es schließt sich ein Überblick über die wichtigsten Zentren unseres Gehirns an.

1.1.1 Aufbau der Nervenzelle

Das menschliche Nervensystem gliedert sich in das *Zentralnervensystem* (Gehirn und Rückenmark) und das *periphere Nervensystem* (z. B. Sinneszellen). Das Zentralnervensystem (ZNS) setzt sich aus etwa 100 Milliarden Nervenzellen (Neuronen) zusammen. Nur etwa 25 Millionen verbinden die Peripherie unseres Körpers mit dem ZNS. Das menschliche Gehirn ist die komplexeste Struktur in unserem Universum.

Die Nervenzelle (Abb. 1.1) besteht aus einem Zellkörper (dem Soma mit dem Zellkern) sowie verschiedenartigen Fortsätzen, den Dendriten und dem relativ langen Axon (Nervenfaser).

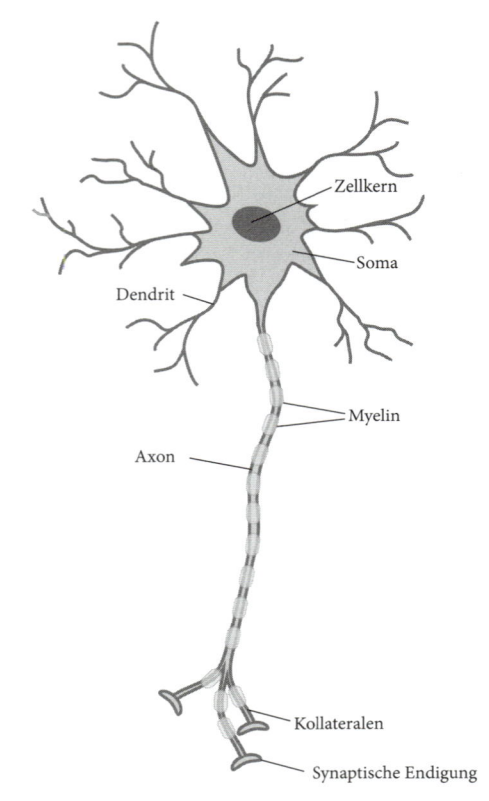

Abbildung 1.1 Nervenzelle

Die einzelnen Nervenzellen sind durch *Synapsen* vielfältig miteinander verknüpft (Abb. 1.2). Dabei sind die synaptischen Endkolben von der Oberfläche des Neurons durch einen äußerst schmalen Spalt getrennt (synaptischer Spalt). Das Nervensystem ist also aus isolierten Nervenzellen (Neuronen) aufgebaut.

1.1.2 Erregungsübertragung von Zelle zu Zelle

Die Nervenzellen sind auf Übermittlung und Verarbeitung von Informationen spezialisiert. Mithilfe der Dendriten werden die ankommenden elektrischen Signale empfangen und längs der Nervenfaser weitergeleitet. Erreicht ein solches elektrisches Potential die Synapse am Ende eines Axons, dann wird im synaptischen Spalt eine Überträgersubstanz (Transmitter) freigesetzt, wodurch es in der benachbarten Zelle ebenfalls zur Erregung eines elektrischen Potentials kommt.

Bestimmte Nervenzellen nehmen solche Informationen über Synapsen von den Rezeptoren der Sinnesorgane auf und leiten sie durch das Axon weiter. Über mehrere Zwischenstationen gelangen sie dann zu einem Zentrum (afferente Bahn). Nach einer zentralnervösen Verarbeitung kann u. U. der Impuls auf dem umgekehrten Weg bis zu den Effektoren (Muskel- oder Drüsenzellen) gelangen (efferente Bahn).

In ähnlicher Weise, wie sich der Nervenimpuls von einer Zelle zur anderen fortpflanzt, arbeiten auch ganze Zellverbände in den Kern- und Rindenstrukturen des Gehirns, wobei für eine effektive zentralnervöse Integration Erregung und Hemmung gleichermaßen wichtig sind. Die überaus kompliziert verknüpften Neuronen-Netzwerke dienen einerseits dazu, schwache Signale zu verstärken und andererseits dazu, überstarke Impulse zu dämpfen (Bahnung und Hemmung). Dies ist u. a. deswegen nötig, weil Nervenimpulse meist in einem ganzen Bündel von Nervenbahnen weitergeleitet werden.

Neurobiologisch sind Lernen und Gedächtnis als *Veränderung von Synapsen* zu begreifen. Durch häufiges Auftreten bestimmter elektro-chemischer Signale werden neuronale Bahnen etabliert. Hierbei scheint es ein optimales Aktivierungsniveau zu geben, wobei beispielsweise Aufmerksamkeit die Aktivität der Synapsen in der Regel fördert.

1.1.3 Integrative Funktion des Zentralsystems

Bei den Leistungen des Nervensystems lassen sich zwei Grundfunktionen unterscheiden:
(1) Steuerung der Organismus-Umwelt-Interaktion
(2) Regulation der biologischen Lebensbedingungen im Körperinneren (»inneres Milieu«)

In diesem Kapitel wird fast ausschließlich der erste Gesichtspunkt behandelt.

Die Nervenzellen sind die *Bausteine* unseres Nervensystems. Die Integration und Verarbeitung der elektri-

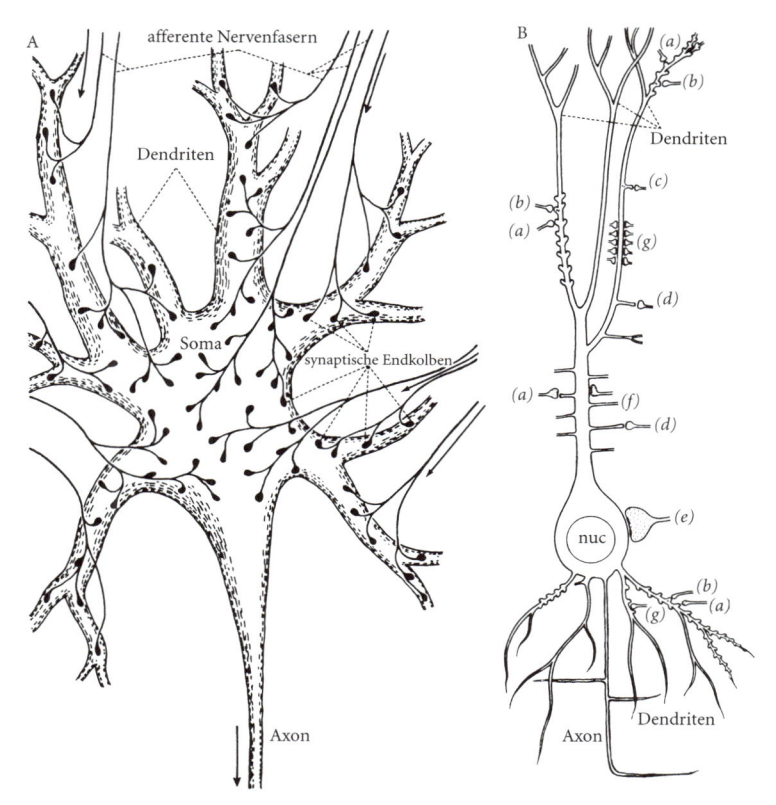

Abbildung 1.2 Besonders die Dendriten sind mit zahlreichen anderen Nervenzellen durch Synapsen verbunden (nach Hamlyn, 1963, S. 193)

schen Impulse erfolgen in *zentralen Strukturen*, die untereinander wieder in vielfältigen Verbindungen stehen (Abb. 1.3).

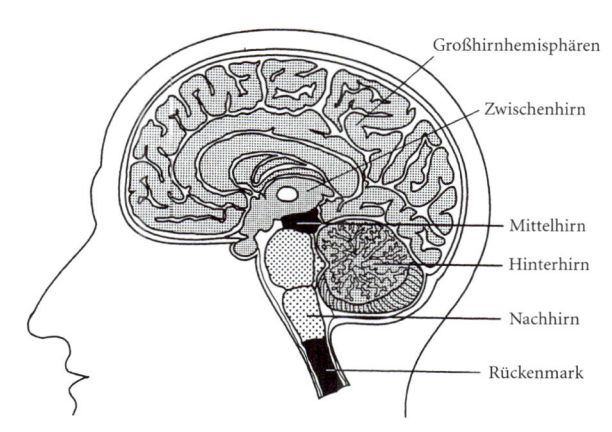

Abbildung 1.3 Einige Bereiche des Zentralnervensystems (nach Legewie & Ehlers, 1972, S. 28)

Im Einzelnen weisen die verschiedenen Hirnzentren schwerpunktmäßig folgende Funktionen auf:

Die *Großhirnrinde* (*Kortex*) ist zuständig für die Verarbeitung komplexer sensorischer Nachrichten, für kognitive Leistungen wie Sprechen und Denken, für Lernen und Gedächtnis sowie für die Entwicklung von Handlungskonzepten.

Tiefere Abschnitte des Großhirns, vor allem das *limbische System*, sind für die Entstehung und Steuerung von Emotionen und für Motivation verantwortlich.

Im *Zwischenhirn* sind vor allem der Thalamus und der Hypothalamus zu nennen. Der Thalamus ist die Schaltstation für alle Bahnen zwischen kortikalen und subkortikalen Strukturen. Der Hypothalamus stellt das oberste Koordinationszentrum für das autonome Nervensystem dar und bildet außerdem in Verbindung mit der Hypophyse (Hirnanhangdrüse) das Steuerungszentrum für das Hormonsystem.

1.1 Überblick über das menschliche Nervensystem | 19

Im *Mittelhirn* befindet sich das Retikulärsystem, das für Aufmerksamkeit und den Wachheitsgrad des Organismus von Bedeutung ist. Außerdem ist das Mittelhirn das Ursprungsgebiet der Hirnnerven für Augen- und Gesichtsbewegungen.

Wichtigster Teil des *Hinterhirns* ist das Kleinhirn, das die Tätigkeit der anderen motorischen Zentren unterstützt und sie miteinander koordiniert.

Im *Nachhirn* liegen wichtige vegetative Reflexzentren, wie z. B. das Atem- und Kreislaufzentrum.

Im *Rückenmark* werden einfache reflektorische Abläufe koordiniert.

Zusammenfassung

- Das menschliche Nervensystem gliedert sich in das Zentralnervensystem (Gehirn und Rückenmark) und das periphere Nervensystem.
- Das Nervensystem weist zwei Grundfunktionen auf: Steuerung der Organismus-Umwelt-Interaktion und Regulation der biologischen Lebensbedingungen im Körperinnern.
- Für die erste Aufgabe sind besonders die Großhirnrinde und das limbische System von Bedeutung.

1.2 Die Großhirnrinde (Kortex)

Das Gehirn ist die wichtigste Komponente des zentralen Nervensystems. Es wiegt ca. 1.375 g bei Männern und 1.245 g bei Frauen. Die Großhirnrinde ist die höchste neuronale Integrationsebene. Sie ist eine stark gefaltete, etwa ein Millimeter dicke Schicht von Nervengewebe und bildet die äußere Hülle der beiden Großhirnhälften oder Großhirnhemisphären.

Grobgliederung

Bei einer makroskopischen Gliederung des Kortex werden der sensorische, motorische und Assoziationskortex unterschieden.

Hierbei stellt der *Assoziationskortex* den größten Teil der Oberfläche der Großhirnrinde dar. Er ist der größte assoziative Speicher für sprachliches und nichtsprachliches Wissen und zahlreiche Fertigkeiten.

1.2.1 Verarbeitung der Sinneseindrücke und Steuerung der Bewegungen

Die Aufgaben vom sensorischen und motorischen Kortex bestehen in der Verarbeitung der Sinneseindrücke und der willkürlichen Steuerung der Bewegungen.

Die Sinnesorgane übermitteln dem Gehirn durch kodierte Impulse Informationen über Ort und Intensität des Reizes. Zur Verarbeitung der Sinneseindrücke befindet sich auf der Großhirnrinde ein Projektionsfeld (*sensorisches Rindenfeld*). Zur willkürlichen Steuerung der Körperbewegungen verfügen wir außerdem über ein *motorisches Rindenfeld* (Abb. 1.4).

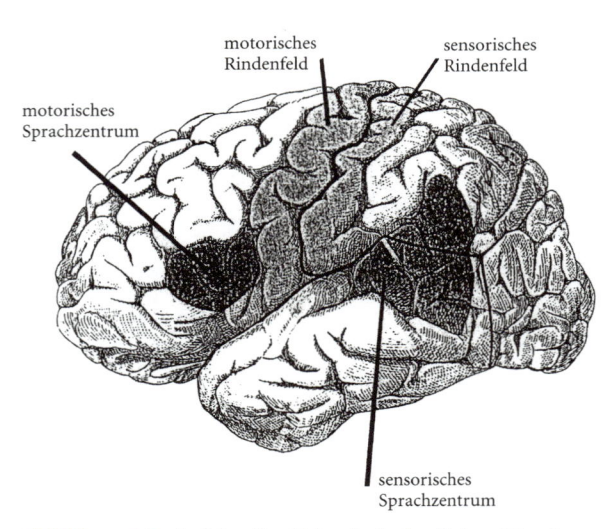

Abbildung 1.4 Auf der Großhirnrinde der linken Hemisphäre erkennt man das motorische Rindenfeld vor dem sensorischen (in Richtung Stirn gesehen)

Sowohl beim sensorischen als auch beim motorischen Rindenfeld lassen sich verschiedene Areale unterscheiden. Jedem Körperteil ist ein bestimmter Bereich dieser Rindenfelder zugeordnet. Die einzelnen Körperteile verfügen über unterschiedlich große Projektionsareale. Dies ist nicht von der Größe des Körperteils, sondern von der Sensibilität der Sinnesorgane bzw. der notwendigen Präzision der Steuerung abhängig. Hierdurch entsteht die Verzerrung in Abbildung 1.5 (sensorischer und motorischer Homunculus).

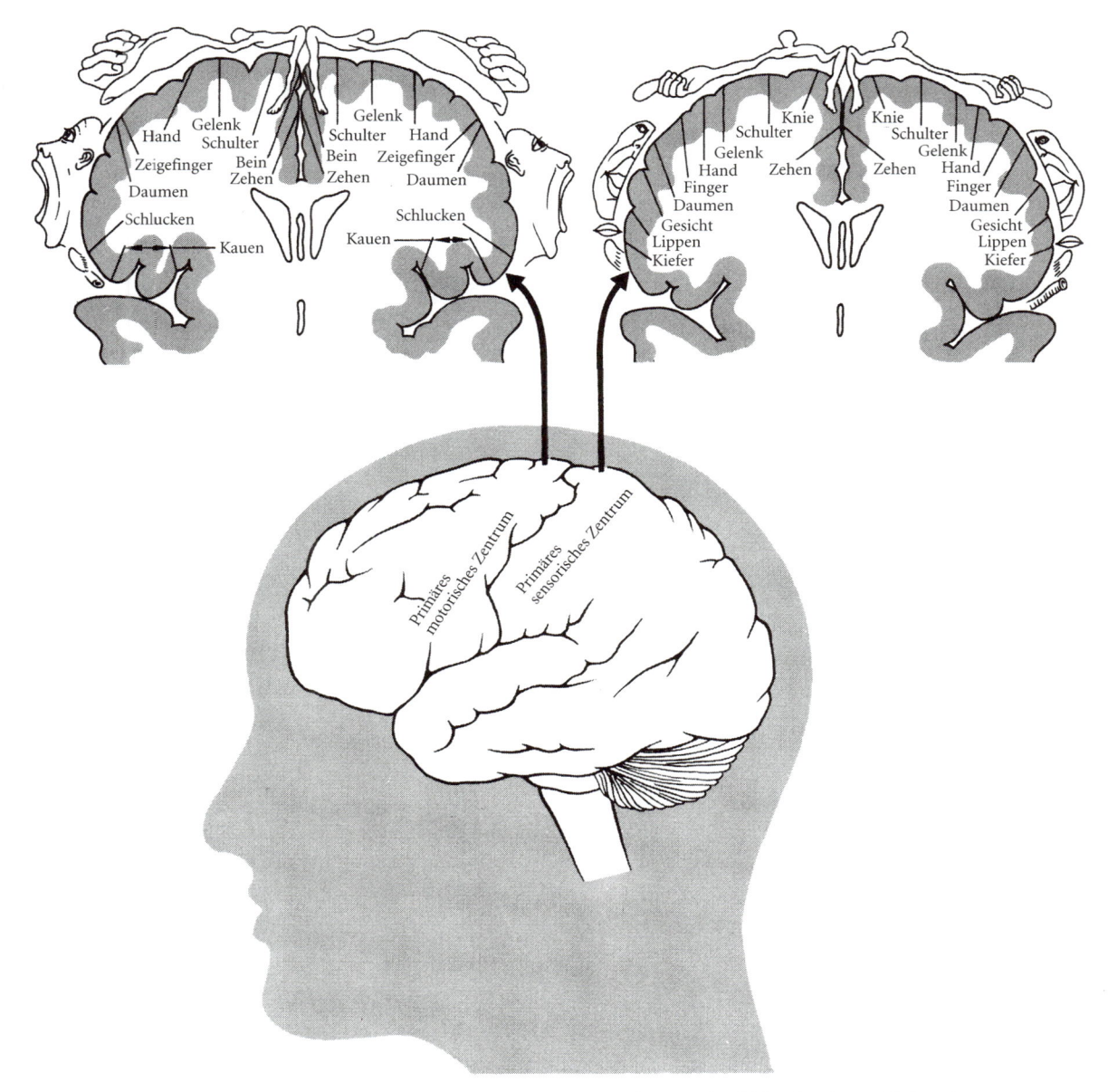

Abbildung 1.5 Veranschaulichung des sensorischen und des motorischen Rindenfeldes durch Projektion des gesamten Körpers auf die Hirnoberfläche. Gesicht und Stirn sind überproportional repräsentiert (aus Zimbardo & Gerrig, 1999, S. 74)

1.2.2 Funktionelle Symmetrie

Die Mehrzahl der sensorischen und motorischen Regionen ist symmetrisch angeordnet, d. h. sie finden sich auf jeder Hirnhälfte (Hemisphäre).

Den sensorischen und motorischen Rindenfeldern jeder Hirnhälfte sind die gegenüberliegenden Körperhälften zugeordnet. Die meisten Nervenfasern *von* den Sinnesorganen und *zu* den Muskeln überkreuzen sich. Wenn uns beispielsweise jemand auf den rechten Fuß tritt, dann wird dies im linken sensorischen Feld verarbeitet, und wenn wir den linken Arm heben wollen, dann wird dies vom rechten motorischen Feld gesteuert.

Weiteres Beispiel: Die (teilweise) Kreuzung der Sehnerven im Chiasma opticum (in Abb. 1.6 oben in der

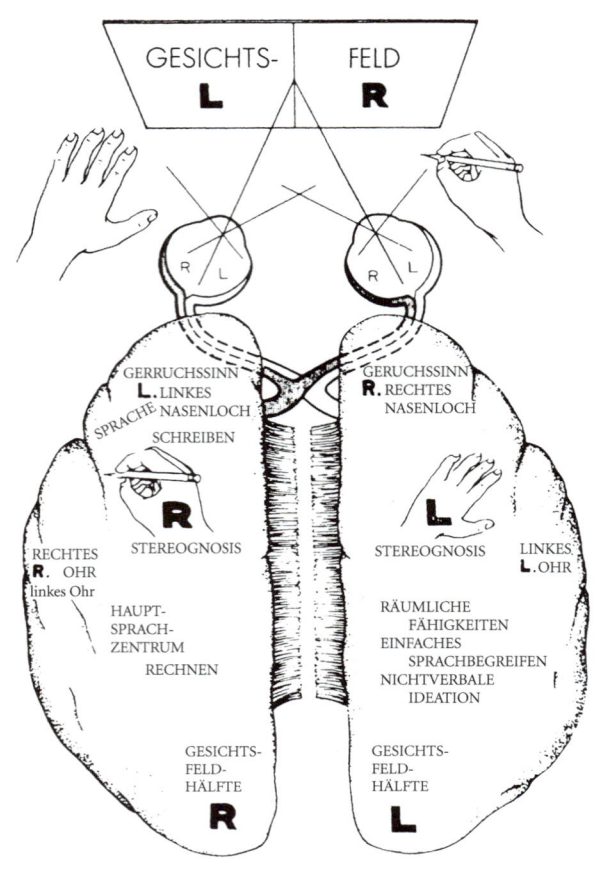

Abbildung 1.6 Den sensorischen und motorischen Rindenfeldern jeder Hirnhälfte sind die gegenüberliegenden Körperhälften zugeordnet (aus Eccles, 1982, S. 214)

Mitte) führt beispielsweise dazu, dass das rechte Gesichtsfeld beider Augen auf die Sehrinde in der linken Hirnhälfte projiziert wird und das linke Gesichtsfeld beider Augen in die rechte Hirnhälfte. Außerdem wird beim Schreiben die rechte Hand in der linken Hirnhälfte programmiert.

1.2.3 Funktionelle Asymmetrie

Einige Funktionen sind dagegen asymmetrisch nur einer Hirnhälfte zugeordnet.

In der linken Großhirnrinde befinden sich beispielsweise die *Sprachzentren*. Es sind das hintere Sprachzentrum (Wernicke'sche Sprachregion) und das vordere Sprachzentrum (Broca'sche Sprachregion). Ist das hintere (sensorische) Areal beeinträchtigt, dann ist das Sprachverständnis extrem gestört, das spontane Sprechen des Patienten ist aber flüssig. Ist das vordere (motorische) Sprachzentrum gestört, dann ist das Sprachverständnis noch intakt, der Patient spricht aber spontan fast nicht.

Die Sprachzentren befinden sich bei etwa 98 Prozent aller Menschen in der linken Hemisphäre. Dies hat nichts mit Rechts- oder Linkshändigkeit zu tun. Auch die meisten Linkshänder haben ihre Sprachzentren in der linken Hemisphäre.

> **Zusammenfassung**
>
> ▶ Die Großhirnrinde ist in zwei Hälften (Hemisphären) geteilt.
> ▶ Die Mehrzahl der Funktionen ist symmetrisch beiden Hemisphären zugeordnet. In diesem Fall sind die sensorischen und motorischen Rindenfelder für die gegenüberliegenden Körperhälften zuständig.
> ▶ Die Sprachzentren sind asymmetrisch und nur auf der linken Hemisphäre zu finden.

1.2.4 Hirnareale

Seit einigen Jahrzehnten befasst sich die Forschung damit, Verbindungen zwischen psychischen Prozessen und neuronalen Strukturen aufzuzeigen.

Durch Elektroden an der Schädeldecke lassen sich durch das Elektroencephalogramm (EEG) elektromagnetische Potentialschwankungen der Hirnrinde ableiten. Dies ist der allgemeine Aktivitätszustand der Hirnrinde. Während bestimmter psychischer Leistungen sind an ganz bestimmten Arealen spezifische Potentiale messbar.

Ein ähnliches Untersuchungsziel haben *bildgebende Verfahren*. Bereits das ruhende Gehirn hat einen hohen Stoffwechsel. Bei Verstärkung der Hirnaktivität erfolgt eine Zunahme der Hirndurchblutung. Durch einen schwach radioaktiven Stoff in der Blutbahn lässt sich durch einen Geigerzähler die Strahlenintensität in bestimmten Regionen messen. Diese Messung repräsentiert eine enge Korrelation zwischen psychischer und neuronaler Aktivität. In dem auf Papier ausgedrucktem Bild werden die aktivierten Areale farbig dargestellt und sind deutlich sichtbar.

> **Beispiel**
>
> Ein Proband (Versuchsteilnehmer) löst ein bestimmtes Problem. Gleichzeitig zeigt sich ein be- ▶

stimmtes Areal aktiviert. Das ist dann das neuronale Substrat dieser Denktätigkeit.

Allerdings sind die Verhältnisse selten so einfach und klar. Bei höheren kognitiven Funktionen spricht die Überlappung der aktivierten Gehirnregion dagegen, eine kognitive Funktion relativ genau einer Hirnregion zuzuordnen. Statt einer exakten neuronalen Entsprechung sollte man vielleicht von einer schwerpunktmäßigen Aktivierung sprechen.

Eine medizinische Anwendung dieses Prinzips ist die Kernspintomographie.

Zusammenfassung

- Es werden der sensorische, motorische und Assoziationskortex unterschieden.
- Der Assoziationskortex ist der Speicher für sprachliches und nichtsprachliches Wissen. Der sensorische Kortex ist zuständig für die Verarbeitung der Sinneseindrücke. Der motorische Kortex koordiniert die willkürliche Steuerung der Bewegung.
- Funktionelle Symmetrie bedeutet, dass die Mehrzahl der sensorischen und motorischen Regionen auf beiden Hemisphären vorhanden ist. Sie sind jeweils den gegenüberliegenden Körperhälften zugeordnet.
- Funktionelle Asymmetrie bedeutet, dass einige Funktionen nur auf einer Hirnhälfte aktiviert sind. Insbesondere die Sprachzentren befinden sich auf der linken Seite der Großhirnrinde.

1.3 Unterschiedliche Funktionen der beiden Hemisphären

Die beiden Hemisphären des Kortex weisen unterschiedliche Funktionen auf. Berühmt wurden die Untersuchungen des späteren Nobelpreisträgers Roger Sperry an sogenannten Split-Brain-Patienten. Durch eine Operation war es bei diesem Personenkreis möglich, die Leistungen der beiden Hirnhälften sehr genau festzustellen.

1.3.1 Die Split-Brain-Patienten

Wichtige Einsichten in die neurobiologischen Grundlagen des Bewusstseins haben Untersuchungen an Patienten mit schwersten epileptischen Anfällen ergeben. Bei etwa 20 dieser Patienten wurde operativ der Balken (Corpus callosum), der die linke mit der rechten Hirnhälfte verbindet, durchtrennt (*Split-Brain-Patienten*). Das Corpus callosum besteht aus etwa 200 Millionen Nervenfasern, sodass beim gesunden Menschen die beiden Hemisphären wirkungsvoll miteinander verbunden sind (Abb. 1.7).

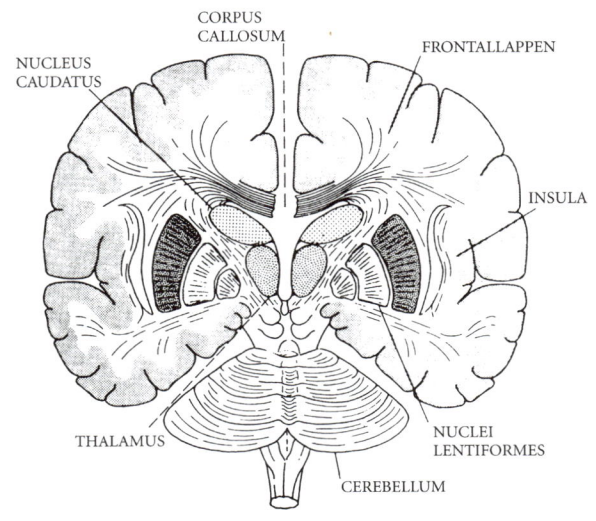

Abbildung 1.7 Trennung der beiden Großhirnhemisphären infolge der Durchtrennung des Corpus callosum im Primatenhirn nach Sperry (Sperry, 1974, S. 6)

Sperry und seine Mitarbeiter stellten fest, dass das Verhalten der Patienten mit dem »gespaltenen Gehirn« nach der Operation im Alltag unauffällig war, es konnten aber erhebliche Unterschiede in der Leistungsfähigkeit der beiden Hirnhälften nachgewiesen werden.

1.3.2 Die Experimente von Sperry

In einer ersten Versuchsreihe fixiert die Versuchsperson ihren Blick auf den zentralen Punkt einer Leinwand (Abb. 1.8).

Auf die linke oder rechte Seite dieser Leinwand kann für eine Zehntelsekunde ein Signal geblitzt werden, z. B. kann auf dem *linken* Gesichtsfeld das Wort »Schraubenmutter« erscheinen (Abb. 1.9).

Abbildung 1.8 In der Versuchsanordnung in den Experimenten von Sperry erkennt man oben die Leinwand und unten einen Schirm, der verdeckt, was die Hand gerade tut (aus Sperry, 1970, S. 125)

ganzen Vorgangs durch einen Schirm der Sicht entzogen ist, unfehlbar die Mutter aus einer Kollektion von Gegenständen ergreifen. Dies gelingt ihm nicht mit der rechten Hand.

Eccles (1979) schreibt hierzu: »Das Interessante ist nun aber, daß die Versuchsperson, wenn sie befragt wird, nichts von dem weiß, was vorgeht. Das Signal auf das linke Gesichtsfeld wurde nicht gesehen, und es ist nicht bewußt, was die linke Hand sucht oder findet. Die Versuchsperson gibt entweder zu, daß sie es nicht weiß, oder sie äußert blindlings eine Vermutung, wie durch Fragezeichen angedeutet wird« (S. 266).

Die Leistungen der rechten Hemisphäre sind erstaunlich: Lesen eines Wortes, Erkennen des bezeichneten Gegenstandes, Ergreifen mit der linken Hand. Dies alles findet statt, ohne dass die Versuchsperson etwas von dem Vorgang weiß.

Bei dieser Versuchsanordnung ist streng darauf zu achten, dass die Versuchspersonen ihre Augen nicht bewegen, damit das Signal nur im linken Gesichtsfeld aufgefasst wird.

Wie weitgehend die Trennung der beiden Hemisphären bei Split-Brain-Patienten ist, zeigt das folgende Experiment (Abb. 1.10).

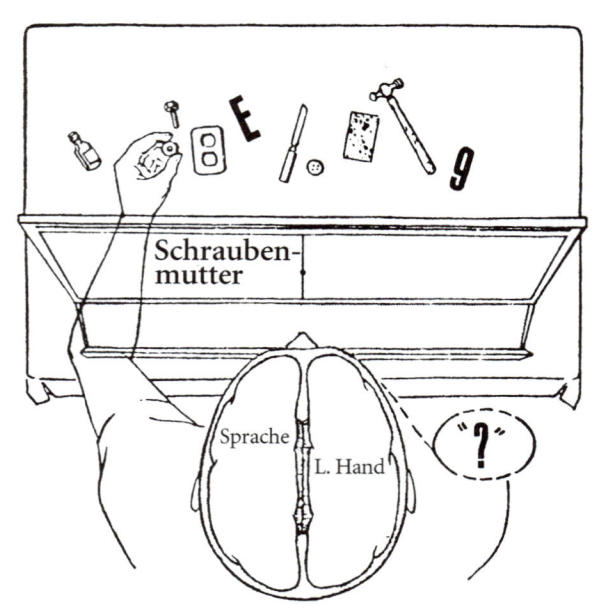

Abbildung 1.9 Leistungen eines Split-Brain-Patienten (modifiziert nach Sperry, 1970)

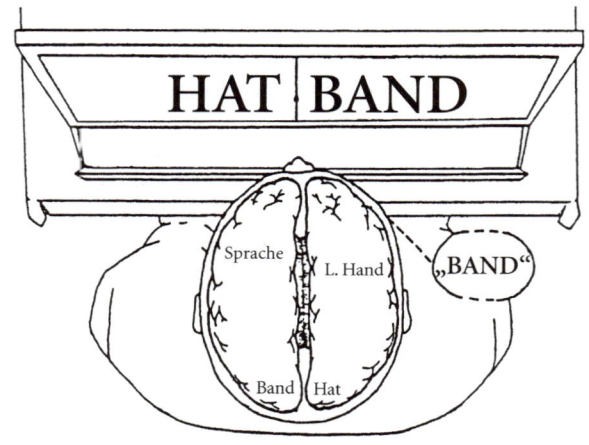

Abbildung 1.10 Ein weiteres Experiment von Sperry (1970, S. 126)

Der Schriftzug »Schraubenmutter« im linken Gesichtsfeld wird in die rechte Hemisphäre projiziert und dort wird die linke Hand programmiert. Der Split-Brain-Patient kann mit seiner linken Hand, die während des

Auf die Leinwand wird das Wort »HAT BAND« (HUTBAND) so geblitzt, dass »HAT« zur rechten Hemisphäre geleitet wird und »BAND« zur linken mit den Sprachzentren. Befragt man die Versuchsperson, welches Wort sie gesehen hat, so antwortet sie »BAND« und hat keine Ahnung, dass die rechte Hemisphäre »HAT« empfangen hat. Fragt man: »What a band?«, dann werden Vermutungen geäußert, wie »Rock'n'Roll Band« u. ä.

Ebenso interessant sind die Untersuchungen mit »*zusammengesetzten Porträts*« (sog. *Chimären*, s. Abb. 1.11).

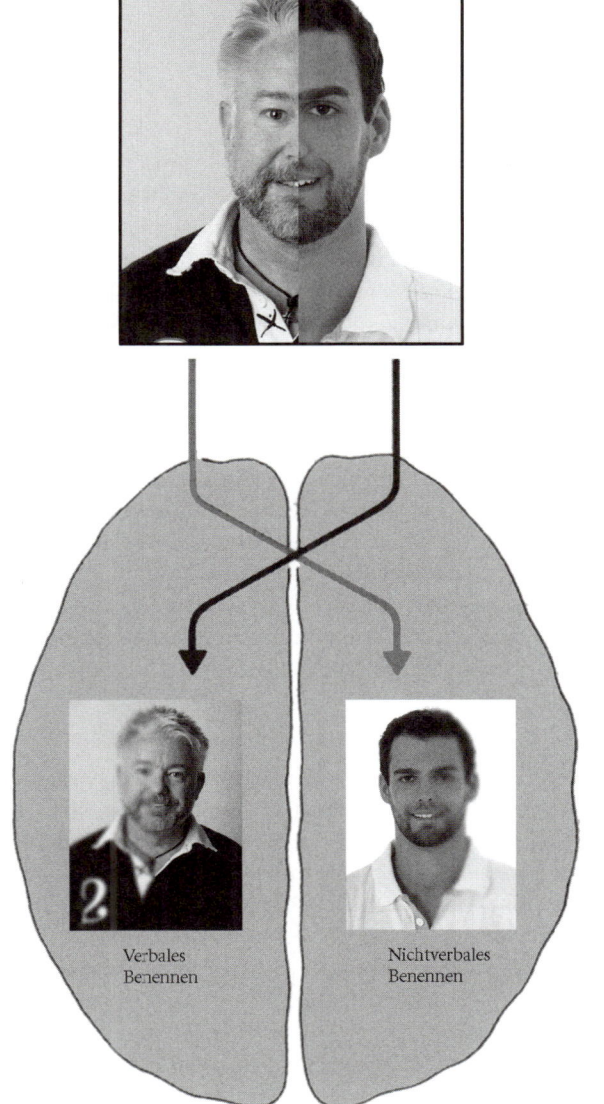

Abbildung 1.11 Erkennen von Gesichtern durch die linke bzw. rechte Hemisphäre. Jede Hemisphäre ergänzt die ihr dargebotene Gesichtshälfte zu einem kompletten Gesicht

Während die Versuchsperson wieder den Mittelpunkt der Leinwand fixiert, werden die Bilder wie in Abbildung 1.11 auf der Leinwand gezeigt. Das (halbe) Bild im linken Gesichtsfeld wird in die rechte Hemisphäre projiziert und das (halbe) Bild im rechten Gesichtsfeld in die linke Hemisphäre. Wegen des durchtrennten Corpus callosum vervollständigt jede Hemisphäre ihre Bildhälfte wieder zu einem vollständigen Bild. Wird eine verbale Benennung verlangt, dann wird das in der linken Hirnhälfte vervollständigte Bild beschrieben; wird verlangt, dass mit der linken Hand aus einer Kollektion von Bildern das passende gezeigt werden soll, dann wird das in der rechten Hemisphäre vervollständigte Bild herausgesucht.

In einer weiteren Untersuchungsreihe wurde den Versuchspersonen eine Kontaktlinse in das linke Auge eingesetzt, die nur die Wahrnehmung des linken Gesichtsfeldes erlaubte. Gleichzeitig bedeckte eine Augenklappe das rechte Auge.

Bei diesem Versuch können Bildgeschichten, die aus vier bis sechs Bildkarten bestehen, mit der linken Hand in die richtige Reihenfolge gebracht werden. Zu beachten ist hierbei, dass die Versuchspersonen berichteten, dass sie keine Ahnung hatten, was im linken Gesichtsfeld präsentiert wurde. Da kein Input vom rechten Gesichtsfeld in die linke Hemisphäre möglich ist, hatten die Versuchspersonen keine bewussten visuellen Erfahrungen, außer einer diffusen Empfindung von Helligkeit und manchmal von Farbe.

1.3.3 Die Leistungen der beiden Hemisphären der Großhirnrinde

Bei den Split-Brain-Patienten ist die Spaltung des Gehirns in zwei Hemisphären fast hundertprozentig. Es gibt keine Übertragung von der rechten Hemisphäre zum bewussten Erleben und sprachlichen Ausdrucksvermögen der Patienten. Die Vorgänge in der rechten Hemisphäre sind der sprechenden Person unbekannt. Nur Ereignisse in der linken Hemisphäre können sprachlich mitgeteilt werden.

Eccles (1979) nimmt jedoch eine gewisse Übertragung auf einem weitgehend emotionalen Niveau an: »Ein Bild, von dem man erwarten kann, daß es bei der Versuchsperson Furcht oder Verlegenheit hervorruft, wird auf das linke Gesichtsfeld projiziert. Die Versuchsperson empfindet eine unklare emotionale Reaktion, deren Ursache sie nicht verstehen kann. Zum Beispiel wurde das Bild einer nackten Frau (…) auf das linke

Tabelle 1.1 Verschiedene spezifische Leistungen der linken und rechten Hemisphäre (verändert nach Eccles, 1979, S. 276)

linke Hemisphäre	rechte Hemisphäre
Verbindung zum Bewusstsein	keine derartige Verbindung
sprachlich	musikalisch
begrifflich	Bild- und Mustererkennung
arithmetisch	geometrisch und räumlich
analytisch und abstrakt	einheitlich und konkret

Gesichtsfeld projiziert und natürlich von der Versuchsperson nicht bewußt gesehen. Dennoch lächelte sie verlegen und kicherte ein wenig, aber sie wußte nicht, warum diese seltsamen Emotionen in ihr aufwallen« (S. 270).

Die Leistungen der Split-Brain-Patienten erlauben Aussagen über die spezifischen Funktionen der beiden Hemisphären (Sperry, 1964, 1968a, 1968b, 1970, 1974, 1977). In Tabelle 1.1 ist diese Seitenspezialisierung (Lateralisierung) dargestellt.

Bewusstsein und Sprache

Es ist festzuhalten, dass in der Literatur *zwei Bewusstseinsbegriffe* häufig unreflektiert nebeneinander verwendet werden:

▶ Bewusstsein, sowohl hinsichtlich des Empfangens von Informationen aus der Welt als auch hinsichtlich des Handelns ist eng mit den in der linken Hirnhälfte gelegenen Sprachzentren verbunden.
▶ Bewusstsein ist die Bezeichnung für »kognitive Präsenz von etwas«. Diese Inhalte können mehr oder minder klar erfasst und sprachlich oder nichtsprachlich (z. B. bildhaft) gegeben sein.

Exkurs

Der Begriff des *Bewusstseins* wird in außerordentlich vielfältiger Bedeutung gebraucht. Pongratz (1967) widmet den verschiedenen Bewusstseinsbegriffen 170 Seiten seines Buches. Neben unterschiedlichen erkenntnistheoretischen Traditionen gibt es eine große Anzahl psychologischer Bewusstseinstheorien. Aus psychologischer Sicht interessieren im Hinblick auf hirnbiologische Fragen besonders die beiden folgenden kontroversen Auffassungen:

(1) Von Bewusstsein sprechen wir nur, wenn klare und unterscheidbare Wahrnehmungen bzw. Vorstellungen vorliegen. Bewusstseinsinhalte sind solche Phänomene, die durch Aufmerksamkeitszuwendung vom Blickfeld in den Blickpunkt gerückt werden (Wundt). Menschliches Bewusstsein ist untrennbar mit Sprache verbunden. Ein wesentliches Kriterium von Bewusstsein ist die Mitteilbarkeit seiner Inhalte durch verbale Äußerungen.
(2) Je nach Deutlichkeit der Bewusstseinsinhalte unterscheidet man von der Ohnmacht über den Tiefschlaf bis zu einem Zustand höchster Klarheit verschiedene Bewusstseinszustände. Menschen verfügen auch über nichtsprachliche Erlebnisse (z. B. Gefühle, innere Bilder, Träume). Bewusstsein ist der Gesamtinhalt unserer Ich-Erfahrung (Leibniz).

Wenn man Bewusstsein als einen psychischen Zustand definiert, der ausgezeichnet ist durch relative Klarheit und Deutlichkeit seiner Erlebnisinhalte, die zudem grundsätzlich sprachlich mitteilbar sind, dann bietet die linke Hälfte der Großhirnrinde die strukturellen Voraussetzungen für Bewusstsein und Sprache. Bei allen Vorgängen, die in der rechten Hemisphäre ablaufen, hat der Patient dagegen keine solchen bewussten Erfahrungen.

In diesem Zusammenhang ist allerdings daran zu erinnern, dass die Befunde von Sperry an Personen mit einer schwerwiegenden Hirnoperation gewonnen wurden. Er geht davon aus, dass nach der Durchtrennung des Corpus callosum beide Hemisphären über ein voneinander getrenntes Bewusstsein verfügen, jedoch
▶ kein Bewusstsein voneinander haben. Beim gesunden

Menschen gibt es demgegenüber eine gegenseitige Übertragung der Inhalte der beiden Hemisphären.

Sprachliche und musikalische Fähigkeiten

Ein Mangel der rechten Hemisphäre zeigt sich im sprachlichen Bereich. Das Erkennen von Wörtern ist auf geläufige Gegenstände und gelegentlich auf wenige Verben beschränkt. Auf Befehle wie »nicke« oder »winke« kann erfolgreich reagiert werden. In den allermeisten Testsituationen war die rechte Hemisphäre dagegen nicht in der Lage, mit gesprochener oder geschriebener Sprache zu antworten. Es besteht also ein großer Unterschied zwischen leidlichem Verstehen von Sprache und sprachlichem Ausdruck.

Während die linke Hemisphäre durch ihre verbalen und gedanklichen Fähigkeiten ausgezeichnet ist, häufen sich die Anhaltspunkte, dass die rechte musikalisch begabt ist. So zeigt es sich, dass das operative Entfernen des rechten Temporallappens die musikalischen Fähigkeiten erheblich beeinträchtigt.

Bild- und Mustererkennung

Obwohl die rechte Hemisphäre im sprachlichen Bereich als leistungsschwach bezeichnet werden muss und besonders wenig zu begrifflicher Abstraktion fähig ist, kann sie jedoch nicht generell als defizitär angesehen werden.

Bei dem Versuch, ein einfaches geometrisches Muster durch farbige Blöcke nachzubilden, versagt die linke Hemisphäre, während die rechte diese Aufgabe rasch und exakt ausführt. Das gleiche gilt für taktile (d. h. über den Tastsinn vermittelte) Mustererkennung. In analoger Weise konnte bei den Patienten eine überlegene Leistungsfähigkeit der linken Hand beim Kopieren von Zeichnungen nachgewiesen werden. Weiterhin ist die rechte Hemisphäre besonders leistungsfähig bei der Erkennung bildlicher Darstellungen, die in normalen Erfahrungssituationen vorkommen. Man könnte diese Fähigkeiten vielleicht zusammenfassend als nonverbales Vorstellungsvermögen bezeichnen.

Arithmetisch oder geometrisch

Die linke Hemisphäre kann die vier Grundrechnungsarten und andere mathematische Operationen ausführen. Die rechte Hemisphäre dagegen verfügt über ein äußerst geringes Rechenvermögen und kann nur einfachste Additionen erledigen.

Für bestimmte Aufgabenarten ist sie jedoch der überlegene Teil des Gehirns. Dies gilt vor allem für die Wahrnehmung und Erzeugung von räumlichen Mustern. Die Unterscheidung oder Umformung von topologischen Formen (geometrische Gebilde im Raum) ist für die linke Hemisphäre außerordentlich schwierig oder sogar unmöglich, während solche Leistungen von der rechten Hemisphäre auf einem sehr hohen Niveau durchgeführt werden. In Abbildung 1.12 kann man überprüfen, in welcher Form man die Begriffe »Pyramide« und »Pyramidenstumpf« geistig präsent hat.

Die **Pyramide** ist ein geometrischer Körper, der von einem ebenen Vieleck (n-Eck) als Grundfläche und von n in der Spitze der P. zusammentreffenden Dreiecken (den Seitenflächen der P.) begrenzt wird. Bei einem Flächeninhalt G der Grundfläche und einer Höhe h beträgt das Volumen: $V = 1/3\, G \cdot h$.

Bei einem Schnitt parallel zur Grundfläche entstehen ein **Pyramidenstumpf** und eine Ergänzungspyramide. Bei einem Flächeninhalt G der Grundfläche, einem Flächeninhalt G_s der Schnittfläche und der Höhe h_s (Abstand zwischen Grundfläche und Schnittfläche) beträgt das Volumen des Pyramidenstumpfes:

$$V = 1/3\, h_s (G + \sqrt{G \cdot G_s} + G_s).$$

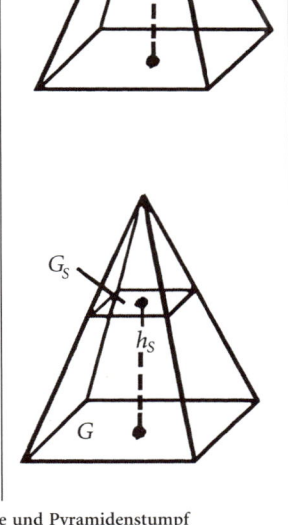

Regelmäßige Pyramide und Pyramidenstumpf

Abbildung 1.12 Arithmetisch oder geometrisch

Analytisch/abstrakt oder einheitlich/konkret

Die linke Hemisphäre arbeitet analytisch und relativ abstrakt und erfasst durch logisches Denken eher Ausschnitte bzw. einzelne Aspekte eines Phänomens.

Die rechte Hemisphäre schafft einen einheitlichen und konkreten Wahrnehmungseindruck und ermöglicht somit eine umfassende Orientierung. Der Begriff der Ganzheit (»holistisch«) sollte allerdings dem Zusammenwirken der beiden Hirnhälften vorbehalten bleiben.

Name	Frucht (Form, Farbe)
Clapps Liebling	mittelgroß bis groß, dickbauchig, nach dem Stiel zu länglich ausgezogen, hellgrün bis goldgelb, fein rot punktiert, sonnenseits zinnoberrot verwaschen
Frühe aus Trévoux	mittelgroß, länglich bis länglichrund, grünlichgelb, später gelb, sonnenseits, rostreifig und getupft
Grüne Jagdbirne	kaum mittelgroß, rundlich, graugrün, braun gepunktet mit rötlichem Schimmer
Gute Luise (Gute Luise von Avranches)	mittelgroß, lang, hellgrün bis hellockerfarben, sonnenwärts rote, bräunliche punktierte Schale
Vereins-Dechantsbirne	mittelgroß bis groß, kelchbauchig, zum Kelch hin gerippt, grün bis gelb, sonnenseits blassrotbraun, punktiert
Williams Christbirne	mittelgroß bis groß, mit deutlichen Erhebungen, kelchwärts schmal gerippt, gelbgrün bis hellgelb, mit zahlreichen zimtfarbenen Punkten

Abbildung 1.13 Analytisch/abstrakt oder einheitlich/konkret

Um sich dieses zu veranschaulichen, stelle man sich in Abbildung 1.13 vor, die Früchte ständen in einer Schale vor uns, wir würden ihre Farbe sehen, ihren Duft riechen usw. Als Kontrast hierzu lese man in der linken Hälfte die dazu passende Beschreibung.

Emotionen

Von manchen Autoren wird darauf hingewiesen, dass die rechte Hemisphäre (in Verbindung mit dem Temporalhirn und dem limbischen System) außerdem in der Lage ist, Emotionen wahrzunehmen und zu äußern. Dies ist im Rahmen der nonverbalen Kommunikation von großer Bedeutung.

Gerschwind (1987) schreibt: »Ein Patient mit einer linksseitigen Hirnverletzung kann die Bedeutung einer gesprochenen Äußerung möglicherweise nicht verstehen, aber er begreift in vielen Fällen die emotionale Botschaft der Aussage. Ein Patient mit einer Störung in der rechten Hirnhälfte erfasst dagegen in der Regel den Sinn des Gesagten, erkennt aber oft nicht, ob die Worte in einem ärgerlichen oder heiteren Ton gesprochen wurden« (S. 133).

> **Experiment**
>
> Aufgrund sehr sorgfältiger Untersuchungen gesunder Versuchspersonen unter Verwendung einer elektronisch gesteuerten Maske, die die lateralisierte (= hemisphärenspezialisierte) Langzeitdarbietung von Filmen ermöglicht, teilt Wittling folgende Befunde mit:
> ▶ Die rechtshemisphärische Wahrnehmung eines emotionsbezogenen Films (erotisch-zärtliche Liebesszene) von drei Minuten Dauer geht bei Frauen (im Gegensatz zu Männern) mit hochsignifikant stärkeren Blutdruckerhöhungen einher als die linkshemisphärische oder normale Wahrnehmung des gleichen Films (Wittling, 1989).

- In bedrohlichen, aversiven oder belastenden Situationen schüttet die Nebennierenrinde Cortisol aus. Bei rechtshemisphärischer Wahrnehmung eines emotionsbezogenen Films (Behandlung mit Elektroschock) zeigt sich eine signifikant höhere Ausschüttung von (im Speichel messbarem) Cortisol, während es bei linkshemisphärischer Darbietung eher zu einer Hemmung der Cortisolproduktion kommt (Wittling & Pflüger, 1989a).
- Bei Darbietung der beiden Filme (positive und negative Emotionen) wurde die Übereinstimmung von subjektiver Emotionseinschätzung und körperlicher Emotionsreaktion (EKG-Ableitung) überprüft. Bei linkshemisphärischer Wahrnehmung war das Ausmaß der Übereinstimmung größer als bei rechtshemisphärischer Darbietung (Wittling & Pflüger, 1989b).

Daraus ergibt sich: »Während der rechten Hemisphäre vorwiegend eine emotional aktivierende Funktion zukommt, scheint der linken Hemisphäre eher die Aufgabe der Inhibition [Hemmung] und Kontrolle emotionaler Prozesse zuzukommen« (Wittling & Pflüger, 1989a, S. 28). »Dies deutet darauf hin, dass die rechte Hemisphäre unter Umständen impulsiver reagiert als die linke Hemisphäre und Schwierigkeiten hat, ihre Gefühlseindrücke bewusst zu reflektieren« (Wittling & Pflüger, 1989b, S. 36). Wittling spricht auch die Hypothese aus, dass Individuen mit extrem starker emotionaler Dominanz der rechten Hemisphäre möglicherweise ein besonders hohes Risiko aufweisen, psychosomatisch zu erkranken.

> **Zusammenfassung**
> - Die Großhirnrinde ist die äußere Hülle der beiden Großhirnhälften oder Großhirnhemisphären.
> - Aus der Untersuchung der Split-Brain-Patienten ergeben sich folgende spezifische Funktionen der beiden Hemisphären:
>   - Linke Hemisphäre: Verbindung zum Bewusstsein, sprachlich, begrifflich, arithmetisch, analytisch und abstrakt.
>   - Rechte Hemisphäre: ohne klares Bewusstsein, musikalisch, Bild- und Mustererkennung, geometrisch, räumlich, einheitlich und konkret.

1.4 Komplementäres Verhältnis der beiden Hemisphären

Die Ergebnisse von Sperry fanden schnell eine weite Verbreitung. Während in der älteren Literatur das Schwergewicht der Darstellung auf linkshemisphärischen Funktionen lag, entstand eine große Fülle von Publikationen, die die rechtshemisphärischen Leistungen geradezu verklärten.

1.4.1 Der Mensch verfügt nicht über zwei Gehirne

Die linke Hirnhälfte wurde früher auch als dominante und die rechte als subdominante (untergeordnete) Hemisphäre bezeichnet.

Neben dem Sprechen und abstrakten Denken sind Schreiben und Rechnen herausragende Leistungen der linken Hemisphäre. Bei den meisten Menschen aktiviert und kontrolliert sie auch in besonderer Weise das motorische System. Manche Autoren schreiben ihr auch die Möglichkeit der Entwicklung von Handlungskonzepten bzw. von antizipierendem Denken zu.

Die Begriffe »dominant« und »untergeordnet« behindern jedoch allzu leicht die Einsicht, dass auch die rechte Hemisphäre einen hochentwickelten Teil des menschlichen Gehirns darstellt. Für manche Aufgabenarten ist sie sogar der eindeutig überlegene Teil. Ihr fehlt zwar die klar bewusste sprachlich-begriffliche Ausdrucksfähigkeit, sie ist jedoch nicht grundsätzlich defizitär. Die beschriebenen bildhaften Vorstellungen, der Umgang mit Flächen und Körpern, die umfassende Orientierung auf anschaulicher Grundlage sind ganz wesentliche kognitive Leistungen. Aus diesem Grund schreibt ihr Sperry auch eine besondere Art von (nichtsprachlichem) Bewusstsein zu.

Statt von einer dominanten (der linken) und von einer untergeordneten (der rechten) Hemisphäre zu sprechen, ergibt sich das Bild, dass der Mensch über ein Gehirn mit *zwei hochspezialisierten Hälften* verfügt. Die beiden Hemisphären stehen in einem *komplementären Verhältnis* zueinander, d. h. sie ergänzen sich mit ihren spezifischen Leistungsfähigkeiten.

Beim gesunden Menschen stellt – anders als bei den Split-Brain-Patienten – das Corpus callosum ein leistungsfähiges Kommunikationssystem dar. Vermutlich sind bei allen kognitiven Leistungen beide Hemisphären in spezifischer Weise beteiligt.

Levy (1986) schreibt: Wenn jemand eine Geschichte liest, dürfte die rechte Hemisphäre eine besondere Rolle dabei spielen, die visuelle Information zu entschlüsseln, eine zusammenhängende Struktur der Erzählung zu gewinnen und zu behalten, Humor und Gefühlsinhalte aufzunehmen, Bedeutungen aus Assoziationen zur Vergangenheit herzuleiten und bildhafte Wendungen zu verstehen. Gleichzeitig hat die linke Hemisphäre besonderen Anteil daran, Satzstrukturen zu durchdringen, geschriebene Worte in die entsprechenden Laute zu übersetzen und Bedeutungen aus komplexen Beziehungen zwischen Einzelbegriffen und Satzbau zu erschließen« (S. 35).

Hierbei werden zahlreiche Leistungen der rechten Hemisphäre über das Corpus callosum der linken übermittelt und so (mindestens partiell) dem Bewusstsein zugänglich.

1.4.2 Pädagogisch-psychologische Relevanz

Die unterschiedliche Informationsverarbeitung der beiden Hemisphären und ihr Zusammenwirken sind für Denken und Verhalten unerlässlich.

Die Hemisphärenspezialisierung wurde hier deshalb relativ ausführlich behandelt, weil sie für Begriffsbildung und Wissenserwerb besonders bedeutsam ist. Dort werden zwei Formen der inneren geistigen Repräsentation unterschieden: die → aussagenartige Repräsentation (Abschn. 4.4.1) und die → analoge Repräsentation (Abschn. 4.4.2). Für zahlreiche Lernprozesse ist eine mehrfache Verarbeitung (sprachlich-inhaltlich und bildhaft) vorteilhaft (→ multiple Repräsentation, Abschnitt 4.4.4).

Trotz dieser prinzipiell ganzheitlichen Sicht der Funktionsweise des menschlichen Gehirns gibt es gewisse Anhaltspunkte, dass sich Menschen doch im Ausmaß der Aktivierung der beiden Hemisphären unterscheiden. Manche Menschen neigen dazu, die Dinge eher linkshemisphärisch-analytisch oder eher rechtshemisphärisch-intuitiv zu erkennen und entsprechend zu handeln.

Verschiedene Autoren nehmen an, dass die gängigen Lehrpläne an den Schulen besonders das analytische und begriffliche Denken der linken Hemisphäre ansprechen. Es wird unterstellt, dass eine stärkere Einbeziehung der rechten Hemisphäre mit ihrem intuitiven und bildhaften Denken und ihrem Bezug zu emotionalen Prozessen zu einer *Steigerung des Lernpotentials* führen könnte.

> **Zusammenfassung**
>
> ▶ Statt von einer dominanten und einer subdominanten (untergeordneten) Hemisphäre sollte man von einem Gehirn mit zwei hochspezialisierten Hemisphären sprechen.
> ▶ Diese stehen in einem komplementären (sich gegenseitig ergänzenden) Verhältnis.

1.5 Zusammenspiel von kortikalen und subkortikalen Strukturen

Die einzelnen Bereiche des menschlichen Gehirns sind vielfältig miteinander vernetzt. Obwohl der Kortex für die Person-Umwelt-Interaktion das oberste Koordinationszentrum ist, sind bei allen Prozessen auch subkortikale Strukturen beteiligt. Dies soll an einem Beispiel demonstriert werden. Eine besondere Bedeutung haben bestimmte Bereiche des limbischen Systems, die das neuronale Substrat für Emotionen und für Motivation darstellen. Andere Bereiche des limbischen Systems spielen eine zentrale Rolle beim Gedächtnis. Es wird eine ganzheitliche Sichtweise von Lernen und Gedächtnis propagiert.

1.5.1 Das limbische System

Kortikale Strukturen bestehen insbesondere aus dem Neokortex, der mehr als 90 Prozent der Großhirnrinde ausmacht. Subkortikale Strukturen sind Bereiche der zentralnervösen Integration unterhalb der Großhirnrinde.

Im Grenzgebiet zwischen kortikalen und subkortikalen Strukturen finden sich die »Emotionsareale«. Es handelt sich besonders um das limbische System, das sich u. a. aus der Amygdala, dem Hippocampus und dem Hypothalamus zusammensetzt (Abb. 1.14).

Allerdings ist anzumerken, dass der Begriff »limbisches System« nicht einheitlich gebraucht wird.

Dem limbischen System kommt im Rahmen der Organismus-Umwelt-Interaktion große Bedeutung zu.

Jänig (1985) vermerkt: »Dabei reguliert der Neocortex eher die präzise räumlich-zeitliche Kommunikation mit der Umwelt und die formal-intellektuellen und stereognostischen Fähigkeiten und das limbische System die Stimmungen und Handlungsbereitschaften, d. h. das Motivationsgefüge und die Emotionen des Menschen, sowie die Lern- und Gedächtnisprozesse« (S. 148).

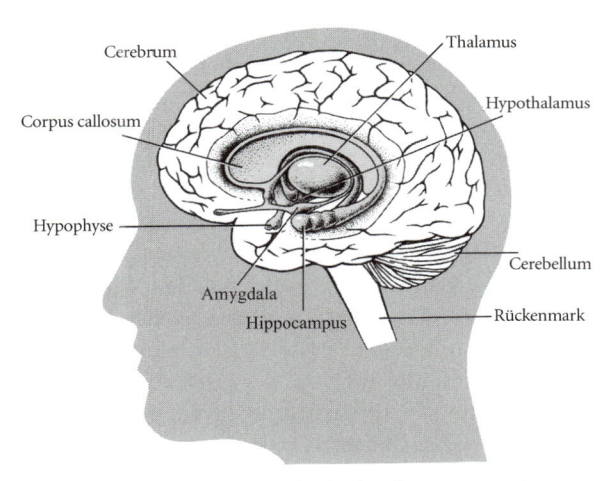

Abbildung 1.14 Strukturen des limbischen Systems (aus Zimbardo & Gerrig, 1999, S. 71)

Klinische und experimentelle Befunde sprechen dafür, dass bestimmte Teile des limbischen Systems, besonders das temporoamygdaläre System (in Abb. 1.14 eine Region in der Nähe der Amygdala) das neuronale Substrat für Emotionen und Motivationen darstellen.

Jänig (1985) sagt: »In diesem System werden vermutlich die komplexen sensorischen Informationen mit entsprechenden Informationen (Gedächtnisinhalten), die in der Vergangenheit gespeichert worden sind, verglichen. Damit bekommen die sensorischen Informationen Bedeutung für den Organismus (…) und führen zur Aktivierung solcher affektiven Verhaltensmuster, die sich in der Vergangenheit bei entsprechender Umweltkonstellation als zweckmäßig herausgebildet haben« (S. 151).

Störungen dieser Regionen des limbischen Systems führen beim Menschen zu schwerwiegenden emotionalen Störungen und Verhaltensauffälligkeiten.

Großes Aufsehen erregten die Versuche von José Delgado in Form der elektrischen Hirnstimulation von Kampfstieren im Forschungsbericht im Arbeitsteil (Abschn. 1.7.2).

1.5.2 Ein komplexes Zusammenwirken

Es war mehrfach die Rede davon, dass es sich bei den Leistungen unseres Nervensystems im Regelfall um ein komplexes Zusammenspiel von kortikalen und subkortikalen Strukturen handelt. Außerdem ist das neuronale System noch mit dem hormonalen System vernetzt. Dies soll nun an einem (vereinfachten) Beispiel exemplarisch dargestellt werden (Abb. 1.15).

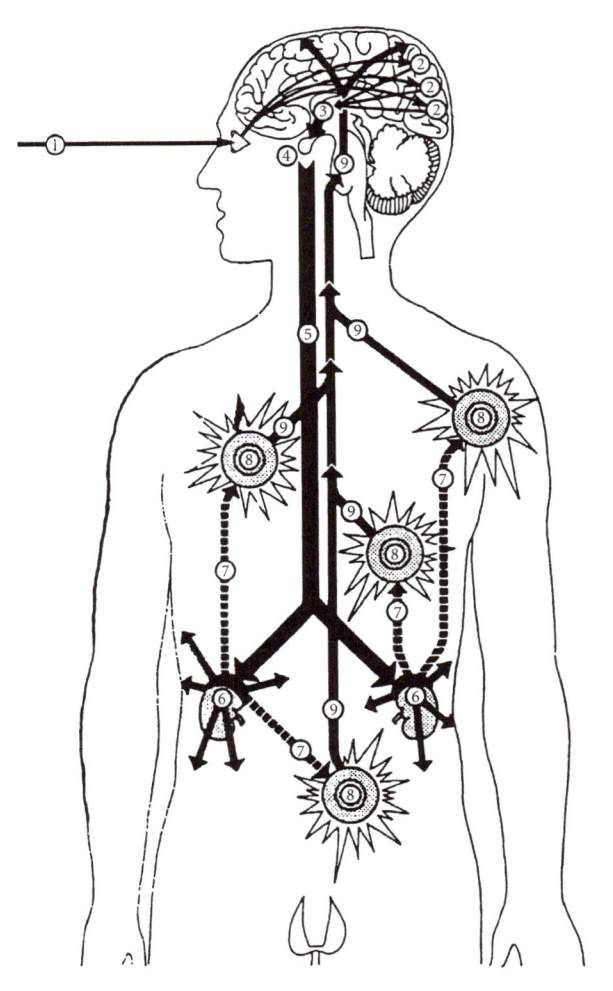

Abbildung 1.15 Zusammenwirken kortikaler und subkortikaler Strukturen mit dem hormonalen System (aus Hennenhofer & Heil, 1975, S. 18)

Exkurs

Wie funktioniert unser Alarmsystem?

- Unsere Sinnesorgane (1) melden einen Gefahrenreiz an verschiedene Hirnareale, besonders an den Thalamus (bei 3) im Zwischenhirn und an die Retikulärformation (9) im Mittelhirn.
- Vom Thalamus wird die Information an das limbische System (zwischen 2 und 3) weitergeleitet, wo das Gefühl von Angst oder Ärger entsteht.
- Die Retikulärformation gibt Weckimpulse an den Kortex (2) ab. Nach dem bewussten kognitiv-
▶

emotionalen Prozess »Gefahr« wird der Organismus aktiviert.
- Gleichzeitig wird der Impuls von Thalamus und Retikulärformation an den Hypothalamus (3) und von dort an die Hypophyse (4) weitergeleitet. Die Hypophyse schüttet nun das Hormon ACTH (Adrenocorticotropes Hormon) direkt in die Blutbahn (5) aus.
- Die Nebennierenrinde (6), auch eine Drüse, registriert das im Blut enthaltene ACTH und reagiert nun selbst mit der Ausschüttung von Hormonen, insbesondere von Adrenalin.
- Die Hormone (7) versetzen den gesamten Organismus in den Zustand höchster Kampf- und Fluchtbereitschaft. Gleichzeitig haben die Impulse an dem limbischen System über den Hypothalamus unser vegetatives Nervensystem (8) – besonders den Sympathikus – aktiviert.
- Dieser Zustand angespannter Erregung im gesamten Organismus wird wieder an den Kortex zurückgemeldet. So nehmen wir zum Beispiel bewusst wahr, dass unser Herz schneller schlägt.

Wir sind auf die Gefahr vorbereitet. Die Hirnrinde, auf das Äußerste erregt, ermöglicht (unter bestimmten Bedingungen) ein der Situation optimal angepasstes Wahrnehmen und Denken und damit ein Handeln unter bestmöglicher Ausnutzung unserer motorischen Leistungsfähigkeit. Der Sympathikus hat ja schon – zusammen mit den Nebennierenrinden-Hormonen – die notwendigen Energien dazu bereitgestellt (verändert aus Hennenhofer & Heil, 1975, S. 19).

Die kortikal-subkortikale Integration findet also in der Hauptsache über den Thalamus, das Integrations- und Koordinationszentrum schlechthin, statt.

In enger Beziehung steht der Thalamus auch mit dem Hypothalamus, der einerseits das oberste Steuerungszentrum für das autonome Nervensystem darstellt und andererseits über die Hypophyse die Verbindungsstation von Nerven- und Hormonsystem bildet.

1.5.3 Die Konsolidierung der Gedächtnisspur

Unter Lernen versteht man die Fähigkeit von Lebewesen, ihr Verhalten i. w. S. aufgrund von Erfahrungen zu ändern. Als Gedächtnis bezeichnet man die Fähigkeit, solche Informationen für kürzere oder längere Zeit zu speichern und zum Abruf bereitzuhalten.

Bei Betrachtung der neuronalen Mechanismen von Lernen und Gedächtnis sind bei Kurzzeit- und Langzeitgedächtnis unterschiedliche Prozesse anzunehmen. Nach Lashley (1950) ist für das nur wenige Sekunden wirksame Kurzzeitgedächtnis eine in den neuronalen Systemen kreisende Erregung (*»dynamisches Engramm«*) verantwortlich, während das Langzeitgedächtnis auf *strukturellen Veränderungen* beruht.

Es wird unterstellt, dass diese strukturellen Engramme als Modifikation der Synapsen aufgefasst werden können. Die Plastizität der Synapsen und ihre Veränderung bei Gebrauch bzw. Nicht-Gebrauch zeigt Abbildung 1.16.

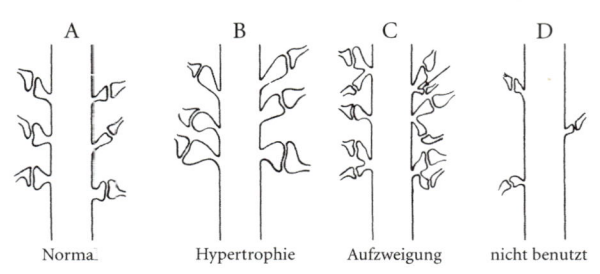

Abbildung 1.16 Plastizität von Synapsen. Man erkennt deutlich die größere Leistungsfähigkeit einzelner Nervenbahnen durch häufigeren Gebrauch (aus Popper & Eccles, 1982, S. 461)

Besonders die Zellen im Hippocampus, einem Teil des limbischen Systems, sind in hohem Maße modifizierbar. Das Gleiche trifft auch auf die Synapsen der Pyramidenzellen in der Großhirnrinde zu. Die so entstandene Gedächtnisspur (das strukturelle Engramm) ist als räumlich-zeitliches Muster die Grundlage für jede Art von Lernen und Gedächtnis. Je häufiger ein solches Muster in den komplexen neuronalen Regelkreisen abgespielt wird, umso leistungsfähiger werden seine Synapsen im Vergleich zu anderen Nervenbahnen. Dem sich allmählich stabilisierenden Engramm entspricht ein mehr oder minder überdauernder und abrufbarer Gedächtnisinhalt. Dieser Vorgang wird *Konsolidierung* genannt.

Patienten, denen man bei Operationen den linken Hippocampus (zuständig für die Konsolidierung verbaler Erinnerungen) bzw. den rechten Hippocampus (zuständig für die Konsolidierung bildlicher und räumlicher Erinnerungen) entfernt hatte, zeigten extreme Gedächtnisstörungen. Sie hatten noch Erinnerungen an die Zeit vor der Operation, mussten aber mit einem Kurzzeitgedächtnis von wenigen Sekunden Dauer leben.

Hierbei ist zu beachten, dass der Hippocampus zwar am Aufbau der Gedächtnisspur (Übergang vom Kurzzeit- in das Langzeitgedächtnis) wesentlichen Anteil hat, in der Regel aber nicht selbst Sitz des Langzeitgedächtnisses ist. Die eigentliche Speicherung erfolgt in speziellen zentralnervösen Regionen. Beispielweise ist der neuronale Sitz des semantischen Gedächtnisses im Neokortex, speziell im Temporallappen.

1.5.4 Ganzheitliche Sichtweise

Bisher wurden die neurobiologischen Befunde unter dem Gesichtspunkt von Lernen und Gedächtnis mit einem gewissen Ausmaß an *Differenzierung* dargestellt. Jetzt gilt es die *Integration*, d. h. die Beziehung der wesentlichen Systemkomponenten, ins Auge zu fassen.

In einer *horizontalen Integration* wirken im Kortex die linke und die rechte Hemisphäre mit ihren komplementären Leistungen zusammen.

In einer *vertikalen Integration* kommt es zu dem beschriebenen komplexen Zusammenspiel von kortikalen und subkortikalen Strukturen, wobei bestimmte Teile des limbischen Systems besonders bedeutsam sind (Abb. 1.17).

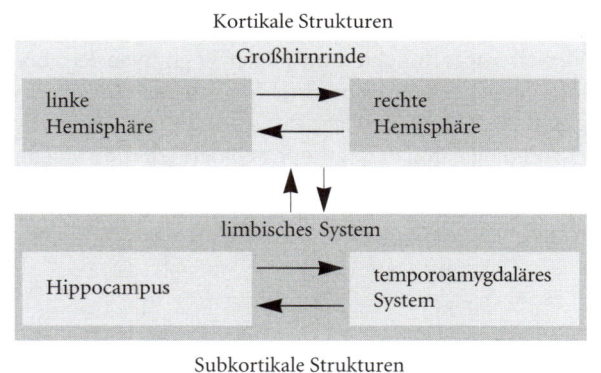

Außerdem lässt sich hervorheben, dass praktisch alle kognitiven Prozesse eng verbunden sind mit emotional-motivationalen Prozessen.

Beide Formen der Integration werden in diesem Buch noch häufiger angesprochen.

Zusammenfassung

▶ Kortikale Strukturen betreffen die Großhirnrinde und subkortikale Strukturen die Integration unterhalb der Großhirnrinde.
▶ Besonders bedeutsam sind die beiden folgenden Bereiche des Großhirns: Großhirnrinde (kognitive Leistungen) und limbisches System (Emotionen und Motivation).
▶ Beim Gedächtnis spricht man von der Konsolidierung der Gedächtnisspur.
▶ Eine ganzheitliche Sichtweise beinhaltet eine horizontale Integration (komplementäre Hemisphären) sowie eine vertikale Integration (kortikal-subkortikales Zusammenspiel).

1.6 Die wesentlichen Gesichtspunkte des Kapitels

Abbildung 1.17 Schematische Darstellung der horizontalen und vertikalen Integration

Dieses ganzheitliche Modell lässt sich auch aus psychologischer Sicht beschreiben.

Die begrifflichen, abstrakten und analytischen Leistungen der linken Hemisphäre werden ergänzt durch die bildhaften, konkreten und einheitlichen Fähigkeiten der rechten Hemisphäre.

▶ Das menschliche Nervensystem gliedert sich in das Zentralnervensystem (ZNS) und das periphere Nervensystem.
▶ Die Bausteine des Nervensystems sind die Nervenzellen (Neuronen). Sie sind auf Übermittlung elektro-chemischer Impulse spezialisiert.
▶ Die Integration und Verarbeitung der Informationen erfolgt in zentralen Strukturen. Die wichtigsten Hirnzentren sind: Die Großhirnrinde (Kortex), das limbische System, das Zwischenhirn, das Mittelhirn, das Hinterhirn, das Nachhirn, das Rückenmark.
▶ Es lassen sich zwei Grundfunktionen unterscheiden: die Steuerung der Organismus-Umwelt-Interaktion und die Kontrolle des physiologischen Gleichgewichts im Körperinnern.
▶ Eine der wichtigsten Aufgaben der Großhirnrinde ist die Verarbeitung der Sinneseindrücke (sensorisches Rindenfeld) und die willkürliche Steuerung der Bewegungen (motorisches Rindenfeld). Jedem Körperteil entspricht ein bestimmtes Areal auf diesen Rindenfeldern. Die Mehrzahl der sensorischen und

motorischen Bereiche ist symmetrisch angeordnet, d. h. sie finden sich auf beiden Hirnhälften. Sie sind für die jeweils gegenüberliegenden Körperhälften zuständig. Einige Funktionen sind dagegen asymmetrisch nur einer Hirnhälfte zugeordnet, z. B. die Sprachzentren.
- Als erster hat Roger Sperry bei den Split-Brain-Patienten die unterschiedliche Funktion der beiden Hemisphären der Großhirnrinde systematisch untersucht und folgende Seitenspezialisierung festgestellt:
Linke Hemisphäre – Verbindung zum Bewusstsein, sprachlich, begrifflich, arithmetisch, analytisch und abstrakt.
Rechte Hemisphäre – keine Verbindung zum Bewusstsein, musikalisch, Bild- und Mustererkennung, geometrisch und räumlich, einheitlich und konkret.
In diesem Zusammenhang ist allerdings die Problematik des Bewusstseinsbegriffs zu bedenken. Die linke Hälfte der Großhirnrinde wurde früher auch als dominant und die rechte als subdominant (untergeordnet) bezeichnet. Besser wäre es, davon zu sprechen, dass der Mensch über ein Gehirn mit zwei komplementären, hochspezialisierten Hemisphären verfügt.
- Bei allen Leistungen unseres Nervensystems handelt es sich um ein komplexes Zusammenspiel von kortikalen und subkortikalen Strukturen. Diese Integration findet in der Hauptsache über den Thalamus (im Zwischenhirn) statt. Der Hypothalamus ist das oberste Steuerungszentrum für das autonome (vegetative) Nervensystem und zugleich die Verbindungsstation von Nerven- und Hormonsystem.
- Eine besondere Bedeutung hat das limbische System, das mit dem Kortex zusammen das Großhirn bildet. Es ist die neuronale Grundlage für Emotionen und für Motivation.
- Ein anderer Teil des limbischen Systems ist entscheidend am Aufbau (Konsolidierung) der Gedächtnisspur (Engramm) beteiligt. Die beiden Hippocampi ermöglichen den Übergang der Inhalte vom Kurzzeit- in das Langzeitgedächtnis.
- Im Zusammenhang mit Lernen und Gedächtnis wird eine ganzheitliche Sichtweise vorgeschlagen: In einer horizontalen Integration wirken die linke und die rechte Hemisphäre des Kortex mit ihren komplementären Funktionen zusammen und in einer vertikalen Integration kommt es zu einem komplexen Zusammenspiel zwischen kortikalen und subkortikalen Strukturen, wobei das limbische System besonders bedeutsam ist.

Abschluss: Die Bedeutung der Neurobiologie für die Psychologie

In diesem Kapitel sind ausschließlich jene Gesichtspunkte angesprochen, die in einer gewissen Beziehung zur Lernpsychologie stehen. Allerdings muss man, entgegen der allgemeinen Begeisterung für die Neurobiologie, hervorheben, dass der Beitrag der Hirnforschung zur Optimierung des Lernens absolut gering ist. Es ist vielmehr so, dass man versucht, Phänomene, die in der Verhaltenspsychologie und in der kognitiven Psychologie längst bekannt sind, nachträglich auch hirnbiologisch zu begreifen. Dagegen sind die Einflüsse der Hirnbiologie und der Pathophysiologie auf die Medizin ganz beträchtlich.

1.7 Arbeitsteil

Dieser Arbeitsteil bietet Ihnen die Möglichkeit, das erworbene Wissen über neurobiologische Grundlagen von Lernen und Gedächtnis anzuwenden. Sie sollen angeregt werden, selbstständig komplexere Probleme aus dem Alltag und dem Bereich der Schule zu *analysieren* und zu *beurteilen*.

1.7.1 Forschungsberichte

José Delgado ist einer der Pioniere der elektrischen Hirnstimulation. Er untersuchte mit zahlreichen – oft spektakulären – Experimenten die zerebralen Grundlagen tierischen und menschlichen Verhaltens (1).

In der Fallstudie eines Korsakow-Kranken ist in sehr anschaulicher Weise das Bild eines Patienten vorgestellt und anschließend eine neurobiologische Erklärung des Syndroms gegeben (2).

Forschungsbericht (1)

Delgado, J. M. R. (1969). Physical Control of the Mind. New York: Harper & Row.

Problem:
Vorübergehende Verhaltensänderung durch elektrische Reizung bestimmter Hirnareale.

Versuchsdurchführung:
Bei einigen besonders wilden und angriffslustigen Kampfstieren wurden durch eine kleine Öffnung im Schädel Elektroden – spitz zulaufende dünne Drähte – ins Gehirn eingeführt. Die äußeren Enden wurden zusammen mit einem elektrischen Kontakt an der Oberfläche der Schädelknochen befestigt. Die von den Elektroden erreichten Hirnareale konnten von dem Versuchsleiter durch Knopfdruck über einen Sender für eine beliebige Zeitspanne und mit unterschiedlicher Stärke elektrisch gereizt werden.

Welche Teile des Gehirns bei den Kampfstieren stimuliert werden, sagt Delgado nicht ausdrücklich. In ähnlichen Versuchen mit besonders aggressiven Schimpansen handelt es sich jedoch in erster Linie um den Nucleus caudatus, der einen Teil der Basalganglien bildet. Die Basalganglien sind ein wichtiges subkortikales Bindeglied, das die sogenannten Assoziationsfelder (auf dem Stirnhirn, Lobus frontalis) mit dem motorischen Kortex (besonders dem motorischen Rindenfeld) verbindet. Die elektrische Aktivität im Stirnhirn wird u. a. beeinflusst durch Bahnen aus dem Mittelhirn (Retikulärsystem) und aus dem limbischen System (besonders der Amygdala).

Ergebnis:
Durch elektrische Reizung eines solchen Zentrums war es möglich, die Kampfstiere mitten in der Angriffsbewegung anzuhalten (Abb. 1.18).

Delgado führt dieses Ergebnis zurück auf eine Hemmung der Aggressionszentren und eine gleichzeitige motorische Wirkung, die die Stiere zwingt, anzuhalten und sich zur Seite zu drehen.

Nach wiederholter Stimulation erwiesen sich die Tiere als weniger gefährlich und duldeten sogar für einige Minuten Menschen in der Arena, ohne anzugreifen.

Auf ähnliche Weise gelang es Delgado auch, Aggressionen bei Tieren auszulösen, Appetitzentren zu aktivieren oder zu hemmen und vorübergehend die starken Mutterinstinkte von Schimpansenweibchen zu unterdrücken.

Abbildung 1.18 Wilde Stiere greifen den Versuchsleiter an. Die Tiere können über Funk durch Hirnstimulation abrupt gestoppt werden. In der Hand des Mannes in der Arena erkennt man den Sender mit Antenne (aus Delgado, 1969, S. 170/171)

Forschungsbericht (2)

Der Korsakow-Kranke. Symptombild benannt nach einem russischen Psychiater (1889).

Problem:
Wenn mentale Funktionen infolge von erkannten Gehirnschädigungen oder -erkrankungen zusammenbrechen, dann bieten die Krankheitsbilder wertvolle Informationen über die Arbeitsweise des gesunden Gehirns.

Untersucht wurden u. a. folgende Störungen: Agnosie (Wahrnehmungsstörung), Apraxie (Störung motorischer Fähigkeiten), Aphasie (Sprachstörung), Alexie/Dyslexie (Störungen des Lesens), Agraphie/Dysgraphie (Störungen des Schreibens), Anosmie (Riechunfähigkeit).

In dem folgenden Fall handelt es sich um eine Amnesie (Gedächtnisstörung).

Eine Fallbeschreibung:
Wieder einmal besucht der Psychologe die Krankenhausstation, wieder einmal spricht er dort den Patienten John O'Donell (P) an. Der Ort ist Boston, das Jahr 1973, der Name des Psychologen (der über den Fall berichtet hat) Howard Gardner (G).

G: Wie geht's?
P: Kann nicht klagen, Herr Doktor.
G: Was haben Sie so gemacht?
P: Ach, nur so herumgesessen … Zeit totgeschlagen …
G: Sagen Sie, haben Sie mich schon mal gesehen?
P: Klar. Bin aber nicht sicher, wo das war. Sie haben sich meines Beins angenommen, nicht?
G: Was ist denn mit Ihrem Bein?
P: Na, Sie wissen doch, Herr Doktor, ich habe diese Schmerzen im Bein, und Sie entscheiden, ob ich operiert werden soll.
G: Haben Sie sonst noch etwas?
P: Nun ja, manchmal schlafe ich schlecht, aber sonst bin ich ganz wild darauf, hier wieder herauszukommen.
G: Was macht das Gedächtnis?
P: Comme çi, comme ça. Für einen Mann in meinem Alter ist's wohl ganz in Ordnung.
G: Wie alt sind Sie?
P: Ich bin 1927 geboren.
G: Dann sind Sie also …
P: Mal sehen, Herr Doktor, das vergesse ich nämlich immer, jetzt haben wir …
G: Jetzt haben wir welches Jahr?
P: Also ich muss 34 oder 35 sein, ist ja auch egal.
G: Sie sind fast 46, Mister O'Donnell. Wir haben 1973.
P: Bestimmt haben Sie recht, Herr Doktor. Wie dumm von mir. Dann bin ich wohl 45.
G: Und wer ist Präsident?
P: Na, das ist mal eine einfache Frage. Das ist, wie heißt er doch, Sie wissen schon, der aus Texas, na, Johnson, Lyndon Johnson.
G: Und wer ist Vizepräsident?
P: Da haben Sie mich erwischt. Das sollte ich wissen, aber es ist mir entfallen. Mal sehen, ist es Kennedy?
G: Welcher Kennedy?
P: Robert Kennedy, glaube ich. Stimmt das?

G: Was ist mit John Kennedy?
P: Ach so, der ist Präsident, wie blöde, wie konnte ich das nur vergessen!

aus Zimmer, 1987, S. 36

Präsident war 1973 natürlich Richard Nixon, Johnson war es seit 1969 nicht mehr, John Kennedy war seit 1963 tot, Robert Kennedy war nie Vizepräsident gewesen und seit 1968 tot. O'Donnells Schmerzen im Bein lagen über zehn Jahre zurück. Howard Gardner hatte ihn jeden Tag auf der Station besucht und mit ihm gesprochen, seit er vor zwei Monaten in einem Zustand völliger Verwahrlosung und Verwirrung aufgefunden und in die Psychiatrie eingeliefert worden war.

Die Sprache des Patienten war soweit in Ordnung, seine Intelligenz lag über dem Durchschnitt. Er war, heißt es, immer munter, hilfsbereit und rücksichtsvoll und hielt sich selbst für gesund. Wer ihn nur flüchtig gesprochen hätte, hätte ihn sicher ebenfalls für gesund gehalten, denn er hatte ein großes Geschick entwickelt, allen Fragen auszuweichen, die seine tatsächliche Krankheit offensichtlich gemacht hätten: seine Amnesie, die Krankheit seines Gedächtnisses.

Der Patient litt unter dem Korsakow-Syndrom, benannt nach einem Moskauer Psychiater des 19. Jahrhunderts. Es tritt manchmal nach schweren Vergiftungen auf, am häufigsten bei chronischem Alkoholismus bei gleichzeitigem Vitamin B1-Mangel. Die Krise setzt plötzlich ein – ein Zustand völliger Verwirrtheit. Wenn sie sich nach Wochen gibt, bleibt meist eine anhaltende Störung der Merkfähigkeit zurück. An nichts, was er seit der Krise erlebt hat, kann sich der Kranke erinnern (man spricht von einer anterograden oder von der Krise an nach vorn reichenden Amnesie); oder wenn, dann nur schwach. Oft ist auch eine gewisse Zeit vor der Krise ausgelöscht oder verwischt (retrograde Amnesie). Aus den zehn Jahren vor der Einlieferung hatte Gardners Patient nur wenige undeutliche Erinnerungen (Zimmer, 1987).

Ergebnis:
Neurochirurgische Beobachtungen zeigen, dass Schädigungen des Hippocampus und der mit ihm verbundenen Strukturen zu dem pathologischen Bild des Korsakow-Syndroms führen. Die anterograde Amnesie (Verlust der Merkfähigkeit vom Zeitpunkt des schädigenden Ereignisses an) lässt sich als das Unvermögen interpretieren, Inhalte aus dem Kurzzeitgedächtnis in das Langzeitgedächtnis zu überführen. Schmidt (1985, S. 183) weist darauf hin, dass es sich bei der anterograden Amnesie überwiegend um eine Störung des verbalen Gedächtnisses handelt und dass beispielsweise motorische Aufgaben weniger vom Vergessen betroffen sind.

1.7.2 Übungen

(1) Beschreiben Sie den Aufbau einer Nervenzelle und erklären Sie die Erregungsübertragung von Zelle zu Zelle!

(2) Besorgen Sie sich ein auseinandernehmbares Hirnmodell und identifizieren Sie die wichtigsten Zentren des ZNS! Welche Funktionen haben die einzelnen Bereiche?

(3) Welches sind die beiden Grundfunktionen des Nervensystems?

(4) Welche Funktionen hat die Großhirnrinde (Kortex)? Erklären Sie auch die Begriffe funktionelle Symmetrie und funktionelle Asymmetrie!

(5) Welches sind die spezifischen Leistungen der linken bzw. der rechten Hemisphäre?

(6) Abbildung 1.19 zeigt ein weiteres Experiment von Sperry in der bekannten Versuchsanordnung. Auf die Leinwand wird das Wort KEY RING (Schlüsselring) geblitzt. Welches Verhalten wird man bei dem Patienten beobachtet haben?

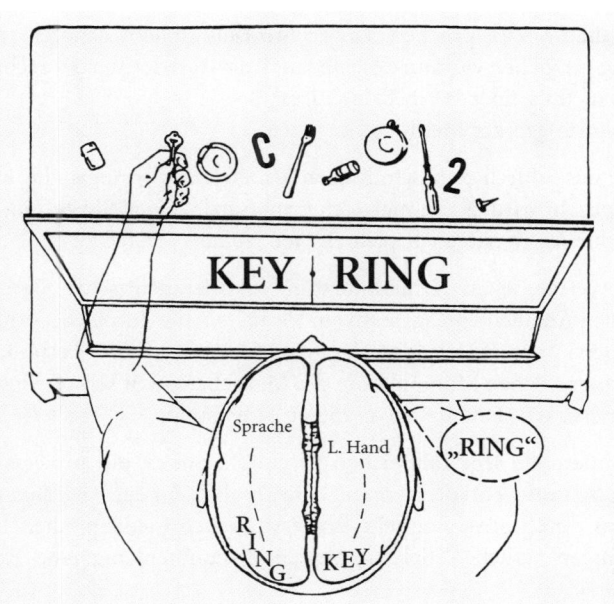

Abbildung 1.19 Ein weiteres Experiment mit Split-Brain-Patienten (aus Sperry, 1974, S. 9)

(7) Was versteht man unter kortikalen und subkortikalen Strukturen? Welche Bedeutung haben Thalamus und Hypothalamus bei der kortikal-subkortikalen Integration und bei der Verbindung von Nerven- und Hormonsystem?

(8) Bestimmte subkortikale Teile des limbischen Systems haben im Rahmen der Organismus-Umwelt-Interaktion eine besondere Bedeutung. Welche psychischen Erscheinungen haben hier ihr neuronales Substrat?

(9) Beschreiben Sie kurz die neuronalen Grundlagen von Kurz- und Langzeitgedächtnis. Welche Rolle spielt hierbei der Hippocampus?

1.7.3 Diskussion

(1) Diskutieren Sie die verschiedenen Bewusstseinsbegriffe, die Sie kennengelernt haben. Wie beurteilen Sie im Hinblick auf die Sperry-Versuche den Zusammenhang zwischen Sprache und Bewusstsein?

(2) Kann die linke Hemisphäre zu Recht als dominant und überlegen bezeichnet werden? Welche Vorteile hat die Vorstellung von zwei komplementären, hoch spezialisierten Hemisphären, die zusammen ein Gehirn bilden?

(3) Welche Bedeutung hat das Konzept einer doppelten Integration in der Hirnforschung und warum ist eine solche ganzheitliche Auffassung vermutlich auch für die Lernpsychologie außerordentlich wichtig?

(4) Etwa seit Anfang der sechziger Jahre wird von dem bulgarischen Therapeuten und Pädagogen Lozanov ein neues Lehrverfahren, die Suggestopädie (manchmal auch als Superlearning bezeichnet), propagiert (vgl. Lozanov, 1979, Edelmann, 1991). Die z. T. unseriöse Werbung einzelner Lehrinstitute verspricht außergewöhnliche Erfolge: »Superlearning hat das Ziel, den biologischen und psychologischen Eigenschaften des menschlichen Gehirns und des menschlichen Zentralnervensystems möglich gerecht zu werden. (…) Mit unseren herkömmlichen Lernmethoden versuchen wir, dem Gehirn beizubringen, wie es zu funktionieren hat. (…) Wir erreichen damit, dass wir lediglich 4 % unseres geistigen Potentials nutzen. (…) Wie lassen sich nun die restlichen 96 % Reserve-Kapazität mobilisieren? Beim Lernen nach traditionellem Muster

wird vielfach vorwiegend die linke Gehirnhälfte angesprochen. Die rechte Hälfte bleibt dagegen weitgehend ungenutzt. (...) Beim Superlearning versuchen wir nun deshalb, auch die Aktivierung der rechten, kreativen Hälfte des Gehirns zu ermöglichen« (aus einer Werbebroschüre).
Wie beurteilen Sie diese behaupteten Auswirkungen der Methode?

(5) Es ist durchaus eine plausible Annahme, dass durch den schulischen Unterricht vorrangig die linke Hemisphäre unserer Großhirnrinde beansprucht wird. Kann man sich grundsätzlich eine Steigerung der Lernleistung durch zusätzliche bzw. verstärkte Aktivierung der rechten Hemisphäre vorstellen?

(6) Delgado berichtet von Anwendungen der elektrischen Hirnstimulation im therapeutischen Bereich, darunter von einem Patienten mit plötzlichen Anfällen von aggressivem Verhalten, die durch wiederholte Stimulation der Amygdala vermindert werden konnten. Delgado hält einen Missbrauch dieser Technik für unwahrscheinlich und sieht die Gefahren einer solchen Manipulation des Menschen nicht schwerwiegender als im Bereich des instrumentellen Lernens. Was halten Sie von dieser Auffassung?

(7) Außer der Gehirnchirurgie zeigen insbesondere die sehr zahlreichen Psychopharmaka, die an verschiedensten Stellen unseres Nervensystems ihre Wirkung entfalten können, die Möglichkeit der Beeinflussung der Persönlichkeit und des Sozialverhaltens durch physiologische Prozesse. Neben medizinischen Problemen (z. B. unerwünschte Nebenwirkungen) erheben sich in diesem Zusammenhang eine Reihe ethischer Fragen.
Physiologische Funktionen beeinflussen also psychische Prozesse. Auch der umgekehrte Weg kann postuliert werden. Aus hirnbiologischer Sicht ist allerdings die Wirkung kognitiv-emotionaler Vorgänge auf neuronale Abläufe ein weitgehend unbekanntes Feld.
Hier stoßen wir auf ein Problem, das seit der Antike die Philosophie beschäftigt, das Leib-Seele-Problem (oder Geist-Gehirn-Problem). Die vielfältigen Positionen zu dieser Frage lassen sich grob in zwei Kategorien einteilen: *monistische Auffassungen* (Geist und Materie gehören zu einer einzigen »Substanz«, d. h. sie sind von derselben Grundbeschaffenheit) und *dualistische Auffassungen* (Körper und Geist sind zwei unterschiedliche »Substanzen«). Beim Dualismus lassen sich wieder zwei Unterkategorien unterscheiden: Parallelismus (Körper und Geist sind synchronisiert, ohne jedoch aufeinander zu wirken) und Interaktionismus (Körper und Geist wirken aktiv aufeinander).
Es muss betont werden, dass jeder Lösungsversuch des sog. Leib-Seele-Problems vor bisher ungelösten Fragen steht. Bei einer interaktionistischen Position ist beispielsweise die Suche nach dem Ort der Wechselwirkung von Körper und »Seele« die große Frage. Trotz zahlreicher Befunde der Psychosomatik, die einen engen Zusammenhang zwischen psychischen Vorgängen und körperlichen Erscheinungen annimmt, ist völlig ungeklärt, wie sich der Gedanke sein kortikal-subkortikales Erregungsmuster schafft. Auch wenn das angesprochene Problem (derzeit) keiner befriedigenden Lösung zugeführt werden kann, ergibt sich ein weites Feld aufregender Spekulationen. Neuerdings wird diese Frage wieder unter dem Stichwort »Gehirn und Bewusstsein« diskutiert.

1.7.4 Weiterführende Literatur

▶ Die faszinierende Niederschrift einer Vorlesung über Hirnforschung ist:
Eccles, J. (1979). Das Gehirn des Menschen (4. Aufl.). München: Piper.

▶ Eine Reihe von hirnbiologischen Kapiteln bietet:
Schmidt, R. & Lang, F. (Hrsg.). (2007). Physiologie des Menschen mit Pathophysiologie (30. Aufl.). Heidelberg: Springer-Verlag.

▶ Ebenso empfehlenswert und mit zahlreichen, ausgezeichneten Abbildungen versehen ist der Band:
Gehirn und Nervensystem (8. Aufl.). (1987). Heidelberg: Spektrum der Wissenschaft.

▶ Aus einer interdisziplinären Zusammenarbeit zwischen dem Philosophen Popper und dem Hirnbiologen Eccles ist ein Werk entstanden, das viel diskutiert wurde und dessen Ausführungen über das Leib-Seele-Problem auch häufig kritisiert wurden:
Popper, K. & Eccles, J. C. (2005). Das Ich und sein Gehirn (9. Aufl.). München: Piper.

| Test | Neurobiologische Grundlagen von Lernen und Gedächtnis kennen | (S. 1/2) |

Mit diesem Test können Sie überprüfen, ob Sie das Lernziel »Neurobiologische Grundlagen von Lernen und Gedächtnis kennen« erreicht haben.

Die Zeit zur Bearbeitung des Tests ist nicht begrenzt. Im Informationsteil oder anderen Lehrbüchern dürfen Sie jetzt nicht mehr nachschlagen.

Zu jeder Aufgabe sind 4 Antworten (Lösungen) vorgegeben. Nur eine dieser vorgeschlagenen Antworten ist richtig bzw. die beste Lösung und ist deshalb anzukreuzen.

Am Ende des Buches finden Sie einen Lösungsschlüssel, mit dessen Hilfe Sie Ihr Ergebnis selbst kontrollieren können. Wenn Sie sieben oder mehr Aufgaben richtig lösen, haben Sie das Ziel erreicht.

Und nun: **Viel Erfolg!**

(1) Das **menschliche Nervensystem** hat zwei wichtige Grundfunktionen. Neben der Steuerung der Organismus-Umwelt-Interaktion handelt es sich dabei um
   a) die Steuerung und Integration des Hormonsystems. ☐
   b) die Regulation des Schlaf-Wach-Rhythmus und der Körpertemperatur. ☐
   c) die Regulation des inneren physiologischen Gleichgewichts. ☐
   d) die Steuerung der Interaktion zwischen dem Gehirn und anderen wichtigen Organen. ☐

(2) Die **Großhirnrinde** (Kortex) bildet die äußere Hülle der beiden Großhirnhemisphären. Sie ist in erster Linie zuständig für
   a) die Entstehung von Emotionen und Motivation. ☐
   b) kognitive Leistungen wie Denken, Sprechen und die Entwicklung von Handlungskonzepten. ☐
   c) die Vermittlung zwischen ZNS, vegetativem Nervensystem und Hormonsystem. ☐
   d) den Übergang der Informationen vom Kurz- ins Langzeitgedächtnis. ☐

(3) Auf der Großhirnrinde finden sich ein sensorisches und ein motorisches Rindenfeld. Die **motorischen Areale** sind zuständig für
   a) die willkürliche Steuerung von Körperbewegungen. ☐
   b) die Regelung einfacher Reflexe. ☐
   c) die Wahrnehmung von Bewegungen. ☐
   d) die Koordination untergeordneter motorischer Zentren. ☐

(4) Nach einem bestimmten Verständnis ist Bewusstsein eng mit Sprache verbunden. Die **Sprachzentren** liegen
   a) auf den motorischen und sensorischen Rindenfeldern beider Hemisphären. ☐
   b) bei Linkshändern meistens auf dem sensorischen Rindenfeld der rechten Hemisphäre. ☐
   c) bei den meisten Personen auf der sensorischen und motorischen Rinde der linken Hemisphäre. ☐
   d) normalerweise auf dem sensorischen Rindenfeld der linken Hemisphäre. ☐

(5) Linke und rechte Hemisphäre haben unterschiedliche Funktionen. Die **rechte Hemisphäre** ist vor allem zuständig für
   a) die Verarbeitung komplizierter Texte und den sprachlichen Ausdruck. ☐
   b) den Entwurf und die Steuerung von Bewegungen. ☐
   c) die Ausführung mathematischer Operationen und abstraktes Denken. ☐
   d) musikalische Fähigkeiten und das Erkennen von Bildern. ☐

Test — Neurobiologische Grundlagen von Lernen und Gedächtnis kennen (S. 2/2)

(6) Zu den kortikalen Strukturen gehört vor allem der Neokortex, der 90 Prozent der Großhirnrinde ausmacht. **Subkortikale Strukturen** sind
   a) stammesgeschichtlich ältere Teile des Kortex. ☐
   b) untergeordnete Bereiche des Gehirns, die weniger hoch spezialisiert sind als der Kortex. ☐
   c) Hirnzentren, die unterhalb der Großhirnrinde liegen. ☐
   d) Strukturen, die den Kortex in seinen Funktionen unterstützen. ☐

(7) Das ZNS, die peripheren Bereiche des vegetativen Nervensystems und das Hormonsystem sind durch ein gemeinsames übergeordnetes **Koordinations- und Integrationszentrum** miteinander verbunden. Bei diesem Zentrum handelt es sich um
   a) den Hypothalamus. ☐
   b) den Thalamus. ☐
   c) die Hypophyse. ☐
   d) den Hippocampus. ☐

(8) Das Großhirn besteht im Wesentlichen aus dem Neokortex und dem limbischen System. Störungen im Bereich des **limbischen Systems** führen zu
   a) schweren Sprachstörungen. ☐
   b) Störungen der visuellen Wahrnehmung. ☐
   c) Gedächtnisverlust. ☐
   d) emotionalen Störungen. ☐

(9) Kurzzeit- und Langzeitgedächtnis werden durch verschiedene neuronale Mechanismen erklärt. Das **Langzeitgedächtnis** kommt zustande durch
   a) eine in den neuronalen Systemen kreisende Erregung. ☐
   b) strukturelle Veränderung der Synapsen in bestimmten Hirnbereichen. ☐
   c) langfristige Aktivierung der Retikulärformation und des Kortex. ☐
   d) Veränderung der sensorischen und motorischen Rindenfelder. ☐

(10) Der Begriff der Integration hat in der Hirnbiologie eine zentrale Bedeutung. Man unterscheidet eine horizontale und eine vertikale Integration. Als **vertikale Integration** bezeichnet man
   a) das Zusammenwirken kortikaler und subkortikaler Strukturen. ☐
   b) die Interaktion zwischen den beiden Hemisphären. ☐
   c) die gegenseitige Beeinflussung von Zentralnervensystem und Hormonsystem. ☐
   d) das Zusammenarbeiten motorischer Zentren im Kortex mit Reflexzentren im vegetativen Nervensystem. ☐

2 Das Reiz-Reaktions-Lernen

Angst vor dem Fliegen …? Der Unternehmer Helmut K. hatte bei jedem Flug Höllenqualen auszustehen. Er litt – wie annähernd die Hälfte aller Passagiere – unter den Symptomen von Flugangst. Seit einem Schlechtwetterflug mit heftigen Turbulenzen empfand er schon am Tag vor dem Flug Angst. Er spürte eine Verkrampfung der gesamten Muskulatur, starkes Herzklopfen, ein Kloßgefühl im Hals und wiederholt auftretende Schweißausbrüche. Seine Gedanken kreisten um den bevorstehenden Flug, seine Phantasie entwarf jedes Mal ein Horrorszenario von Absturz und Tod. Er fühlte sich hilflos ausgeliefert und suchte verzweifelt, aber erfolglos nach Wegen, der drohenden Gefahr auszuweichen.

Gerade dieser letzte Punkt, auf das Geschehen nicht Einfluss nehmen zu können, keine Kontrolle über die Situation zu haben, ist eines der zentralen Merkmale der Angst vor dem Fliegen. In Trainingskursen der Fluggesellschaften wird die Flugangst besonders durch systematische körperliche Entspannung und durch technische Information abgebaut. Die Teilnehmer lernen Bewältigungsstrategien und können sich auf bisher ängstigende Situationen in neuer Weise einstellen (nach LUFTHANSA: Fliegen ohne Angst).

Was Sie in diesem Kapitel erwartet. In dem Beispiel geht es um das Reiz-Reaktions-Lernen. Dies ist ein Lernen, bei dem der Mensch weitgehend reaktiv ist. Nicht selten findet ein solches Lernen statt, ohne dass wir es merken.

Zahlreiche gelernte Angstreaktionen sind sehr löschungsresistent, d. h. sie schwächen sich im Laufe der Zeit kaum ab. Aus diesem Grund ist zum Angstabbau eine sogenannte Gegenkonditionierung erforderlich. Diese verhaltenstherapeutische Technik wird auch als Aversionstherapie bei Suchtkrankheiten angewandt.

Das Reiz-Reaktions-Lernen spielt außerdem für eine anreiztheoretische Auffassung von Motivation eine bedeutende Rolle. Der Aufforderungscharakter einer Sache ist häufig durch Reiz-Reaktions-Lernen bestimmt. Dieser Gesichtspunkt wird in der Werbepsychologie systematisch angewandt.

Auch im Alltag und in pädagogischen Situationen ist das Reiz-Reaktions-Lernen ein wichtiger Erklärungsansatz.

Das Kapitel gliedert sich in folgende Abschnitte:
2.1 Die Assoziationen
2.2 Modell des Reiz-Reaktions-Lernens
2.3 Grundbegriffe des Reiz-Reaktions-Lernens
2.4 Aufforderungscharakter
2.5 Anwendungsbereiche
2.6 Die wesentlichen Gesichtspunkte des Kapitels
2.7 Arbeitsteil

2.1 Die Assoziationen

Auf die Lernpsychologie haben zwei Assoziationstheorien besonderen Einfluss ausgeübt:
(1) die klassische deutsche Gedächtnispsychologie (Ebbinghaus, G. E. Müller)
(2) die russische Reflexologie (Sechenow, Pawlow)

Diese beiden Assoziationstheorien, die »direkte assoziative Verknüpfung von Bewusstseinsinhalten« und »das klassische Bedingen oder Konditionieren« werden in ihren Grundzügen vorgestellt. Hierbei sollen die Gemeinsamkeiten und die Unterschiede herausgearbeitet werden. Für die weiteren Betrachtungen ist dann vorerst nur das »klassische Konditionieren« von Bedeutung. Es wird das Reiz-Reaktions-Lernen als eine Erweiterung dieser Lerntheorie vorgestellt.

2.1.1 Direkte assoziative Verknüpfung von Bewusstseinsinhalten

Bereits Aristoteles hat drei Assoziationsgesetze genannt. Er nahm an, dass zwei Gedächtnisinhalte unter folgenden Bedingungen miteinander verknüpft werden:
▶ wenn sie einander ähnlich sind (Gesetz der Ähnlichkeit): Auf einem Spaziergang begegnen wir einem uns unbekannten Menschen. Da erinnern wir uns an einen lieben Freund. Die Ähnlichkeit mag in der Art sich zu kleiden, im Gang o. ä. liegen.
▶ wenn sie einander unähnlich sind (Gesetz des Kontrastes): Wir speisen in einer Gaststätte und sind gar nicht zufrieden. Da erinnern wir uns an die aus-

gezeichnete Küche, die wir im letzten Urlaub kennenlernten.
- wenn sie irgendwann gemeinsam in unserem Bewusstsein vorhanden waren (Gesetz der zeitlichen und räumlichen Berührung oder Kontiguität): Wir kommen am Bahnhof vorbei. Da erinnern wir uns, dass sich hier vor einigen Wochen ein Verkehrsunfall ereignet hat.

Die experimentelle Begründung der Assoziationsforschung beginnt im letzten Viertel des 19. Jahrhunderts. Bekannt geworden ist besonders die Untersuchung des Gedächtnisses durch Ebbinghaus, der hauptsächlich mit sinnfreien Silben arbeitete (z. B. FAP, KIX). Später hat man dann auch das Lernen von sinnvollem sprachlichem Material untersucht. Ein solches Lernen würden wir heute als Auswendiglernen oder als → mechanisches Lernen (Abschn. 4.3.2) bezeichnen.

Diese Assoziationspsychologie der Jahrhundertwende, die die Verbindung der Elemente des Bewusstseins durch Assoziation als wichtigstes Erklärungsprinzip aller psychischen Prozesse annahm, wird in dieser Form heute nicht mehr vertreten. Im Anschluss an die Gestalt- und Ganzheitspsychologie (z. B. Wertheimer, Krueger) tritt die Einsicht *in Sinnzusammenhängen* oder *Strukturen* in den Vordergrund der Betrachtungsweise. Davon wird im Kapitel über Begriffsbildung und Wissenserwerb (Kap. 4) noch ausführlich die Rede sein.

Trotzdem gibt es eine Fülle psychischer Vorgänge, die angemessen als assoziative Verknüpfungen erklärt werden können:
- Wortbedeutungen, d. h. Assoziation eines Begriffes mit einem Begriffsnamen (z. B. Objekte mit vier Beinen, Maul usw. – Wort Hund)
- Paarassoziation (z. B. Blitz und Donner, Hund – dog)
- Sprachliche Ketten (z. B. Merksätze; Einmaleins)
- Vorstellungen (z. B. Knoten im Taschentuch, der uns an eine Sache erinnert, die wir noch erledigen möchten, Gedächtnistechniken wie z. B. Loci-Methode)

Neben den relativ einfachen Paarassoziationen und Assoziationsketten können ganze Wissensgebiete im Gedächtnis in Form von Assoziationskomplexen gespeichert sein (Abb. 2.1).

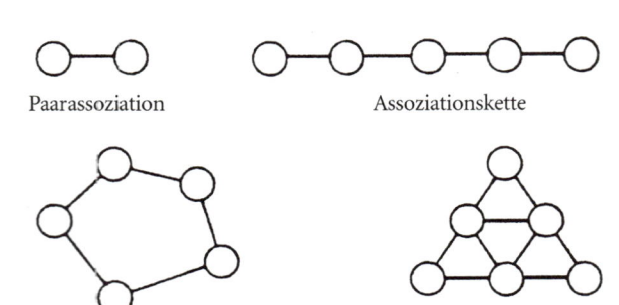

Abbildung 2.1 Schematische Darstellung verschiedener Formen von Assoziationen

> **Definition**
>
> Mit dem Begriff **Assoziation** wird eine Verknüpfung von Inhalten im Bewusstsein bezeichnet.

2.1.2 Klassisches Bedingen oder Konditionieren

Ebenfalls etwa um die Jahrhundertwende untersuchte der russische Physiologe Iwan Petrowich Pawlow (1849–1936) die psychische Erregung der Speichel- und Magendrüsen. Die Beobachtung, dass bei hungrigen Tieren oder Menschen bereits beim Anblick von Nahrung oder sogar bei der Vorstellung von Speisen Speichel zu fließen beginnt, wurde zum Ausgangspunkt zahlreicher Lernexperimente. In der Schrift »Der bedingte Reflex« beschreibt Pawlow (1973) sein Vorgehen.

> **Experiment**
>
> »Wir wollen zwei einfache Versuche anstellen, die jedem gelingen werden. Wir gießen in das Maul eines Hundes eine mäßig starke Lösung irgendeiner Säure. Sie ruft die übliche Abwehrreaktion des Tieres hervor. Durch energische Bewegungen des Mauls wird die Lösung ausgespien, und gleichzeitig fließt reichlich Speichel ins Maul (und dann auch nach außen), der die eingeführte Säure verdünnt und sie von der Schleimhaut des Mauls abwäscht.
>
> Nun der andere Versuch: Wir lassen einige Male irgendein äußeres Agens, z. B. einen bestimmten Ton, auf einen Hund einwirken, gerade bevor wir in sein Maul dieselbe Lösung einführen. Und was geschieht nun? Es genügt, nur diesen Ton allein zu wiederholen, und bei dem Hund wird wieder die-

selbe Reaktion hervorgerufen: die gleichen Maulbewegungen und derselbe Speichelfluss« (Pawlow, 1973, S. 67 f.).

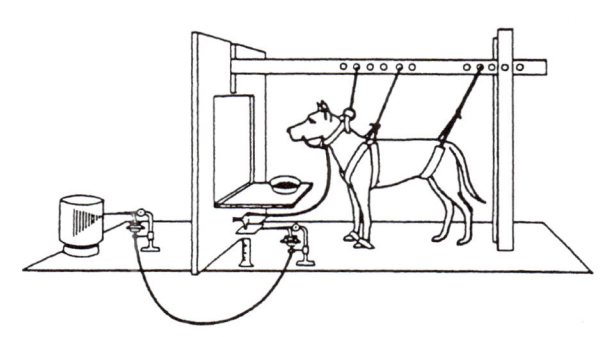

Abbildung 2.2 Versuchsanordnung von Pawlow (Lefrançois, 1976, S. 75)

Unbedingter Reflex. Bei dem ersten Versuch handelt es sich um einen unbedingten Reflex. Reize (lat. stimulus, stimuli) im engeren Sinne sind physikalische oder chemische Erscheinungen (z. B. eine Säure in einer bestimmten Konzentration). Diese Reize treffen auf ein Sinnesorgan. Durch einen einfachen nervösen Mechanismus (Reflexbogen) kommt es zur Reaktion einer Drüse oder eines Muskels. Die Antwort auf den Reiz erfolgt unwillkürlich und braucht nicht erlernt zu werden. Sie ist *angeboren* oder unbedingt. Bekannte Antworten auf Reize sind der Lidschlagreflex und der Kniesehnenreflex.

Bedingter Reflex. Im zweiten Versuch wurde dem Hund jeweils kurz vor dem Stimulus Säure, der die unbedingte, d. h. angeborene Reaktion Maulbewegung und Speichelfluss auslöste, noch ein anderer Reiz, nämlich ein Glockenton dargeboten. Dieser zweite, ursprünglich völlig neutrale Reiz erlangt nun unter bestimmten Bedingungen die Fähigkeit, eine sehr ähnliche Reaktion auszulösen wie der zunächst verwendete. Diese jetzt *erlernte* Reiz-Reaktions-Verbindung ist der bedingte Reflex. Um einen solchen bedingten Reflex handelt es sich zum Beispiel, wenn bereits der Anblick einer Zitrone Speichelfluss auslöst.

Lernvorgang. Infolge der zeitlichen Nachbarschaft des neutralen (und dann später bedingten) Reizes mit dem unbedingten (= *Kontiguität*) wird der zunächst neutrale Reiz (Glockenton) zu einem Signal für den folgenden Reiz (Säure). Die Bedingung (Kondition) für das Lernen ist also in diesem Experiment nicht nur die mehrmalige Berührung (Kontiguität) der beiden Reize selbst, sondern die dadurch erreichte *Signal- oder Hinweisfunktion* des später bedingten Reizes. Dies ist die wesentliche Voraussetzung dafür, dass nach Abschluss des Lernvorgangs der Reiz Säure durch den Reiz Glockenton ersetzt werden kann.

Von Bedingen oder Konditionieren spricht man also, weil diese Voraussetzung, nämlich *Kontiguität plus Signalfunktion*, hergestellt werden muss. Klassisches Bedingen oder Konditionieren wird diese Lernform deshalb genannt, weil man später das operante Bedingen oder Konditionieren (in diesem Buch als instrumentelles Lernen bezeichnet, 3. Kapitel) von dieser »klassischen« (= früheren) Form abheben wollte.

2.1.3 Erweiterung des Modells des klassischen Konditionierens

Pawlow war Physiologe. Er untersuchte schwerpunktmäßig Leistungen des autonomen Nervensystems (Beispiel: Speichelsekretion). Seine Gedankengänge wurden in Amerika aber bald von den Behavioristen um John B. Watson aufgegriffen. Beiden Richtungen gemeinsam war die Auffassung, dass bei der klassischen Konditionierung Bewusstseinsprozesse nicht erklärungsrelevant seien und deshalb den Psychologen nicht zu interessieren haben.

Behaviorismus

Im Jahre 1913 schrieb Watson die programmatische Schrift »Psychologie, wie der Behaviorist sie sieht«. Damit war der Behaviorismus (behavior = Verhalten) als psychologische Richtung begründet.

Diese Wissenschaftsauffassung, die damals neuartig war und sich als objektive Verhaltenslehre von einer vornehmlich auf Selbstbeobachtung stützenden Bewusstseinspsychologie deutlich distanzierte, ist durch folgende Merkmale ausgezeichnet:
- Gegenstand der Psychologie ist das mit experimentellen Methoden erfassbare äußere Verhalten von Organismen.
- Da die Methode der Selbstbeobachtung nicht zugelassen wird, sind Erleben und Bewusstsein der Forschung nicht zugänglich.
- Es sollen die Voraussetzungen für eine effektive Beeinflussung (Verhaltenskontrolle) bei Tier und Mensch geschaffen werden.

Die älteren behavioristischen Theorien beschreiben Lernen als Stiftung von Reiz-Reaktions-Verbindungen. Eine wesentliche Weiterentwicklung der Verhaltenstheorie ist in den Beiträgen Skinners zu sehen, der ab 1930 das nach außen wirkende (»operante«) Verhalten beschrieb. Diese Art der Konditionierung wird heute als instrumentelles Lernen bezeichnet (Edelmann, 2005).

Eine Erweiterung des ursprünglichen physiologischen oder streng behavioristischen Ansatzes ist besonders in folgenden Punkten zu sehen:

▶ Unter Reizen werden nicht mehr nur physikalisch-chemische Außenweltereignisse verstanden. Reize können auch in der *Vorstellung* gegeben sein. Es kann z. B. nicht nur das tatsächliche Eingeschlossensein in einem defekten Aufzug, sondern bereits die Vorstellung eines solchen Ereignisses Angst auslösen.
▶ Der Begriff der Reaktion schließt zwei Arten von Antwortverhalten ein: *Verhalten* im engeren Sinne und *Erleben*. So zeigt sich diese Angst in äußerlich beobachtbaren Verhaltenskomponenten (z. B. Erhöhung des Pulsschlags, Schweißabsonderung, motorische Unruhe) und in einer bestimmten Erlebnisqualität.

Vorstellungen und Gefühle sind spezifische Bewusstseinszustände. Die Erklärung gelernter emotional-motivationaler Reaktionen (z. B. von Angst vor engen Räumen oder Prüfungen) nach dem Modell des klassischen Konditionierens stellt demnach eine Erweiterung des ursprünglichen Konzeptes von Pawlow und Watson dar. Diese Erweiterung des klassischen Modells auf das Lernen von emotionalen Reaktionen in alltäglichen Situationen ist von großer Bedeutung, da im Gegensatz zu kontrollierten Laborexperimenten die mehrfach angesprochene Signalfunktion einen anderen Stellenwert erhält. Dies wird unter dem Stichwort → Timing (Abschn. 2.2.4) noch besprochen.

Zusammenfassung

▶ Man kann zwei Assoziationstheorien unterscheiden: Beim eigentlichen assoziativen Lernen handelt es sich um die Verknüpfung von Bewusstseinsinhalten und beim klassischen Konditionieren um eine bewusstseinsunabhängige Verknüpfung von Reiz und Reaktion (Kontiguität plus Signalfunktion).
▶ Der Begriff »klassisches Konditionieren« meint die ursprüngliche, physiologische oder streng behavioristische Auffassung und der Begriff »Reiz-Reaktions-Lernen« (oder S-R-Lernen) schließt neben dem Verhalten auch Erleben ein.

2.2 Modell des Reiz-Reaktions-Lernens

In den Untersuchungen von Pawlow ging es um das Lernen von Reflex-Reaktionen im engeren Sinn, d. h. um die Aktivierung von Muskeln oder Drüsen (z. B. reflektorisches Zurückweichen, Speichelabsonderung). Im menschlichen Alltag und unter pädagogischen Gesichtspunkten ist das *Lernen von emotional-motivationalen Reaktionen*, d. h. die Auslösung von Gefühlen und Bedürfnissen (z. B. Angst, Anreizwert einer Sache) wesentlich bedeutsamer. Das Modell des Reiz-Reaktions-Lernens erklärt in Anlehnung an das klassische Konditionieren diese alltagsrelevanten Lernphänomene. Es werden nun die wichtigsten Aspekte des Reiz-Reaktions-Lernens geklärt.

2.2.1 Hinweisfunktion und Auslösefunktion der Reize

Pawlow verabreichte in einigen seiner Experimente Hunden eine Futterkugel, worauf diese mit Speichelabsonderung reagierten. Wird kurz vor der Futtergabe eine Glocke geläutet, speicheln die Tiere nach einigen Versuchsdurchgängen bereits bei Darbietung des Glockentons. Sie hatten zwei Dinge gelernt: Immer wenn die Glocke läutet, gibt es bald Futter, und sie sonderten bereits bei Ertönen der Glocke Speichel ab. Im ersten Fall handelt es sich um die Verknüpfung von zwei Reizen (Ton – Futter) und im zweiten Fall um die Verknüpfung eines Reizes mit einer Reaktion (Ton – Speichelabsonderung). Man kann also davon sprechen, dass der vormals neutrale Reiz (Ton) im Lernprozess zwei Funktionen übernimmt: eine Hinweis- und eine Auslösefunktion.

Betrachten wir nun besonders eindringliche Beispiele für derartige Verknüpfungen bei Menschen.

Beispiel

Nach emotional stark belastenden Ereignissen, wie z. B. Naturkatastrophen, Banküberfällen, Einsätzen in Kriegs- und Krisengebieten, berichten viele der Betroffenen über nachhaltige Beeinträchtigungen ihres Lebensvollzugs. Sie reagieren auf Objekte (z. B. Kleidungsstücke), Situationen (z. B. Menschenmengen) und Wahrnehmungseindrücke (bestimmte Geräusche, Gerüche, Berührungen) mit Flashbacks (blitzartig auftauchende Erinnerungen), Angstattacken, körperlichem Erstarren oder Verhaltensweisen wie in der damaligen Situation.

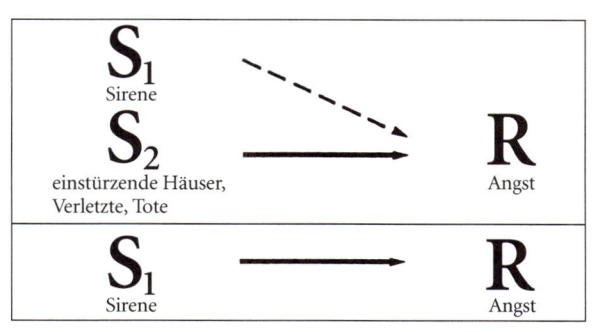

Abbildung 2.4 Auslösefunktion des Reizes: Ein Reiz und eine Reaktion werden miteinander verknüpft (S-R-Lernen)

Hinweisfunktion. Reize haben zunächst eine Hinweisfunktion oder, wie man auch sagt, eine Signalfunktion. Der Ton in dem Pawlow'schen Experiment kündigt die Säure oder das Futter an, Geländeeigenheiten signalisieren in Kriegsgebieten eine Gefahr, ein bestimmter Handyton eine eingetroffene SMS, dem Jingle im Rundfunk folgen die Nachrichten usw. Da es sich hierbei um die direkte Verknüpfung zweier Reize handelt, könnte man auch von einem Reiz-Reiz- bzw. S-S-Lernen sprechen (Abb. 2.3). Dieses Lernen von Signalen spielt auch beim instrumentellen Lernen eine große Rolle und wird dort unter dem Stichwort → Hinweisreize (Abschn. 3.1.4) ausführlicher behandelt werden.

> **Beispiel**
>
> Eine Soldatin, die bis 2001 im Kosovo stationiert war, beschreibt das so: »Die Sicherheitslage ist natürlich nach wie vor katastrophal. Überall Minen. Das verinnerlicht man. Man kann nicht einfach so über die grüne Wiese laufen. Wieder in Deutschland, konnte ich diese Vorsicht gar nicht mehr ablegen, obwohl ich mir ständig sagte: Du bist zu Hause, in Deutschland, geh einfach über den Rasen« (Werner, 2010, S. 146 f.).

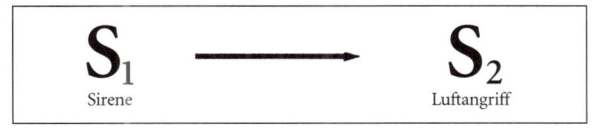

Abbildung 2.3 Hinweisfunktion eines Reizes: Zwei Reize werden miteinander verknüpft (S-S-Lernen)

2.2.2 Ungelernte und gelernte Reiz-Reaktions-Verbindungen

Dass man bei plötzlichem Lichteinfall die Augen schließt, braucht man nicht zu lernen. Dass man beim Einatmen von Niespulver niesen muss, findet immer statt und ist nicht an besondere Bedingungen geknüpft. Diese beiden Reiz-Reaktions-Verbindungen sind angeboren. Ob man sich über die Begegnung mit einem Menschen freut oder ärgert, ist augenscheinlich nicht angeboren, sondern erlernt. Das von den Reizen ausgelöste Antwortverhalten kann also einmal angeboren im Verhaltensrepertoire vorhanden sein oder es muss erst erlernt werden.

Auslösefunktion. Wie wir wissen, sind Objekte, Situationen und Wahrnehmungseindrücke auch unter bestimmten Bedingungen in der Lage, Empfindungen (z. B. Freude, Angst) und Verhalten (z. B. Herzrasen, Erstarren, Weglaufen) hervorzurufen. So können etwa für das Opfer eines Banküberfalls Pudelmützen, Schals, Kapuzen oder Kleidungsstücke des Täters, aber auch Geräusche (Knall, Stimme), Gerüche (Kaugummi, Rasierwasser) oder Berührungen (Druck im Rücken oder Hand auf der Schulter) Reflex-Reaktionen und emotional-motivationale Reaktionen auslösen. Unter diesem Gesichtspunkt sprechen wir von der Auslösefunktion des Reizes (Abb. 2.4).

Auch diese Funktion ist relativ bewusstseinsunabhängig und kaum über das Bewusstsein zu steuern.

Uns interessiert hier besonders das erlernte Antwortverhalten. Betrachten wir zwei Alltagsfälle für solche erlernten Reiz-Reaktions-Verbindungen: Bei manchen Patienten löst beim Zahnarzt der Anblick des Bohrers die gleiche reflektorische Ausweichreaktion aus wie die eigentliche Anwendung des Geräts. Die Melodie eines Computerspiels aus der Kindheit löst bei einem Jugendlichen ganz angenehme Erinnerungen und Gefühle aus.

Bohrer und Melodie lösen nur unter bestimmten Bedingungen eine Ausweichbewegung oder (sentimentale) Freude aus, nämlich dann, wenn die Verbindung dieser Reize mit den entsprechenden Reaktionen vorher gelernt wurde.

2.2.3 Schema des Reiz-Reaktions-Lernens

Zum genaueren Verständnis des Lernens von Reiz-Reaktions-Verbindungen soll im Anschluss an das Experiment von Pawlow nun ein Schema entwickelt werden (Abb. 2.5).

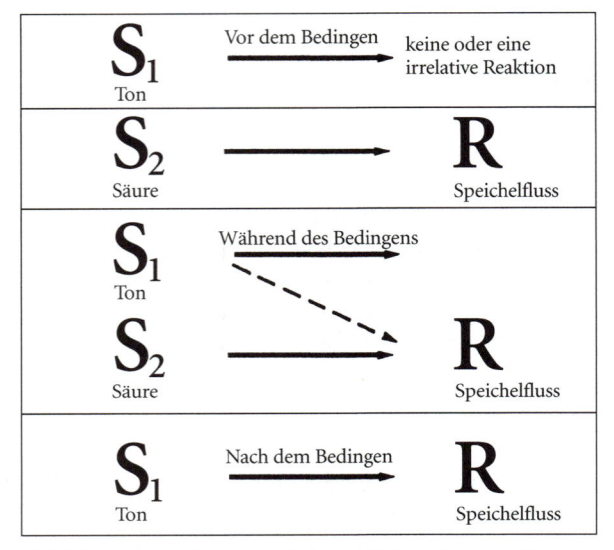

Abbildung 2.5 Schema des Reiz-Reaktions-Lernens (Lernen einer Reflex-Reaktion)

Der Reiz, der angeborenermaßen die unbedingte Reaktion R auslöst, wird als unbedingter Reiz bezeichnet. Beim klassischen Konditionieren wird dieser unbedingte Reiz mit US (unconditioned stimulus) abgekürzt. Wir wollen ihn beim Reiz-Reaktions-Lernen in diesem Buch als **S2** kennzeichnen.

Der ursprünglich neutrale Reiz, der nach Abschluss des Lernvorgangs die dann bedingte Reaktion auslöst, wird als bedingter Reiz (beim klassischen Konditionieren CS) bezeichnet. Wir wollen ihn beim Reiz-Reaktions-Lernen in diesem Buch als **S1** kennzeichnen.

Warum wir die Bezeichnungen S1 und S2 einführen, wird in den nächsten Abschnitten (2.2.4 und 2.3.4) noch begründet werden.

Es soll im Gegensatz zum klassischen Konditionieren auch nicht mehr vom bedingten Reflex gesprochen werden, sondern von der *bedingten Reaktion*, da nach dem Modell des Reiz-Reaktions-Lernens nicht nur einfache Reflexe gelernt werden. Bedingte Reaktion bedeutet so viel wie gelernte Reaktion, d. h. die Reaktion kann jetzt von einem neuen Reiz ausgelöst werden.

Das Experiment von Pawlow war ein Beispiel für das Lernen einer Reflex-Reaktion. Ganz analog lässt sich das Lernen einer emotional-motivationalen Reaktion erklären. Wir greifen dafür auf das im Jahr 1920 von Watson und Rayner berichtete Experiment des kleinen Albert zurück, das als Klassiker gelten kann, wenngleich es sich um ein heute ethisch nicht mehr zu rechtfertigendes Experiment handelt. Dieses Experiment ist im Arbeitsteil ausführlich geschildert.

> **Experiment**
>
> **Der kleine Albert**
> Der neun Monate alte Albert spielte gerne mit einer weißen Ratte. Er war ein besonders ausgeglichenes Kind. In Vorversuchen hatte man festgestellt, dass nur zwei Reize in der Lage waren, bei ihm Angst auszulösen: das plötzliche Wegziehen der Unterlage und plötzliche, laute Geräusche.
>
> In dem eigentlichen Lernexperiment wurde, während Albert mit dem Tier spielte, hinter seinem Rücken auf eine Eisenstange geschlagen. Nach einigen Versuchsdurchgängen begann Albert beim Anblick der Ratte sofort zu schreien, ohne dass das laute Geräusch erzeugt wurde.

Inzwischen fällt es uns leicht, den Vorgang als Reiz-Reaktions-Lernen zu begreifen (Abb. 2.6).

An dieser Geschichte wird noch einmal das Prinzip der Kontiguität deutlich. Infolge des Vorkommens der

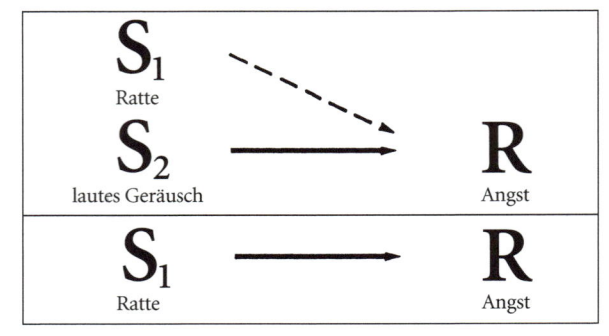

Abbildung 2.6 Schema des Reiz-Reaktions-Lernens am Beispiel des kleinen Albert (Lernen einer emotional-motivationalen Reaktion)

beiden Reize in einer bestimmten Reihenfolge erlangt der S1 die Signalfunktion. Dass das Kind am Ende gerade vor der Ratte Angst hat, erscheint zufällig und willkürlich. Statt der Ratte hätte der Versuchsleiter auch eine Gummiente oder eine Puppe nehmen können. Man kann in der Tat auf ähnliche Weise lernen, vor Ratten, Zahnärzten, Kommunisten, Polizisten, Eltern, Lehrern, Nikoläusen und Geschlechtsverkehr Angst zu haben. Diese Vorstellung ist zu Recht beklemmend.

> **!** Das Modell des Reiz-Reaktions-Lernens lässt sich folgendermaßen beschreiben: Infolge der Berührung zweier Reize (Kontiguität) und des manchmal damit verbundenen Aufbaus einer Signalfunktion des ursprünglich neutralen Reizes kommt es zu einer Reizsubstitution (Reizersetzung). Der zunächst neutrale Reiz kann nach Abschluss des Lernvorgangs die gleiche oder eine ähnliche Reaktion auslösen wie der Reiz der angeborenen Reiz-Reaktions-Verbindung. Motivation, Absicht, Bewusstsein u. ä. Prozesse spielen in dieser Theorie für die Erklärung der entsprechenden Lernprozesse keine Rolle. Der Organismus verhält sich weitgehend reaktiv.

2.2.4 Timing

Mit S1 haben wir den ursprünglich neutralen (und später konditionierten) Reiz und mit S2 den Reiz der bereits etablierten Reiz-Reaktions-Verbindung bezeichnet. Es wurde eine ganze Reihe von zeitlichen Beziehungen zwischen den beiden Reizen untersucht. Hier sollen zwei Fälle angesprochen werden.

Simultane Konditionierung. In diesem Fall beginnt der S1 ganz kurze Zeit (meist Sekundenbruchteile) vor dem S2 und beide dauern an bis zum Auftreten der Reaktion.

Gelernt wird nach dieser Auffassung nur, wenn der später bedingte Reiz *vor* dem unbedingten dargeboten wird, selbst wenn es sich u. U. nur um ein Zeitintervall von Sekundenbruchteilen handelt. Allerdings gilt die angegebene, angeblich optimale Zeitspanne von 0,5 Sekunden zwar für die Konditionierung von Schutzreflexen der Skelettmuskulatur (z. B. Lidschlagreflex), aber schon wegen der Trägheit der vegetativen Erfolgsorgane nicht mehr bei der Konditionierung autonomer Reflexe (z. B. Veränderung der Herzfrequenz, Speichelsekretion).

Die Bezeichnungen S1 und S2 stehen also für die häufig zu beobachtende zeitliche Reihenfolge des Auftretens der beiden Reize. Nur so kann auch der S1 eine *Signalfunktion* erlangen.

Rückwirkende Konditionierung. Untersuchungen mit Blickaufzeichnungen bei der Wahrnehmung von Werbeanzeigen deuten darauf hin, dass der Konsument zunächst die emotionsgeladene Bildbotschaft der Anzeige (S2) wahrnimmt und erst dann die Abbildung des Produkts bzw. den Produktnamen (S1). Wenn ein Produkt im Zuge einer Werbekampagne emotional konditioniert wird, dann kann das Produkt nach diesen Überlegungen keine Signalfunktion im oben beschriebenen Sinne erlangen, weil der S1 *nach* dem S2 beginnt.

Vermutlich stimmt die Faustregel, dass nur gelernt wird, wenn S1 vor S2 dargeboten wird und wenn der S1 eine Signalfunktion erlangt, nur für Laborexperimente im Bereich der Konditionierung von Reflexreaktion i. e. S. Für die Konditionierung von emotional-motivationalen Reaktionen kann eher davon ausgegangen werden, dass deren Bedingung entweder ausschließlich in der Kontiguität (der Berührung zweier Reize) oder in der Kontiguität plus dem Signalcharakter besteht. Dies ist auch der Grund dafür, dass in diesem Buch nicht etwa das klassische Konditionieren – eine Signaltheorie – mit dem Erlernen emotional-motivationaler Reaktionen gleichgesetzt, sondern die besondere Form des Reiz-Reaktions-Lernens – eine Kontiguitätstheorie – vorgestellt wird.

> **Zusammenfassung**
>
> ▶ Es gibt ungelernte (angeborene) und gelernte S-R-Verbindungen.
> ▶ Reize haben eine Hinweis- und eine Auslösefunktion.
> ▶ Beim Reiz-Reaktions-Lernen wird als ausschlaggebende Bedingung einmal lediglich die Kontiguität zweier Reize genannt und zum anderen zusätzlich der Aufbau einer Signalfunktion betont.

2.3 Grundbegriffe des Reiz-Reaktions-Lernens

Nachdem im letzten Abschnitt das Grundmodell des Lernens von Reiz-Reaktions-Verbindungen vorgestellt wurde, sollen jetzt einige Detailprobleme behandelt werden. Die Stichworte lauten: Bekräftigung, Löschung, Generalisierung und Differenzierung, bedingte Reaktionen höherer Ordnung sowie Gegenkonditionierung.

2.3.1 Bekräftigung

Wir haben erfahren, dass die Kontiguität, die Berührung der beiden Reize (und unter Umständen auch der Erwerb der Signalfunktion), die ausreichende Bedingung für den Aufbau der bedingten Reaktion darstellt.

Eine einmalige Berührung der beiden Reize reicht jedoch meist nicht zur Bildung einer stabilen bedingten Reaktion aus. In zahlreichen Experimenten hat sich gezeigt, dass mindestens fünf, manchmal auch über hundert Koppelungen von bedingtem Reiz (S1) und unbedingtem Reiz (S2) nötig waren.

> **Definition**
>
> In der Regel ist der Erwerb einer bedingten Reaktion an das wiederholte Zusammenvorkommen der beiden Reize gebunden. Dieses Prinzip wollen wir **Bekräftigung** nennen.

Den hierfür in der Literatur auch gebrauchten Begriff der Verstärkung (engl. reinforcement) wollen wir, um Verwechslungen zu vermeiden, ausschließlich im Zusammenhang mit dem instrumentellen Lernen verwenden.

Abbildung 2.7 soll diesen Vorgang veranschaulichen. Auf der Abszisse ist die Anzahl der Versuchsdurchgänge (Zusammenvorkommen der Reize) und auf der Ordinate das Ausmaß der Speichelabsonderung aufgetragen. Es ist ersichtlich, dass in diesem Fall etwa sieben bis elf Bekräftigungen notwendig waren.

Auch im Humanbereich spielt dieses Prinzip eine Rolle. Nehmen wir zum Beispiel jüngere Kinder, die ein natürliches Interesse an ihrem Körper zeigen. Dieser unbefangenen Einstellung zur Nacktheit wird in nicht wenigen Familien und Betreuungsinstitutionen durch wiederholte Kritik und Schimpfen begegnet. Die Folge ist, dass nach einiger Zeit beim Anblick eines nackten Körpers Unlust, schlechtes Gewissen usw. auftreten (Abb. 2.8).

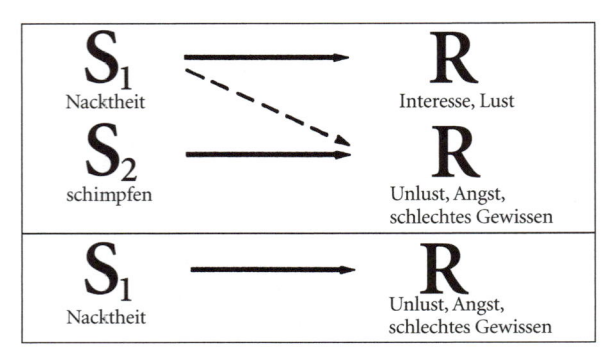

Abbildung 2.8 Bedingen der Einstellung zur Nacktheit bei Kindern

Eine Vielzahl unserer Einstellungen, Vorlieben und Abneigungen gegenüber Personen und Dingen in der Welt können durch einen solchen Lernprozess erklärt werden. Familie, Freunde und Bekannte, aber auch Berichterstattungen in Medien haben darauf einen großen Einfluss.

2.3.2 Löschung

Bei den bedingten Reflexen i. e. S. lässt sich bald nach dem Aufbau der Verhaltensweise durch mehrfache Bekräftigung, d. h. durch Koppelung der beiden Reize, ein Abbau der Reiz-Reaktions-Verbindung beobachten. Dieser findet dann statt, wenn mehrmals der bedingte Reiz (S1) allein, d. h. ohne den unbedingten (S2) dargeboten wird. Hierbei verschwindet die bedingte Reaktion vollständig oder wird deutlich abgeschwächt.

> **Definition**
>
> Wird der bedingte Reiz (S1) mehrfach ohne den unbedingten Reiz (S2) dargeboten, erlischt die be- ▶

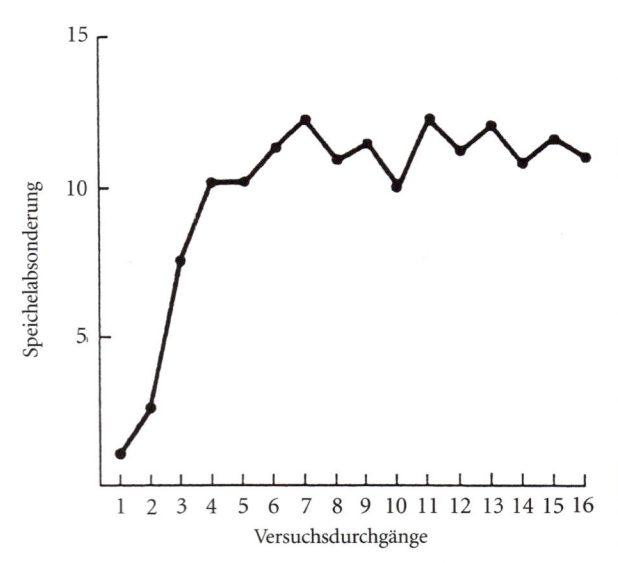

Abbildung 2.7 Aufbau einer bedingten Reaktion

dingte Reaktion oder wird deutlich abgeschwächt. Diesen Vorgang nennt man **Löschung** oder Extinktion.

Im Gegensatz zu bedingten Reflexreaktionen sind emotional-motivationale Reaktionen häufig sehr widerstandsfähig gegenüber Löschung. So empfinden z. B. Kinder und Erwachsene zuweilen auch vor relativ kleinen Hunden Angst, obwohl unangenehme Erlebnisse mit solchen Tieren schon lange zurückliegen und teilweise überhaupt nicht mehr erinnert werden können.

Im Alltag gibt es vermutlich zahlreiche Fälle eines solchen Extinktionswiderstandes gegenüber gelernten Reaktionen oder Reaktionskomponenten. Gantt (1966) schreibt zu diesem Phänomen: »Eine Person kann auf eine alte Niederlage oder eine längst nicht mehr existierende Situation reagieren, und sie ist sich gewöhnlich nicht bewusst, wie die Erhöhung ihrer Herzfrequenz oder ihres Blutdruckes zustande kommt … Die Tatsache, dass es so schwierig ist, konditionierte Reaktionen zu löschen, macht das Individuum, wenn es älter wird, zu einem regelrechten Antiquariat« (zit. nach Becker-Carus, 2004, S. 326).

2.3.3 Generalisierung und Differenzierung

In den Experimenten von Pawlow konnte beobachtet werden, dass ein Hund, der gelernt hatte, auf einen Ton einer bestimmten Schwingungszahl Speichel abzusondern, auch auf einen etwas niedrigeren oder höheren Ton die gleiche bedingte Reaktion zeigte. Kinder, die vor dem Vater Angst haben, könnten diese Angst auch bei Anwesenheit anderer männlicher Erwachsener oder vor dem Lehrer äußern. Diese Erscheinung wird *Reiz-Generalisierung* genannt.

Es gibt auch einen der Generalisierung entgegengesetzten Prozess, den man *Reiz-Differenzierung* (oder Diskrimination) nennt. Folgt in den Hunde-Experimenten bei zwei ähnlichen Tönen einige Male nur noch bei dem einen Ton die Einbringung von Säure in das Maul, dann wird das Tier bald nur noch bei diesem Ton die bedingte Speichel-Reaktion zeigen. In dem Beispiel aus dem Humanbereich könnte es so sein, dass das Kind eine differenzierte bedingte Angstreaktion dem Vater gegenüber zeigt, wenn häufiger nur dieser schimpft, nicht aber die anderen männlichen Erwachsenen.

2.3.4 Bedingte Reaktionen höherer Ordnung

Wie wir bereits wissen, kann ein bedingter Reiz (S1) nach einmaliger oder mehrmaliger Koppelung mit einem unbedingten Reiz (S2) eine bedingte (gelernte) Reaktion (R) auslösen. Dieser Reiz (S1) kann nun noch mit einem anderen neutralen Reiz (S1') gekoppelt werden. Bei der dann entstehenden Verbindung handelt es sich um eine bedingte Reaktion zweiter Ordnung.

Betrachten wir dazu die folgenden klassischen Experimente zum Erwerb von Einstellungen.

Experiment

Staats und Staats (1958) verwendeten Wörter, die entweder positiv (z. B. »schön«, »Geschenk«), negativ (z. B. »bitter«, »Misserfolg«) oder wertneutral (z. B. »zwölf«, »Stuhl«) besetzt sind. Diese Wörter wurden jeweils unmittelbar nach der visuellen Präsentation eines Nationalitätennamens akustisch dargeboten. Man ließ die Versuchspersonen (amerikanische College-Studierende) glauben, das Experiment untersuche, ob sie in der Lage seien, gleichzeitig dargebotene akustische und visuelle Reize getrennt zu lernen. Für die eine Hälfte der Versuchspersonen wurde »niederländisch« stets mit positiv bewerteten und »schwedisch« stets mit negativ bewerteten Adjektiven gekoppelt, für die andere Hälfte erfolgte das umgekehrt. Die anderen Nationalitätsbezeichnungen waren stets mit neutralen Wörtern kombiniert. Als die Versuchspersonen danach »niederländisch« und »schwedisch« auf einer Rating-Skala nach Sympathie einzuschätzen hatten, lösten diese Nationalitätsbezeichnungen positivere Bewertungen aus, wenn sie mit positiven Wörtern gekoppelt waren, als wenn sie zusammen mit negativen bewerteten Wörtern dargeboten worden waren.

Berkowitz und Knurek (1969) wiederholten das Experiment, diesmal nicht mit Nationalitätenbezeichnungen, sondern mit Namen. Nach der Konditionierung ließen sie die Versuchspersonen in einem davon angeblich unabhängigen Experiment an einer Diskussion mit zwei Mitstudierenden teilnehmen, von denen einer den mit negativen Wörtern gekoppelten Namen trug. Die Versuchspersonen verhielten sich gegenüber dieser Person tatsächlich unfreundlicher als gegenüber dem Diskussionspartner, der einen neutralen Namen trug.

Die in den Experimenten verwendeten Wörter (»Geschenk«, »bitter« »Misserfolg« usw.) sind nicht etwa Reize, die angeborene Reaktionen auslösen, denn sie haben z. B. für Menschen, die dieser Sprache nicht mächtig sind, keinerlei Bedeutung. Dass diese Wörter überhaupt mit positiven oder negativen Wertungen verknüpft sind, ist vermutlich durch vorausgehende gute oder schlechte Erfahrungen gelernt. Die S2 in diesen Experimenten sind also bereits bedingte Reize, die bedingte emotional-motivationale Reaktionen hervorrufen. In der Kopplung mit den Nationalitätenbezeichnungen oder Vornamen entstehen nun bedingte Reaktionen höherer Ordnung (Abb. 2.9).

Man kann bei den Experimenten auch sagen: Durch das gleichzeitige Darbieten emotionsevozierender Begriffe (z. B. »Geschenk« oder »bitter«) wurde als Effekt des Reiz-Reaktions-Lernens die konnotative (emotionale) Bedeutungskomponente eines Begriffs (z. B. »niederländisch«) erworben. Die Bedeutungskomponenten von Begriffen werden im Kapitel über Begriffsbildung und Wissenserwerb noch ausführlicher behandelt werden (→ Subjektivität der Begriffsbildung, Abschn. 4.2.5).

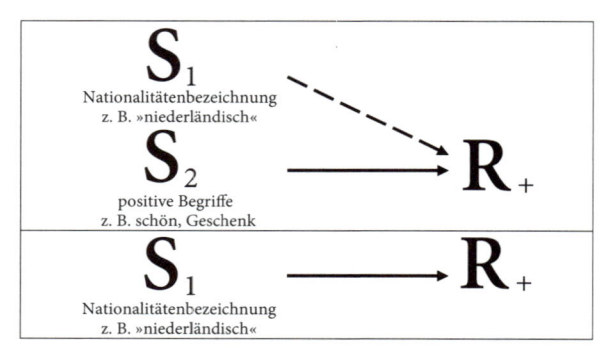

Abbildung 2.9 Konnotationen (emotionaler) Bedeutungskomponenten von Begriffen; R_+ = positive emotionale Reaktion

Diese Art des Lernens hat große Bedeutung im Alltag. Denken Sie nur daran, wie in der → Werbung (Abschn. 2.5.1) oder in den Medien damit gearbeitet wird: Bier wird präsentiert in Verbindung mit schönen, ganz augenscheinlich erfolgreichen und sorgenfreien Menschen, die auf einem wunderbaren Schiff dem Sonnenuntergang entgegensegeln – und nicht etwa von einem Obdachlosen, der hinter dem Bahnhof auf einer Parkbank sitzt. Wenn in manchen Medien bestimmte Bevölkerungsgruppen wiederholt in Zusammenhang mit Kriminalität, Terror, Faulheit, Primitivität und anderen negativen Dingen gebracht werden, dann lösen diese Kontiguitäten beim Konsumenten Lernprozesse aus.

So wenig wie »Geschenk« eigentlich etwas mit »niederländisch« zu tun hat und die Lautfolge eines Vornamens etwas mit der Person, die diesen Namen trägt, so wenig ist es also selbstverständlich, dass wir die französische Küche schätzen, Fußball lieben, eine Automarke einer anderen vorziehen, Schwaben für fleißig und Blondinen für naiv halten, bestimmte Sexualpraktiken mögen oder eben nicht mögen. Auch die Wertschätzung, die wir der Musik des Mittelalters, einer Band oder einem bestimmten Roman entgegenbringen, beruht eventuell nicht vorrangig auf ästhetischen, rationalen Urteilen. Eine ganze Berufsgruppe ist damit beschäftigt, Geschäften und Einkaufspassagen einen positiven Aufforderungscharakter zu verleihen und dadurch Menschen zum Shopping zu verleiten. Das Konsumangebot wird als Erlebniswelt präsentiert. Die Selbstinszenierung durch Make-up, Mode oder facebook-Profile ist alltägliche Realität.

Beim Menschen sind solche bedingten Reaktionen höherer Ordnung, d. h. ganze Ketten von einzelnen bedingten emotional-motivationalen Reaktionen, vermutlich sehr häufig. Dies ist ein weiterer Grund dafür, dass wir für die beiden Reize die Bezeichnungen S1 und S2 eingeführt haben und die Begriffe bedingten und unbedingten Reiz weitgehend vermeiden. Der S2 ist eben vielfach kein unbedingter Reiz mehr, der angeborenermaßen eine bestimmte Reaktion auslöst, sondern seinerseits Teil einer bereits gelernten Reiz-Reaktions-Verbindung. Man sollte also besser von der »alten«, d. h. bereits bestehenden statt von unbedingter bzw. unkonditionierter S-R-Verbindung sprechen.

2.3.5 Gegenkonditionierung

Da erworbene Gefühlsreaktionen, wie wir bereits wissen, gegenüber Löschung häufig sehr widerstandsfähig sind, ist zum Abbau von Angst eine sog. Gegenkonditionierung nötig. Diese Gegenkonditionierung unterscheidet sich in keinem Punkt von dem Normalfall der Konditionierung, wie wir ihn in zahlreichen Demonstrationsbeispielen bereits kennengelernt haben. Die Vorsilbe »gegen« weist lediglich darauf hin, dass gegen eine bereits erworbene Reiz-Reaktions-Verbindung angegangen werden soll.

Als Beispiel für den Aufbau einer S-R-Verbindung diente in Abschnitt 2.2.3 der »Fall Albert«. Als Beispiel für den Abbau stellen wir nun den »Fall Peter« vor. Auch dieses Experiment wird im Arbeitsteil ausführlich dargestellt.

Experiment

Der Fall Peter

Die Geschichte von Peter ist sozusagen die Fortsetzung des Experimentes von Watson und Rayner (1920) mit dem kleinen Albert. Jones (1924) versuchte, bei einem dreijährigen Jungen eine Angstreaktion gegenüber Kaninchen abzubauen. In der entscheidenden Phase des Experiments saß der kleine Peter auf einem Stuhl und erhielt seine Lieblingsspeise, während das Kaninchen schrittweise näher gebracht wurde. Nachdem das Kind anfänglich bereits Angst hatte, wenn das Tier in den Raum gebracht wurde, war Peter am Schluss der Behandlung in der Lage, das Tier auf dem Schoß zu halten und zu streicheln.

Auch dieses Beispiel können wir als Reiz-Reaktions-Lernen verstehen.

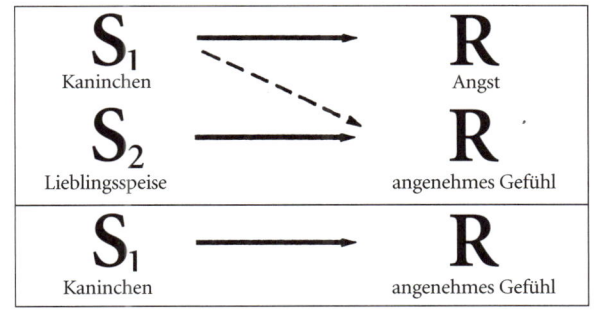

S_1 Kaninchen → R Angst
S_2 Lieblingsspeise → R angenehmes Gefühl
S_1 Kaninchen → R angenehmes Gefühl

Abbildung 2.10 Schema des Reiz-Reaktions-Lernens bei der Gegenkonditionierung einer erlernten emotional-motivationaler Reaktion (Der Fall Peter)

Man kann zu Recht fragen: Warum lernt der kleine Peter, sich dem Kaninchen zu nähern und warum lernt er nicht, vor seiner Lieblingsspeise Angst zu haben?

Diese zweite, unerwünschte S-R-Verbindung kann nur vermieden werden, wenn die positive Reaktion auf den Stimulus Süßigkeiten stärker ist als die negative Reaktion Angst auf den Stimulus Kaninchen. Aus diesem Grund wurde bei dem Kind in der ersten Sitzung das Kaninchen relativ weit entfernt in einer Ecke des Raumes präsentiert. In jeder weiteren Sitzung erfolgte eine schrittweise Annäherung an das Angstobjekt. Damit wird ein immer angstfreierer Umgang mit dem Tier ermöglicht.

Das Grundprinzip der Gegenkonditionierung wird in zwei verhaltenstherapeutischen Techniken angewandt: bei der systematischen Desensibilisierung (vor allem bei Ängsten) und bei der Aversionstherapie (vor allem bei unkontrolliertem Verhalten). Beide Formen werden im Abschnitt *Anwendungsbereiche* (2.5) vorgestellt.

Zusammenfassung

▶ In der Regel ist der Aufbau einer bedingten Reaktion an das wiederholte Zusammenvorkommen der beiden Reize gebunden (Bekräftigung).
▶ Wird der bedingte Reiz mehrfach ohne den unbedingten dargeboten, erlischt häufig die bedingte Reaktion (Löschung).
▶ Es gibt ganze Ketten von Reiz-Reaktions-Verbindungen. Dies bezeichnet man als bedingte Reaktionen höherer Ordnung.
▶ Da erworbene Gefühlsreaktionen (besonders Angst) häufig sehr löschungsresistent sind, benötigt man zum Abbau eine Gegenkonditionierung.

2.4 Aufforderungscharakter

In den letzten Abschnitten wurde das Lernen emotionaler Reaktionen behandelt. Wir werden nun zunächst die Begriffe Motiv und Motivation vorstellen. Im Mittelpunkt der Betrachtung steht dann der Erwerb eines positiven oder negativen Aufforderungscharakters.

Nach diesen Überlegungen wird uns klar geworden sein, warum wir beim Lernen von *emotional-motivationalen Reaktionen* sprechen.

2.4.1 Motiv und Motivation

Heckhausen (1980) schreibt: »Motive stehen hier als Sammelname für so unterschiedliche Bezeichnungen wie Bedürfnis, Beweggrund, Trieb, Neigung, Streben etc. Bei allen Bedeutungsunterschieden im Einzelnen verweisen alle diese Bezeichnungen auf eine ›dynamische‹ Richtungskomponente. Es wird eine Gerichtetheit auf gewisse, wenn auch recht unterschiedliche, aber stets wertgeladene Zielzustände angedeutet; und zwar

Zielzustände, die noch nicht erreicht sind, deren Erreichung aber angestrebt wird (…)« (S. 24).

Motive werden in diesem Sinne aufgefasst als relativ stabile Persönlichkeitsdispositionen, die beträchtliche individuelle Unterschiede aufweisen können. Diese Motive gehen über in den Zustand der *aktuellen Motivation*, wenn Situationsfaktoren sie dazu anregen. Das Motivationsgeschehen ist also abhängig von einem Motiv und dem Aufforderungscharakter der Situation.

Man könnte auch sagen, dass sich bei der Motivation zwei Pole unterscheiden lassen:
- der interne Pol, den wir als Personfaktor bezeichnen (Motiv = Trieb, Bedürfnis, Strebung, Neigung, Wunsch, Interesse usw.).
- der externe Pol, den wir als Situationsfaktor bezeichnen (Aufforderungscharakter, Anreizwert, emotionale Valenz der Sache).

Exkurs

Das Konzept des Aufforderungscharakters geht vor allem auf die Feldtheorie Kurt Lewins (1899–1943) zurück. Die von ihm aufgestellte fundamentale Verhaltensgleichung V = f (P, U) besagt, dass das Verhalten eine Funktion von Person und Umwelt ist. Lewin formuliert: »Jedes Verhalten oder jede sonstige Veränderung innerhalb eines psychologischen Feldes ist einzig und allein vom psychologischen Feld zu dieser Zeit abhängig« (1963, S. 88).

Nach Lewins Theorie lassen sich sowohl die Person als auch die (von der Person subjektiv wahrgenommene und bewertete) Umwelt in verschiedene Bereiche gliedern. Bei der Person-Komponente sind dies verschiedene Bedürfnisse (oder Handlungsziele), die in veränderlichen Spannungsverhältnissen zueinander stehen. Die Bereiche der Umwelt zeichnen sich durch jeweils spezifische Aufforderungscharaktere (also individuelle emotionale Bewertungen von Umweltaspekten) aus. Auch diese können sich jederzeit selbst und in ihren Bezügen zueinander verändern.

In diesem Kräftefeld ist die *Hauptdeterminante für das Verhalten der Aufforderungscharakter*. Er ist nach Meinung Lewins wesentlich bedeutsamer als das personinterne Bedürfnis. Zwischen beiden besteht allerdings eine Wechselbeziehung. Bestimmte Bedürfnisse verhelfen Objekten erst zu deren Valenz, weil diese Ziele der Bedürfnisbefriedigung dienen.

Von der Valenz geht eine »Kraft« aus, die die Person veranlasst, in Richtung auf dieses Objekt zu agieren. Die Motivation des Verhaltens entsteht demnach aus dem Kräfteverhältnis der augenblicklichen Gesamtsituation des Feldes.

Man nimmt an, dass in diesem Wechselwirkungsverhältnis das Motiv eine allgemeine Aktivierung des Organismus (Intensität und Ausdauer des Verhaltens) bewirkt, während der Aufforderungscharakter der Situation die Ausrichtung dieses Strebens auf ein ganz bestimmtes Objekt (Richtung des Verhaltens) bewerkstelligt.

2.4.2 Positiver oder negativer Aufforderungscharakter

Die Attraktivität einer Sache kann selbstverständlich auch ein intellektueller Anreiz sein. In diesem Fall sprechen wir von der Neugiermotivation. Sie wird im sechsten Kapitel noch besprochen werden.

Im Zusammenhang mit dem Reiz-Reaktions-Lernen wollen wir den Aufforderungscharakter (Anreiz) jedoch als einen vorwiegend emotionalen Wert auffassen. Hierbei ist davon auszugehen, dass diese Valenz häufig erworben, d. h. gelernt ist. Betrachten wir dazu folgendes Beispiel: In südeuropäischen Ländern wird jeder Reisende irgendwann mit den Früchten des Meeres (frutti di mare) konfrontiert. Für die eine Person sind diese eine außerordentliche Delikatesse, für die andere ist es abscheuliches und ekelerregendes Getier. Solche unterschiedlichen emotionalen Reaktionen lassen sich nach dem Modell des Reiz-Reaktions-Lernens erklären (Abb. 2.11).

Was im Einzelfall wirklich zum Erlernen des unterschiedlichen Aufforderungscharakters beigetragen hat, ist schwer zu sagen. Dies können sehr verschiedenartige Erlebnisse sein (z. B. erstmaliger Genuss in angenehmer Atmosphäre gegenüber abwertenden Äußerungen der Eltern u. ä.).

Diesem emotionalen Aufforderungscharakter, der positiven oder negativen Valenz einer Sache, kommt im Motivationsgeschehen größte Bedeutung zu. Vereinfacht kann man sagen: Ziele mit positivem Aufforderungsgehalt werden angestrebt und solche mit negativem Aufforderungsgehalt werden gemieden. Ein Musterbeispiel hierfür ist das Sexualverhalten, das in hohem Maße anreizmotiviert ist.

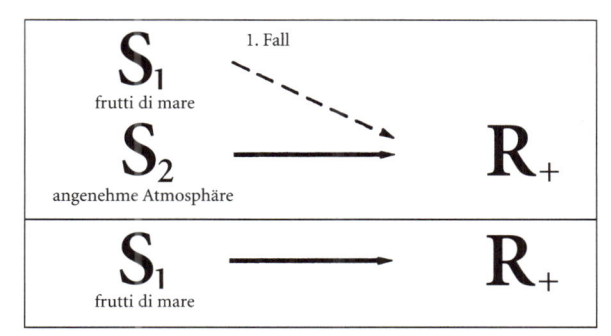

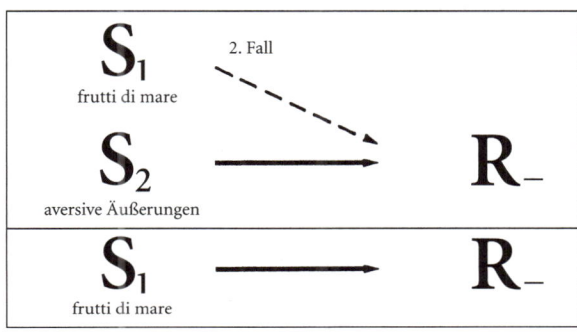

Abbildung 2.11 Aufbau eines positiven (R) bzw. eines negativen (R) Aufforderungscharakters

Zwar sind Motiv (Antrieb) und Anreiz (Aufforderungscharakter) im Sinne eines Wechselwirkungsverhältnisses aufeinander bezogen, die größte dynamische Kraft ist jedoch oft dem emotionalen Wert des Zielzustandes zuzuschreiben. Sehr häufig sind *kognitive Prozesse* der Situationsbewertung und rationale Argumente weit weniger motivierend als der beschriebene *emotionale Aufforderungscharakter*.

> ! Das Lernen von Gefühlen einerseits und das Lernen eines bestimmten Aufforderungscharakters andererseits sind eigentlich zwei Sichtweisen ein und desselben Vorgangs. Im ersten Fall richtet sich die Aufmerksamkeit mehr auf die Person und im zweiten Fall mehr auf das Objekt in unserer Umwelt. Das Beispiel vom kleinen Albert hätten wir auch als Erwerb eines negativen Aufforderungscharakters der Ratte beschreiben können.

Aus diesem Grund sprechen wir vom Lernen emotional-motivationaler Reaktionen. Dabei ist zu beachten, dass das Reiz-Reaktions-Lernen selbst nicht motiviert ist (es erfolgt nach dem Prinzip der Kontiguität oder Kontiguität plus Signalfunktion), aber bedeutenden Einfluss auf den Prozess der Motivation hat.

2.4.3 Sekundäre Verstärker

Jetzt soll noch eine Erscheinung vorgestellt werden, die später beim instrumentellen Lernen (→ Verstärkerarten, Abschn. 3.2.2) eine gewisse Rolle spielt – die sekundären Verstärker.

Zunächst wollen wir nur etwas ungenau sagen, dass Verstärker das sind, was man in der Umgangssprache Belohnungen nennt. Im Kapitel über das instrumentelle Lernen (Kap. 3) werden wir darüber dann Genaueres erfahren.

> **Definition**
>
> **Primäre Verstärker** sind solche, die eine unmittelbare biologische Bedeutung für den Organismus haben. Ihr motivationaler Wert braucht nicht erlernt zu werden. Sehr wirksame primäre Verstärker für Kinder (und nicht nur für diese) sind beispielsweise Süßigkeiten und Zuwendung.
>
> **Sekundäre Verstärker** hingegen sind solche, die erst durch einen Lernprozess ihren Belohnungswert erhalten haben. Wenn z. B. Kinder für eine Tätigkeit (an sich kaum interessante oder wertvolle) Chips (Spielmarken, Token) erhalten, die sie später in Bonbons umtauschen können, werden diese Chips zu Verstärkern.

Der bekannteste sekundäre Verstärker ist das Geld. Die mit Ziffern bedruckten Papierscheine erhalten ihren Wert erst dadurch, dass man sie gegen primäre Verstärker eintauschen kann.

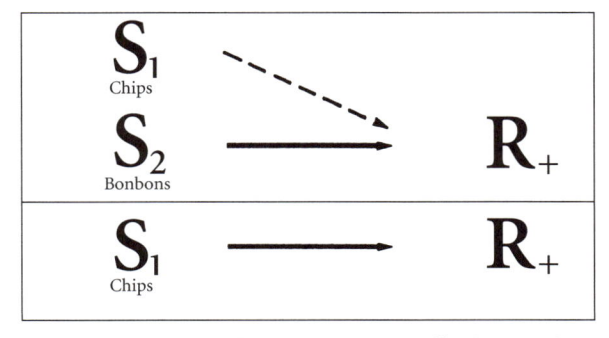

Abbildung 2.12 Erwerb eines positiven Aufforderungscharakters von sekundären Verstärkern

Die Erklärung, wie sekundäre Verstärker ihren Belohnungswert erhalten, dürfte für uns leicht zu verstehen sein. Es handelt sich ganz einfach um den Erwerb eines positiven Aufforderungscharakters (Abb. 2.12).

> **Zusammenfassung**
> - Das Reiz-Reaktions-Lernen, das selbst nicht motiviert ist, spielt eine entscheidende Rolle bei der Motivation.
> - Motive sind Persönlichkeitsdispositionen. Sie gehen in den Zustand der aktuellen Motivation über, wenn sie durch den Aufforderungscharakter dazu angeregt werden.
> - Der Aufforderungscharakter (Anreiz, emotionale Valenz, Attraktivität) ist häufig erlernt.
> - Auch die sekundären Verstärker erhalten erst durch S-R-Lernen ihren Wert.

2.5 Anwendungsbereiche

Reiz-Reaktions-Lernen findet außerordentlich häufig, um nicht zu sagen ständig statt. Es hat im menschlichen Leben eine immense Bedeutung. Die Vorstellung, es handele sich um eine Theorie lediglich zur Erklärung von Konditionierungsprozessen im physiologischen Bereich der Skelettmuskulatur und der Drüsen, um eine »Hunde- und Rattenpsychologie«, ist völlig verfehlt. Emotional-motivationale Reiz-Reaktions-Verbindungen machen vielmehr einen nicht unwesentlichen Teil unseres persönlichen Selbstbildes, unserer Persönlichkeit aus, ohne dass wir uns dessen bewusst sind. Zudem kann Reiz-Reaktions-Lernen genutzt werden, um Einfluss auf menschliches Erleben und Verhalten zu nehmen.

Es sollen folgende drei Gebiete angesprochen werden:
- Werbung
- Verhaltenstherapie
- Unterricht und Erziehung

2.5.1 Werbung

Man unterscheidet drei Arten von Werbung: Die produkt- oder dienstleistungsbezogene Absatzwerbung, die firmenbezogene Imagewerbung und die allgemein-öffentlichkeitsbezogene Public-Relations-Werbung (z. B. nicht firmenbezogene Werbung für die Kernenergie).

Unter den verschiedenen Ansätzen der Werbepsychologie soll eine in starkem Maße lerntheoretische Auffassung ausgewählt werden, bei der Fragen der Absatzwerbung im Vordergrund stehen.

Die Beeinflussung des Konsumentenverhaltens kann durch Information und durch Steuerung erfolgen. Kroeber-Riel und Meyer-Hentschel (1982) definieren Werbung als »Steuerung des Konsumentenverhaltens«.

Die durch Werbung gesteuerte Beeinflussung zeichnet sich durch zwei Merkmale aus:
- Sie wird nicht durchschaut und
- man kann sich ihr nicht entziehen.

Wir wissen zwar in einer konkreten Situation, dass wir Werbung ausgesetzt sind, durchschauen aber in der Regel nicht die Mechanismen der beabsichtigten Werbewirkung. Die Frage der Wirksamkeit der Werbung kann hier nicht detailliert behandelt werden. Es kann aber vermutlich unwidersprochen gesagt werden, dass auch ein kritischer Konsument, der versucht, rationale Entscheidungen zu treffen, außerordentlich häufig impulsiv und gefühlsmäßig handelt.

Reizsubstitution. Als lerntheoretische Erklärung für ein solches reaktives Kaufverhalten lässt sich die Theorie des Reiz-Reaktions-Lernens heranziehen.

Im einfachsten Fall geht es darum, dass der ursprünglich neutrale Produktname (S_1) mit positiven emotionalen Reaktionen verbunden wird. Als Reize (S_2) der bereits bestehenden Reiz-Reaktions-Verbindung werden häufig eine attraktive Gruppe von (häufig berühmten) Menschen, Abenteuer usw. dargestellt. Infolge der Kontiguität kommt es zur Reizsubstitution. Das Produkt löst schließlich selbst eine positive emotionale Reaktion aus (Abb. 2.13).

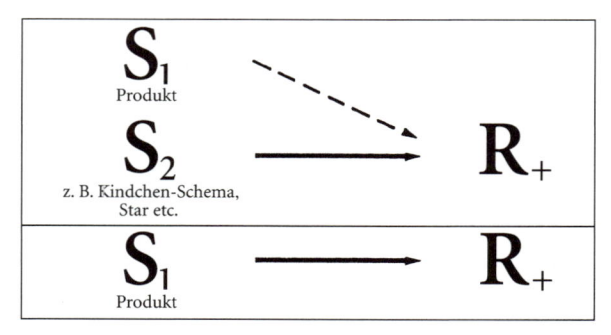

Abbildung 2.13 Gezielter Einsatz des Reiz-Reaktions-Lernens in der Werbung. Das Produkt löst nach wiederholter Darbietung eine positive emotionale Reaktion (R_+) aus

Beim Einsatz des Kindchen-Schemas (z. B. pausbäckige Kinder, junge Tiere) handelt es sich um eine angeborene Reiz-Reaktions-Verbindung, während die emotionale Wirkung eines Sportidols oder eines Popstars eine bereits gelernte Reiz-Reaktions-Verbindung darstellt.

Abbildung 2.14 Werbeanzeige, die das Produkt mit Erotik bewirbt

Die in der Abbildung 2.14 wiedergegebene Anzeige stellt ein klassisches Muster dar. Blickfang ist die erotische Darstellung einer jungen Frau. Die Kontiguität zwischen diesem Bild und dem beworbenen Produkt ist auffällig. Der Flakon ist rechts unten platziert, weil das Auge am Ende der Betrachtung der Anzeige dort am längsten verweilt.

Wie schlicht solche Anzeigen konzipiert sein können, zeigt der klassische Marlboro-Cowboy (»Der Geschmack von Freiheit und Abenteuer«). Neben den Bildern mit Szenen aus der Prärie lösen diese beiden Reizworte spezifische (positive) Emotionen aus.

Ein grundlegender Begriff dieser Auffassung von Werbung ist der Begriff *Zusatznutzen*. Ein Produkt hat für den Konsumenten einen bestimmten Nutzen (z. B. mit Mehl kann man Kuchen backen, Whisky kann man trinken). Zahlreiche Warengruppen weisen einen handelsüblichen Standard auf und unterscheiden sich qualitativ und preislich kaum. Dass der Konsument eine bestimmte Marke bevorzugt, wird wesentlich durch den zusätzlichen Nutzen erreicht, den dieses Produkt bietet. Dieser Zusatznutzen ist identisch mit der emotionalen Konditionierung des Produkts bzw. des Produktnamens. Die Vorzüge einzelner Marken bestehen letztlich im emotionalen Erlebniswert der Ware. In der Werbung spielt der Appell an soziale Motive (Bedürfnis nach sozialem Kontakt, Bedürfnis nach Akzeptanz, Bedürfnis nach Status und Prestige) eine besondere Rolle. Weitere wichtige Gefühlskategorien sind Sexualität, Natur, Gesundheit.

Die Einstellung zu Marken (Produkten) lässt sich ohne sachliche Informationen allein durch emotionale Konditionierung verändern. Sachinformationen werden häufig als nutzlos angesehen und nicht selten nur aus Rechtfertigungsgründen aufgenommen. Scheinbar informative Schriftblocks in Anzeigen (»Fließtext«) sollen eine Glaubwürdigkeitsillusion erzeugen und vom Konsumenten gar nicht gelesen werden. Diese Maßnahme dient auch dazu, Reaktanz vorzubeugen. Unter Reaktanz versteht man hier einen gefühlsmäßigen Widerstand gegenüber der Werbebotschaft wegen der Empfindung des eingeengten Handlungsspielraums.

Die beschriebene emotionale Konditionierung des Produktes erfolgt ganz vorrangig über Bilder. Damit der Konsument beispielsweise mit dem Erwerb eines bestimmten Produktes einen hohen Status demonstrieren kann, wird das Produkt in der Werbung anschaulich als Statussymbol für eine bestimmte Zielgruppe präsentiert.

Während früher der Nutzen des Produktes und sein Preis als wesentliche marktbeeinflussende Faktoren angesehen wurden, geht man heute davon aus, dass in vielen Bereichen die emotionale Konditionierung für den Absatz eines Produktes von ausschlaggebender Bedeutung ist.

2.5.2 Verhaltenstherapie

Die Verhaltenstherapie, die seit Beginn der sechziger Jahre eine besondere Bedeutung gewonnen hat, ist eine therapeutische Richtung, die die auf experimentellem Wege gefundenen Gesetze des Lernens anzuwenden versucht. Sie geht davon aus, dass »pathologische« Störungen auf die gleiche Art gelernt werden wie »normales« Verhalten. Die Therapie stellt ein »therapeutisches Lernen« dar, das häufig ein Verlernen oder Umlernen darstellt.

In dieser therapeutischen Richtung, die als Gegenpol zur Psychoanalyse entwickelt wurde, werden besonders die Gesetzmäßigkeiten des Reiz-Reaktions-Lernens, des instrumentellen Lernens, des Modelllernens sowie bestimmte kognitive Lernprinzipien zu therapeutischen Zwecken genutzt.

Im Bereich des Reiz-Reaktions-Lernens sind vor allem zwei Behandlungsansätze zu nennen: systematische Desensibilisierung und aversive Gegenkonditionierung.

Systematische Desensibilisierung

Die systematische Desensibilisierung, erstmals propagiert von Wolpe (1958), ist eine der am häufigsten eingesetzten verhaltenstherapeutischen Methoden vor allem bei der Behandlung von Ängsten und Phobien, also übertriebenen und irrationalen Ängsten vor Objekten, Orten oder Situationen. Solche Phobien können sehr verschiedene Formen haben: Spinnen- oder Hundeangst, Angst vor offenen Räumen (z. B. Plätze) oder vor geschlossenen (z. B. Fahrstuhl), Prüfungsangst oder Angst, vor Gruppen zu sprechen. Um solche erlernten emotional-motivationalen Reaktionen abzustellen, benötigt man eine relativ starke Reiz-Reaktions-Verbindung, die mit Angst unvereinbar ist, also eine emotionale Reaktion der Ruhe, des Wohlbefindens, der Sicherheit. Während man bei Kindern deren Lieblingsspeise wählen kann, ein Kuscheltier oder sie spielen lässt, wird bei Erwachsenen Entspannung als Reaktion eingesetzt. Tiefe körperliche und seelische Entspannung ergibt ein Gefühl von Sicherheit, das mit dem Gefühl von Angst unvereinbar ist. Wer wirklich entspannt ist, kann keine Angst mehr haben (und umgekehrt).

Mit dem Klienten wird also zunächst ein *Entspannungstraining* durchgeführt (z. B. Progressive Muskelrelaxation). Während dieser Zeitspanne (etwa vier Wochen) wird vom Klienten eine *Angsthierarchie* erstellt. Dies ist eine Liste von den schwächsten bis zu der am stärksten angstauslösenden Situation. Zu immer stärkeren Angstzuständen fortschreitend, wird der Klient im Verlauf der Therapie auf jeder Stufe gegenkonditioniert. Ziel ist es, dass der Klient auf die angstauslösenden Reize weniger sensibel reagiert. Im Arbeitsteil wird die systematische Desensibilisierung an einem Fall von Klaustrophobie (abnormer Angst vor engen Räumen) genauer dargestellt.

Nach neueren Auffassungen wird durch dieses Verfahren eigentlich kein Abbau einer Reiz-Reaktions-Verbindung erzielt, sondern vielmehr eine Gewöhnung (Habituation). Beispielsweise verschwindet nach einem speziellen Training die Flugangst nicht vollständig, aber statt panikartiger Anfälle ist der Person das Fliegen nur noch unangenehm.

Neben der systematischen Desensibilisierung, die sich direkt auf die Grundprinzipien des Reiz-Reaktions-Lernens stützt, gibt es weitere Methoden der Angsttherapie, die sich auf konkurrierende Auffassungen der Angstentstehung beziehen, z. B. auf psychoanalytische (Freud, 1926) oder kognitive Interpretationen (Lazarus, 1968). Letztere haben eine besondere Bedeutung erlangt.

Aversionstherapie

Im Gegensatz zu den eben geschilderten Fällen aversiver Reiz-Reaktions-Verbindungen gibt es auch behandlungsbedürftige unangemessene, weil nicht mehr kontrollierbare Reiz-Reaktions-Verbindungen, die (zumindest im Augenblick und kurzfristig) als angenehm erlebt werden (z. B. der Genuss von Alkohol, Nikotin oder kalorienreicher Nahrung). Zum Abbau einer als aversiv erlebten Reiz-Reaktionsverbindung (z. B. Angst) sind relativ starke Sicherheitsreize (z. B. Entspannung, Lieblingsspeise) notwendig. Zum Abbau einer als angenehm erlebten Reiz-Reaktions-Verbindung (z. B. Alkohol) hingegen ist ein relativ starker aversiver Reiz erforderlich. Diese zweite Art der Gegenkonditionierung findet manchmal bei Suchtkranken in Form der Aversionstherapie statt.

> **Beispiel**
>
> Alkoholkranke Patienten erhalten ein Medikament (Apomorphin) injiziert, das nach zehn Minuten Übelkeit und Erbrechen hervorruft. Kurz vor Beginn dieser unangenehmen Erlebnisse werden der Person alkoholische Getränke verabreicht.

Die Behandlung zielt also darauf ab, eine unerwünschte emotional positive Bewertung eines Stimulus (Alkohol, Zigaretten) durch Aversion zu ersetzen.

In der Suchtforschung geht man von einem komplexen Bedingungsgefüge aus, bei dem die Art und Verfügbarkeit der Droge, die Persönlichkeitsstruktur des Betroffenen sowie materielle und soziale Umwelt-

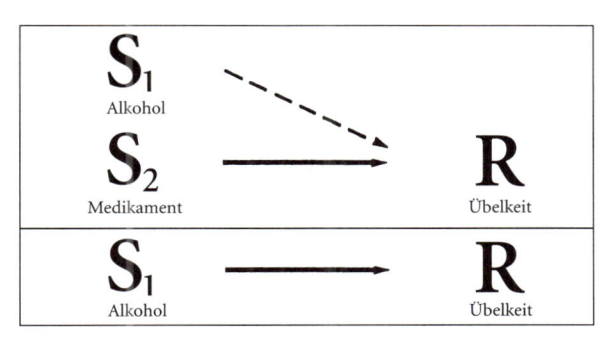

Abbildung 2.15 Aversionstherapie bei Alkoholikern: Die Wirkung des Medikaments (S2) geht auf den zuvor positiv besetzten Alkohol (S1) über

faktoren eine Rolle spielen. Demnach können Drogenpolitik, Präventionsmaßnahmen und Therapieform sehr unterschiedlich sein. Die hier vorgestellte Therapie ist, wenn überhaupt, nur Teil eines größeren Therapie- und Reintegrationssettings.

2.5.3 Unterricht und Erziehung

Das Lernen von emotional-motivationalen Reaktionen soll in diesem Abschnitt unter zwei Gesichtspunkten behandelt werden:
▶ Intuitive Gegenkonditionierung
▶ Aufbau eines positiven Aufforderungscharakters

Intuitive Gegenkonditionierung

Obwohl Lehrer, Erzieher und Eltern nicht in (verhaltenstheoretisch begründeter) Angsttherapie ausgebildet und auch nicht professionell als Werbepsychologen tätig sind, können sie die dort systematisch entwickelten Prinzipien intuitiv anwenden.

Sowohl im Elternhaus wie in der Schule ist mit einem gewissen Ausmaß von Angstbereitschaft der Kinder zu rechnen. Angst hemmt in aller Regel die intellektuelle Leistungsfähigkeit. Angst ist außerdem das Motiv für das Erlernen feindseliger und einschmeichelnder Verhaltensweisen, was noch ausführlicher im nächsten Kapitel (Abschn. 3.3.2) besprochen wird. Aus diesen Gründen kommt zunächst der Verhinderung von Angst-Lernen größte Bedeutung zu. Das Auftreten unbedingter und bedingter Angstauslöser ist möglichst zu vermeiden.

Wenn Angstreaktionen bereits gelernt sind, ist häufige Gegenkonditionierung, d. h. die Darbietung unbedingter und bedingter Sicherheitsreize, ein sinnvolles Mittel zu deren Abbau.

Hierzu äußerten sich bereits Tausch und Tausch (1998): »Erziehende Erwachsene haben die Möglichkeit, Ängste und emotionale Beeinträchtigung von Kindern und Jugendlichen durch Gegenkonditionierung zu vermindern. Statt der in der Verhaltenstherapie üblichen körperlichen Entspannungen können die in der Gesprächspsychotherapie als effektiv erwiesene emotionale Wärme und Freundlichkeit, Wertschätzung und verständnisvolle Zugewandtheit, Sicherheit und Ruhe des Erwachsenen wirksam werden. Teilweise werden derartige Formen auch intuitiv etwa von Müttern realisiert, indem sie ihre Kleinkinder auf den Arm nehmen und sich mit ihnen angsterregenden Situationen, wie etwa dem Meer, nur langsam nähern oder indem sie ihre Kinder, die Angst vor dem Kindergarten oder der Schule haben, schon Wochen vorher langsam daran gewöhnen, indem sie zunehmend mehr davon sprechen, während sie dem Kinde gewisse angenehme Erfahrungen zuteil werden lassen oder indem sie Spaziergänge mit angenehmen Erfahrungen in der Nähe der Schule oder des Kindergartens machen« (S. 114).

Das Prinzip der Gegenkonditionierung kann einerseits durch Einzelmaßnahmen bei schulischen Stress- und Konfliktsituationen realisiert werden (z. B. Schultüte am ersten Schultag) und ist andererseits die Grundlage einer wertschätzenden und heiteren Gesamtstimmung in einer Schulklasse.

Die mit Unterricht und Erziehung befassten Personen sollten über so genaue lerntheoretische Kenntnisse verfügen, dass sie Effekte ihrer erzieherischen Aktivitäten möglichst häufig einschätzen können.

> ❗ Als Regeln zur Angstverminderung, die vom Modell des Reiz-Reaktions-Lernens abzuleiten sind, gelten:
> ▶ Vermeide möglichst das Auftreten unbedingter und bedingter Angstauslöser!
> ▶ Schaffe eine Atmosphäre von Sicherheit!

Natürlich gibt es für Schüler im Bereich von Unterricht und Erziehung Angstauslöser, die durch Höflichkeit, Wertschätzung und emotionale Wärme kaum gegenkonditioniert werden können: die Situation des Hauptschülers, fehlende Ausbildungsplätze, der subjektiv erlebte Leistungsdruck an Gymnasien gerade auch bei verkürzter Abiturstufenzeit, Numerus clausus, Akademikerarbeitslosigkeit und vieles mehr. Dennoch können Lehrerinnen und Lehrer, indem sie Beleidigungen,

Drohungen und Demütigungen unterlassen und stattdessen Sicherheitsreize bieten, eine Konditionierung von Angst in der und durch die Schule reduzieren.

Aufbau eines positiven Aufforderungscharakters

Auch die Manipulation des Aufforderungscharakters der Lerninhalte ist von besonderer pädagogischer Bedeutung. Es ist wohl die elementarste Kompetenz von guten Lehrerinnen und Lehrern, die Lernangebote interessant und attraktiv darzubieten. Hierbei kommt neben kognitiven Aspekten (neue, überraschende, zunächst widersprüchliche Informationen bilden intellektuelle Anreize) auch der emotionalen Valenz großes Gewicht zu. Freuen sich Schüler auf die nächste Englisch- oder Sportstunde, auf das Erlernen der Zehnerüberschreitung in Mathematik oder ihren ersten Roman von Franz Kafka in Deutsch, weil die Lehrerin nett und unterstützend ist, weil ihr Unterricht spannend und abwechslungsreich ist, und weil sie Begeisterung für Themen und für Lernprozesse zeigt, dann darf man wegen dieser positiven Aufforderungscharaktere mit einer hohen Lernmotivation rechnen. Der Stellenwert des normalen didaktisch-methodischen Könnens für die berufliche Tätigkeit des Lehrers soll nicht verkannt werden. Aber nur wer darüber hinaus in der Lage ist, von seinem Unterricht und den Lerninhalten eine gewisse Faszination ausgehen zu lassen, die einen kognitiven und emotionalen Anreiz darstellt, wird seine Schülerinnen und Schüler begeistern.

> **Zusammenfassung**
>
> ▶ Werbung ist Steuerung des Konsumentenverhaltens. Das Produkt erhält durch S-R-Lernen einen positiven Aufforderungscharakter. Dieser emotionale Erlebniswert, der Zusatznutzen, wird als kaufentscheidend angesehen.
>
> ▶ In der Verhaltenstherapie wird zur Angstreduktion die systematische Desensibilisierung eingesetzt. Eine als aversiv erlebte Reiz-Reaktions-Verbindung wird durch die Verwendung eines starken Sicherheitsreizes unterbrochen.
>
> ▶ Bei der Aversionstherapie wird eine als angenehm erlebte (aber schädliche) S-R-Verbindung durch die Darbietung eines starken aversiven Reizes abgebaut.
>
> ▶ Im pädagogischen Alltag spielen die intuitive Gegenkonditionierung und der positive Aufforderungscharakter (Lernmotivation) eine große Rolle.

2.6 Die wesentlichen Gesichtspunkte des Kapitels

▶ Es werden zwei Assoziationstheorien unterschieden: »direkte assoziative Verknüpfung von Bewusstseinsinhalten« (Typ 1 »Knoten im Taschentuch«) und »klassisches Bedingen oder Konditionieren« (Typ 2 »Pawlow'scher Hund«). Beim Lernen vom Typ 1 handelt es sich um die Verknüpfung von Bewusstseinsinhalten, beim Lernen von Typ 2 um eine bewusstseinsunabhängige Verknüpfung von Reiz und Reaktion (Kontiguität plus Signalfunktion).

▶ Der Begriff »klassisches Konditionieren« meint die ursprüngliche, physiologische oder streng behavioristische Auffassung und der Begriff »Reiz-Reaktions-Lernen« (oder S-R-Lernen) schließt neben dem Verhalten auch das Erleben ein.

▶ Manche Reize lösen angeboren ein Antwortverhalten aus. Solche Reize nennt man unbedingte (ungelernte) Reize und das Antwortverhalten wird als unbedingte Reaktion bezeichnet. Tritt ein neutraler Reiz (der später bedingte Reiz) hinzu, kann es zu einer Reizsubstitution (Reizersetzung) kommen. Der neue Reiz löst die gleiche oder eine sehr ähnliche (bedingte) Reaktion aus wie der ursprüngliche Stimulus. Dies ist dann eine gelernte Reiz-Reaktions-Verbindung.

▶ Ein wesentliches Erklärungsprinzip ist die Kontiguität, d. h. die Berührung der beiden Reize. Bei den Reflex-Reaktionen im engeren Sinne (z. B. Speichelsekretion) wird die neue Reiz-Reaktions-Verbindung nur aufgebaut, wenn der ursprüngliche neutrale Reiz eine Signalfunktion erlangt. Bei manchen emotional-motivationalen Reaktionen (z. B. Konditionierung des Aufforderungscharakters einer Sache) ist die Kontiguität allein die ausreichende Bedingung.

▶ Weitere wichtige Gesichtspunkte beim Auf- oder Abbau von Reiz-Reaktions-Verbindungen sind die Bekräftigung, die Löschung, Generalisierung und Differenzierung und die bedingten Reaktionen höherer Ordnung.

▶ Da emotional-motivationale Reaktionen gegenüber Löschung meist sehr widerstandsfähig sind, ist zum Abbau eine Gegenkonditionierung nötig.

▶ Für pädagogische Fragestellungen ist das Bedingen von Angst und Sicherheit von besonderer Bedeutung.

- Der Aufforderungscharakter (Anreiz, Attraktivität, emotionale Valenz) einer Sache ist ein zentraler Punkt des Motivationsgeschehens. Er ist häufig erlernt und wird als Konditionierungsvorgang erklärt.
- Reiz-Reaktions-Lernen spielt in der Werbung, in der Verhaltenstherapie sowie in Unterricht und Erziehung eine bedeutsame Rolle.
- Obwohl das Prinzip des Reiz-Reaktions-Lernens in der Werbung und Verhaltenstherapie professionell angewandt wird, kann Eltern und Lehrern keine bestimmte Technik vermittelt werden. Es kann nur geraten werden, Angstauslösung möglichst zu vermeiden und Auslösung von Sicherheit anzustreben.

2.7 Arbeitsteil

Dieser Arbeitsteil bietet Ihnen die Möglichkeit, das erworbene Wissen über das Reiz-Reaktions-Lernen anzuwenden. Sie sollen angeregt werden, selbstständig komplexere Probleme aus dem Alltag und dem Bereich der Schule zu *analysieren* und zu *beurteilen*.

2.7.1 Forschungsberichte

Die ersten beiden Studien stammen aus der Frühzeit der Lernpsychologie und sind sozusagen »Klassiker« der Verhaltensforschung.

In der Untersuchung von Watson und Rayner (1) wird hauptsächlich der Aufbau einer bedingten Reaktion beschrieben und erklärt. Man erkennt bei diesem ethisch äußerst problematischen Vorgehen sowohl reflektorische als auch emotional-motivationale Reaktionskomponenten.

In dem Versuch von Jones (2) geht es um den Abbau einer gelernten Reiz-Reaktions-Verbindung. Im Mittelpunkt steht die Anwendung des Prinzips der Gegenkonditionierung.

Beim dritten Fall (3) handelt es sich um eine Patientin, die vor engen Räumen starke Furcht empfand (Klaustrophobie). Es wird das therapeutische Verfahren der systematischen Desensibilisierung dargestellt.

Forschungsbericht (1)

Watson, J. B. & Rayner, R. (1920). Conditioned Emotional Reactions. Journal of Experimental Psychology, 3, 1–14.

Problem:
Wie wird Angst gelernt? Die konditionierte emotionale Reaktion.

Watson ging davon aus, dass sehr wenige emotionale Verhaltensweisen beim Kind angeboren sind, so etwa Angst, Zorn, Liebe. Andererseits war bis dahin die Vielzahl der Komplexität emotionaler Reaktionen beim Erwachsenen lerntheoretisch nicht zu erklären.

Versuchsdurchführung:
Experimentell untersucht wurde ein einziges Kind – Albert. Von Albert wird berichtet, dass er von Geburt an gesund und eines der am besten entwickelten Kinder war, die je an diesem Hospital untersucht wurden. Zu Beginn der Untersuchung war er neun Monate alt und emotional sehr stabil, weswegen man ihn auch für diese Untersuchung ausgewählt hatte.

Bei zahlreichen Tests, bei denen er mit einer weißen Ratte, einem Kaninchen, einem Hund, einem Affen, Masken mit und ohne Haar, Baumwolle usw. konfrontiert wurde, zeigte er niemals Angst. Es wird berichtet, dass das Kind praktisch nie schrie. Lediglich durch laute Geräusche und plötzliches Wegziehen der Unterlage konnte Angst ausgelöst werden. Ein lautes Geräusch wurde erzeugt, indem man mit einem Hammer auf eine hängende Eisenstange schlug.

1. Der Aufbau einer bedingten Reaktion
Im Alter von 11 Monaten wurde dem kleinen Albert eine weiße Ratte gezeigt. In dem Augenblick, als das Kind mit der linken Hand nach der Ratte greifen wollte, wurde hinter seinem Rücken auf die Eisenstange geschlagen. Das Kind zuckte heftig zusammen, fiel nach vorn und verbarg sein Gesicht in der Matratze. Als später die rechte Hand die Ratte berührte, wurde wieder auf die Eisenstange geschlagen. Das Kind erschrak wieder sehr und begann zu wimmern. Nach einer Woche wurde eine ähnliche Versuchsserie durchgeführt, an deren Ende Albert sofort zu schreien begann, sobald die Ratte nur gezeigt wurde.

2. Gibt es einen »Transfer« auf andere Objekte?
Nach fünf Tagen entwickelte Albert ähnliche (teilweise schwächere) Angstreaktionen auch beim Anblick eines Kaninchens, eines Hundes, eines Pelzmantels, bei Baumwolle usw. Die Reaktion konnte wohlgemerkt ausgelöst werden, ohne dass in diesem Versuchsdurchgang auf die Eisenstange geschlagen wurde.

3. Nachuntersuchung
Nach einem Monat wurde Albert noch einmal untersucht. Dabei konnte man feststellen, dass sich die bedingten emotionalen Reaktionen erhalten hatten. Lediglich war die Stärke mancher Reaktionen etwas geringer geworden.

4. Der Abbau der bedingten emotionalen Reaktionen
Albert wurde aus dem Hospital genommen. Deswegen konnte ein Abbau nicht ausprobiert werden. Die Autoren diskutierten aber folgende Vorgehensweisen:
- Das Kind dauernd mit den angstauslösenden Reizen konfrontieren, um so den Reflex zu »ermüden«.
- Darbietung angstauslösender Reize und gleichzeitige Stimulation der erogenen Zonen (einschließlich der Sexualorgane).
- »Entkonditionierung« durch Fütterung mit Süßigkeiten, während das Tier gezeigt wird.
- Aufbau konstruktiver Aktivitäten in Richtung angstauslösendes Objekt durch Imitation durch das Führen der Hand des Kindes durch einen Erwachsenen.

Abschließend wird das Daumenlutschen als Verhalten zur Eindämmung der Angst erklärt. Besonders gegen Ende der Versuchsserie begann Albert sofort mit dem Daumenlutschen, wenn ein angstauslösender Reiz dargeboten wurde. Dieses Daumenlutschen konnte sofort abgebrochen werden, wenn er seine Bauklötze erhielt. Um die Auslösung der bedingten emotionalen Reaktion zu ermöglichen, musste ihm wieder der Daumen aus dem Mund genommen werden.

Ergebnis:
Albert erwirbt in mehreren Versuchsdurchgängen eine bedingte Angstreaktion. Durch Reizgeneralisierung können später auch andere Objekte die Angst auslösen. Die bedingte emotionale Reaktion erweist sich während eines Zeitraums von vier Wochen als resistent gegen Löschung. Daumenlutschen hemmt sehr wirksam die Angst.

Forschungsbericht (2)

Jones, M. C. (1973). Eine experimentelle Untersuchung der Furcht: Der Fall Peter. In M. Hofer & F. E. Weinert (Hrsg.), Pädagogische Psychologie, Funk-Kolleg Grundlagentexte Bd. II (S. 28–36). Frankfurt/M.: Fischer. Im Original: Jones, M. C. (1924). A laboratory study of fear: The case of Peter. Pedagogical Seminary, 31, 308–315).

Problem:
Gegenkonditionierung: Systematische Desensibilisierung.

Peter, ein Junge von knapp drei Jahren, hat Furcht vor weißen Ratten. Durch Generalisation sind Furchtreaktionen z. B. auch gegenüber Kaninchen und pelzigen Gegenständen wie Pelzmänteln, Federn, Baumwolle usw. entstanden. Diese Furcht soll dem Jungen durch systematische »Entkonditionierung« (Jones) genommen werden.
Der Versuch könnte also als Fortsetzung des Falles »Albert« bezeichnet werden.

Jones kennzeichnet die Aufgabenstellung folgendermaßen: »Das erste Problem bestand darin, eine Furchtreaktion auf ein Tier zu löschen, zu »entkonditionieren«, und das zweite, festzustellen, ob die Entkonditionierung bei einem Tier ohne weitere Übung auf andere Reize übergreift« (S. 31).

Versuchsdurchführung:
Über mehrere Monate hinweg erfolgte ein schrittweiser Abbau der Furchtreaktionen gegenüber dem Objekt »Kaninchen«, vor dem der Junge die stärksten Furchtreaktionen zeigte. Es wurde ein Versuchsplan aufgestellt, bei dem die einzelnen Situationen in graduellen Abstufungen eine engere Fühlungnahme mit dem Kaninchen erforderten.

Die Reaktionen des Jungen bei der Konfrontation mit diesen Situationen zeigen seine zunehmende Toleranz gegenüber dem ursprünglichen Furchtobjekt Kaninchen und geben das Ausmaß seiner Besserung an:
a) Kaninchen irgendwo im Käfig im Raum verursacht Furchtreaktionen
b) Kaninchen 12 Fuß (ein Fuß entspricht ca. 0,30 Meter) entfernt im Käfig, toleriert
c) Kaninchen vier Fuß entfernt im Käfig, toleriert
d) Kaninchen drei Fuß entfernt im Käfig, toleriert
e) Kaninchen im Käfig, naheherangerückt, toleriert
f) Kaninchen frei im Raum, toleriert
g) Kaninchen berührt, wenn Versuchsleiter es hält
h) Kaninchen berührt, wenn frei im Zimmer
i) Kaninchen trotzig abgelehnt, indem es bespuckt, mit Dingen beworfen und imitiert wird
j) Kaninchen zugelassen auf Ablagebrett des Kinderstuhles
k) kauert neben dem Kaninchen in wehrloser Stellung
l) hilft Versuchsleiterin, Kaninchen in Käfig zu tragen
m) hält Kaninchen auf dem Schoß
n) bleibt im Raum allein mit Kaninchen
o) duldet Kaninchen im Spielstall
p) liebkost Kaninchen
q) lässt Kaninchen an seinen Fingern knabbern.

Die Behandlungsphase gliedert sich in zwei Teile, da sie wegen einer zweimonatigen Krankheit von Peter unterbrochen werden musste.

1. Phase
Peter konnte drei furchtfreie Kinder beobachten, die unbefangen mit dem Kaninchen spielten. Jones bezeichnet dieses Verfahren als »soziales Imitationslernen«.

Die ersten Erfolge dieses Abschnitts (Toleranzgrade a–h) wurden dadurch zunichte gemacht, dass der Junge sich kurz vor Beginn seiner Krankheit heftig vor einem großen Hund erschrak, sodass er auf sein altes Furchtniveau zurückfiel.

2. Phase
Während des zweiten Abschnitts wandte die Autorin ein anderes Verfahren an: die sogenannte »Gegenkonditionierung«. Jetzt wurde Peter auf seinen Stuhl gesetzt und bekam etwas Leckeres zu essen, während die Distanz zwischen ihm und dem Kaninchen langsam verringert wurde.

Auf diese Weise bekam das Kaninchen allmählich eine Art Signalwert für etwas dem Jungen Angenehmes, nämlich Leckereien. »Da bei jedem Vorzeigen des Hasen ein erfreulicher Reiz (Nahrung) vorhanden war, wurde die Furcht allmählich zugunsten einer positiven Reaktion abgebaut« (S. 34). Diese Methode wurde so lange fortgesetzt, bis der Junge während des Essens das Kaninchen auf dem Schoß behielt (Toleranzgrade j–q).

Ergebnis:
Peters Furcht vor dem Kaninchen konnte vollkommen abgebaut werden. Außerdem berichtet die Autorin, dass der Junge bei ihrem letzten Gespräch auch keine Furcht mehr vor Pelzmänteln, Federn, Baumwolle usw. zeigte.

Forschungsbericht (3)

Mednick, S. A., Pollio, H. R. & Loftus, E. F. (1975). Psychologie des Lernens. München: Juventa.

Das folgende Fallbeispiel zur systematischen Desensibilisierung vermag nur unzureichend einen Einblick in die Arbeitsweise eines lerntheoretisch orientierten Therapeuten zu geben. Trotzdem erscheint es wünschenswert, dass der Leser bzw. die Leserin wenigstens eine ungefähre Vorstellung vom angesprochenen Gegenstand hat. Der Psychiater Wolpe wollte die bei den meisten Neurosen auftretende Angst dadurch überwinden, dass der Patient, wenn er an die angstauslösenden Situationen denkt, sich vollständig entspannt. Dabei ist es nötig, dass das Ausmaß der Entspannung größer ist als die durch die spezifische Situation hervorgerufene Angst. Dies wird durch zwei Verfahren erreicht: durch die progressive Entspannung und durch den Aufbau einer Angsthierarchie. Bei dem Verfahren der progressiven Entspannung lernt der Patient in etwa fünf bis sieben Sitzungen, seine Muskeln wirkungsvoll zu entspannen, d. h. er lernt Reaktionen des autonomen Nervensystems (Herzfrequenz, Schweißabsonderungen usw.) in der Weise zu kontrollieren, dass sie der Erregung bei der Angstauslösung entgegengesetzt sind.

Bei der Erstellung der Angsthierarchie werden die Situationen analysiert, vor denen der Patient Angst empfindet, und diese Situationen dann in eine Rangreihe gebracht, sodass die am stärksten angstauslösenden Situationen am Anfang und die am schwächsten angstauslösenden Situationen am Ende der Liste stehen.

(1) In einem Fahrstuhl stecken bleiben (je länger die Zeit, desto unangenehmer);
(2) in einem Raum eingeschlossen werden (je kleiner der Raum und je länger die Zeit, desto unangenehmer);
(3) durch einen Eisenbahntunnel fahren (je länger der Tunnel, desto unangenehmer);
(4) allein in einem Fahrstuhl fahren (je größer die Entfernung, desto unangenehmer);
(5) in einem Fahrstuhl mit Fahrstuhlführer sein (je größer die Strecke, desto unangenehmer);
(6) mit der Eisenbahn fahren (je länger die Reise, um so unangenehmer);
(7) in einem Kleidungsstück mit verklemmtem Reißverschluss stecken;
(8) einen engen Ring am Finger haben;
(9) einen Besuch machen und dabei nicht in der Lage sein, jederzeit den Raum zu verlassen (z. B. beim Kartenspiel);
(10) erzählt bekommen, dass jemand im Gefängnis sitzt;
(11) Nagellack am Finger haben und keine Möglichkeit, ihn zu entfernen;
(12) einen Bericht über verschüttete Bergleute lesen.

Im Verlauf der Therapie musste die Patientin nacheinander die angstauslösenden Situationen von Nr. 12 bis Nr. 1 durchlaufen. Dabei hatte sie sich bei möglichst vollständiger Entspannung die jeweilige Situation sehr anschaulich vorzustellen.

Ohne jetzt auf die genaue Prozedur einzugehen, kann der Endzustand der Therapie darin gesehen werden, dass die Klienten auch bei der am stärksten angstauslösenden Situation ausreichend desensibilisiert sind. Hierbei ist auch der *Transfer* dieses Lernprozesses von den *Therapiesituationen in die Realität* in angemessener Weise zu gewährleisten.

2.7.2 Übungen
(1) 1932 erschien Aldous Huxleys Buch »Brave New World«, eine Utopie einer nach wissenschaftlichen Prinzipien organisierten Gesellschaft, in der das Reiz-Reaktions-Lernen bei der Erziehung eine bedeutsame

Rolle spielt. Die Gesellschaft bedient sich der Konditionierungstechniken, um das jeweils gewünschte soziale Verhalten zu erzeugen. Bereits in den Kinderkrippen werden die Babys frühzeitig zu Fabrikarbeitern erzogen: »In der Kinderkrippe werden Babies Bücher mit in Farbe und Form besonders anziehenden Abbildungen von Rosen und verschiedenen anderen Blumen und Tierarten gezeigt. Sie dürfen die Abbildungen anfassen, auf ihnen herumkrabbeln und sie auf jede Weise manipulieren. In dieses muntere Treiben hinein läßt die Oberschwester eine schrille Sirene in unerträglicher Lautstärke ertönen. Es folgt eine unmittelbare, heftige Schreckreaktion der Babies. Die Oberschwester löst nun einen Hebel aus, der die Krabbelfläche unter Strom setzt, so daß die Babies elektrische Schläge erhalten. Sie wimmern und krümmen sich. Nach kurzer Zeit werden die Reize wieder abgestellt, und die Babies entspannen sich allmählich. Nun werden die Babies erneut mit den hübschen Abbildungen konfrontiert, aber im Gegensatz zum erstenmal schrecken sie nun vor den Abbildungen zurück, sie fangen an zu schreien und zeigen Fluchtreaktionen. Der Direktor dieser ›schönen neuen Welt‹ weist seine Besucher stolz auf dieses Konditionierungsergebnis hin.
Bücher und Sirenengeheul, Blumen und elektrische Schocks werden bereits im Babyalter erbarmungslos miteinander gekoppelt; und nach einer ausreichenden Anzahl von Wiederholungen dieser Reiz-Reaktions-Verbindung wird diese Kopplung unauflösbar sein …« (Huxley, 1981, 32 ff., nach Schönpflug & Schönpflug, 1996, S. 347)
Erklären Sie den dargestellten Konditionierungsvorgang mithilfe Ihrer Kenntnisse zum Reiz-Reaktions-Lernen und nehmen Sie Stellung zu der im letzten Absatz formulierten Prognose!

(2) In einem Roman wird die Wirkung des Signals »Höchste Alarmbereitschaft« auf einem britischen Kriegsschiff folgendermaßen beschrieben (McLean, 1962): »Von allen Geräuschen unserer Erde wird dem Menschen wohl kaum eins so bis ans Ende seiner Tage im Ohr bleiben wie dieses ›E. A. S.‹ – Emergency Action Stations! Es gibt kein auch nur entfernt vergleichbares. Nichts edel Kämpferisches oder Begeisterndes liegt in dem Laut. Es ist ›nur‹ ein Pfeifen, aber getrieben bis fast an die Grenze der Audiofrequenz, grell abgestuft, durchdringend, ein krasser Klang der verzweifelten Dringlichkeit, der das Gefühl für hohe Gefahr aufpeitscht. Wie ein scharfes Messer fährt er selbst durch das schlaftrunkene Hirn und bringt den Menschen – einerlei wie erschöpft, wie schwach, wie tief abwesend er ist – in Sekunden auf die Beine, wobei sich der Puls sofort beschleunigt in Erwartung des wieder Drohenden, Ungewissen« (S. 51). In diesem Bericht lassen sich gut Signal- und Auslösefunktionen eines Reizes erkennen.

(3) Führen Sie den folgenden Versuch durch und verwenden Sie das Schema des Reiz-Reaktions-Lernens: Beobachten Sie Ihre Pupillen im Spiegel, während Sie eine Taschenlampe auf Ihre Augen richten und diese einschalten (günstig ist dabei ein Schaltgeräusch). Nach etwa zehn Wiederholungen nehmen Sie die Batterie aus der Lampe und führen dann das Experiment zum elften Mal durch.

(4) Wenden Sie die Grundbegriffe des Reiz-Reaktions-Lernens auf folgende Situationen an:
- Manche Kinder haben Angst vor Zahnärzten oder Friseuren.
- Krankenhausgeruch ruft bei Besuchern Unbehagen hervor.
- Vor aufregenden Ereignissen lutschen einige Menschen gern Bonbons oder kauen Kaugummi.
- Susanne weigert sich, abends ins Bett zu gehen. Seitdem sie ihr Schmusetier mitnimmt, macht sie keine Schwierigkeiten mehr.
- Am ersten Schultag erhalten die Kinder eine Schultüte.

(5) Schüler finden einzelne Schulfächer und Lehrer toll oder haben gegenüber bestimmten Fächern oder Lehrern eine Abneigung entwickelt. Dies kann auch als emotionale Konditionierung erklärt werden.

(6) Identifizieren Sie in Familien und Schulen unbedingte und bedingte Angst- bzw. Sicherheitsauslöser! Wenn Sie hierbei Schwierigkeiten haben, dann bedenken Sie, dass es noch andere Angsttheorien gibt, die in diesem Kapitel nicht behandelt wurden.

(7) Arbeiten Sie ein Beispiel für eine bedingte Reaktion höherer Ordnung aus und überlegen Sie sich genau die situativen Bedingungen!

2.7.3 Diskussion

(1) Watson und Rayner haben das Konditionierungsexperiment mit dem kleinen Albert filmisch festgehalten. In Videoportalen im Internet sind einige Sequenzen zu sehen. Schauen Sie sich diese Originalaufnahmen an. Entsprechen die experimentellen Bedingungen und die emotionalen Reaktionen des Kindes den Beschreibungen in der Literatur?

(2) Farben werden nicht nur physikalisch wahrgenommen, sondern haben auf den Betrachter eine emotionale Wirkung. So wird beispielsweise in der Farbenlehre zwischen warmen und kalten Farben unterschieden. Warme Farben sind Gelb, Orange und Rot, kalte Farben sind Blau, Grün und Violett. Die warme bzw. kalte emotionale Wirkung von Farben lässt sich dadurch erklären, dass mit Rot, Gelb und Orange Feuer und Sonne assoziiert wird und mit Blau Wasser, Eis und Schnee. Mit warmen Farben werden unter anderem auch Gemütlichkeit, Geborgenheit und Zuneigung verbunden, mit kalten Farben u. a. Frische und Sauberkeit. Versuchen Sie, Werbungen in Zeitschriften hinsichtlich solcher Farbwirkungen zu analysieren!

(3) Studieren Sie die Wahlwerbung verschiedener Parteien! In welcher Weise werden bedingte emotional-motivationale Reaktionen bewusst eingesetzt?

(4) Gesellschaftspolitisch relevante Begriffe erhalten in der politischen Diskussion je nach dem Standpunkt des Kommunikators ein unterschiedliches Bedeutungsumfeld. Diskutieren Sie die Verwendung der folgenden Begriffe:
- Gesamtschule – Einheitsschule
- Chancengleichheit – Gleichmacherei
- Schwangerschaftsabbruch – Abtreibung
- Selbsttötung – Selbstmord
- Mitglieder einer Freiheitsbewegung – Aufständische

Studieren Sie unter diesem Gesichtspunkt Fernsehsendungen und Zeitungen!

(5) In schwierigen Lebenslagen ist für viele Menschen ein Partner besonders wichtig. Diese Erscheinung kann man auch unter dem Gesichtspunkt des Reiz-Reaktions-Lernens betrachten.

(6) Ein Lehrer, der eine Faschingsfeier durchführt, ist entsetzt darüber, wie viele Kinder Spielpistolen und -gewehre mitbringen und mit welcher Begeisterung sie damit umgehen. Welche Lernvorgänge können bei dem Lehrer einerseits und bei den Schülern andererseits stattgefunden haben, die zu solchen unterschiedlichen Reaktionen führen? Überlegen Sie sich verschiedene Möglichkeiten und stellen Sie jeweils eine im Schema des Reiz-Reaktions-Lernens dar.

(7) Die Bedeutung von akustischen und von olfaktorischen Reizen (= Geruchsreize) wird oft nicht ausreichend beachtet. Betrachten Sie die Verwendung von Hintergrundmusik und von Parfüm unter dem Gesichtspunkt des Reiz-Reaktions-Lernens.

(8) Was halten Sie von den zwei vorgestellten Regeln über Angstvermeidung und Angstabbau?
   a) Vermeide möglichst das Auftreten unbedingter und bedingter Angstauslöser!
   b) Schaffe eine Atmosphäre von Sicherheit!

2.7.4 Weiterführende Literatur

- In dem folgenden Taschenbuch finden Sie eine Reihe von Aufsätzen Pawlows. Interessieren dürften besonders die Schriften zum bedingten Reflex:
  Pawlow, I. P. (1973). Auseinandersetzungen mit der Psychologie. München: Kinder.

- Obwohl in diesem Kapitel einige Male von Verhaltenstherapie gesprochen wurde, konnten nur ganz wenige Gesichtspunkte behandelt werden. Zum Nachschlagen geeignet ist:
  Batra, A., Wassmann, R. & Buchkremer, G. (2009). Verhaltenstherapie: Grundlagen – Methoden – Anwendungsgebiete (3. Aufl.). Stuttgart: Thieme.

- Einen Überblick über die wichtigsten Angsttheorien, neuere Forschungsergebnisse zu den Entwicklungsbedingungen, Auslösern und Konsequenzen der Angst sowie Grundfragen der Angsttherapie finden Sie in:
  Krohne, H. W. (2010). Psychologie der Angst. Stuttgart: Kohlhammer.

- Was können Lehrpersonen dazu beitragen, dass sich Wohlbefinden in der Schule und Lernen bzw. Leisten vereinbaren lassen oder dass sie sich zumindest nicht ausschließen? Die Beiträge des folgenden Buches geben Anregungen:
  Hascher, T. (2004). Schule positiv erleben. Ergebnisse und Erkenntnisse zum Wohlbefinden von Schülerinnen und Schülern. Bern: Haupt.

| **Test** | **Die Grundbegriffe des Reiz-Reaktions-Lernens kennen** | (S. 1/2) |

Mit diesem Test können Sie überprüfen, ob Sie das Lernziel »**Die Grundbegriffe des Reiz-Reaktions-Lernens kennen**« erreicht haben.

Die Zeit zur Bearbeitung des Tests ist nicht begrenzt. Im Informationsteil oder anderen Lehrbüchern dürfen Sie jetzt nicht mehr nachschlagen.

Zu jeder Aufgabe sind vier Antworten (Lösungen) vorgegeben. Nur eine dieser vorgeschlagenen Antworten ist richtig bzw. die beste Lösung und ist deshalb anzukreuzen.

Am Ende des Buches finden Sie einen Lösungsschlüssel, mit dessen Hilfe Sie Ihr Ergebnis selbst kontrollieren können.

Wenn Sie sieben oder mehr Aufgaben richtig lösen, haben Sie das Ziel erreicht.

Und nun: **Viel Erfolg!**

(1) Man unterscheidet zwei Theorien des assoziativen Lernens: Die direkte assoziative Verknüpfung von Bewusstseinsinhalten und das Reiz-Reaktions-Lernen. Als **Reiz-Reaktions-Lernen** werden u. a. erklärt
   a) das Lernen von emotional-motivationalen Reaktionen. ☐
   b) die Verknüpfung eines Begriffs mit einem Begriffsnamen. ☐
   c) Paarassoziationen. ☐
   d) Knoten im Taschentuch. ☐

(2) Unter bestimmten Bedingungen löst ein Reiz eine Reaktion aus. Für den Erwerb **neuer** Reiz-Reaktions-Verbindungen ist eine ausschlaggebende Bedingung
   a) die Bekräftigung der Reaktion. ☐
   b) das Vorhandensein einer Reflex-Reaktion. ☐
   c) die Kontiguität zweier Reize. ☐
   d) ein Reiz als Auslöser. ☐

(3) Nach Abschluss des Lernvorgangs ist der dann **bedingte** Reiz in der Lage, die gleiche oder eine sehr ähnliche Reaktion auszulösen wie der **unbedingte** Reiz. Diese Erscheinung nennt man
   a) bedingten Reflex. ☐
   b) Signallernen. ☐
   c) Totalantwort. ☐
   d) Reizsubstitution. ☐

(4) Der Aufbau einer bedingten Reaktion vollzieht sich meist nicht in einem einzigen Lerndurchgang. Unter **Bekräftigung** versteht man
   a) ein wiederholtes Vorkommen des auslösenden Reizes. ☐
   b) ein wiederholtes Vorkommen der bedingten Reaktion. ☐
   c) ein wiederholtes Zusammenvorkommen des Reizes und der Reaktion. ☐
   d) ein wiederholtes Zusammenvorkommen des bedingten und des unbedingten Reizes. ☐

(5) Den Abbau einer Reiz-Reaktions-Verbindung nennt man Löschung oder Extinktion. **Löschung** findet statt, wenn
   a) die Reaktion zu häufig ausgelöst wird. ☐
   b) mehrfach der bedingte ohne den unbedingten Reiz angeboten wird. ☐
   c) zwischen den Versuchsdurchgängen eine längere Pause eintritt. ☐
   d) die emotional-motivationale Reaktion zu schwach ist. ☐

| Test | Die Grundbegriffe des Reiz-Reaktions-Lernens kennen |

(6) Generalisierung und Differenzierung sind entgegengesetzt wirkende Vorgänge.
Bei der **Reiz-Generalisierung** ist
   a) ein Reiz in der Lage, eine ähnliche bedingte Reaktion auszulösen. ☐
   b) ein dem bedingten Reiz ähnlicher Reiz ebenfalls in der Lage, die bedingte Reaktion auszulösen. ☐
   c) es nach dem Lernvorgang nicht mehr möglich, zwischen unbedingtem und bedingtem Reiz zu unterscheiden. ☐
   d) die Ähnlichkeit zwischen unbedingtem und bedingtem Reiz von Bedeutung. ☐

(7) Unter **bedingten Reaktionen höherer Ordnung** versteht man Ketten von einzelnen bedingten Reaktionen. Das wesentliche Merkmal dieser Erscheinung besteht darin, dass
   a) ein neuer Reiz mit einem bereits bedingten Reiz gekoppelt wird. ☐
   b) keine Bekräftigung nötig ist. ☐
   c) der auslösende Reiz eine bestimmte Intensität aufweisen muss. ☐
   d) diese Erscheinung nur bei emotional-motivationalen Reaktionen beobachtet wird. ☐

(8) Bei der **Gegenkonditionierung** kann entweder eine aversiv erlebte Reiz-Reaktions-Verbindung durch Darbietung eines Sicherheitsreizes oder eine positiv erlebte Reiz-Reaktions-Verbindung durch Darbietung eines aversiven Reizes beeinflusst werden. Die Gegenkonditionierung
   a) überschreitet den Rahmen des assoziativen Lernens. ☐
   b) unterscheidet sich in keinem Punkt von dem Normalfall der Konditionierung. ☐
   c) ist nur in Verbindung mit anderen therapeutischen Maßnahmen erfolgversprechend. ☐
   d) ist eigentlich nichts anderes als Löschung. ☐

(9) Angst kann direkt durch unbedingte und bedingte Angstauslöser und indirekt durch Verschwinden eines Sicherheitsreizes hervorgerufen werden. **Direkte, bedingte Angstauslösung** findet beispielsweise statt
   a) beim Auftreten eines Schmerzreizes. ☐
   b) bei Atemnot während eines Asthmaanfalls. ☐
   c) bei Androhung einer empfindlichen Strafe. ☐
   d) beim Verirren in einem Wald. ☐

(10) Der Aufforderungscharakter einer Sache ist von großer Bedeutung für das Motivationsgeschehen. Diese **emotionale Valenz** ist sehr häufig
   a) ein unbedingter Reiz. ☐
   b) ein bedingter Reiz. ☐
   c) eine unbedingte Reaktion. ☐
   d) eine bedingte Reaktion. ☐

3 Das instrumentelle Lernen

Im Supermarkt dienstags um 11.30 Uhr. Zwölf Kassen sind geöffnet. An Kasse 5 steht Frau Dombrowski mit Töchterchen Petra (4 Jahre). Kurz vor dem Band, auf das die eingekauften Waren gelegt werden, sind etwa in Augenhöhe des Kindes Schokoriegel und Bonbontüten in einem Regal zu sehen. »Quengelware« also.

Petra sagt: »Kann ich noch einen Dino-Riegel haben? Die schmecken so gut.« Die Mutter antwortet: »Du hast doch vorhin schon einen gehabt. Jetzt ist Schluss.« Petra sagt schon etwas weinerlich: »Ich möchte aber doch einen haben!« Die Mutter bleibt konsequent und die Situation eskaliert. Petra wirft sich auf den Boden und fängt an zu schreien. Die Mutter bleibt gelassen und räumt ihre Waren auf das Band. Nach einiger Zeit gibt Petra schniefend klein bei.

Die Mutter hat sich in dieser Stresssituation bewundernswert klug verhalten. Jedes Nachgeben hätte zur Folge gehabt, dass das fordernde Verhalten Petras in Zukunft häufiger aufgetreten wäre.

Was Sie in diesem Kapitel erwartet. Sie werden in diesem Kapitel lernen, diese und ähnliche Erziehungssituationen aus Sicht des instrumentellen Lernens zu verstehen. Es werden zwei Formen des instrumentellen Lernens unterschieden: der Verhaltensaufbau durch positive Verstärkung (Belohnung) oder negative Verstärkung (Zwang) und der Verhaltensabbau durch Bestrafung oder Löschung. Diese Effekte treten allerdings nur dann auf, wenn die Konsequenzen eines Verhaltens einem Motiv der Person entsprechen. Das gelernte Verhalten ist situationsabhängig: Es wird nur in Situationen gezeigt oder unterdrückt, die der Lernsituation ähnlich sind. Außerdem ist das so gelernte Verhalten gewohnheitsmäßig relativ starr. Der Gegenpol wäre das flexible planvolle Handeln.

Das Kapitel gliedert sich in folgende Abschnitte:
3.1 Die Grundbegriffe des instrumentellen Lernens
3.2 Verhaltensaufbau: Die positive Verstärkung
3.3 Verhaltensaufbau: Die negative Verstärkung
3.4 Verhaltensabbau: Bestrafung und Löschung
3.5 Komplexe Fälle
3.6 Anwendungsbereiche
3.7 Die wesentlichen Gesichtspunkte des Kapitels
3.8 Arbeitsteil

3.1 Die Grundbegriffe des instrumentellen Lernens

3.1.1 Schema des instrumentellen Lernens

Etwa gleichzeitig mit Pawlow führte in den Vereinigten Staaten Edward Lee Thorndike (1874–1949) Experimente zur Erforschung des Lernens durch (z. B. Thorndike, 1898). Das Versuchstier, häufig eine Katze, wird in eine Problemsituation gebracht. Diese besteht beispielsweise aus einem Käfig, dessen Tür durch einen verdeckten Mechanismus zu öffnen ist. Das Ziel (Befreiung aus dem Käfig oder Zugang zu Futter) wird durch Ausprobieren einer Anzahl von Reaktionen zu erreichen versucht. Die erfolgreiche Verhaltensweise wird beibehalten und in solchen Problemsituationen bald prompt angewandt.

Mit der Formel »Lernen am Erfolg« hat Thorndike das Prinzip der Verstärkungstheorien entdeckt.

Trotz der großen Bedeutung, die Thorndike für die Pädagogische Psychologie erlangte, wollen wir uns hier stärker auf einen anderen US-amerikanischen Forscher beziehen, nämlich Burrhus Frederic Skinner (1904–1990), der etwa ab 1930 die operante Konditionierung beschreibt. Im Gegensatz zu Thorndike wartete Skinner nicht ab, bis die Versuchstiere zufällig durch Versuch und Irrtum die erwünschte Verhaltensweise zeigte. Er konstruierte die nach ihm benannte »Skinner-Box« (Abb. 3.1) vielmehr so, dass jede minimale Verhaltensänderung in Richtung Endverhalten sofort verstärkt werden konnte.

Abbildung 3.1 Die Skinner-Box (aus Atkinson et al., 1983, S. 201) als typische Versuchsanordnung zur Untersuchung von Gesetzmäßigkeiten der operanten Konditionierung

Hatten die Tiere etwa einen Hebel zu drücken oder auf eine bestimmte Stelle zu picken, dann konnte durch Futtergaben die Auftretensrate dieser Verhaltensweise sehr schnell deutlich erhöht werden. Mit dieser Verhaltenssteuerung gelangen Skinner eindrucksvolle Tierdressuren, etwa mit Ratten und Tauben.

Das Verhalten, das Skinner wie auch Thorndike untersuchten, ist nicht etwa wie beim Reiz-Reaktions-Lernen ein reaktives *Antwortverhalten*, sondern ein aktives *Wirkverhalten*, also ein spontanes, das auf die Umwelt einwirkt und dort bestimmte Konsequenzen erfährt.

Die Konditionierung des Antwortverhaltens ist unter der Bezeichnung Reiz-Reaktions-Lernen ausführlich in Kapitel 2 behandelt worden. Die Konditionierung des Wirkverhaltens (»operant behavior«) wird von Skinner als operante Konditionierung bezeichnet.

> **Exkurs**
>
> Als radikaler Verfechter des Behaviorismus konzipierte Skinner die operante Konditionierung als eine objektive Verhaltenslehre, die innere Vorgänge wie Vorstellungen, Denken, Gefühl, Wollen usw. ausschließt und sich als experimenteller Zweig der Naturwissenschaften nur mit den äußerlich wahrnehmbaren Aktivitäten des Organismus befasst.
>
> Demgegenüber hat nach heutiger Auffassung der Begriff der Motivation eine grundlegende Bedeutung bei der Erklärung dieser Art des Lernens. Um bestimmte Implikationen von Skinners wissenschaftlicher Auffassung zu vermeiden, ersetzen wir den Begriff des operanten Konditionierens durch den des *instrumentellen Lernens*.

Beim Reiz-Reaktions-Lernen lösen *vorausgehende* Reize die Reaktion aus. Infolge der Kontiguität und des damit häufig verbundenen Erwerbs eines Signalcharakters kommt es zur Reizsubstitution, und der dann bedingte Reiz löst die gleiche (oder eine sehr ähnliche) Reaktion aus wie der unbedingte Reiz. Beim instrumentellen Lernen hingegen steht das Verhalten in Verbindung mit den Ereignissen, die ihm *nachfolgen*. Diese Ereignisse nennen wir *Konsequenzen*.

Der zentrale Begriff des instrumentellen Lernens ist der Begriff der *Kontingenz*. Damit ist die Regelmäßigkeit (genauer: ein hoher Grad an Wahrscheinlichkeit) und Unmittelbarkeit gemeint, mit der Umweltereignisse von einer bestimmten Verhaltensweise der Person abhängen. Man könnte die Kontingenz auch eine Wenn-dann-Beziehung nennen. Der Aufbau solcher Beziehungen zwischen Verhalten und Konsequenz erhöht oder vermindert die Auftretenswahrscheinlichkeit eben dieses Verhaltens. In der Regel wird erst durch häufig wiederkehrende, gleichförmige Konsequenzen allmählich ein stabiles instrumentelles Verhalten gelernt.

Wir sprechen beim instrumentellen Lernen von *Verhalten*, da es sich meist um komplexere Aktivitätsmuster handelt und verwenden den Begriff der *Reaktion* ausschließlich im Zusammenhang mit dem S-R-Lernen.

Damit hätten wir ein Schema des instrumentellen Lernens entwickelt (Abb. 3.2).

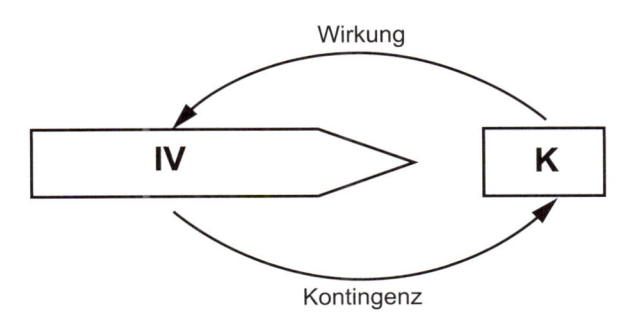

Abbildung 3.2 Schema des instrumentellen Lernens

> **Definition**
>
> Beim **instrumentellen Lernen** ist das Verhalten das Instrument oder Mittel, das Veränderungen in der Umwelt, also Konsequenzen (K) hervorruft. Dieser Zusammenhang wird als Kontingenz bezeichnet. In der Regel wird erst durch mehrfach wiederkehrende, gleichförmige Konsequenzen allmählich ein stabiles instrumentelles Verhalten (IV) gelernt.

3.1.2 Verschiedene Arten von Konsequenzen

Beim instrumentellen Lernen ändert sich die Auftretenswahrscheinlichkeit oder Intensität des instrumentellen Verhaltens durch nachfolgende Konsequenzen. Wir sprechen von Verstärkung, wenn sich die Auftretenswahrscheinlichkeit bzw. Intensität erhöht, und von Bestrafung oder Löschung, wenn sie sinkt.

Verhaltensaufbau. Der Aufbau eines Verhaltens kann auf zweierlei Art geschehen: durch Darbietung einer angenehmen oder durch Entzug einer unangenehmen Konsequenz. Im ersten Fall sprechen wir von positiver, im zweiten Fall von negativer *Verstärkung*. Die Begriffe positiv und negativ sind nicht wertend gemeint. Sie bedeuten Darbietung bzw. Entzug eines Ereignisses.

Verhaltensabbau. Der Abbau eines Verhaltens erfolgt durch Darbietung einer unangenehmen oder durch Entzug einer angenehmen Konsequenz (sogenannte positive und negative Bestrafung). Die beiden Formen der *Bestrafung* sind allerdings nur theoretisch auseinanderzuhalten. So ist zu fragen, ob die negativen Bestrafungen »Privilegienentzug« (z. B. nicht Fernsehen dürfen) oder »sozialer Ausschluss« (z. B. Kind aus dem Zimmer schicken) nicht doch als Darbietung aversiver Konsequenzen, also als positive Bestrafung aufgefasst werden müssen. Aus diesem Grund soll in diesem Kapitel Bestrafung als ein einheitliches Phänomen betrachtet werden. Darunter werden alle Verhaltensweisen zusammengefasst, die nach der Darbietung aversiver Konsequenzen seltener oder weniger intensiv gezeigt werden.

Löschung. Die *Löschung* ist in gewisser Weise ein Sonderfall des instrumentellen Lernens, denn hier folgen dem Verhalten weder angenehme noch unangenehme Konsequenzen. Der Verhaltensabbau erfolgt vielmehr dadurch, dass die Lernbedingung (die Kontingenz) aufgehoben wird. Durch die Einbeziehung der Löschung liegen dann also zwei Fälle vor, die zum Verhaltensabbau führen.

Es werden demnach vier Formen des instrumentellen Lernens unterschieden, von denen zwei zum Aufbau und zwei zum Abbau von Verhalten führen (Tab. 3.1).

Tabelle 3.1 Die vier Formen des instrumentellen Lernens

Verhaltensaufbau	Verhaltensabbau
Positive Verstärkung	Bestrafung
Negative Verstärkung	Löschung

3.1.3 Motivation

In dem Kapitel über das Reiz-Reaktions-Lernen haben wir zwei wichtige Motivationskomponenten kennengelernt: Das Motiv als Persönlichkeitsdisposition und den Aufforderungscharakter bzw. Anreiz als emotionale Valenz des Zieles.

Ein Verhalten wird angeregt durch den Aufforderungscharakter der (voraussichtlichen) Folgen des Verhaltens. Da Anreiz und Motiv in einem Wechselwirkungsverhältnis stehen, findet diese Aktivierung allerdings nur statt, wenn die Person auch über ein Bedürfnis (Motiv) verfügt, solche Konsequenzen herbeizuführen bzw. wenn die Konsequenzen ein Bedürfnis der Person befriedigen. So kann das Lob des Lehrers z. B. Hohn und Gelächter hervorrufen. In diesem Fall sind die Schüler nicht motiviert, von diesem Lehrer soziale Anerkennung zu erfahren. In gleicher Weise kann ein negativer Aufforderungscharakter nur gegeben sein, wenn die Person motiviert ist, dieses Ereignis zu meiden bzw. wenn sie es als unangenehm erlebt. Die Androhung einer Zwangsmaßnahme gegen einen Schüler, z. B. die Mathestunde in einer anderen Klasse verbringen zu müssen, wenn er nicht gleich aufmerksam dem Unterricht folgt, ist dann wirkungslos, wenn der Schüler dieses Ereignis nicht aversiv erlebt und deswegen auch nicht motiviert ist, entsprechende Aktivitäten zu zeigen.

Die Konsequenzen eines Verhaltens führen also nur dann zum Lernen, also zum Verhaltensauf- oder -abbau, wenn sie *motivationsadäquat* sind. Dies gilt im gleichen Maße für die positive und negative Verstärkung und für die Bestrafung.

3.1.4 Situation

Wie beim Reiz-Reaktions-Lernen auch gibt es beim instrumentellen Lernen Reize, die dem Verhalten mit seinen Konsequenzen vorangehen. Diese Reize lösen aber das Verhalten nicht aus. Sie signalisieren lediglich, welcher Art die nachfolgenden Konsequenzen sein werden. Darum nennt man sie *diskriminative Hinweisreize*.

> **Beispiel**
>
> Sie beschleunigen Ihren Schritt, um die S-Bahn zur Arbeit noch zu erreichen, wenn Sie ungefähr auf der Mitte des Weges die Kirchturmuhr schlagen hören. Hören Sie sie deutlich früher, zum Beispiel kurz nach Verlassen des Hauses, dann haben Sie einige Male versucht, ebenfalls durch Rennen die Bahn zu erreichen. Das war aber erfolglos und deshalb unterlassen Sie es. Sie haben also gelernt, nur dann zur S-Bahn zu eilen, wenn das auch Aussicht auf Erfolg hat und es zu lassen, wenn keine Aussicht auf Erfolg besteht (diskriminativer Hinweisreiz).

Das erlernte Verhalten tritt also nicht immer, sondern nur situationsgebunden auf. In pädagogischen Situationen und im Alltag lässt sich häufig ein solches sehr effizientes Diskriminationslernen beobachten: Kinder gehorchen eventuell nur bei Strafandrohungen des Vaters, nicht aber bei der Ankündigung solcher Maßnahmen durch die Mutter; Schulklassen verhalten sich nur bei bestimmten Lehrern störend.

Wegen seiner Situationsabhängigkeit ist beim instrumentellen Lernen ein Transfer des Verhaltens auf neue Situationen nur in sehr begrenztem Maße möglich. Instrumentelles Verhalten ist also relativ *starr* und *gewohnheitsmäßig*. Wir fahren z. B. auf dem Weg zur Arbeitsstätte meist die gleiche Wegstrecke; ein Schüler erledigt seine Hausaufgaben regelmäßig zu einem bestimmten Zeitpunkt und nach einem bestimmten System; jemand hat sich angewöhnt, schwierigen Aufgaben oder konflikthaften Situationen aus dem Wege zu gehen; ein Kind hat gelernt, dreimal täglich nach den Mahlzeiten seine Zähne zu putzen.

Dieses gewohnheitsmäßige Verhalten stellt eine beträchtliche Entlastung dar. Man stelle sich vor, wir müssten im Laufe eines Tages alle Tätigkeiten mit einem hohen Ausmaß an Bewusstheit steuern.

Manchmal wird allerdings auch gewohnheitsmäßiges instrumentelles Verhalten im Alltag unterbrochen. So könnten wir irgendwann unsere Art zu frühstücken als langweilig empfinden und beschließen, das Frühstück völlig anders zu gestalten. Dann würden wir es mit flexiblem, planvollem Handeln zu tun haben, das durch ein hohes Ausmaß an Bewusstheit und Reflexion (Denken über eigenes Tun) ausgezeichnet ist. In Kapitel 5 über »Handeln und Problemlösen« wird eine Abgrenzung des instrumentellen Verhaltens vom flexiblen Handeln vorgenommen.

3.1.5 Fremd- und Selbststeuerung des Verhaltens

Instrumentelles Verhalten wird immer gesteuert von den Konsequenzen. Bislang haben wir dafür Beispiele gewählt, in denen die Konsequenzen durch andere Personen oder Faktoren gesteuert wurden. Nun gibt es aber augenscheinlich auch Verhaltenssteuerung, die durch die Person selbst vorgenommen wird.

Bereits Skinner hat dafür den Begriff *Selbstverstärkung* eingeführt. Er meint damit, dass sich das Individuum selbst die Verstärker verabreicht und zwar nicht nach Belieben, sondern nur nach Auftreten spezifischer Verhaltensweisen.

Später spricht dann Frederick H. Kanfer (1925–2002) von Selbstverstärkung als Teilprozess der *Selbstregulation* und erweitert den ursprünglichen behavioristischen Standpunkt durch Einbeziehung kognitiver Komponenten (Kanfer & Phillips, 1975).

Er unterscheidet im Prozess der Selbstregulation drei Phasen:
(1) **Selbstbeobachtung** (hier wird ein Verhalten registriert)
(2) **Selbstbewertung** (das Verhalten wird mit Standards verglichen)
(3) **Selbstverstärkung** (das Verhalten wird verstärkt und beibehalten oder neue Verhaltensweisen werden aufgebaut, um vorhandene Abweichungen von den Standards zu reduzieren)

Dieser Ansatz hat in der Verhaltenstherapie eine große Bedeutung erlangt. Im Arbeitsteil wird über ein relativ selbstständig durchzuführendes Raucher-Entwöhnungstraining berichtet, das den Kanferschen Ansatz der Selbstmanagement-Techniken erfolgreich umsetzt.

Wie bedeutsam die Fähigkeit zur Selbstregulation, insbesondere auch zum Aufschub von (Selbst-)Belohnungen bereits im Kindesalter für die spätere Entwicklung von akademischen und sozialen Kompetenzen ist, zeigen sehr eindrucksvoll die als »Marshmallow-Test« bekannt gewordenen Experimente und Follow-up-Studien von Mischel et al. (1989). Auch das können Sie im Arbeitsteil genauer nachlesen.

Die Außensteuerung des Verhaltens durch Management der Konsequenzen kann, so paradox das klingt, also auch vom Lerner selbst übernommen werden. Die wirkliche Innensteuerung werden wir im Zusammenhang mit dem → Handeln und Problemlösen (Abschn. 5.2.4) noch kennenlernen.

> **Zusammenfassung**
>
> ▶ Beim instrumentellen Lernen entscheiden die Konsequenzen, die dem Verhalten folgen, über dessen zukünftiges Auftreten. Die Beziehung zwischen Verhalten und nachfolgender Konsequenz wird Kontingenz genannt.
> ▶ Instrumentelles Lernen ist motiviert und zielgerichtet, aber eng an bestimmte Situationen gebunden und erscheint deswegen relativ starr.
> ▶ Der Aufbau eines Verhaltens erfolgt durch die positive und negative Verstärkung, der Abbau durch die Bestrafung und die Löschung.
> ▶ Die Außensteuerung des Verhaltens durch Management der Konsequenz kann vom Lerner selbst übernommen werden. Besonders bedeutsam ist die Selbstverstärkung.

3.2 Verhaltensaufbau: Die positive Verstärkung

3.2.1 Vorgang

Der Vorgang der Verstärkung führt zu dem Ergebnis, dass die Auftretenswahrscheinlichkeit oder Intensität des betreffenden Verhaltens steigt. Im Falle der positiven Verstärkung wird dies durch die Darbietung einer positiven (belohnenden) Konsequenz K^{V+} erreicht, die auch positiver Verstärker genannt wird.

> **Beispiel**
>
> Ein Kind deckt ab und zu selbstständig den Frühstückstisch. Die Eltern bringen darüber ihre Freude zum Ausdruck und loben es. Bald übernimmt das Kind diese Aufgabe fast regelmäßig.

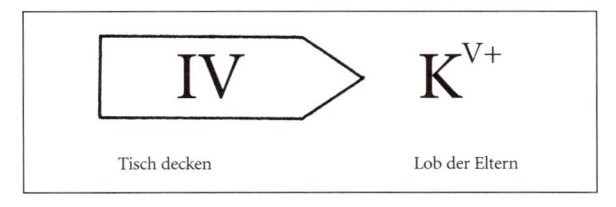

$$IV \quad \blacktriangleright \quad K^{V+}$$

Tisch decken — Lob der Eltern

Abbildung 3.3 Schema und Beispiel für positive Verstärkung

Ein *Verstärker* wird also durch seine Auswirkungen definiert. Eine Konsequenz ist dann ein Verstärker, wenn das Verhalten gestärkt wird, und zwar hinsichtlich seiner Häufigkeit (Auftretenswahrscheinlichkeit) oder Intensität.

Der Begriff der Verstärkung weist bereits darauf hin, dass eine Voraussetzung für eine derartige Beeinflussung darin besteht, dass das Verhalten wenigstens hin und wieder auftritt. Nur dann kann es verstärkt werden.

3.2.2 Verstärkerarten

Primäre Verstärker sind solche Konsequenzen eines Verhaltens, die ohne Lernprozess verstärkend wirken. Es sind dies beispielsweise Nahrung und Zärtlichkeiten, also Reize, die grundlegende, angeborene Bedürfnisse befriedigen. *Sekundäre Verstärker* sind solche Konsequenzen, die ursprünglich nicht verstärkend wirkten, sondern erst durch wiederholtes Zusammenvorkommen mit primären Verstärkern selbst zu Verstärkern wurden.

> ! Sekundäre Verstärker haben gegenüber primären häufig den Vorteil, dass es nicht so schnell zu einer Sättigung kommt. Geld ist für viele Menschen immer wieder ein Anreiz, während man Bonbons bald nicht mehr mag.

Vier Arten von Verstärkern. Es können folgende vier Formen von Verstärkern unterschieden werden:

(1) **Materielle Verstärker** sind beispielsweise Spielsachen, Bildchen, Süßigkeiten, Radiergummis usw. oder Spielmarken, die gegen solche Gegenstände eingetauscht werden können.

(2) **Soziale Verstärker** im sprachlichen Bereich sind Ausdrücke wie: das gefällt mir, prima, da warst du aber fleißig, das ist eine gute Idee usw. Soziale Verstärker im nichtsprachlichen Bereich sind anerkennende Gesten, freundliche Mimik, jemandem auf die Schulter klopfen, ihm zuschauen, aber auch öffentliche Anerkennung (z. B. Applaudieren).

(3) **Aktivitätsverstärker** sind Verstärker in Form beliebter Tätigkeiten, wie Filme ansehen, Ratespiele machen, Fußball spielen.

(4) **Informative Verstärker** sind solche Verstärker, die dem Lerner eine Mitteilung (Information) über die Erreichung eines Ziels geben. Beispiele: richtige Lösung einer Mathematikaufgabe, Ablesen der richtigen Geschwindigkeit auf einem Tachometer.

3.2.3 Zeitpunkt der Verstärkung und Verstärkungspläne

Zeitpunkt

Die Verstärkung erzielt ihre beste Wirkung, wenn sie dem Verhalten unmittelbar folgt. Dies ist einleuchtend, da der Begriff Kontingenz ja die unmittelbare Beziehung zwischen Verhalten und Konsequenz beschreibt. Dieses Prinzip ist von größter pädagogischer Bedeutung. Lob und Anerkennung für gute schulische Leistungen oder positives Sozialverhalten sind eben nur dann Verstärker, wenn sie möglichst sofort auf das geäußerte Verhalten folgen. Halbjährlich erteilte Zeugnisse, selbst wenn sie gute Noten enthalten, sind in der Regel keine Verstärker, die kontingent einem bestimmten Verhalten folgen.

Allerdings hat dieses Lernprinzip auch seine nachteiligen Seiten. Nicht immer sind die unmittelbaren Konsequenzen eines Verhaltens mit den langfristigen Konsequenzen vereinbar. Wenn Sie z. B. Alkohol trinken, dann wird dieses Verhalten durch die zuerst auftretenden, durchaus als angenehm erlebten Konsequenzen stabilisiert. Der Kater am Morgen als aversive Konsequenz folgt dem Verhalten nicht unmittelbar. Er wird also möglicherweise weniger Einfluss auf Ihr Konsumverhalten haben als der direkte Verstärker.

Verstärkungspläne

Im Zusammenhang mit der positiven Verstärkung lassen sich zwei Arten von Verstärkungen unterscheiden: die Immerverstärkung (*kontinuierliche Verstärkung*) und die gelegentliche Verstärkung (*intermittierende Verstärkung*).

Bei der intermittierenden Verstärkung wird danach unterschieden, ob die Verstärker nach dem zeitlichen Verlauf (*Intervalle*) oder nach der Zahl der ausgeführten Verhaltensweisen (*Quoten*) verabreicht werden und außerdem danach, ob die Verstärkung regelmäßig (*fest*) oder unregelmäßig (*variabel*) erfolgt. Diese Variationen bzw. Verstärkerschemata, die als Verstärkungspläne bezeichnet werden, sind in Tabelle 3.2 dargestellt.

Je nach Verstärkungsplan baut sich das Verhalten unterschiedlich schnell und gleichmäßig auf und es ist unterschiedlich löschungsresistent, also widerständig gegen ausbleibende Verstärkung.

Tabelle 3.2 Verschiedene Arten von Verstärkungsplänen

		Vergabekriterium	
		Quoten (das n-te Verhalten wird verstärkt)	Intervalle (das Verhalten, das nach einem bestimmten zeitlichen Abstand als erstes folgt, wird verstärkt)
Regelmäßigkeit der Verstärkung	fest	fester Quotenplan	fester Intervallplan
	variabel	variabler Quotenplan	variabler Intervallplan

> ❗ Für menschliches Lernen in Alltagssituationen sind zwei Grundformen von Bedeutung:
> ▶ die kontinuierliche bzw. Immerverstärkung und die
> ▶ intermittierende bzw. gelegentliche Verstärkung in beliebiger Form.

Kontinuierliche Verstärkung. Beim Aufbau einer ursprünglich sehr selten auftretenden Verhaltensweise ist es in aller Regel notwendig, das Verhalten immer (kontinuierlich) zu verstärken.

Dieser Grundsatz ist von größter Bedeutung. Sehr viel Ärger und Schwierigkeiten in Familien und Schulen könnten vermieden werden, wenn die geforderten neuen Verhaltensweisen in der Aneignungsphase regelmäßig verstärkt würden. Dieses Prinzip der Immerverstärkung beinhaltet auch die Forderung, in dieser Zeit dem Verhalten auf keinen Fall Strafreize folgen zu lassen, da diese die Wirkung der positiven Verstärker beeinträchtigen. Betrachten wir zur Veranschaulichung dieses Prinzips z. B. kleine Kinder, die im Haushalt von sich aus mithelfen wollen. Sie möchten gern den Tisch decken, das Essen kochen, den Boden putzen. Bei diesen Aktivitäten kommt es verständlicherweise zu zahlreichen Pannen. Aus Ungeduld kritisieren Erwachsene dann schnell oder verrichten die Arbeiten gleich selbst. Später beklagen sie sich über die geringe Bereitschaft der Kinder, solche Pflichten zu übernehmen.

Um in der Lernphase Strafreize zu vermeiden, ist es nötig, die Anforderungen an den Lerner geschickt zu dosieren, damit Misserfolge, die als Bestrafung erlebt werden könnten, möglichst ausgeschlossen werden. Wünscht man z. B., dass ein Kind das Geigenspiel erlernen soll, dann müssen die Übungen über einen längeren Zeitraum so gestaltet sein, dass das Kind Erfolge erlebt oder dass häufiges Lob erteilt werden kann.

Intermittierende Verstärkung. Sobald die Verhaltensweise aufgebaut ist, also häufig oder intensiv auftritt, ist eine intermittierende (gelegentliche) Verstärkung nicht nur ausreichend, sondern sogar vorteilhafter. Besonders eine gelegentliche Verstärkung, die keinem regelmäßigen Schema folgt (variabler Verstärkungsplan), verhindert sehr wirksam eine Abschwächung des gelernten Verhaltens, wenn Verstärker ausbleiben. Es wird *löschungsresistent*. Enge Bezugspersonen von Kleinkindern folgen diesem Grundsatz intuitiv. Sie verstärken die spontanen Lächelansätze des Babys, das Aussprechen der ersten Worte, die ersten gelingenden Versuche, aus einer Tasse zu trinken und mit Besteck zu essen. Wenn sich das Verhalten dann etwas gefestigt hat, wird es nicht mehr jedes Mal verstärkt.

Auch bei gelegentlicher Verstärkung gilt das Prinzip der Kontingenz: die Konsequenz soll möglichst unmittelbar auf das Verhalten folgen.

> **Beispiel**
>
> Mit dem Wissen um die Wirkung intermittierender Verstärkung lassen sich nun verschiedene Verhaltensphänomene erklären:
> ▶ Die unregelmäßige Folge von Treffern in einem Glücksspiel (z. B. Spielautomat) führt dazu, dass manche Menschen geraume Zeit vor solchen Geräten verbringen.
> ▶ Die oft erstaunliche Ausdauer von Anglern kann damit erklärt werden, dass sie ab und zu doch einen Fisch fangen.

▶ Die Inkonsequenz in pädagogischen Situationen, etwa dem zielgerichteten Schreien eines Kindes hin und wieder nachzugeben, führt mit ziemlicher Sicherheit dazu, dass diese Verhaltensweise beibehalten wird.

3.2.4 Verhaltensformung und Verhaltensketten

Verhaltensformung (shaping). Bei komplexen Verhaltensmustern ist es nicht immer möglich, gleich beim ersten Versuch das gewünschte Verhalten zu zeigen. Wenn ein kleines Kind lernt, die Schuhbänder zu binden, wenn jemand sich bemüht, die Zähne richtig zu putzen, wenn Schulanfänger die ersten Buchstaben und Zahlen schreiben, wenn jemand in der Fahrschule das Autofahren lernt oder in der Kunstschule das Modellieren mit Ton, dann wird die Perfektion der Ausführung sukzessive zunehmen. Bei den einzelnen Versuchsdurchgängen werden solche Verhaltensele-mente verstärkt, die sich mehr und mehr dem erwünschten Endverhalten annähern. Bei korrekter Ausführung wird dann nur noch das solchermaßen geformte Verhalten verstärkt. Man nennt diese Methode Verhaltensformung (engl.: shaping) oder auch sukzessive Approximation (stufenweise Annäherung).

Verhaltensketten (chaining). Verhaltensweisen bestehen häufig aus vielen Elementen. Denken Sie nur daran, welche Schritte Sie vom Einsteigen in das Auto bis zum Losfahren vollziehen müssen: Gangschaltung auf Leerlauf stellen, Schlüssel ins Zündschloss stecken, Starter betätigen, in den Rückspiegel schauen, Blinker betätigen usw. Oder überlegen Sie, wie viele Handgriffe in bestimmter Reihenfolge notwendig sind, um einen Kuchen zu backen, Fahrrad zu fahren, ein Frühstücksbrot zu schmieren oder am Bankautomaten Geld abzuheben. Auch im Sport kennen wir eine Vielzahl solcher Verhaltensketten, z. B. beim Turnen oder beim Eiskunstlaufen. Beim Aufbau solcher Ketten (engl. »chaining«) muss darauf geachtet werden, dass jede einzelne Verhaltensweise, z. B. die richtige Stellung des Zündschlüssels, einwandfrei erlernt ist. Verstärkt wird die gesamte Kette durch den abschließenden Erfolg. Deshalb ist es beim Aufbau größerer Verhaltensketten auch geschickter, von hinten zu beginnen, wie das folgende Experiment demonstriert.

> **Beispiel**
>
> Es handelt sich um den Fall eines 13-jährigen Schülers, der in die sechste Klasse ging. Im Durchschnitt blieb dieser Junge etwa jeden dritten Tag unentschuldigt dem Unterricht fern. Das »normale« Verhalten der meisten Lehrer dürfte folgendes sein: Kommt der Schüler wieder einmal zum Unterricht, wird er getadelt, erhält einen Eintrag in das Klassenbuch und muss in einer zusätzlichen Unterrichtsstunde (»Nachsitzen«) einen Teil des versäumten Unterrichtsstoffes nacharbeiten. Dem instrumentellen Verhalten »Schulbesuch« folgt also eine ganze Serie von aversiven Konsequenzen.
>
> In dem geschilderten Fall verhielt sich der Lehrer völlig anders. Möglichst jede noch so kleine schulische Leistung (hat einen Teil der Hausarbeiten erledigt, meldet sich ab und zu usw.) wurde sofort positiv verstärkt.
>
> Nach wenigen Wochen war der Schulbesuch absolut regelmäßig und die Leistungen einigermaßen akzeptabel. Lediglich samstags fehlte der Schüler manchmal (zu dieser Zeit gab es samstags noch Unterricht), da er dann im Haushalt der Eltern arbeiten musste.

> **Experiment**
>
> Normalerweise wird beim Golftraining vom »tee-off« (Start) bis zum »put« (Einlochen) eine lange, komplexe Reaktionskette abgespielt, in welcher der über den Kopf gezogene Schwungschlag zum Ball mit zunehmender Annäherung an das Loch immer kürzer wird. Die Verstärkung, das Einlochen, tritt also erst nach einer langen Spieldauer und einer Vielzahl von Reaktionen auf. O'Brian und Simek (1980) kehrten in ihrem Trainingsexperiment den Ablauf um. Sie begannen beim Einlochen und steigerten dann die Schwierigkeit allmählich. Bei größeren Entfernungen wurden um das Loch herum durch Bänder Zielgebiete abgesteckt, in die der Ball zu schlagen war. Auf diese Weise sicherten sie ab, dass die Sportler mit hoher Wahrscheinlichkeit erfolgreich waren, also verstärkt wurden. Im Vergleich zur Kontrollgruppe, die nach herkömmlicher Methode trainiert wurde, war die Experimentalgruppe ▶

deutlich überlegen. Die Spieler waren bei einem späteren Testspiel (je drei Schläge in 14 Entfernungen) bei jeder einzelnen Entfernung besser und sie waren präziser beim Schlägeransatz auf den Ball.

3.2.5 Wirksamkeit positiver Verstärkung

Bedingungen. Eltern, Lehrer oder Trainer sind oft enttäuscht, wenn der Versuch misslingt, das Prinzip der positiven Verstärkung anzuwenden. Nicht wenige Pädagogen sind sogar von der Unwirksamkeit dieses Verfahrens überzeugt. Solche Erfahrungen sind in der Unkenntnis bzw. fehlerhaften Anwendung dieser Theorie begründet. Denn: Positive Verstärkung findet nur statt, wenn die Grundsätze des instrumentellen Lernens berücksichtigt werden.

> ! Es sind folgende Bedingungen zu gewährleisten:
> - Es muss ein motivationsadäquater Verstärker gefunden werden.
> - Die Verstärkung muss möglichst sofort erfolgen.
> - Am Anfang ist eine Immerverstärkung notwendig, später eine gelegentliche.
> - Zur Perfektionierung des Verhaltens ist eine Verhaltensformung erforderlich.
> - Komplexe Verhaltensweisen bestehen nicht selten aus Verhaltensketten.
> - Es ist auch weiterhin für eine Minimumverstärkung zu sorgen.

Anwendungsbereiche. Positive Verstärkung wird erfolgreich und häufig in zahlreichen Bereichen angewendet: bei der Änderung des Sprach-, des Konsum- und des sozialen Verhaltens, bei der Änderung von Einstellungen und zwischenmenschlicher Beziehungsverhältnisse, bei der Förderung der Fähigkeiten zur Alltagsbewältigung, des Leistungsverhaltens, des Unfallschutzes und ökologisch sinnvoller Verhaltensweisen, beim Erlernen von Bewegungsmustern usw.

Eine systematische Anwendung der Prinzipien der positiven Verstärkung im Rahmen von Verhaltenstrainings wird später noch genauer vorgestellt (→ Verhaltensmodifikation, Abschn. 3.6). Ein Beispiel aus dem Bereich des Verhaltensmanagements in Organisationen soll an dieser Stelle die Möglichkeiten systematisch angewandter Verstärkerpläne lediglich andeuten.

> **Beispiel**
>
> In einer kleinen US-amerikanischen Elektronikfirma setzten Wallin und Johnson (1976) einen variablen Verstärkerplan ein, um ein kontinuierliches Arbeiten anzuregen und auf diese Weise Fehlzeiten und Unpünktlichkeit zu reduzieren. Der Verstärkerplan bestand darin, dass Mitarbeiter, die einen ganzen Monat hindurch immer pünktlich zur Arbeit erschienen waren, an einer Lotterie teilnehmen durften, bei der ein 10-Dollar-Preis ausgelobt war. Nach Einführung der Lotterie lagen die Fehlzeiten über elf Monate hinweg (so lange wurden die Firma evaluiert) ca. 30 Prozent niedriger als zuvor.

> **Zusammenfassung**
>
> - Bei der positiven Verstärkung können vier Formen von Verstärkern unterschieden werden: materielle Verstärker, Sozialverstärker, Aktivitätsverstärker und informative Verstärker.
> - Die Verstärker müssen motivationsadäquat sein.
> - Die Verstärkung erzielt ihre beste Wirkung, wenn sie dem Verhalten unmittelbar folgt.
> - In der Anfangsphase ist Immerverstärkung besonders vorteilhaft, später sollte auf gelegentliche Verstärkung umgestellt werden.
> - Komplexe Verhaltensmuster können durch shaping und chaining geformt werden.

3.3 Verhaltensaufbau: Die negative Verstärkung

3.3.1 Vorgang

Wie wir bereits wissen, führt Verstärkung dazu, dass das betreffende Verhalten mit höherer Wahrscheinlichkeit oder höherer Intensität auftritt. Im Falle der negativen Verstärkung wird dies durch Entzug einer aversiven Konsequenz erreicht, die auch negativer Verstärker genannt wird (Abb. 3.4). In jedem Fall ist, wie der Begriffsname bereits sagt, auch die negative Verstärkung eine Verstärkung und darf auf keinen Fall mit der Bestrafung verwechselt werden.

> **Beispiel**
>
> Ihr Partner schaut verärgert. Sie entschuldigen sich bei ihm. Ihr Partner hört auf, verärgert zu schauen. Einem instrumentellen Verhalten IV (sich entschuldigen) folgt kontingent der Entzug einer aversiven Konsequenz K^{-av} (Verärgerung des Partners), was die Auftretenswahrscheinlichkeit bzw. Intensität des instrumentellen Verhaltens erhöht.

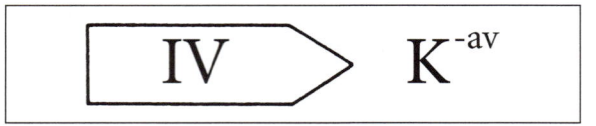

$$IV \rhd K^{-av}$$

Abbildung 3.4 Schema der negativen Verstärkung

3.3.2 Zwei Formen der negativen Verstärkung

Es lassen sich zwei Formen dieser Art des instrumentellen Lernens unterscheiden:
- das Fluchtlernen (Flucht- und Abschaltverhalten)
- das Vermeidungslernen (Ausweich- und Vorbeugungsverhalten)

> **Definition**
>
> Von **Fluchtlernen** sprechen wir, wenn die Person direkt mit dem aversiven Ereignis konfrontiert wird und Maßnahmen ergreift, diesem zu entkommen.

Ein solches Flucht- oder Abschaltverhalten liegt zum Beispiel vor, wenn wir Schmerzen durch Medikamenteneinnahme schnell beenden können und dann dieses Präparat häufiger einnehmen, was bis hin zum Schmerzmittelmissbrauch führen kann. Ähnlich verhält es sich, wenn es Schülern gelingt, durch kluge oder witzige Antworten die ansonsten grimmige Mine des Lehrers aufzuhellen. Ein anderer Fall wäre eine Notsituation, in der jedes zur Verfügung stehende Mittel angewandt wird, um den Angreifer zurückzuweisen.

> **Definition**
>
> Im Unterschied zum Fluchtlernen, bei dem in Gegenwart aversiver Reize ein Verhalten gezeigt wird, ist beim **Vermeidungslernen** der aversive Reiz nicht gegenwärtig, sondern wird vor dessen Auftreten durch das instrumentelle Verhalten aktiv umgangen.

Ein solches vorbeugendes Vermeidungsverhalten liegt beispielsweise vor, wenn wir bei niedrigen Temperaturen vorsichtshalber wärmere Kleidung tragen, oder wenn wir uns mit Sonnenschutz eincremen, um keinen Sonnenbrand zu erleiden, oder wenn wir bei Androhung eines Säumniszuschlags die Rechnung rechtzeitig begleichen.

3.3.3 Aggression und Ingratiation

Aggression. In gefährlichen Notwehrsituationen treten nicht selten aggressive Verhaltensweisen auf, die der Verminderung der Bedrohung oder mit anderen Worten der Verminderung der Angst dienen.

Nolting (2005) nennt diese Form Abwehr- oder instrumentelle Aggression. Diese lässt sich als negative Verstärkung, genauer: als Fluchtlernen oder Abschaltverhalten begreifen (Abb. 3.5).

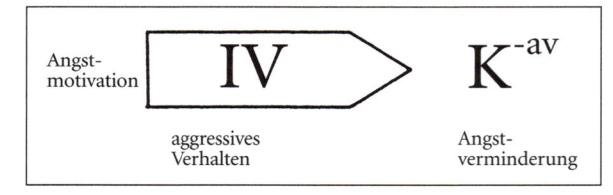

$$\text{Angstmotivation} \quad IV \rhd K^{-av}$$
aggressives Verhalten — Angstverminderung

Abbildung 3.5 Aggressives Verhalten als instrumentelles Verhalten IV, das kontingent und erfolgreich Angst reduziert K^{-av} und dadurch negativ verstärkt wird

Ingratiation. Obwohl das Ausmaß aggressiven Verhaltens in unserer Gesellschaft ein ernstes Problem darstellt, erscheint uns eine andere Erscheinung nicht minder bedenklich. Es handelt sich um die Ingratiation (Jones, 1964), was man als einschmeichelndes Verhalten umschreiben könnte. Ingratiation ist ein Sammelbegriff für Taktiken, die eine Person anwendet, um sich selbst für andere attraktiver zu machen: durch Demonstration von Konformität, durch Komplimente-Machen und durch das Anpreisen eigener Vorzüge. Ingratiative Techniken werden von Kindern und Erwachsenen häufig angewandt, um Gegenstände oder Privilegien zu erhalten, die dem jeweils Mächtigeren gehören. In zahlreichen Fällen dürfte aber, wie bei der instrumentellen Aggression, die zugrundeliegende Motivation die Angst sein. In Abhängigkeitsverhältnissen verhalten sich nicht wenige Menschen aus Angst ingratiativ: Untergebene gegenüber Vorgesetzten, Schüler gegenüber den Lehrerinnen und Lehrern.

Angstmotivierte Ingratiation lässt sich ebenso wie angstmotivierte Aggression als negative Verstärkung begreifen (Abb. 3.6).

Angst-motivation → IV → K^{-av}
ingratiatives Verhalten — Angstverminderung

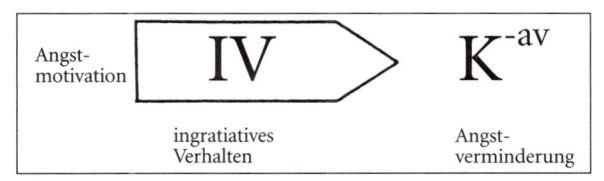

Abbildung 3.6 Ingratiatives Verhalten als instrumentelles Verhalten IV, das kontingent und erfolgreich Angst reduziert K^{-av} und dadurch negativ verstärkt wird

> Als Ergebnis der bisherigen Überlegungen lässt sich festhalten, dass bestimmte Formen aggressiven und ingratiativen Verhaltens, nämlich angstmotivierte, gleichermaßen nach dem Prinzip der negativen Verstärkung als Flucht- bzw. Abschaltverhalten gelernt werden.

Menschen und auch die meisten Tiere scheinen in bedrohlichen Situationen eher mit Flucht oder Unterwerfung als mit Angriff (bzw. Abschaltverhalten) zu reagieren. So sind nach unserer Meinung auch ingratiative Verhaltensweisen weitaus häufiger zu beobachten als aggressive. Aggressives Verhalten wird aber wegen seiner auffälligen Symptomatik eher bemerkt und auch in der Literatur häufiger beschrieben.

Hier wird uns wieder die zentrale Bedeutung der Angstmotivation vor Augen geführt. Der Abbau von Angst würde einerseits zu einer Verminderung aggressiver Verhaltensweisen führen und andererseits die Möglichkeit eröffnen, sich nicht mehr so häufig Zwang, Anpassung und Konformität zu unterwerfen.

3.3.4 Angstvermeidung und gelernte Hilflosigkeit

Die Zweifaktoren-Theorie der Angstvermeidung
Die Bezeichnung Zweifaktoren-Theorie (Mowrer, 1947; Miller, 1948; Schoenfeld, 1950) weist darauf hin, dass zwei Lernarten ineinander greifen. Das Experiment von Miller (1948) ist ein Klassiker der Lernforschung.

> **Experiment**
>
> Miller nutzte für seine Versuche mit Ratten einen zweigeteilten Versuchskäfig. Die eine Hälfte war weiß und mit einem elektrifizierbaren Bodengitter versehen, die andere Hälfte schwarz und ohne Bodengitter. Nachdem die Tiere in die weiße Kammer gesetzt wurden, bot man ihnen über das Bodengitter Stromstöße dar. Danach wurde ein Zugang zur schwarzen Käfighälfte geöffnet, durch den die Tiere flüchten konnten. Sie wählten immer die Flucht, wenn sie in die weiße Hälfte gesetzt wurden, auch wenn keine aversiven Reize gesetzt wurden.
>
> Bei den nächsten Durchgängen wurde der Zugang nicht mehr vom Versuchsleiter geöffnet. Die Tiere konnten aber den Stromstößen entgehen, wenn sie entweder ein Rad drehten oder einen Hebel drückten und dadurch den Zugang zur schwarzen Käfighälfte öffneten.

Die Lernvorgänge können wie folgt interpretiert werden:

(1) In der ersten Phase wird im Zuge des Reiz-Reaktions-Lernens die Auslösefunktion von dem unbedingten Reiz »Stromstoß« auf den bedingten Reiz »weiße Käfighälfte« übertragen. Die Tiere haben gelernt, vor der weißen Kammer bzw. vor der Farbe Weiß Angst zu haben.

(2) In der zweiten Phase kann das instrumentelle Lernen zur Erklärung herangezogen werden. Bei Auftreten der Stromschläge versuchen die Tiere, die sichere schwarze Käfighälfte zu erreichen. Dieses Fluchtverhalten wird durch die Beendigung der Stromschläge negativ verstärkt.

(3) Die weiße Käfighälfte wird zum → diskriminativen Hinweisreiz (Abschn. 3.1.4), der ankündigt, dass die Flucht durch die geöffnete Tür den aversiven Reiz erfolgreich vermeidet. Die Tiere laufen also bereits beim Einsetzen in diese Kammer auch ohne Stromstoß in die schwarze Hälfte. Dieses Vermeidungsverhalten wird durch Verringerung der Angst bei Beendigung des diskriminativen Hinweisreizes negativ verstärkt.

(4) Auch die beiden neuartigen Vermeidungsverhalten (Drehen des Rades bzw. Drücken des Hebels zur Öffnung der Tür) werden auf die gleiche Art gelernt.

(5) Dieses Verhalten wird für einige Zeit beibehalten, auch dann, wenn der Hinweisreiz (weiße Hälfte) nicht mehr mit dem aversiven Ereignis (Stromstoß) in Verbindung steht.

Ein in dieser Form gelerntes, zunächst erfolgreiches Vermeidungsverhalten ist sehr löschungsresistent. Es verhindert die Erfahrung, dass der unbedingte angstauslösende Reiz (Stromstöße) nicht mehr mit dem bedingten (weiße Kammer) gepaart ist und schließt so aus, dass seine Unangemessenheit erfahren werden kann. Eine Löschung der gelernten Reiz-Reaktions-Verbindung kann nicht stattfinden und der diskriminative Hinweisreiz behält irreführenderweise seine Funktion als Gefahrensignal.

Im Gegensatz zur Angstreduktion durch instrumentelle Aggression oder ingratiatives Verhalten (*Flucht- oder Abschaltverhalten*) ist diese Art des angstmotivierten Verhaltens eine Art des Aus-dem-Felde-Gehens (*Ausweich- oder Vorbeugungsverhalten*). Es kann z. B. dazu führen, dass Menschen dauerhaft aktiv Orte oder soziale Situationen meiden, in denen sie einmal eine Bedrohung oder Demütigung erlebt haben oder die aus anderen Gründen angstbesetzt sind. Dass nicht mehr die mindeste Veranlassung besteht, weiterhin Angst zu empfinden, können sie also gar nicht erfahren. Es ist darum recht schwierig, angstmotiviertes Vermeidungsverhalten abzubauen. Ein therapeutischer Ansatz wäre ein Verfahren, das Reaktionsblockierung oder Flooding genannt wird. Dabei wird die betreffende Person mit der angstauslösenden Situation, die sie zu vermeiden gelernt hat, direkt konfrontiert. Das Vermeidungsverhalten wird also blockiert. Die Person erlebt anfangs eine »Überflutung« durch die aversiven Reize, aber zugleich auch deren Ungefährlichkeit. Eine Form des Floodings wird z. B. Eltern sozial ängstlicher Kinder empfohlen. Möchte ein solches Kind nicht die Einladung zum Spielen oder zur Geburtstagsfeier eines Spielkameraden wahrnehmen, sollten die Eltern nicht zulassen, dass das Kind zuhause bleibt, sondern dafür sorgen, dass es sich der Situation aussetzt. Gleiches gilt für Schüler, die versuchen, Klassenarbeiten zu umgehen, indem sie wegen angeblicher oder tatsächlicher Kopf- oder Bauchschmerzen der Schule fern zu bleiben versuchen. Auch hier sollten Eltern darauf drängen, dass das Kind die Arbeit mitschreibt. Andernfalls wird sich das Vermeidungsverhalten verstärken.

Gelernte Hilflosigkeit

Anders als in den eben skizzierten Fällen gibt es auch Situationen, in denen aversive Reize nicht vermieden werden können. Martin Seligman (geb. 1942) hat gemeinsam mit Kollegen solche Konstellationen experimentell untersucht. Sie konnten zeigen, dass sowohl Tiere als auch Menschen unter solchen Bedingungen handlungsunfähig werden und die aversiven Reize einfach nur noch ertragen. Dieses Phänomen wird »gelernte Hilflosigkeit« genannt.

Definition

Als **gelernte Hilflosigkeit** bezeichnet man die Erwartung, unvermeidbare aversive Ereignisse nicht kontrollieren, d. h. nicht beeinflussen zu können. Der Organismus ist nicht in der Lage, durch ein Flucht- bzw. Vermeidungsverhalten den aversiven Reiz abzuschalten oder vorbeugend zu vermeiden.

Experiment

Im Tierversuch (Seligman & Maier, 1976) wurden Hunde in zwei Gruppen aufgeteilt. In einem ersten Versuchsabschnitt erhielt ein Teil der Versuchstiere elektrische Schläge, die durch Beiseitedrücken von Platten, die links und rechts vom Kopf des Tieres angebracht waren, abgeschaltet werden konnten (unvermeidbare, aber kontrollierbare = beeinflussbare aversive Ereignisse). Ein anderer Teil der Versuchstiere erhielt die gleichen Schocks, war aber nicht in der Lage, diese abzuschalten (unvermeidbare und unkontrollierbare = unbeeinflussbare aversive Ereignisse).

In einem zweiten Versuchsabschnitt wurden die Tiere in einen zweigeteilten Käfig gebracht. In der einen Hälfte erfolgte nach dem Erlöschen einer Lampe eine Elektrifizierung des Bodengitters. Die Tiere konnten über eine Barriere die andere Hälfte des Käfigs erreichen.

Die acht Hunde der ersten Versuchsgruppe lernten im ersten Versuchsabschnitt relativ schnell den Schock durch Drücken der Platten abzuschalten und im zweiten Versuchsabschnitt lernten immerhin drei Viertel der Tiere das angemessene Flucht- bzw. Vermeidungsverhalten.

> Die Hunde der zweiten Versuchsgruppe versuchten schon im ersten Versuchsabschnitt bald nicht mehr die Platten zu betätigen und im zweiten Versuchsabschnitt flüchteten sechs der acht Hunde nicht aus der gefährlichen Käfighälfte.

In einem Experiment aus dem Humanbereich führten Hiroto und Seligman (1975) eine Untersuchung mit Studierenden durch.

Die Personen der Experimentalgruppe wurden lauten Geräuschen ausgesetzt, die sie nicht vermeiden konnten. Studierende der Kontrollgruppe wurden dieser Bedingung nicht ausgesetzt. Im Anschluss sollten die Teilnehmer der Experimental- und der Kontrollgruppe Knobelaufgaben (Anagramme) lösen.

Studierende der Experimentalgruppe hatten größere Schwierigkeiten bei der Lösung der Anagramme und scheiterten bei den meisten Aufgaben. Studierende der Kontrollgruppe lösten mehr Anagramme und wurden im Laufe der verschiedenen Aufgabendurchgänge immer schneller.

Frühere Erfahrungen mit nicht kontrollierbaren aversiven Reizen erzeugen demnach ein Gefühl der Hilflosigkeit, das sich auf andere Situationen überträgt und zu Lern- und Leistungsschwächen führt. Die Theorie der gelernten Hilflosigkeit leistet einen wichtigen Beitrag für die Erklärung einer Vielzahl von Problemen, die in unterschiedlichen Lebensaltern und -bereichen auftreten: bei chronisch kranken Patienten, bei alten Menschen, im Arbeitsleben, bei Schülern mit Lernschwierigkeiten bis hin zu Sportlern, die wichtige Wettkämpfe verlieren.

> **!** Die Schlussfolgerung, die sich aus der Theorie für all diese unterschiedlichen Probleme ableiten lässt, lautet recht einfach: Gestalte Situationen so, dass Personen sich als handlungswirksam erleben können, dass sie mit dem ihnen möglichen Verhalten Erfolge erzielen und aversive Ereignisse aus eigener Kraft beseitigen oder vermeiden können!

3.3.5 Gebotscharakter der negativen Verstärkung

Organismen weisen eine Tendenz auf, aversive Zustände zu beenden oder vorbeugend zu vermeiden. In dem hier beschriebenen Zusammenhang ist es wichtig, dass es sich bei der negativen Verstärkung um eine *aktive Form der Vermeidung* handelt. Man muss etwas tun, um beispielsweise Kälte, Lärm, Angst, angedrohte Strafen oder andere unangenehme Zustände auszuschalten oder zu vermeiden. Auf jeden Fall hat die negative Verstärkung *Gebotscharakter*, d. h. ein Verhalten muss gezeigt werden.

Besonders deutlich wird diese Art des instrumentellen Lernens, wenn in einer sozialen Situation eine Person zu etwas veranlasst wird, was sie von sich aus nicht tun würde. Eine solche Konstellation nennen wir eine *Zwangssituation*. Eine Schülerin fertigt z. B. ihre Hausaufgaben an, um keinen Eintrag zu erhalten; ein Lernender beschäftigt sich intensiv mit der Prüfungsliteratur, um eine schlechte Note zu vermeiden; ein Kind räumt sein Spielzeug weg, um dem Fernsehverbot zu entgehen. Allerdings muss der Begriff des Zwangs im Zusammenhang mit der negativen Verstärkung sehr weit gefasst werden. Wir sprechen beispielsweise auch davon, dass wir wegen einer Baustelle gezwungen seien, einen Umweg zu fahren.

Man kann sagen, dass Lernen unter Zwang eine besonders häufig vorkommende Form menschlichen Lernens darstellt: z. B. die Nötigung durch einen Gastgeber, sich noch einmal Speisen aufzulegen, obwohl man schon satt ist oder die Übernahme von Geschlechts-, Alters- und Berufsrollen zur Vermeidung von Sanktionen. Genauso gehören aber auch Ausbeutung aller Art unter dem Druck massiver Drohungen oder Folter zur Erzwingung eines Geständnisses zu dieser Lernart.

Die zugrundeliegende Motivation bei den Betroffenen, sich dem Zwang zu beugen und sich somit erwartungskonform zu verhalten, ist in aller Regel eine durch irgendeine Bedrohung erzeugte Angst. Ohne Angst gäbe es keine Herrschaft und damit keine Möglichkeit, Zwang auszuüben. In allen diesen Fällen hat eine Person (oder Institution) Macht über andere Menschen.

Ein gewisses Ausmaß von Zwang scheint im menschlichen Zusammenleben unvermeidlich und auch notwendig. Doch gibt es Zeiten, in denen das Ausmaß an Zwang für eine demokratische Gesellschaft als problematisch angesehen werden muss. Ziel einer emanzipatorischen Erziehung wäre es, den Lerner zu befähigen, Zwangsmaßnahmen, die seine Selbstachtung untergraben, zu widerstehen.

> **Zusammenfassung**
>
> ▶ Man unterscheidet zwei Formen der negativen Verstärkung. Beim Fluchtlernen wird der Lerner mit dem aversiven Ereignis konfrontiert und beim Vermeidungslernen kann der Lerner dem aversiven Ereignis vorbeugend ausweichen.
> ▶ Ein Ereignis, das Verstärkung genannt wird, führt zum Verhaltensaufbau. Auch die negative Verstärkung darf keinesfalls mit der Strafe oder Strafandrohung verwechselt werden.
> ▶ Man kann die negative Verstärkung als Zwang begreifen, d. h. sie hat Gebotscharakter.
> ▶ Manche Formen von Aggression und Ingratiation, unangemessenes Vermeidungsverhalten sowie gelernte Hilflosigkeit können als negative Verstärkung erklärt werden.

3.4 Verhaltensabbau: Bestrafung und Löschung

3.4.1 Vorgang der Bestrafung

Unter Bestrafung wird die Verminderung der Auftretenswahrscheinlichkeit oder Intensität eines Verhaltens aufgrund aversiver Konsequenzen K^{av} verstanden. Die aversive Konsequenz kann einmal darin bestehen, dass ein unangenehmes Ereignis dargeboten (sog. positive Bestrafung) oder ein angenehmes Ereignis entzogen wird (sog. negative Bestrafung) (Abb. 3.7). Beispiele für positive Bestrafung wären Prügel oder Elektroschocks, für negative Bestrafung Privilegienentzug (eine Fernsehsendung nicht sehen dürfen) oder Auszeit (Kind aus dem Zimmer schicken). Für pädagogische Fragestellungen ist diese Unterscheidung allerdings unerheblich.

> **Beispiel**
>
> Ein Kind streitet sich mit seinen Geschwistern und schlägt den kleinen Bruder. Die Strafe kann darin bestehen, dass es geschimpft wird (Darbietung eines aversiven Reizes) oder es darf nicht mehr mitspielen (Entzug eines positiven Reizes, der aber auch aversiv erlebt wird). Wenn das Kind daraufhin aufhört zu streiten, wird von Bestrafung gesprochen.

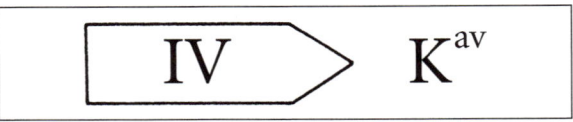

Abbildung 3.7 Schema der Bestrafung

Der lerntheoretische Begriff der Bestrafung ist erheblich umfassender als der pädagogische. Lerntheoretisch gesehen sprechen wir z. B. auch von Bestrafung, wenn ein kleines Kind an einen heißen Ofen fasst und anschließend dieses Verhalten nicht mehr zeigt. Wichtig ist hier, dass sich das instrumentelle Verhalten durch den aversiven Reiz ändert: es tritt seltener oder weniger intensiv auf. Der pädagogische Begriff der Bestrafung beinhaltet neben den aversiven Konsequenzen noch eine erzieherische Absicht auf der Seite des Bestrafenden, nicht unbedingt aber eine tatsächliche Wirkung auf das Verhalten. Der Tadel, den ein Elternteil ausspricht, wenn das Kind mit einem Stuhl kippelt, ist demnach aus pädagogischer Sicht eine Strafe, aus lerntheoretischer Sicht aber nur dann eine Bestrafung, wenn das Kind nach dem Tadel seltener oder weniger intensiv kippelt.

Die negative emotionale Reaktion, die vom aversiven Strafreiz (z. B. körperliche Strafe) ausgelöst wird, beeinflusst das instrumentelle Verhalten und hemmt so dessen Intensität oder Auftretenswahrscheinlichkeit. Diese negative emotionale Reaktion kann häufig als Angst aufgefasst werden, sodass wir sagen können: Die Bestrafungswirkung besteht in der Hemmung oder Unterdrückung des instrumentellen Verhaltens durch Angstmachen.

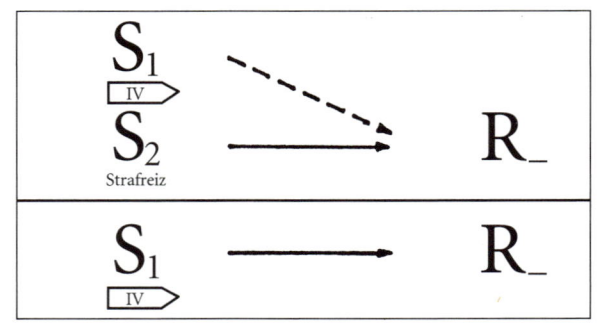

Abbildung 3.8 Verschränkung der beiden Lernformen bei der Bestrafung: Durch die Kontiguität von instrumentellem Verhalten IV (S_1) und Strafreiz S_2 überträgt sich der aversive Charakter des Strafreizes auf die bestrafte instrumentelle Verhaltensweise

Wegen der Kontiguität von instrumentellem Verhalten und nachfolgender Strafe überträgt sich die negative Valenz des Strafreizes auf die bestrafte Verhaltensweise. Diese Erscheinung lässt sich als Reiz-Reaktions-Lernen erklären (Abb. 3.8).

Analog zu primären und sekundären Verstärkern bei der positiven Verstärkung lassen sich primäre und sekundäre Strafreize unterscheiden. Primäre Strafstimuli sind solche, die ohne vorherige Lernprozesse aufgrund ihrer aversiven Eigenschaften wirksam sind. Hierzu gehören beispielsweise Elektroschocks, Lärm, Schläge, An-den-Haaren-Ziehen, Berührung mit Kälte oder Hitze. Sekundäre Strafstimuli haben erst durch einen Prozess des Reiz-Reaktions-Lernens, d. h. durch Verknüpfung mit primären Strafreizen, ihre aversive Eigenschaft erworben. Dies sind beispielsweise verbale und nicht-verbale Strafreize, wie das Wort »falsch«, Schimpfworte, Drohungen, Stirnrunzeln.

Die Verhaltensweisen, denen eine Strafe folgt, werden unter bestimmten Bedingungen gemieden, geschwächt oder unterdrückt, selten aber ganz beseitigt. Es sinkt lediglich deren Auftretenswahrscheinlichkeit oder Intensität.

Während bei der negativen Verstärkung ein aktives Vermeidungsverhalten gezeigt wird (Gebotscharakter der negativen Verstärkung), handelt es sich bei der Bestrafung um ein passives Meiden, ein Unterlassen einer Verhaltensweise. Strafen und Strafandrohungen haben demnach Verbots- bzw. Repressionscharakter. Es ist deshalb auch lerntheoretisch gesehen völlig ausgeschlossen, jemanden durch Strafen zu einem bestimmten Verhalten bewegen zu können. Denn Strafen führen niemals zu einer Verstärkung, sondern – vorausgesetzt sie sind motivationsadäquat – zu einer Schwächung oder Unterdrückung eines Verhaltens. Durch die repressive Maßnahme der Strafe wird also ein »Fehlverhalten« unterdrückt, nicht aber ein angemessenes Verhalten aufgebaut.

3.4.2 Wirksamkeit der Bestrafung

Die Bedingungen, unter denen aversive Ereignisse wirksam Verhalten reduzieren, sind die bereits beschriebenen Prinzipien des instrumentellen Lernens. Strafreize sind also dann wirksam, wenn
- die unerwünschte Verhaltensweise nicht besonders stabil etabliert ist und keine besonders starke Motivation zu ihrer Ausführung besteht;
- der Strafreiz möglichst sofort, möglichst stark und mindestens am Anfang möglichst immer dargeboten wird;
- ein alternatives Verhalten angeboten werden kann, das dann positiv verstärkt wird.

Da sich die genannten Gesichtspunkte aus praktischen oder ethischen Gesichtspunkten (z. B. Intensität des Strafreizes, Erzeugen von Angst) nur schwer realisieren lassen, lässt sich sagen, dass die Strafe bei Menschen, ähnlich wie bei Tieren, häufig im Alltag nicht sehr wirksam ist. Die Unterdrückung, Hemmung oder Verhinderung eines Verhaltens bezieht sich nicht selten auf das momentane Auftreten (Performanz), nicht auf die Verhaltensbereitschaft (Disposition). Es handelt sich in diesem Fall um eine situationsspezifische Unterdrückung, d. h. das Verhalten unterbleibt, solange die Strafe droht. Ein Sprichwort drückt dies so aus: Wenn die Katze aus dem Haus ist, tanzen die Mäuse auf dem Tisch.

Nebenwirkungen. Bestrafungsprozeduren haben häufig unerwünschte Nebenwirkungen. Beispielsweise kann der aversive Reiz einer Generalisierung unterliegen. Ein Vater, der seinen Sohn wegen einer zerbrochenen Fensterscheibe schimpft oder gar prügelt, kann sehr leicht selbst als aversiv erlebt werden. Auf diese Weise kann die soziale Beziehung zwischen bestraftem Individuum und strafender Person gestört werden.

Die Bestrafungswirkung im Humanbereich besteht sehr häufig im Hervorrufen von Angst. Angst vor der Strafe, dem Erzieher, dem Lehrer kann unter Umständen zu Flucht- und Vermeidungsverhalten (negative Verstärkung) führen. Oft dramatische Fälle von Weglaufen von Kindern und Jugendlichen aus Familie und Institutionen sind so zu erklären.

Weiterhin muss im Zusammenhang mit Bestrafung auf Modelllernen verwiesen werden. Strafende Erwachsene sind leicht Modelle für aggressives Verhalten und nicht Modelle für flexibles Problemlösen. Unter Bedingungen, die bei der → sozial-kognitiven Lerntheorie von Bandura (Abschn. 5.1.3) noch besprochen werden, kann es zur Imitation dieser Verhaltensweisen durch den Beobachter kommen.

Schließlich muss sorgfältig darauf geachtet werden, dass die beabsichtigte Anwendung von Strafreizen nicht von dem Betroffenen subjektiv als Belohnung aufgefasst wird. Zuweilen hat man bei manchen Kindern den Eindruck, dass sie durch »unangemessenes« Verhalten geradezu Strafen zu provozieren suchen. Die im Zuge der Strafprozedur notwendige Aufmerksamkeit des Erwachsenen könnte durchaus als Zuwendung erlebt werden und das »unangemessene« Verhalten verstärken.

Neben der Notwendigkeit, das zu bestrafende Verhalten zu überwachen, soll hier am Rande ein damit verbundenes Phänomen angesprochen werden, das als *permissives Verhalten* bezeichnet wird. Untersuchungen legen nahe, dass ein solches gewährenlassendes Verhalten besonders bei aggressiven Akten als Verstärkung wirkt. Verhaltensweisen, die in der Vergangenheit bestraft wurden oder die unter Strafandrohung stehen und trotzdem ausgeführt werden können, ohne dass Sanktionen erfolgen (siehe mangelnde Überwachung), pflegen sehr dauerhaft beibehalten zu werden.

> **Beispiel**
>
> Beispiele für Verhaltensweisen, die aufgrund von permissivem Verhalten dauerhaft beibehalten werden können:
> - das Fahren mit Mopeds auf Wegen, die ausdrücklich Radfahrern vorbehalten sind
> - Schwarzfahren in öffentlichen Verkehrsmitteln
> - Geschwindigkeitsüberschreitungen im Straßenverkehr
> - randalierende Fußballfans
> - Graffiti auf Häuserwände, S-Bahnen, Verkehrsschilder usw. sprayen

Wird nämlich die Strafe nicht immer und nicht unmittelbar nach dem Verhalten gesetzt, wirkt die ausbleibende Strafe wie eine negative Verstärkung, noch dazu nach einem intermittierenden Verstärkerplan. Wir wissen inzwischen, dass ein solcherart unregelmäßig verstärktes Verhalten ausgesprochen löschungsresistent, also sehr stabil ist. Unter diesem Gesichtspunkt wäre auch der oft erschreckenden Zerstörungswut in Schulen und in der Öffentlichkeit energisch entgegenzutreten. Außerdem zeigt das die Schwierigkeiten z. B. auch einer Justiz auf, die zwischen Straftat und Bestrafung große Zeitabstände lässt oder bestimmte Straftaten nicht konsequent genug ahndet.

Problematik. Seit Thorndike gibt es zu der Frage, ob Strafen eingesetzt werden sollen oder nicht, zwei unterschiedliche Meinungen. Ein Teil der Autoren meint, dass Bestrafung keine oder wenig Auswirkungen habe, allenfalls zu einer vorübergehenden Unterdrückung führe. Andere Lernforscher betonen, dass Strafe durchaus wirksam ist, wenn man nur die genannten Bedingungen beachtet. Wesentlich erscheint uns dagegen der Befund, dass die Effizienz der Bestrafung von unerwünschtem Verhalten in starkem Maße dadurch gefördert wird, dass gleichzeitig ein erwünschtes, damit unvereinbares Verhalten aufgebaut wird. Wie wir später nochmals deutlich machen werden, plädieren wir dafür, auf Strafe und Zwang so weit es geht zu verzichten und stattdessen Änderungen im Verhalten durch → positive Verhaltensmodifikation (Abschn. 3.5.1) zu bewirken.

Allgemein anerkannt ist allerdings die These, dass Strafen sparsam verabreicht werden sollten, da die Gefahr der Angstgeneralisierung besteht und bei häufiger Anwendung die Personen generell gehemmt und ängstlich werden könnten. Körperliche Strafen sind nicht diskutabel, ebenfalls sind Beschämung und Demütigungen Bestrafungstechniken, die tunlichst unterlassen werden sollten.

3.4.3 Löschung

Wenn eine gewisse Minimumverstärkung nicht gewährleistet ist, schwächt sich das Verhalten ab und erreicht irgendwann die gleiche Auftretenswahrscheinlichkeit wie vor Beginn der Verstärkungsprozedur. Wir können also festhalten: Folgt der gelernten Verhaltensweise keine Konsequenz, führt das zur Löschung (Extinktion) (Abb. 3.9).

> **Beispiel**
>
> Das Töchterchen sagt beim Abendessen laut und vernehmlich: »Scheiße«. Wenn die Eltern nicht wünschen, dass das Kind diesen Ausdruck gebraucht, dann tun sie gut daran, weder zu lachen noch zu schimpfen, sondern dieses Wort konsequent nicht zu beachten.

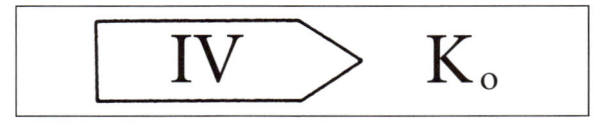

$$\boxed{IV} \blacktriangleright \quad K_o$$

Abbildung 3.9 Schema der Löschung

Ein gewisses Problem bildet die Abgrenzung der Löschung von der Bestrafung. Eine Form der Bestrafung besteht im Entzug positiver Konsequenzen (sog. negative Bestrafung). Diese unterscheidet sich von der Löschung dadurch, dass ihr Hinweisreize (diskriminative

Stimuli) vorangehen. Bestrafung hat immer Verbotscharakter. Bei der Löschung dagegen signalisiert kein Hinweisreiz das Ausbleiben positiver Verstärkung.

> **Beispiel**
> - Ein Kind wird in der Schule ermahnt, Unterrichtstörungen in Form von Clownerien zu unterlassen, und im Wiederholungsfall wird ihm das Privileg, Blumen zu gießen, entzogen (negative Bestrafung).
> - In einem anderen Fall verabredet der Lehrer ohne Wissen des betreffenden Kindes mit den anderen Schülern, dass diese den Clownerien keine Beachtung schenken und vor allen Dingen nicht mehr lachen sollen. Er selbst übersieht konsequent das unerwünschte Verhalten (Löschung).

Verstärker erhalten erwünschtes und unerwünschtes Verhalten aufrecht. Eigentlich wäre nun die Nicht-Verstärkung (Löschung) das optimale Verfahren zur Eliminierung unerwünschter Verhaltensweisen. Alle Probleme, die im Zusammenhang mit Bestrafung besprochen wurden, könnten vermieden werden. Bei dieser Prozedur wäre es nur notwendig, die Darbietung von Verstärkern zu vermeiden.

Problematik. Im Gegensatz zum Laborexperiment stehen dem aber in der Praxis größte Schwierigkeiten entgegen. Wie wir nun bereits wissen, bewirken in der Phase der Stabilisierung gelegentliche Verstärkungen eine größere Widerstandsfähigkeit gegenüber Löschung als Immerverstärkung. Das heißt, gerade seltene Verstärkungen verhindern die Extinktion. Es ist nun außerordentlich schwierig, ein Verhalten überhaupt nicht zu verstärken. Eltern mögen vielleicht ein Extinktionsprogramm durchführen können, dann kommen die Großeltern zu Besuch und alle Bemühungen sind umsonst. In der Schule können die Bemühungen des Klassenlehrers durch das Verhalten von Fachlehrern oder Mitschülern zunichte gemacht werden usw.

Erschwerend kommt noch hinzu, dass auch bei Ausbleiben äußerer Verstärkung das Verhalten durch Selbstverstärkung aufrechterhalten werden kann. Nicht wenige instrumentelle Verhaltensweisen enthalten zudem bereits eine Verstärkung in der Ausführung selbst. Beispiele sind: das häufige Singen einer Melodie (»Ohrwurm«), das laute Hämmern auf Metall oder Holz, das Kippeln mit dem Stuhl.

Neben den Schwierigkeiten, Verstärkungen wirklich auszuschalten, beobachtet man zu allem Überfluss bei der Löschung meist auch noch, dass die Verhaltensrate zunächst ansteigt. Der Lerner macht den Eindruck, als sei er über das Ausbleiben der Verstärkung irritiert und als versuche er, durch gesteigerte Aktivität die positiven Konsequenzen doch noch herbeizuführen. Erst nach einer gewissen Zeit pflegt sich das Verhalten dann abzuschwächen und unterbleibt am Ende ganz.

Dies sind vermutlich die Gründe dafür, dass die Löschung wenig Ansehen genießt. Zum Abbau von Verhalten ist sie jedoch ein überaus wirkungsvolles Verfahren, dessen Effizienz sich ganz analog zur Bestrafung noch erhöht, wenn gleichzeitig ein mit dem unerwünschten Verhalten unvereinbares (inkompatibles) Verhalten aufgebaut wird. Das unerwünschte Verhalten wird dann durch ein erwünschtes abgelöst.

> **Beispiel**
>
> Ein Kind hat sich angewöhnt, nach dem Zubettgehen durch lautes Schreien die Eltern in das Kinderzimmer zu holen. Die Eltern begreifen, dass diese Art der Zuwendung als Verstärkung des unerwünschten Verhaltens aufgefasst werden kann. Nach einiger Überwindung beschließen sie, das Schreien konsequent nicht mehr zu verstärken und stattdessen beim Zubettbringen des Kindes angenehme und beruhigende Spiele mit einer Puppe und Aufziehen einer Spieldose einzuüben. Das Kind wird ermuntert, diese Tätigkeit noch eine Weile fortzuführen.

> **Zusammenfassung**
> - Der psychologische Begriff der Bestrafung ist sehr weit gefasst. Er umfasst jede Art von aversiver Konsequenz, die einem instrumentellen Verhalten folgt und dessen Auftretenswahrscheinlichkeit oder Intensität reduziert.
> - Die Bestrafung ist nur wirksam, wenn das Verhalten nicht hoch motiviert ist, wenn möglichst sofort, stark und jedes Mal gestraft wird und wenn ein alternatives Verhalten verstärkt werden kann. Daraus folgt, dass Strafen häufig nicht wirksam sind. Sie haben zudem eine Reihe von Nebenwirkungen.

▶ Löschung bedeutet Ausschaltung aller Verstärkerquellen.

3.5 Komplexe Fälle

3.5.1 Positive und negative Verhaltenskontrolle

Fassen wir zunächst noch einmal den Auf- und Abbau von Verhalten zusammen. Im Rahmen des instrumentellen Lernens gibt es zum Aufbau neuer Verhaltensweisen zwei Methoden: die positive und die negative Verstärkung. In beiden Fällen wird das Lernen unterstützt durch den Abbau inkompatiblen Verhaltens.

Der Abbau von Verhalten erfolgt durch Bestrafung oder Löschung. In beiden Fällen wird das Lernen unterstützt durch die Verstärkung inkompatibler Verhaltensweisen.

Der zusätzliche Ab- bzw. Aufbau von inkompatiblem (unvereinbarem, unverträglichem) Verhalten ist keine neue Form des instrumentellen Lernens, sondern erfolgt in Form von Bestrafung oder Löschung bzw. positiver oder negativer Verstärkung (Tab. 3.3).

Tabelle 3.3 Formen des Auf- und Abbaus von Verhalten

Aufbau	Abbau
Positive Verstärkung oder negative Verstärkung *und zusätzlich* Abbau inkompatiblen Verhaltens	Bestrafung oder Löschung *und zusätzlich* Aufbau inkompatibler Verhaltensweisen

Möchte z. B. ein Lehrer bei einem Schüler ein bestimmtes schulisches Lernverhalten, beispielsweise konzentrierte Einzelarbeit, aufbauen, dann wird dies wesentlich gefördert, wenn ein damit unvereinbares Störverhalten gleichzeitig abgebaut wird. Gleiches gilt für den anderen Fall, dass ein Störverhalten wie Umherlaufen im Klassenraum z. B. durch informative Strafreize abgebaut werden soll. Dies wird unterstützt, wenn gleichzeitig eingeübt wird, wie man beispielsweise die Klassenbücherei im Gruppenraum benutzt.

Die Maßnahmen, die in den Beispielen ergriffen werden, können als Verhaltenskontrolle bezeichnet werden.

Definition

Unter **Verhaltenskontrolle** wird die Beeinflussung des Verhaltens durch spezifische Gestaltung der Umweltbedingungen, insbesondere durch Darbietung bzw. Entzug bestimmter Konsequenzen verstanden.

Die negative Verhaltenskontrolle. Die am häufigsten angewandte Kombination der verschiedenen Formen des instrumentellen Lernens sind Bestrafung des unerwünschten Verhaltens und negative Verstärkung des erwünschten Verhaltens. Die Kombination dieser beiden Formen wird als negative Verhaltenskontrolle bezeichnet, weil sowohl bei der Bestrafung wie auch bei der negativen Verstärkung aversive Reize eingesetzt werden. Es gibt in der Gesellschaft und in Schulen eine lange Tradition, die negative Verhaltenskontrolle als selbstverständliche Erziehungsmaßnahme erscheinen lässt (Fürntratt, 1977). Wie wir allerdings bereits erfahren haben, tritt dabei häufig Angst auf. Angst ist eine unangenehme Emotion. Angst hemmt andere Motivationen und beeinträchtigt kognitive Leistungen. Außerdem kann die Angst in Bestrafungs- und Zwangssituationen ihrerseits zu Flucht- und Vermeidungsverhalten führen (Weglaufen, Aggression oder Sachbeschädigung, überangepasstes Verhalten, Schulschwänzen).

Die positive Verhaltenskontrolle. Die *positive Verhaltenskontrolle*, d. h. die Kombination positiver Verstärkung des erwünschten mit der Löschung des unerwünschten Verhaltens, wird dagegen von Eltern, Erziehern und Lehrern leicht als idealistisch abgetan und deren Effizienz bezweifelt. Tatsächlich sind diese beiden Formen bei sachkundiger Anwendung nicht nur sehr wirksam, es werden außerdem die bereits beschriebenen unerwünschten Nebenwirkungen vermieden. Im Arbeitsteil finden Sie die Beschreibung eines Experiments von Brown und Elliot (1965), das die Wirkung positiver Verhaltenskontrolle eindrucksvoll belegt.

Im Gegensatz zur üblichen wertneutralen Verwendung der Begriffe »positiv« und »negativ« in der Lerntheorie im Sinne von »Darbietung« bzw. »Entzug«, meint »positive Verhaltenskontrolle« tatsächlich eine in pädagogischen Situationen zu bevorzugende Einflussnahme.

3.5.2 Wechselseitige Lernprozesse

Alle bisherigen Beispiele waren aus Gründen der Verständlichkeit so konstruiert, dass immer nur eine Person die Konsequenzen ihres Verhaltens erfuhr. In sozialen Situationen kommt es aber häufig zu wechselseitigen Lernprozessen. Nehmen wir zum Beispiel eine Schulklasse, in der Unruhe herrscht. Die Schüler schwatzen und streiten sich. Der Lehrer schlägt mit der Faust auf den Tisch und schimpft. Es tritt sofort Ruhe ein. Unter Umständen lernen beide Seiten etwas: die Schüler lernen (vielleicht), die Störungen zu unterlassen, gleichzeitig lernt vielleicht auch der Lehrer, dass sein Verhalten zumindest kurzfristig erfolgreich ist.

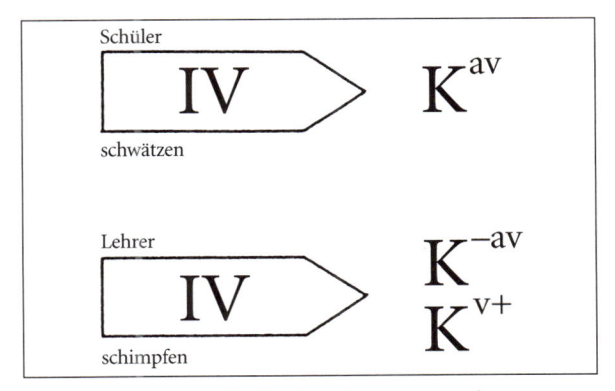

Abbildung 3.10 Wechselseitiger Lernprozess

Ob es sich auf der Seite des Lehrers um negative oder positive Verstärkung handelt, sei dahingestellt. Diese Frage ließe sich nur bei genauerer Analyse des situativen Kontextes klären. Auf jeden Fall ist dies eine mögliche Erklärung für die Häufigkeit der Anwendung von Strafen. Strafen scheinen zumindest kurzzeitig erfolgreich zu sein. Gerade in Stresssituationen schaffen sie vorübergehend Erleichterung.

Auch beim schon erwähnten permissiven Verhalten treten wechselseitige Lernprozesse auf. Erinnern Sie sich an das Eingangsbeispiel dieses Kapitels? Hätte die Mutter nachgegeben und ihrem schreienden, sich auf dem Boden wälzenden Kind den erwünschten Schokoriegel doch gekauft, dann hätten beide eine Verstärkung erfahren: Das Kind hätte gelernt, dass es mit Schreien und Sich-auf-dem-Boden-Wälzen bekommt, was es möchte (positive Verstärkung). Die Mutter hätte gelernt, dass sie durch Nachgeben (kurzfristig!) aus der Stresssituation befreit ist (negative Verstärkung). Langfristig betrachtet hätte sie sich durch das Nachgeben allerdings immer wieder in solche Situationen gebracht.

Die Mutter in unserem Beispiel hat also durch ihr konsequentes Verhalten sehr klug gehandelt.

3.5.3 Konflikte

Komplexe Lernsituationen begegnen uns auch beim Konflikt.

> **Definition**
>
> Eine **Konfliktsituation** ist gekennzeichnet durch das Einwirken von zwei Kräften annähernd gleicher Stärke und entgegengesetzter Richtung auf eine Person.

So können auf ein bestimmtes Verhalten gleichzeitig unterschiedliche Konsequenzen folgen. Kurt Lewin (1963) nennt diese Situation Appetenz-Aversionsbzw. Annäherungs-Vermeidungs-Konflikt. Beispielsweise kann ein Schüler mit einem störenden Verhalten von seinen Mitschülern durch Aufmerksamkeit und Anerkennung positiv verstärkt werden und durch den Lehrer bestraft werden. In diesem Fall steht eine Tendenz, das Verhalten auszuführen, im Konflikt mit einer anderen, das Verhalten zu unterlassen (Abb. 3.11).

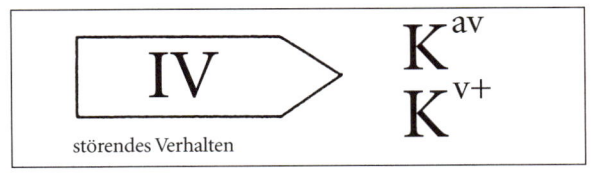

Abbildung 3.11 Schematische Darstellung des Annäherungs-Vermeidungs-Konfliktes: Ein instrumentelles Verhalten IV (Stören) hat sowohl positive Konsequenzen (Aufmerksamkeit, Anerkennung durch die Mitschüler, K^{v+}) als auch aversive Konsequenzen (Bestrafung durch den Lehrer, K^{av})

Abbildung 3.11 zeigt ein Beispiel für einen einfachen Annäherungs-Vermeidungs-Konflikt. Von einem doppelten Appetenz-Aversions-Konflikt sprechen wir, wenn zwei Verhaltensalternativen sowohl positive als auch negative Konsequenzen folgen. Beispielsweise wählen zwei Schüler die Mitglieder zweier Mannschaften für ein Fußballspiel aus. Soll als erster Mitspieler der beste Freund oder der beste Fußballspieler gewählt werden? Wird der beste Spieler gewählt, ist der Freund verärgert, wird der Freund gewählt, erheben die Mitschüler Protest (Abb. 3.12).

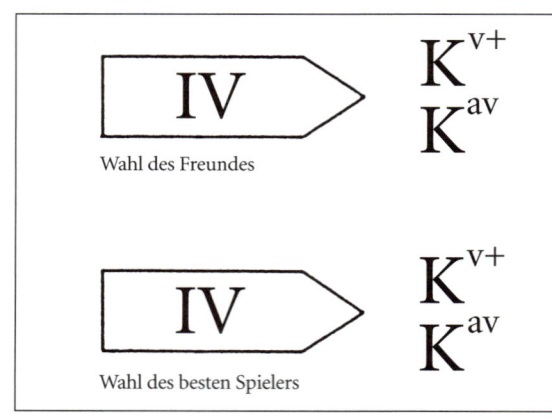

Abbildung 3.12 Schematische Darstellung des doppelten Appetenz-Aversions-Konflikts: Zwei mögliche, alternative instrumentelle Verhaltensweisen IV (Wahl des Freundes, Wahl des besten Spielers) haben gleichermaßen positive Konsequenzen (Freund ist zufrieden, Mitschüler sind zufrieden, K^{v+}) wie aversive Konsequenzen (Freund ist verärgert, Mitschüler sind verärgert, K^{av})

> **Zusammenfassung**
>
> - Der Auf- und der Abbau von Verhalten werden gefördert durch den jeweiligen Einsatz eines damit inkompatiblen (nicht zu vereinbarenden) Verhaltens.
> - Die positive Verhaltenskontrolle (positive Verstärkung und Löschung) kommt im Gegensatz zur negativen Verhaltenskontrolle (negative Verstärkung und Bestrafung) ohne die Anwendung von Angst aus.
> - Beim instrumentellen Lernen handelt es sich häufig um wechselseitige Lernprozesse, d. h. alle Beteiligten lernen etwas.
> - In Konfliktsituationen konkurrieren unterschiedliche Konsequenzen.

3.6 Anwendungsbereiche

Zunächst wird die Verhaltensmodifikation als systematische Anwendung der Prinzipien des instrumentellen Lernens vorgestellt. Im Bereich von Unterricht und Erziehung wird an Stelle der negativen Verhaltenskontrolle das »Lernprinzip Erfolg« propagiert. Den Abschluss bilden einige Beispiele instrumentellen Lernens im Alltag.

3.6.1 Verhaltensmodifikation

Verhaltensmodifikation im weiteren Sinne meint jede Maßnahme, die im eigenen Verhalten oder im Verhalten anderer Personen Veränderungen anstrebt, bestenfalls auch erreicht. Im sozialen Alltag des Menschen geschieht das ständig, allerdings häufig unsystematisch.

Vorgehen

Verhaltensmodifikation im engen Sinne bezeichnet hingegen ein systematisches Vorgehen zur Änderung problematischen, unangemessenen Verhaltens. Vorbild für die Struktur des Vorgehens und für die verwendeten Methoden ist die Verhaltenstherapie. Diese wird von speziell ausgebildeten Psychotherapeuten bei der Behandlung von schwerwiegenden Störungen durchgeführt. Verhaltensmodifikation von »nicht-pathologischem« Verhalten kann dagegen auch von anderen Berufsgruppen, z. B. in der Pädagogik oder in der Sozialarbeit, eingesetzt werden.

Stufenplan zur systematischen Verhaltensmodifikation. Adameit und Kollegen (1983) beschreiben folgende Handlungsschritte:

(1) **Operationale Beschreibung des auffälligen Verhaltens**
   - Vorurteilsfrei beobachtet?
   - Normen angemessen?
   - Hat auffälliges Verhalten problematische Folgen?

(2) **Operationale Beschreibung des erwünschten Verhaltens**
   - Hat erwünschtes Verhalten problematische Folgen?

(3) **Analyse des Problemverhaltens**
   - Qualitative Analyse
   - Quantitative Analyse
   - Genaue Festlegung der Zielverhaltensweisen
   - Verarbeitung der Analyseergebnisse zu einem Modifikationsplan

(4) **Entschluss: Aufbau oder Abbau**
   - (meist beides, vgl. unterstützende Funktion von inkompatiblem Verhalten)

(5) **Aufbau**
   - Systematische Verstärkung
   - Suche des individuell wirksamsten Verstärkers
   - Auswahl einer geeigneten Technik usw.

(6) **Abbau**
   - Ist es möglich, diskriminative Reize zu vermeiden?

- Andere Befriedigung der Motivation möglich?
- Ist Löschung möglich?
- Ist Aufbau inkompatiblen Verhaltens möglich? usw.

(7) Evaluation
- Ist das Zielverhalten dauerhaft erreicht?

Ein zentraler Punkt in dieser Sequenz ist unter Punkt 3 die sogenannte qualitative Analyse.

> **!** Voraussetzung jeder Verhaltensmodifikation: Es muss eine Hypothese über das Zustandekommen des Problemverhaltens formuliert werden. Nur wenn das Störverhalten als in bestimmter Weise gelernt erklärt werden kann, können anschließende Verfahren zum Umlernen eingesetzt werden.

Techniken

Die Verhaltensmodifikation nutzt Methoden der positiven Verstärkung zum Verhaltensaufbau, oft auch in Verbindung mit Löschung oder negativer Bestrafung. Die gängigsten Verfahren, die kurz vorgestellt werden, sind
- Token-Economies (Münzverstärkersysteme),
- Response Cost (Verstärkerentzug) und
- Kontingenzvertrag.

Token-Economies. Token Economies sind Münzverstärkersysteme. Hierbei werden »Münzen« (engl. »token«) als sekundäre Verstärker eingesetzt. Dies sind z. B. bunte Plastikchips oder auch Punkte oder Symbole, die in eine Liste eingetragen werden. Diese Token können dann später gegen primäre Verstärker (Süßigkeiten, Spielsachen) oder gegen andere sekundäre Verstärker (Lob, Privilegien) eingetauscht werden. Der Vorteil solcher generalisierten Token-Verstärker besteht vor allem darin, dass kaum eine Sättigung beim Lerner erzielt wird, d. h. die Motivation, solche Verstärker zu erlangen, bleibt lange erhalten. Sie sind in jeder Situation leicht anwendbar und können kontingent auf das zu modifizierende Verhalten dargeboten werden. Token-Economies sind ausgesprochen wirkungsvoll. Sie lassen sich außerdem in verschiedensten Bereichen (Erziehung, Schule, Soziale Arbeit, Freizeiteinrichtungen, Sport, Heime, Krankenhäuser …) als Einzel- und auch als Gruppenintervention einsetzten.

Trotz der hervorragenden Erfolge wirft die Technik der Token-Economies auch Probleme auf. Kinder, die ihr Zimmer nur aufräumen oder Pflichten im Haushalt nur übernehmen, um Punkte zu sammeln, für die man dann Geld oder einen Baukasten erhält, lernen unter Umständen im Zuge differentieller Verstärkung sehr schnell, nur dann diese Arbeiten zu verrichten, wenn die genannten Belohnungen winken. Um diesem unerwünschten Effekt vorzubeugen, wird empfohlen, die Token-Verstärkung nach Stabilisierung der erwünschten Verhaltensweise allmählich auszublenden, also möglichst schnell von einer kontinuierlichen zu einer intermittierenden Verstärkung überzugehen.

Response Cost. Response Cost bedeutet Verstärkerentzug und ist also ein Verfahren, das Verhaltensabbau über negative Bestrafung bewirkt: Ein Verstärker wird entzogen bzw. entfernt, wenn unerwünschtes oder unangemessenes Verhalten gezeigt wird. Da eine erfolgversprechende Verhaltensmodifikation in einer Kombination aus Verhaltensabbau und -aufbau besteht, wird dieses Verfahren meist in Token-Economies eingebaut. Für erwünschtes Verhalten werden Token vergeben, für stark unerwünschtes Verhalten Token entzogen. Zu beachten ist hierbei, dass die Bilanz immer positiv ausfallen soll.

Kontingenzverträge. Bei Kontingenzverträgen bzw. Kontingenz-Management wird die betreffende Person aktiv in das Verhaltensänderungsprogramm einbezogen. Mündlich oder auch schriftlich fixiert werden Vereinbarungen darüber getroffen, welchem Verhalten welche Konsequenzen folgen. Kontingenzverträge sollen in der Regel positiv formuliert werden. Damit sind sie nahe an den Token-Economies. Vielfach wird aber auch auf das Response Cost-Prinzip zurückgegriffen. Zusätzlich zu den Verhaltensweisen, denen eine Verstärkung folgt, wird dann auch präzise festgelegt, welches Verhalten zu einem Verstärkerentzug führt.

Kontingenzverträge kann man übrigens auch mit sich selbst abschließen, z. B. wenn man sich vornimmt, nach der nächsten erfolgreich absolvierten Prüfung mit Freunden essen zu gehen und das dann auch macht.

Anwendungsgebiete

Die beschriebenen Techniken der Verhaltensmodifikation werden in der *Verhaltenstherapie* für unterschiedlichste Störungsbilder eingesetzt. Es sollen hier nur zwei Beispiele ausgewählt werden.

(1) Lauth und Schlottke (2009) haben eine *Therapie für aufmerksamkeitsgestörte Kinder* entwickelt. In dieser Therapie schließt der Therapeut bzw. die Therapeutin einen Kontingenzvertrag mit dem Kind

ab. Als Verstärker für zuvor genau definiertes positives Verhalten dienen attraktive bunte Büroklammern, die gegen Spielzeug oder andere interessante Gegenstände eingetauscht werden können. Gleichzeitig wird festgelegt, bei welchem konkreten störenden Verhalten (z. B. etwas kaputt machen) Büroklammern wieder weggenommen werden. Diese Kombination aus Token-Economies und Response Cost zeigt große Wirkung bei den Kindern. Es unterstützt sie dabei, konzentriertes und strukturiertes Arbeitsverhalten zu erlernen (Lauth et al., 1996).

(2) Das von Hinsch und Pfingsten (2007) konzipierte *Gruppentraining sozialer Kompetenzen* (*GSK*) nutzt ebenfalls Techniken der Verhaltensmodifikation, wie z. B. Rollenspiele mit positivem Ausgang und Videofeedback in der Kombination von Verstärkung und Löschung. Ursprünglich für sozial ängstliche Erwachsene entwickelt wird es inzwischen für ganz unterschiedliche Personengruppen sehr erfolgreich eingesetzt: für Jugendliche, für Frauen in Führungspositionen, für Lehrer und Pädagogen, im Strafvollzug, in der forensischen Psychiatrie usw.

3.6.2 Unterricht und Erziehung

Atmosphäre des Gelingens

Die positive Verhaltenskontrolle scheint in öffentlichen Schulen nicht allzu hoch im Kurs zu stehen. Die Schule scheint für nicht wenige Schüler ein recht freudloser Arbeitsort zu sein. Umfangreiche Lehrpläne, zahlreiche Lernkontrollen (Diktate, Aufsätze, Tests usw.), Leistungsdruck, Selektionen in einem dreigliedrigen Schulsystem, Unterricht, der den Bedürfnissen Heranwachsender nicht gerecht wird, Missachtung von Individualität nicht nur der Schülerpersönlichkeiten, sondern auch ihrer Lernwege, ihrer Lernstile und ihres Zeitbedarfs, lassen oft Langeweile und Unmut aufkommen. Wie oft erleben Schüler Anerkennung für ihre Bemühungen, ihre Leistungen, ihr Verhalten? Eher scheint es so, als würden die angemessenen Verhaltensweisen als selbstverständlich vorausgesetzt und deshalb nicht oder viel zu selten gewürdigt. Es sitzt der Glaube fest, Drohungen seien wirkungsvoller als Lob, auf Zwang könne keinesfalls verzichtet werden, nur auf das Positive zu schauen, würde die Schüler aus dem Ruder laufen lassen. Diese hier für die Schule angesprochenen Verhaltensmuster korrespondieren natürlich mit gesamtgesellschaftlichen Strukturen. Es wäre deshalb ungerecht, einen ganzen Berufsstand zum Exponenten negativer Verhaltenskontrolle zu erklären. Zudem sind Lehrer auch selbst Gegenstand aversiver Kontrolle, denn sie erleben in ihrem beruflichen Alltag ebenfalls viel eher Zwang und Bestrafung als positive Verstärkung.

Was wäre die Alternative? In deutlicher Distanzierung zu Erziehungsphilosophie und -praktiken in Ländern des Fernen Ostens (China, Japan) mit hoher Wertschätzung von Zwang und Drill (Chua, 2011) gibt es unseres Erachtens zwei Optionen: Zum einen kann durch geschickte Organisation verschiedener Formen individualisierten und kooperativen Lernens die Außensteuerung der Lerner zugunsten einer Innensteuerung stärker zurückgenommen werden. Davon wird noch in Kapitel 6 die Rede sein.

Vor allem aber plädieren wir für das »Lernprinzip Erfolg«, so der Titel eines Buches von Fürntratt und Möller (1982). Die pädagogische Relevanz des instrumentellen Lernens könnte nicht besser auf einen Nenner gebracht werden. Wir propagieren also eine Atmosphäre des Gelingens, d. h. der Lerner soll möglichst häufig positive Verstärkung erfahren. Für Lehrer bedeutet das zweierlei: Es sollte ihnen gelingen, Situationen zu schaffen, in denen sich Lerner mit jeweils für sie anspruchsvollen, aber lösbaren Aufgaben auseinandersetzen können. Und sie sollten vor allem eines: »Positives sehen und verstärken« (Adameit et al., 1983, S. 329). Diese verhaltensmodifikatorischen Maßnahmen sind nicht nur eine effiziente Manipulation, sondern im Vergleich zu Schimpfen und Strafarbeiten leider noch viel zu wenig praktizierte pädagogische Errungenschaften. Wie positive Verhaltensmodifikation ganz konkret aussehen kann, zeigen die folgenden Beispiele.

Das »Daily Card System« (Tageszeugnisse)

Die Idee, täglich das Verhalten und die Arbeit eines Schülers zu bewerten und diese Bewertung auch den Eltern zugänglich zu machen, ist Teil eines Verstärkerprogramms, das die Eltern in die Verhaltensmodifikation aktiv und einflussreich mit einbezieht (Slavin, 2006). Der Vorteil besteht darin, dass Eltern viel wirksamere Belohnungen und Privilegien vergeben können als die Schule und dass sie regelmäßig positive Rückmeldungen zu ihrem Kind erhalten. Häufig erhalten

STUDENT Homer H.	DAILY REPORT CARD		DATE March 21
PERIOD	**BEHAVIOR**	**SCHOOLWORK**	**TEACHER**
Reading	1 2 ③ 4	1 ② 3 4	Ms. Casa
Math	1 2 3 ④	1 2 3 ④	Ms. Casa
Lunch	1 2 ③ 4		Mr. Mason
Recess	1 2 ③ 4		Ms. Hauser
Language	1 2 3 ④	1 2 3 ④	Ms. Casa
Science/Soc. Stud.	1 2 ③ 4	1 2 ③ 4	Ms. Casa

1 = Poor
2 = Fair
3 = Good
4 = Excellent

1 = Assignments not completed
2 = Assignments completed poorly
3 = Assignments completed adequately
4 = Assignments completed—excellent!

Total rating 33   ☺   Score needed 30

Abbildung 3.13 Beispiel eines Tageszeugnisses (Slavin, 2006, S. 351)

Eltern nur schlechte Nachrichten aus der Schule. Das schadet der Beziehung zwischen Elternhaus und Schule und führt häufig zu Scham und wechselseitigen Schuldzuweisungen.

Abbildung 3.13 zeigt ein Tageszeugnis des Grundschülers Homer H. Seine Lehrerin Frau Casa bewertet sein Verhalten und seine Aufgabenerledigung nach jeder Unterrichtsstunde. Außerdem tragen auch die Betreuerin beim Essen und die Pausenaufsicht ihre Beurteilungen auf Homers Karte ein. Immer dann, wenn Homer 30 Punkte und mehr hat, erhält er von seinen Eltern besondere Privilegien: Sein Vater liest ihm eine Extra-Geschichte vor dem Einschlafen vor oder Homer darf 15 Minuten länger aufbleiben als üblich.

Wenn sich das erwünschte Verhalten stabilisiert, wird die Häufigkeit der Rückmeldungen (nach Information der Eltern!) reduziert. Die Zeugnisse können dann wöchentlich ausgegeben werden – für weniger, aber dafür wertvollere Belohnungen.

Gruppenkontingenz-Programme

Bei Gruppenkontingenz-Programmen werden Verstärker auf der Basis des Verhaltens einer ganzen Gruppe oder Klasse verabreicht. Ihr großer Vorteil besteht darin, dass diese relativ leicht umzusetzen sind, eben weil die Konsequenzen nicht differenziert werden müssen, sondern die ganze Klasse bzw. Gruppe betreffen. Lehrer wenden vielfach solche Gruppenverstärkungen an, etwa wenn sie sagen: »Sobald alle Schüler ihre Schulsachen weggeräumt haben und leise sind, gehen wir in die Pause.« Eine andere Variante des gleichen Systems ist folgende Aussage eines Lehrers: »Wenn die Klasse beim morgigen Test im Durchschnitt 15 Punkte erzielt, werdet ihr für den Rest der Woche von den Hausaufgaben freigestellt.« Im Gegensatz zum ersten Beispiel, bei dem die Gruppenverstärkung vom einzelnen Schüler abhängt, erfolgt hier eine Verstärkung in Abhängigkeit vom Mittelwert aller Gruppenmitglieder.

Triple P
Unter dem Titel *Triple P* (Positive Parenting Program) wird seit einigen Jahren ein in Australien entwickeltes Erziehungshilfeprogramm für Eltern auch in Deutschland immer bekannter. Ziel dieses Verfahrens der »positiven Erziehung« ist es, »kindliche Entwicklung zu fördern und mit kindlichem Verhalten in einer konstruktiven und nicht verletzenden Weise umzugehen« und damit zugleich »Elternschaft etwas leichter und dadurch schöner zu machen« (Sanders et al., 2000). Eltern werden durch dieses Training darin geübt, wünschenswertes Verhalten ihres Kindes mit positiver Verstärkung (Lob, Token) aufzubauen, unerwünschtes Verhalten mit Löschung oder negativer Bestrafung (z. B. für kurze Zeit aus dem Zimmer schicken) abzubauen und in ihrem Verhalten konsequent zu sein.

3.6.3 Alltag

Im Alltag sind die Prozesse des instrumentellen Lernens häufig durch einen hohen Komplexitätsgrad ausgezeichnet. So kann z. B. das Lernen sozialer Normen oder Rollen (Konventionen, Sitten und Gebräuche, Straßenverkehrsordnung, Geschlechts- und Berufsrollen) unter lerntheoretischen Gesichtspunkten durch positive Verstärkung des normenkonformen Verhaltens, durch Zwang (negative Verstärkung) oder zusätzlich durch Bestrafung normabweichenden Verhaltens erklärt werden. Wie bereits mehrfach betont, wird ein Verhalten am stabilsten durch positive Verstärkung aufgebaut.

Dieser Grundsatz gilt auch im Zusammenhang mit Normen. Ein normativ festgelegtes Verhalten, das unter Zwang gelernt wurde, wird später unter Umständen auch nur in ähnlichen Situationen gezeigt. Die mithilfe der Normen ausgeübte soziale Kontrolle steuert unser Verhalten durch nicht voll bewusst wahrgenommene Signale. Die Hinweisreize werden beispielsweise durch eine bestimmte Art des Auftretens, durch Kleidung und Blicke unserer Mitmenschen ausgesendet. Die dem Verhalten folgenden Konsequenzen durch die Umwelt, bestätigender oder missbilligender Art, werden häufig nicht-sprachlich vermittelt.

Das Verhalten von Menschen im Alltag wird in so vielfältiger Weise durch nachfolgende oder vorgestellte Konsequenzen gesteuert, dass hier nur einige Beispiele genannt werden sollen.

> **Beispiel**
>
> **Positive Verstärkung**
> ▶ Angaben über richtige Lösungen bei einem Test (wie z. B. im Arbeitsteil dieses Buches) können als informative Verstärker aufgefasst werden.
> ▶ Als sehr wirkungsvoll erweist sich die Aussicht auf Belohnungen (Preisrätsel, Medaillen bei Wettkämpfen u. ä.).
>
> **Negative Verstärkung**
> ▶ Die aktive Vermeidung aversiver Reize kann sehr einfallsreiche Formen annehmen. Wer sich schon einmal auf eine Prüfung vorbereitet hat, wird sich vielleicht erinnern, dass er ausgedehnte Wanderungen unternommen, Kino- oder Saunabesuche oder auch größeren Hausputz gemacht hat, und das alles nur, um den leidigen Büchern zu entkommen.
> ▶ Die große Mehrzahl der Autofahrer bringt ihr Auto rechtzeitig zum TÜV, weil bei Kontrollen durch die Polizei eine abgelaufene Marke einigen Ärger einbringt.
>
> **Bestrafung**
> ▶ Radarmessungen und die damit möglicherweise verbundenen Ordnungsstrafen sollen Autofahrer dazu veranlassen, nicht mit überhöhter Geschwindigkeit zu fahren.
> ▶ Das Rauchen in öffentlichen Gebäuden wird seit der Einführung des Nichtraucherschutzgesetzes unterlassen.
>
> **Löschung**
> ▶ Jemand lädt eine andere Person mehrfach ein. Wenn diese Einladungen nie angenommen werden, unterbleiben solche Aktivitäten bald.
> ▶ Ein Kind hat sich bestimmte Albernheiten angewöhnt. Die Eltern beachten dies konsequent nicht und vermeiden Belehrungen und Kritik.

Es sollte nach diesen – ausgewählten – Erläuterungen klar geworden sein, dass die Theorie des instrumentellen Lernens nicht eine Ratten-, Tauben- oder Hundepsychologie, sondern für Menschen höchst relevant ist.

> **Zusammenfassung**
>
> ▶ Verhaltensmodifikation im engeren Sinn bedeutet systematische Anwendung des instrumentellen Lernens. Häufig angewandte Techniken sind Token-Economies, Response Cost und Kontingenzverträge.
> ▶ In Unterricht und Erziehung scheint die negative Verhaltenskontrolle eine lange Tradition zu haben. Die Anwendung der positiven Verhaltenskontrolle zeigt manchmal außerordentlich positive Effekte. Propagiert wird das »Lernprinzip Erfolg«.
> ▶ Im Alltag finden ständig Verhaltensbeeinflussungen durch nachfolgende oder vorgestellte Konsequenzen statt. Die dabei wirksamen Prozesse des instrumentellen Lernens sind meist hoch komplex.

3.7 Die wesentlichen Gesichtspunkte des Kapitels

▶ Von instrumentellem Verhalten (IV) sprechen wir, weil das Verhalten das Instrument oder Mittel ist, das bestimmte Konsequenzen hervorruft.
▶ Beim instrumentellen Lernen entscheiden die Konsequenzen, die dem Verhalten folgen, über dessen zukünftiges Auftreten. Die Beziehung zwischen Verhalten und nachfolgender Konsequenz wird Kontingenz genannt. Man versteht darunter den hohen Grad an Wahrscheinlichkeit, mit dem ein Verhalten immer wieder die gleiche Konsequenz herbeiführt.
▶ Instrumentelles Lernen ist motiviert und zielgerichtet, aber eng an bestimmte Situationen gebunden und erscheint deswegen relativ starr.
▶ Der Aufbau eines Verhaltens erfolgt durch die positive und negative Verstärkung, der Abbau durch die Bestrafung und die Löschung.
▶ Bei der positiven Verstärkung können vier Formen von Verstärkern unterschieden werden: materielle Verstärker, Sozialverstärker, Aktivitätsverstärker und informative Verstärker. Die Verstärkung erzielt ihre beste Wirkung, wenn sie dem Verhalten unmittelbar folgt. In der Anfangsphase ist Immerverstärkung besonders vorteilhaft, später soll auf gelegentliche Verstärkung umgestellt werden. Komplexe Verhaltensmuster können durch shaping und chaining geformt werden.
▶ Bei der negativen Verstärkung werden zwei Formen unterschieden: das Flucht- und das Vermeidungslernen. Fälle von negativer Verstärkung in sozialen Situationen werden meist als Zwang bezeichnet.
▶ Bei der Bestrafung besteht die Konsequenz, die zum Verhaltensabbau führt, darin, dass ein aversives Ereignis dargeboten oder ein angenehmes Ereignis entzogen wird. Bestrafung ist insgesamt problematisch und hat nicht selten unerwünschte Nebenwirkungen.
▶ Folgt auf ein gelerntes Verhalten keine Konsequenz, führt das zur Löschung (Extinktion).
▶ Der Aufbau von erwünschtem Verhalten wird durch den gleichzeitigen Abbau von unerwünschtem Verhalten erleichtert. Analog wird der Abbau von unerwünschtem Verhalten durch den gleichzeitigen Aufbau von erwünschtem Verhalten gefördert.
▶ Die positive Verhaltenskontrolle (positive Verstärkung und Löschung) ist der negativen Verhaltenskontrolle (negative Verstärkung und Bestrafung) vorzuziehen, da sie im Allgemeinen effizienter und mit weniger unerwünschten Nebenwirkungen belastet ist.

3.8 Arbeitsteil

Dieser Arbeitsteil bietet Ihnen die Möglichkeit, das erworbene Wissen über das instrumentelle Lernen anzuwenden. Sie sollen angeregt werden, selbstständig komplexere Probleme aus dem Alltag und dem Bereich der Schule zu *analysieren* und zu *beurteilen*.

3.8.1 Forschungsberichte

In der Studie von Brown und Elliot (1965) geht es um die Anwendung einer Doppelstrategie: Löschung von aggressivem Verhalten und positive Verstärkung von kooperativem Verhalten. Dies ist ein Beispiel für positive Verhaltenskontrolle (1).

Die Untersuchung von Euler (2) stellt ein Modifikationsverfahren vor, das nach dem Prinzip der Selbststeuerung im Sinne von Kanfer aufgebaut ist. Der Versuch, stufenweise immer weniger Zigaretten zu rauchen, wird durch Zeichnen einer Graphik fortlaufend registriert. Die auf diese Weise gewährleistete häufige Rückmeldung des eventuellen Erfolgs kann als positive Verstärkung aufgefasst werden.

Die Bedeutung der Fähigkeit, (Selbst-)Belohnungen aufschieben zu können, wird in dem als »Marshmallow-Test« berühmt gewordenen Experimenten und Follow-up-Studien von Mischel et al. (1989) deutlich. Sie zeigen Beziehungen zwischen dieser Fähigkeit im Kindesalter und späteren sozialen und akademischen Kompetenzen auf (3).

Forschungsbericht (1)

Brown, P. & Elliot, R. (1965). Control of aggression in a nursery school. Journal of Experimental Child Psychology, 2, 103–107.

Problem:
Verminderung aggressiver Verhaltensweisen und Förderung pro-sozialer Verhaltensweisen durch systematisches Nicht-Beachten des aggressiven Verhaltens und Aufmerksamkeitszuwendung bei kooperativem Verhalten.

Versuchsdurchführung:
Die Untersuchung wurde mit 27 besonders aggressiven 3- bis 4-jährigen Kindern eines Kindergartens durchgeführt.

Zwei trainierte Beobachter registrierten täglich während der Freispielzeit eine Stunde lang mithilfe einer Schätzskala sämtliche auftretenden aggressiven Handlungen der Kinder. Die aggressiven Verhaltensweisen werden in die beiden Hauptkategorien physische Aggression (schlagen, stoßen, boxen usw.) und verbale Aggression (hänseln, drohen usw.) unterteilt.

Vor Beginn der Behandlung lag die Zahl der täglich innerhalb der einstündigen Beobachtungsphase registrierten Aggressionen insgesamt bei durchschnittlich 64.

Während der ersten zweiwöchigen Behandlungsphase ignorierten die Erzieherinnen jede Form verbaler oder physischer Aggression. Nur bei positivem, pro-sozialem Verhalten wandten sie ihre Aufmerksamkeit den Kindern zu.

Am Ende dieser ersten Behandlungsphase waren die aggressiven Akte durchschnittlich bereits auf etwa 43 gesunken.

Es folgte jetzt eine dreiwöchige Phase, in der die Erzieherinnen kein spezielles Verhalten gegenüber Aggressionen zeigten. Am Ende dieser drei Wochen fand eine Nachuntersuchung statt.

Zwei Wochen später folgte eine zweite, zweiwöchige Behandlungsphase, während der sich die Erzieherinnen analog zur ersten Behandlungsphase verhielten.

Es liegen also Beobachtungsdaten von vier verschiedenen Zeitpunkten vor (Abb. 3.14).

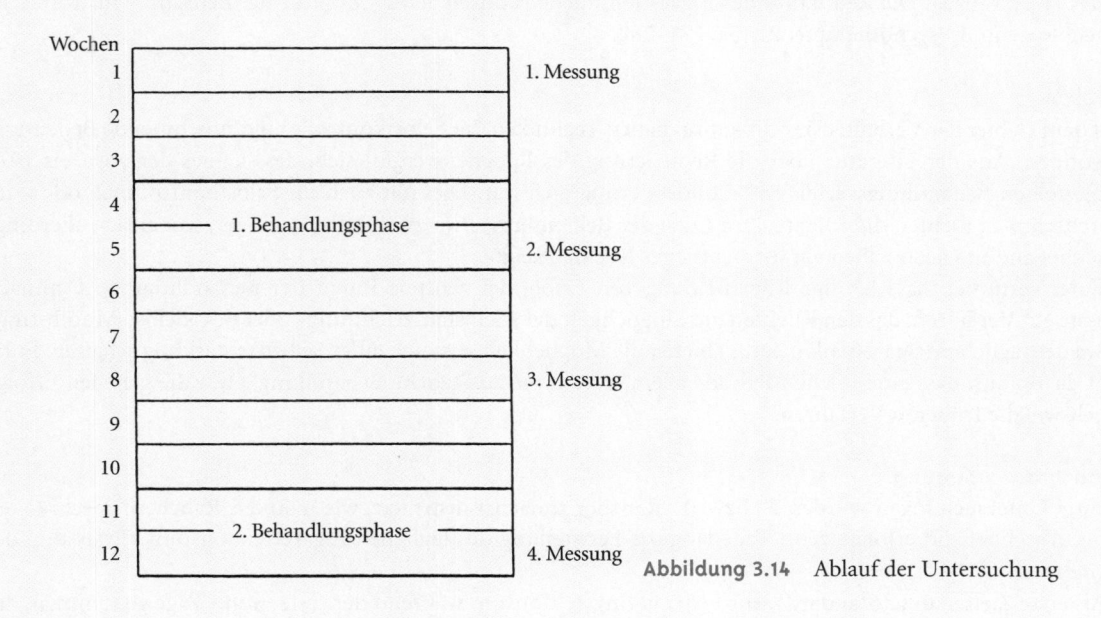

Abbildung 3.14 Ablauf der Untersuchung

Ergebnis:
In Tabelle 3.4 sind die durchschnittlichen aggressiven Handlungen der Kindergartengruppe pro Tag während der einzelnen Phasen der Untersuchung dargestellt.

Tabelle 3.4 Häufigkeit von Aggressionen

Zeitpunkt der Beobachtung	Anzahl der Aggressionen		
	physisch	verbal	insgesamt
Vor Beginn der Behandlung	41,2	22,8	64,0
Ende der ersten Behandlungsphase	26,0	17,4	43,4
Nachuntersuchung	37,8	13,8	54,6
Ende der zweiten Behandlungsphase	21,0	4,6	25,6

Durch zwei zweiwöchige Behandlungsphasen konnten die physischen Aggressionen um etwa 50 Prozent und die verbalen um fast 80 Prozent verringert werden.

Angesichts der Tatsache, dass die physischen Aggressionen zum Zeitpunkt der Nachuntersuchung wieder anstiegen, diskutieren die Autoren die Frage, ob es möglicherweise für die Erzieherinnen besonders schwierig war, physische Aggressionen zu ignorieren.

Die Erzieherinnen, denen es anfangs schwer fiel, das von ihnen geforderte Verhalten – Ignorieren von Aggressionen – zu zeigen, konnten besonders durch deutliche Erfolge bei zwei hochaggressiven Jungen überzeugt werden, die nach Ablauf der Behandlung ausgesprochen freundliches und kooperatives Verhalten zeigten.

Forschungsbericht (2)

Euler, H. A. (1973). Die Reduktion des Zigarettenrauchens durch Selbst-Monitoring. Zeitschrift für Klinische Psychologie und Psychotherapie, 21 (3), 271–282.

Problem:
Auf dem Gebiet der Verhaltensmodifikation haben Techniken der Selbstkontrolle eine zunehmende Bedeutung gewonnen. Aus der Literatur über die Reduzierung des Rauchens ergibt sich, dass keines der etwa bis 1970 vorgestellten Behandlungsverfahren besonders erfolgreich war. Dies gilt auch für Selbstkontrollmethoden. Im Durchschnitt rauchten die Klienten am Ende der Behandlung etwa zwei Drittel weniger, wobei sich allerdings anschließend in vielen Fällen ein beträchtlicher Rückfall zeigte.

Euler vermutet, dass häufige Rückmeldung von Erfolg der zentrale Punkt der Behandlung ist. Demnach müsste ein Verfahren, das den Klienten die Möglichkeit der »Selbstaufzeichnung« oder des »Selbst-Monitoring« (etwa des täglichen Zigarettenkonsums) bietet, die Möglichkeit ausreichender Selbstverstärkung schaffen. Euler geht davon aus, dass eine solche Methode allein, d. h. ohne zusätzliche Behandlung, etwa die gleichen Erfolge erzielt wie die früheren Verfahren.

Versuchsdurchführung:
In zwei Untersuchungen wurden 27 bzw. 41 Raucher zunächst instruiert, wie man das Rauchen einschränken kann. Anschließend erfolgte zehn Tage lang die Feststellung des täglichen Zigarettenkonsums (Erfassung der Grundrate).

Als erste Zielsetzung (Standard) wurde der geringste Konsum während der ersten zehn Tage genommen, der bei den meisten Versuchspersonen bei etwa 70 Prozent des Durchschnitts lag. Täglich war die Differenz zu diesem Standard in eine sog. Kumulativkurve einzutragen (Tab. 3.5).

Tabelle 3.5 Daten der Kumulativkurve

Tag	Standard	tatsächlicher Konsum	Differenz	Eintragung
1	30	42	12	12
2	30	40	10	12 + 10 – 22
3	30	36	6	22 + 6 – 28
4	30	44	14	28 + 14 – 42
.				
.				
.				
15	30	30	0	133 + 0 – 133
16	30	24	–6	133 – 6 = 127

Diese Methode der Aufzeichnung veranschaulicht bereits schwache Verhaltensänderungen. Wird der festgelegte Standard überschritten, steigt die Kurve, wird er unterschritten, fällt die Kurve.

Sobald die Kurve über mehrere Tage kontinuierlich abfiel, konnten die einzelnen Versuchspersonen den Standard ändern.

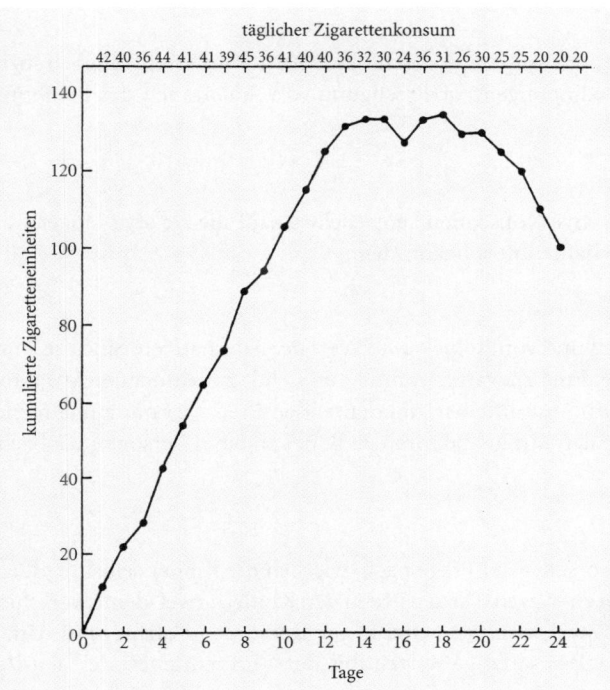

Abbildung 3.15 Standard-Differenz-Kumulativkurve des Zigarettenkonsums

Die Kurven wurden von den Probanden selbst gezeichnet und waren im Flur des Instituts ausgehängt. Die Dauer des Modifikationsprogramms betrug bei der ersten Untersuchungsgruppe fünf und bei der zweiten sechs Wochen.

Ergebnis:
Die Ergebnisse zeigen, dass die Methode des Selbst-Monitoring allein genauso wirkungsvoll zu sein scheint wie ausgefeiltere Behandlungsmethoden. Beide Behandlungsgruppen reduzierten das Rauchen auf etwa ein Drittel der vorexperimentellen Rate. Die Daten einer Nachbefragung waren mit denen anderer Behandlungsmethoden vergleichbar, wo Rückfälle ebenfalls zur Regel gehörten.

Forschungsbericht (3)

Mischel, W., Shoda, Y. & Rodriguez, M. L. (1989). Delay of gratification in children. Science, 244, 933–938.

Problem:
Die Forscher suchen Antworten auf die Fragen: (1) Gibt es bei Kleinkindern Unterschiede in der Fähigkeit, auf sofortige Belohnungen zugunsten einer späteren, wertvolleren Konsequenz zu verzichten? (2) Wie regulieren sich Kinder, wenn sie Belohnungen aufschieben? (3) Sind die Fähigkeit zum Belohnungsaufschub und zur Impulskontrolle in frustrierenden Situationen im Kindesalter Prädiktoren für kognitive und soziale Kompetenzen im Jugendalter?

Versuchsdurchführung:
Die Versuche wurden mit ca. 50 4-jährigen US-amerikanischen Vorschulkindern aus unterschiedlichen sozialen Schichten durchgeführt. Die experimentellen Bedingungen zur Erzeugung von Situationen des Belohnungsaufschubs wurden variiert.

Variante 1 (Wahlentscheidung):
Die Kinder mussten sich entweder für eine lukrative Konsequenz entscheiden, auf die sie aber länger warten mussten, oder für eine weniger lukrative, die sie dafür sofort bekommen.

Ergebnis:
Die Wahl hängt ab von der antizipierten Wartezeit und vom subjektiven Wert der Alternativen. Sind die Anreize präsent, verkürzt sich die Wartezeit. Die Entscheidung zu warten nimmt zu (1) mit zunehmender Attraktivität des in Aussicht gestellten Preises im Vergleich zum unmittelbar zu erhaltenden Preis, (2) mit zunehmendem Alter der Kinder und (3) mit verschiedenen sozialen Einflussfaktoren, z. B. bei anderen Personen beobachtete Wahlen und Einstellungen.

Variante 2 (Konfliktsituationen):
Im Anschluss an die ersten Befunde gingen die Forscher der Frage nach, wie sich die Kinder selbst regulierten, wie es ihnen also gelang, länger auf die Belohnung zu warten. Dazu wurden den Kindern zwei kleine, verschieden lukrative Preise angeboten (z. B. ein Marshmallow vs. zwei oder drei kleine Kekse vs. 5 Salzbrezeln). Um den wertvolleren Preis zu bekommen, sollten die Kinder so lange warten, bis der Versuchsleiter, der den Raum verlassen wird, zurückkommt. Sie konnten die Wartezeit aber auch beenden, indem sie mit der Klingel ein Signal geben. In diesem Fall erhalten sie den weniger lukrativen Preis. Während der Wartezeit wurden die Kinder allein gelassen und unbemerkt beobachtet.

Ergebnis:
Kinder, die länger ausharren konnten, halfen sich z. B. damit, dass sie ihre Augen mit den Händen verdeckten oder ihren Kopf zwischen die Arme steckten. So konnten sie die Preise nicht mehr sehen. Andere lenkten sich selbst mit verschiedenen Verhaltensweisen ab: sie sprachen leise mit sich selbst, sangen, dachten sich Spiele mit Händen und Füßen aus oder versuchten gar, die Wartezeit zu verschlafen. Die Fähigkeit zum Belohnungsaufschub ist also verbunden mit der Fähigkeit, äußere Bedingungen günstig zu gestalten oder Frustration durch Aufmerksamkeitsablenkung vom begehrten Ziel selbstgesteuert zu verringern.

Follow-up Studie:
Mehr als zehn Jahre später wurden die Eltern der untersuchten Kinder befragt. Kinder, die mit vier Jahren länger in der experimentellen Konfliktsituation ausharren konnten, wurden von ihren Eltern als akademisch und sozial kompetenter eingeschätzt. Außerdem sprachen ihnen die Eltern stärker als Gleichaltrigen die Fähigkeit zu, mit Frustrationen zurechtzukommen und Versuchungen zu widerstehen. Sie wurden zudem als stressresistenter und selbstbewusster beschrieben, als konzentrationsfähiger, redegewandter, vorausschauender agierend und planend und intelligenter. Objektive Maße unterstützen diesen Befund: Es ließen sich z. B. signifikante Zusammenhänge feststellen zwischen den Wartesekunden, die im Alter von vier Jahren experimentell erfasst wurden und Testergebnissen in Schulleistungstests zur Bewerbung an Colleges.

3.8.2 Übungen

(1) In diesem Kapitel wurden je nach Art der Konsequenzen vier Formen des instrumentellen Lernens unterschieden.
Suchen Sie je ein Beispiel, verwenden Sie das Schema des instrumentellen Lernens und analysieren Sie den situativen Kontext! Sind die Konsequenzen motivationsadäquat? Wird situationsspezifisch gelernt? Muss das Verhalten erst geformt werden? Handelt es sich um eine Verhaltenskette? Treten wechselseitige Lernprozesse auf? Handelt es sich um einen einfachen oder um einen komplexen Lernvorgang? Lässt sich das Lernen als Fremd- oder als Selbststeuerung klassifizieren? Welche Maßnahmen unterstützen, welche stören das Lernen? Ist der Lernerfolg von relativer Dauer?

(2) Instrumentelles Lernen ist weitgehend situationsspezifisch. Finden Sie Beispiele, in denen ein gelerntes Verhalten nur in spezifischen Situationen gezeigt wird! Ist dieses Prinzip auch für die Arbeit in Schulen bedeutsam?

(3) Es wurden folgende Arten von Verstärkern vorgestellt: materielle Verstärker, soziale Verstärker, Aktivitätsverstärker und informative Verstärker.
In welcher Weise können solche Verstärker in der Familie, in Freizeiteinrichtungen und Vereinen, in der Schule und in anderen Organisationen oder in der Erwachsenenbildung angewandt werden? Welche Verstärker stehen zur Verfügung?

(4) Komplexere Verhaltensmuster können häufig nicht gleich perfekt ausgeführt werden. Das Endverhalten muss dann erst ausgeformt werden.
Betrachten Sie folgende Fälle einer Verhaltensformung: Schüler lernen im Englischunterricht eine immer korrektere Aussprache des »th«, ein kleines Kind lernt, die Zähne zu putzen, jemand besucht einen Tanzkurs.

(5) Man könnte sagen, dass Zwang Gebotscharakter habe.
Zwang ist im Alltag und in der Schule sehr häufig. Finden Sie Beispiele! Welche Gesichtspunkte des instrumentellen Lernens werden sichtbar?

(6) Bestrafung hat Verbotscharakter. Analysieren Sie einige Strafsituationen! Ist die Bestrafung wirksam? Treten unerwünschte Nebenwirkungen auf? Wird der Aufbau inkompatiblen Verhaltens versucht?

(7) Inkonsequenz verhindert Löschung. In nicht wenigen Familien bereiten Kinder nach dem Zubettgehen Schwierigkeiten. Sie müssen noch einmal aufstehen, wollen noch etwas essen oder trinken, man soll ihnen noch ein Lied vorsingen usw. Das kann sich im Laufe eines Abends mehrfach wiederholen und Eltern sehr entnerven. Wenn Erwachsene beschließen, auf solche Wünsche nicht mehr einzugehen, dieses aber nicht konsequent verwirklichen, so ist der Effekt ein gegenteiliger: die Kinder kommen jetzt noch häufiger. Wie lässt sich dieses Geschehen erklären? Welche Erfahrungen haben Sie mit der Wirksamkeit der Löschung gemacht?

(8) Bei der Interaktion von Eltern und Kindern bzw. von Lehrer und Schüler kommt es häufig zu wechselseitigen Lernprozessen. Untersuchen Sie solche Fälle!

(9) Betrachten Sie folgende Erscheinung aus dem Alltag: Die Verkehrsdisziplin der Autofahrer bessert sich meist erheblich, wenn ein Polizeifahrzeug in der Nähe ist. Dies hat etwas mit Fremd- und Selbststeuerung zu tun und damit, dass situationsspezifisch gelernt wird.

(10) Versuchen Sie, eine Reihe von alltäglichen Situationen lerntheoretisch zu erklären.
▶ Ein Schüler, der häufig seine Schularbeiten vernachlässigt, beginnt nach einem Lehrerwechsel wieder regelmäßig zu arbeiten.
▶ Eine Lehrerin kümmert sich besonders um einige »schwache« Schüler in der Klasse. Die Kollegen sind erstaunt, dass diese Schüler nach einiger Zeit respektable Leistungen zeigen.

- Ein Kind weigert sich, weiterhin zum Vereinssport zu gehen, nachdem einige Male über seine Ungeschicklichkeit beim Turnen gelacht wurde.
- Mehrere Mütter bieten wiederholt an, bei Schulausflügen oder Unterrichtsgängen mitzugehen, um den Lehrer zu entlasten. Dieser geht jedoch nicht darauf ein; die Angebote der Eltern lassen nach und verschwinden schließlich ganz.

3.8.3 Diskussion

(1) In einem englischen Kriminalroman wird die Schlacht von 1807 zwischen den Truppen Napoleons und den vereinigten russischen und preußischen Armeen in der Nähe von Königsberg beschrieben. Über die Ansbacher Dragoner schreibt Ambler (1975) folgendes: »Der Begriff der Nationalität bedeutet ihnen wenig. Sie waren Berufssoldaten, Söldner, wie das im 18. Jahrhundert üblich war. Wenn sie zwei Tage und Nächte marschiert waren, wenn sie leiden und sterben mussten, so geschah das weder aus Liebe zu den Preußen noch aus Hass gegen Napoleon, sondern einfach, weil man sie so gedrillt hatte, weil sie auf Kriegsbeute hofften und die Folgen des Ungehorsams fürchteten« (S. 6).
Soldatische Disziplin wird hier erklärt durch die Konsequenzen, die das Verhalten hat. Auf der einen Seite bestand der Anreiz, neben dem regulären Sold durch Diebstahl und Raub Beute zu machen und auf der anderen Seite drohten für abweichendes Verhalten drakonische Strafen. Diskutieren Sie das Ausmaß von Außensteuerung in unterschiedlichen Alltagssituationen!

(2) Während des II. Weltkrieges programmierte der amerikanische Psychologe Skinner Tauben darauf, Raketen auf bestimmte Ziele zu lenken. Im Laufe eines Unterscheidungstrainings erhielten die Tiere jedes Mal ein Futterkorn, wenn sie auf das Zentrum des Ziels pickten. Dies war beispielsweise eine Schiffssilhouette auf einer Glasscheibe. Beim späteren Einsatz in der Rakete war am Schnabel der Taube eine Gold-Elektrode angebracht. Bei jeder Berührung der Sichtscheibe bestimmte ein elektronisches Steuergerät die genaue Position der einzelnen Schnabelhiebe. Die Rakete blieb auf Kurs, wenn auf den Mittelteil der Scheibe gepickt wurde. Beim Abweichen der Rakete vom Zielkurs lagen die Schnabelhiebe zwar nach wie vor auf dem wahrgenommenen Zentrum des Zieles, aber am Rande der Scheibe. Das Steuergerät korrigierte nun so lange die Flugrichtung, bis die Taube wieder auf das Zentrum der Scheibe und das dahinter wahrgenommene Ziel pickte (nach Zimbardo, 1983, S. 188).
Diese Geschichte ist ein Beispiel für die Anwendung lerntheoretischer Prinzipien für kriegerische Zwecke, eine Vorwegnahme der modernen Endsteuerung von Raketen.

(3) In den ersten zwei Monaten nach Einführung der Sicherheitsgurtpflicht in Großbritannien sank die Zahl der Verkehrstoten und Schwerverletzten um 25 Prozent gegenüber dem Vergleichszeitraum im Vorjahr. Allerdings werden Verstöße gegen die Anschnallpflicht dort auch mit hohen sog. Bußgeldern bis 50 Pfund (damals ca. 150 DM) geahndet. Da die Polizei von Anfang an rigoros durchgriff, erhöhte sich die Anschnallquote innerhalb weniger Tage von rund 40 auf 95 Prozent.
Was halten Sie von solchen rechtlichen Maßnahmen?

(4) Machiavelli (1469–1527) wirft in seinen Büchern über Politik und Staatsführung (Discorsi, Der Fürst) die Frage nach der Vereinbarkeit von Politik und Moral auf. Zwang und Repression werden in seinen Schriften in einer auch heute noch faszinierenden Art abgehandelt.
Wie begegnen uns im Alltag oder in der Politik Formen von sogenanntem Machiavellismus?

(5) Vielleicht wollen Sie einmal ein Selbstmodifikationsprogramm durchführen. Starkes Rauchen, Übergewicht oder Arbeitsstörungen bei Studierenden sind häufige Anlässe, diese Art der Selbstkontrolle anzuwenden. In der Regel braucht man hierzu eine Anleitung durch einen Fachmann oder durch ein entsprechendes Buch.
Erscheinen Ihnen die lernpsychologischen Grundlagen solcher Verfahren plausibel?

(6) Versuchen Sie an einem Beispiel zu demonstrieren, dass negative Verhaltenskontrolle (Kombination von negativer Verstärkung und Bestrafung) durch positive Verhaltenskontrolle (positive Verstärkung und Löschung) ersetzt werden kann.
Welche Art von pädagogisch-psychologischem Denken liegt Ihnen näher?

(7) Skinners Ansatz wurde und wird heftig kritisiert. Es wird z. B. argumentiert, dass der bewusste und gezielte Einsatz beim Menschen einen Verlust an persönlicher Freiheit und Menschenwürde bedeute, weil das Verhalten des Menschen zu stark kontrolliert, ja manipuliert wird. Skinner selbst hielt dem entgegen, dass das Verhalten des Menschen ja bereits durch äußere Verstärker kontrolliert werde. Warum also, so fragt er, solle man nicht in diese Kontrolle eingreifen, um die Zukunft aktiv zu gestalten und um die Lebensbedingungen zu verbessern? Was meinen Sie?

(8) Was halten Sie grundsätzlich nach Ihren Erfahrungen von dem in diesem Kapitel propagierten »Lernprinzip Erfolg«?

3.8.4 Weiterführende Literatur

▶ Wenn Sie Skinner im Original lesen wollen, dann sind zur Einführung geeignet:
Skinner, B. F. (1978). Was ist Behaviorismus? Reinbek: Rowohlt.
Skinner, B. F. (1973). Jenseits von Freiheit und Würde. Reinbek: Rowohlt.

▶ Eine kurz gefasste Einführung in die experimentellen Befunde und theoretischen Ansätze dieser Lernart bietet:
Angermeier, W. F. (1976). Kontrolle des Verhaltens. Das Lernen am Erfolg. Berlin: Springer.

▶ Ausführlicher können Sie sich mit folgendem Lehrbuch über das instrumentelle Lernen informieren:
Mazur, J. E. (2006). Lernen und Verhalten (6. Aufl.). München: Pearson.

▶ Nach wie vor gilt Kanfers Lehrbuch als Standardwerk in der Ausbildung von Verhaltenstherapeuten:
Kanfer, F. H., Reinecker, H. & Schmelzer, D. (2005). Selbstmanagement-Therapie. Ein Lehrbuch für die klinische Praxis (4. Aufl.). Berlin: Springer.

▶ Als Ansatz in der sozialen Arbeit und als Möglichkeit, Einfluss auf das eigene Verhalten zu nehmen, wird Verhaltensmodifikation anwendungsorientiert vorgestellt von:
Bartmann, U. (2007). Verhaltensmodifikation als Methode der sozialen Arbeit. Ein Leitfaden (2. Aufl.). Tübingen: dgvt-Verlag.

| Test | **Die Grundbegriffe des instrumentellen Lernens kennen** | (S. 1/2) |

Mit diesem Test können Sie überprüfen, ob Sie das Lernziel »**Die Grundbegriffe des instrumentellen Lernens kennen**« erreicht haben.

Die Zeit zur Bearbeitung des Tests ist nicht begrenzt. Im Lehrbuch oder in anderer Literatur dürfen Sie jetzt nicht mehr nachschlagen.

Zu jeder Aufgabe sind vier Antworten (Lösungen) vorgegeben. Nur eine dieser vorgeschlagenen Antworten ist richtig bzw. die beste Lösung und ist deshalb anzukreuzen.

Am Ende des Buches finden Sie einen Lösungsschlüssel, mit dessen Hilfe Sie Ihr Ergebnis selbst kontrollieren können.

Wenn Sie sieben oder mehr der zehn folgenden Aufgaben richtig lösen, haben Sie das Ziel erreicht.

Und nun: **Viel Erfolg!**

(1) Man spricht von instrumentellem Verhalten, weil das Verhalten das Instrument oder das Mittel ist, das bestimmte Konsequenzen hervorruft. Die Beziehung **zwischen dem Verhalten und seinen Folgen** nennt man
  a) Kontiguität. ☐
  b) Motivation. ☐
  c) Kontingenz. ☐
  d) Differenzierung. ☐

(2) Instrumentelles Lernen ist **situationsspezifisch**. Dies bedeutet, dass das Verhalten
  a) nur in spezifischen Situationen gelernt werden kann. ☐
  b) nur in einer der ursprünglichen Lernsituation ähnlichen Situation gezeigt wird. ☐
  c) nicht geformt werden kann, da das neue Verhaltensmuster der ursprünglichen Lernsituation nicht mehr entspricht. ☐
  d) eigentlich nicht wiederholbar ist, da keine Situation der anderen exakt gleich ist. ☐

(3) Instrumentelles Lernen findet nur statt, wenn die Person **motiviert** ist. Dies bedeutet,
  a) dass die Konsequenzen des Verhaltens einem Motiv der Person entsprechen müssen. ☐
  b) dass das Verhalten aus Motiven gezeigt wird, die in unmittelbarer Verbindung mit der Ausführung der Tätigkeit stehen. ☐
  c) dass die Person eine Belohnung für das Zeigen des Verhaltens erwartet. ☐
  d) dass das Verhalten erfolgs- und nicht angstmotiviert sein muss. ☐

(4) Der Vorgang der Verstärkung führt zu einer Erhöhung der Auftretenswahrscheinlichkeit des Verhaltens. Als **Verstärkung** wirken
  a) nur die Darbietung einer positiven Konsequenz, nicht aber das Verschwinden eines aversiven Reizes. ☐
  b) nur das Verschwinden eines aversiven Reizes, nicht aber die Darbietung einer positiven Konsequenz. ☐
  c) sowohl die Darbietung einer positiven Konsequenz als auch das Verschwinden eines aversiven Reizes. ☐
  d) sowohl die Darbietung einer positiven Konsequenz als auch die Darbietung eines aversiven Reizes. ☐

(5) Bei der positiven Verstärkung wird eine rasche und zuverlässige Etablierung eines Verhaltens und hohe Widerstandsfähigkeit gegenüber Löschung durch einen bestimmten **Verstärkungsplan** gewährleistet. Es muss
  a) möglichst immer verstärkt werden. ☐

Test: Die Grundbegriffe des instrumentellen Lernens kennen (S. 2/2)

    b) nur gelegentlich verstärkt werden. ☐
    c) am Anfang gelegentlich, dann aber immer verstärkt werden. ☐
    d) am Anfang immer, dann nur noch gelegentlich verstärkt werden. ☐

(6) Bei der negativen Verstärkung unterscheidet man zwei Formen: das Flucht- und das Vermeidungslernen. Von **Vermeidungslernen** spricht man, wenn
    a) die Person direkt mit dem aversiven Ereignis konfrontiert wird und Maßnahmen ergreift, diesem zu entkommen. ☐
    b) die Person aufgrund von diskriminativem Lernen grundsätzlich aversive Konsequenzen meidet. ☐
    c) eine Person, durch einen Signalreiz gewarnt, rechtzeitig ein Ausweich- oder Vorbeugungsverhalten zeigt. ☐
    d) es eine Person wegen der aversiven Konsequenzen vermeidet, ein bestimmtes Verhalten zu zeigen. ☐

(7) Der Vorgang der Bestrafung führt zur Verminderung der Auftretenswahrscheinlichkeit des Verhaltens. Als **Bestrafung** wirken
    a) sowohl die Darbietung eines aversiven Reizes als auch die Wegnahme einer positiven Verstärkung. ☐
    b) sowohl die Wegnahme einer positiven Verstärkung als auch die Wegnahme eines aversiven Reizes. ☐
    c) nur die Darbietung eines aversiven Reizes, nicht aber die Wegnahme einer positiven Verstärkung. ☐
    d) nur die Wegnahme eines positiven Verstärkers, nicht aber die Darbietung eines aversiven Reizes. ☐

(8) Neben der Bestrafung ist die Löschung das zweite Verfahren zum Abbau von Verhalten. **Löschung** findet statt bei
    a) Wechsel von Verstärkung und Bestrafung. ☐
    b) unregelmäßiger Darbietung eines positiven Verstärkers. ☐
    c) Darbietung eines aversiven Reizes. ☐
    d) Ausbleiben von Verstärkung. ☐

(9) Komplexe Verhaltensmuster können nicht immer gleich perfekt ausgeführt werden. In solchen Fällen ist dann eine **Verhaltensformung** nötig. Hierbei ist besonders darauf zu achten, dass
    a) zu Beginn eine Immerverstärkung gewährleistet ist. ☐
    b) jeweils solche Verhaltensansätze verstärkt werden, die sich dem Endverhalten annähern. ☐
    c) Bestrafung möglichst vermieden wird. ☐
    d) die Lernprozedur nicht zu aufwendig wird. ☐

(10) Man unterscheidet zwischen positiver und negativer Verhaltenskontrolle. Zur **positiven Verhaltenskontrolle** zählen
    a) die positive Verstärkung und die Löschung. ☐
    b) die positive und die negative Verstärkung. ☐
    c) die positive Verstärkung und die Bestrafung. ☐
    d) die negative Verstärkung und die Löschung. ☐

4 Begriffsbildung und Wissenserwerb

Vor mir liegt ein Kochbuch. Ich blättere die Seiten um und lese: Suppen, Soßen, Fleisch, Wild, Geflügel, Fisch, Gemüse, Salate, Süßspeisen usw. Was? Kein Kapitel über Nudelgerichte? Ich liebe Pasta. Wie ist es möglich, dass in einem deutschen Kochbuch so etwas Wichtiges fehlen kann?

Ich überlege gerade, wie viele Gerichte ich eigentlich kenne. Vertraut sind mir die südwestdeutschen Regionalküchen. Ich esse relativ häufig in der Pfalz. Gut kenne ich mich in der italienischen und französischen Küche aus. Auch die griechische, chinesische und indonesische Küche ist mir einigermaßen vertraut. Ich kenne vermutlich mehrere hundert Speisen und dies oft noch in einer Reihe von Variationen.

Wie ist eine solche Gedächtnisleistung möglich? Die Antwort lautet: Die Gerichte sind in Form eines semantischen Netzes (auch als Begriffshierarchie bezeichnet) abgespeichert. Die Gliederung eines Wissensbereiches in Ober- und Unterbegriffe ist höchst ökonomisch. So könnte die fehlende Abteilung *Pasta* etwa folgende Kategorien aufweisen: Spaghetti, Röhrennudeln, Bandnudeln, Teigtaschen mit jeweils zahlreichen Unterformen.

Was Sie in diesem Kapitel erwartet. Begriffe und Wissen sind nicht nur zentrale Bereiche der Wissenschaften, sondern spielen auch im Alltag eine äußerst bedeutsame Rolle.

Kognitionen sind solche Vorgänge, durch die die Person Kenntnis von ihrer Umwelt erlangt. Durch Kognitionen (z. B. Wahrnehmung, Vorstellung, Denken) wird Wissen erworben.

Die Informationsverarbeitung kann man als aktiven, subjektiven Strukturierungsprozess begreifen. Wissenserwerb erfolgt nicht nach dem Modell des Nürnberger Trichters.

Lernen und Gedächtnis sind nicht voneinander zu trennen. Diese beiden Begriffe sind nur eine andere Bezeichnung für menschliche Informationsverarbeitung.

Einige Gesichtspunkte des Wissenserwerbs sind besonders bedeutsam. Bei der Begriffsbildung spielt der Verwendungszweck eine große Rolle. In der Wissenschaft und im Beruf benötigen wir logische Feinstrukturen und im Alltag sind häufig anschauliche Prototypen sinnvoll. Der Begriff der Assimilation bedeutet Verankerung des neuen Wissens im Vorwissen. Ein solches Lernen wird sinnvoll genannt. Wissen kann entweder in abstrakter oder relativ bildhafter Form oder in beiderlei Arten erworben werden. Größere Wissensgebiete können nur differenziert erfasst und dauerhaft behalten werden, wenn sie als Netzwerk abgespeichert werden. Ein Beispiel hierfür ist das oben genannte Kochbuch.

Das Kapitel gliedert sich in folgende Abschnitte:
4.1 Kognitionen und Wissen
4.2 Begriffsbildung
4.3 Assimilation
4.4 Repräsentation
4.5 Vernetztheit
4.6 Das Gedächtnis
4.7 Anwendungsbereiche
4.8 Die wesentlichen Gesichtspunkte des Kapitels
4.9 Arbeitsteil

4.1 Kognitionen und Wissen

4.1.1 Was sind Kognitionen?

Unter Kognitionen (lat. auf Erkenntnis bezogen) versteht man jene Vorgänge, durch die ein Organismus Kenntnis von seiner Umwelt erlangt. Im menschlichen Bereich sind dies besonders folgende: Wahrnehmung, Vorstellung, Denken, Urteilen, Sprache. Man könnte auch sagen: Durch Kognitionen wird Wissen erworben. Kognitive Prozesse lassen sich von emotionalen (gefühlsmäßigen) und motivationalen (aktivierenden) unterscheiden. Diese Trennung ist jedoch weitgehend eine analytische. In der Regel sind auf Erkenntnis bezogene (= kognitive) Prozesse eng mit emotionalen und motivationalen Prozessen verbunden.

Durch kognitive *Prozesse* werden kognitive *Strukturen* (Wissensstrukturen) aufgebaut. Wissenserwerb ist ein zentraler Bestandteil der Kognitionspsychologie. Es findet häufig kein völliges Neulernen, sondern ein Umlernen bereits aufgebauter Strukturen statt.

Beim *Wissenserwerb* gibt es zwei grundsätzlich unterschiedliche Ansätze:
- Informationsverarbeitungsansatz
- Ökologischer Ansatz

Informationsverarbeitungsansatz. Man geht davon aus, dass sich kognitive Prozesse analysierend in eine Reihe von Einzelschritten zerlegen lassen. Hierbei wird die Information *intern* verarbeitet und gespeichert.

> **Definition**
>
> Bei der **Informationsverarbeitung** handelt es sich um aktive, subjektive Strukturierungsprozesse. Kognitive Strukturen sind kein »Abbild« der Umwelt. Sie sind mentale (geistige) Konstruktionen.

Ökologischer Ansatz. Der ökologische Ansatz geht besonders auf Gibson (1982) zurück. Er unterstellt, dass kognitive Prozesse eine Reaktion auf relevante Strukturen in der Umgebung sind. Die Analyse der Strukturen der Umwelt ist bedeutsamer als die Analyse der geistigen Leistung. Dies wird als *situierte Kognition* bezeichnet. Beispielsweise ist das Wissen um einen Stein, an dem wir schmerzhaft stolperten, weniger mentale Konstruktion und mehr Wahrnehmung eines Außenweltereignisses.

Vermutlich spielen bei der Beschreibung der meisten kognitiven Prozesse beide Ansätze eine Rolle und ergänzen sich gegenseitig. Wissen ist das Ergebnis der Interaktion zwischen mentalen Strukturen und der Umwelt.

> **Exkurs**
>
> **Kognitive Psychologie, Kognitionswissenschaft, Erkenntnistheorie**
>
> Kognitive Psychologie (eng. cognitive psychology) oder Kognitionspsychologie ist jene Richtung innerhalb der Psychologie, die sich schwerpunktmäßig mit den Kognitionen (und nicht mit dem Verhalten) befasst. Wesentliche Beiträge lieferten Neisser (1974), Norman (1981), Wessels (1984) und Anderson (1996).
>
> Kognitionswissenschaft (engl. cognitive science) ist dagegen ein interdisziplinärer Ansatz zur Erforschung des menschlichen Wissens und Denkens mit Beiträgen aus den Bereichen Künstliche Intelligenz, Kybernetik, Linguistik, Neuropsychologie und Kognitive Psychologie.
>
> In der deutschen Psychologie ist unter dem sehr starken amerikanischen Einfluss inzwischen vergessen worden, dass zahlreiche Fragestellungen der Kognitionspsychologie in der europäischen Philosophie bereits intensiv diskutiert wurden. Das hier angesprochene Problem durchzieht die gesamte Philosophiegeschichte.
>
> In Griechenland untersucht zunächst Protagoras (480–410 v. u. Z.) das Verhältnis von Anschauung und Denken. In der Blütezeit der antiken Philosophie stellen Platon mit seiner Ideenlehre und Aristoteles mit der formalen Logik die Frage nach dem Seienden.
>
> Im Mittelalter interessieren sich verschiedene Richtungen der Scholastik (Anselm von Canterbury 1033–1109; Thomas von Aquin 1225–1274) für das Verhältnis zwischen den empirischen Dingen und den Allgemeinbegriffen (Ideen).
>
> In der Philosophie der Neuzeit spitzt sich diese Fragestellung zu. Im Empirismus macht Bacon (1561–1626) folgende Aussage: Alle Erkenntnis beruht auf Empfindungen. Locke (1632–1704) formuliert: All unsere Erkenntnis stammt aus der Erfahrung und nichts ist im Verstand, was nicht (vorher) in der Empfindung war.
>
> Der Rationalismus (Descartes 1596–1650) ist dagegen eine deduktive Philosophie: Die Ideen sind angeboren. Sie müssen nur noch durch Denken hervorgebracht werden.
>
> Die Erkenntnistheorie erreicht im 17. und 18. Jahrhundert ihren Höhepunkt. Neben Descartes ist besonders Kant (1724–1804) der herausragende Autor. Er sagt: Was nicht in der empirischen Anschauung gegeben ist, kann nicht Gegenstand der Erkenntnis sein. Anschauungen selbst sind aber noch nicht Erkenntnis. Erkenntnis ist das Ergebnis eines Denkaktes.
>
> Erkenntnistheorie befasst sich demnach besonders mit zwei Aspekten:
> - Dem Verhältnis von erkennendem Subjekt und erkanntem Objekt
> - Der Realität der Außenwelt (das sog. Idealismus-Realismus-Problem)

Zwar könnte man einwenden, dass die Psychologie eine Erfahrungswissenschaft sei und die Philosophie eine spekulative Wissenschaft. Auch könnte man als Psychologe Leonardo da Vinci (1452–1519) zitieren: »Hüte dich vor den Lehren jener Spekulanten, deren Überlegungen nicht von der Erfahrung bestätigt sind.« Allerdings erscheinen die häufig kontroversen Aussagen der Kognitionspsychologen nicht weniger spekulativ als die der Philosophen.

4.1.2 Sachwissen und Handlungswissen

Es lassen sich zwei Grundformen des Wissens unterscheiden:
- Sachwissen
- Handlungswissen

Die erste Art des Wissens, das Faktenwissen, wird auch als *deklaratives Wissen* bezeichnet. Es ist explizit, d. h. es ist uns bewusst und wir können es sprachlich ausdrücken. Die zweite Art wird auch als *prozedurales Wissen* bezeichnet. Es ist ein Wissen, wie man etwas tut. Es ist häufig implizit. Prozedurales Wissen kann aus relativ allgemeinen Regeln bestehen, wie man Aufgaben bewältigt und Probleme löst, oder es kann sich um spezielle Fertigkeiten handeln. Letztere können den psychomotorischen Bereich betreffen (schreiben können) oder den kognitiven Bereich (multiplizieren können) und sind dadurch ausgezeichnet, dass mit zunehmendem Können das Wissen über die Ausführung immer weniger bewusst wird (sog. Automatisierung der Fertigkeit).

In diesem Kapitel steht das *Sachwissen* im Vordergrund der Betrachtung. Das Handlungswissen wird in Kapitel 5 unter dem Stichwort *Handeln und Problemlösen* ausführlicher behandelt. Natürlich sind die Grenzen zwischen Sach- und Handlungswissen fließend.

4.1.3 Was ist Sachwissen?

Beim Sachwissen sind folgende Gesichtspunkte besonders bedeutsam:

(1)	Begriffsbildung	Fein- oder Grobstrukturierung
(2)	Assimilation	sinnvoll (Gegenteil: mechanisch)
(3)	Repräsentation	aussagenartig, analog, handlungsmäßig
(4)	Vernetztheit	propositionale und semantische Netze
(5)	Bewusstheit	analytisch oder intuitiv

Wenn Kognitionen (auch) als geistige Konstruktionen gesehen werden können, dann ergibt sich daraus, dass es *verschiedene Wissensbegriffe* geben muss. Wenn man an die außerordentliche Fülle kognitiver Leistungen denkt, kann es nicht verwundern, dass verschiedene Autoren zu unterschiedlichen Ordnungssystemen gelangen.

Selbstverständlich ist jede subjektive Struktur unter bestimmten Gesichtspunkten unvollständig und kritisierbar. So könnte man beispielsweise aus philosophischer oder pädagogischer Sicht gegen den eben dargestellten Begriff des Wissens einwenden, dass ihm eine anthropologische Dimension fehlt. Wissen ist auch wesentlich für das Selbstbild einer individuellen Persönlichkeit. Ein weiteres Argument könnte sein, dass man Wissen auch unter dem Aspekt der Mensch-Computer-Interaktion betrachten müsste.

4.2 Begriffsbildung

Man unterscheidet zwei Hauptklassen von Begriffen: Die Eigenschafts- und die Erklärungsbegriffe. Bei den Eigenschaftsbegriffen stehen sich zwei Auffassungen gegenüber: Die klassische Theorie und die Prototypentheorie.

4.2.1 Eigenschaftsbegriffe

Kategorien. Eigenschaftsbegriffe entstehen durch einen Prozess der Kategorisierung. Kategorie ist demnach nur eine andere Bezeichnung für Eigenschaftsbegriff. Eine weitere, besonders im angloamerikanischen Sprachraum gebrauchte Bezeichnung ist *Konzept*.

Bei der Wahrnehmung unserer Umwelt erkennen wir nicht nur einzelne, ganz bestimmte Objekte, wir neigen vielmehr dazu, die Dinge, die uns umgeben, zu ordnen, zu klassifizieren oder, wie man auch sagen kann, Kategorien zu bilden (Abb. 4.1).

Bei der Bildung von Kategorien sind Entscheidungen zu treffen.

> **Beispiel**
>
> Ist Pfefferminztee ein Tee?
> - 1. Antwort: Nein, Pfefferminztee ist kein Tee. Echter Tee ist ein Aufguss der getrockneten Blattknospen und junger Blätter des Teestrauchs (Camellia sinensis).

▶ 2. Antwort: Ja, Pfefferminztee ist ein Tee. Kräutertee ist ein Aufguss von bestimmten Pflanzenteilen einer Reihe einheimischer Kräuter (z. B. der Pfefferminze).

Ach, was muss man oft von bösen
Kindern hören oder lesen!
Wie zum Beispiel hier von diesen,
Welche Max und Moritz hießen.

Abbildung 4.1 Kategorie »böse Kinder«

Ohne die Möglichkeit der Kategorisierung wäre unser Informationsverarbeitungssystem völlig überfordert. Wenn ich den Hörsaal betrete, sehe ich etwa dreihundert Personen: große, kleine, blonde, dunkle, weibliche, männliche usw. Außerdem sehe ich noch etwa 20 Sitzreihen, acht Fernsehmonitore, usw. Handlungsfähig werde ich erst, wenn ich die Informationsfülle auf folgende Aussage reduziere: Aha, es sind etwa 300 Studierende anwesend.

Die Kategorisierung bildet die Grundlage unserer *kognitiven Orientierung* und des daraus folgenden *effizienten Handelns*.

Bruner et al. (1956, S. 1) schreiben: »Kategorisierung bedeutet, unterscheidbar verschiedenen Dingen Äquivalenz zu verleihen, die Objekte, Ereignisse und Leute um uns herum in Klassen zu gruppieren und auf sie eher bezüglich ihrer Klassenzugehörigkeit als bezüglich ihrer Einzigartigkeit zu reagieren.«

Die genannte Äquivalenz (Gleichwertigkeit), die die Voraussetzung für die Kategorisierung darstellt, wird durch die folgenden beiden intellektuellen Leistungen herbeigeführt:

▶ Es muss von den Besonderheiten des Einzelfalls abgesehen (abstrahiert) werden
und
▶ es müssen die gemeinsamen Eigenschaften hervorgehoben werden.

Beispiel

Äquivalenz

▶ Aus der Fülle von Möbeln lassen sich solche zu einer Klasse zusammenfassen, die wir zum Sitzen benutzen. Dies sind etwa: Stuhl, Hocker, Sessel, Sofa, Couch usw. Obwohl diese Gegenstände ein unterschiedliches Aussehen aufweisen, bilden sie aufgrund des gemeinsamen Merkmals, dass man eben auf ihnen sitzen kann, die Kategorie »Sitzmöbel«.
▶ Tiger, Löwe, Leopard, Marder, Wiesel, Hauskatze und weitere etwa 250 Arten bilden die Ordnung der »Raubtiere«. Ihre Größe variiert zwischen 20 Zentimetern und einigen Metern. Bei allen Arten ist das Gebiss durch stark entwickelte Eckzähne und meist scharfe Reißzähne ausgezeichnet. Die meisten Menschen nennen den Tiger als besonders repräsentativ.

Die klassische Theorie

Die jetzt zu erläuternde Auffassung von Begriffsbildung wird als »klassisch« bezeichnet, weil sie die frühere war. Als Alternative hat sich dann später die Prototypentheorie herausgebildet.

Die Merkmale oder Eigenschaften, die die Klassenzugehörigkeit ausmachen, nennt man *kritische Attribute*. Die Bezeichnung »kritisch« meint, dass nur diese Merkmale bedeutsam sind. So ist bei der Kategorie »Sitzmöbel« das kritische Attribut die einigermaßen waagerechte Sitzfläche, nicht aber die Merkmale Rückenlehne, Polsterung, vier Beine usw.

Inhalt und Umfang. Die Gesamtheit der kritischen Attribute macht den Inhalt des Eigenschaftsbegriffs aus und die Gesamtheit der Gegenstände, die er bezeichnet, nennt man seinen Umfang.

Hierbei gilt die Regel: Je vielfältiger der Inhalt (Anzahl der kritischen Attribute), desto geringer der Umfang (Anzahl der Objekte).

> **Beispiel**
>
> **Haus**
> Begriffsinhalt: umbauter Raum
> Begriffsumfang: Einfamilienhaus, Doppelhaus, Wohnblock, Lagerhaus, usw.
>
> **Einfamilienhaus**
> Begriffsinhalt: umbauter Raum, der im Regelfall von einer Familie genutzt wird
> Begriffsumfang: nur kleinere Häuser

Der Inhalt des Begriffs »Einfamilienhaus« ist vielfältiger als der des Begriffs »Haus«, weil eine größere Anzahl kritischer Attribute genannt wird. Aus diesem Grunde ist der Umfang des Begriffs »Einfamilienhaus« geringer als der des Begriffs »Haus«, d. h., es gibt weniger Einfamilienhäuser als Häuser.

Diese Tatsache wird noch einmal im Zusammenhang mit den Begriffshierarchien (Abschn. 4.2.4) angesprochen.

Für jede Kategorie sind für die kritischen Attribute Akzeptierungsgrenzen festgelegt.

> **Beispiel**
>
> Das »Gesetz zur Wiederherstellung des Berufsbeamtentums« aus dem Jahre 1933 sollte u. a. die Gelegenheit bieten, Beamte nichtarischer Abstammung zwangsweise in den Ruhestand zu versetzen. »Als nichtarisch gilt, wer von nichtarischen, insbesondere jüdischen Eltern und Großeltern abstammt. Es genügt, wenn ein Eltern- oder Großelternteil nichtarisch ist (…) Dies ist insbesondere dann anzunehmen, wenn ein Eltern- oder Großelternteil der jüdischen Religion angehört hat (…)«
>
> Diese makabre Präzisierung des kritischen Attributs hat Himmler später aufgegeben. In einer »Geheimen Reichssache« erklärte er: »(…) Ich lasse dringend bitten, dass keine Verordnung über den Begriff ›Jude‹ herauskommt. Mit all den törichten Festlegungen binden wir uns ja selber nur die Hände …« (aus Domarus, 1965, S. 1844).

Akzeptierungsgrenzen. Sie können durch Konventionen (Rechtsverordnungen, allgemein anerkannte Regeln) oder aufgrund subjektiver Kriterien festgelegt werden. Solche subjektiven Festlegungen sind etwa:

- die kritischen Attribute einer schönen Wohnung (Größe, Ausstattung, Lage). Sie können für verschiedene Personen sehr unterschiedlich definiert sein.
- Ist der Wilseder Berg (169 m) in der Lüneburger Heide ein Berg?

Struktur der Eigenschaftsbegriffe

Die bisher aufgeführten Beispiele waren meist so ausgewählt, dass jeweils nur ein Merkmal Grundlage der Kategorisierung war. Zahlreiche Kategorien zeichnen sich aber dadurch aus, dass mehrere Eigenschaften eine Rolle spielen. Die Kenntnis dieser kritischen (relevanten) Attribute reicht aber noch nicht aus, einen Begriff zu bilden. Es gilt zu erkennen, wie diese Attribute kombiniert sind, z. B. ob zwei Merkmale zusammen vorkommen oder ob sie sich gegenseitig ausschließen. Diese Kombination der Attribute bezeichnet man als *Struktur der Eigenschaftsbegriffe*. So hat ein Student einen bestimmten Begriff von »Aggression« erworben, wenn er eine größere Anzahl aggressiver Akte nennen kann (die Kategorie gebildet hat). Dies kann er dann tun, wenn er die beiden kritischen Attribute »jemandem Schaden zufügen« und »dies mit Absicht tun« erfasst hat. Auf diese Weise hat er »Aggression« als Begriff mit zwei kritischen Attributen gelernt.

Diese Beziehungen zwischen den Attributen werden von verschiedenen Autoren mit einer unterschiedlichen Anzahl von Kombinationsregeln beschrieben (Bruner et al., 1956; Neisser & Weene, 1962; Haygood & Bourne, 1965).

Im Folgenden sollen vier grundlegende Klassifikations- oder Kombinationsregeln unterschieden werden:

(1) Affirmation
Nur ein kritisches Attribut ist vorhanden.
Beispiel: Sitzmöbel (Sitzfläche).

(2) Konjunktion
Zwei oder mehr Attribute sind vorhanden.
Beispiel: Vater (männlich und hat mindestens ein Kind).

(3) Disjunktion
Entweder das eine Attribut oder das andere (aber nicht beide).
Beispiel: Geschlecht (männlich oder weiblich).

(4) Relation
Ein Attribut steht in einer gewissen Beziehung zu einem anderen.
Beispiel: groß (Gegenteil von klein).

Tabelle 4.1 Logische Struktur von Begriffen

Begriff		Attribute
(1)	Student	an der Hochschule immatrikuliert
(2)	Aggression	einer Person oder Sache Schaden zufügen *und* dies absichtlich tun
(3)	Konfession	evangelisch *oder* katholisch *oder* muslimisch
(4)	Extraversion	Gegenpol von Introversion

Solche Eigenschaftsbegriffe werden wegen der ausgesagten formalen Beziehungen auch logische Begriffe genannt.

> **!** Nach der klassischen Theorie ist (bei den Eigenschaftsbegriffen) die Erfassung dieser logischen Struktur (die Kombination der kritischen Attribute) der wesentliche Punkt der Begriffsbildung. Eine Sache hat man dann begriffen, wenn man die Struktur der gemeinsamen Merkmale der Objekte einer Kategorie erkannt hat.

Der Versuch, Eigenschaftsbegriffe einer der vier Grundformen logischer Strukturen zuzuordnen, stößt aus verschiedenen Gründen auf Schwierigkeiten. Die erste Schwierigkeit liegt in der Komplexität zahlreicher Begriffe. Beispielsweise wird im Rahmen einer Prüfung neben einer mündlichen auch eine schriftliche Leistung gefordert. Diese kann entweder in Form einer Klausur oder als Ausarbeitung eines bestimmten Themas erbracht werden. Der Begriff »Prüfung« weist in diesem Fall eine konjunktiv-disjunktive Struktur auf.

Tabelle 4.2 Komplexität der logischen Struktur

	mündliche Prüfung	Klausur
Prüfung	*und*	*oder*
	schriftliche Prüfung	Ausarbeitung

Außerdem ist darauf hinzuweisen, dass einzelne Begriffe *notwendige* und *wahrscheinliche* Merkmale (Attribute) aufweisen. Beispielsweise zeichnen sich bestimmte Krankheiten durch ein notwendigerweise auftretendes Symptom aus und durch andere, die nur mit einer gewissen Wahrscheinlichkeit (»in der Regel«, »häufig«) zu beobachten sind. Davon wird noch die Rede sein.

Begriffsbildung und Begriffsidentifikation

Von Begriffsbildung spricht man, wenn Objekte zu einer (subjektiv neuen) Kategorie zusammengefasst werden. Unter Begriffsidentifikation versteht man das Erkennen eines Objektes als Bestandteil einer (bereits vorhandenen) Kategorie. Begriffsbildung in Form des Aufbaus neuer alltäglicher Begriffe spielt besonders im Kindesalter eine große Rolle.

Begriffsbildung. Ein Kind lernt den Begriff »Quadrat«, wenn es spontan oder unter Anleitung erkennt, dass bestimmte Wandfliesen, Bodenfliesen, Bilder usw. einander ähnlich sind, weil alle diese Objekte Vielecke mit den Merkmalen »vier gleiche Seiten« und »vier gleiche Winkel« sind. Von Merkmalen, wie Farbe, Größe, Material ist dabei zu abstrahieren.

Begriffsidentifikation. Wenn ein Lehrer prüfen will, ob ein Schüler den Begriff »Quadrat« erworben hat, muss der Schüler im Klassenzimmer eine Reihe von Quadraten zeigen (ohne dass dabei ein Rechteck oder Parallelogramm vorkommen darf). Er kann diese Aufgabe nur bewältigen, wenn er die beiden kritischen Attribute, die den konjunktiven Begriff ausmachen, bereits kennt und sie im günstigsten Fall auch sprachlich benennen kann.

Die Prototypentheorie

Die bisher vorgestellte Auffassung über die Bildung und das Erkennen von Eigenschaftsbegriffen ist nicht unumstritten.

Eckes (1991) kritisiert die bisher vorherrschende »klassische Theorie« der Begriffsbildung und referiert neuere Konzepte, von denen die sogenannte Prototypentheorie (Rosch, 1973, 1975, 1983) hier vorgestellt wird.

Vagheit und Kontextabhängigkeit. Besonders alltagssprachliche Begriffe (manchmal auch »natürliche Begriffe« genannt) sind durch zwei Merkmale ausgezeichnet:
- ▶ Vagheit (Unschärfe)
- ▶ Kontextabhängigkeit

Dies kann man überzeugend demonstrieren, indem der Leser jetzt aufgefordert wird, sich über die logische Struktur des Begriffs »Tasse« Gedanken zu machen. Obwohl wir mit der logischen Struktur dieses Begriffs vermutlich größte Schwierigkeiten haben, bereitet uns der Umgang mit Tassen im täglichen Leben überhaupt keine Probleme. Befindet sich ein Gefäß, das Tasse, Becher oder Schale sein kann, auf einem Kaffeetisch, dann ist es eindeutig eine Kaffeetasse. Der Umgang mit unscharfen Vorstellungen (»Was ist eine Suppe?«) und mit variablen Grenzen (»Was ist ein Fluss und was ist ein Strom?«) wird erst durch Einbeziehen eines sachlichen oder sozialen Kontextes kognitiv bewältigt. Unser Wissen über viele Dinge des Alltags ist anders beschaffen, als es bisher beschrieben wurde.

> **Beispiel**
>
> **Logische Struktur und Prototyp**
> ▸ Aus zoologischer Sicht sind u. a. folgende kritischen Attribute des Begriffs »Vogel« zu nennen:
>   ▸ Eier legend
>   ▸ Warmblüter (durchschnittlich 42 Grad)
>   ▸ Vorderglieder zu Flügeln umgebildet (die teils wieder zurückgebildet sind)
>   ▸ Haut von Federn bedeckt, die auch den größten Teil der Flügel bilden (aus Höhne, 1977, S. 36)
> »Vogel« ist also nicht als affirmativer, sondern als konjunktiver Begriff zu lernen, bei dem notwendige von wahrscheinlichen Merkmalen zu unterscheiden sind.
> ▸ Im Alltag dagegen ist »Vogel« zunächst ein Begriff, der die Vorhersage erlaubt, dass die Mitglieder dieser Kategorie mit großer Wahrscheinlichkeit fliegen können. Das Wissen über diese Kategorie schließt außerdem ein, dass kleine Vögel eher singen als große. Die meisten Menschen nennen spontan eine bestimmte Vogelart, z. B. den Sperling, als besonders kennzeichnend.

Im zweiten Teil des Beispiels lässt sich ein weiterer Gesichtspunkt dieser alternativen Auffassung von Begriffsbildung und -identifikation erkennen. Aus der zoologischen Merkmalsliste sind einige Merkmale in höherem Maße repräsentativ als andere. Obwohl das Merkmal der Flugfähigkeit keineswegs auf alle Vögel zutrifft (Strauß, Pinguin), ist es das besonders kennzeichnende Attribut der Kategorie. Weiterhin denkt man spontan eher an die kleineren Singvögel als an größere Artgenossen.

Nach der Prototypentheorie sind die Eigenschaftsbegriffe demnach gekennzeichnet durch wenige charakteristische Merkmale mit einer hohen Auftretenswahrscheinlichkeit.

Begriffe werden häufig in Form der *besten Beispiele* abgespeichert. Man spricht in diesem Zusammenhang von typischen Objekten, einem idealen Vertreter, einem repräsentativen Beispiel oder vom *Prototyp* (von griech. protos = der Erste).

Im Vogelbeispiel war dies der Sperling. Ich vermute, dass die meisten Menschen den Lernbegriff prototypisch etwa in folgender Weise abgespeichert haben: Lernen findet in der Schule statt. Da ist eine Lehrerin oder ein Lehrer. Sie oder er vermittelt den Schülern das Wissen vorwiegend in sprachlicher Form. Dabei befinden sich die Schüler in einer rezeptiven Lernhaltung.

Bereits jüngere Kinder sind in der Lage, »gute« von »schlechten« Mitgliedern einer Kategorie zu unterscheiden und zu benennen. So werden etwa Jacke und Hemd,

Tabelle 4.3 Typikalitätsnorm am Beispiel des Begriffs »Fortbewegungsmittel« (aus Eckes, 1985, S. 196–198)

Name des Exemplars	Typikalität		Exemplar-Dominanz (Produktionshäufigkeit)
	M	SD	
Auto	6,83	0,81	178
Bus	6,40	1,00	131
Motorrad	5,98	1,26	65
Schiff	5,02	1,51	75
Boot	3,82	1,69	28
Rolltreppe	3,65	2,10	8
Hubschrauber	3,25	1,87	8
Schlitten	2,84	1,74	16
Skateboard	2,44	1,45	35
Ballon	1,84	1,28	13

Die beiden Spalten M und SD sind statistische Kennwerte und die letzte Spalte enthält die Häufigkeit der Nennungen.

nicht aber Hut und Handschuhe der Kategorie Kleidung zugewiesen (Saltz et al., 1972).

Der Begriff der *Typikalität* meint die Ähnlichkeit weiterer Mitglieder einer Kategorie mit dem Prototyp.

In Deutschland ist beispielsweise der Begriff »Fortbewegungsmittel« (Tab. 4.3) besonders charakteristisch durch folgende Merkmalsliste repräsentiert: Antrieb durch Motor, fährt auf Straßen, befördert Personen oder Güter usw.

Prototypisch für Fortbewegungsmittel ist bei uns demnach das Auto und untypisch der Ballon.

Die Frage, wie Wissen prototypisch, d. h. relativ anschaulich abgespeichert werden kann, wird noch einmal aufgegriffen (→ Die analoge Repräsentation, Abschn. 4.4.2).

! Die Prototypentheorie der Begriffsbildung betont folgende Gesichtspunkte:
▶ Begriffe sind häufig gekennzeichnet durch Unschärfe (Vagheit) und können nur unter Einbeziehung des Kontextes sinnvoll gebraucht werden.
▶ Begriffsbildung im Alltag erfolgt weniger nach formal-logischen, sondern eher nach pragmatischen Gesichtspunkten. Die Zweckgebundenheit rückt in den Vordergrund (z. B. wird ein kleines Gefäß auf dem Teetisch zur Tasse und mit Blumen gefüllt zur Vase).
▶ Ein Begriff ist durch wenige charakteristische Merkmale ausgezeichnet. Nicht alle Mitglieder der Kategorie müssen diese typischen Attribute aufweisen (z. B. Flugfähigkeit der Vögel). Das Wissen über die Kategorie ist in einem Prototyp (»idealer Vertreter«) relativ anschaulich abgespeichert (z. B. physische Aggression = Schlägerei).
▶ Kategorisierung bedeutet Feststellung der Ähnlichkeit des neuen Objektes mit dem Kategorie-Prototyp (z. B. Raubtiere sind solche Lebewesen, die dem Löwen oder Tiger ähnlich sind).

Es scheint Begriffe zu geben, bei denen eine abstrakte logische Struktur relativ leicht zu erkennen ist und andere, bei denen dies sehr viel schwieriger ist und die deshalb eher prototypisch erfasst werden. Aus diesem Grunde sind bei den Eigenschaftsbegriffen grundsätzlich zwei verschiedene Begriffssysteme zu unterscheiden: ein logisches System und ein Prototypen-System.

Sachverhalte können aber nicht nur alternativ entweder als logische Strukturen oder als Prototypen verarbeitet werden. Es besteht auch die Möglichkeit einer geistigen Repräsentation in beiderlei Form. Diese duale Kodierung unter dem Stichwort → multiple Repräsentation (Abschn. 4.4.4) wird noch näher besprochen werden. In diesem Buch sind zahlreiche Lernphänomene sowohl in Form relativ abstrakter Aussagen als auch in Form prototypischer Bilder dargestellt.

Beispiel

Abstrakte Aussagen und anschauliche Prototypen

ungelernte Reiz-Reaktions-Verbindung	Niespulver
Kontiguität und Reizsubstitution	Der kleine Albert
Gegenkonditionierung	Der Fall Peter
intuitive Gegenkonditionierung	Schultüte
Aufforderungscharakter	Frutti di mare
Verhaltensformung	Der 13-jährige Schüler
Erklärungsbegriff	Mondfinsternis
mechanisches Lernen	Der Nürnberger Trichter
Problemlösen durch Versuch und Irrtum	Das Menschenfresser-Problem

4.2.2 Erklärungsbegriffe

Was ist ein Konstrukt?

In der psychologischen Theoriebildung und Methodenlehre gibt es die Begriffe deskriptives und explikatives Konstrukt.

Deskriptive Konstrukte dienen der Beschreibung empirischer Sachverhalte. Es handelt sich um Kategorien, in die konkretes Verhalten eingeordnet werden kann. Beispielsweise können einzelne Erziehungsmaßnahmen als Lohn oder Strafe kategorisiert werden.

Explikative Konstrukte dienen der Erklärung der beobachteten Sachverhalte. Sie unterstellen eine Abhängigkeit zwischen zwei oder mehreren Ereignissen. Beispielsweise können Leistungsunterschiede zwischen Schülern durch unterschiedliche Intelligenz oder unterschiedlichen Fleiß erklärt werden.

Konstrukt ist eine Bezeichnung, die darauf hinweist, dass der Forscher solche Begriffe sozusagen erfindet, konstruiert, um einerseits empirische Sachverhalte angemessen zu beschreiben, und um andererseits theoretische Interpretationen anbieten zu können. Die explikativen Konstrukte werden auch hypothetische Konstrukte genannt, da sie Hypothesen oder Vermutungen darstellen, die im Laufe weiterer empirischer Untersuchungen überprüft werden können.

Die deskriptiven Konstrukte haben wir bereits unter der Bezeichnung Eigenschaftsbegriffe oder Äquivalenzkategorien kennengelernt. Die explikativen Konstrukte werden jetzt unter der Bezeichnung Erklärungsbegriffe noch etwas genauer behandelt.

Kategorisieren und erklären

Erklärungsbegriffe beinhalten, wie der Name sagt, eine Erklärung. Erklärungen sind Annahmen, die sich auf eine Theorie im weitesten Sinn beziehen.

> **Beispiel**
>
> **Kategorie plus Theorie**
> Wir unterscheiden eine partielle und eine totale Mondfinsternis. Betrachtet man nur das kritische Attribut, dass der Mond teilweise oder vollständig verfinstert ist, dann haben wir es mit einem Eigenschaftsbegriff zu tun (Mond teilweise oder vollständig dunkel = disjunktiver Begriff).
>
> Ziehen wir jedoch die naturwissenschaftliche Erklärung heran, dass diese Erscheinung dadurch hervorgerufen wird, dass der Erdschatten auf den Himmelskörper fällt, dann haben wir es mit einem Erklärungsbegriff zu tun (Abb. 4.2).

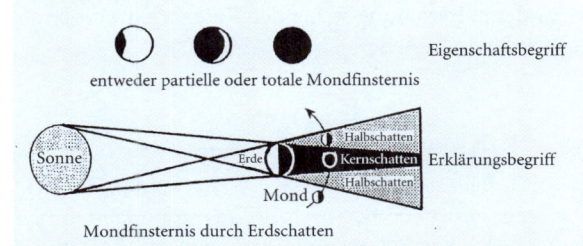

Abbildung 4.2 Mondfinsternis als Eigenschafts- und Erklärungsbegriff

Das Beispiel zeigt, dass Erklärungsbegriffe aus einer Kategorie und zusätzlich einer Erklärung (Theorie) bestehen. Wie bereits gesagt, handelt es sich hierbei um eine Theorie im weitesten Sinne und nicht nur um eine wissenschaftliche Theorie. So könnte etwa ein Naturvolk die Theorie entwickeln, dass die Mondfinsternis durch böse Dämonen entsteht, die es zu besänftigen gilt.

Weitere Erklärungsbegriffe:
- Schwerkraft wird seit Galilei und Newton als Anziehungskraft von Körpern erklärt (Gravitationsgesetz).
- Tag und Nacht entstehen durch die Drehung der Erde.
- Die Gezeiten gehen auf die Anziehungskraft des Mondes zurück.

Bei dem genannten Theoriebezug handelt es sich nicht selten um eine ganz bestimmte Theorie.

Beim Begriff der Aggression konkurrieren beispielsweise zwei grundlegend verschiedene Auffassungen miteinander: Erklärungen von Aggression als angeborener Trieb oder als erlernte Verhaltensweise. In solchen Fällen ist es zum Verständnis des Begriffsinhalts nötig, den Begriff möglichst genau zu definieren. Dies geschieht durch Verweis auf die spezielle Theorie bzw. einen repräsentativen Autor (z. B. Aggression im Sinne von Freud, Lorenz, Bandura).

> **Definition**
>
> **Erklärungsbegriffe** sind auch Kategorien (z. B. aggressive Verhaltensweisen, motivationale Vorgänge). Das wesentliche Merkmal ist aber nicht diese Ordnungsleistung (Zuordnen von Einzelfällen zur Kategorie), sondern die Erklärung des Phänomens durch bestimmte theoretische Annahmen.

Einem Begriffsnamen sieht man nicht unbedingt an, ob es sich um einen Eigenschaftsbegriff oder um einen Erklärungsbegriff handelt. »Erziehungsstil« kann ein Eigenschaftsbegriff sein, der eine bestimmte Art des Umgangs mit Kindern beschreibt, oder es kann ein Erklärungsbegriff sein, der elterliche Erziehungsmaßnahmen als Bedingung für spezifische kindliche Verhaltensweisen erklärt.

4.2.3 Begriff und Definition

Was ist ein Eigenschaftsbegriff?
(1) Auffassung: Kategorie plus Begriffsname
(2) Auffassung: logische Struktur der Kategorie oder Prototyp (auch vorsprachliche Begriffe)

Vorsprachliche Begriffe. Bruner betont, dass es auch Begriffe gibt, die grundsätzlich kein sprachlich-symbolisches Niveau erreichen (Handlungsschemata und schematisierte bildhafte Vorstellungen). In diesem Zusammenhang spricht man von vorsprachlichen Begriffen.

Beispielsweise spielt ein kleines Kind mit Bauklötzen. Es verwendet beim Bauen nur Klötze mit farbiger Oberfläche, nicht aber solche, die aus naturbelassenem Holz gefertigt sind. Auch wenn das Kind kein Wort spricht und vielleicht auch die Begriffsbezeichnungen »bunt« oder »farbig« gar nicht kennt, handelt es sich bei dem Spiel um die Verwendung eines Begriffs.

Dieser Bildung vorsprachlicher Begriffe kommt im frühen Kindesalter größte Bedeutung zu. Zur Förderung der kognitiven Entwicklung tragen neben der Pflege der Phantasie besonders solche logischen Übungen bei. Das Sammeln und Ordnen verschiedenfarbiger Steine, unterschiedlich geformter Blätter, glatter und rauer Stoffreste usw. ist als Kategorisierung eine bedeutende intellektuelle Leistung auf dieser Altersstufe.

Definitionsformen

Um in der sprachlichen Kommunikation das Gemeinte klarzustellen, ist es häufig nötig, Begriffe zu definieren. Dies gilt ebenso für die Alltagssprache wie für wissenschaftliche Texte. »Was versteht man unter demokratischen Grundrechten?« und »Was bedeutet Motivation?« sind zwei Beispiele hierfür. Eine Definition ist eine sprachliche Beschreibung der Kategorie oder des theoretischen Erklärungsmodells. Sie soll sicherstellen, dass zwei Personen, die den gleichen Begriffsnamen verwenden, auch das Gleiche meinen. Letztlich geht es um die Eindeutigkeit einer Aussage.

Man unterscheidet folgende Definitionsformen:
- Realdefinition
- Nominaldefinition
- operationale Definition

Bestandteile der *Realdefinition* sind die Angabe des nächsthöheren Oberbegriffs (genus proximum, Gattungsbegriff) und Angabe des artspezifischen Unterschiedes (differentia specifica). In der Definition »Ein Quadrat ist ein Viereck, das vier gleich lange Seiten und vier gleiche Winkel aufweist« ist »Viereck« der Oberbegriff (es gibt noch andere Vierecke) und die beiden genannten Merkmale machen die Besonderheit des Quadrates (im Vergleich zu den anderen Vierecken) aus. Realdefinitionen sind »Sacherklärungen«. Sie versuchen eine sogenannte »Wesensbestimmung« zu geben.

Die *Nominaldefinition* ist dagegen eine »Worterklärung«. Ihre Aufgabe liegt in der Umschreibung des betreffenden Sachverhalts bzw. zu definierenden Begriffs. Beispiele: »Intelligenz ist Begabung« oder »Ein Motiv ist ein Bedürfnis«. Bei der Nominaldefinition werden also unbekannte Begriffe durch andere, als bekannt vorausgesetzte Begriffe ersetzt. Nominaldefinitionen sind im Alltag sehr häufig.

Die *operationale Definition* erklärt einen Begriff durch Angabe der Operationen, mit denen das Phänomen empirisch erfasst werden kann. Solche operationalen Definitionen werden in einfacher vorwissenschaftlicher Form häufig von Kindern gebraucht, z. B. »gut« ist, wenn man mit dem Brüderchen spielt, »böse« ist, wenn man ihm das Spielzeug fortnimmt. Ihr Vorteil liegt vor allem darin, dass so definierte Sachverhalte nicht nur sehr anschaulich beschrieben, sondern auch in einer (wissenschaftlichen) Untersuchung eindeutig festgelegt sind. Beispiele: »Hunger ist der Zustand nach achtstündigem Nahrungsentzug« oder »Intelligenz ist das, was der Intelligenztest xy misst«.

4.2.4 Begriffshierarchien

Begriffe stehen nicht isoliert. Wenn wir ein Objekt unserer Umwelt in eine bestimmte Kategorie einordnen, werden meist auch Schlussfolgerungen bezüglich benachbarter Kategorien gezogen.

Ein Nahrungsmittel in die Kategorie »eiweißhaltige Nahrungsmittel« einzuordnen, bedeutet gleichzeitig, es abzuheben von anderen Nahrungsmitteln, die mehr Kohlenhydrate oder Fett enthalten. Wird ein Ball als »Sportgerät« kategorisiert, so rückt ihn das in die Nähe anderer Sportgeräte, wie Barren, Reck usw. Diese miteinander in Beziehung stehenden Kategorien werden als *Begriffshierarchien* bezeichnet (Abb. 4.3).

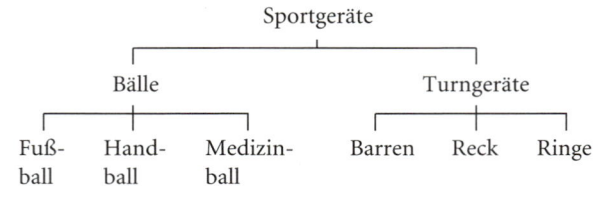

```
                    Sportgeräte
            ┌───────────┴───────────┐
          Bälle                  Turngeräte
       ┌────┼────┐            ┌─────┼─────┐
     Fuß-  Hand- Medizin-   Barren  Reck  Ringe
     ball  ball   ball
```

Abbildung 4.3 Vereinfachte Darstellung einer Begriffshierarchie

Bei diesem Vorgang werden sowohl die Unterschiede wie auch die Ähnlichkeiten von Objekten und Vorgängen festgehalten. Einen Begriff bilden heißt eigentlich immer, ihn gleichzeitig von benachbarten Begriffen zu unterscheiden (multiple Diskrimination), wie auch, ihn zu ähnlichen Begriffen in Beziehung zu setzen (Bildung von Oberbegriffen). Fußbälle unterscheiden sich einerseits von Handbällen usw. und bilden andererseits mit diesen zusammen die nächsthöhere Kategorie der Bälle. *Begriffsbildung* (Zusammenfassen von Objekten) und *Diskriminationslernen* (Unterscheiden von Objekten) sind komplementäre Prozesse.

Das Charakteristische eines solchen Ordnungssystems ist seine hierarchische Anordnung. Von unten nach oben wird jede neue Kategorie weniger spezifisch, oder mit anderen Worten, umfassender. Je geringer der Inhalt des Begriffs, desto größer sein Umfang, d. h., je weniger kritische Attribute, desto größer die Anzahl der erfassten Elemente. Auf diesem Prinzip basiert auch die Realdefinition.

Ein Objekt kann auf verschiedenen Ebenen kategorisiert werden. Ein Ball mit einem gewissen Durchmesser kann in verschiedenen Situationen entweder als Fußball, als Ball oder als Sportgerät gesehen werden. Dabei neigen Menschen dazu, ein bestimmtes Abstraktionsniveau zu bevorzugen. Diese in einem gegebenen Kontext besonders nützlichen Kategorien nennt man *Basisbegriffe*. In einer Familie wird beispielsweise ein Dackel gehalten, man spricht aber meist vom »Hund« und nicht von »Dackel« oder »Tier«.

Die Begriffshierarchien spielen eine ausschlaggebende Rolle bei Gedächtnisleistungen. Will man etwas Spezifisches erinnern, reicht es meist aus, das dazugehörige Teilsystem abzurufen, um die Besonderheit des Einzelfalls zu rekonstruieren.

Beispiel

Prüfungsfrage: Was versteht man unter einer konjunktiven Struktur? Der kluge Student wird die Abbildung im Einband vor Augen haben und sich sagen: Es handelt sich hier um den Bereich des kognitiven Lernens, genauer um die Begriffsbildung und dort um die Eigenschaftsbegriffe. Bei der klassischen Theorie ist der Kern der Begriffsbildung die logische Struktur. Und eine davon ist die konjunktive Struktur. Sie ist dadurch gekennzeichnet, dass mehrere kritische Attribute vorhanden sind.

Die hierarchische Struktur des Wissens wird noch ausführlich behandelt: (→ Vernetztheit, Abschn. 4.5).

4.2.5 Die Subjektivität der Begriffsbildung

Die zwei Komponenten eines Begriffs

Begriffe können unter zwei Aspekten betrachtet werden. Sie haben eine
- sachliche (denotative) Bedeutung.
  Es handelt sich hierbei um die logische Struktur oder den Prototyp (bei den Eigenschaftsbegriffen) bzw. um die Theorie (bei den Erklärungsbegriffen).
- emotionale (konnotative) Bedeutung.

Dies meint die gefühlsmäßige Beziehung einer Person zu dieser Sache.

Beispiel

Mutter

denotative Bedeutung	Frau, die mindestens ein Kind geboren hat
konnotative Bedeutung	gefühlsmäßige Beziehung zu Müttern

Der konnotative Begriffsinhalt lässt sich nicht nur bei Begriffen wie »Atomenergie« oder »Homosexualität« nachweisen, sondern ist auch bei so scheinbar neutralen Begriffen wie »Limonade« gegeben. So kann etwa für einen männlichen Jugendlichen dieses Erfrischungsgetränk eine ausgesprochen negativ getönte Bedeutung haben, weil es vermeintlich nur für Kinder geeignet ist, während richtige Männer Bier trinken.

Die konnotative Bedeutungskomponente eines Begriffs ist identisch mit dem Aufforderungscharakter einer Sache. Im Kapitel über das Reiz-Reaktions-Lernen wurde erklärt, dass diese *emotionale Valenz* häufig erlernt ist. Aus diesem Grunde ist die konnotative Bedeutungskomponente für ein Individuum oder eine Gruppe von Menschen je nach der persönlichen Lebensgeschichte spezifisch ausgeprägt.

Auch wenn sich zwei Personen über die denotative Bedeutung eines Begriffs einig sind, können sie wegen der unterschiedlichen konnotativen Komponenten über deutlich voneinander abweichende Begriffe verfügen (z. B. unterschiedlicher Bedeutungsgehalt der Begriffe Gastarbeiter, Asylant, Oberhirte, Intensivstation). Die dazu durchgeführte Forschungsarbeit von Peter Hofstätter finden Sie im Arbeitsteil.

Der gleiche Begriffsname kann aber nicht nur unterschiedliche konnotative Inhalte, sondern außerdem noch unterschiedliche denotative Inhalte meinen.

> **Beispiel**
>
> **Strafe/Bestrafung**
> Im Alltag ist Strafe die Darbietung eines als aversiv erlebten Ereignisses (ggf. auch der Entzug eines als positiv erlebten Ereignisses). Strafen sind in der Regel außerdem mit pädagogischen Absichten verbunden. Der zu Bestrafende soll in irgendeiner Weise gebessert werden. Ziel dieser Maßnahme ist entweder der Abbau eines Fehlverhaltens oder der Aufbau eines erwünschten Verhaltens. Man kann in diesem Sinn auch Faulheit bestrafen und damit Fleiß erzwingen.
>
> In der Lernpsychologie ist Strafe jede Art der Darbietung eines als aversiv erlebten Ereignisses (ggf. sind wiederum die sog. positive und die negative Bestrafung zu unterscheiden). Ziel dieser Maßnahme ist ausschließlich der Abbau von Verhalten. Mit Strafen wird niemals ein Verhalten aufgebaut (Tab. 4.4).

Tabelle 4.4 Unterschiedliche Begriffsinhalte

Strafe/Bestrafung		
Denotativer Inhalt:		
	Eigenschaftsbegriff	**Erklärungsbegriff**
Alltag	Darbietung einer aversiven Konsequenz und päd. Absicht (konjunktiver Begriff)	Abbau und Aufbau von Verhalten
Lernpsychologie	Darbietung einer aversiven Konsequenz (affirmativer Begriff)	Nur Abbau von Verhalten
Konnotativer Inhalt: Positive bzw. negative Bewertung von Strafe/Bestrafung		

Individuelle Begriffe und Konvention. Wörter sind Benennungen (engl. *labeling*) für Dinge und Sachverhalte, d. h., sie sind bedeutungshaltig. Wir haben erfahren, dass nicht der Begriffsname den Begriff ausmacht, sondern das, was er bezeichnet. Bei gleichen Begriffsnamen können die konnotativen (emotionalen) und die denotativen (sachlichen) Inhalte von Person zu Person in Nuancen oder auch wesentlich unterschiedlich sein. Es wäre eine beträchtliche Erleichterung, wenn man bei einer Reihe von Begriffen konventionelle (verbindliche) Begriffsnamen einführen könnte, wenn beispielsweise festgelegt wäre, was ein Zwang und was eine Bestrafung sein soll.

4.2.6 Kulturelle Faktoren

Wir haben erfahren, dass das begriffliche Denken in die Persönlichkeit eingebettet und nicht von emotionalen und motivationalen Prozessen losgelöst ist. Jetzt sollen noch der Einfluss der Kultur und des sozialen Milieus auf die Begriffsentwicklung betrachtet werden.

Die Theorie der kognitiven Entwicklung von Bruner (vgl. Bruner et al., 1971) enthält zwei prinzipielle Annahmen über das Wesen des Wissens: Einerseits verfügen Menschen über *universelle*, angeborene kognitive Verarbeitungsmuster, andererseits wird die Form der Informationsverarbeitung wesentlich durch Lernprozesse in einem *kulturellen Milieu* beeinflusst. Die Menschen eines bestimmten Kulturkreises haben während eines längeren Zeitraums Denkformen, Sprache, Wertsysteme als Ergebnis einer bestimmten Art der Weltbewältigung entwickelt. Individuen übernehmen diese kognitiven Modelle und passen sie den jeweiligen Gegebenheiten an. Das Angebot an kognitiven Modellen in verschiedenen Kulturen variiert beträchtlich. Es ist ein außerordentlicher Unterschied, ob ein Kind in eine steinzeitliche Kultur geboren wird oder in eine hoch technisierte westliche Zivilisation.

Dabei sind die Anforderungen in einer Kultur an ihre einzelnen Angehörigen nicht gleich. Es gibt, was die kognitiven Lernmöglichkeiten angeht, sozusagen Privilegierte und Menschen, die kaum Chancen haben, die kulturellen Möglichkeiten zu nutzen. Besonders im Kindes- und Jugendalter spielen der zunehmende Ausbau der symbolischen Repräsentation und die Differenzierung der Sprache eine große Rolle. Schulbesuch darf als der mächtigste Faktor bei der Förderung der Begriffsbildung angesehen werden.

Bruner nennt diese Auffassung instrumentellen Konzeptualismus. Die Bezeichnung »instrumentell« hebt den Verwendungszweck von Konzepten (Begriffen) hervor. Bei Menschen, die in ihrem Privat- und Berufsleben nur in geringem Maße intellektuellen Anforderungen und Angeboten ausgesetzt sind, kann es deshalb relativ früh zu einem Stillstand der kognitiven Entwicklung kommen.

> **Zusammenfassung**
>
> ▶ Man unterscheidet zwei Hauptklassen von Begriffen: Die Eigenschafts- und die Erklärungsbegriffe.
> ▶ Bei den Eigenschaftsbegriffen (Kategorien) gibt es zwei Auffassungen. Die klassische Theorie betont als Kern der Begriffsbildung die logische Struktur. Es lassen sich vier Grundformen logischer Strukturen voneinander abheben: Affirmation, Konjunktion, Disjunktion, Relation. Bei der Prototypentheorie ist der Begriff durch einen relativ anschaulichen Prototyp (typisches Objekt, repräsentative Vertreter) gekennzeichnet. Kategorien können auch in beiderlei Form, als logische Struktur und als Prototyp gespeichert werden (multiple Repräsentation).
> ▶ Erklärungsbegriffe beinhalten eine Theorie im weitesten Sinn.
> ▶ Die ausschlaggebend intellektuelle Leistung bei der Bildung von Begriffen ist die Kategorisierung bzw. das Erfassen einer Theorie und nicht der Erwerb des Begriffsnamens.
> ▶ Begriffe stehen nicht isoliert. Sie sind in Begriffshierarchien organisiert.
> ▶ Begriffe weisen zwei Komponenten auf: Sachliche (denotative) Bedeutung und emotionale (konnotative) Bedeutung.
> ▶ Der Grad der Differenzierung der Begriffsbildung hängt eng mit dem Verwendungszweck zusammen. Im Bereich von Wissenschaft und Beruf treffen wir häufig auf Feinstrukturen (differenzierte logische Struktur) und im Alltag eher auf Grobstrukturen (Prototyp oder wenig differenzierte logische Struktur).

4.3 Assimilation

In diesem Abschnitt geht es um den Erwerb von Sachwissen durch sprachliches Lernen. Diese Bezeichnung ist aber irreführend: Zwar wird das Wissen verbal übermittelt, das Ziel ist jedoch der Aufbau kognitiver Strukturen beim Lerner.

Es werden drei »Klassiker« der Unterrichtspsychologie vorgestellt. Beim Regellernen nach Gagné werden Begriffe als Bausteine des Wissens hervorgehoben. Das sinnvolle rezeptive Lernen nach Ausubel betont die Angliederung des neuen Lernstoffes an das Vorwissen. Beim entdeckenden Lernen nach Bruner stehen der Erwerb von Problemlösefähigkeiten und intuitives Denken im Vordergrund.

Abschließend werden sinnvolles und mechanisches Lernen unterschieden.

4.3.1 Das Regellernen nach Gagné

Statt von Wissenserwerb spricht Gagné auch von Erwerb von Regeln. Darunter versteht er nicht nur Merksätze (»Durch einen Bruch wird dividiert, indem man …«), sondern Aussagen in jeder Form (»Der Bleistift ist gelb«).

Regeln. Regeln sind Begriffsketten. Oder mit anderen Worten: Wissen besteht aus der Kombination von Begriffen.

Wie werden solche Regeln gelernt? Wählen wir ein anschauliches Beispiel aus Gagné (1969, S. 118): Es geht um die Regel: »Runde Dinge rollen«. Wann darf man annehmen, dass ein Kind die Regel »Runde Dinge rollen« gelernt hat?

»Es scheint auf der Hand zu liegen, daß das Kind bereits die Begriffe ›runde Dinge‹ und ›rollen‹ verstehen muß, wenn die Regel gelernt werden soll. Wenn es sich den Begriff ›rund‹ noch nicht angeeignet hat, dann kann es beim Lernen einer engeren Regel landen, wie ›Bälle rollen‹, und daher nicht in der Lage sein zu zeigen, daß ein Markstück oder eine Untertasse rollen kann. Entsprechend muß es also, wenn es diese Regel in ihrem vollen Sinne lernen soll, den Begriff ›rund‹ in seinem vollen Sinne kennen, wie er auf eine Vielfalt von Objekten einschließlich (…) Zylinder und sphärischer Objekte, zum Beispiel Bälle, zutrifft. Ähnlich sollte das Kind im Voraus den Begriff des Ereignisses ›Rollen‹ erworben haben. Dieser muß natürlich (durch multiples Diskriminationslernen) von solchen Vorgängen wie ›Gleiten‹ oder ›Taumeln‹ unterschieden werden. Ein Begriff wie dieser kann beträchtlich schwerer zu erlernen sein als ›rund‹, da die Reizvorgänge des Rotierens um eine Achse vielleicht nicht so leicht von anderen Vorgängen, die Bewegung von Körpern implizieren, zu diskriminieren sind. Es gilt aber wiederum, daß das Kind, wenn ihm die Aufgabe gestellt ist, die Regel – und nicht nur eine Teilregel – zu lernen, den Begriff ›Rollen‹ sich angeeignet haben muß.«

Wenn diese Voraussetzungen erfüllt sind, dann braucht man eine Reihe von Objekten, mit denen aufgrund verbaler Anweisungen agiert werden kann. Das Kind muß beispielsweise an einer schiefen Ebene mit Hilfe einer Reihe von Bausteinen (Würfel, Zylinder, Kegeln usw.) demonstrieren, daß (nur) runde Dinge rollen.

Diese Art der Gestaltung der Lernsituation erscheint auf den ersten Blick außerordentlich aufwendig. Warum kann die Instruktion nicht einfach lauten: ›Wir wollen uns merken, daß runde Dinge rollen‹? Der Hauptgrund ist der, dass das Kind nicht eine *verbale Kette* lernen soll. Es ist relativ einfach, diese kurze Wortreihe auswendig zu lernen. Es geht aber hier um das Lernen einer *Regel*, d. h. um das Erkennen der Beziehung zwischen den Begriffen. »Folgerichtig muß das Kind aufgefordert werden, abschließende Reaktionen auszubilden, die nur möglich sind, wenn es tatsächlich die beiden Begriffe ›rund‹ und ›rollen‹ zusammenbringen kann. Die Regel kennen heißt, fähig sein zu demonstrieren, daß runde Dinge rollen, und nicht nur fähig sein, diese Worte auszusprechen« (Gagné, 1969, S. 119).

Dies ist eine sehr verhaltenstheoretische Auffassung von Regellernen. Ein Lerner kann selbstverständlich auch mit Worten den Inhalt der verwendeten Begriffe und ihren Zusammenhang erklären.

Zusammenfassend lässt sich festhalten, dass nach Gagné die Voraussetzung des Regellernens darin besteht, dass alle Begriffe bekannt sind, während das eigentliche Regellernen in der Erfassung der Beziehung zwischen den einzelnen Begriffen besteht. In diesem Sinn ist das »Lernen sprachlicher Ketten« (= assoziatives Lernen = Auswendiglernen) noch kein Wissenserwerb.

Regellernen bei älteren Kindern und Erwachsenen findet normalerweise nicht auf die umständliche Weise wie in dem Beispiel »Runde Dinge rollen« statt. Regellernen erfolgt meist durch *verbale Unterweisung*.

Gagné (1969) schreibt: »Beispielsweise stößt ein Student auf die Regel ›Insekten machen eine Metamorphose durch‹. Es liegt auch in diesem Fall auf der Hand, daß der Erwachsene, wenn er diese Regel lernen soll, über den Begriff ›Insekt‹ wohl unterschieden von anderen Klassen von Tieren verfügen und den Ereignisbegriff [= Erklärungsbegriff] ›Metamorphose durchlaufen‹ gelernt haben muß, der von anderen Arten von Entwicklungsveränderungen zu unterscheiden ist« (S. 119).

Diese Regel kann, wie gesagt, erlernt werden, wenn während der Präsentation dieses Satzes die darin enthaltenen Begriffe erinnert werden können. Allerdings ist auch bei Erwachsenen nicht selten die Gefahr gegeben, dass nicht die Regel, sondern eine sprachliche Kette gelernt wird. Im vorliegenden Fall wäre es wahrscheinlich vorteilhafter, den Eigenschaftsbegriff »Insekt« durch die Abbildung eines oder mehrerer Fälle (Maikäfer, Kohlweißling) zu veranschaulichen und den Erklärungsbegriff »Metamorphose« durch eine Schemazeichnung der verschiedenen Stadien zu erklären.

Erwachsene, so auch der Leser dieses Buches, lernen Regeln häufig durch sprachliche Formulierungen in Texten oder Vorträgen. Um wirklich den Erwerb von Wissen zu ermöglichen, ergreifen Autoren eine Reihe von Maßnahmen:

▶ Da Begriffsnamen nicht immer einheitlich gebraucht werden, ist es häufig notwendig, die Begriffe zu definieren.
▶ Durch Beispiele versucht man, einzelne Objekte oder Ereignisse vorzustellen, um auf diese Weise den ganzen Begriff (Kategorie bzw. das theoretische Modell) in Erinnerung zu rufen.
▶ Durch einen redundanten Sprachgebrauch (durch Wiederholungen mit anderen Worten) versucht man, die Gefahr des Lernens sprachlicher Ketten zu vermindern.
▶ Ob eine Regel wirklich gelernt ist, kann man dadurch prüfen, ob sie sinngemäß angewandt werden kann. Dazu kann man Tests oder unterschiedlich stark strukturierte Aufgaben konstruieren, wie dies etwa im Arbeitsteil zu jedem Kapitel geschieht.

Regelhierarchien und Lernstruktur

So wie Begriffe in einer Begriffshierarchie miteinander in Verbindung stehen, können auch einzelne Regeln in eine Regelhierarchie eingeordnet werden.

Gagné (1969, S. 123) führt an: »Obwohl es nicht sinnlos ist, das Erlernen einer einzelnen Regel zu erörtern, werden doch die meisten Regeln, ausgenommen vielleicht beim Kleinkind, nicht isoliert erworben. Vielmehr lernt der Schüler oder Erwachsene typischerweise aufeinander bezogene Serien von Regeln, die zu einem größeren Sachbereich gehören. Man lernt ›organisiertes Wissen‹.«

Gagné spricht nicht nur von Regelhierarchien, sondern stellt sich vor, dass Begriffsbildung, Wissenserwerb und Problemlösen einen hierarchischen Aufbau aufweisen. Diese hierarchische Struktur spielt bei der Planung von Unterrichtssequenzen eine Rolle. »Wenn innerhalb der Physik Probleme gelöst werden sollen, dann müssen zuvor die wissenschaftlichen Regeln, die auf die Probleme anzuwenden sind, gelernt sein; wenn diese Regeln ihrerseits gelernt werden sollen, muss man sicherstellen, daß zuvor die relevanten Begriffe erworben wurden usw.« (Gagné, 1969, S. 141).

Als Ergebnis einer solchen Analyse sieht Gagné »eine Art Karte des zu lernenden Stoffes«. Den Weg, den der Lehrer auf dieser Landkarte plant oder – mit anderen Worten – die Anordnung der einzelnen Lerninhalte bis zu dem Ziel, das der Schüler am Ende der Sequenz erreichen soll, nennt Gagné eine *Lernstruktur*.

Abbildung 4.4 Neues Wissen wird im Vorwissen verankert

4.3.2 Zwei Dimensionen des sprachlichen Lernens

Ausubel unterscheidet zwei Dimensionen des sprachlichen Lernens:
▸ die Dimension »sinnvoll/mechanisch« und
▸ die Dimension »rezeptiv/entdeckend«.

Zunächst sollen diese vier Begriffe näher erläutert und anschließend ihre Kombination vorgestellt werden.

Sinnvolles Lernen

Ein Lehrstoff kann potentiell sinnvoll sein und trotzdem mechanisch gelernt werden.

Über sinnvolles Lernen schreibt Ausubel (1974, S. 39): »Es ist das Wesentliche eines sinnvollen Lernprozesses, daß symbolisch ausgedrückte Vorstellungen zufallsfrei und inhaltlich (nicht wortwörtlich) bezogen werden auf das, was der Lernende bereits weiß, nämlich auf einige bestehende relevante Aspekte seiner Wissensstruktur.«

»Sinnvoll« ist demnach ein konjunktiver Begriff mit den folgenden beiden kritischen Attributen:
▸ es muss inhaltlich, d. h. nicht wortwörtlich gelernt werden und
▸ der neue Lernstoff muss zufallsfrei auf bisheriges Wissen bezogen werden.

Bei dem zweiten Merkmal geht es um die Verfügbarkeit von besonders relevanten Ideen in der kognitiven Struktur. Erst ein solcher Ankergrund schafft die Voraussetzung für die Verankerung des neuen Lernstoffes in der Wissensstruktur. Fehlen solche Ideen, dann ist die Herstellung zufallsfreier Beziehungen nicht möglich.

Ausubel unterscheidet drei Grundformen zufallsfreier Beziehungen:

▸ die untergeordnete Beziehung
▸ die übergeordnete Beziehung
▸ die kombinatorische Beziehung

Beim *unterordnenden Lernen* (Subsumtion) wird das neue Lernmaterial unter eine bereits vorhandene allgemeinere Idee subsumiert. Dabei ist der neue Lehrstoff spezieller als das bisherige Wissen. Es werden zwei Formen unterschieden. »Derivative Subsumtion erfolgt, wenn der Lehrstoff als ein spezifisches Beispiel eines in der kognitiven Struktur etablierten Begriffs aufgefasst wird, oder wenn er einen bereits früher gelernten allgemeinen Lehrsatz bekräftigt oder veranschaulicht. Öfter jedoch wird ein neuer Stoff durch einen Prozess korrelativer Subsumtion gelernt. Der neue Lernstoff ist in diesem Fall eine Erweiterung, Ausarbeitung, Modifizierung oder Einschränkung von vorher gelernten Lehrsätzen« (Ausubel et al., 1980/81, S. 84 f.).

Beim *überordnenden Lernen* ist das neue Lernmaterial umfassender als die bereits vorhandenen Wissensbestände. Da in diesem Fall das neue Material einen höheren Allgemeinheitsgrad hat als die früher gelernten Ideen, werden diese in der neuen Bedeutung zusammengefasst. Die Bildung von Oberbegriffen veranschaulicht diese Art der Herstellung von Beziehungen.

Beim *kombinatorischen Lernen* wird neues Material gelernt, indem es auf mehrere früher gelernte Ideen bezogen wird, ohne dass eine Unter- oder Überforderung hergestellt wird. Beispielsweise kann das Thema Atomenergie begriffen werden als physikalisches Phänomen oder bezogen werden auf Energieversorgung oder als politische Entscheidung aufgefasst werden.

Das wichtigste Merkmal des sinnvollen Lernens ist die Interaktion von bereits vorhandenen kognitiven Strukturen mit dem neuen Lernstoff.

Ausubel bezeichnet seine Theorie über Erwerben, Organisieren und Behalten von Wissen als *Assimilation*: »Wenn eine neue Idee a sinnvoll gelernt und mit der relevanten etablierten Idee A verbunden wird, werden beide Ideen modifiziert und a wird in die etablierte Idee A assimiliert. Bei dieser Interaktion verändert sich sowohl der neue Lernstoff, wie auch die bereits vorhandene Wissensstruktur und es entsteht das Interaktionsprodukt A'a'« (Ausubel et al., 1980, S. 159).

Tabelle 4.5 Logische Struktur des Begriffes »sinnvolles Lernen« nach Ausubel

inhaltlich	nicht wortwörtlich
zufallsfrei	*untergeordnete Beziehung* ▶ derivative Subsumtion ▶ korrelative Subsumtion → progressive Differenzierung des Wissens ODER *übergeordnete Beziehung* ODER *kombinatorische Beziehung* In allen drei Fällen Assimilation des neuen Lernstoffs in das Vorwissen.

Beispiel

Eine Studentin der Pädagogischen Psychologie hat bestimmte Vorstellungen über Wissenserwerb (A). Sie hört nun eine Vorlesung über das sinnvolle Lernen nach Ausubel (a).

Einerseits erfasst sie die neuen Regeln mithilfe ihrer Vorkenntnisse in spezifischer Weise (a') und andererseits verändert sich ihre alte Wissensstruktur durch die neuen Informationen (A').

Auf diese Weise entsteht eine neue kognitive Struktur (A'a'). Es ist einsichtig, dass eine andere Person die neuen Regeln in anderer Weise erfasst, weil ihre spezifischen Vorkenntnisse anders sind. So bildet diese Person trotz gleichen »Inputs« eine andere neue kognitive Struktur (A'a') aus.

Dem Buch von Ausubel et al. (1980/81) ist folgender Leitgedanke vorangestellt: »Wenn wir die ganze Psychologie des Unterrichts auf ein einziges Prinzip reduzieren müßten, würden wir dies sagen: Der wichtigste Faktor, der das Lernen beeinflußt, ist das, was der Lernende bereits weiß. Dies ermitteln Sie und danach unterrichten Sie Ihren Schüler.«

Ausubel geht davon aus, dass bei älteren Kindern und bei Erwachsenen die häufigste Form des Lernens die korrelative Subsumtion darstellt. Menschen verfügen bereits über relativ allgemeines Vorwissen in verschiedenen Bereichen und lernen immer spezielleres Einzelwissen, das mit den alten Ideen assimiliert wird. Die Folge ist eine »progressive Differenzierung des Wissens«.

Der Begriff »sinnvolles Lernen« nach Ausubel weist demnach die in Tabelle 4.5 dargestellte kognitive (logische) Struktur auf.

Mechanisches Lernen

Beim mechanischen Lernen kann das Lernmaterial zwar auch potentiell bedeutungshaltig sein, es wird aber im Gegensatz zum sinnvollen Lernen wortwörtlich (nicht inhaltlich) gelernt, und der neue Lernstoff kann nicht zufallsfrei auf Vorwissen bezogen werden, weshalb er auch nicht assimiliert werden kann.

Diese Art des Lernens wird von Gagné als »Lernen verbaler Ketten« und im Alltag als Auswendiglernen bezeichnet.

Gagné und Ausubel sprechen beim Erwerb eines solchen sprachlichen Materials nicht von Wissenserwerb. Wissen ist immer sinnvoll (im Sinne Ausubels).

Zu welch außergewöhnlichen Leistungen Menschen jedoch beim mechanischen Lernen befähigt sind, zeigen die beiden folgenden Beispiele.

Beispiel

In der Antike trugen fahrende Sänger die Odyssee von Homer auf den Marktplätzen vor.

Während der Zeit der Ming-Dynastie im alten China lernten Kinder privilegierter Eltern folgende Werke auswendig, ohne dass den Schülern die Bedeutung der Texte erklärt wurde:

Gespräche des Konfuzius	11 705 Zeichen
Menzius	34 685 Zeichen
Buch der Wandlungen	24 107 Zeichen
Buch der Urkunden	25 700 Zeichen
Aufzeichnungen über die Riten	99 010 Zeichen
Zuo-zhuan	<u>196 845 Zeichen</u>
	392 052 Zeichen

(aus Lippert, 1992, S. 136)

Rezeptives Lernen

Ausubel et al. (1980/81, S. 47) schreiben: »Bei rezeptivem Lernen (…) wird dem Schüler der vollständige Inhalt von dem, was gelernt werden soll, in seiner fertigen Form übermittelt. Die Lernaufgabe verlangt von ihm keinerlei selbständige Entdeckung. Von ihm wird nur gefordert, daß er sich den Stoff, der ihm gegeben wird (…) so einprägt oder einverleibt, daß er zu einem späteren Zeitpunkt zur Verfügung steht oder reproduziert werden kann«.

Der Begriff »rezeptiv« beinhaltet nur, dass das Lernmaterial dem Lerner in relativ fertiger Form dargeboten wird, beispielsweise als Lehrervortrag oder als schriftlicher Text. Der Begriff »rezeptiv« ist zunächst völlig unabhängig von der Dimension »mechanisch/sinnvoll«. Rezeptives Lernen kann sowohl mechanisch als auch sinnvoll erfolgen. So kann man eine Definition auswendig lernen oder sie so begreifen, dass man auch in der Lage ist, den Inhalt mit anderen Worten auszudrücken.

Entdeckendes Lernen

»Das wesentlichste Merkmal des entdeckenden Lernens ist (…) die Tatsache, daß der Hauptinhalt dessen, was gelernt werden soll, nicht gegeben ist, sondern vom Schüler entdeckt werden muß (…)« (Ausubel et al., 1980/81, S. 47). In der ersten Phase des Entdeckungslernens muss der Schüler selbst die Informationen neu ordnen, Regeln ableiten, Probleme lösen. Erst wenn dieser Vorgang des Entdeckens abgeschlossen ist, kann er das gewonnene Produkt in seine Wissensstruktur eingliedern.

Der Begriff »entdeckend« beinhaltet nur, dass das Lernmaterial nicht in fertiger Form dargeboten wird. Daraus folgt, dass entdeckendes Lernen sinnvoll oder mechanisch sein kann. Es ist auch möglich, eine Entdeckung ohne die Herstellung zufallsfreier Beziehungen im Gedächtnis zu speichern.

Übergänge. Zwischen den Polen der beiden Dimensionen bestehen fließende Übergänge. Es gibt ein Kontinuum vom sinnvollen bis zum mechanischen Lernen und vom rezeptiven Lernen bis zum entdeckenden Lernen. Ein Lernprozess kann also mehr oder minder sinnvoll (oder mechanisch) bzw. mehr oder minder rezeptiv (oder entdeckend) sein.

Kombination der beiden Dimensionen

Bisher wurden die vier Begriffe einzeln betrachtet. Durch die Kombination der beiden Dimensionen entstehen vier Grundformen des verbalen Lernens (Tab. 4.6).

Tabelle 4.6 Die vier Grundformen des Lernens nach Ausubel

		Dimension		
		mechanisch		sinnvoll
Dimension	rezeptiv	I.	Dargebotene Informationen werden wortwörtlich gelernt und nicht mit Vorwissen assimiliert.	II. Dargebotene Informationen werden inhaltlich gelernt und mit Vorwissen assimiliert.
	entdeckend	III.	Ein vom Lernenden entdeckter Sachverhalt wird wortwörtlich gelernt und nicht mit Vorwissen assimiliert.	IV. Ein vom Lernenden entdeckter Sachverhalt wird inhaltlich gelernt und mit Vorwissen assimiliert.

> **Beispiel**
>
> **Mechanisches rezeptives Lernen.** Wir versuchen uns die neue Telefonnummer eines Bekannten einzuprägen.
>
> **Sinnvolles rezeptives Lernen.** Ein Lehrer behandelt den Kompass. Die Schüler ordnen die neuen Erfahrungen in die zuvor gelernten Regeln über Magnetismus ein.
>
> **Mechanisches entdeckendes Lernen.** Ein Kind entdeckt zufällig, dass eine Kerzenflamme erlischt, wenn man ein Glas darüber stülpt. Es kann diesen Vorgang nicht begreifen und freut sich an dem erzielten Effekt.

> **Sinnvolles entdeckendes Lernen.** Schüler erhalten Landkarten, statistische Daten und andere Informationen und entdecken die Regel »Jede größere Stadt bildet den kulturellen, verwaltungsmäßigen und wirtschaftlichen Mittelpunkt einer Region«.
>
> Das sinnvoll rezeptive Lernen wurde besonders von Ausubel propagiert und das sinnvoll entdeckende Lernen von Bruner. Im Folgenden werden die beiden gegensätzlichen Auffassungen kurz vorgestellt.

4.3.3 Sinnvolles rezeptives Lernen nach Ausubel

Die Auffassung von Ausubel zu sinnvollem rezeptiven Lernen lässt sich in vier Punkte zusammenfassen.

Aufbau einer kognitiven Struktur. Nach Ausubel besteht das wesentlichste Ziel schulischen Lernens im Aufbau einer klar gegliederten kognitiven Struktur. Dies erfolgt durch einen hierarchischen Aufbau. An der Spitze der Wissenspyramide stehen Bedeutungen von sehr allgemeiner, umfassender und relativ abstrakter Art und an der Basis konkrete Informationen. Da viele neu zu lernende Ideen mit mehr als nur einer vorhandenen Bedeutung in Zusammenhang gebracht werden können, entsteht ein dichtes Netz von Verbindungen.

Hauptziel aller unterrichtlichen Lernaktivität ist der »Erwerb einer klaren, stabilen und organisierten Wissensmenge« (Ausubel, 1974, S. 139).

Assimilation. Da die Beachtung der Ausgangslage des Lernens sehr wichtig ist, sind *Organisationshilfen* (Advanced Organizer) zu verwenden. Sie sollen vor den eigentlichen Lernprozess gesetzt werden und die Kluft zwischen dem, was der Lerner schon weiß und dem, was er lernen soll, überbrücken. Je nachdem, ob unterordnendes, überordnendes oder kombinatorisches Lernen angestrebt wird, sind jeweils spezifische »verankernde Ideen« zu reaktivieren. Beim unterordnenden Lernen ist die allgemeine Regel zu erinnern, beim überordnenden Lernen die einzelnen Sonderfälle und beim kombinatorischen Lernen die verschiedenen relevanten Regeln, auf die der neue Lehrstoff bezogen werden soll.

Sinnvolles Lernen, Lernen auch wenn der Lehrstoff in fertiger Form präsentiert wird, ist (potentiell) ein höchst aktiver Vorgang, da der Lerner die besagte Assimilation selbst herstellen muss.

Große Stoffgebiete. Rezeptives und entdeckendes Lernen haben verschiedene Funktionen. Große Stoffgebiete werden vorwiegend durch rezeptives Lernen erworben und die alltäglichen Probleme des Lebens werden eher durch entdeckendes Lernen gelöst. Beim Erwerb von Sachwissen im Schulunterricht steht das rezeptive Lernen ganz im Vordergrund. Wissensvermittlung vorwiegend durch entdeckendes Lernen wäre eine außerordentlich unökonomische Angelegenheit.

Rezeptives Lernen tritt in der kognitiven Entwicklung relativ spät auf. Besonders in der frühen Kindheit, aber auch in der Grundschulzeit erwirbt das Kind vielfältige Erfahrungen durch entdeckendes Lernen. Begriffs- und Regelhierarchien müssen erst als elementare Strukturen aufgebaut werden, ehe das Kind in seiner kognitiven Entwicklung so weit fortgeschritten ist, dass es *verbal übermittelte Informationen ohne konkrete Erfahrung* verstehen kann. Für das etwas ältere Kind und den Erwachsenen sieht Ausubel das rezeptive Lernen jedoch als die angemessene Lernform an.

Organisation des Lernens. Als Konsequenzen für die Organisation von Lehr-Lern-Prozessen ergibt sich hieraus, dass eine sorgfältig abgestimmte Sequenz von Lehreinheiten vorrangig das Prinzip der progressiven Differenzierung (Fortschreiten vom Allgemeinen zum Besonderen; unterordnendes Lernen) zu beachten hat. Dieser Theorieansatz impliziert ein Curriculum-Modell, bei dem sich die Unterrichtsfächer an der Struktur der wissenschaftlichen Disziplinen orientieren.

4.3.4 Entdeckendes Lernen nach Bruner

Bruners oft kreativen, aber manchmal auch etwas unsystematischen Ideen werden in vier Punkten zusammengefasst.

Problemlösefähigkeit. Bruner (1970, 1971, 1973) geht von der Annahme aus, dass es unmöglich ist, einen jungen Menschen auf alle Situationen und Probleme vorzubereiten, die sich ihm im Laufe seines Lebens stellen werden. Deshalb ist es eine vordringliche Aufgabe, ihn zu veranlassen, das Problemlösen zu üben, damit er Problemlösestrategien erwirbt, die er später anwenden kann. »Das Ziel, das wir uns als Lehrer stellen, ist, dem Schüler nach besten Kräften ein fundiertes Verständnis des Gegenstands zu vermitteln und ihn so gut wir können zu einem selbständigen und spontanen Denker zu machen, daß er am Ende der Schulzeit allein weiterkommen wird« (Bruner, 1973, S. 16).

Transferförderung. Hier ist die Rede von zwei unterschiedlichen Denkrichtungen:

- **Induktion** (lat. inducere = hineinführen)
  Logischer Schluss von besonderem einzelnen Fall (Teilklasse) auf den allgemeinen Fall (Gesamtklasse), wobei Aussagegefüge (Theorien) gewonnen werden.
- **Deduktion** (lat. deducere = ableiten)
  Ableitung des Besonderen aus dem Allgemeinen, den Einzelfall als Spezialfall einer Regel erkennen.

Bei der nach Ausubel sehr häufigen Form der korrelativen Subsumtion ist die allgemeine Idee irgendwann erfasst worden. Anschließend wird im Sinne der »progressiven Differenzierung des Wissens« schwerpunktmäßig deduktiv gelernt.

Bruners Auffassung von Lernen betont zusätzlich induktive Denkvorgänge. Das Kind begreift beispielsweise, warum ein ganz konkreter Nagel rostet und lernt den allgemeinen Erklärungsbegriff der Oxidation. Später können andere Erfahrungen (z. B. Grünspan auf dem Kirchendach) ebenfalls als oxidierte Oberflächen erkannt werden, was dann als deduktives Denken aufzufassen wäre. Wenn das frühere Lernen (Erwerb allgemeiner Begriffe) das spätere Lernen der Sonderfälle positiv beeinflusst, spricht man von (positivem) Transfer. Bruner misst diesem Punkt zentrale Bedeutung zu.

Intuitives Denken. Im Zusammenhang mit dem entdeckenden Lernen tritt häufig intuitives Denken auf, dessen Bedeutung für die kognitive Entwicklung stark unterschätzt wird.

»Intuitives Denken beruht gewöhnlich auf einer Vertrautheit mit dem fraglichen Wissensbereich und mit seiner Struktur, und dies ermöglicht es dem Denkenden, herumzuspringen, Stufen auszulassen und Abkürzungen zu gehen. Er tut dies auf eine Art, die eine spätere mehr analytische (…) Überprüfung seiner Schlussfolgerungen erforderlich macht« (Bruner, 1970, S. 66).

Das *intuitive Denken* ist eher bildhaft und konkret, geht von einzelnen Erfahrungen aus, zielt auf Erfassung des Problems in seiner Gesamtheit, ermöglicht neuartige Lösungen und ist relativ einfallsartig und ggf. sprunghaft.

Das *diskursive Denken* ist sprachlich und eher abstrakt, geht von allgemeinen Regeln aus, zielt auf Unterscheidung einzelner Merkmale, ermöglicht die Aktivierung bisherigen Wissens und ist insgesamt planmäßig mit steter Überprüfung der einzelnen Denkschritte.

Im ersten Kapitel wurde im Rahmen hirnbiologischer Betrachtungen das sprachlich-begrifflich-abstrakte-analytische (und diskursive) Denken als typisch linkshemisphärische Leistung und das intuitiv-bildhafte-konkrete-holistische (ganzheitliche) Denken als kennzeichnende Leistung der rechten → Hemisphäre des Cortex herausgestellt (Abschn. 1.3).

Die Intuition ist in vielen Lebensbereichen eine wichtige Erkenntnisquelle. »Unmittelbarkeit der Erkenntnis«, »eingebungsartige Erfassung des Wesentlichen« sind beispielsweise häufig Grundlage der medizinischen oder psychologischen Diagnose.

Bruner geht davon aus, dass Intuition ein wesentliches Merkmal des produktiven Denkens und Problemlösens ist.

Förderung der intrinsischen Motivation. Ein letztes wichtiges Merkmal des entdeckenden Lernens besteht nach Bruner darin, dass durch diese Art des Lernens die intrinsische Motivation (Interesse an der Sache) gefördert wird (→ Motivation, Abschn. 6.4).

4.3.5 Der Begriff der Assimilation

Verschiedene Bedeutungen

Der Gesichtspunkt der Assimilation bezieht sich auf die Vorkenntnisse des Lerners und tritt bei den genannten Autoren in unterschiedlicher Weise in Erscheinung.

Gagné: Voraussetzung des Regellernens sind klare Begriffe.

Ausubel: Interaktion von neuer Information mit bereits vorhandenem Wissen durch Herstellen sogenannter zufallsfreier Beziehungen.

Bruner: Durch Anwendung von Problemlöseverfahren findet eine relativ eigenständige Verarbeitung des Wissensstoffes statt.

> **Exkurs**
>
> **Die Auffassungen von Piaget über Intelligenz**
> Einen etwas abweichenden Begriff der Assimilation findet man bei Piaget.
>
> Allen Organismen wohnen zwei grundlegende Tendenzen inne: Anpassung und Organisation.
>
> Der Begriff der Anpassung meint die Aktivität eines Subjektes in der Auseinandersetzung mit seiner Umwelt und kommt in zwei Formen vor: Assimilation und Akkomodation. Assimilation bedeutet Einordnung von Dingen der Umwelt in bereits vor- ▶

handene Kategorien und Akkomodation bedeutet Veränderung der eigenen Strukturen als Angleichung an die Umwelt.

Organisation ist das Ergebnis dieser Interaktion von Individuum und Umwelt. Es kommt zur Ausbildung einzelner Verhaltensmuster, die Schema (Mehrzahl: Schemas!) genannt werden. Ein Beispiel hierfür sind auch die Begriffe. Das Ergebnis der dauernden Assimilation und Akkomodation sind immer höher organisierte kognitive Strukturen.

Verarbeitungstiefe

Im Abschnitt 4.6 (→ Das Gedächtnis) gibt es im Zusammenhang mit dem Einprägen eines Wissensstoffes in das Langzeitgedächtnis den Begriff der Verarbeitungstiefe (Craik & Lockhardt, 1972). Dieser Begriff bezeichnet die Intensität der Verarbeitung des Lernmaterials. Ein Beispiel hierfür ist die PQ4R-Methode.

Exkurs

Die PQ4R-Methode

Zur Vertiefung gelesener Texte gibt es eine Reihe von Lerntechniken. Der Name der hier besprochenen PQ4R-Methode (Thomas & Robinson, 1972) leitet sich aus den englischen Bezeichnungen für die sechs Phasen ab, die sie für das Studium eines Lehrbuchkapitels vorsieht – Preview, Questions, Read, Reflect, Recite, Review.

(1) **Vorausschau (P wie Preview).** Überfliegen Sie das Kapitel, um festzustellen, welche allgemeinen Themen darin behandelt werden. Identifizieren Sie die jeweils als Ganzes zu lesenden Abschnitte. Wenden Sie danach auf jeden dieser Abschnitte die folgenden vier Schritte an.

(2) **Fragen (Q wie Questions).** Überlegen Sie sich Fragen zu dem Abschnitt. Sinnvolle Fragen ergeben sich häufig einfach durch eine Umformulierung der Abschnittsüberschriften.

(3) **Lesen (R wie Read).** Lesen Sie den Abschnitt sorgfältig und versuchen Sie, die von Ihnen formulierten Fragen zu beantworten.

(4) **Nachdenken (R wie Reflect).** Denken Sie beim Lesen über den Text nach. Versuchen Sie, ihn zu verstehen, sich Beispiele auszudenken und seinen Inhalt mit Ihrem Vorwissen in Beziehung zu setzen.

(5) **Wiedergeben (R wie Recite).** Wenn Sie den Abschnitt beendet haben, versuchen Sie, die darin enthaltenen Informationen wiederzugeben und Fragen zu beantworten, die sie zu diesem Abschnitt formuliert haben. Wenn Ihnen dazu nicht mehr genug einfällt, lesen Sie die entsprechenden Textstellen noch einmal.

(6) **Rückblick (R wie Review).** Nachdem Sie das Kapitel beendet haben, gehen Sie es gedanklich noch einmal durch. Rufen Sie sich dabei die wesentlichen Punkte ins Gedächtnis. Versuchen Sie anschließend erneut, die von Ihnen formulierten Fragen zu beantworten.

Verarbeitungstiefe ist, wie man leicht erkennen kann, nur eine andere Bezeichnung für Assimilation.

Der Nürnberger Trichter

Der Gegenpol zu dem Konzept der Assimilation ist die folgende Auffassung.

Wenn man von dem Nürnberger Trichter spricht (»jemandem etwas eintrichtern«), dann ist die scherzhafte Rede von einem Lernapparat. Zurück geht dieses Modell des Wissenserwerbs auf die Zeit kurz nach dem Dreißigjährigen Krieg. Aus dem Kreis der literarischen Gesellschaft der »Pegnitzschäfer« erschien 1647 ein Buch mit dem Titel: »Poetischer Trichter. Die Teutsche Dicht- und Reimkunst ohne Behuf der lateinischen Sprache in VI Stunden einzugießen«. Obwohl sich dieser Kreis große Verdienste um die Einführung der deutschen Sprache in die Literatur erworben hat, erhielt sich der Spott über die schulmeisterliche Art der Propagierung. Heute versteht man unter »eintrichtern« die Präsentation von Wissen ohne Berücksichtigung der kognitiven Voraussetzungen des Lerners.

Sinnvolles und mechanisches Lernen

Es lassen sich demnach zwei Arten des Wissenserwerbs unterscheiden:
▶ Sinnvolles Lernen = Assimilation = Verankerung im Vorwissen = große Verarbeitungstiefe.
▶ Mechanisches Lernen = Lernen sprachlicher Ketten = Auswendiglernen = geringe Verarbeitungstiefe.

Nach Meinung von Ausubel und Bruner stellen sprachliche Ketten noch kein Wissen dar.

> **Zusammenfassung**
>
> Der Erwerb von Sachwissen durch sprachliches Lernen lässt sich nach den Beiträgen der Unterrichtsforschung (Gagné, Ausubel, Bruner) folgendermaßen zusammenfassen:
> - Begriffe (besonders die weniger komplexen) sind Bausteine des Wissens.
> - Es werden Inhalte und Bedeutungen gelernt. Durch mechanisches Lernen wird kein Wissen erworben.
> - Assimilation bedeutet Verankerung des neuen Wissens in der kognitiven Struktur.
> - Wissenserwerb besteht immer aus aktiven kognitiven Strukturierungsprozessen.
> - Die kognitive Struktur ist hierarchisch aufgebaut.
> - Bruner betont neben dem rezeptiven Lernen das entdeckende Lernen.
> - Das Gegenmodell zum Bild der Verankerung des neuen Wissens im Vorwissen (= Assimilation) ist der Nürnberger Trichter.
> - Es lassen sich unter diesem Gesichtspunkt zwei Arten des Wissenserwerbs unterscheiden: das sinnvolle Lernen (Assimilation, große Verarbeitungstiefe) und das mechanische Lernen (Zufälligkeit, Auswendiglernen).

4.4 Repräsentation

In diesem Abschnitt geht es um die innere geistige Repräsentation des Wissens. Im Mittelpunkt stehen die aussagenartige (Abschn. 4.4.1), die analoge (Abschn. 4.4.2) und die handlungsmäßige Repräsentation (Abschn. 4.4.3). Es wird die Hypothese ausgesprochen, dass häufig eine Mehrfachverarbeitung für Lernen und Behalten von Vorteil ist.

4.4.1 Die aussagenartige Repräsentation

In dem jetzt beginnenden Abschnitt wird zunächst eine Reihe von theoretischen Ansätzen referiert. Dabei stoßen wir auf eine wahrhaft babylonische Sprachverwirrung. Insbesondere der Begriff »semantisch« wird für nahezu alle Erscheinungen gebraucht.

Es soll herausgearbeitet werden, dass es sinnvoll ist, zwei grundsätzlich unterschiedliche Arten der aussagenartigen Repräsentation zu unterscheiden: Ereignisnetzwerke (propositionale Netze) und Begriffsnetzwerke (semantische Netze).

Was heißt aussagenartig?

Im Folgenden wird eine aussagenartige mentale Repräsentation von einer analogen abgehoben. Anderson (1996) spricht von einer bedeutungsbezogenen und einer wahrnehmungsbasierten Wissensrepräsentation.

Abstrakt oder anschaulich. Ausgehend von der externalen (äußeren) Präsentation von Ereignissen in Form von Sprache oder Bildern wird bei der aussagenartigen Repräsentation die Bedeutung intern in abstrakter Form gespeichert.

Bei der analogen Repräsentation sind dagegen viele Details der wahrgenommenen Ereignisse erhalten. Sie zeichnet sich durch relative Anschaulichkeit aus.

> **Beispiel**
>
> **Aussagenartige Repräsentation**
> Man betrachte die Tabelle 4.5 (S. 124). Der Begriff des sinnvollen Lernens ist durch eine weitgehend abstrakte Bedeutungsstruktur gekennzeichnet. Anschauliche Komponenten fehlen völlig.

Das Thema »aussagenartige Repräsentation« wird im Folgenden unter zwei Gesichtspunkten behandelt:
- Propositionen und Ereignisnetzwerke
- Schemata und Begriffsnetzwerke

Propositionen und Ereignisnetzwerke

Man kann zwischen einem episodischen Gedächtnis und einem semantischen Gedächtnis unterscheiden (Tulving, 1972, → Verschiedene Gedächtnisse, Abschn. 4.6.5).

Das **episodische Gedächtnis** enthält Daten der individuellen Biographie, d. h. wir können erinnern, wann wir was erlebt haben. Im weiteren Sinn gehören hierzu nicht nur unsere unmittelbaren Erlebnisse, sondern auch Ereignisse (Episoden), von denen wir durch Berichte oder aus Büchern Kenntnis erlangten.

Das **semantische Gedächtnis** ist der Speicher für Bedeutungen, die nicht mehr als einzelne Ereignisse präsent sind. Es handelt sich um Sachwissen, das »gewusst«, aber nicht »erinnert« wird. Dies ist wieder nur eine analytische Trennung. Meist wirken beide Gedächtnisarten zusammen.

Zunächst ist jetzt vom episodischen Gedächtnis die Rede.

Proposition. Der Begriff der Proposition ist der Logik und Linguistik entnommen. Er bezeichnet die kleinste

Bedeutungseinheit, die als selbstständige Behauptung stehen kann, also die kleinste Einheit, die sinnvoll als wahr oder falsch beurteilt werden kann. Propositionen sind keine sprachlichen Sätze, sondern abstrakte Wissenselemente.

In der Logik, Linguistik und Kognitionswissenschaft hat sich eine Reihe von Modellen entwickelt (z. B. Kintsch, 1974; Clark, 1974; Anderson, 1976). Für den interessierten Laien erschwerend ist die Tatsache, dass es für Propositionen unterschiedliche Notationen gibt. Am häufigsten ist die Darstellung in Form einer Ellipse, von der Pfeile ausgehen (Abb. 4.5).

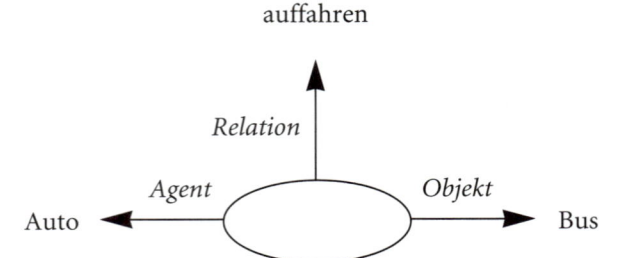

Abbildung 4.5 Graphische Darstellung einer Proposition. Diese Aussage hat folgende Struktur: Das Auto fuhr auf den Bus auf. Dargestellt sind der Handelnde (Agent) und das Objekt, sowie deren Relation (Beziehung)

Ereignisnetzwerk. Statt von Ereignisnetzwerken spricht man auch von propositionalen Netzen (oder Netzwerken) oder von Episoden. Beim Verstehen von Sätzen pflegen Menschen den komplexen Satz in einzelne Propositionen zu zerlegen (»*Propositionalisierung*«). Beispielsweise stellt die Abbildung 4.5 eine einzelne Proposition dar, und der Satz »Das Auto fuhr auf den Bus auf und der Radfahrer stürzte auf die Straße« ist ein Ereignisnetzwerk, bestehend aus zwei Propositionen.

> ! Der wesentlichste Gesichtspunkt dieses Wissensmodells besteht darin, dass eine sprachliche Mitteilung Punkt für Punkt in elementare Propositionen transformiert wird, die anschließend wieder zu einem Bedeutungsnetz verknüpft werden. Sprachverstehen wird so zu einer Addition bedeutungshaltiger Elemente. Wichtig dabei ist, dass Propositionen kognitive und nicht sprachliche Sachverhalte darstellen.

Das Gleiche soll noch einmal mit einer etwas abweichenden Terminologie und Notation beschrieben werden. Es handelt sich um die LNR-Theorie (benannt nach den Anfangsbuchstaben der Autoren Lindsay, Norman und Rumelhart (Norman et al, 1975).

Jede Episode besteht aus mehreren Ereignissen (Abb. 4.6).

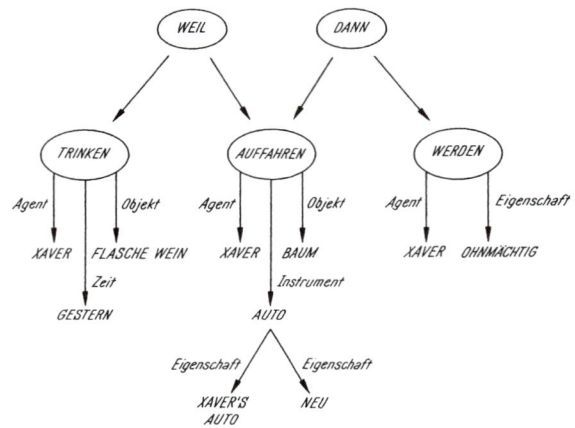

Abbildung 4.6 Eine Episode besteht aus Ereignissen (aus Herkner, 1992, S. 129)

Episode: »Weil Xaver gestern eine Flasche Wein getrunken hat, fuhr er mit seinem neuen Auto gegen einen Baum. Dann wurde er ohnmächtig.«

Ereignisse: »Xaver trank gestern eine Flasche Wein.«
»Xaver fuhr mit seinem neuen Auto gegen einen Baum.«
»Xaver wurde ohnmächtig.«

Wie man leicht erkennen kann, sind die »Ereignisse« genannten Phänomene identisch mit den »Propositionen«. Eine »Episode« entspricht dem, was bisher als »Ereignisnetzwerk«) bezeichnet wurde.

Prototypen für Ereignisnetzwerke sind ein komplexerer Satz oder der Roman. Bei einem Roman interagiert eine Reihe von Personen mit ihren Eigenschaften miteinander und bildet ein komplexes Geflecht von Beziehungen. Zwar muss dieses Netz auch eine hierarchisch geordnete Struktur mit einer Haupt- und mehreren Nebenhandlungen besitzen, im Vordergrund steht aber das Begreifen einer Vielzahl einzelner Aussagen und das Erfassen ganzer Episoden durch den Leser.

Schemata und Begriffsnetzwerke

Im folgenden Abschnitt geht es um das semantische Gedächtnis. Er gliedert sich wieder in zwei Gesichtspunkte. Schemata sind die elementaren Bausteine, aus denen sich die Begriffsnetzwerke zusammensetzen.

Schema. Wir verfügen über Schemata bezüglich bestimmter Bereiche von Sachwissen (z. B. Barock-Musik) und über Schemata für Handlungswissen (z. B. Zahnarztbesuch). Davon wird unter dem Stichwort »Skript« noch die Rede sein.

> **Beispiel**
>
> **Schema Lehrer**
> Oberbegriff: Beruf
> Einkommen: 2000–5000 Euro
> Funktion: Wissen vermitteln, erziehen
> Ausbildung: PH, Universität
> Alter: 23–65
> Fach: Deutsch, Englisch, …
> Lernende: Schüler, Studenten, Kinder, Erwachsene
> Institution: Schule, Universität
>
> (modifiziert nach Spada, 1990, S. 155)

In dieser Liste stehen auf der linken Seite die Attribute (oder Merkmale) von Lehrern. Sie sind (mindestens teilweise) als Leerstellen ausgebildet. Diese Leerstellen können durch die auf der rechten Seite wiedergegebenen *Werte* ausgefüllt werden. Beispielsweise kann das Attribut »Institution« alternativ den Wert »Grundschule« oder »Hochschule« annehmen. Schemata erfassen demnach die Struktur eines Sachverhalts durch Erkennen der Beziehungen zwischen auswechselbaren Teilen.

Schemata beinhalten einerseits abstraktes Wissen. Sie sind eine Verknüpfung von Propositionen (Lehrer erziehen, unterrichten, beraten …). Schemata treten andererseits als konkrete Prototypen auf (z. B. die Grundschullehrerin).

Schemata haben Bezüge zu übergeordneten Schemata und zu Unter-Schemata. Beispielsweise ist »Lehrer« ein Beruf und weist die Unterkategorie »Gymnasiallehrer« auf. Hierbei sind die gemeinsamen Merkmale beim Oberbegriff abgespeichert (z. B. für die Berufsausübung bezieht man ein Einkommen).

Schemata sind wichtig, weil sie Schlussfolgerungen über Sachverhalte erlauben. Unter Hinzuziehung des Lehrer-Schemas sind beispielsweise Urteile über Fahrlehrer möglich. Sie entsprechen einigermaßen dem Schema, sind aber keineswegs prototypisch.

Es liegt noch keine einheitliche Schematheorie vor und eine Reihe von Gesichtspunkten ist unklar.

Eine Variante von Schemata sind *Skripts*. Sie repräsentieren Handlungsabläufe und werden manchmal als Drehbücher mit vorgegebenen Rollen beschrieben. Schank und Abelson (1977) haben besonders das Restaurant-Skript untersucht (Abb. 4.7).

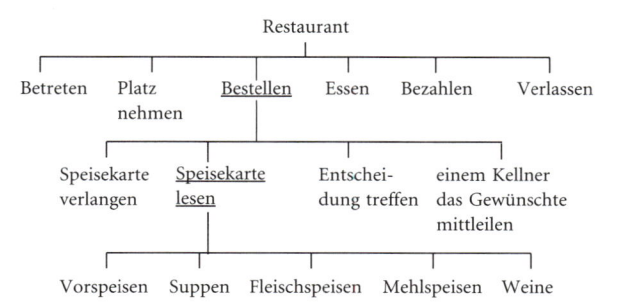

Abbildung 4.7 Skript »Restaurantbesuch«

Ein solches *Handlungswissen* ist auf mehreren Ebenen hierarchisch geordnet.

Auch hier lassen sich wieder Leerstellen erkennen. Beispielsweise gestaltet sich das Merkmal »Platz nehmen« unterschiedlich, je nachdem, ob man selbst einen Tisch aussucht oder ob man einen Platz zugewiesen bekommt.

Begriffsnetzwerk. Begriffsnetzwerke werden auch als *semantische Netze* oder semantische Netzwerke bezeichnet. Sie bilden die Inhalte des semantischen Gedächtnisses ab. Es handelt sich um gerichtete Graphen, in denen Knoten durch Kanten (Maschen, Fäden) untereinander verbunden sind. Ein Graph ist eine veranschaulichende Darstellung eines komplexen Gebildes von Relationen (Abb. 4.8).

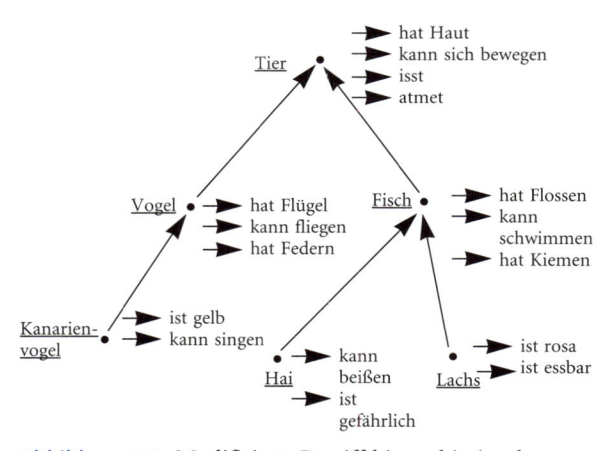

Abbildung 4.8 Modifizierte Begriffshierarchie (nach Collins & Quillian, 1969)

4.4 Repräsentation

In der Abbildung 4.8 sind die Knoten die Begriffe (Tier, Vogel, Fisch usw.) und die Kanten die Verbindungslinien bzw. Pfeile zwischen ihnen. Sie stellen die Relation (Beziehungen) zwischen den Knoten dar.

> **!** Das wesentlichste Merkmal dieser Netzwerke ist die hierarchische Struktur. Eine Hierarchie ist eine Rangordnung von Personen oder Begriffen, wobei jeder Rang dem nächsthöheren untergeordnet ist. Ein anschauliches Beispiel ist die militärische Rangordnung. Auch semantisches Wissen ist in Ober- und Unterbegriffen organisiert.

In der Abbildung 4.8 kann beispielsweise der Kanarienvogel dem Oberbegriff Vogel zugeordnet werden. Hierbei lässt sich häufig eine kognitive Ökonomie (als *Speicherökonomie* bezeichnet) beobachten: Attribute, die dem übergeordneten Begriff zugeschrieben sind, werden bei den untergeordneten nicht noch einmal aufgeführt. Vögel können fliegen. Da der Kanarienvogel ein Vogel ist, braucht dieses Merkmal nicht noch einmal bei ihm gespeichert sein.

Wegen der umstrittenen Annahme einer Speicherökonomie sprechen wir in diesem Zusammenhang von einer *modifizierten Begriffshierarchie*.

Bei jedem Begriff sind nicht nur die Ober- und Unterbegriffsbeziehungen (lange Pfeile) abgespeichert, sondern auch die Attribute (Merkmale) dieses Begriffs (kleine, waagerechte Pfeile). Die Mehrzahl der Netzwerktheoretiker nimmt an, dass hierbei das beschriebene Prinzip der Speicherökonomie gilt. Bei jedem Begriff wären dann nur die spezifischen Attribute repräsentiert.

> **!** Es wurde der Wunsch nach konventionell festgelegten Begriffsnamen geäußert. Im Bereich der Netzwerkmodelle wäre dies ein Segen.
>
> *Schema* oder *Begriff* bezeichnen relativ elementare Strukturen und *semantisches Netz* oder *Begriffshierarchie* relativ komplexe Strukturen.
>
> Der Begriff »Schema« ist der Bezeichnung »Begriff« sehr ähnlich. Vielleicht kann man hervorheben, dass »Begriff« mehr die gemeinsamen Attribute betont (Inhalt) und »Schema« mehr die möglichen alternativen Attribute (Umfang).

Hier begegnen sich eine deutsche und eine amerikanische Wissenschaftstradition, die den nahezu gleichen Sachverhalt mit unterschiedlicher Terminologie erfassen.

4.4.2 Die analoge Repräsentation

Bei Menschen sind die wichtigsten externalen Repräsentationssysteme Bild und Sprache, d. h. man kann eine Sache sehen oder etwas über sie hören. Internal kann eine Sache analog oder aussagenartig repräsentiert sein. D. h., wir speichern ein relativ anschauliches Vorstellbild oder eine relativ abstrakte Bedeutung.

Eine wichtige Frage hierbei ist, ob die (inneren) mentalen Vorstellungsbilder an die Verarbeitung visueller Reize gebunden sind. Obwohl auf diesem Gebiet noch viele Fragen offen sind, lässt sich sagen, dass die Informationsverarbeitung nicht unbedingt an eine Sinnesmodalität gebunden zu sein scheint.

Abbildung 4.9 Hinweis in einem Naturschutzgebiet

▸ Die Information der Abbildung 4.9 kann selbstverständlich auch aussagenartig erfasst werden.
▸ In diesem Buch kommen zahlreiche sprachlich induzierte Bilder vor: Der kleine Albert, Frutti di mare usw.

> **Definition**
>
> Bei der **analogen Repräsentation** weist der Begriff Analogie (Annäherung, Ähnlichkeit, Erklärung durch Vergleich) darauf hin, dass zwischen der äußeren Erscheinung und der inneren Repräsentation eine bestimmte Ähnlichkeit besteht.

Anderson (1996) spricht von der wahrnehmungsbasierten Repräsentation. Allerdings sollte man hierbei nicht an »Vorstellungsbilder« im Sinne einer fotografischen Abbildung denken. Die inneren »Bilder« sind immer interpretierte Informationen. Dass wir in der Lage sind, uns vorzustellen, wie beispielsweise Würfel gedreht oder gekippt aussehen, ist nur möglich, weil wir über gut trainierte Denkschemata verfügen. Wir wissen in diesem Fall, dass die physikalischen Gesetzmäßigkeiten der Körper gleich bleiben. Prototyp dieser imaginativen Repräsentation ist die künstlerische Wahrnehmung eines Gegenstandes und anschließende Gestaltung des Gemäldes. Auch das, was man »Vorstellungsbild« nennt, ist bis zu einem gewissen Grad unabhängig vom ursprünglichen Wahrnehmungsinhalt, allerdings nicht annähernd in dem Ausmaß wie bei der aussagenartigen Repräsentation. Treffender wäre es, statt von Vorstellungsbildern von *konkret-anschaulichem Denken* zu sprechen.

Bei diesem anschaulichen Denken, das eher bei konkreten und statischen Situationen (und weniger bei abstrakten Ideen und Ereignisfolgen) auftritt, lassen sich zwei Formen unterscheiden: räumliche Vorstellungsbilder (z. B. Paket auf einem Tisch) und lineare Ordnungen (z. B. Perlen auf einer Schnur).

Diese Art der Informationsverarbeitung hat Vor- und Nachteile. Bei Objekten in einem räumlichen oder linearen Bezugsrahmen (z. B. simultane Mengenerfassung bei vier Frühstücksgedecken oder Vorstellung der Flugbahn eines Flankenballs beim Fußballspiel) ist eine analoge Repräsentation einer sprachlich-inhaltlichen weit überlegen. Auch beim kreativen Denken wird das Problem nicht selten dadurch gelöst, dass über eine anschauliche Analogie zu einem anderen Realitätsbereich die Lösung gefunden wird.

Diese Art von Denken kann aber auch zu Denkfehlern führen, was sich besonders beim schlussfolgernden Denken nachweisen lässt. So werden bei Syllogismen (logische Schlüsse, die von zwei Prämissen herbeigeführt werden) durch anschauliche Vorstellungen leichter falsche Verallgemeinerungen durchgeführt und fehlerhafte Urteile getroffen.

> **Beispiel**
>
> **Modus Tollens**
>
> Hauptprämisse: Wenn Verkehrslärm zu hören ist, dann kann Otto nicht schlafen.
> Nebenprämisse: Otto kann schlafen.
> Folgerung: Es ist kein Verkehrslärm zu hören.
>
> Diese Schlussform lässt sich auch in allgemeiner Form darstellen:
>   Wenn P, dann Q
> Q nicht gegeben
>   Folgerung: P nicht gegeben
>
> Wenn Versuchspersonen konkrete Vorstellungen entwickeln (wie im oberen Teil des Beispiels), dann kommt es eher zu logisch nicht gültigen Folgerungen als bei abstraktem Denken.

4.4.3 Die handlungsmäßige Repräsentation

Bei der Untersuchung menschlicher Informationsverarbeitung ist in den letzten Jahren neben der aussagenartigen (sprachlich-symbolischen) Repräsentation nur zögernd auch die analoge (bildhafte) Repräsentation wieder Gegenstand der Forschung geworden. Ziemlich unbeachtet ist zur Zeit die handlungsmäßige Repräsentation.

Hinter diesem Begriff verbergen sich zwei unterschiedliche Erscheinungen, die im Folgenden deutlich getrennt werden sollen.

Handlungsmäßige Repräsentation kann zunächst *motorische Kodierung* meinen (z. B. Lenken eines Zweirades, Handhabung einer Feile). Es handelt sich hierbei um motorische Fertigkeiten.

Handlungsmäßige Repräsentation kann aber auch Erwerb von Sachwissen durch *handelnden Umgang mit Dingen* meinen. Es ist eine unmittelbare und nicht sprachlich vermittelte Erfahrungsbildung, die auch nicht vorrangig sprachlich abgespeichert wird.

Die handlungsmäßige Repräsentation im zweiten Sinn ist bei jüngeren Kindern von großer Bedeutung. Noch in der Grundschule wird beispielsweise das Thema »Gemüse« in folgender Weise optimal behandelt: Anlegen eines Gemüsebeetes, Aufzucht und Pflege der Pflanzen, Ernte, Kochen einer Gemüsesuppe, Verzehren der Speise. Eine rein sprachliche Präsentation des Lehrstoffes ist der Informationsverarbeitung im Kindergarten- und Grundschulalter völlig unangemessen. Auch eine zusätzliche Veranschaulichung durch äußere Abbildungen ermöglichen nicht die Verarbeitungstiefe wie der aktive Umgang mit dem Lehrstoff. Bruner ist der Meinung, dass die Übersetzung der Inhalte von einer Darstellungsform in eine andere ein wichtiger Anreiz für die kognitive Entwicklung sei. So spielen bei dem Thema »Gemüse« neben dem Handeln auch das Sprechen, Schreiben und Zeichnen eine wichtige Rolle.

Auch bei älteren Kindern und Erwachsenen lassen sich unterschiedliche Formen der Wissensrepräsentation beobachten.

> **Beispiel**
>
> **Wie können die Begriffe »Berg« und »Tal« gelernt werden?**
> Zunächst kann man einen Berg besteigen und das Wissen *handlungsmäßig* (und stark emotional getönt) abspeichern.
>
> Dann könnte man Bilder von Bergen und Tälern betrachten, wobei ein eher schematisches anschauliches Denken detaillierten Vorstellungsbildern (z. B. konkreter Berg Matterhorn) überlegen sein dürfte. Hierbei handelt es sich um eine *analoge Repräsentation*.
>
> Und zuletzt könnte man den (abstrakten) Begriff »Berg« sprachlich, aber auch inhaltlich, durch seine relationale logische Struktur (Berg ist das Gegenteil von Tal) erfassen. Dann hätten wir es mit einer *aussagenartigen Repräsentation* zu tun.

Ein passionierter Wanderer im Mittel- oder Hochgebirge weiß in anderer Weise, was ein Berg ist, als ein Mensch, der dieser Freizeitbeschäftigung nicht nachgeht.

Praktika während der Studienzeit haben eine Reihe von Funktionen. Sie werden häufig als Einübung berufspraktischer Kompetenzen missverstanden. Praktika sind vorrangig Lernerfahrungen, die neben einer sprachlich-begrifflich-analytischen Verarbeitung universitären Wissens auch eine bildhafte und besonders handlungsmäßige Repräsentation ermöglichen sollen. Es bestehen beträchtliche Unterschiede im Wissen zwischen einem Studenten, der ein Seminar über Unterrichtsformen oder Motivation besucht und einem, der im Zusammenhang mit diesen Fragen zusätzlich handelnd mit Schülern umgeht.

Es muss allerdings deutlich gesagt werden, dass weitgehend unklar ist, worin die Besonderheit dieser dritten Art der Wissensrepräsentation besteht. Man kann spekulieren, dass durch eine gleichzeitige oder sukzessive Mehrfachkodierung ein Gegenstand präziser und vollständiger erfasst und auch besser behalten wird (s. hierzu den Forschungsbericht von Düker & Tausch im Arbeitsteil). Möglicherweise handelt es sich hier um eine inputreiche Gestaltung der Lernsituation, bei der mehrere Sinne und auch Emotionen angesprochen werden.

4.4.4 Multiple Repräsentation

Zum Thema Wissenserwerb mit Text und Bild gibt es eine umfangreiche Literatur.

Bereits Comenius (1592–1670) will vom reinen Wortunterricht abkommen: »Wenn man nun eine Sprache lernt, die Muttersprache nicht ausgenommen, so müssen die Dinge, die mit Wörtern bezeichnet werden sollen, gezeigt werden. Umgekehrt sollen die Schüler, was sie sehen, hören, fühlen oder schmecken, durch Worte ausdrücken lernen, so daß Sprache und Verständnis parallel sich entwickeln und ausgefeilt werden« (Didactica magna).

Auch Pestalozzi (1746–1827) betont das didaktische Prinzip der Anschauung und fordert ein Lernen mit allen Sinnen.

Im Bereich der Kognitionspsychologie war es besonders Paivio (1979), der eine duale Form der Informationsaufnahme, -verarbeitung und -speicherung hervorgehoben hat.

Alternativ oder mehrfach. Kodierung (auch Enkodierung) bedeutet jede Art der Verarbeitung des Lernmaterials während des Lernens.

Dieses kann in zwei alternativen Systemen geschehen. Ein Lerner verarbeitet die Information *entweder* akustisch oder optisch und eignet sich den Wissensstoff schwerpunktmäßig aussagenartig oder in Form bildhafter Vorstellungen an.

Man kann aber auch die sinnvolle Hypothese aufstellen, dass bestimmte Wissensstoffe leichter erfasst und besser behalten werden, wenn sie *sowohl* sprachlich-inhaltlich *als auch* bildhaft verarbeitet werden. Diese Mehrfachverarbeitung wird als duale Kodierung oder als multiple Repräsentation (Anderson, 1988) bezeichnet.

Multiple Repräsentation
- aussagenartig — abstrakte Bedeutung
- analog — konkret-anschauliches Denken

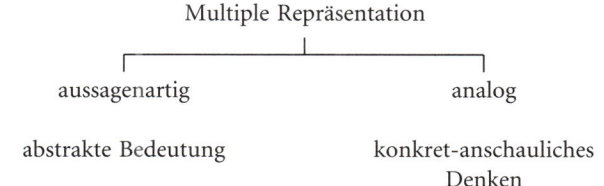

Abbildung 4.10 Multiple Repräsentation

Unter hirnbiologischer Sichtweise wurde eine horizontale Integration unterstellt, d. h. bei allen kortikalen Leistungen sind die linke und die rechte Hemisphäre in spezifischer Weise beteiligt (→ Integration, Abschn. 1.5.4). Auch aus psychologischer Sicht kann man den Begriff der dualen Kodierung so verstehen, dass im Regelfall Informationen sowohl aussagenartig als auch analog verarbeitet werden. Es dürfte relativ wenige Lernvorgänge geben, bei denen nur eine Art der Informationsverarbeitung (fast) ausschließlich auftritt (Abb. 4.10).

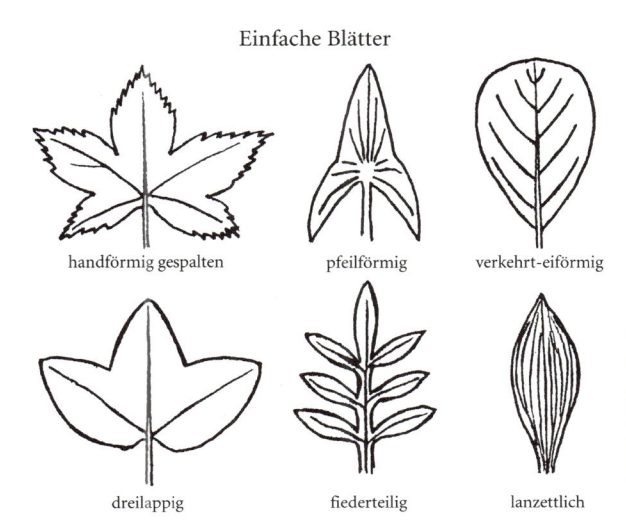

Einfache Blätter
- handförmig gespalten
- pfeilförmig
- verkehrt-eiförmig
- dreilappig
- fiederteilig
- lanzettlich

Abbildung 4.11 Blattformen und ihre Bezeichnungen

Es ist zu unterstellen, dass die auf allen Schulstufen häufigste Form der Wissensvermittlung folgendermaßen gekennzeichnet werden kann: Es handelt sich um verbal übermittelte Begriffe und Regeln ohne konkrete Erfahrung am einzelnen Lerner. Wenn vorrangig so gelernt wird, dann muss ein solches Lernen als defizitär bezeichnet werden.

Auf der einen Seite erscheint es kaum bezweifelbar, dass Anschauungen das Lernen von relativ abstrakten Bedeutungen erleichtern (Abb. 4.11).

Auf der anderen Seite zeigen amerikanische und kanadische Untersuchungen (Samuels, 1970; Willows, 1978a, 1978b), dass in der Grundschule ein Teil der Kinder in bebilderten Büchern die Texte vernachlässigt und langsamer korrekt lesen lernt. Obwohl deutsche Kontrolluntersuchungen noch ausstehen, lässt sich unterstellen, dass Bilder bei der Fertigkeit des Lesenlernens und beim Erwerb von Sachwissen eine unterschiedliche Bedeutung haben.

4.4.5 Kritik der rein aussagenartigen Repräsentation

Zur Frage der Repräsentation gibt es drei unterschiedliche Auffassungen:
▶ Es gibt nur eine Art der geistigen Repräsentation in Form abstrakter Aussagen.
▶ Es gibt zwei Formen der geistigen Repräsentation, die aussagenartige und die analoge.
▶ Es gibt drei Formen der geistigen Repräsentation. Aufgrund der unmittelbaren Erfahrung ist die handlungsmäßige Repräsentation eine eigenständige dritte Form.

Zur Auffassung, Wissen bestehe ausschließlich aus der Kombination einzelner abstrakter Bedeutungen, folgen jetzt einige kritische Anmerkungen.

Zunächst ist dieser Ansatz überzeugend. Wenn ein Sprecher oder Schreiber einen Sachverhalt sprachlich kodiert, dann ist beim Hörer oder Leser zur Bedeutungserfassung eine Dekodierung nötig.

Beispiel			
Peter	schenkte	Paula	einen Blumenstrauß
Agent	Prädikat	Rezipient	Objekt

Wenn wir die Bedeutung dieser Aussage erfassen wollen, dann müssen wir erkennen, dass ein Agent oder Subjekt mit Namen Peter etwas tut, er schenkt etwas (Prädikat), nämlich Blumen (Objekt) in Richtung auf einen Rezipienten, der (die) Paula heißt. Würden wir annehmen, dass die Paula dem Peter einen Blumenstrauß schenkt, dann hätten wir in diesem Fall eine falsche Bedeutung erschlossen.

Dieser Sachverhalt ist in Abbildung 4.12 dargestellt.

Fragwürdig ist nun, ob nicht in den meisten Fällen dieser Prozess der Entschlüsselung einer Sprachstruktur äußerst vage und nur am Rand des Bewusstseins abläuft

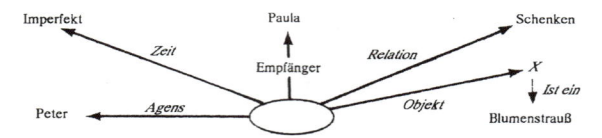

Abbildung 4.12 Peter und Paula

und ob wir uns nicht gleichzeitig – und intensiver – einen jungen Mann (warum junger Mann) vorstellen, der einer Frau einen Strauß überreicht. Vielleicht wallen auch Emotionen in uns auf, und wir finden die Szene sympathisch (oder lächerlich) oder es tritt sogar eine Motivation auf (ich will meiner Frau/Freundin auch einen Blumenstrauß schenken).

Es ist sehr fraglich, ob wir wirklich so oft Bedeutungen nach Art der Propositionen und der propositionalen Netzwerke erfassen, wie sich das die Linguisten und Kognitionswissenschaftler vorstellen. Neben die Auffassung, Wissen sei allein die Addition abstrakter bedeutungshaltiger Elemente, tritt die Annahme, dass fast regelmäßig zusätzlich anschauliche Vorstellungen abgespeichert werden. Dies dürfte nicht nur bei unmittelbarer Erfahrung der Fall sein.

> **Zusammenfassung**
>
> ▶ Bei der inneren geistigen Darstellung von Wissen unterscheiden wir die aussagenartige, die analoge und die handlungsmäßige Repräsentation.
> ▶ Bei der aussagenartigen Repräsentation sind Ereignisnetzwerke und Begriffsnetzwerke zu unterscheiden. Ereignisnetzwerke setzen sich aus einzelnen Propositionen zusammen und Begriffsnetzwerke bauen sich aus Schemata (Begriffen) aus.
> ▶ Bei der analogen Repräsentation wurden Vorstellungsbilder abgespeichert. Man könnte auch von einem konkret-anschaulichen Denken sprechen.
> ▶ Handlungsmäßige Repräsentation im engeren Sinn meint Erwerb von Sachwissen durch handelnden Umgang mit den Dingen. Dies bedeutet Lernen durch unmittelbare Erfahrung.
> ▶ Multiple Repräsentation ist das Ergebnis einer dualen Kodierung: aussagenartig (abstrakte Bedeutung) und analog (konkret-anschauliches Denken).

4.5 Vernetztheit

Komplexe Strukturen zeichnen sich durch folgende Merkmale aus: 1. Sie sind in der Regel hierarchisch organisiert. 2. Sie weisen an vielen Stellen eine multiple Repräsentation auf. 3. An manchen Begriffen sind zusätzlich noch Episoden angegliedert.

4.5.1 Kognitive Strukturen

Struktur (lat. structura = Bau, Ordnung) bedeutet gegliedertes Gefüge im Rahmen eines Ganzen. Anschaulich kann man sich das als eine geometrische Struktur vorstellen (Beispiel: Stück Kandiszucker).

Von den zahlreichen Formen kognitiver Strukturen wurden die Begriffe ausführlich besprochen. Sie können sehr unterschiedliche Komplexitätsgrade aufweisen.

> **Beispiel**
>
> **Relativ einfache Struktur**
> Aggression ▶ einer Person oder einer Sache Schaden zufügen und
> ▶ dies absichtlich tun
>
> **Relativ komplexe Struktur**
> Sinnvolles Lernen nach Ausubel
> ▶ Tabelle 4.5
>
> **Ziemlich komplexe Struktur**
> Lernbegriff (Netzwerk lernpsychologischer Grundbegriffe)
> ▶ Innenseite des Einbandes

Bei den ersten beiden Fällen handelt es sich um die Binnenstruktur einzelner Begriffe (logische Struktur) und im letzten Fall um ein Netzwerk (Hierarchie) mehrerer zusammengehörender Begriffe. Davon soll in diesem Abschnitt die Rede sein.

4.5.2 Vernetztes und lexikalisches Wissen

Was »aussagenartig« bedeutet, ist nur verständlich, wenn man diese Art der Repräsentation von einer analogen und handlungsmäßigen abhebt und was ein Ereignisnetzwerk ist, begreift man nur, wenn man auch die davon abweichenden Begriffsnetzwerke kennt. Ein Lexikon ist dagegen ein alphabetisch geordnetes Nachschlagewerk. Die Stichworte »Ereignisnetzwerke« und »Begriffsnetzwerke« findet man unter dem Buchstaben E bzw. B. Allenfalls gibt es einen Querverweis. Vernetztes Denken ist hingegen dadurch ausgezeichnet, dass der Lerner zwischen den einzelnen Begriffen Brücken schlagen kann.

Für diese Art der Informationsverarbeitung hat sich im Bereich der Mensch-Maschine-Interaktion seit einiger Zeit der Begriff *Hypertext* eingebürgert (Abb. 4.13).

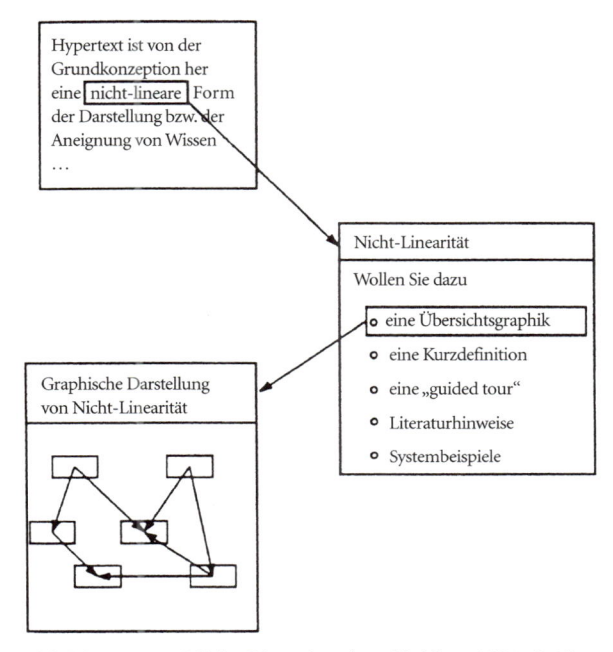

Abbildung 4.13 Nicht-Linearität (aus Kuhlen, 1991. S. 7)

Die »freie Navigation in komplexen Netzen« (Kuhlen, 1991, S. 6) ist im Computer wesentlich leichter möglich als in herkömmlichen Texten. Trotzdem versucht dieses eher lineare Buch (mit seinen konventionellen Querverweisen) ein solches vernetztes Denken anzuregen.

Der Versuch, sich einen komplexen Wissensstoff sequentiell als fortlaufende Liste der wichtigsten Begriffe einzuprägen, ist ziemlich sicher zum Scheitern verurteilt.

Bei der Kommunikation vernetzten Wissens sind sowohl das ganze System wie auch die einzelnen Bausteine in geeigneter Weise zu strukturieren.

Es scheint ein adressenspezifisches, optimal nützliches, mittleres Differenzierungsniveau zu geben.

Beispielsweise sind für Lehrer aller Schulstufen, von der Grundschule bis zur Universität, grundlegende Informationen über Wissen (inhaltliches Lernen, Assimilation, multiple Repräsentation, hierarchische Organisation usw.) wesentlich wichtiger als spezifisches Detailwissen über den Zusammenhang zwischen Bedeutungen und sprachlichen Tiefenstrukturen. Dieses Prinzip des *mittleren Differenzierungsniveaus* gilt auch für den Alltag. Ein Mensch, der sich gesund ernähren möchte, muss etwas über Vitamine wissen. Die Kenntnis der molekularen Struktur ist vermutlich nicht nur nicht nützlich, sondern *in diesem Zusammenhang* sogar störend. Ein solches Wissen ist hingegen für einen Chemiker, der Vitamine synthetisch herstellen möchte, eine unabdingbare Voraussetzung. Ein weiteres Beispiel ist das einleitende Kapitel »Neurobiologische Grundlagen von Lernen und Gedächtnis«. Die angesprochenen Sachverhalte sind viel differenzierter untersucht und in zahlreichen Punkten auch deutlich problematischer als hier dargestellt.

> **Vernetztes Wissen**
>
> Das beschriebene Wissensmodell weist demnach zwei Komponenten auf:
> ▶ eine Oberflächenstruktur
> ▶ verschiedene Schichten in einer Tiefendimension

Beispielsweise zeichnet sich die Oberflächenstruktur dieses Buches durch die Annahme von vier Lernformen, sowie durch eine duale Konzeption (behavioristisch und kognitiv) aus. Der Lerner kann die einzelnen Abschnitte in sehr unterschiedlicher Weise vertiefen.

4.5.3 Duale Begriffsnetzwerke

Bei Begriffsnetzwerken gibt es zwei Arten von Aussagen:
▶ Beziehung zwischen Ober- und Unterbegriffen (Knoten und Kanten)
▶ Attribute (Merkmale) jedes einzelnen Begriffs (ggf. wegen der Speicherökonomie nur spezifische Merkmale)

> **Beispiel**
>
> **Musikinstrumente**
> In der musikalischen Praxis werden Musikinstrumente eingeteilt in Saiteninstrumente, Schlaginstrumente und Blasinstrumente.
>
> Blasinstrumente sind solche, die zur Tonerzeugung eine Luftsäule oder einen Luftstrom bemühen. Man unterscheidet Blechblasinstrumente und Holzblasinstrumente.
>
> Bei den Holzblasinstrumenten lassen sich Flöten von Rohrblattinstrumenten abheben.

```
                          HOLZBLASINSTRUMENTE
                                   |
                 ┌─────────────────┴─────────────────┐
              Flöten                           Rohrblattinstrumente
                 |                                    |
          ┌──────┴──────┐                    ┌────────┴────────┐
      Längsflöten    Querflöten        Einzelrohrblatt    Doppelrohrblatt
          |                                                    |
     ┌────┴────┐                                          ┌────┴────┐
    mit       ohne                                      über       direkt
  Schnabel  Schnabel                                 Windkapsel   angeblasen
    |         |          |                 |             |            |
 Blockflöten Quena    Querflöte        Chalumeau    Rauschpfeife   Schalmei
 Gemshörner  Panflöte Querpfeife       Klarinette   Cornamuse      Oboe
                                       Saxophon                    Fagott
                                                    Krummhorn
```

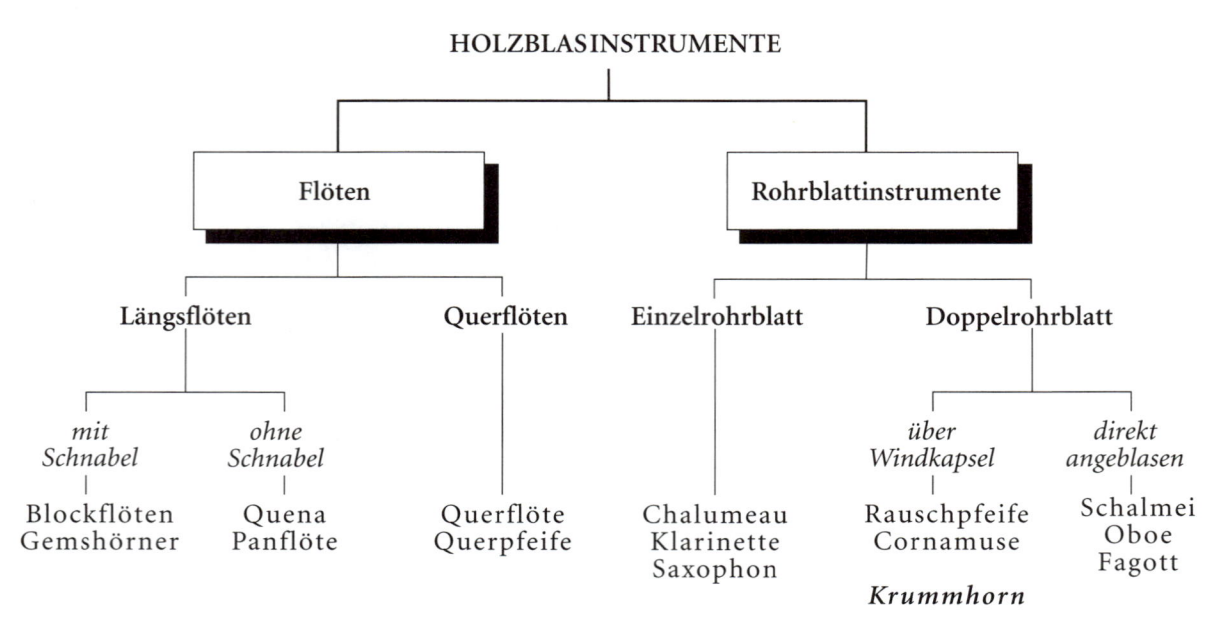

Abbildung 4.14 Holzblasinstrumente

Bei den Flöten wird durch Anblasen die Luftsäule in einem meist zylindrischen Rohr in Eigenschwingungen versetzt.

Bei den Rohrblattinstrumenten wird der Ton dadurch erzeugt, dass die Luft zwischen einer Rohrblattzunge und ihrer Auflage oder zwischen zwei Rohrblattzungen hindurchstreicht.

Was ist ein Krummhorn? Ein Krummhorn ist ein Doppelrohrblattinstrument mit Windkapsel, dessen unteres Ende wie der Griff eines Spazierstockes gebogen ist.

Man hat also begriffen, was ein Krummhorn ist, wenn man seine Stellung im Netzwerk der Musikinstrumente erfasst und wenn man seine beiden spezifischen Merkmale erkannt hat (Windkapsel = Umhüllung des doppelten Rohrblattes und die gekrümmte Form). Im Abschnitt 4.2.4 (→ Begriffshierarchien) wurde dies folgendermaßen ausgedrückt: Einen Begriff bilden heißt zunächst, ihn vom benachbarten Begriff zu unterscheiden (multiple Diskrimination: das Krummhorn unterscheidet sich von der Rauschpfeife, Cornamuse usw.). Zusätzlich gilt es, ihn zu ähnlichen Begriffen in Beziehung zu setzen (Bildung von Oberbegriffen: alle eben genannten Instrumente gehören zu den Doppelrohrblattinstrumenten).

An dieser Stelle muss nun ein massiver Einwand erhoben werden. Das Beispiel mit diesem Instrument ist logisch einwandfrei und eigentlich doch unbefriedigend. Ein Mensch, der nicht Kognitionspsychologe oder Berufsmusiker ist, möchte in anderer Weise wissen, was ein Krummhorn ist. Mindestens will er eine Abbildung sehen (Abb. 4.15).

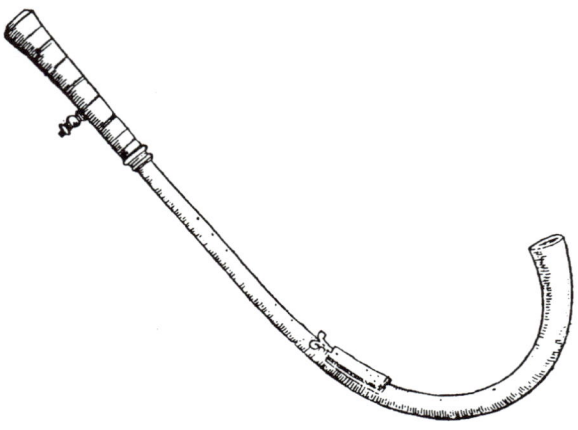

Abbildung 4.15 Krummhorn mit Windkapsel (im Inneren der Windkapsel befinden sich die Rohrblätter)

Eigentlich wäre es noch besser, wenn der Laie ein solches Instrument einmal in die Hand nehmen könnte und ein Musiker ihm darauf eine Melodie vorspielen würde. Wie leicht zu erkennen ist, handelt es sich hier um den Versuch, beim Lerner neben der aussagenartigen noch eine analoge oder sogar handlungsmäßige Repräsentation aufzubauen. Mit anderen Worten, die Begriffsnetzwerke weisen (häufig) neben den abstrakten Relationen zusätzlich noch anschauliche Komponenten auf. Dies bezeichnet man bekanntlich als multiple Repräsentation.

> ! Die Auffassung, dass Wissen vernetzt ist und häufig in aussagenartiger und analoger Form abgespeichert wird, ist vielleicht der wichtigste Gesichtspunkt im Hinblick auf das Erfassen und Behalten größerer Sachgebiete. Für diese Art von Netzwerken hat sich noch keine einheitliche Bezeichnung durchgesetzt. Man könnte sie vielleicht als duale oder multiple Begriffsnetzwerke (oder semantische Netze) bezeichnen.

4.5.4 Komplexe Netzwerke

Der Begriff »hybrid« (lat. *aus Verschiedenem zusammengesetzt*) verweist auf Mischformen oder Zwitter. So gibt es bei Fahrzeugen eine Kombination unterschiedlicher Antriebsarten (z. B. Verbrennungsmotor und Elektromotor). Im Bereich des vernetzten Denkens lassen sich die Begriffe »Begriffsnetzwerk« und »Ereignisnetzwerk« nur analytisch so schön unterscheiden, wie dies bisher in diesem Kapitel geschehen ist. In Wirklichkeit handelt es sich häufig um Hybridformen. Ein Beispiel für eine solche *komplexe Mischform* ist das »Netzwerk lernpsychologischer Grundbegriffe« (s. Abbildung auf der Umschlagsinnenseite). Grundlegend ist die hierarchische Struktur mit ihren in unterschiedlichem Ausmaß vertieften einzelnen Begriffen. An manchen Stellen sind zusätzlich noch Ereignisnetzwerke angelagert. Diese Episoden (selbst erlebt oder sozial vermittelt) machen das Begriffsnetzwerk lebendig.

> **Beispiel**
>
> Beim Reiz-Reaktions-Lernen lösen vorausgehende Reize eine Reaktion aus. Diese Reiz-Reaktions-Verbindung kann angeboren oder gelernt sein. Das theoretische Modell wird veranschaulicht durch prototypische Beispiele (»Der kleine Albert«, »Der Pawlow'sche Hund«). Davon abzuheben ist das instrumentelle Lernen, bei dem die nachfolgenden Reize über die Auftretenswahrscheinlichkeit entscheiden (Auf- und Abbau von Verhalten). Trotz dieses Unterschiedes haben beide Lernarten eine Gemeinsamkeit: Es findet eine Außensteuerung durch Reize statt. Damit unterscheiden sich diese zwei Formen grundlegend vom kognitiven Lernen und vom Handeln, die durch Innensteuerung gekennzeichnet sind. Bei der positiven Verstärkung denke ich immer daran, wie ich meinem Sohn beigebracht habe, sein Zimmer aufzuräumen (Episode).

4.5.5 Mentale Modelle und lineares Wissen

Der Begriff des mentalen Modells ist leider sehr unscharf. Einer Reihe von speziellen Untersuchungen aus dem Bereich der Forschung zur Künstlichen Intelligenz (z. B. de Kleer & Brown, 1983) stehen umfassendere kognitionspsychologische Auffassungen gegenüber (z. B. Johnson-Laird, 1983; Gentner & Gentner, 1983).

Grundsätzlich meint dieser Begriff, dass sich Menschen intern subjektive Modelle von Ausschnitten der Realität aufbauen. Sie werden meist im Anschluss an unmittelbare Erfahrungen mit einem Sachverhalt ausgebildet.

Mentale Modelle sind eine umfassende Repräsentation der Strukturen und Prozesse eines *begrenzten Realitätsbereiches*. Sie integrieren sprachliches, bildhaftes und handlungsbezogenes Wissen, wobei eine ganzheitlich-analoge Form der Repräsentation im Vordergrund steht.

Mentale Modelle erlauben die innere Simulation äußerer Vorgänge. Unter den Bedingungen einer bestimmten Anforderungssituation bestimmen sie unser

> **Beispiel**
>
> Die Zubereitung von Mahlzeiten dürfte häufig nicht in Form eines riesigen interkulturellen Kochbuchs (differenziertes Netzwerk mit Unterkategorien wie Vorspeisen, Suppen usw. bis Nachtische) innerlich repräsentiert sein.
>
> Nahezu alle Köchinnen und Köche werden über relativ anschauliche Modelle für Mittag- und Abendessen, Alltagsmahlzeiten und Festessen usw. verfügen.

Denken und Handeln. Sie sind subjektive Wissensgefüge und haben einen funktionalen Charakter, d. h., sie ermöglichen die Bewältigung von Aufgaben und Problemen.

Die in diesem Buch so sehr betonten Netzwerke sind unverzichtbar bei größeren Wissensgebieten, die eine wissenschaftliche Systematik aufweisen und mentale Modelle sind relativ isolierte Schemata für abgegrenzte alltägliche Aufgaben.

Wahrscheinlich speichern die meisten Menschen Wissen viel weniger fachwissenschaftlich-systematisch in ausgebauten Begriffs- und Regelnetzwerken ab als Kognitionswissenschaftler sich dies vorstellen. Es ist davon auszugehen, dass wir für häufig vorkommende Situationen in Beruf und Alltag über solche situations- und aufgabenbezogenen subjektiven Modelle verfügen.

Abschließend ist noch zu erwähnen, dass es selbstverständlich auch lineares Wissen gibt.

Beispiel

Einkaufsliste
Bäcker: Brot und Kuchen. Dann Wochenmarkt: Kartoffeln, Salat, Wirsing. Dann Käsegeschäft: Camembert und Butter. Dann Kiosk: Zeitung.

4.5.6 Mind Mapping als Arbeitstechnik

Bei manchen Anhängern dieses Verfahrens glaubt man auf die Verkündigung einer Heilslehre zu stoßen. Buzan und Buzan (1997) schreiben: »(…) wurde kürzlich die Mind Mappers' Society ins Lebens gerufen, deren Ziel es ist, Radiales Denken, Mind Mapping und geistige Alphabetisierung bis zum Jahr 2000 mindestens 10 Prozent der Weltbevölkerung nahezubringen« (S. 15).

Die graphische Darstellung einer Mind Map weist folgende Eigenschaften auf:

- Das Thema wird als Bild oder Schlüsselbegriff im Zentrum des Blattes dargestellt.
- Die Hauptgesichtspunkte strahlen vom Zentralbild wie Äste aus.
- Themen von untergeordneter Bedeutung werden als Zweige dargestellt, die von Ästen höherer Ordnung ausgehen.
- Die einzelnen Äste und Zweige enthalten Schlüsselbilder oder Schlüsselbegriffe, die häufig in großen Druckbuchstaben geschrieben werden.
- Farben, Symbole, Pfeile unterstreichen die Verbindungen zwischen den einzelnen Elementen.

Buzan und Buzan (1997, S. 53) sprechen davon, dass mit diesen sich immer weiter verästelnden Assoziationen eine *außerordentliche Speicherkapazität* erreicht wird. Dabei werden zwei Aspekte hervorgehoben: Hierarchische Strukturierung und künstlerische Gestaltung.

Bei nüchterner Betrachtung bieten sich vor allem folgende Anwendungsbereiche an: Notizen machen und Wissen strukturieren; Unterricht, Vorträge, Prüfungen vorbereiten; anschauliche Präsentation des Lehrstoffes.

Welches sind die Vorzüge einer Mind Map im Vergleich zu einem Netzwerk in Form eines Graphen? In der herkömmlichen Notation (s. Abbildung auf der Umschlagsinnenseite) ist das Netz eher simultan und statisch dargestellt. Zahlreiche Mind Maps dagegen suggerieren eine Sequenz von Informationen, die nacheinander aufgefasst werden müssen. Dadurch wirken solche Mind Maps dynamisch.

In der schlichten Darstellung der Abbildung 4.16 wird folgende Reihenfolge nahegelegt: (1) Der Apfel in Geschichte und Mythologie, (2) Sorten usw.

Zusammenfassung

- Besonders bei Begriffsnetzwerken wird der Aspekt der Vernetztheit deutlich. Vernetztes Wissen weist eine Oberflächenstruktur und verschiedene Dimensionen in einer Tiefenstruktur auf. Es ist deutlich anders strukturiert als lexikalisches Wissen.
- Neben der relativ abstrakten Ober- und Unterbegriffsrelation finden sich häufig noch prototypische Bilder (multiple Repräsentation).
- Zusätzlich sind an manche Begriffe auch noch Ereignisnetzwerke (Episoden) angegliedert.
- Mentale Modelle sind relativ isolierte Schemata für alltägliche Aufgaben.
- Es gibt auch lineares Wissen.
- Netzwerke werden meist in Form eines Graphen oder als Mind Map dargestellt.

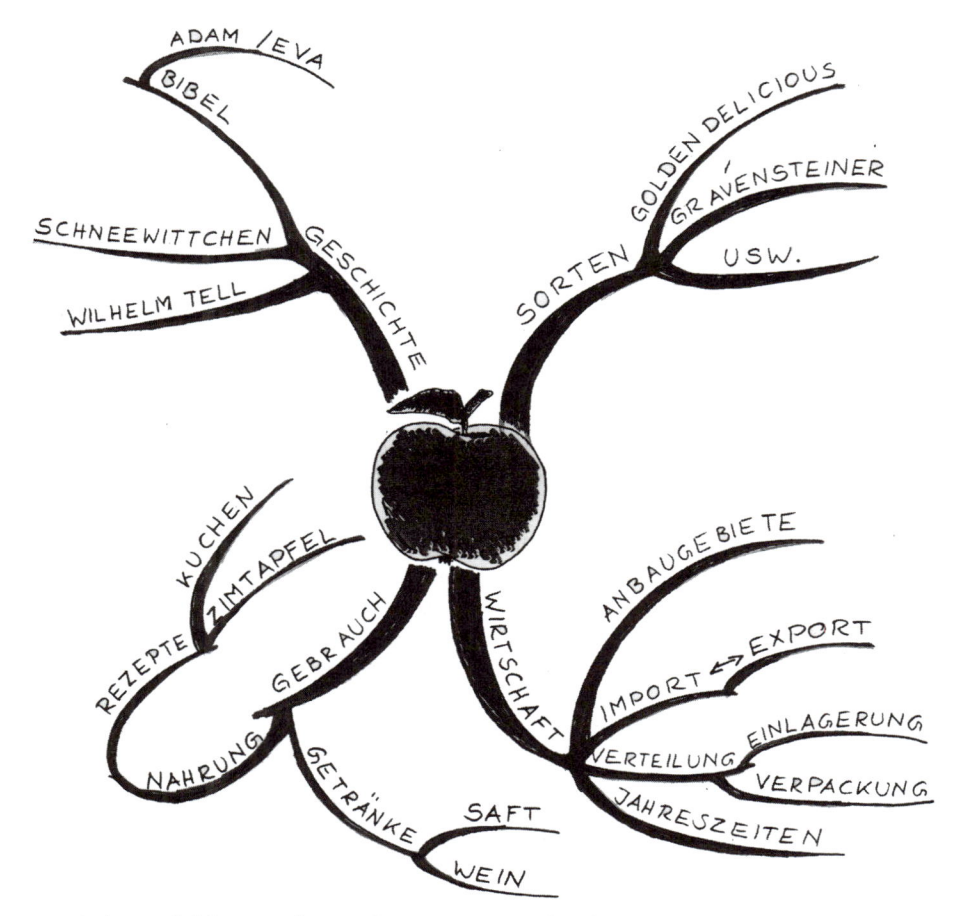

Abbildung 4.16 Mind Map (leicht verändert aus Svantesson, 2006, S. 37)

4.6 Das Gedächtnis

Unter diesem Begriff sollen einige ergänzende Gesichtspunkte zum Thema Wissenserwerb genannt werden.

Das Gedächtnis ist kein passiver Speicher. Die Begriffe Lernen und Gedächtnis bedeuten so viel wie menschliche Informationsverarbeitung.

4.6.1 Ein Modell menschlicher Informationsverarbeitung

Im Folgenden soll ein Grundmodell menschlicher Informationsverarbeitung entwickelt werden (Abb. 4.17).

In dem Modell werden drei Abschnitte unterschieden, die eng miteinander zusammenhängen, sich gegenseitig beeinflussen und nur analytisch voneinander getrennt werden können:

▶ Aneignung
▶ Speicherung
▶ Abruf

Die Phase der Aneignung, in der die Informationsaufnahme und -verarbeitung stattfinden, wird auch als *Lernen* i. e. S., die Phase der Speicherung als *Gedächtnis* i. e. S. und die abgerufene Information als *Leistung* (Performanz) bezeichnet.

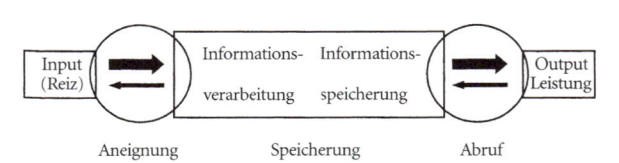

Abbildung 4.17 Grundmodell der menschlichen Informationsverarbeitung

Am Anfang dieser Sequenz steht die Wahrnehmung der Außenreize. Wahrnehmung ist kein passiver Prozess, vergleichbar einer fotografischen Aufnahme. Wenn man von einer Organisation der Wahrnehmungsprozesse spricht, dann bedeutet dies besonders psychische Verarbeitung der Eindrücke aufgrund früherer Erfahrungen. Hierbei sind Wissen, Gefühle und Motive gleichermaßen bedeutsam. Wahrnehmung ist häufig bedürfnisgesteuert und selektiv.

Auch wenn das Material nach dieser aktiven Bearbeitung (Enkodierung) im Langzeitgedächtnis gespeichert ist, unterliegt es weiteren Veränderungen. Im Gedächtnis erfolgt nicht nur eine mentale Repräsentation von Sachwissen, es ist zudem die Voraussetzung für die Verhaltensregulation. Entwickelt und gespeichert werden auch Handlungskonzepte. Solche Handlungspläne beeinflussen ihrerseits wieder die Informationsaufnahme.

Ein erfolgreicher Abruf (Dekodierung) der Gedächtnisinhalte nach einer mehr oder minder langen Zeitspanne hängt eng mit der Art der Verarbeitung bei der Aneignung (Enkodierung) zusammen. Da das Material sehr häufig nicht mehr in allen Einzelheiten erinnert werden kann, ist eine (aktive) Rekonstruktion notwendig. Lernen, Gedächtnis und Leistung nach dem Modell eines Video-Rekorders zu sehen, ist demnach völlig verfehlt.

> **!** Wie deutlich zu erkennen ist, beschreiben die Begriffe Lernen und Gedächtnis nicht zwei unterschiedliche Erscheinungen. Wenn man von Lernen spricht, meint man schwerpunktmäßig die Prozesse der Aneignung und bei Gedächtnis mehr die Vorgänge der Speicherung und des Abrufs. Menschliche Informationsverarbeitung ist demnach nur eine andere Bezeichnung für Lernen und Gedächtnis.
>
> Ältere Theorien beschreiben das Gedächtnis als einen eher passiven Speicher und die heutigen Auffassungen sehen Gedächtnis als Teil der Informationsverarbeitung.

4.6.2 Zwei Gedächtnistheorien

In diesem Abschnitt werden zwei sehr unterschiedliche Vorstellungen über das Gedächtnis behandelt.

Die Vergessenskurve von Ebbinghaus

Während des 19. und des frühen 20. Jahrhunderts mussten Schüler riesige Mengen von Texten auswendig lernen. Nicht wenige ältere Leser werden sich noch erinnern, während ihrer Schulzeit umfangreiche Gedichte von Goethe, Schiller usw. gelernt zu haben.

Am Beginn der experimentellen Gedächtnisforschung steht der Name Ebbinghaus. Seine Schrift »Das Gedächtnis« erschien 1885.

> **Experiment**
>
> **Die sogenannte Vergessenskurve**
>
> Bei Ebbinghaus bestand das sprachliche Lernmaterial aus sinnlosen Silben, wie etwa Tak, Pir, Gan. Er war der Meinung, mit diesem Material das Gedächtnis mit naturwissenschaftlichen Methoden untersuchen zu können. Die Silben sollten für den Lerner (das war hauptsächlich er selbst) völlig neuartig sein, um den Vorgang des Vergessens frei von anderen Einflüssen untersuchen zu können.
>
> Berühmt geworden ist seine Vergessenskurve (Abb. 4.18). Bereits nach einer Stunde beträgt der Lernaufwand (bis zum fehlerfreien Aufsagen der Silbenreihen) wieder etwa 55 Prozent des ursprünglichen Aufwandes (beim ersten Lernen). Nach etwa einem Monat beträgt dann der Lernaufwand beim nochmaligen Lernen etwa 80 % des ursprünglichen Aufwandes und pendelt sich auch bei größeren Zeiträumen auf diesem Niveau ein. Das Vergessen vollzieht sich zunächst sehr rasch und geht dann viel langsamer vonstatten.

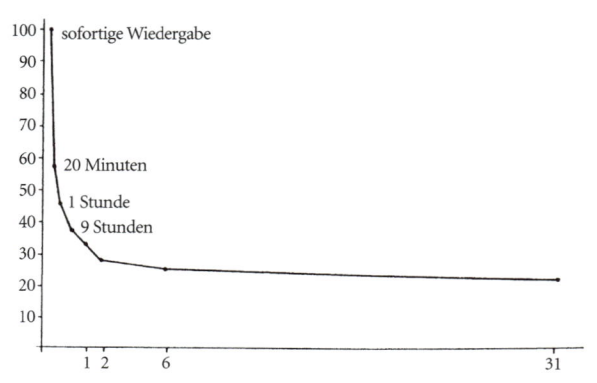

Abbildung 4.18 Vergessenskurve nach Ebbinghaus (1885). In der Waagerechten Zahl der Tage, in der Senkrechten Prozentzahl der behaltenen Silben

Welche Bedeutung haben solche Experimente mit sinnlosen Silben? Bei den vorgestellten Ergebnissen handelt es sich nicht um »die« Kurve des Vergessens. Verbales Material (Lernen von relativ einfachen Elementen durch assoziative Verknüpfung, z. B. Paarassoziationen, Wortreihen, Ziffernfolgen usw.) wird nur dann so vergessen, wenn es auch so ähnlich gelernt wurde, nämlich durch wiederholtes wortwörtliches Einprägen (Memorieren).

> **Beispiel**
> - Lernen von Paar-Assoziationen im Fremdsprachenunterricht (Hund – dog, Kopf – head)
> - Kleine Kinder sagen zum Nikolaustag ein Gedicht auf, dessen Inhalt sie nicht verstanden haben.
> - Lernen von Jahreszahlen aus der Geschichte, ohne dass man eine Vorstellung von jener Epoche hat.
> - Rechte und linke Nebenflüsse der Donau aufsagen, ohne dass man über geographische Kenntnisse über diese Region verfügt.
> - Die Grundformen logischer Strukturen von Eigenschaftsbegriffen nennen, ohne das Prinzip dieser Kombinationsregeln verstanden zu haben.

Bei diesen Beispielen handelt es sich im Gegensatz zu den Versuchen von Ebbinghaus mit sinnlosem Material um zumindest potentiell bedeutungshaltiges Material. Von mechanischem Lernen sprechen wir dennoch, weil die zwei wichtigsten Merkmale des sinnvollen Lernens fehlen, d. h., es wird nicht inhaltlich gelernt und die neue Information wird nicht mit Vorwissen assimiliert.

Diese ältere Gedächtnispsychologie ist durch folgende Auffassung gekennzeichnet: Das Lernmaterial wird durch *häufige Wiederholungen* mechanisch eingeprägt. Einzelne Elemente werden relativ rasch vergessen. Dem Vergessen ist durch neuerliche Wiederholungen entgegenzuwirken. Hierbei sind Wiederholungen bald nach dem ersten Lernen die wichtigsten. Erinnert werden nach einem bestimmten Zeitraum mehr oder minder viele Elemente des Lehrstoffes.

Diese Art des Lernens wurde unter der Bezeichnung → Nürnberger Trichter (Abschn. 4.3.5) veranschaulicht. Das Gegenmodell war die Vorstellung, dass neues Wissen im Vorwissen verankert wird. Wenn solchermaßen sinnvoll gelernt wird, dann folgt das Behalten nicht mehr der Ebbinghaus'schen Vergessenskurve.

Erinnern als aktive Rekonstruktion

Bartlett (1932) untersuchte das Behalten von sinnvollem Material unter Alltagsbedingungen. Die Versuchspersonen lasen oder hörten eine Geschichte und sollten nach einer gewissen Zeitspanne den Inhalt wiedergeben.

Der erinnerte Text war durch folgende Merkmale ausgezeichnet: Er war stets kürzer als das Original; meist verständlicher; nur die Bedeutung, nicht der Wortlaut wurde wiedergegeben; manche Einzelheiten waren verschwunden, andere neu hinzugetreten; wurde ein Detail verändert, dann wurden andere davon abhängige ebenfalls verändert; unbegreifliche Merkmale waren in verständliche umgeändert; häufig wurden einzelne Gesichtspunkte ausgewählt und daran die ganze Geschichte aufgehängt; die Wiedergabe des Textes war der persönlichen Einstellung des Probanden angepasst.

Diese damals neue Gedächtnispsychologie ist durch folgende Auffassung gekennzeichnet: Bei der Verarbeitung des Lernmaterials bemüht sich der Lerner, den Sinn der Geschichte zu erfassen. Gespeichert werden der Kern des Textes, auffällige Details und die Emotionen, die der Leser gegenüber dieser Sache hat. Die Erinnerung ist eine *Rekonstruktion* der behaltenen Teile *zu einem sinnvollen Ganzen*. Die Rekonstruktion erfolgt insbesondere auf der Grundlage der emotionalen Aspekte der Einstellung der Versuchspersonen zum Gedächtnisinhalt.

Dieser letzte Punkt spielt eine große Rolle bei der Prüfung der Glaubwürdigkeit von Zeugenaussagen. Hier kann die meist unbemerkt von Emotionen geleitete Rekonstruktion wesentlich von der eigentlichen Information abweichen.

Diese sehr interessante Auffassung von Bartlett, dass komplexe Informationsstrukturen sinngemäß behalten und im Bedarfsfall aktiv zu einem Ganzen rekonstruiert werden, ist heute noch bedeutsam.

4.6.3 Das Bildgedächtnis

Die Bedeutung von Bildern für das Erinnern kann unter zwei verschiedenen Gesichtspunkten gesehen werden.

Eidetik

Eidetische Phänomene sind Vorstellungsbilder, die den Charakter von Wahrnehmungen haben. Eidetik findet sich besonders bei Kindern und Jugendlichen. Ihre Vorstellungen sind außerordentlich deutlich. Es werden scharfe Konturen und selbst Farben gesehen (Abb. 4.19).

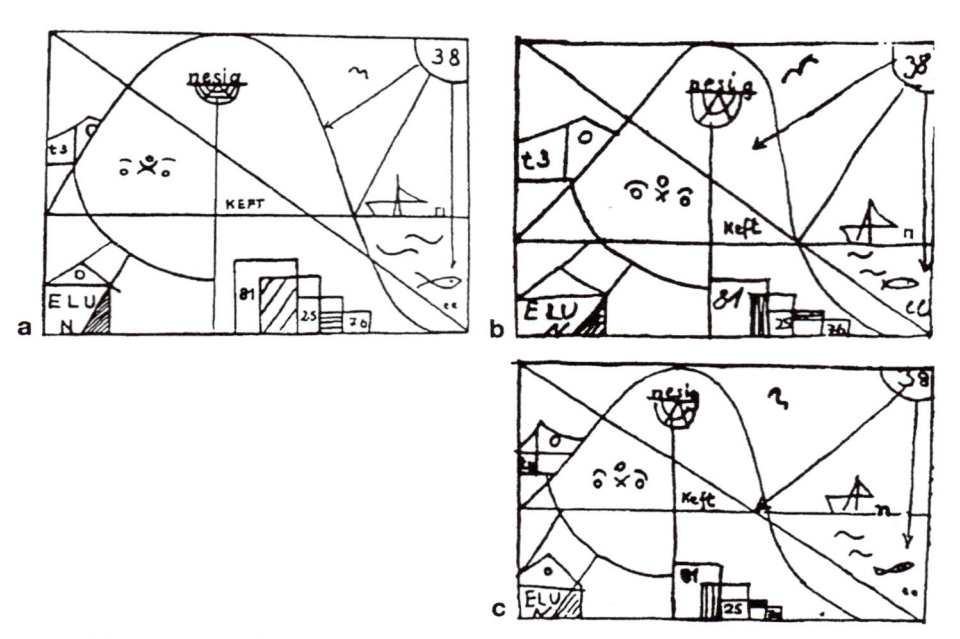

Abbildung 4.19 Testbild zur Untersuchung von Eidetikern (aus Düker, 1965, S. 244)
a = Vorlage, b = Wiedergabe durch einen Neunjährigen unmittelbar nach der Vorlage, c = Wiedergabe durch denselben Jungen nach 6 Wochen

Die Leistungsfähigkeit des visuellen Gedächtnisses

Das menschliche Bildgedächtnis ist außerordentlich leistungsfähig. »Vielleicht am eindrucksvollsten wird die Kapazität des visuellen Gedächtnisses durch ein Experiment von Standing (1973) demonstriert, bei dem sich die Versuchsperson an 73 % von 10.000 Bildern erinnern konnte« (Anderson, 1988, S. 106).

> **Beispiel**
>
> Man versuche sich an seine Grundschule zu erinnern. Wie waren das Gebäude, die Klassenzimmer, der Schulhof, die Klassenkameraden usw.?

In zahlreichen Fällen scheint unser Gedächtnis für visuelle Inhalte eine weitaus größere Kapazität aufzuweisen als für verbale.

Die Qualität der Bilder ist allerdings völlig anders als bei eidetischen Leistungen. Wir erinnern uns kaum an Einzelheiten. Stattdessen wird eher die Bedeutung des Bildes behalten. Dieses Phänomen wurde bei der analogen Repräsentation als konkret-anschaulich bezeichnet. Hier ist eine deutliche Parallele zum sprachlichen Lernen zu sehen. Dort wird auch nicht der genaue Wortlaut des Satzes gespeichert, sondern meist nur der Inhalt.

> **Beispiel**
>
> **Wie wissen wir, was ein Vulkan ist?**
> Tauchen spontan eher schematische Bilder eines Berges auf, der in der Mitte eine Röhre (oder Kamin) aufweist, in der Magma nach oben steigt? Spuckt das Gebilde Feuer und Rauch? Läuft an einer Seite des Berges Lava herab?

Bei der Leistungsfähigkeit unseres Bildgedächtnisses rein propositionale Netzwerke als einzige Form der Repräsentation anzunehmen, ist eine etwas eigentümliche Modellbildung.

4.6.4 Mehrspeichermodell des Gedächtnisses

Man kann beim menschlichen Gedächtnis drei Speicher unterscheiden (Abb. 4.20).

Sensorisches Gedächtnis (SG). Hier bleiben die Sinneseindrücke weniger als eine Sekunde lang gespeichert. Es enthält ein Abbild der vorausgegangenen Wahrnehmung (Bilder, Töne).

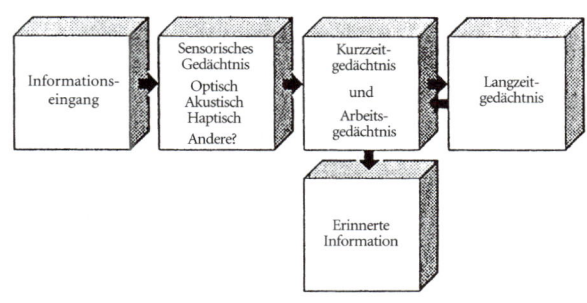

Abbildung 4.20 Informationsfluss durch das Gedächtnissystem

Kurzzeitgedächtnis (KZG). Hier überdauern die Inhalte ungefähr 15 Sekunden. Es wird auch als Arbeitsspeicher bezeichnet, der nur solches Wissen enthält, das gerade genutzt wird. Dem Vergessen im KZG kann durch absichtliche Wiederholungen entgegengewirkt werden (z. B. wiederholtes Aufsagen einer im Telefonbuch abgelesenen Nummer bis zum Wählen). Das KZG enthält bereits bearbeitetes Material. Wenn der Leser jetzt innehält und die Augen schließt, ist nicht mehr das Schriftbild präsent, sondern Wörter und der Sinn der Wörter.

> **Beispiel**
>
> Lesen Sie bitte die folgenden zwei Zeilen einmal durch und versuchen Sie, jede sofort nach dem Lesen zu wiederholen!
>
> D – IEK – ATZ – EFI – NGD – IEM – AUS
>
> **Die Kapazität des Kurzzeitgedächtnisses beträgt sieben Einheiten.**
>
> Die erste Zeile enthält nur scheinbar sieben Einheiten. Da die einzelnen Silben für den Leser nicht bedeutungshaltig sind, stellt sich die Reihe als aus der Anzahl der Buchstaben zusammengesetzt dar. Wir haben es daher in Wirklichkeit mit 19 Einheiten zu tun, die wir verständlicherweise nicht behalten können. Die Anzahl von fünf Einheiten, nämlich »DIE KATZE FING DIE MAUS« hätte dagegen keine Schwierigkeiten bereitet.
> Die zweite Zeile enthält sieben Wörter und dürfte leicht zu erinnern sein.

Das KZG kann bei einmaliger Darbietung nur etwa sieben Einheiten (Buchstaben, Zahlen, Silben, unzusammenhängende Wörter usw.) aufnehmen. Diese Beschränkung der Kapazität bezieht sich nur auf die Zahl von ungefähr sieben Einheiten, nicht aber auf die Komplexität der Einheiten.

Bei den eben genannten Beispielen sind wir auf die Frage der Enkodierung (oder Kodierung) gestoßen. Inhalte des KZG können nicht nur durch mechanische Wiederholungen, sondern auch durch aktive Bearbeitung vor dem Vergessen bewahrt werden. Craik und Lockhardt (1972) haben hierfür den Begriff der Verarbeitungstiefe vorgeschlagen (s. a. der Begriff der → Assimilation, Abschn. 4.3.5).

Diese *Organisation des Lernmaterials* ist für das Behalten wesentlich wichtiger als gedankenloses Memorieren. Manche Autoren verwenden den Begriff des Kurzzeitgedächtnisses gar nicht mehr und sehen die Verarbeitungstiefe (= Assimilation) als ausreichende Erklärung für das Behalten. Nahezu alle der in diesem Kapitel beschriebenen Erscheinungen (Kategorisierung, Assimilation, Vernetztheit usw.) dienen der vertieften Bearbeitung des Lernmaterials. Ein wichtiger Aspekt der Enkodierung ist auch die Frage, ob die Information aussagenartig, analog oder handlungsmäßig repräsentiert wird.

Langzeitgedächtnis (LZG). Das Langzeitgedächtnis weist eine sehr große Kapazität auf und die Inhalte können dauerhaft behalten werden. Die beiden wichtigsten Vergessenstheorien sind die physiologische Spurenzerfalltheorie (Auflösung nervlicher Bahnen) und die Interferenztheorie (Hemmung des Gedächtnisinhaltes durch nachfolgende oder vorausgehende ähnliche Lernprozesse). Bedeutsamer ist aber die Auffassung, dass Vergessen häufig als ein Problem des Findens des Gedächtnisinhaltes gesehen werden kann (»Es liegt mir auf der Zunge«). Hierbei ist festzuhalten, dass Wiedererkennen wesentlich leichter ist als aktive Reproduktion. Der Abruf (Dekodierung) hängt eng mit der Verarbeitung (Enkodierung) zusammen. Neben der Verarbeitungstiefe und dem Aufbau einer multiplen Repräsentation spielt auch die Ähnlichkeit zwischen Lern- und Abrufsituation eine Rolle. Beispielhaft für eine optimale Gestaltung der Lernsituation ist die Simulation der Abrufsituation, wie dies u. a. bei der Ausbildung von Piloten erfolgt. Man wundert sich, dass dieses Prinzip nicht längst in allen berufsqualifizierenden Ausbildungsgängen realisiert wird.

4.6.5 Verschiedene Gedächtnisse

Früher herrschte die Auffassung von einem globalen Gedächtnisspeicher vor. Heute spricht man eher von speziellen Gedächtnissen.

Episodisch und semantisch. Man unterscheidet das *episodische Gedächtnis* (Autobiographie, selbsterlernte Ereignisse), das besonders von Pohl (2007) beschrieben wurde und das *semantische Gedächtnis* (allgemeines Wissen, das man mit anderen Personen teilt).

Deklarativ und prozedural. Das episodische und das semantische System bilden zusammen das *deklarative Gedächtnis*. Es enthält verbalisierbare Informationen (Sachwissen). Das *prozedurale Gedächtnis* enthält motorische Programme (Radfahren) und Denkstrategien (Wie führe ich eine Banküberweisung durch?).

Speicher oder aktives System? Die heutige Auffassung von Gedächtnis könnte man auch als ein aktives kognitives System beschreiben, das Informationen aufnimmt und verarbeitet, sie modifiziert, speichert und später wieder abruft. Gedächtnis ist das, was im Zuge der Begriffsbildung, Assimilation, Repräsentation und Vernetztheit aufgenommen wurde und unter bestimmten Bedingungen später wieder reproduziert werden kann. Dabei sind hierarchische Organisationsstrukturen wesentlich wichtiger als assoziative Verknüpfungen. Gedächtnis als Ergebnis unserer Wahrnehmung, des Denkens, der Emotion, der Motivation und des Lernens ist wesentlicher Bestandteil unserer Persönlichkeit. Dies drückt auch der Titel des Buches von Schacter (2001) aus: »Wir sind Erinnerung«.

Vergessen. Eine ganz wichtige Leistung des kognitiven Systems ist das Vergessen. Man stelle sich vor, wir würden im Detail erinnern, wie wir unseren fünften, sechsten, siebten usw. Geburtstag gefeiert haben. Es gibt Menschen, die fast nichts vergessen, denen nahezu jede Minute ihres Lebens präsent ist, die sich an das Wetter über viele Jahre erinnern, die Telefonbücher auswendig lernen. Die Mehrzahl dieser Menschen hat gravierende psychische und soziale Probleme. Ein solches Super-Gedächtnis ist mehr Belastung als außergewöhnliche Begabung. Ebenfalls nicht segensreich ist der Gedächtnisabbau im Alter (z. B. Wortfindungsstörungen) oder die Demenz (geistiger Verfall).

Zusammenfassung

▶ Menschliche Informationsverarbeitung ist nur eine andere Bezeichnung für Lernen und Gedächtnis. *Lernen* meint mehr die Prozesse der Aneignung und *Gedächtnis* mehr die Vorgänge der Speicherung und des Abrufs.
▶ Während bei mechanisch gelerntem Stoff die Ebbinghaus'sche Vergessenskurve gilt, werden sinnvoll gelernte Texte häufig zu einem verständlichen Ganzen rekonstruiert.
▶ Unser Bildgedächtnis ist außerordentlich leistungsfähig. Dies spricht für den Einsatz der analogen Repräsentation.
▶ Es werden häufig drei Gedächtnisspeicher unterschieden: das semantische Gedächtnis, das Kurzzeitgedächtnis und das Langzeitgedächtnis. Der Abruf hängt eng mit der Verarbeitung zusammen.
▶ Das Gedächtnis ist ein aktives kognitives System.
▶ Ohne das Vergessen wären wir kaum lebensfähig.

4.7 Anwendungsbereiche

Die kaum zu überschätzende Bedeutung von Begriffsbildung und Wissenserwerb soll hier nun an einigen wenigen Beispielen aus den Bereichen Alltag, Psychotherapie sowie Unterricht und Erziehung demonstriert werden. Wegen der Überfülle der relevanten Fälle ist die Auswahl der Beispiele willkürlich.

4.7.1 Alltag

Häufigkeit der Kategorisierung. Begriffsbildung in Form der Eigenschaftsbegriffe ist im Alltag außerordentlich häufig. Man könnte sagen, dass Menschen, solange sie wach und aktiv sind, fast pausenlos kategorisieren.

Beispiel

▶ Die Wäsche muss vor dem Einlegen in die Waschmaschine sortiert werden. Hierbei könnten etwa folgende Kategorien unterschieden werden: Wollwäsche 30°, Hemden und Blusen 40°, Buntwäsche 60°, Kochwäsche 95°.
▶ Wer Freude an Gläsern hat, besitzt vielleicht Weingläser, Whiskygläser, Cognacschwenker und Biergläser. Bei letzteren ließen sich noch Pils-, Altbier- und Weizenbiergläser unterscheiden.

> Ein Kochbuch hat folgende Kapitel: Suppen, Fleischgerichte, Wild und Geflügel, Fischgerichte, Gemüse, Salate, Eierspeisen, Nachspeisen usw.

Eine ganz wichtige intellektuelle Leistung besteht in der Bildung von Unterkategorien. Beispielsweise werden Motivationsvorgänge oder aggressive Verhaltensweisen besser verstanden, wenn mehrere Klassen dieser Erscheinungen unterschieden werden.

Klassifikationsregeln. Um kategorisieren zu können, ist es nötig, eine *Regel* aufzustellen, die den Inhalt der Kategorie beschreibt.

Beispielsweise die Abseitsregel beim Fußball:

Ein Spieler befindet sich in Abseitsposition, wenn er im Augenblick, in dem der Ball zu ihm gespielt wird, näher der gegnerischen Torlinie ist als der Ball; ausgenommen

a) er befindet sich in seiner eigenen Spielhälfte,
b) zwei Spieler der gegnerischen Mannschaft sind ihrer Torlinie näher als er,
c) der Ball wurde zuletzt von einem Gegner berührt oder gespielt,
d) er bekommt den Ball direkt von einem Abstoß, Eckstoß, Einwurf oder von einem Schiedsrichterball.

Wichtig: Entscheidend ist der Augenblick des Abspiels!

Definitionen. In den Bedingungen für eine Hausratsversicherung ist der Gegenstand der Versicherung unter dem Punkt »Einbruchdiebstahl- und Beraubungsversicherung« folgendermaßen beschrieben: »Einbruchdiebstahl im Sinne dieser Bedingungen liegt vor, wenn ein Dieb in ein Gebäude oder den Raum eines Gebäudes einbricht, einsteigt oder mittels falscher Schlüssel oder anderer nicht zum ordnungsmäßigen Öffnen bestimmter Werkzeuge eindringt (…). Raub ist die Entwendung unter Anwendung von Gewalt gegen eine Person oder unter Drohung mit Gefahr für Leib oder Leben oder unter Verwendung von Mitteln zur Ausschaltung der Widerstandskraft (…).«

Besonders in der Wissenschaft und in solchen juristischen Texten sind Begriffe klar definiert. Aber auch im Alltag ist es zuweilen nötig, durch eine Definition, d. h. eine nähere Erläuterung mitzuteilen, in welchem Sinne man einen Begriff gebraucht.

Begriffe mit starker Ich-Beteiligung. Unter der denotativen Bedeutung eines Begriffs versteht man den durch Übereinkunft mehr oder minder festgelegten sachlichen Inhalt, während die konnotative Bedeutung die emotionalen Komponenten des Begriffs bezeichnet. Bei nicht wenigen Begriffen überwiegt der emotionale Aspekt bei weitem.

Beispiel

> Von Jungfräulichkeit spricht man, wenn eine geschlechtsreife Frau noch keinen Geschlechtsverkehr gehabt hat. In südeuropäischen oder arabischen Ländern kann dieser Begriff eine geradezu dramatische Bedeutung erlangen.
> Eine Mutter ist eine Frau, die wenigstens ein Kind geboren hat. Für Kinder kann dieser Begriff im Wesentlichen eine besondere gefühlsmäßige Beziehung ausdrücken.

Begriffe mit starker emotionaler Bedeutungskomponente sind auch: Bulle (für Polizist), Rocker, Penner, Opfer u. ä.

Herstellung zufallsfreier Beziehungen. Durch die Massenmedien werden Informationen verbreitet, die von zahlreichen Empfängern nicht »begriffen« werden, d. h. nicht zufallsfrei auf verankernde Ideen in einer klar gegliederten kognitiven Struktur bezogen werden können.

Beispiel

> Bei Nachrichtensendungen im Fernsehen werden u. U. nur isolierte Informationen aufgenommen, ohne dass das nötige Hintergrundwissen vorhanden ist. Beim Zuschauer könnte das Ergebnis ein mechanisches Lernen sein.
> Im Rahmen der Sportberichterstattung erfährt jemand, dass der lokale Fußballverein am letzten Sonntag 3 : 0 gewonnen hat. Ohne Kenntnis des Tabellenstandes, der Dauer der Meisterschaftsrunde usw. ist dies eine zufällige Information, deren Bedeutung der Leser nicht ermessen kann.

Dieser Tatbestand erscheint besonders schwerwiegend, wenn es sich um politische Meldungen handelt. Den Medien käme hier die bedeutsame Aufgabe zu, durch Organisationshilfen (Überblick über das besprochene Gebiet; Übersetzung von Fremdwörtern usw.) eine einsichtige Informationsaufnahme (sinnvoll rezeptives Lernen) zu ermöglichen.

4.7.2 Psychotherapie

Aus dem Bereich der Psychotherapie sollen im Folgenden zwei Begriffe kurz vorgestellt werden: »Innerer Dialog« (Meichenbaum) und »Innenbilder« (Lazarus). An diesen beiden Begriffen wird sichtbar, dass duale Kodierung auch in therapeutischen Verfahren eine Rolle spielt.

Innerer Dialog. Meichenbaum (1979) untersucht das »innere Sprechen« und seine späteren Auswirkungen auf Denken, Fühlen und Handeln.

Luria (1961) unterscheidet drei Stadien, wie Kinder die Ausführung bzw. Unterbrechung von willentlichem, motorischen Verhalten sprachlich kontrollieren: Im ersten Stadium steuert die Sprache der Erwachsenen das Verhalten des Kindes; im zweiten Stadium ist das laute Sprechen des Kindes der entscheidende Verhaltensregulator; im dritten Stadium übernimmt das nichtgeäußerte, d. h. innere Sprechen eine selbststeuernde Rolle.

In der »kognitiven Verhaltenstherapie« nach Meichenbaum geht es darum, die Klienten zu veranlassen, »mit sich selbst zu sprechen« (vergleichbar dem dritten Stadium von Luria). Hierzu bedarf es eines »Trainings in der Selbstanweisung«. Durch solche Übungen werden kognitive Strategien vermittelt und der Klient lernt, »wie er denken soll«. »Der Schwerpunkt der Therapie liegt auf dem gedanklichen Inhalt des Symptoms, nämlich den irrationalen Schlussfolgerungen und Prämissen« (S. 183). Allerdings genügt ein positives Denken alleine nicht. Ein selbstkontrollierender Einfluss wird nur durch Einüben von Selbstanweisung und zusätzlich durch ein Anwendungstraining erreicht.

Innenbilder. Lazarus (1980) betont, dass »Innenbilder« seelisches Wohlbefinden, Selbstwertgefühl und menschliches Handeln wesentlich beeinflussen. »Imagination in der Therapie« nutzt die »Macht der Vorstellungskraft«. Durch eine bestimmte Technik (Steigerungstechnik) wird der Klient in einem entspannten Zustand aufgefordert, sich ein spontan auftauchendes Bild in unterschiedlicher Schärfe und Intensität vorzustellen. Das Gleiche geschieht mit allen weiteren Einfällen (assoziative Vorstellungsbilder). Ziel des Verfahrens ist letzten Endes die Herstellung »erfolgsorientierter Vorstellungsbilder«. Die Entwicklung von »Selbstvertrauen und Geschicklichkeit« erfolgt durch »Probehandeln in der Vorstellung«. »Eine starke Phantasie erzeugt das tatsächliche Ereignis« (S. 53). Besonders bei der Überwindung von Ängsten zeigt sich die Wirksamkeit der »Bewältigungs-Phantasie«. Zusammenfassend lässt sich sagen, dass durch den Einsatz der Vorstellungskraft und die Erzeugung innerer Bilder ein Gefühl der persönlichen Macht und Kontrolle gewonnen wird.

Auch bei sportlichen Leistungen kann mentales Training (Syer & Conolly, 1987; Porter & Foster, 1987) die körperliche Übung ergänzen und die Leistungsfähigkeit u. U. erheblich verbessern. Die Grundannahme besteht darin, dass der detaillierten (inneren) Visualisierung der sportlichen Leistung in einem Zustand der Entspannung, verbunden mit (autosuggestiven) positiven Gedanken und Erwartungen, eine starke dynamisierende Kraft innewohnt.

4.7.3 Unterricht und Erziehung

Aufgabe der schulischen Begriffsbildung. Die Hauptaufgabe besteht darin, subjektive und häufig unklare Begriffe in intersubjektive, die logische Struktur und den Prototyp bzw. den Theoriebezug klar erfassende Begriffe zu verändern. Hierbei ist von altersspezifischen und gruppen- bzw. schichtspezifischen Voraussetzungen auszugehen und sehr darauf zu achten, dass durch solche »Sprachregelungen« nicht selbstständige und kreative Leistungen in Form von divergentem Denken und Problemlösen unterdrückt werden. Förderung der Begriffsbildung in Schulen ist sprachliche Sozialisation, die die Originalität der individuellen kognitiven Organisation im gewissen Rahmen tolerieren sollte.

Begriff und Sprache. Eine Sache ist für uns unbegreiflich, wenn wir nicht über die nötigen Begriffe verfügen. Eine fremde Landschaft, ein uns unbekanntes Kunstwerk, ein neuartiges technisches Gerät oder eine bestimmte Verhaltensweise können wir nur dann verstehen, wenn unsere Wahrnehmung von geeigneten Konzepten geleitet wird. In solchen Situationen sind wir leicht »begriffsstutzig«.

In diesem Zusammenhang kommt der Sprache eine wichtige Funktion zu. Man kann zwar auch über einen Begriff verfügen, ohne in der Lage zu sein, ihn genau sprachlich formulieren zu können. Wenn der Schüler aber Begriffe anwenden soll, dann ist es erforderlich, den Begriffsinhalt deutlich zu erfassen, den Begriffsumfang zu erkennen, die Einbettung in eine Begriffshierarchie zu analysieren, emotionale Komponenten zu sehen und ggf. die zugrunde liegende Theorie möglichst genau zu verstehen. Dies wird durch die Verwendung konventioneller Begriffsnamen wesentlich erleichtert.

Begriffe sind wegen ihrer Abstraktion relativ unanschauliche Strukturen. Durch eine sprachliche Etikettierung werden diese Denkvorgänge kodiert und leichter kommunizierbar.

Die Struktur der Eigenschaftsbegriffe. Als ein Hauptziel der Begriffsbildung im Unterricht wurde die Schaffung klarer kognitiver Strukturen herausgestellt.

Dies meint zunächst die Struktur des einzelnen Begriffs.

> **Beispiel**
>
> Die Lehrerin behandelt in der Grundschule die Begriffe »vor« und »hinter«. Sie hält einen Schlüsselbund, Bleistift usw. vor und hinter das Pult. Sie lässt Schüler vor und hinter einen Stuhl treten usw. Die Schüler müssen als Begriffsinhalt die relationale Struktur dieses Begriffs (vor ist das Gegenteil von hinter) und als Begriffsumfang eine Reihe von Beispielsfällen erkennen. Dieses Wissen weist eine Feinstruktur auf, ist eher aussagenartig und analytisch.

Klare kognitive Strukturen meint aber auch den *Differenzierungsgrad der Begriffshierarchie*. So ist es beispielsweise sinnvoll, nicht nur den Begriff »Wasser« zu kennen, sondern auch etwas zu wissen über Trinkwasser, Brauchwasser, Abwasser, Oberflächenwasser, Grundwasser usw.

Diese Art der Förderung der Begriffsbildung wird in Schulen durch Behandlung sogenannter Wortfamilien und Wortfelder angestrebt.

Erklärungsbegriffe. In Schulen spielen Erklärungsbegriffe eine große Rolle. Diese ist durch die wissenschaftliche Grundstruktur der Unterrichtsfächer begründet. Begriffe wie Magnetismus und Osmose hat man dann gelernt, wenn man die zugehörige Theorie kennt. Um ein mechanisches Lernen (Auswendiglernen) zu vermeiden, empfiehlt es sich, ggf. unterstützt durch Experimente oder Demonstrationen, immer wieder die Darstellung des wissenschaftlichen Modells mit eigenen Worten zu verlangen. Auch hier finden wir häufig eine sukzessive Ausweitung des Begriffsumfangs. »Metamorphose« wird möglicherweise zunächst nur beim Maikäfer erklärt, dann beim Kohlweißling und erst allmählich auf eine bestimmte Kategorie von Lebewesen erweitert.

Mechanisches Lernen. Großmutter lernte vielleicht noch Schillers Gedicht »Der Ring des Polykrates«:
> Er stand auf seines Daches Zinnen,
> Er schaute mit vergnügten Sinnen
> Auf das beherrschte Samos hin.
> »Dies alles ist mir untertänig«,
> Begann er zu Ägyptens König,
> »Gestehe, dass ich glücklich bin.«

Es folgen noch 15 Strophen.

Vielleicht hat Großmutter am ersten Tag vier Strophen gelernt, indem sie jede einzelne häufig las und immer wieder aufsagte. Wenn Großmutter eine kluge Schülerin war, dann wiederholte sie den Lernstoff bereits nach einer halben Stunde und dann noch einmal nach einer Stunde. Da der Lernstoff auch in der Schule immer wieder abgefragt wurde, gelang es ihr allmählich, das ganze Gedicht auswendig zu lernen. Nach Abschluss des Themas »Höhepunkte klassischer Lyrik und Balladendichtung« ist allerdings zu befürchten, dass relativ schnell zumindest Teile dieser Ballade wieder vergessen wurden.

Das Lernen solcher Gedichte muss kein rein mechanisches Lernen sein, da sich der Lerner neben dem wortwörtlichen Einprägen auch um eine Sinnerfassung bemühen kann.

Nutzloses Wissen
- Franzosen essen rund 500 Millionen Schnecken pro Jahr.
- Schnecken können bis zu drei Jahre lang ununterbrochen schlafen.
- Krokodile sind farbenblind.
- In den USA gibt es mehr Psychoanalytiker als Briefträger.
- Etwa 50 % aller Klaviere sind verstimmt.

(»Nutzlos« von Hanswilhelm Haefs, aus Frankfurter Rundschau, 5. 1. 1991).

Nutzlos kann ein solches Wissen genannt werden, wenn es als *zufällige* Information abgespeichert wird und nicht *zufallsfrei* auf Vorwissen bezogen wird.

Die drei Formen der Repräsentation. Der Aufeinanderfolge der drei Repräsentationsmodi im frühen Kindesalter tragen zahlreiche Spielmaterialien Rechnung.

Montessori-Material und Logische Blöcke (nach Dienes) regen zum handlungsmäßigen Umgang an. Die Form bildhafter Repräsentation wird in zahlreichen Bilderbüchern und Vorschul-Trainingsprogrammen betont.

Wegen der im Grundschulalter noch vorhandenen handlungsmäßigen und bildhaften Repräsentation erscheint ein Ausgehen vom Tun angemessen. Diese induktive Vorgehensweise (Hinführung vom Einzelnen zum Allgemeinen) ermöglicht es auch, den Begriffsnamen bzw. die Regel erst am Ende des Lernprozesses einzuführen, was eher sicherstellt, dass wirklich Begriffs- und Regellernen stattfindet und nicht das Lernen von Wörtern oder verbale Ketten.

Ausubel spricht vom sinnvollen verbalen Lernen. Damit ist gemeint, dass neues Wissen ohne ständigen Rückgriff auf konkrete Gegebenheiten durch sprachliche Kommunikation auf einer begrifflichen Ebene gelernt werden kann. Nach den Untersuchungen von Piaget ist jedoch anzunehmen, dass diese Fähigkeit erst etwa ab dem zwölften Lebensjahr richtig ausgeprägt ist (Stufe der formalen logischen Operationen). Dies würde bedeuten, dass das sinnvolle rezeptive Lernen besonders bei Jugendlichen und Erwachsenen vorzufinden ist.

Zusammenfassung

- Vorgänge der Begriffsbildung und des Wissenserwerbs sind im Alltag praktisch allgegenwärtig. Im Wachzustand nehmen wir ununterbrochen Informationen auf, verarbeiten und speichern sie.
- In der Psychotherapie begegnen uns im »inneren Dialog« nach Meichenbaum eine aussagenartige Repräsentation und bei den »Innenbildern« nach Lazarus eine analoge Repräsentation.
- In der schulischen Begriffsbildung und beim Wissenserwerb geht es darum, klare kognitive Strukturen aufzubauen und diese zusätzlich auch noch durch sprachliche Bezeichnungen zu etikettieren.

4.8 Die wesentlichen Gesichtspunkte des Kapitels

- Durch kognitive Prozesse werden kognitive Strukturen (Wissensstrukturen) aufgebaut. Es findet häufig kein völliges Neulernen, sondern ein Umlernen bereits vorhandener Strukturen statt.
- Hierbei handelt es sich um aktive, subjektive Strukturierungsprozesse. Kognitive Prozesse sind nicht nur »Abbild« der Umwelt, sie sind mentale (geistige) Konstruktionen.
- Beim Sachwissen sind fünf Gesichtspunkte besonders bedeutsam: (1) Begriffsbildung, (2) Assimilation, (3) Repräsentation, (4) Vernetztheit, (5) Gedächtnis.
- Die Grenzen zwischen Begriffsbildung und Wissenserwerb sind fließend. Manchmal sagt man, einfach strukturierte Begriffe seien die Bausteine des Wissens. Andererseits sind zahlreiche Begriffe (z. B. der Begriff des Lernens) komplexe Netzwerke und selbst schon Wissen.
- Man unterscheidet zwei Hauptklassen von Begriffen: die Eigenschaftsbegriffe und die Erklärungsbegriffe.
- Bei den Eigenschaftsbegriffen (Kategorien) gibt es zwei Auffassungen: die klassische Theorie und die Prototypentheorie.
  Nach der älteren (»klassischen«) Theorie werden konkrete Einzelfälle aufgrund gemeinsamer Merkmale (kritischer Attribute) zu Kategorien zusammengefasst. Die logische Struktur (Kombination der kritischen Attribute) ist der wesentliche Punkt der Begriffsbildung. Man unterscheidet affirmative, konjunktive, disjunktive und relationale Begriffe.
  Bei der Prototypentheorie ist das Wissen über die Kategorie durch einen Prototyp (idealer Vertreter) repräsentiert.
- Erklärungsbegriffe erlauben ebenfalls die Kategorisierung einer Anzahl von Einzelfällen, beinhalten aber zusätzlich eine Erklärung (Theorie) der erfassten Erscheinungen.
- Da Begriffsnamen nicht immer eindeutig einer Kategorie oder Theorie zugeordnet sind, müssen Begriffe in der wissenschaftlichen und alltäglichen Kommunikation definiert werden. Man unterscheidet drei Definitionsformen: Die Realdefinition, die Nominaldefinition und die operationale Definition.
- Begriffe verfügen über eine sachliche (denotative) und über eine emotionale (konnotative) Komponente. Der sachliche Bedeutungsinhalt eines Begriffs besteht bei den Eigenschaftsbegriffen aus der logischen Struktur der Kategorie (bzw. dem Prototyp) und bei den Erklärungsbegriffen aus dem theoretischen Erklärungsmodell.
- Begriffe werden nicht isoliert erworben. Einen Begriff bilden heißt fast immer, ihn gleichzeitig von benachbarten zu unterscheiden (multiple Diskrimination), wie auch, ihn zu ähnlichen in Beziehung zu

- setzen (Bildung von Oberbegriffen). Begriffe werden in Form von Begriffshierarchien abgespeichert.
- Es lassen sich unter dem Gesichtspunkt der Assimilation zwei Arten des Wissenserwerbs unterscheiden:
  Sinnvolles Lernen = Assimilation = Verankerung im Vorwissen = große Verarbeitungstiefe.
  Mechanisches Lernen = Lernen sprachlicher Ketten = Auswendiglernen = geringe Verarbeitungstiefe.
- Man kann drei Formen der inneren geistigen Darstellung unterscheiden: Die aussagenartige Repräsentation (abstrakte Bedeutungen), die analoge Repräsentation (konkret-anschauliches Denken) und die handlungsmäßige Repräsentation (unmittelbare Erfahrung).
- Ereignisnetzwerke bauen sich aus einzelnen Propositionen und Begriffsnetzwerke aus einzelnen Begriffen (Schemata) auf.
- Umfangreiche Wissensgebiete sind vernetzt, hierarchisch gegliedert und in der Regel in aussagenartiger und analoger Form abgespeichert. An manchen Begriffen sind zusätzlich noch Episoden angegliedert.
- Mentale Modelle sind innere Modelle von Ausschnitten der Realität. Sie ermöglichen eine effiziente Bewältigung von Aufgaben und Problemen. Außerdem gibt es auch lineares Wissen.
- Wissen kann unterschiedliche Grade von Bewusstheit aufweisen: es kann eher analytisch oder eher intuitiv sein. Die Bedeutung des intuitiven Wissens wird meist unterschätzt.
- Gedächtnis ist ein aktives, kognitives System, das Informationen aufnimmt und verarbeitet, sie modifiziert und später wieder abruft.
- Die Begriffe Lernen und Gedächtnis bedeuten so viel wie menschliche Informationsverarbeitung.

4.9 Arbeitsteil

Dieser Arbeitsteil bietet Ihnen die Möglichkeit, das erworbene Wissen über Begriffsbildung und Wissenserwerb anzuwenden. Sie sollen angeregt werden, selbstständig komplexere Probleme aus dem Alltag und dem Bereich der Schule zu *analysieren* und zu *beurteilen*.

4.9.1 Forschungsberichte

In der Untersuchung von Hofstätter (1) geht es um die konnotative Bedeutungskomponente von Begriffen. Am Beispiel des amerikanischen Begriffs »lonesomeness« und des deutschen Begriffs »Einsamkeit« wird das emotionale Umfeld der beiden Kategorien analysiert.

Die Studie von Düker und Tausch (2) ist ein Beispiel für multiple Repräsentation.

Forschungsbericht (1)

Hofstätter, P. R. (1973). Gruppendynamik. Reinbek: Rowohlt. Exkurs über die Einsamkeit, S. 73 f.

Problem:
Die konnotative Bedeutungskomponente von Begriffen. Wie die Angehörigen einer Gruppe sich verständigen, ihre Befindlichkeiten ausdrücken können, ist abhängig von Bestimmungsleistungen, an denen sie u. U. selbst nicht teilgenommen haben. Wörter und ihre Bedeutungen sind überliefert, gelernt und in der Regel relativ starr festgelegt, sodass Verständigung erst möglich wird.

An einem Beispiel soll gezeigt werden, dass ein in einer bestimmten Bedeutung gebrauchtes Wort vom Zuhörer nicht unbedingt auch in der gleichen Bedeutung verstanden wird: Ein Amerikaner, der sich als »lonesome« bezeichnet, befindet sich durchaus nicht in einem vergleichbaren Erlebniszustand wie ein Deutscher, der sich »einsam« fühlt.

Versuchsdurchführung:
Es wurde die Methode des Polaritätenprofils (semantisches Differential) nach Osgood (1957) angewandt. Dabei wurden die deutschen und amerikanischen Versuchspersonen gebeten, den Begriff (»Einsamkeit« bzw. »lonesomeness«) nach 24 Adjektivpaaren einzustufen. Die Gegenüberstellung der beiden Profile zeigt, dass die durchschnittliche Einstufung des Begriffs »lonesomeness« im Gegensatz zur deutschen »Einsamkeit« bei »klein«, »schwach«, »krank«, »verschwommen«, »leer«, »traurig«, »schlecht« usw. liegt (Abb. 4.21).

Ergebnis:
Der Begriff bezeichnet einen Zustand, der für den Amerikaner weitaus negativer ist als für den Deutschen, bei dem jede Möglichkeit des produktiven, aus einem Gefühl der Stärke heraus und zur inneren Sammlung gesuchten Einsamseins fehlt; einen Zustand also, den er wohl nicht aus freien Stücken wählen würde.

Mithilfe der statistischen Methode der Korrelationsberechnung fand Hofstätter heraus, dass die beiden Begriffe »lonesomeness« und »Einsamkeit« sich nur sehr wenig ähneln (Q = 0,40), obwohl in anderen Fällen (wie z. B. Erfolg = success, Liebe = love, männlich = masculine) nahezu Gleichheit festgestellt werden konnte. Stärkere Übereinstimmung besteht aber zwischen »lonesomeness« und anderen deutschen Begriffen, etwa »Angst« (Q = 0,86), »Langeweile« (Q = 0,79) oder »Ekel« (Q = 0,60); d. h., um den amerikanischen Begriff verstehen zu können, müssen wir wohl eher an den uns bekannten Zustand der Angst oder den der Langeweile denken als an das uns vertraute Einsamkeitserlebnis.

An sich ist »lonesomeness« nicht »klein«, »schwach« und »leer« und »Einsamkeit« nicht »groß«, »stark« und »voll«. Im Zuge der Kommunikation kommen Menschen aber zu einem Konsens und normieren einen subjektiven Sachverhalt, sodass man sich über ihn und über das eigene Zumutesein verständigen kann. Durch weiteren Gebrauch in dem einmal festgelegten Sinn stabilisiert sich der konnotative Bedeutungsgehalt des Begriffs.

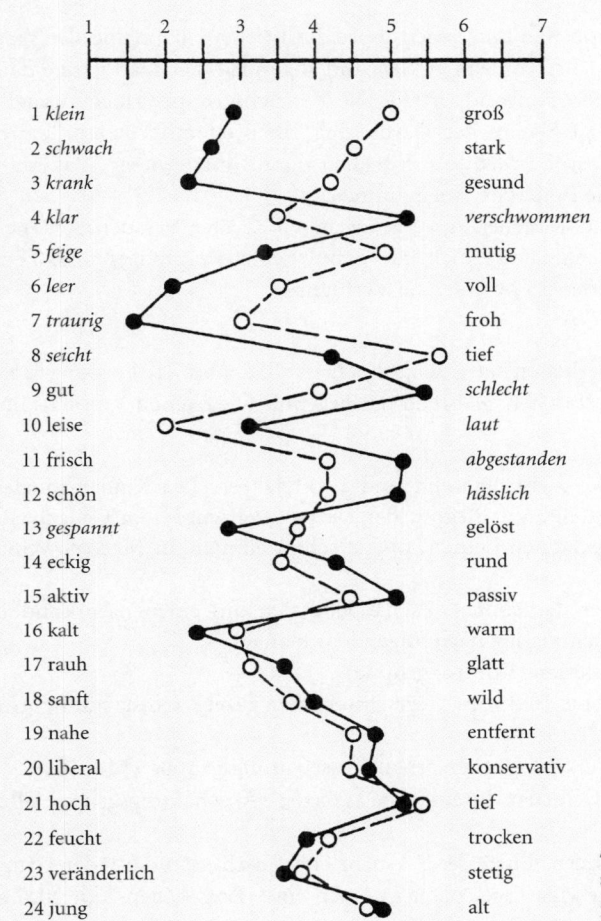

1	*klein*		groß
2	*schwach*		stark
3	*krank*		gesund
4	*klar*		verschwommen
5	*feige*		mutig
6	*leer*		voll
7	*traurig*		froh
8	*seicht*		tief
9	*gut*		schlecht
10	*leise*		laut
11	*frisch*		abgestanden
12	*schön*		hässlich
13	*gespannt*		gelöst
14	*eckig*		rund
15	*aktiv*		passiv
16	*kalt*		warm
17	*rauh*		glatt
18	*sanft*		wild
19	*nahe*		entfernt
20	*liberal*		konservativ
21	*hoch*		tief
22	*feucht*		trocken
23	*veränderlich*		stetig
24	*jung*		alt

Abbildung 4.21 Die Polaritätenprofile von »Einsamkeit« (offene Kreise) und »lonesomeness« (ausgefüllte Kreise) (aus Hofstätter, 1973, S. 74)

Forschungsbericht (2)

Düker, H. & Tausch, R. (1957). Über die Wirkung der Veranschaulichung von Unterrichtsstoffen auf das Behalten. Zeitschrift für Experimentelle und Angewandte Psychologie, 4, 384–400.

Problem:
(1) Wird das Auffassen und Behalten von Unterrichtsstoffen durch gleichzeitige Darbietung von Anschauungsmaterial günstig beeinflusst; falls dies zutrifft, in welchem Ausmaß?
(2) Wirken sich verschiedene Grundformen der Veranschaulichung, und zwar die Darbietung der bildlichen Darstellung des Gegenstandes, des naturgetreuen Modells und des realen Gegenstandes unterschiedlich auf das Auffassen und Behalten aus?

Versuchsdurchführung und Ergebnisse:
1. Versuch. Versuchspersonen waren 110 Schüler der fünften Volksschulklasse. Sie wurden in zehn Gruppen zu je elf Versuchspersonen aufgeteilt. Fünf Gruppen bildeten gemeinsam die Anschauungsgruppe und die restlichen fünf Gruppen die Kontrollgruppe.

Der dargebotene Stoff war eine Schilderung von Bau und Lebensweise der Küchenschabe und der Wasserwanze. Die Informationen wurden über Lautsprecher von einem Tonband abgespielt. Die Darbietung dauerte neun Minuten. Die Kontrollgruppe hörte nur den Tonbandvortrag. Die Versuchsgruppe erhielt zusätzliches Anschauungsmaterial. Diese Schüler bekamen zu Beginn der Darbietung ein Brett mit einer präparierten Küchenschabe und einer Wanze. Die Kinder wurden nicht ausdrücklich darauf hingewiesen, das Material anzuschauen. Am Ende des Vortrages wurden die Präparate eingesammelt.

Um unmittelbare Nachwirkungen des Wahrgenommenen zu verhindern, wurde allen Versuchspersonen im Anschluss ein Film vorgeführt (15 Minuten). Anschließend erhielt jeder Schüler einen Fragebogen mit 20 Fragen zum dargebotenen Stoff. Zur Beantwortung standen 15 Minuten zu Verfügung.

Ergebnis:
Die Gruppe, die zusätzlich Anschauungsmaterial erhalten hatte, zeigte hochsignifikant bessere Leistungen als die Kontrollgruppe. Dieser Befund dürfte kaum überraschen, während das Ergebnis des zweiten Versuchs höchst interessant ist.

2. Versuch. Versuchspersonen waren 145 Kinder zwischen zehn und zwölf Jahren. Die Kinder wurden in 15 Gruppen von neun bis zwölf Personen aufgeteilt. Vor Beginn der Darbietung wurde ein Gedächtnistest durchgeführt. Außerdem wurden die Versuchspersonen befragt, ob sie schon einmal ein Meerschweinchen gesehen, angefasst oder mit ihm gespielt hätten.

Die Informationen wurden über Lautsprecher dargeboten. Es handelte sich um einen naturkundlichen Vortrag über das Meerschweinchen. Die Untersuchung lief nach folgendem Plan ab:
(1) Vier Gruppen hörten nur die Tonbandaufnahmen (Kontrollgruppe).
(2) Vier Gruppen wurde zusätzlich ein lebensgroßes Bild vom Meerschweinchen gezeigt (Anschauungsgruppe »Bild«).
(3) Vier Gruppen konnten ein ausgestopftes Meerschweinchen sehen (Anschauungsgruppe »Modell«).
(4) Drei Gruppen sahen ein lebendes Meerschweinchen in einem Glaskasten (Anschauungsgruppe »Realer Gegenstand«).

Um Nachwirkungen des Dargebotenen zu verhindern, führte der Versuchsleiter anschließend mit den Gruppen ein Gespräch über Freizeit. Der Nachtest erfolgte vier Tage später in Form eines Fragebogens mit 20 Fragen (15 Minuten).

17 Kinder wurden bei der Auswertung nicht berücksichtigt, da sie schon mit Meerschweinchen gespielt hatten oder ihre Werte sehr stark vom Mittelwert abwichen.

Ergebnis:
Die Ergebnisse des zweiten Versuchs sind in Tabelle 4.7 dargestellt.

Tabelle 4.7 Ergebnisse des zweiten Versuchs

	Mittelwert der Punkte für richtige Angaben	Steigerung des Behaltens gegenüber der Kontrollgruppe
Kontrollgruppe (n = 32)	11,77	
Anschauungsgruppe »Bild« (n = 32)	12,89	9,5 %
Anschauungsgruppe »Modell« (n = 32)	14,12	20 %
Anschauungsgruppe »Realer Gegenstand« (n = 26)	16,56	40,7 %

Das bedeutet:
(1) Die Gruppe »Bild« zeigte keinen statistisch gesicherten Leistungsanstieg gegenüber der Kontrollgruppe.
(2) Die Gruppe »Modell« wies einen signifikanten Unterschied gegenüber der Kontrollgruppe auf.
(3) Bei der Gruppe »Realer Gegenstand« war der Unterschied zur Kontrollgruppe hochsignifikant.
(4) Innerhalb der Anschauungsgruppen bestand hinsichtlich der Behaltensleistungen ein signifikanter Unterschied zwischen der Gruppe »Realer Gegenstand« und den Gruppen »Modell« und »Bild«.

4.9.2 Übungen

(1) Sie betreten ein Kaufhaus und wollen eine elektrische Bohrmaschine kaufen. Sie sind unschlüssig, ob Sie zu der Abteilung »Heimwerker« oder »Elektroartikel« gehen sollen. Untersuchen Sie weitere Kategorisierungen im Alltag! Welches sind die kritischen Attribute?

(2) In den »Gelben Seiten« sind Produktions- und Dienstleistungsfirmen katalogisiert. Sie haben in der Wohnung einen Rohrbruch. Wo würden Sie suchen?

(3) »Mantel« war früher ein klarer Begriff. Heute gibt es alle Übergänge von knöchellang über Kurzmantel bis zu jackenähnlichen Gebilden. Gibt es für Sie einen prototypischen Mantel?

(4) Piktogramme können als nicht-sprachliche Begriffe aufgefasst werden (Abb. 4.22). Wo kommen sie vor?

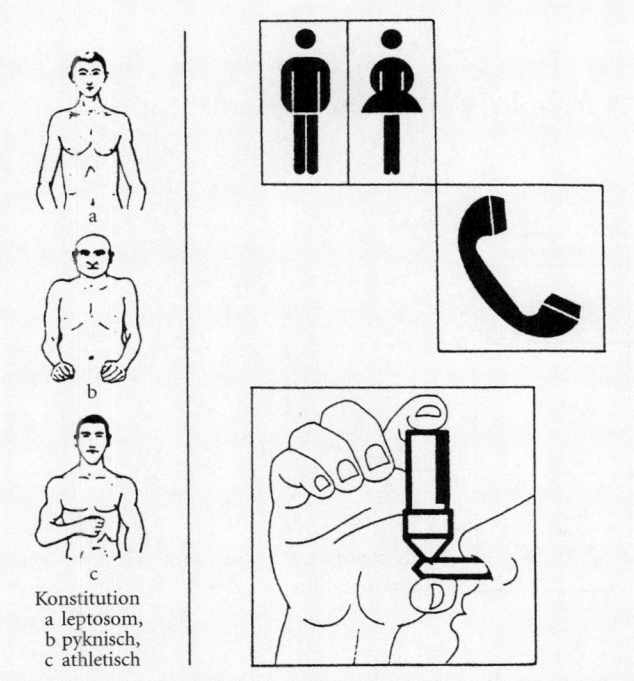

Konstitution
a leptosom,
b pyknisch,
c athletisch

Abbildung 4.22 Schematische bildhafte Darstellungen (Piktogramme)

(5) Analysieren Sie Erklärungsbegriffe wie Otto-Motor, grippaler Infekt usw.

(6) Die Begriffe »Kommunist« und »Sozialist« haben in der Bundesrepublik einen im Vergleich zu Frankreich deutlich anderen Begriffsinhalt. In Deutschland hat sich nach der Wiedervereinigung zudem die Bedeutung gewandelt.

Skizzieren Sie bei identischen Begriffsnamen die unterschiedlichen emotionalen (konnotativen) und ggf. auch sachlichen (denotativen) Inhalte!

(7) Versuchen Sie, drei der in diesem Kapitel vorgestellten Grundbegriffe unter Verwendung verschiedener Definitionsformen klar zu bestimmen!

(8) Und hier noch eine Reihe ähnlicher Begriffe:
  ▶ Aktendeckel, Schnellhefter, Ordner
  ▶ Metermaß, Zollstock
  ▶ Revolver, Pistole
  Überlegen Sie sich die Vorteile einer eindeutigen sprachlichen Kodierung von Begriffen!

(9) Was verstehen Sie unter »Mittelalter«? Schlagen Sie einmal in einem Lexikon oder Geschichtsbuch nach!

(10) Versuchen Sie für ein relativ einfaches Lernziel (z. B. Dreisatzrechnung) eine Lernstruktur i. S. Gagnés aufzustellen.

(11) Suchen Sie Beispiele für die drei Grundformen zufallsfreier Beziehungen nach Ausubel!

(12) Was müssen wir auswendig lernen? Unter anderem:
  ▶ Tel. Nr. privat mit Vorwahl
  ▶ Tel. Nr. dienstlich mit Vorwahl
  ▶ Postleitzahl
  ▶ Faxnummer
  ▶ Pin der EC-Karte
  ▶ E-Mail-Adresse usw.

(13) In der Abbildung 4.23 sind die drei Formen der Repräsentation dargestellt. Suchen Sie weitere Beispiele!

	Darstellung	
handlungsmäßig	analog	aussagenartig
Streichholz anzünden	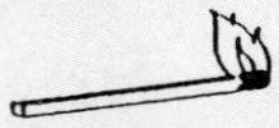	Feuer
Fotografieren, Experimentieren, mit Mattscheibenkamera	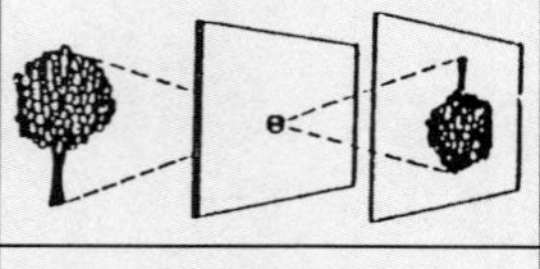	Fotografie Kamera
Licht einschalten Stromkreis bauen	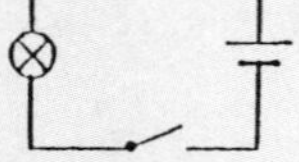	elektrischer Strom, Stromkreis

Abbildung 4.23 Die drei Formen geistiger Repräsentation

(14) Skizzieren Sie einmal ein Netzwerk (z. B. Nudelgerichte/Pasta). Wie zeigt sich die Ober- und Unterbegriffsgliederung? Wird eine Speicherökonomie sichtbar? Treten prototypische Bilder auf? Sind einzelne Begriffe in stärkerem Maße differenziert? Sind an manchen Stellen Episoden angegliedert?

(15) Es war die Rede von einem adressatenspezifischen, optimal nützlichen Differenzierungsniveau. Wie geeignet ist unter diesem Gesichtspunkt dieses Buch für Sie?

4.9.3 Diskussion

(1) Jetzt werden Ihnen Aufgaben aus einem Intelligenztest für das erste und das zweite Schuljahr vorgestellt (Abb. 4.24).
Bei diesem Teiltest »Nichtpassendes« sollen die Kinder etwas Gemeinsames (den Oberbegriff, der allerdings nicht sprachlich formuliert werden muss) an fünf Bildern erkennen und das sechste, das nicht zu den übrigen passt, durchkreuzen (BZ 1–2, 1967, Beiheft S. 3).
Welche Anforderungen stellen solche Aufgaben im Einzelnen? Wie kann diese Art von Begriffsbildung gefördert werden?

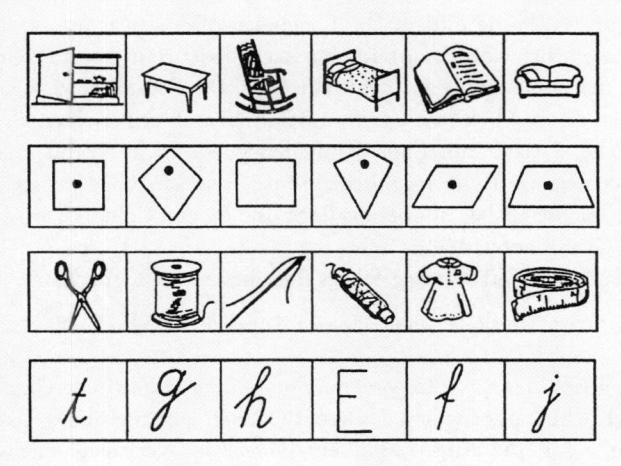

Abbildung 4.24 Testaufgabe zur Begriffsbildung (aus dem Intelligenztest BT 1–2)

(2) Überprüfen Sie Richtlinien, Lehrpläne, Handreichungen für den Unterricht u. ä. auf ihre Aussagen über Begriffsbildung und Wissenserwerb!

(3) Die Kontroverse zwischen Ausubel und Bruner ist auch heute noch aktuell. Welche Bedeutung messen Sie der unmittelbaren Erfahrung beim Wissenserwerb zu? Erscheint Ihnen das Training von Problemlöseverfahren wichtig? Wie beurteilen Sie intuitive Lernvorgänge?

(4) Was halten Sie von der These, dass durch mechanisches Lernen kein Wissen erworben wird (Gagné, Ausubel)?

(5) In vielen Sprachen nennt man die großen Meeressäugetiere »Walfisch«. Ist dies nicht auch eine vernünftige Kategorisierung? Die Klassifikationsregel würde in diesem Fall lauten: Tiere, die dauernd im Wasser leben, nennen wir Fische.

(6) Haben Sie – wie in der Einleitung empfohlen – ein »Netzwerk lernpsychologischer Grundbegriffe« angelegt? Zeigt sich die behauptete wesentlich verbesserte Lern- und Behaltensleistung?

(7) Was halten Sie von der These, dass zahlreiche Eltern und Lehrer wenig sensibel sind für die intellektuellen Leistungen von Kindern?

(8) So wie man gegenüber einem verbalen Lernen ohne konkrete Erfahrungen eine zusätzliche bildhaft-konkrete oder handlungsmäßige Repräsentation propagieren kann, so kann man gegenüber einer äußeren Bilderflut im Fernsehen oder Comics ebenfalls eine komplementäre Verarbeitung in sprachlich-begrifflicher Form und eine »Lesekultur« fordern.

(9) Was aktive, kognitive Steuerungsprozesse bedeuten, erkennt man an dem folgenden Beispiel. Bei der Verarbeitung (Enkodierung) des Phänomens »Regenbogen« sind folgende Informationsverarbeitungsprozesse möglich: Emotional getöntes subjektives Erleben oder physikalische Erklärungen.

(10) Es folgt die Beschreibung einer Kirche aus einem Kunst-Reiseführer:
»Auch die Kreuzkirche der Altstadt ist nur ein sehr bescheidener gotischer Bau. An den Westturm, dessen viertes Geschoss aus dem Quadrat zum Achteck überleitet und dessen Turmhelm 1652–55 von Johann Duve gestiftet wurde, ist ein einschiffiges Langhaus angegliedert. Die Maßwerkfenster wurden nach dem Zweiten Weltkrieg erneuert. Der eingezogene, einjochige Chor hat einen Fünfachtel-Schluss. Dieser Bau entstand im frühen 14. Jh. und wurde 1333 geweiht. Das dreijochige Nordseitenschiff ist erst um 1560 angeführt worden, als die Kirche auch ihre Wölbung erhielt. Die Langhauswölbung war im 14. Jahrhundert wohl vorgesehen, aber nicht ausgeführt worden. Architektonisch bedeutsam ist im Winkel zwischen Langhaus und Chor der Anbau der Duvekapelle aus dem Jahr 1635. Die Fassade setzt sich aus Quadern zusammen, die ihr schon auf den ersten Blick einen ganz anderen Charakter verleihen als das Bruchsteinmauerwerk der gotischen Kirche. Pilaster mit Engelskapitellen gliedern die Wand in drei Felder, ein Mittelportal und zwei seitliche, ganz flache muschelbekrönte Nischen, über denen sich Rundfenster befinden. Der oberhalb angebrachte Giebel ist überaus flach und an den Kanten wie an der Fläche mit Knorpelwerk dekoriert (…)« (Großmann, 1988, S. 27).
Können Sie sich, sofern Sie nicht Kunsthistoriker sind, ein ungefähres Bild dieser Kirche machen?

(11) Über die norwegischen Fjorde und Fjells, Berge und Gletscher schreibt Čapek in seinem Buch »Nordlandreise«:
»Ich weiß, mit Worten läßt sich da nichts ausrichten (…). Gewiss, man nennt es phantastische Umrisse, wilde Gipfel, gewaltige Massive und ähnlich, – aber das ist nicht das Recht (…) Ich sage euch, alles das läßt sich mit den Augen sehen und greifen, denn die Augen sind ein göttliches Werkzeug, alle sind empfindlicher als die Fingerspitzen und schärfer als jede Messerspitze; was läßt sich nicht alles mit den Augen erfassen, doch Worte, ach, Worte taugen zu nichts« (zit. nach Kamphausen, 1983, S. 17).

(12) Die Bildersprache des mittelalterlichen Menschen und die Symbolik jener Zeit sind für uns heute oft nicht mehr verständlich. An der Kathedrale von Vaison-la-Romaine steht an der Außenseite des nördlichen Seitenschiffes in wunderbarer Schrift in lateinischer Sprache der folgende (übersetzte) Text:
»Inständig bitte ich euch, Brüder, überwindet die Gegenden des Nordwindes, indem ihr den Kreuzgang überschreitet; denn so werdet ihr zum Süden (Südwind) kommen. Die dreifach Feurige möge das vierfältige Nest entzünden, dass sie den zwölf steinernen Gefäßen beigegeben sei. Friede diesem Haus.«
Messerer schreibt hierzu in seinem Buch »Romanische Plastik in Frankreich«: »Obwohl die Deutungen der Inschrift in Einzelheiten abweichen, läßt sich soviel sagen: die regulierten Domherren werden beschworen, aus dem, der ganzen mittelalterlichen Symbolik als Sitz des Bösen geläufigen, kalten Norden (aus dem in dieser Gegend der Mistral weht) in den heilsamen Süden vorzudringen, dorthin wo sich in Vaison die Kirche befindet, und zwar durch den Kreuzgang, Mittelpunkt des gemeinsamen Lebens, d. h. durch Erfüllung der Regeln und Aufgaben der Gemeinschaft. Eine feurige, dreifache, göttliche Kraft, die offenbar wie die Sonne im Süden ihren Ort hat und bei der vielleicht auf die drei Apsiden der Kirche, wohl sicher aber auch auf die Dreifaltigkeit angespielt ist, soll das vierfältige Nest erfüllen, d. h. den Kreuzgang vielleicht als Bild der durch die Vierzahl (gegenüber der göttlichen Dreiheit) symbolisierten Erde, und ist zugehörig den ›Gefäßen‹ der 12 (4 × 3, die Zahl der Apostel wiederholenden) Kleriker, welche kaminbewehrte Zimmer um den Kreuzgang bewohnten« (zit. nach Tetzlaff, 1975, S. 147 f.).

4.9.4 Weiterführende Literatur

▶ Als Gesamtdarstellungen der Kognitionspsychologie sind zu nennen:
Banyard, P., Cassells, A., Green, P., Hartland, J., Hayes, N. & Reddy, P. (Hrsg. Gerstenmaier, J.) (1995). Einführung in die Kognitionspsychologie. München: Reinhardt.
Anderson, J. R. (2007). Kognitive Psychologie (6. Aufl.). Heidelberg: Spektrum Akademischer Verlag.

▶ Sehr gute Stichwortartikel zur Kognitionspsychologie findet man in:
Städtler, T. (2003). Lexikon der Psychologie. Stuttgart: Kröner.

▶ Fragen der Prototypentheorie werden behandelt in:
Eckes, T. (1991). Psychologie der Begriffe. Göttingen: Hogrefe.

▶ Zum Thema Gedächtnis wird empfohlen:
Schacter, D. L. (2001). Wir sind Erinnerung. Reinbek: Rowohlt.
Pohl, R. (2007). Das autobiografische Gedächtnis. Stuttgart: Kohlhammer.

| Test | Die Grundbegriffe der Begriffsbildung und des Wissenserwerbs kennen | (S. 1/3) |

Mit diesem Test können Sie überprüfen, ob Sie das Lernziel »**Die Grundbegriffe der Begriffsbildung und des Wissenserwerbs kennen**« erreicht haben.

Die Zeit zur Bearbeitung des Tests ist nicht begrenzt. Im Informationsteil oder anderen Lehrbüchern dürfen Sie jetzt nicht mehr nachschlagen.

Zu jeder Aufgabe sind vier Antworten (Lösungen) vorgegeben. Nur eine dieser vorgeschlagenen Antworten ist richtig bzw. die beste Lösung und ist deshalb anzukreuzen.

Am Ende des Buches finden Sie einen Lösungsschlüssel, mit dessen Hilfe Sie Ihr Ergebnis kontrollieren können. Wenn Sie elf oder mehr Aufgaben richtig lösen, haben Sie das Ziel erreicht.

Und nun: **Viel Erfolg!**

(1) Kategorien sind Klassen ähnlicher Erscheinungen. Bei der **Kategorisierung** wird
   a) die aussagenartige Repräsentation hervorgehoben. ☐
   b) von wesentlichen Merkmalen abstrahiert. ☐
   c) unterschiedlichen Dingen Äquivalenz verliehen. ☐
   d) die Besonderheit des Einzelfalls betont. ☐

(2) Attribute sind Merkmale oder Eigenschaften von Objekten und Vorgängen. **Kritische Attribute** sind solche Merkmale, die
   a) die Zugehörigkeit zu einer Kategorie ausmachen. ☐
   b) die Kategorisierung erschweren. ☐
   c) bei der Kategorisierung nicht berücksichtigt werden. ☐
   d) eine Kategorisierung mehrdeutig machen. ☐

(3) Der Inhalt eines Begriffs und sein Umfang stehen in einer bestimmten Beziehung zueinander. Je größer die **Anzahl der kritischen Attribute**, desto
   a) eher handelt es sich um notwendige Merkmale. ☐
   b) eher handelt es sich um wahrscheinliche Merkmale. ☐
   c) kleiner ist der Umfang. ☐
   d) größer ist der Umfang. ☐

(4) Bei den Eigenschaftsbegriffen ist die logische Struktur der Kern der Begriffsbildung. Diese **Struktur** hat man erfasst, wenn man
   a) die Grundregeln der Logik kennt und anwenden kann. ☐
   b) kritische von irrelevanten Attributen unterscheiden kann. ☐
   c) die Akzeptierungsgrenzen der Attribute eindeutig definiert. ☐
   d) die Art der Kombination der kritischen Attribute erkannt hat. ☐

(5) Neben der klassischen Theorie der Bildung von Eigenschaftsbegriffen gibt es noch die **Prototypentheorie**. Diese besagt, dass
   a) bei der Kategorisierung wesentlich ist, dass die logische Struktur von Alltagsbegriffen erfasst wird. ☐
   b) bei der Kategorisierung sowohl die logische Struktur als auch der charakteristische Repräsentant erfasst wird. ☐
   c) der Prozess der Kategorisierung kontextabhängig ist. ☐
   d) Kategorisieren Feststellen der Ähnlichkeit des neuen Objekts mit dem Kategorie-Prototyp bedeutet. ☐

> **Test** Die Grundbegriffe der Begriffsbildung und des Wissenserwerbs kennen (S. 2/3)

(6) Man unterscheidet zwei Hauptkategorien von Begriffen: die Eigenschafts- und die Erklärungsbegriffe. Das wesentliche Merkmal der **Erklärungsbegriffe** ist
 a) der Vorgang der Kategorisierung. ☐
 b) der Bezug zur Theorie. ☐
 c) das Fehlen subjektiver Gesichtspunkte. ☐
 d) ihre Begründung durch empirische Forschung. ☐

(7) Die meisten Begriffe verfügen über eine denotative und eine konnotative Bedeutungskomponente. Die **konnotative Bedeutung** eines Begriffs meint die
 a) logische Struktur bzw. den Bezug zu einem theoretischen Modell. ☐
 b) Stellung innerhalb der kognitiv-emotionalen Struktur. ☐
 c) Klassifikation nach sachlichen Gesichtspunkten. ☐
 d) gefühlsmäßige Beziehung einer Person zu dieser Sache. ☐

(8) Es gibt unterschiedliche Auffassungen über die Bedeutung der Sprache im Zusammenhang mit dem Erwerb von Begriffen. Aus psychologischer Sicht ist das kritische Attribut der **Begriffsbildung**
 a) das Erlernen des Begriffsnamens. ☐
 b) die Bildung von Kategorien aufgrund von kritischen Attributen. ☐
 c) die Erfassung der logischen Struktur bzw. des theoretischen Erklärungsmodells. ☐
 d) das sprachlich-symbolische Niveau der Repräsentation. ☐

(9) Ein zentraler Begriff der Unterrichtspsychologie ist **Assimilation**. Das meint, dass
 a) der neue Lehrstoff im Vorwissen verankert wird. ☐
 b) keine zufallsfreien Beziehungen hergestellt werden. ☐
 c) das Wissen in fertiger Form präsentiert wird. ☐
 d) das Wissen in sprachlicher Form vermittelt wird. ☐

(10) Vom sinnvollen Lernen lässt sich ein mechanisches Lernen abheben. **Sinnvolles Lernen** ist insbesondere ausgezeichnet durch
 a) Assimilation. ☐
 b) geringe Verarbeitungstiefe. ☐
 c) Unterordnung. ☐
 d) Überordnung. ☐

(11) Man unterscheidet drei Formen der inneren geistigen Repräsentation. Die **aussagenartige Repräsentation** ist gekennzeichnet durch
 a) konkret-anschauliches Denken. ☐
 b) unmittelbare Erfahrung. ☐
 c) lineares Denken. ☐
 d) abstrakte Bedeutungen. ☐

(12) Im Zusammenhang mit der inneren Repräsentation von Wissen spricht man von der **multiplen Repräsentation**. Darunter versteht man
 a) eine aussagenartige Repräsentation, die sowohl Propositionen als auch Netzwerke berücksichtigt. ☐
 b) dass die äußerlich repräsentierte Struktur der Information der inneren Repräsentation entspricht. ☐

Test Die Grundbegriffe der Begriffsbildung und des Wissenserwerbs kennen (S. 3/3)

    c) dass die Information gleichzeitig in mindestens zwei Repräsentationssystemen kodiert wird. ☐
    d) eine Speicherung des Wissens in Form von kognitiven Feinstrukturen und gleichzeitig das Behalten des Grundgedankens. ☐

(13) Man unterscheidet Ereignisnetzwerke und Begriffsnetzwerke. Die **Ereignisnetzwerke** bauen sich auf aus
    a) Schemata. ☐
    b) Propositionen. ☐
    c) Episoden. ☐
    d) Prototypen. ☐

(14) Bruner betont beim entdeckenden Lernen das **intuitive Denken**. Dieses ist eher
    a) induktiv, analytisch und sprachlich. ☐
    b) bildhaft, konkret und einfallsartig. ☐
    c) synthetisch, abstrakt und reproduktiv. ☐
    d) fluktuierend, diskursiv und beharrend. ☐

5 Handeln und Problemlösen

Der Volksgesundheitsverein hat eine sehr schöne Sauna. Alles ist modern und ansprechend: Finnische Sauna, Dampfbad, Duschen, Schwimmbecken, Aufenthaltsräume, Massageraum, Liegeraum.

Nur der Heißluftraum gibt Anlass zur Klage. Gleich neben der Eingangstür hängt ein Thermometer. Eine Reihe von Badegästen beschwert sich, die Temperatur sei zu niedrig. Den Bademeister nerven die Beschwerden. Er löst das Problem auf kreative Weise, indem er das Thermometer näher am Ofen aufhängt. Ab diesem Zeitpunkt werden keine Klagen mehr laut.

Ist das eine Problemlösung? Die Antwort ist leicht, wenn man sich zuvor die Frage stellt, worin eigentlich das Problem bestand. Soll der Baderaum wärmer werden oder sollen die Klagen der Badegäste aufhören? Aus der Sicht des Bademeisters ist das Problem eindeutig gelöst. Es ist nicht selten, dass ein Problem durch Umdefinition (scheinbar) beseitigt wird.

Was Sie in diesem Kapitel erwartet. Hinter psychologischen Theorien stehen bestimmte Menschenbilder. Während verhaltenstheoretische Auffassungen eine weitgehende Außensteuerung durch Reize annehmen, gehen Handlungstheorien schwerpunktmäßig von einer Innensteuerung durch die Person aus. Der Mensch wird als Subjekt gesehen, das Handlungen zur Erreichung von Zielen willentlich einsetzt. Dabei bestehen Handlungsalternativen. Das macht den subjektiven Sinn der Handlung für den Handelnden aus. Der Handelnde ist verantwortlich für sein Tun. Ein weiterer Gesichtspunkt ist in der Entwicklung eines flexiblen Handlungskonzeptes zu sehen, das eine Antizipation der späteren Handlung darstellt.

Problemlösen ist ein Sonderfall des planvollen Handelns, der dadurch gekennzeichnet ist, dass wegen eines Hindernisses das Ziel nicht auf direktem Wege erreichbar ist. Problemlöseverfahren (Heurismen) sind Möglichkeiten, diese Barriere zu umgehen. Der weitaus größte Teil unseres Handelns wird über die Wissensstruktur gesteuert. Erst wenn unser Wissen nicht ausreicht, gelangen Problemlöseverfahren zur Anwendung.

Es werden folgende Formen des problemlösenden Denkens besprochen: Problemlösen durch Versuch und Irrtum, durch Umstrukturieren, durch Anwendung von Strategien, durch Kreativität und durch Systemdenken.

Das Kapitel gliedert sich in folgende Abschnitte:
5.1 Das Modelllernen
5.2 Der Handlungsbegriff
5.3 Ziele, Handlungskonzept, Handlungsregulation
5.4 Das Lernen von Handeln
5.5 Problemlösen
5.6 Anwendungsbereiche
5.7 Die wesentlichen Gesichtspunkte des Kapitels
5.8 Arbeitsteil

5.1 Das Modelllernen

Es gibt verschiedene Theorien des Modelllernens, deren wichtigste heute die sozial-kognitive Theorie von Albert Bandura ist. In ihrem Mittelpunkt stehen kognitive Prozesse der Informationsverarbeitung und -speicherung. Diese Theorie des Modelllernens kann als Vorläufer der eigentlichen Handlungstheorien angesehen werden.

5.1.1 Der Begriff des Modelllernens

Andere Bezeichnungen für diese Lernart sind: Lernen am Modell, Beobachtungslernen, Imitationslernen, stellvertretendes Lernen. Zur Verwirrung trägt bei, dass diese Begriffe von einem Teil der Autoren synonym verwendet, von anderen wieder gegeneinander abge-

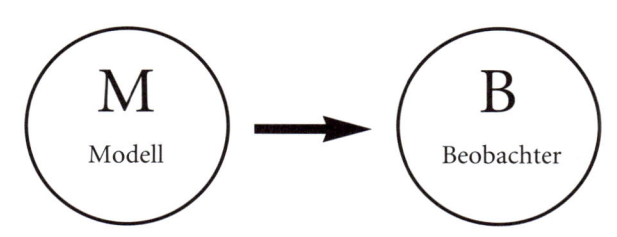

Abbildung 5.1 Schema des Modelllernens

grenzt werden. Einig ist man sich eigentlich nur in der Feststellung, dass die Wahrnehmung eines Modells einen Beobachter »beeinflussen« kann (Abb. 5.1).

Hierbei scheint es von untergeordneter Bedeutung zu sein, ob das Modell als Person anwesend ist (Life-Modell) oder ob es über ein Medium vermittelt wird (z. B. Darstellung in einem Film oder sprachliche Beschreibung in einem Buchtext).

Experiment

Bandura und Kollegen (1963) teilten 96 Kindergartenkinder im Alter von drei bis fünf Jahren in vier Gruppen ein, die zehn Minuten lang folgende unterschiedliche Erfahrungen machten:
- Gruppe A = Beobachtung eines aktiv-aggressiven Erwachsenen.
- Gruppe B = Beobachtung des gleichen aktiv-aggressiven Erwachsenen in einem Film.
- Gruppe C = Beobachtung einer als Katze kostümierten Figur aus einem Zeichentrickfilm mit katzenartigen Bewegungen und gleichen aggressiven Akten.
- Gruppe D = Kontrollgruppe ohne Wahrnehmung eines aggressiven Modells.

Das aggressive Verhalten des Modells in Gruppe A bis C bestand aus für Kinder neuartigen Formen von Feindseligkeit gegenüber einer großen Spielpuppe, z. B. sich auf die Puppe setzen und sie mit einem Stock verprügeln, sie in die Luft werfen und mit dem Fuß durchs Zimmer stoßen, begleitet von entsprechend aggressiven Ausdrücken wie »Hau' sie nieder!«. Anschließend an die nur zehnminütige Darbietung wurden die Kinder aller Gruppen in einen Raum gebracht und zur eventuellen Erleichterung des Ausbruchs von Aggressionen einer leichten Frustration dadurch ausgesetzt, dass ihnen attraktive Spielzeuge weggenommen wurden. Unter dem verbleibenden Spielzeug befand sich die große Spielpuppe, gegen die sich die Aggressionen der Modelle gerichtet hatten. Die Kinder wurden in ihrem Verhalten 20 Minuten lang beobachtet.

Ergebnisse. Die Kinder der experimentellen Gruppen A bis C zeigten fast doppelt so viel aggressive Akte wie die Kinder der Kontrollgruppe, und zwar häufig genau die gleichen wie die des Modells. Zwischen den drei experimentellen Bedingungen A bis C bestanden keine größeren Unterschiede; es zeigte sich jedoch die Tendenz zur höchsten Effektivität des menschlichen Filmmodells hinsichtlich aggressiven Verhaltens. Danach scheint entgegen üblicher Erwartung die Beobachtung von Life-Modellen nicht die effektivste Lernbedingung zu sein (Tausch & Tausch, 1973, S. 52).

Modelllernen »stellt eine besonders schnelle und effiziente Art der Übernahme von Verhaltensweisen dar, besonders bei der Übernahme komplexer Verhaltensformen im Bereich des sozialen und sprachlichen Verhaltens« (Tausch & Tausch, 1973, S. 49).

Nach Bandura und Walters (1963) können folgende Lerneffekte unterschieden werden:
- Der **modellierende Effekt**, d. h., der Beobachter erlernt Verhaltensweisen, die in seinem bisherigen Verhaltensrepertoire noch nicht vorhanden waren.
- Der **enthemmende oder hemmende Effekt**, d. h. beim Beobachter bereits vorhandene Verhaltensweisen treten zukünftig leichter auf (z. B. wenn das Modell belohnt wird) bzw. werden unterdrückt (z. B. wenn das Modell bestraft wird).
- Der **auslösende Effekt**, d. h., unmittelbar nach dem Auftreten eines Modells wird ein Verhalten, das der Beobachter bereits vorher gelernt hat, gezeigt.

Abbildung 5.2 Sein erstes Wort: Der modellierende Effekt

Die Lernvorgänge, die unter der Bezeichnung »Modelllernen« zusammengefasst werden, sind sehr unterschiedlicher Natur. Es gibt verschiedene theoretische Ansätze, mit deren Hilfe Modelllernen erklärt wird. Anschließend sollen zwei gegensätzliche Standpunkte behandelt werden: Verhaltenstheoretische Auffassungen und die sozial-kognitive Theorie von Bandura.

5.1.2 Verhaltenstheoretische Auffassungen

Modelllernen als instrumentelles Lernen

Menschen bringen im Laufe ihres Lebens eine Fülle von Nachahmungsreaktionen hervor. Manche dieser Reaktionen werden verstärkt und treten darum häufiger auf. Wir haben es bei dieser Auffassung von Modelllernen genau mit jenen Erscheinungen zu tun, die als instrumentelles Lernen beschrieben wurden. Das Modell bewirkt nur die Anregung des Verhaltens. Ob eine solche Verhaltensweise gelernt wird, darüber entscheiden die Konsequenzen, die der Beobachter erfährt. Modelle, deren Imitation durch den Beobachter positive Konsequenzen zur Folge hatten, werden so zu Hinweisreizen, in deren Gegenwart die Imitationshäufigkeit steigt.

Eigentlich erscheint es wenig sinnvoll, bei einer solchen Erklärung überhaupt von Modelllernen zu sprechen.

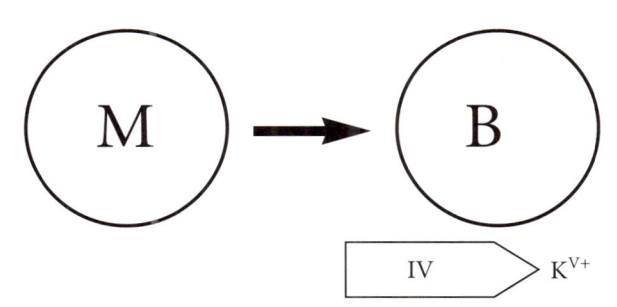

Abbildung 5.3 Modelllernen als instrumentelles Lernen

Modelllernen als stellvertretende Verstärkung

Eine andere Erklärung für Modelllernen liegt vor, wenn nicht der Beobachter, sondern nur das Modell verstärkt wird. Im Gegensatz zur direkten Verstärkung können wir hier von stellvertretender Verstärkung sprechen.

Hierbei ist es prinzipiell möglich, dass auf der Seite des Modells außer der positiven Verstärkung auch andere Formen des instrumentellen Lernens auftreten (negative Verstärkung, Bestrafung, Löschung). Bei der stellvertretenden Bestrafung liegen die Verhältnisse allerdings wesentlich komplizierter, da sich zwei Tendenzen im Widerstreit befinden. Der Beobachter nimmt auf der einen Seite ein möglicherweise attraktives Modellverhalten wahr, dem jedoch andererseits negative Kon-

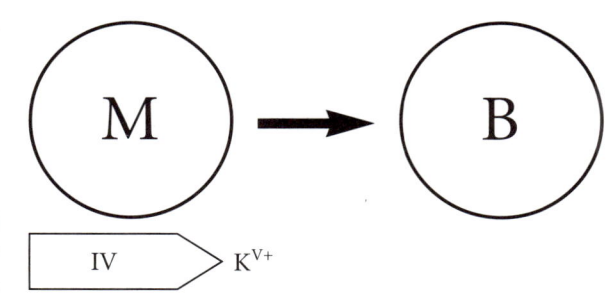

Abbildung 5.4 Modelllernen als stellvertretende Verstärkung

sequenzen folgen. Die Auswirkungen auf den Beobachter sind aus diesem Grund weniger deutlich voraussagbar.

Allgemein kann man im Sinne dieser Theorie formulieren: »(…) Modell-Lernen liegt vor, wenn ein Individuum als Folge der Beobachtung des Verhaltens anderer Individuen sowie der darauffolgenden Konsequenzen sich neue Verhaltensweisen aneignet oder schon bestehende Verhaltensmuster weitgehend verändert« (Vogl, 1974, S. 85).

5.1.3 Die sozial-kognitive Theorie von Bandura

Die Bezeichnung »sozial-kognitive Theorie« enthält zwei Aspekte: Eine solche Theorie versucht, *soziales Lernen* zu beschreiben und zu erklären und sie betont *kognitive Komponenten*. Der zweite Gesichtspunkt soll nun etwas näher betrachtet werden.

Nachdem Bandura in seinen frühen Arbeiten das Modelllernen behavioristisch als stellvertretende Verstärkung erklärt, tritt ab 1969 ein Wandel in seiner Auffassung ein. Er gilt heute als wichtigster Vertreter einer kognitiv orientierten Theorie des Modelllernens.

Bandura (1976) schreibt: »Die meisten zeitgenössischen Lernauffassungen weisen den kognitiven Funktionen für den Erwerb und die Regulierung des menschlichen Verhaltens eine wichtigere Rolle zu, als es frühere Erklärungssysteme taten. Die Theorie des sozialen Lernens (…) geht davon aus, dass Modellierungseinflüssen hauptsächlich informative Funktion zukommt« (S. 23).

»In der Theorie des sozialen Lernens (…) nimmt man an, dass Verhalten vor allem durch zentrale Integrationsmechanismen, die der motorischen Ausführung vorgeschaltet sind, gelernt und organisiert wird« (S. 45).

»In der Theorie des sozialen Lernens wird die Verstärkung eher als förderliche und nicht so sehr als notwendige Bedingung angesehen« (S. 51).

In diesen Zitaten wird Banduras Ansatz sichtbar: Menschen lernen aufgrund von Informationen, und das eigentliche Lernen besteht aus zentralen Integrationsprozessen. Diese heutige Auffassung von Modelllernen ist wesentlich dadurch gekennzeichnet, dass zwischen der Anregung des Verhaltens durch ein Modell und der Ausführung des Verhaltens durch den Beobachter kognitive Prozesse angenommen werden.

> **Definition**
>
> Bandura (1976) gliedert den Vorgang des **Modelllernens** in zwei Abschnitte, die jeweils noch einmal untergliedert sind:
> - Die **Aneignungsphase** (Akquisition)
>   (1) Aufmerksamkeitsprozesse
>   (2) Gedächtnisprozesse
> - Die **Ausführungsphase** (Performanz)
>   (1) motorische Reproduktionsprozesse
>   (2) Verstärkungs- und Motivationsprozesse

Aufmerksamkeitsprozesse

»Eine der wichtigsten Funktionen des Beobachtungslernens übernehmen die Aufmerksamkeitsprozesse. Wenn man Menschen die modellierten Reaktionen lediglich vorführt, garantiert dies allein noch nicht, daß sie ihnen ihre ungeteilte Aufmerksamkeit zuwenden (…) und die Hinweisreize genau wahrnehmen, denen sie sich zuwenden sollen (…). Differenzierende Beobachtung ist deshalb eine der notwendigen Bedingungen des Beobachtungslernens« (Bandura, 1976, S. 24).

Die Aufmerksamkeitszuwendung wird gefördert durch bestimmte Charakteristika der Modellperson (erfolgreiche Modelle, Prestige und Kompetenz des Modells), durch Charakteristika des Beobachters (emotionale Erregung und Engagement, Unklarheit und Zweifel über angemessene Verhaltensformen) sowie ein positives Beziehungsverhältnis des Beobachters zur Modellperson.

Gedächtnisprozesse

Einmal beobachtetes Modellverhalten kann u. U. erst nach längerer Zeit vom Beobachter offen gezeigt werden. In der Zwischenzeit muss es gespeichert werden.

Noch vor der Speicherung werden die aufgenommenen Modellreize kognitiv verarbeitet. »Nach der Theorie des sozialen Lernens üben die Beobachter eine höchst aktive Funktion aus, indem sie die Modellierungsreize in leicht erinnerliche Schemata umformen, klassifizieren und organisieren« (Bandura, 1976, S. 28). Bandura unterscheidet zwei Repräsentationssysteme, ein bildhaftes und ein sprachliches. Man könnte auch sagen: Beobachtete Ereignisse werden bildlich oder verbal kodiert.

> **Beispiel**
>
> Kleine Kinder beobachten aggressive Verhaltensweisen bei einem anderen Kind. Dieses Ereignis könnte folgendermaßen kodiert und anschließend gespeichert werden: Detaillierte bildhafte Vorstellung des Schlagens, An-den-Haaren-Ziehen usw.; sprachliche Beschreibung der einzelnen Verhaltensweisen; begriffliche Kennzeichnung (»Der ist böse«).

Vermutlich fördert auch beim Modelllernen eine multiple Repräsentation den Lernprozess. So ahmten beispielsweise Kinder das Verhalten eines Modells in stärkerem Maße nach, wenn sie aufgefordert wurden, das beobachtete Verhalten zu verbalisieren.

Motorische Reproduktionsprozesse

Die offene Ausführung des Verhaltens wird gesteuert von der inneren Repräsentation des Modellverhaltens. Das Modell beeinflusst demnach das Verhalten nicht unmittelbar, sondern auf dem Umweg über die spezifische kognitive Organisation des Beobachters.

Verstärkungs- und Motivationsprozesse

»Ein Individuum mag zwar die Fähigkeit erwerben und behalten, ein modelliertes Verhalten auszuführen, wird das Erlernte aber nur schwerlich offen ausführen, wenn Sanktionen drohen oder die Umstände keinen Ansporn bieten« (Bandura, 1976, S. 29).

Dies umschreibt exakt das, was wir Konsequenzen des instrumentellen Verhaltens genannt und als Verstärkung, Bestrafung und Löschung beschrieben haben.

Die möglichen Konsequenzen des offen ausgeführten Verhaltens auf der Seite des Beobachters beeinflussen bereits die Beobachtung, da die Aufmerksamkeit sich selektiv nur auf bestimmtes Modellverhalten richtet. Die Antizipation von Verstärkung (oder Bestrafung) hat motivierende (bzw. demotivierende) Funktion, sowohl für den Erwerb wie für die Ausführung des modellierten Verhaltens. Für Bandura ist die Verstärkung (oder Bestrafung) hauptsächlich aus dem Grund bedeutsam, weil sie die Aufmerksamkeitsprozesse und die zentralen Integrationsvorgänge fördert. So wird die Verstärkung eher als eine *förderliche* und nicht so sehr als eine *notwendige* Bedingung des Modelllernens angesehen.

Nach Bandura können beim Modelllernen stellvertretende Verstärkung, äußere Verstärkung und Selbstverstärkung auftreten.

»Sowohl bei der Theorie der operanten Konditionierung wie bei der Theorie des sozialen Lernens nimmt man an, dass die Ausführung eines erworbenen Nachbildungsverhaltens einer strengen Kontrolle durch seine Folgen unterliege. Nach der Theorie des sozialen Lernens wird das Verhalten jedoch nicht nur durch unmittelbar erfahrene Folgen reguliert, die externen Ursprungs sind, sondern auch durch stellvertretende Verstärkung und Selbstverstärkung« (Bandura, 1976, S. 52).

Nachahmungsverhalten kann ohne externe Verstärkung lediglich durch Selbstverstärkung über längere Zeit aufrechterhalten werden.

Es kann auch zu Konflikten zwischen den drei Verstärkungs- bzw. Bestrafungsinstanzen kommen. Besonders Fremdbewertung eines Verhaltens und Selbstbewertung können differieren.

> **Beispiel**
>
> Ein Modell erlebt positive Konsequenzen und der Beobachter antizipiert für die Imitation Fremdverstärkung. Das Verhalten wird aber wegen negativer Selbstbewertung nicht gezeigt.

Zusammenfassend lässt sich festhalten: Nach Bandura findet das eigentliche Lernen in der Aneignungsphase statt. Das in der Ausführungsphase später – möglicherweise – offen gezeigte Verhalten wird gesteuert durch die kognitive Repräsentation des Modellverhaltens in bildhafter oder sprachlicher Form. Ob das Verhalten gezeigt wird, hängt ab von der stellvertretenden Verstärkung des Modells, der antizipierten äußeren Verstärkung des Beobachters sowie seiner Selbstverstärkung.

5.1.4 Die Theorie des Modelllernens als Vorläufer von Handlungstheorien

In der sozial-kognitiven Theorie von Bandura lassen sich drei Schwerpunkte unterscheiden:
(1) Informationsaufnahme: Sie wird gelenkt durch Aufmerksamkeitsprozesse.
(2) Informationsverarbeitung und -speicherung: Organisation der Modellreize in bildhafter oder sprachlicher Form, d. h. Interaktion der Wahrnehmung des Modells mit Inhalten der kognitiven Struktur des Beobachters.
(3) Ausführung: Steuerung durch die spezifische Form der kognitiven Repräsentation und Beeinflussung durch Bewertungs- und Beurteilungsprozesse.

Bei diesen drei sich gegenseitig beeinflussenden Prozessen wird ein wesentlicher Gesichtspunkt deutlich: In der Aneignungsphase erfolgt durch die Kodierung und Speicherung des Modellverhaltens eine mehr oder minder ausgeprägte *Antizipation* (gedankliche Vorwegnahme) des späteren Verhaltens.

Dies ist nun auch das herausragende Merkmal des planvollen Handelns, dass nämlich ein Vorentwurf (Plan, Handlungskonzept) die spätere Tätigkeit steuert. Was dem Modelllernen im Vergleich zum planvollen Handeln fehlt, ist die Flexibilität des Handlungskonzepts, ein gewisser Handlungsspielraum. Durch Lernen am Modell erworbene Verhaltensweisen können sozusagen gezeigt werden oder auch nicht gezeigt werden. Dies ist der Grund, warum wir im Zusammenhang mit Modelllernen von Verhalten sprechen und nicht von Handlung.

> **Zusammenfassung**
>
> ▶ Beim Modelllernen kann das Modell als Person anwesend sein oder über ein Medium (Film, Buch) vermittelt sein.
> ▶ Frühe, verhaltenstheoretische Auffassungen beschreiben Modelllernen als stellvertretende Verstärkung.
> ▶ Bei der sozial-kognitiven Theorie von Bandura lassen sich unterscheiden:
>   ▶ Aneignungsphase:
>   Aufmerksamkeitsprozesse
>   Gedächtnisprozesse
>   ▶ Ausführungsphase:
>   motorische Reproduktionsprozesse
>   Verstärkungs- und Motivationsprozesse
>   ▶

▶ Die Theorie des Modelllernens kann als Vorläufer von Handlungstheorien aufgefasst werden

5.2 Der Handlungsbegriff

Der Handlungsbegriff ist eigenartig unbestimmt. Auch die Abgrenzung von Handeln und Verhalten bereitet Probleme. Man kann einen »idealen Handelnden« beschreiben, der zahlreiche Merkmale einer Handlung aufweist. Es lassen sich unterschiedliche Schwerpunkte von Handlungen unterscheiden.

5.2.1 Mittlere Komplexität

Die Schwierigkeiten mit dem Thema beginnen damit, dass unklar ist, was eigentlich analysiert werden soll. Was ist eine Handlung? Das gesamte Abendessen? Das Hochheben des Weinglases? Oder das Öffnen des Mundes?

In der russischen kulturhistorischen Schule (bes. Leontjew, 1977) meint der Begriff der *Tätigkeit* umfassende Handlungsvollzüge. Sie realisieren sich in einzelnen *Handlungen* und diese wiederum in ganz konkreten *Operationen*. Handlungen sind – so gesehen – Einheiten einer Tätigkeit und immer im Kontext der Tätigkeit zu bewerten. Tätigkeiten werden durch ein Motiv stimuliert, und Handlungen sind auf ein bewusstes und konkretes Ziel gerichtet.

> **Beispiel**
>
> Die gleiche Handlung kann unterschiedlichen Tätigkeiten zugerechnet werden. Das Lesen eines Buches (mit den Operationen des Buchstabenerkennens, Umschlagens von Seiten usw.) kann je nach Motivationslage im Rahmen der Tätigkeit des Studiums oder der Tätigkeit der Unterhaltung in der Freizeit stattfinden.

Diese Begrifflichkeit hat sich allerdings nicht allgemein durchgesetzt.

Kaminski (1981) gliedert den »Verhaltensstrom« in Einzelhandlungen und entwickelt ein »Handlungsgrundmodell«. Andere Autoren sprechen davon, dass komplexere Handlungen aus Teilhandlungen zusammengesetzt seien.

Wenn ausnahmsweise einmal anschauliche Beispiele gegeben werden, dann sind das häufig Aktivitäten mit einem »mittleren« Komplexitätsgrad. So wäre etwa das Zubereiten und Einnehmen eines Abendessens als Handlungssequenz mit folgenden Einzelhandlungen zu beschreiben: Einkaufen, Kochen, Tisch decken, Essen, Geschirr spülen. Dieser Gesichtspunkt eines etwa mittleren Differenzierungs- oder Komplexitätsgrades ist uns schon bei der Begriffsbildung und beim Wissenserwerb begegnet.

5.2.2 Der »ideale Handelnde«

Hier zunächst einige Definitionen von Handlung:

▶ Der Mensch als autonomes Subjekt ist »fähig zur Regulierung der eigenen Beziehungen zur Umwelt und zur Selbstregulation« (Thomaszewski, 1978, S. 20).
▶ »Handlungstheorien gehen davon aus, daß der Mensch als ein aktiv auf seine Umwelt einwirkendes zukunftsbezogenes Wesen, das sich selbst Ziele setzt und Hypothesen (Erwartungen) über seine Umwelt aufstellt, begriffen werden kann« (Werbik, 1978, S. 11).
▶ »Handlungstheorien betrachten Verhaltensweisen nur insofern, als sie als ›Handlungen‹, d. h. als von der Person wählbare, willkürliche und als Mittel für ein Ziel interpretierbare Verhaltensweisen angesehen werden können« (Werbik, 1978, S. 8).
▶ Auch Aebli (1980, S. 37) betont die Intentionalität als Kern der Handlung: »Handlung intendiert ein Ziel«.
▶ »Das Bewusstsein eines selbstbestimmten Handelns: Sich zwischen Zielalternativen frei nach eigener Einsicht (…) zu entscheiden« (Heckhausen et al., 1987, S. VI).
▶ »Von ›Handlungen‹ wird dann gesprochen, wenn die Person ›mit vollem Bewußtsein‹ und ›absichtlich‹ etwas tut« (Werbik, 1978, S. 18).
▶ »Handeln soll (…) ein menschliches Verhalten (einerlei ob äußeres oder inneres Tun, Unterlassen oder Dulden) heißen, wenn und insofern der oder die Handelnden mit ihm einen subjektiven Sinn verbinden« (Weber, 1976, S. 8).
▶ Verantwortlichkeit als notwendige Bedingung für Handlungen wird besonders in der Analytischen Philosophie hervorgehoben: »(…) daß es für das, was jemand tut, keinerlei mildernde Umstände gibt, die uns daran hindern könnten, ihn für seine Tat verantwortlich zu machen« (Rayfield, 1977, S. 79).

▶ Handeln meint ein »(…) geplantes und strukturiertes Gefüge von zielgerichteten Operationen« (Miller et al., 1973, S. 8).

Nach diesen Aussagen lässt sich ein »*idealer Handelnder*« beschreiben. Der Begriff »ideal« ist hier nicht normativ gemeint (ein Handelnder soll so sein), sondern fasst eine größere Anzahl kritischer Attribute von Handlung zusammen.

Der Mensch wird als selbstbestimmtes (autonomes) Subjekt gesehen, das sich selbst Ziele setzt. Handlungen sind ein Mittel zur Erreichung dieser Ziele. Sie werden willentlich und absichtlich eingesetzt. Sie sind grundsätzlich wählbar, d. h., es bestehen Handlungsalternativen, über die Entscheidungen getroffen werden müssen. Dies macht den subjektiven Sinn der Handlung für den Handelnden aus. Die einzelnen Phasen einer Handlung werden mit einem relativ hohen Ausmaß an Bewusstheit durchlaufen. Ein Handelnder ist verantwortlich für das, was er tut. Das Handlungskonzept ist eine Antizipation der späteren Aktivität. Die Durchführung der eigentlichen Handlung wird durch diesen Plan gesteuert. Die Handlungsfolgen werden rückgemeldet, d. h., der Handelnde erwirbt Wissen über die Welt und über erfolgreiche und nicht erfolgreiche Handlungspläne.

Aus dieser konjunktiven Struktur des »idealen« Begriffs der Handlung ergibt sich, dass sich je nach Akzentuierung der einzelnen Merkmale verschiedene Handlungsbegriffe unterscheiden lassen.

> Als wesentlichste Merkmale von Handlung können angesehen werden:
> ▶ die Innensteuerung durch ein Subjekt
> ▶ die Entscheidung zwischen Handlungsalternativen
> ▶ der subjektive Sinn
> ▶ die Intentionalität (Zielgerichtetheit)
> ▶ die Bewusstheit
> ▶ das flexible Handlungskonzept
> ▶ die (auch rechtliche) Verantwortlichkeit
> ▶ der Wissenserwerb

5.2.3 Das neue Menschenbild

Große Beachtung fand das im Jahre 1977 erschienene Buch von Groeben und Scheele: »Argumente für eine Psychologie des reflexiven Subjekts«. Die Autoren plädieren für die Ablösung des behavioralen Paradigmas zugunsten eines neuen Subjektmodells.

Exkurs

Paradigmenwechsel

Unter einem Paradigma versteht man ein zu einem bestimmten Zeitpunkt anerkanntes Denkmodell, das bei der Lösung bisher nicht lösbarer wissenschaftlicher Probleme erfolgreich war und nun als Beispiel oder Modell zur Lösung neuer Probleme verwendet wird. Paradigmen betonen den instrumentellen Charakter von Ideen und Konzepten für die wissenschaftliche Arbeit in einem Fachgebiet. Sie begründen eine bestimmte Sichtweise der zu erforschenden Phänomene. Befunde, die mit den Grundannahmen eines Paradigmas nicht zu vereinbaren sind, nennt man »Anomalien«. Der Wissenschaftsbetrieb ist sozusagen blind für Tatsachen außerhalb der Reichweite des Paradigmas. Solche Anomalien, d. h. von den Theorien nicht erklärbare Sachverhalte, führen unter Umständen dazu, dass ein altes Paradigma durch ein neues ersetzt wird. Dabei ist es ohne weiteres möglich, dass bisher gesicherte Wissensbestände verloren gehen. Paradigmenwechsel können als wissenschaftliche Revolutionen (Kuhn, 1973) aufgefasst werden.

Das *behaviorale Modell* sieht den Menschen unter der Kontrolle der Umwelt. »Wer die Umgebung ändert, ändert das Verhalten, wer das Verhalten ändern will, muß die Umwelt ändern« (Westmeyer, 1973, S. 139).

Das Modell des *reflexiven Subjekts* sieht dagegen den Menschen als Gegenstand der Psychologie analog dem Bild, das der Wissenschaftler von sich selbst hat, »als Hypothesen generierendes und prüfendes Subjekt« (Groeben & Scheele, 1977, S. 22). Der Mensch »mit seinem die Umwelt erklärenden (subjektiven) Theorien bzw. durch Erklärungstheorien geleiteten Handeln« wird unter einer kognitiven Frageperspektive betrachtet. Dabei ist Reflexion, d. h. die »Selbstbeobachtung des Handelnden auf dem Wege zum Ziel« (Aebli, 1980, S. 27), ein wesentliches Merkmal dieser Auffassung.

Schwerpunkte der Forschungsprogramme, die von einem Paradigma des reflexiven Subjekts ausgehen, sind auf der einen Seite die *kognitive Repräsentation* (Einsicht in Welt und Selbst) und auf der anderen Seite die *Aktivität* des menschlichen Subjekts gegenüber der Umwelt.

Miller und Kollegen beklagen noch 1960 ein »theoretisches Vakuum zwischen Kognition und Aktion«.

Handlungstheorien befassen sich zentral mit diesem Zusammenhang zwischen kognitiver Struktur und Handlung: Die *interne Handlungssteuerung*, im Gegensatz zur Außensteuerung beim Verhalten, wird zum Kernpunkt der Theoriebildung.

Ein solches – damals – neues Paradigma führt auch zu neuen methodologischen Konzepten. Die Beobachtungen und Interpretationen des Wissenschaftlers sind mit denen des Handelnden in einem Dialog auf Konsens zu überprüfen (sog. dialog-konsenstheoretisches Wahrheitskriterium).

5.2.4 Handeln und Verhalten

Autoren, die dem Paradigma des reflexiven Subjekts oder der neuen Willenspsychologie anhängen, neigen dazu, fast alle menschlichen Tätigkeiten als Handlungen zu bezeichnen. Lediglich reflektorische Reaktionen (z. B. Gähnen) fallen dann außerhalb dieser Definition. Aber auch solche Autoren sind genötigt, Unterkategorien zu bilden, beispielsweise klar bewusste, mit Handlungsalternativen ausgestattete und eigenverantwortliche Handlungen von »Routinehandlungen« abzuheben.

In diesem Buch wird versucht, die Begriffe Handlung und Verhalten zu trennen, wobei die Schwierigkeit darin besteht, die jeweiligen kritischen Attribute exakt anzugeben. An dieser Stelle haben wir es wieder mit der Vagheit der Begriffe zu tun.

Verhalten wurde in Kapitel 4 als gewohnheitsmäßiges Tun beschrieben. Es ist motiviert und zielgerichtet, aber eng an bestimmte Situationen gebunden und wirkt dagegen relativ starr. Es läuft häufig mit einem Minimum an bewusster Kontrolle ab.

Zuweilen wird ein solches routinemäßiges Verhalten unterbrochen (z. B. Binden einer Krawatte klappt nicht; Verhalten dem Chef gegenüber wird reflektiert). Jetzt lässt sich neben der bewussten Steuerung eine Reihe von Merkmalen des »idealen Handelnden« beobachten.

Von Verhalten soll gesprochen werden, wenn die Tätigkeit im Wesentlichen von den tatsächlich auftretenden oder antizipierten *Konsequenzen* gesteuert wird (Außensteuerung), und von Handeln soll die Rede sein, wenn eine Entscheidung zwischen *Handlungsalternativen* oder die Entwicklung eines *antizipatorischen flexiblen Handlungskonzeptes* im Vordergrund stehen (Innensteuerung).

Bei dieser idealtypischen Unterscheidung erscheint es sinnvoll, das Verhältnis von Verhalten und Handeln nicht als Dichotomie (Gegensatz), sondern als Kontinuum aufzufassen (Abb. 5.5).

|---|---|
| Verhalten: weitgehend Außensteuerung | Handeln: weitgehend Innensteuerung |

Abbildung 5.5 Kontinuum von Verhalten und Handeln

Je deutlicher die Merkmale »bewusster und absichtlicher Einsatz der Handlung zur Zielerreichung«, »Abwägen von Handlungsalternativen«, »Erkennen eines subjektiven Sinnes«, »Erleben der Verantwortlichkeit«, »Entwicklung eines flexiblen Handlungskonzeptes« feststellbar sind, desto eher liegt eine Handlung vor.

> **Beispiel**
>
> Bei einer Erpressung ist der Erpresser u. U. in der Lage, das Verhalten des Betroffenen weitgehend zu kontrollieren. Beispielsweise sind die Art des Zahlungsmittels, Zeitpunkt und Übergabe des Lösegeldes usw. genau festgelegt. Selbstverständlich bedenkt der Erpresste Handlungsalternativen und entwickelt ein antizipatorisches Konzept der erforderlichen Tätigkeiten. Ein solches Handlungsschema ist aber die kognitive Repräsentation einer Zwangssituation und weist kaum Merkmale des autonomen Handelns auf.

Der Begriff des planvollen Handelns in diesem Buch meint ein Handeln, das möglichst zahlreiche der besprochenen Merkmale des »idealen Handelnden« aufweist. Wenn man dem inflationären Gebrauch des Begriffes »Handlung« nicht folgt, dann ist verantwortliches, rationales, flexibles und effizientes Handeln im menschlichen Leben eher eine Seltenheit. Je vielfältiger der Begriffsinhalt, desto geringer der Begriffsumfang. Je mehr kritische Attribute man beim Handlungsbegriff annimmt, desto geringer wird die Anzahl menschlicher Aktivitäten, die als Handlung bezeichnet werden können.

Dies wird auch in der Werbepsychologie so gesehen: »Der Anteil von solchen extensiven (= überlegten, rationalen) Entscheidungen ist auf etwa 15–20 % aller Kaufentscheidungen zu schätzen, der Anteil von teilweise überlegten Kaufentscheidungen auf 30 % und der Anteil rein gefühlsmäßiger und gewohnheitsmäßiger

Entscheidungen auf mindestens 50 %« (Kroeber-Riel & Meyer-Hentschel, 1982, S. 14). Auch wenn diese Zahlen grobe Vermutungen darstellen, erscheint die Sichtweise realistisch.

Zusammenfassung

- Wenn man von Handlung spricht, meint man meist Aktivitäten mit einem »mittleren« Komplexitätsgrad.
- Der ideale Handelnde ist durch folgende Merkmale ausgezeichnet:
    - autonomes Subjekt
    - Entscheidung über Alternativen
    - subjektiver Sinn
    - Intentionalität (Zielgerichtetheit)
    - Bewusstheit
    - flexibles Handlungskonzept
    - Verantwortlichkeit
    - Wissenserwerb

Von Handeln sprechen wir, wenn möglichst viele dieser Merkmale sichtbar werden.

5.3 Ziele, Handlungskonzept, Handlungsregulation

5.3.1 Verschiedene Schwerpunkte

Bei Handlungstheorien lassen sich folgende Schwerpunkte unterscheiden:
- Bei der Willenspsychologie steht im Mittelpunkt die Entscheidung für Ziele, d. h. die Ausbildung einer Intention.
- Ein zweiter Akzent ist die Entwicklung eines flexiblen Handlungskonzeptes, d. h. die Ausbildung eines Handlungsplanes.
- Unter Handlungsregulation versteht man die anschließende Handlungssteuerung bis zur Zielerreichung.

5.3.2 Die neue Willenspsychologie

Ein Vorläufer der heutigen Handlungstheorie war die Willenspsychologie der Würzburger Schule (besonders Ach, 1905, 1910, 1913).

Davon beeinflusst, beschreibt Lewin in der Schrift »Vorsatz, Wille und Bedürfnis« (1926) die Willenshandlung in drei Phasen:

(1) Motivationsprozess: »Kampf der Motive«
(2) Entscheidung: »Akt der Wahl, des Entschlusses, der Vornahme«
(3) Ausführung: »Vornahmehandlung«.

»Als das eigentliche willenspsychologische Zentralphänomen wird die 2. Phase, der Vornahmeakt, angesprochen« (S. 334).

Über mehrere Jahrzehnte war dann der Begriff des Willens aus der Psychologie verschwunden. Eine Wende bildete 1987 das Buch »Jenseits des Rubikon. Der Wille in den Humanwissenschaften« (Heckhausen et al.).

Exkurs

Rubicon

Nach innenpolitischen Wirren bahnte sich in Rom ein Machtkampf zwischen Pompeius und Caesar an. Im Jahre 49 vor unserer Zeitrechnung beschloss der Senat, Caesar müsse sein Heer entlassen. Dieser neigte jedoch dazu, sich nicht zu beugen und wollte nach Rom marschieren. Als er am Flüsschen Rubicon (heute in der Nähe von Rimini) ankam, das seine Provinz Gallia cisalpina vom römischen Staatsgebiet trennte, soll er gezögert haben, ob er es überschreiten soll. Die Worte »Der Würfel ist gefallen« machen deutlich, dass die Entscheidung getroffen war. In dem folgenden Bürgerkrieg eroberte er Rom und besiegte Pompeius entscheidend.

5.3.3 Die Willenshandlung

Das *Rubikonmodell* unterscheidet beim Handeln vier Phasen (Abb. 5.6).

Abwägen → Planen → Handeln → Bewerten

| Prädezisionale Motivationsphase | Präaktionale Volitionsphase | Aktionale Volitionsphase | Postaktionale Motivationsphase |

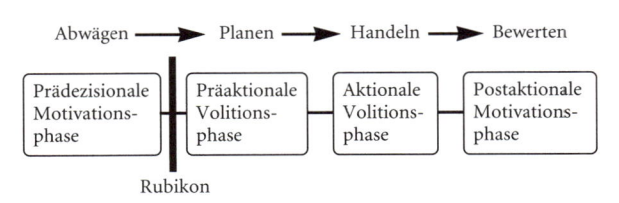

Rubikon

Abbildung 5.6 Rubikonmodell (nach Dreher, 1994, S. 296)

Gollwitzer (1991) beschreibt bei den verschiedenen Handlungsphasen spezifische Bewusstseinslagen.

Prädezisionale Motivationsphase

Übersetzt bedeutet dies: Motivationsphase vor der Entscheidung. In diese Phase fällt das Wünschen und

Wägen. Heckhausen spricht davon, dass die Motive »Wunsch- oder Befürchtungsthemen« hervorbringen. Unter diesen (meist) zahlreichen Wünschen muss unter den Kriterien der Realisierbarkeit (Erwartung) und Wünschbarkeit (Wert, Nutzen) eine Auswahl getroffen werden. Eine FAZIT-Tendenz (lat: Ergebnis, Schlussfolgerung) wird umso stärker, je mehr die Person davon überzeugt ist, alle aufgeworfenen Fragen ausreichend erwogen zu haben.

Präaktionale Volitionsphase

Übersetzt bedeutet dies: Phase des Wollens vor der eigentlichen Handlung.

Mit dem Begriff des Willens ist allzu leicht die Kontroverse »freier Wille« oder »Determinismus« verbunden. Um diese Assoziation (einigermaßen) zu vermeiden, verwendet man den Begriff des Wollens (Volition) und meint damit das subjektive Erleben eines selbstbestimmten Handelns (*Ich will* x erreichen oder y vermeiden).

Die Umwandlung des Wunsches in eine Intention (Absicht, Vorhaben, Zielgerichtetheit) wird in dem Modell als *Überschreiten des Rubikons* bezeichnet. Man fühlt sich jetzt verpflichtet, das Ziel anzustreben. Es werden Vorsätze gebildet, die festlegen, wo, wie und wie lange gehandelt werden soll. Neue Zielintentionen lassen sich häufig nicht sofort realisieren, was zu Warteperioden führen kann. Besonders wichtig ist es, solche Vorsätze zu fassen, die sich auf das Meistern schwieriger Situationen beziehen (bei Lewin »Vornahmen« genannt).

Aktionale Volitionsphase

Übersetzt bedeutet dies: Handeln zur Realisierung des Vorsatzes (Zielintention). Für die Handlungsinitiierung postulierte das Modell eine FIAT-Tendenz (lat: es geschehe). Sie »ergibt sich aus dem Grad der Verpflichtung zur Zielerreichung (= Volitionsstärke) und dem Grad der Günstigkeit der Gelegenheit zur Realisierung des intendierten Ziels« (Dreher, 1994, S. 298). In dieser Phase gilt es, die begonnene Zielrealisierung erfolgreich abzuschließen.

Postaktionale Motivationsphase

Übersetzt bedeutet dies: Motivationsphase nach Abschluss der Handlung. Die erzielten Handlungsergebnisse müssen zunächst *rückblickend* evaluiert (bewertet) werden. Ist das Ziel erreicht, dann kommt es zur Deaktivierung der Zielintention. Zusätzlich können *vorausschauend* Konsequenzen für zukünftiges Handeln gezogen werden.

Schwerpunkte dieses Modells. Obwohl das Rubikonmodell ein umfassendes Konzept darstellt, liegt der Schwerpunkt doch bei der Entscheidung zwischen verschiedenen Zielen und der Ausbildung einer Zielintention, die sich in Vorsätzen konkretisiert. Heckhausen spricht dies an zahlreichen Stellen explizit aus. Beispielsweise fragt er: »Was leisten Willensprozesse? Sie dienen der Abschirmung aktueller Handlungsabsichten gegenüber konkurrierenden Motivationstendenzen« (Heckhausen et al., 1987, S. 104). Dorsch (1992, S. 751) schreibt: »Willen, die Fähigkeit, sich zur Ausführung einer Handlung zu entscheiden«.

Es gibt Handlungen, die im Sinne des Rubikonmodells prototypisch sind.

> **Beispiel**
>
> Eine Familie hat eine bestimmte Summe Geld zur Verfügung. Soll man ein teures Auto kaufen oder eine Weltreise unternehmen oder ein Haus erwerben? Nach intensivem Nutzen-Kosten-Kalkül ergibt sich als Fazit: Hauskauf.
>
> In der Folge kommt es zur Ausbildung einer größeren Anzahl von Vorsätzen (Lage, Art des Hauses, Finanzierung). Zwar lassen sich auch deutlich planerische Elemente erkennen, im Vordergrund der Handlungssequenz steht jedoch die Entscheidung.

Es gibt augenscheinlich aber auch Tätigkeiten, bei denen diese *intensiven* Entscheidungsprozesse nicht feststellbar sind. Besonders bei fremdgesetzten Zielen treten die planerischen Aktivitäten in den Vordergrund. Es fällt schwer, solche Aktivitäten nicht mehr als Handlungen anzusehen.

5.3.4 Entscheidung

Eine Entscheidung liegt vor, wenn eine Person die *Wahl zwischen mehreren Möglichkeiten* hat. Der dadurch entstehende Konflikt wird durch die Entscheidung beendet. Entscheidungstheoretische und austauschtheoretische Konzepte gehen davon aus, dass sich Menschen in Wahlsituationen für jene Alternative entscheiden, die im subjektiven Kalkül die günstigste Bilanz aus materiellen und immateriellen Nutzen und Kosten ergibt.

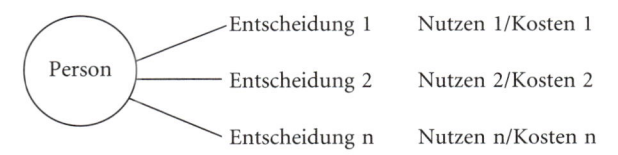

Abbildung 5.7 Erweiterter entscheidungs- und austauschtheoretischer Ansatz: Entscheidung für die günstigste Nutzen-Kosten-Bilanz

> **Beispiel**
>
> Ein Schüler lässt seinen Nachbarn bei der Klassenarbeit abschreiben. Der Nutzen kann im Ausbau einer freundschaftlichen Beziehung bestehen und die Kosten könnten sein, dass er selbst eine schlechtere Note erhält, weil mehrere gute Arbeiten vorliegen.
>
> Ein anderer Schüler lässt seinen Nachbarn nicht abschreiben. Der Nutzen könnte die eigene gute Note sein und die Kosten wären in diesem Fall der Vorwurf des Strebertums.
>
> Beide Schüler weisen in diesem Beispiel eine unterschiedliche subjektive Nutzen-Kosten-Bilanz auf.

Im Folgenden sollen zwei Sonderfälle von Entscheidungen kurz angesprochen werden:
- routinierte Entscheidungen
- problematische mehrfache Handlungsmöglichkeiten

Routinen. Es gibt Entscheidungssituationen, die sich wiederholen (In welches Restaurant gehen wir?). Aus Erfahrung lernen wir, welche Handlungsalternative eine gute Lösung für die Entscheidung darstellt. Dieses handlungsbezogene Vorwissen kann auch bei negativen Ergebnissen zum Abweichen von der Routine führen (Betsch, 2005).

Mehrfache Handlungsmöglichkeiten. Solche multiplen Handlungsoptionen führen besonders dann zu motivationalen Konflikten, wenn es sich um inkompatible (unvereinbare) Ziele handelt. Beispielsweise steht ein Schüler vor der Frage, ob er Hausaufgaben machen soll oder einer Freizeitaktivität nachgehen kann. In diesen Fällen ist meist eine intensive Entscheidungsprozedur notwendig (Dietz et al., 2005).

5.3.5 Das Handlungskonzept

Die interne Handlungssteuerung

Werden das normalerweise dispositionale Wissen und das latente Motiv angeregt, dann kommt es zur Ausbildung eines flexiblen Handlungskonzeptes (Handlungsplanes). Solche Konzepte beinhalten Vorstellungen über die anzustrebenden Ziele und Überlegungen, wie diese Ziele erreicht werden sollen. Der Plan ist eine Vorwegnahme (Antizipation) der späteren Handlungsdurchführung. Die eigentliche Tätigkeit wird von diesem Handlungsentwurf gesteuert. Der Erfolg der Handlung (Zielerreichung) wird an die Person rückgemeldet und im Gedächtnis gespeichert.

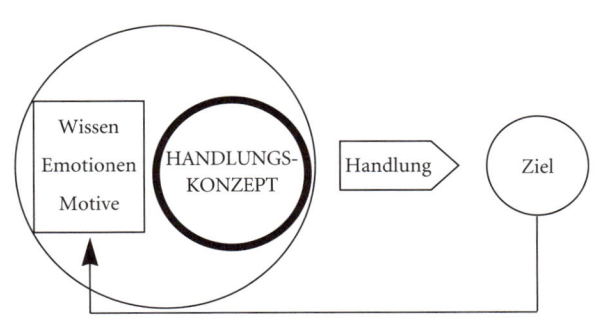

Abbildung 5.8 Schematische Darstellung einer Handlung

Kernpunkt dieser Auffassung ist die interne Handlungssteuerung durch das Handlungskonzept. Das Gegenmodell wäre die Außensteuerung des Verhaltens beim Reiz-Reaktions-Lernen und beim instrumentellen Lernen (Abb. 5.9).

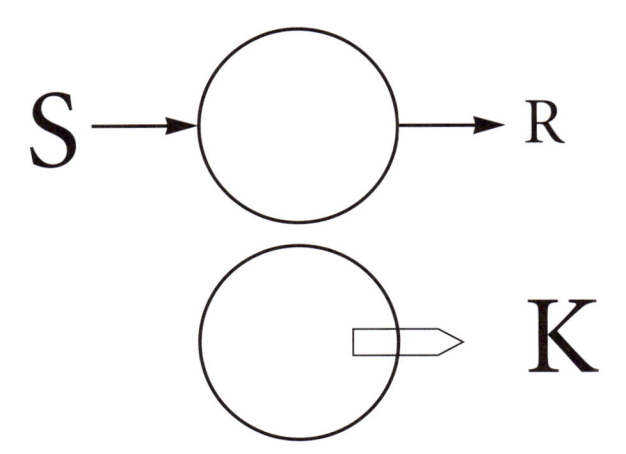

Abbildung 5.9 Außensteuerung beim Reiz-Reaktions-Lernen (oben) und beim instrumentellen Lernen (unten)

> **Beispiel**
>
> Der routinierte Restaurantbesucher wird vor dem Betreten einer Gaststätte antizipieren, wie der Gastraum vermutlich aussehen wird, wendet man sich an die Bedienung oder sucht man sich selbst einen Platz, wo möchte man gerne sitzen usw. Selbstsicheres Auftreten ist in nicht geringem Maße Fähigkeit zur Antizipation.

Auffällig ist, dass die Mehrzahl der Handlungstheorien den Menschen als ein im höchsten Maße rationales Wesen ansieht. Bei der sogenannten Willenshandlung war es die intensive Entscheidung und jetzt ist es die planende Vorausschau. Neben diesen *handlungsleitenden Kognitionen* steuern aber Gefühle und Bedürfnisse in erheblichem Maße menschliches Handeln. Davon wird noch die Rede sein.

Zwei Ausrichtungen. Handlungen sind häufig Mittel, die einem bestimmten Zweck dienen, der außerhalb der Handlung liegt (Zweckrationalität). Handlungen können aber auch wegen ihres Eigenwertes ausgeführt werden (Wertrationalität).

> **Beispiel**
>
> ▶ Die Anwendung moderner Agrarmethoden dient dem Zweck, höhere Ernteerträge zu erzielen.
> ▶ Ein Mensch spielt Klavier aus Freude an der Musik. Das Musizieren ist in diesem Fall Selbstzweck und dient nicht weiteren Zwecken (z. B. Vorbereitung für eine Aufnahmeprüfung an einem Konservatorium).

5.3.6 Die Handlungsregulation

Bei dieser Phase der Handlung stehen zwei Gesichtspunkte im Vordergrund:
▶ Rückmeldung der Handlungsfolgen
▶ Hierarchische Struktur der Handlung

Die Handlungsfolgen werden rückgemeldet

Kaum ein anderes Buch hat die frühe Entwicklung von Handlungstheorien so beeinflusst wie das von Miller et al.: »Strategien des Handelns« (1973).

Die Handlungsregulation wird unter Verwendung des kybernetischen Modells der Rückkopplung (Feedback) erklärt.

> **Beispiel**
>
> In einem Kühlschrank kann die Temperatur auf einen bestimmten Soll-Wert eingestellt werden. Ein Sensor schaltet bei einer Diskrepanz zwischen Ist-Wert und Soll-Wert das Kühlaggregat ein. Nach Erreichen des Soll-Wertes wird der Kühlvorgang beendet.

Obwohl dies ein mechanistisches Modell ist, hat es sich auch zur Beschreibung lebender Systeme als sehr brauchbar erwiesen. In der Psychologie hat sich für den Regelkreis die Bezeichnung TOTE-Einheit (Test-Operate-Test-Exit-Einheit) eingebürgert. Die TOTE-Einheit ist das Grundmuster, nach dem die Pläne entworfen und später dann die Handlung gesteuert werden.

Handlungsregulation nach dem Modell der TOTE-Einheit

Test   Autotür ist nicht richtig geschlossen
Operate   Tür zuschlagen
Test   Tür ist richtig geschlossen
Exit   Handlung abgeschlossen

Wenn bei der zweiten Prüfung die Tür immer noch nicht geschlossen ist, muss eine neue Handlung (Operate) erfolgen, und dies setzt sich so lange fort, bis eine Prüfung das Erreichen des Soll-Zustandes ergibt. Erst dann wird die Tätigkeit beendet.

Im Sinne des Rückkopplungskreises kann die TOTE-Einheit also auch in folgender Form schematisch dargestellt werden: TOTOTOTE.

Das Erreichen von Zielen ist nur möglich, wenn eine Entscheidungsinstanz T dem Handelnden bereits während der Ausführung die Übereinstimmung der Handlung mit dem ursprünglichen Plan rückmeldet. Das Modell sieht vor, dass der Handelnde bei der Annäherung an das Ziel immer wieder prüfen muss, ob er bereits angekommen oder ob er wenigstens auf dem richtigen Weg ist.

Eine Variante dieses Modells ist die »VVR-Einheit« (= Vergleich-Veränderungs-Rückkopplungs-Einheit) von Hacker (1978). Das »operative Abbildsystem (OAS)« weist drei Komponenten auf: ein Abbild des Ist-Zustandes, ein Abbild des Soll-Zustandes und ein Abbild der Tätigkeit, die den Ist-Zustand in den Soll-Zustand überführt.

> **Exkurs**
>
> **Regelung und Steuerung**
> ▶ Regelung findet in einem geschlossenen System statt.
>   Beispiel: Kühlschrank im Dauerbetrieb.
> ▶ Steuerung findet statt, wenn äußere Einflussgrößen vorhanden sind.
>   Beispiel: Kühlschrank wird auf tiefere Temperatur gestellt.
>
> Bei Miller et al. (1973) handelt es sich um ein Regelmodell und bei Hacker (1978) um ein Steuerungsmodell.

> **Beispiel**
>
> Die Probleme des Fahrschülers liegen in der Hauptsache darin begründet, dass er weitgehend mit Handlungen auf einer sehr niedrigen Ebene beschäftigt ist (z. B. Treten des Kupplungspedals, Einlegen des Ganges, Loslassen des Pedals, Gas geben). Der routinierte Autofahrer bewältigt diese Aufgaben mit einem Minimum an bewusster Kontrolle und kann sich deshalb auf übergeordnete Handlungsziele (z. B. Kontrolle des fließenden Verkehrs) konzentrieren.

Handeln ist hierarchisch-sequentiell organisiert

Handeln ist zunächst hierarchisch strukturiert. Bei komplexen Handlungen lassen sich Teilziele, Teilpläne und Teilhandlungen unterscheiden. Beispielsweise können bei einem Skiausflug aus dem »Verhaltensstrom« eine Reihe von elementaren Handlungen ausgegliedert werden (Abb. 5.10).

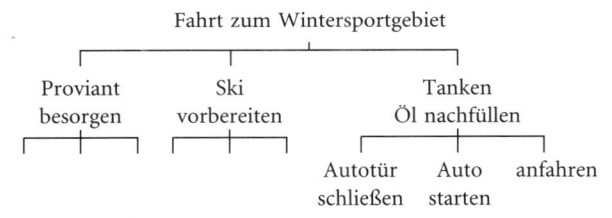

```
                    Fahrt zum Wintersportgebiet
         ┌──────────────────┼──────────────────┐
    Proviant              Ski                 Tanken
    besorgen          vorbereiten          Öl nachfüllen
                                      ┌────────┼────────┐
                                   Autotür    Auto    anfahren
                                   schließen  starten
```

Abbildung 5.10 Teilhandlungen

Die Planung und der Vollzug jeder Teilhandlung können mithilfe der TOTE-Einheit erklärt werden, wie das am Beispiel des Zuschlagens der Autotür gezeigt wurde.

Ein solcher komplizierter Regulationsvorgang bis zum Erreichen des Endziels ist durch Handlungsvollzüge auf verschiedenen Ebenen gekennzeichnet. Die höheren Funktionsebenen wirken dabei als Überwachungs- und Steuerinstanzen für die niederen. In dieser hierarchischen Organisation determiniert das Endziel letztlich alle Teilpläne und -handlungen. Auf diese Weise kommt es zu einer wesentlichen bewusstseinsmäßigen Entlastung bei der Bewältigung der untergeordneten Einheiten.

Handeln ist demnach zunächst hierarchisch organisiert. Da die einzelnen Teilhandlungen im Regelfall aber nur nacheinander ausgeführt werden können, ergibt sich zusätzlich noch eine zeitliche Reihenfolge (Sequenz) der einzelnen Komponenten einer komplexen Handlung.

5.3.7 Das effiziente Handeln

»Allgemein wollen wir ein Handeln dann als effizient bezeichnen, wenn es sein Ziel erreicht; dabei implizieren wir, daß das Ziel auch Kriterien seiner zeitlichen und ökonomischen Erreichung beinhaltet« (Volpert, 1974, S. 41). Bei ineffizientem Handeln liegt eine »Störung« vor, die ihren Grund in den Leistungsvoraussetzungen des Handelnden, den Situationsbedingungen oder der (selbst- oder fremdgesetzten) Aufgabe haben kann.

Volpert nennt drei Merkmale des effizienten Handelns: Es ist (1) realistisch, (2) stabil-flexibel, (3) organisiert.

Effizientes Handeln ist realistisch

Dies bedeutet vor allem, dass das sachliche Ziel in allen Aspekten erfasst und voraussichtlich erreichbar ist, dass der Plan komplett ist und der Handlungsablauf allenfalls bei ungünstigen Umweltbedingungen geringfügig geändert werden muss und dass die zeitliche Perspektive alle relevanten Bedingungen berücksichtigt.

Beim unrealistischen Handeln lassen sich verschiedene Unterformen unterscheiden. Bei »illusionären Plänen« liegt eine mangelnde Realitätsbindung vor: Das Ziel ist unter den gegebenen Bedingungen und in der vorgesehenen Zeit nicht zu erreichen. Bei »mangelhafter Entwicklung der Planungsvorgänge« kommt es zu einem wirren Agieren, weil Ziel und Aktionsprogramm nicht klar genug antizipiert werden.

Effizientes Handeln ist stabil-flexibel

»Verarbeitete Rückmeldung ermöglicht es, an Plänen festzuhalten und sich dennoch an veränderte Situationen anzupassen. Ein solches Verhalten wollen wir als ›stabil-flexibel‹ bezeichnen« (S. 46). Eine aufgabenadäquate Nutzung eines Spielraums für Planen und Handeln bedeutet: Grundsätzliches Festhalten am sachlichen Ziel mit gewissen Korrekturmöglichkeiten (»Ziel-Spielraum«); Wahrung der ursprünglichen zeitlichen Perspektive im Großen und Ganzen (»Zeit-Spielraum«); der Plan ist als »Handlungsgrundstruktur« ausgebildet und ermöglicht es, auf situative Veränderungen einzugehen.

Im Gegensatz hierzu ist ein »unflexibles« Verhalten dadurch gekennzeichnet, dass die Rückmeldung nicht adäquat verarbeitet wird und es so nicht zu den nötigen Modifikationen kommen kann, während beim »instabilen« Handeln die Rückmeldung zu einer zu weit gehenden Veränderung des ursprünglichen Handlungskonzeptes führt.

Effizientes Handeln ist organisiert

Organisation bedeutet, dass die hierarchisch-sequentielle Ordnung voll ausgebildet ist. Wenn die Teilhandlungen auf niederer Ebene im Repertoire des Handelnden vorhanden sind, werden die höheren Ebenen entlastet und der Handelnde kann sich antizipatorisch-planerischen Aufgaben in Richtung Endziel zuwenden. Hacker (1978) spricht in diesem Zusammenhang von »planender Strategie«, die er von einer »momentanen Strategie« abhebt.

Bei einem nicht optimal organisierten Handeln sind die höheren Regulationsebenen mit Detailaufgaben befasst und »Vorgänge des Konstruktiv-Kreativen, des Leitlinien-Setzens, der Erstellung längerer Zeitperspektiven sind blockiert (…). Der unorganisiert Handelnde drängt daher zum Tun, ohne Überblick über dieses Tun zu haben; er betreibt weder Vorbereitung noch Vorbeugung, verrennt sich in Sackgassen« (S. 53). Eine solche Art des Handelns wird auch als »vorschnell« bezeichnet.

Diese Beschreibung des effizienten und des ineffizienten Handelns basiert auf arbeitspsychologischen Untersuchungen aus dem Bereich der industriellen Produktion. Die genannten Merkmale lassen sich aber ohne weiteres auch auf Alltagshandeln übertragen. Menschen sind in sehr unterschiedlichem Ausmaß befähigt, einen Haushalt zu führen, pünktlich und ohne Stress zum Arbeitsplatz zu gelangen oder eine Urlaubsreise zu planen und erfolgreich durchzuführen.

5.3.8 Partialisierte Handlungen

Handlungen wurden bisher vorwiegend unter dem Aspekt der individuellen Handlungsregulation betrachtet. Überindividuelle Organisationsformen, z. B. die industrielle Produktionsweise, determinieren jedoch individuelles Handeln in vielfältiger Weise. Gerade im Bereich der Arbeitstätigkeit werden Menschen häufig nur Teilaufgaben zugewiesen. Durch solche »zerstückelten Arbeitshandlungen« werden die individuellen Handlungsmöglichkeiten, insbesondere die Handlungsplanung und -kontrolle, stark verringert.

Volpert (1974, S. 59) nennt zwei Merkmale dieser *partialisierten Handlungen*:

▶ Partialisierte Handlungen sind *isoliert*, d. h. der Gesamtzusammenhang der Arbeit wird nicht erfasst.
▶ Partialisierte Handlungen sind *restringiert*, d. h. die Einflussnahme durch Beteiligung an der Planung ist gering.

Arbeitssituationen mit einer starken Aufgliederung in Teilprozesse (z. B. Bandarbeit) können so zu einer »qualitativen Unterforderung« des Arbeiters führen, die sich in dem Erlebnis von Monotonie ausdrückt. Die zahlreichen Konzepte, die Arbeitssituationen in diesem Sinne günstiger zu gestalten, können hier nicht behandelt werden (z. B. »job enrichment«, »teilautonome Arbeitsgruppen«).

Die Ergebnisse der Untersuchungen der »restriktiven Arbeitssituation« in Industriebetrieben lassen sich in einigen Punkten auch auf andere Bereiche übertragen. Menschen handeln oft wenig effizient, rational und verantwortlich, nicht weil sie dazu nicht befähigt wären, sondern weil die Situation oder die Aufgabenstruktur nur partialisierte Handlungen zulassen. Die zuweilen geringe Motivation von Schülern lässt sich u. a. auch damit erklären, dass die Lernaufgabe nicht in einem größeren Zusammenhang gesehen werden kann und kaum Möglichkeiten bestehen, eigene Handlungskonzepte zu entwickeln. Im Gegensatz hierzu versuchen der offene Unterricht und Projektmethoden die Schüler bei der Planung des Lernens und der Bewertung der Lernergebnisse zu beteiligen.

Abbildung 5.11 Einschränkung von Handlungsmöglichkeiten

Zusammenfassung

- Im Zentrum willenspsychologischer Auffassungen steht die Entscheidung.
- In Wahlsituationen findet eine Entscheidung nach der günstigsten Bilanz aus materiellen und immateriellen Nutzen und Kosten statt.
- Das Handlungskonzept ist die Antizipation (Vorwegnahme) der späteren Handlung.
- Die Handlungsregulation (Steuerung der Handlung) ist durch zwei Gesichtspunkte gekennzeichnet:
   - Rückmeldung der Handlungsfolgen
   - Hierarchische Struktur der Handlung
- Das effiziente Handeln ist realistisch, stabil-flexibel und organisiert.

Beispiel

Das Bereiten einer Mahlzeit läuft ungefähr nach folgendem Schema ab: Speiseplan aufstellen, einkaufen, die Speisen zubereiten, Tisch decken, servieren.

Obwohl die einzelnen Episoden gewisse Unterschiede aufweisen (z. B. Mahlzeiten im Familienkreis, Bewirtung von Gästen), bleibt die Struktur der Handlung gleich. Dies nennt man ein Handlungsschema.

Grundsätzlich ist festzuhalten, dass zunächst (konkrete) einzelne Handlungskonzepte für spezifische Handlungen entwickelt werden, die anschließend zu allgemeinen Handlungsschemata für eine Kategorie von ähnlichen Handlungen generalisiert werden.

Beispiel

Eine Person entwickelt ein Handlungskonzept für eine Reise zum Nordkap. In der Ferienzeit wird die Reise dann entsprechend der Planung durchgeführt.

Aufgrund der Erfahrungen, die auf dieser Reise gemacht werden, ist die betreffende Person in der Lage, zukünftig Auslandsreisen mit ähnlichen Schwierigkeiten zu planen und durchzuführen.

5.4 Das Lernen von Handeln

5.4.1 Handlungskompetenz

Aebli sieht menschliches Handeln als »Abfolge von Episoden«. Dabei lässt sich feststellen, dass im fortlaufenden Handlungsstrom Wiederholungen vorkommen. Einzelne Episoden, wie Mahlzeiten zubereiten, zur Arbeit gehen, Benzin tanken, Gäste empfangen, treten häufiger auf. »Die Wiederholung einer Handlung liegt dann vor, wenn zwei Episoden die gleiche Struktur haben« (Aebli, 1980, S. 83).

Die Gesamtheit der einer Person zur Verfügung stehenden *Handlungskonzepte* und *Handlungsschemata* bezeichnet man als *Handlungskompetenz*. Der Begriff der

Kompetenz meint eine Disposition oder Fähigkeit oder ein Können, während die Ausführung der Handlung als Performanz bezeichnet wird.

Menschen, die über relativ allgemeine Handlungsschemata verfügen, sind in der Lage, in sehr unterschiedlichen Situationen Ziele auf effektive Weise zu erreichen. Wenn es sich um eine bestimmte Kategorie von Handlungsschemata handelt, sprechen wir von spezifischen Handlungskompetenzen (z. B. zu unterrichten, einen Haushalt zu führen).

5.4.2 Entwicklung einer eigenständigen Handlungsregulation

Beim Lernen von Handeln könnte man eigentlich alle bisher erwähnten Punkte in Trainingsprogramme umwandeln.

Entscheidung
- Training von Nutzen-Kosten-Kalkülen
- Kontrolle von Spontan-Entscheidungen (z. B. beim Shopping)
- Förderung von Entscheidungsfreudigkeit

Handlungskonzept und -schema
Vorausschauende (antizipierende) Planung von Alltagsaufgaben (wann und wie erledige ich meine Hausaufgaben?)

Erfolgreiche Handlungsregulation
Übung der Prinzipien des effizienten Handelns. Wie schafft man es beispielsweise durch Ausdauer mit einer flexibel-stabilen Strategie die Ziele doch noch zu erreichen?

Im Verlauf der Entwicklung des Kindes lassen sich beim Erwerb solcher Kompetenzen drei Abschnitte unterscheiden:
- Aneignung der durch Modelle vorgegebenen Verhaltensmuster
- Ausbildung von Handlungskonzepten und -schemata unter Anleitung
- eigenständige Handlungsregulation in neuartigen Situationen

Die allmähliche Ablösung von den Abhängigkeiten von anderen Menschen und deren pädagogischer Beeinflussung ist nur möglich, wenn Kinder und Jugendliche die Erfahrungen machen können, dass *Freiräume für selbstständiges Handeln* bestehen.

> **Beispiel**
>
> Ein Kind soll lernen, mit dem Zug allein zu verreisen. Zunächst wird man mit dem Kind Reisen unternehmen. Alle Komponenten der Struktur dieser Handlung wird man mit dem Kind besprechen (Fahrkarte kaufen, Fahrplan lesen, Gefahrenquellen im Zug, Umsteigen usw.). Nach mehreren Reisen lernt das Kind auf diese Weise das Handlungsschema. Irgendwann muss man dann dem Kind die Gelegenheit geben, ein solches Vorhaben auch alleine durchzuführen.

Biographisch weitere wichtige Kompetenzen sind:
- die Verantwortung für das eigene Zimmer
- Verfügung über ein eigenes (begrenztes) Taschengeld
- Möglichkeit (und Pflicht), die Kleidung selbst zu kaufen
- die erste eigene Kreditkarte
- die erste eigene Wohnung u. ä.

Da schulischer Unterricht häufig nicht auf umfassende Tätigkeitszusammenhänge ausgerichtet ist und Eltern aus Ängstlichkeit die möglichen Freiräume ihrer Kinder einengen, haben zahlreiche junge Menschen keine optimalen Bedingungen zur Entwicklung einer selbstverantwortlichen und flexiblen Handlungsregulation.

> **Zusammenfassung**
>
> - Konkrete einzelne Handlungspläne werden als Handlungskonzept bezeichnet. Handlungspläne für eine ganze Kategorie von Handlungen werden Handlungsschemata genannt. Die Gesamtheit der Handlungskonzepte und -schemata nennen wir Handlungskompetenz.
> - Für die Entwicklung einer eigenständigen Handlungsregulation sind Freiräume bedeutsam.
> - Zahlreiche Menschen haben keine günstigen Bedingungen, um eine flexible und eigenverantwortliche Handlungsregulation (Handlungssteuerung) zu entwickeln.

5.5 Problemlösen

Problemlösen ist ein Sonderfall des Handelns, der dadurch gekennzeichnet ist, dass wegen eines Hindernisses (Barriere) das Ziel nicht auf direktem Wege erreichbar ist. Bei dem Versuch, Probleme zu klassifizieren, spielen Problemmerkmale (z. B. Komplexität) und Personmerkmale (z. B. Wissen in dem Realitätsbereich) eine Rolle. Es werden fünf Formen des problemlösenden Denkens (Problemlösetheorien) besprochen. Abschließend wird ein Modell des Problemlöseprozesses vorgestellt.

5.5.1 Was ist ein Problem?

Der folgende Abschnitt gliedert sich in vier Punkte:
- Problem und Aufgabe
- Die kognitive Struktur
- Problemmerkmale und Personmerkmale
- Realitätsbereich

Problem und Aufgabe

Problemlösen ist ein Sonderfall des planvollen Handelns. Duncker (1935, S. 1) definiert: »Ein ›Problem‹ entsteht z. B. dann, wenn ein Lebewesen ein Ziel hat und nicht ›weiß‹, wie es dieses Ziel erreichen soll«. Das gleiche Merkmal spricht Dörner (1979, S. 10) an: »Ein Individuum steht einem Problem gegenüber, wenn es sich in einem inneren oder äußeren Zustand befindet, den es aus irgendwelchen Gründen nicht für wünschenswert hält, aber im Moment nicht über die Mittel verfügt, um den unerwünschten Zustand in den wünschenswerten Zustand zu überführen.«

> **Definition**
>
> Ein **Problem** ist durch drei Komponenten gekennzeichnet:
> - Unerwünschter Anfangszustand
> - Erwünschter Zielzustand
> - Barriere, die die Überführung des Anfangszustandes in den Zielzustand im Augenblick verhindert

Vom *Problem* ist die *Aufgabe* zu unterscheiden. Bei einer Aufgabe verfügen wir über Regeln (Wissen, Know how), wie die Lösung zu erreichen ist. Die Division von 232 : 4 ist für ältere Kinder und Erwachsene eine Aufgabe, weil wir Regeln für solche Rechenoperationen gelernt haben. Was für ein Individuum eine Aufgabe oder ein Problem ist, hängt demnach von den Vorerfahrungen ab. Die genannte Rechenoperation kann für ein siebenjähriges Kind durchaus ein Problem darstellen.

Eine besondere Art von Aufgabenlösung stellt die Anwendung eines *Algorithmus* (genaue Verfahrensvorschrift) dar. Ein Beispiel hierfür ist das Telefonieren aus einer Telefonzelle mit einer Sequenz von Teilhandlungen, die in einer festgelegten Reihenfolge ausgeführt werden müssen.

Die kognitive Struktur

Zur Bewältigung von Aufgaben und zur Lösung von Problemen verfügen Menschen über eine kognitive Struktur. Im Zusammenhang mit Begriffsbildung und Wissenserwerb war die Rede von kognitiven Teilstrukturen (z. B. logische Struktur eines Eigenschaftsbegriffes). Hier bedeutet dieser Begriff die Gesamtheit der Voraussetzungen zur Aufgabenbewältigung bzw. Problemlösung.

Im Anschluss an Kluwe (1979) und Dörner (1979) soll im Folgenden ein Modell der kognitiven Struktur dargestellt werden (Abb. 5.13).

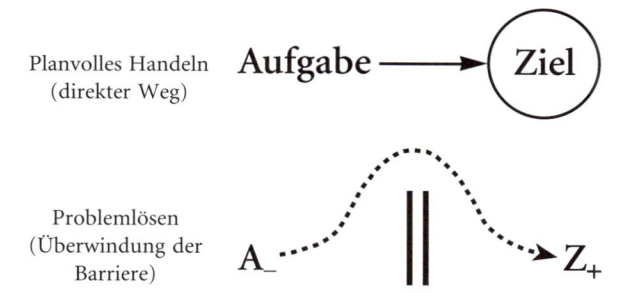

Abbildung 5.12 Aufgabe und Problem

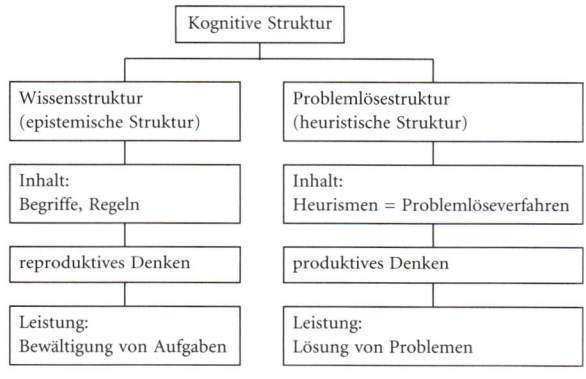

Abbildung 5.13 Modell der kognitiven Struktur

5.5 Problemlösen | **179**

Der weitaus größte Teil unseres Handelns wird über die Wissensstruktur (*epistemische Struktur*) gesteuert. Erst wenn unser Wissen nicht ausreicht, einen Zielzustand auf direktem Wege anzustreben, gelangen Problemlöseverfahren zur Anwendung. Solche Heurismen garantieren zwar nicht die Lösung, engen aber das Feld möglicher Verhaltensweisen sehr ein. Die Gesamtheit der Problemlöseverfahren, über die ein Mensch verfügt, macht die Problemlösestruktur (*heuristische Struktur*) aus.

Problemmerkmale und Personmerkmale

Probleme weisen sehr unterschiedliche Grade von Komplexität auf. In der Psychologie sind häufig wenig komplexe Probleme untersucht worden (s. die Streichholzprobleme von Katona im Arbeitsteil). Gesellschaftliche Probleme (z. B. Arbeitslosigkeit) zeichnen sich dagegen durch einen hohen Grad an Komplexität aus.

Als Personmerkmale spielen eine Rolle: Wissensumfang und -organisation, Verfügbarkeit von Heurismen und die von den meisten Theorien vernachlässigte Motivation.

Realitätsbereich

Probleme treten in verschiedenen Realitätsbereichen auf (Lehrer arbeitet mit erziehungsschwierigen Schüler, Mediziner sieht ein unklares Symptombild, Schachspieler denkt über nächsten Zug nach). Der Problemlöser benötigt Wissen über den Realitätsbereich, in dem das Problem zu lösen ist. Dabei besteht der Realitätsbereich aus Sachverhalten und Operatoren und deren Zusammenwirken (Abb. 5.14).

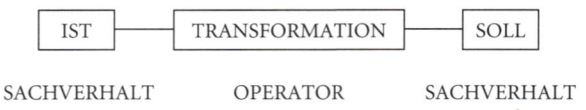

```
   IST  ──  TRANSFORMATION  ──  SOLL

SACHVERHALT     OPERATOR      SACHVERHALT
```

Abbildung 5.14 Transformation des Ist-Zustandes in den Soll-Zustand

> **Beispiel**
>
> Angenommen, Sie wollen eine Flasche mit Kronkorken öffnen, ohne dass ein Flaschenöffner zur Verfügung steht. Bei der Lösung des Problems ist der Operator das Prinzip der Hebelwirkung und die konkrete Operation ist vielleicht die Verwendung eines Gasfeuerzeugs.

Der Operator ist das allgemeine Lösungsprinzip, das den Anfangs- in den Endzustand überführt. Die konkrete Realisierung dieser Idee wird durch Operationen bewirkt.

5.5.2 Tiere als Problemlöser

Im Jahre 1914 stellte Wolfgang Köhler (1887–1967) Untersuchungen mit Schimpansen auf Teneriffa an. Über die Ergebnisse berichtete er 1917 unter dem Titel »Intelligenzprüfungen an Anthropoiden« (Menschenaffen).

> **Experiment**
>
> Der Schimpanse Sultan soll eine außerhalb des Käfigs liegende Banane mithilfe zweier Stöcke heranholen. Dazu muss er sie beiden Stäbe, die ausgehöhlt und von unterschiedlicher Dicke sind, ineinanderschieben, um einen Stab von ausreichender Länge zu erhalten.
>
> Der Schimpanse, der vorher schon Früchte nur mithilfe eines Stockes in den Käfig herangeholt hat, probiert über eine Stunde lang vergeblich, die Banane mit einem der beiden Stöcke heranzuziehen. Dann sitzt der Affe in einer Ecke des Käfigs und scheint sich nicht mehr mit der Aufgabe zu beschäftigen. Nach einiger Zeit steht er auf, nimmt die beiden Stöcke und spielt achtlos damit herum.
>
> Dabei ergibt es sich, dass die beiden Rohre in seinen Händen zufällig in einer Linie liegen.
>
> Er steckt das dünnere Rohr ein wenig in die Öffnung des dickeren, springt auf und läuft zum Gitter des Käfigs. Sultan versucht, mithilfe des eben erstellten Werkzeugs die Banane in den Käfig zu holen. Dabei fallen die Rohre auseinander, die nur knapp hintereinander geschoben waren. Der Affe hebt die Stäbe sofort wieder auf, setzt sie sofort wieder zusammen und kann so die Frucht erreichen.
>
> Die Nutzung eines Stabes war dem Tier schon vorher geläufig. Als er jetzt zwei Stäbe ineinanderschieben soll, das Werkzeug also selbst erst herstellen muss, gelingt ihm die Bewältigung der Aufgabe nur, nachdem die Stäbe zufällig in eine Lage geraten, die optisch die Lösung der Aufgabe vorwegnehmen.

In diesem Problemlöseprozess lassen sich folgende Abschnitte unterscheiden:

(1) **Organisation des Wahrnehmungsfeldes.** Die sich im Wahrnehmungsfeld des Tieres ausgliedernden Erscheinungen (Dinge, Flächen, Formen, Räume) besitzen für die Tiere feste funktionale Bedeutungen, z. B. als Futter-, Ruhe- und Spielplätze. Das Wahrnehmungsfeld ist also in bestimmter Weise gegliedert.

(2) **Einengung auf den Zielbereich.** Mit der Darbietung des Futters, das ein Ziel mit starkem positiven Aufforderungscharakter darstellt und, wie gesagt, nicht direkt erreichbar ist, wird das Wahrnehmungsfeld umstrukturiert und auf den Zielbereich eingeengt.

(3) **Problemeinsicht.** Die Problemsituation ist durch ein Spannungsverhältnis zwischen Tier und Ziel gekennzeichnet. Das Tier unternimmt ungeeignete Versuche, das Ziel zu erreichen, attackiert das Hindernis usw. Diese Problemeinsicht beinhaltet das Bedürfnis, die bestehende Situation zu verändern und stellt eine bedeutende intellektuelle Leistung dar.

(4) **Umstrukturierung des Wahrnehmungsfeldes.** Im Wahrnehmungsfeld des Tieres treten bestimmte Gegenstände, z. B. längliche Gegenstände, hervor. Das Wahrnehmungsfeld organisiert sich in der Weise neu, dass eine Beziehung zwischen bestimmten funktionalen Eigenschaften von Gegenständen und der Struktur der Problemsituation hergestellt wird. Dieser Prozess der Einsichtsgewinnung erfolgt häufig als plötzlicher Einfall (Bühler: »Aha-Erlebnis«).

(5) **Lösung.** Wenn das Tier die beschriebenen Beziehungen »eingesehen« hat, erfolgt meist rasch die Lösung.

In einer Reihe ähnlicher Tierversuche zeigte sich, dass *Einsicht* tatsächlich in starkem Maße an *Wahrnehmung* gebunden ist, also »einsehen« im engeren Wortsinn bedeutet.

Menschen als Problemlöser. Sie sind im Gegensatz zum Tier in der Lage, Probleme auch in der *Vorstellung* zu lösen. Freud hat dies in brillanter Weise formuliert: Denken ist Probehandeln.

Ausblick

Im Folgenden werden fünf Formen des problemlösenden Denkens (Problemlösetheorien) unterschieden:
▶ Problemlösen durch Versuch und Irrtum
▶ Problemlösen durch Umstrukturieren
▶ Problemlösen durch Anwendung von Strategien
▶ Problemlösen durch Kreativität
▶ Problemlösen durch Systemdenken

5.5.3 Problemlösen durch Versuch und Irrtum

Beispiel

Menschenfresser-Problem
Am Ufer eines Flusses befinden sich drei Missionare und drei Kannibalen. Bringen Sie alle Personen mithilfe eines Bootes, das zwei Personen fasst, an das andere Ufer. Alle drei Missionare und ein Kannibale können rudern. Zu keiner Zeit, auch beim Anlegen am Ufer nicht, dürfen die Missionare in ihrer Zahl von den Kannibalen übertroffen werden.

Die Lösung dieses Problems bereitet Erwachsenen häufig beträchtliche Schwierigkeiten. Die meisten erfolgreichen Problemlöser nehmen Münzen oder Streichhölzer (ungebraucht, abgebrannt, geknickt) zu Hilfe. Die Lösung wird weder durch reines Nachdenken, noch durch Aufzeichnen eines Graphen erreicht. Es wird vielmehr solange herumprobiert, bis die Bedingung erfüllt ist. Das Problem wird also vorwiegend durch Versuch und Irrtum gelöst, ähnlich wie Thorndikes Katzen das Problem lösten, aus einem Käfig zu entkommen.

Eine solche Art, Probleme zu lösen, finden wir besonders bei *unübersichtlichen Problemsituationen*. Die Informationsfülle behindert eine kognitiv anspruchsvollere Lösung. Allerdings liegt bei Menschen selten ein blindes Ausprobieren vor. Vielmehr zeigt sich wenigstens ansatzweise die Anwendung von Strategien als sukzessive Prüfung von Hypothesen.

Es ist durchaus sinnvoll, Schüler dazu anzuleiten, Probleme zunächst auf diese Art anzugehen. Am Beginn einer Unterrichtsstunde ist eine Reihe von Hypothesen (Vermutungen) über ein vorgestelltes Problem ein erster Schritt auf dem Wege zu einem effizienten Lösungsverfahren.

5.5.4 Problemlösen durch Umstrukturieren

Beispiel

Das Helgoland-Problem
Jeder kennt die deutsche Nordseeinsel Helgoland. Diese dem Festland vorgelagerte Insel liegt 70 km nordwestlich von Cuxhaven. Als während eines

schönen Sommertages plötzlich ein Sturm ausbricht, gerät eine Segeljacht, die von Cuxhaven aus auf dem Weg zu dieser romantischen Felseninsel ist, in Seenot. Aufgrund eines empfangenen Funkspruches startet sofort von Helgoland aus ein Küstenrettungsboot, um die Segeljacht auf dem Seeweg zwischen der Insel und Cuxhaven zu suchen. Der Kapitän des Bootes fährt mit voller Kraft voraus. Wegen des starken Seegangs entwickelt sein Boot dabei jedoch nicht die mögliche Höchstgeschwindigkeit.

Zur gleichen Zeit startet von Cuxhaven aus ein moderner Rettungshubschrauber und fliegt dem Küstenrettungsboot entgegen. Sobald er das Boot erreicht hat, kehrt er um und fliegt wieder zurück nach Cuxhaven, von dort aus wieder zurück zum Rettungsboot usw. Der Hubschrauber pendelt also ständig zwischen Cuxhaven und dem Rettungsboot hin und her. Der Pilot vollführt diese Suchaktion so lange, bis das Küstenrettungsboot Cuxhaven erreicht hat. Er bleibt dabei ständig in der Luft.

Diese erste Suchaktion bleibt erfolglos.

Am Abend macht sich der Pilot darüber Gedanken, wie viele Kilometer er wohl insgesamt bei seinen Hin- und Herflügen zurückgelegt haben mag. Er kommt jedoch zu keinem Ergebnis. Wer kann ihm helfen und es für ihn ausrechnen?

Durchschnittsgeschwindigkeit
Rettungsboot   28 km/h
Hubschrauber   140 km/h

Die Lösung wird durch mehrfaches Umstrukturieren erreicht. Umstrukturieren heißt, die Elemente der Problemsituation in neuen Zusammenhängen sehen:

Erste Stufe. Das Problem ist unübersichtlich. Die zahlreichen Informationen verwirren. So ist beispielsweise die Tatsache, dass das Rettungsboot nicht immer die Höchstgeschwindigkeit erreicht, angesichts der Durchschnittsgeschwindigkeit irrelevant. Man ist hier zunächst geneigt, das Verfahren von Versuch und Irrtum anzuwenden.

Zweite Stufe. Es gilt, die Elemente der Problemsituation klarer herauszuarbeiten.

Anfangs könnte man geneigt sein, das Problem als ein Wegeproblem aufzufassen. Versucht man aber, die von der Segeljacht, dem Rettungsboot und dem Hubschrauber zurückgelegten Entfernungen zu betrachten, wird man scheitern.

Dritte Stufe. Erst wenn die Problemsituation sozusagen »umkippt«, wenn das Problem unter einer neuen Perspektive als Zeitproblem gesehen wird, ist es leicht zu lösen. Spätestens jetzt stellt sich auch heraus, dass die Segeljacht überhaupt keine Rolle spielt.

Vierte Stufe. Lösung: Das Rettungsboot mit der Geschwindigkeit von 28 km/h braucht für die 70 km 2 ½ Stunden. In dieser Zeit legt der Hubschrauber mit seiner Geschwindigkeit von 140 km/h genau 350 km zurück.

Auf jeder Stufe werden die Problembestandteile und ihr Verhältnis zueinander anders gesehen. Das Problem wird (im Idealfall) so lange umstrukturiert, bis eine optimale Struktur – die Lösung – gefunden ist. Problemlösen durch Umstrukturieren oder durch Einsichtsgewinnung ist so gesehen der Gegenpol zu Problemlösen durch Versuch und Irrtum.

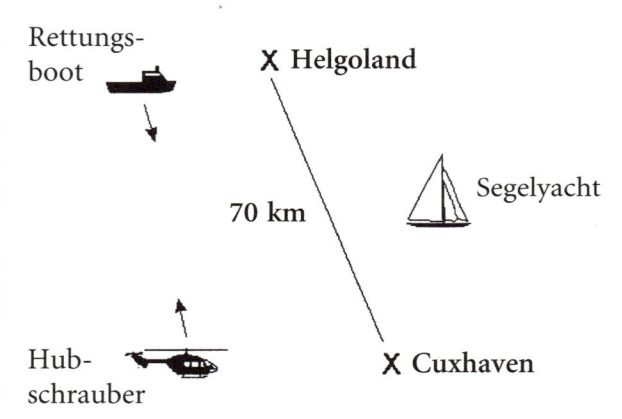

Abbildung 5.15 Umstrukturierung der Problemsituation

Diese Auffassung von Problemlösen geht auf die Gestaltpsychologie (Wertheimer, Duncker, Köhler) zurück. Bei der Untersuchung der Wahrnehmung entdeckten sie eine Reihe von Ordnungsprinzipien, deren wichtigstes das Prägnanzgesetz oder Gesetz der guten Gestalt ist. Unser Wahrnehmungsfeld organisiert sich in Richtung Regelmäßigkeit, Einfachheit, Geschlossenheit usw. Dies bedeutet, dass wir die Tendenz haben, »gute Gestalten« oder »klare Strukturen« wahrzunehmen (Abb. 5.16).

Die Gestaltgesetze der Wahrnehmung wurden auf das Problemlösen übertragen. Ein Problem weist eine schlechte Gestalt auf, die im Individuum eine Spannung erzeugt, welche aufgelöst werden kann, wenn die schlechte Gestalt in eine gute Gestalt umgewandelt

Geschlossenheit
Wir neigen dazu, unvollständige Figuren als vollständig wahrzunehmen.

Kipp-Figur
Wir sehen entweder einen weißen Becher vor einem schwarzen Grund oder zwei schwarze Gesichter vor einem weißen Grund (Umkehrung von Figur und Grund)

Abbildung 5.16 Organisationsprozesse in der Wahrnehmung

wird. Die Lösung eines Problems besteht in der *Umstrukturierung* (Umwandlung) der defekten Struktur in eine gute Struktur. In diesem Zusammenhang spricht man auch von Problemlösen als *Klärungsprozess*. Das Problem ist unklar, verwirrend, unüberschaubar und die Lösung klar, einfach, überschaubar. Eine andere Bezeichnung hierfür ist Problemlösen durch *Einsicht*. Einsicht bedeutet das plötzliche Erfassen der Beziehungen zwischen den Elementen der Problemsituation (»Aha-Erlebnis«).

> **Experiment**
>
> Aus Wertheimers Buch (1964) *Produktives Denken*:
> Zuerst werde ich berichten, was mit einem 5 ½-jährigen Mädchen geschah, dem ich für das Parallelogramm überhaupt keine Hilfe gab. Als ihr das Parallelogramm-Problem gegeben wurde, nachdem ihr kurz gezeigt worden war, wie man die Fläche des Rechtecks findet, sagte sie: »Das ist nicht gut, hier«, indem sie auf die Gegend am linken Ende zeigte, »und nicht gut hier«, indem sie auf die Gegend rechts zeigte. »Es ist ungeschickt, da und da« (Abb. 5.17a).
> Zögernd sagte sie: »Ich könnte es hier richtig machen ... aber ... « Plötzlich rief sie. »Kann ich eine Schere haben? Was hier schlecht ist, ist genau, was dort gebraucht wird. Es passt.« Sie nahm die Schere, schnitt senkrecht durch und setzte das linke Stück rechts an. Ein anderes Kind ging ähnlich vor, indem es das Dreieck abschnitt (Abb. 5.17b und c).

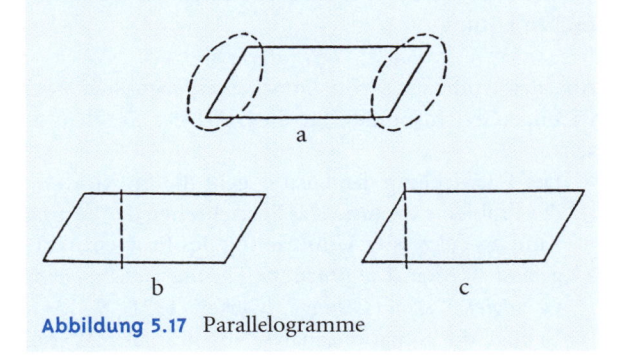

Abbildung 5.17 Parallelogramme

Problemlösen durch Umstrukturieren kann einmal durch plötzliches »Umkippen« der Sichtweise der Problemsituation (vergleichbar einer Kipp-Figur) erfolgen oder es kann in unterscheidbaren Phasen ablaufen.

In Anlehnung an Duncker (1935) lässt sich der *Prozess der Umstrukturierung* in vier Abschnitten beschreiben.

Situationsanalyse
- **Zielanalyse** (Was ist gesucht und was nicht?)
  Hier geht es zunächst um die Eliminierung störender Einflüsse. Häufig steht die sprachliche Formulierung des Problems einer Lösung im Wege. Das Ziel muss klar erfasst werden.
- **Konfliktanalyse** (Warum geht es nicht?)
  Hier sind die eingesetzten Mittel zu untersuchen. Die Konfliktanalyse kann der Zielanalyse auch zeitlich vorangehen.

Das allgemeine Lösungsprinzip (Funktionalwert)
Es wird nicht gleich die endgültige Lösung gefunden, sondern ein Lösungsprinzip.

Entwicklung eines Suchmodells

▶ **Wissensaktualisierung** (Was ist gegeben?)
Merkmale der Problemsituation werden mit relevanten Erfahrungen in Verbindung gebracht. Es kommt zu einer Resonanz zwischen dem Ziel und den Eigenschaften der zur Lösung heranzuziehenden Mittel.

▶ **Materialanalyse** (Was ist brauchbar?)
Die in Erwägung gezogenen Mittel werden auf ihre Brauchbarkeit überprüft.

Mittelaktualisierung
Die Anwendung der brauchbaren Mittel führt zur spezifischen Lösung.

Aus der Auffassung von Duncker ergeben sich zwei wichtige Gesichtspunkte für diese Art des Problemlösens.

▶ Der Entwicklung der Lösung geht die Entwicklung des Problems voraus. »Das Fortschreiten der Lösung kann als sukzessive Umformung des Problems aufgefasst werden. *Die präziseste Fassung des Problems ist zugleich seine Lösung*« (Oerter, 1971, S. 151). Gelingt die Situationsanalyse in optimaler Weise, dann drängt sich geradezu das Lösungsprinzip auf. Zahlreiche Sach- und soziale Beziehungsprobleme werden nicht gelöst, weil die Ziel- und Konfliktanalyse nicht bewältigt werden.

▶ Eine besondere Stellung innerhalb dieses Prozesses nimmt der Funktionalwert ein. *Allgemeine Lösungsprinzipien* können auf eine ganze Klasse von Problemen angewandt werden (Transfer). Wer zunächst das Helgoland-Problem löst, sollte anschließend mit dem Vogelflug-Problem kaum Schwierigkeiten haben.

> **Beispiel**
>
> **Vogelflugproblem**
> Zwei Bahnhöfe sind 80 Kilometer voneinander entfernt. An einem Sonnabend um 14 Uhr fährt in entgegengesetzter Richtung von jedem Bahnhof ein Zug ab. Gerade als der Zug den Bahnhof verlässt, flattert ein Vogel von dem ersten Zug auf und fliegt in der Zugrichtung, allerdings schneller, dem Zug voraus, bis er den zweiten Zug erreicht. Sofort kehrt der Vogel um und fliegt in entgegengesetzter Richtung zurück, bis er wieder dem ersten Zug begegnet.
> Daraufhin kehrt er noch einmal um und fliegt auf den zweiten Zug zu. Er tut das solange, bis sich beide Züge treffen. Die Züge fahren beide mit einer Geschwindigkeit von 40 Kilometern pro Stunde, und der Vogel fliegt mit einer Geschwindigkeit von 160 Kilometern pro Stunde. Wie viele Kilometer hat der Vogel am Treffpunkt der beiden Züge zurückgelegt? (aus Posner, 1976, S. 238).
> **Lösung.** Posner schreibt hierzu: »Wenn dieses Problem als Vogelflugproblem aufgefasst wird, muss man jeden Flug des Vogels zwischen den Zügen berechnen, was die Lösung sehr schwierig macht. Ändert man aber den Schwerpunkt des Problems und verschiebt ihn auf die Zeit, die der Vogel fliegen muss, so erweist sich das Problem als trivial. Ehe sich die Züge treffen, müssen sie eine Stunde gefahren sein (jeder Zug hat gerade 40 Kilometer zurückgelegt, die Hälfte der 80 Kilometer langen Strecke) und der Vogel, der eine Stunde lang hin und her geflogen ist, hat mit seiner schnellen Flugzeit gerade 160 Kilometer zurückgelegt.«

5.5.5 Problemlösen durch Anwendung von Strategien

Turm von Hanoi
Das Material zum »Turm von Hanoi«, auch »Indische Pyramide« genannt, ist in zahlreichen Ausstattungen im Spielzeughandel erhältlich. Meist besteht es aus 6 übereinander geschichteten Scheiben, deren Durchmesser von unten nach oben abnimmt. Von einer Platte A sollen die Scheiben unter Zuhilfenahme einer Platte B auf Platte C übertragen werden, wobei eine möglichst geringe Anzahl von Zügen angestrebt wird (Abb. 5.18).

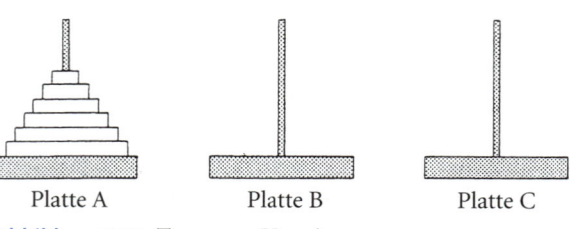

Abbildung 5.18 Turm von Hanoi

Dabei gelten folgende Spielregeln:
- Es darf jeweils nur eine oben liegende Scheibe gespielt werden.
- Eine Scheibe darf nicht zweimal nacheinander gespielt werden.
- Eine größere Scheibe darf niemals auf eine kleinere gelegt werden.

Die optimale Lösung erfolgt mit 63 Zügen. Klix und Rautenstrauch-Goede (1967) fanden bei der Lösung drei Phasen: Unspezifische Anfangsorientierung (Stapel A muss in Richtung C gespielt werden), lokale Strategie (Auf- und Abbau von kleinen Türmen), globale Strategie (vom Ziel ausgehend nach rückwärts gerichtet – Freispielen der untersten Scheibe auf A und Freimachen von C usw.).

Der Strategiebegriff (ursprüngliche Bedeutung: griech. = Feldherrenplan) lässt sich besonders dann auf Denkvorgänge anwenden, wenn das Denken in einer Abfolge von äußerlich sichtbaren Tätigkeiten und Entscheidungen beobachtet werden kann. Der Begriff der Strategie beinhaltet die Planung und Durchführung eines Gesamtkonzeptes, während der Begriff der Taktik die Realisierung der einzelnen Schritte meint. So lässt sich die militärische Strategie Friedrichs II. von Preußen durch folgende Grundsätze kennzeichnen: Bestreben, die Offensive zu behalten; eigene Kräfte an entscheidenden Punkten sammeln, die Gegner nacheinander angreifen; Vermeidung länger andauernder Kriege. Ein friedliches Beispiel für strategisches Denken wäre das Schachspiel.

Der Begriff der Strategie wird in zweierlei Bedeutung gebraucht:
- Bei manchen Strategien ist die Art und Reihenfolge der Entscheidungen weitgehend determiniert. In diesem Fall spricht man von einem Algorithmus. Ein Algorithmus ist eine *epistemische Regel* (Wissen), die die Abfolge ganz bestimmter Handlungsschritte tatsächlich festlegt. So muss man beispielsweise in einer Telefonzelle zunächst den Hörer abnehmen, dann die Münzen einwerfen, dann wählen, usw.
- Im Rahmen des Problemlösens begreift man dagegen eine Strategie als *heuristische Regel* (Problemlöseverfahren), als eine Suchanweisung, die die zu treffenden Entscheidungen in einem gewissen Rahmen festlegt. So kann etwa ein Befehlshaber bei kriegerischen Auseinandersetzungen unterschiedliche Einzelentscheidungen im Rahmen eines strategischen Gesamtkonzepts treffen.

Eine solche flexible Strategie ist besonders dann erforderlich, wenn ein »Gegenspieler« im weitesten Sinne vorhanden ist.

5.5.6 Problemlösen durch Kreativität

Beispiel

Benzol-Problem

Auf geniale Weise löste 1865 der deutsche Chemiker Kekulé von Stradonitz die Frage nach der Struktur des Benzols. Die chemische Zusammensetzung des Moleküls war bekannt (C6H6), nicht aber die Strukturformel. Angeblich plagte sich der Forscher längere Zeit mit dem Problem. In der Zeitung las er von einem Einbruch in ein Juweliergeschäft, bei dem ein Ring von eigenartigem Aussehen entwendet wurde. Einige Zeit später sah er im Traume das Bild dieses Fingerringes in Form einer Schlange, die sich selbst in den Schwanz beißt. Nach dem Aufwachen zeichnete er dann die Strukturformel als Ring mit doppelten und einfachen Bindungen.

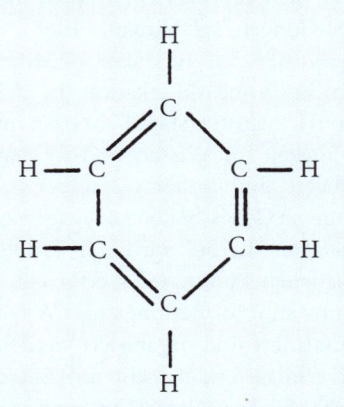

Abbildung 5.19 Strukturmodell des Benzolringes

Bei diesem Beispiel fällt auf, dass die Lösung weniger durch eine rationale Strategie, sondern vielmehr durch einen scheinbar spontanen Einfall gefunden wird, der einen traumhaft-spielerischen Charakter aufweist.

Kreative Lösungen zeichnen sich dadurch aus, dass gedanklich weit voneinander entfernt liegende Elemente so verknüpft werden, dass das Ergebnis als subjektiv neu empfunden wird (Fingerring – Benzolring). Wie man erkennt, sind kreative Problemlösungen auch als Umstrukturierungen zu begreifen: Der Ring aus dem Juweliergeschäft tritt in das chemische Problem und verändert dieses.

> **!** Kreative Problemlösungen sind häufig durch zwei Merkmale ausgezeichnet:
> ▶ Ideenfülle
> ▶ seltene (originelle, ungewöhnliche) Einfälle

Kreativität ist aber keine einheitliche Leistungsfähigkeit. Es gibt verschiedene Niveaus von Kreativität (z. B. situationsspezifische Produktion von witzigen Einfällen – Einsteins Relativitätstheorie).

Zur Frage der Kreativität gibt es zwei unterschiedliche Positionen:
▶ Kreativität ist der durch Inspiration gewonnene Einfall einer kreativen Persönlichkeit.
▶ Kreativität ist die originelle Nutzung einer reichen und hochwertigen Wissensbasis.

Erste Auffassung: Der kreative Prozess und die kreative Persönlichkeit

Bei der Beschreibung des Prozesses kreativer Problemlösung lassen sich verschiedene Phasen unterscheiden (andere Einteilungen: vgl. Ulmann, 1968).

(1) **Problematisierung.** In dieser einleitenden Phase werden die Probleme erkannt, die Widersprüche aufgespürt, Selbstverständlichkeiten in Frage gestellt, Lücken im Wissen und in der Erfahrung identifiziert und bisher als unbezweifelbar hingenommene Gewissheiten zurückgewiesen.

(2) **Exploration.** Hierbei wird das Problemfeld von verschiedenen Punkten aus erforscht. So können Erfahrungen, Informationen und Wissensbestände umstrukturiert und organisiert werden. Diese explorative Phase endet nicht mit Entscheidungen. Vielmehr bleiben alternative und sogar widersprüchliche Betrachtungsweisen und Erklärungsversuche gleichberechtigt nebeneinander bestehen.

(3) **Inkubation.** Dies ist der bisher noch am wenigsten erforschte Abschnitt eines kreativen Prozessablaufs. In dieser Phase kommt es scheinbar zu einem von emotionaler Entspannung begleiteten Vergessen des Problems. Dabei vollzieht sich eine nicht in Sprache übersetzte, sondern anschauliche oder symbolhafte Neuorganisation von Erfahrungen und Versuchen. Diese dem äußeren Anschein nach ruhige Inkubationsphase stellt die unmittelbare Vorbereitung der

(4) **heuristischen Regression** dar. Sie ist subjektiv durch das Erlebnis spontan auftauchender Lösungsmöglichkeiten gekennzeichnet, mit denen spielerisch ungebunden umgegangen wird, die verändert und ergänzt, die probeweise akzeptiert und wieder verworfen werden. Das Zurückgleiten auf eine gewissermaßen kindliche und dramatisierte, zugleich vieldeutige Realitätsbegegnung schafft das anspruchsentlastete norm- und konventionsbefreite Operationsniveau, auf dem sich die kreative Idee ausbilden kann. Durch die abschließende Auswahl der aussichtsreichsten Lösungsidee wird die heuristische Regression beendet. Damit beginnt die neue Phase der

(5) **Elaboration.** In der Phase der Elaboration wird der in der *heuristischen Regression* gefundene, unfertige Lösungsansatz systematisch ausgearbeitet und in eine Sprache übersetzt, die für diejenigen verständlich ist, die gleichfalls vor das Problem gestellt sind und die zugleich Nachfrager und Nutznießer der Lösung sind. Die kreative Idee wird kommunizierbar.

(6) **Diffusion.** Diese letzte Phase scheint mit dem kreativen Prozess nur noch oberflächlich zusammenzuhängen. Sie ist dennoch von großer Bedeutung. Diffusion bezeichnet den Prozess, der eine kreative Leistung ausbreitet und durchsetzt. Damit geht eine gewisse Popularisierung und Einbeziehung in das Alltagsgeschehen einher (gekürzt aus Haseloff, 1971, S. 89 f.).

Bei zahlreichen kreativen Problemlösungen im Alltag lassen sich nicht alle der aufgeführten Phasen beobachten.

> **!** Als Zentrum des kreativen Prozesses gilt die Phase der heuristischen Regression (Regression = Rückfall auf eine frühere Entwicklungsstufe). Die scheinbare Rückkehr zu einer kindlichen Mentalität, der Wechsel zwischen Spannung und Entspannung ermöglichen das Finden einer überraschenden Lösungsidee. Das spontane Auftauchen wird als Inspiration oder Illumination (beide Begriffe bedeuten: Eingebung, Erleuchtung, Offenbarung) bezeichnet.

Zweite Auffassung: Kreativität und spezifisches Wissen

Weinert (1991, S. 33) nennt vier Aspekte des kreativen Denkens:

(1) **Sensitivität gegenüber Problemen**
Menschen unterscheiden sich darin, ob sie unter gegebenen Bedingungen Probleme überhaupt erkennen.

(2) **Flüssigkeit des Denkens**
Dies meint die Menge der Ideen, Worte, Assoziationen und Bilder, die jemand in einer Zeiteinheit produzieren kann.

(3) **Flexibilität des Denkens**
Beweglichkeit bedeutet die Leichtigkeit, mit der jemand Bezugssysteme wechseln kann, neue Informationen aufgreift usw.

(4) **Originalität des Denkens**
Dies betrifft die Neuheit oder Seltenheit von Problemlösungen.

Als Voraussetzung dieser Leistungen kann man eine spezifische Art von Wissen ansehen. Dabei spielt nicht die Quantität, sondern die Qualität eine Rolle. Gemeint sind eigentlich alle in Kapitel 4 besprochenen Gesichtspunkte: Assimilation, Art der Repräsentation und (hierarchische) Vernetztheit.

▶ »Zur Lösung inhaltlich anspruchsvoller Probleme ist die Verfügbarkeit einer reichen, variabel organisierten und flexibel nutzbaren Wissensbasis eine notwendige Voraussetzung.«

▶ »Grundlegend für diese Konzeption ist die Annahme, dass Kreativität nicht eine spezifische Art des Denkens darstellt, sondern ein besonders *anspruchsvolles Niveau* des Denkens repräsentiert.«

▶ »Kreative Leistungen sind in der Regel das Ergebnis harter Arbeit und nicht die Folge plötzlicher Einfälle, die aus dem Unbewußten kommen.«

▶ »Die kreative Nutzung intelligent erworbenen Wissens gelingt offenbar Menschen umso besser, je größer ihre Fähigkeit und Bereitschaft ist, konventionelle Ordnungen in Frage zu stellen, tolerant gegenüber der Ungewissheit neuer Problemlösungen zu sein und Flexibilität und Tiefgründigkeit des Denkens zu verbinden.«

▶ »Die sicherste Methode, kreative Problemlösungen zu verhindern, besteht in einer bürokratisch-administrativen Organisation der Arbeit, in der strikten Erfolgsorientierung an konventionellen Problemlösungen und in der honorierten Vermeidung von Mißerfolgen« (aus Weinert, 1991, S. 34–36).

! Eine kreative Leistung ist nach dieser Auffassung eine qualitativ besonders hochwertige und deshalb auch seltene Lösung, die aus der besonderen Kompetenz in einem Sachgebiet erwächst.

Konvergentes und divergentes Denken

Das konvergente Denken ist ein reproduktives Denken und gelangt bei Problemen zur Anwendung, die eine ganz bestimmte Lösung aufweisen (Beispiel: Test im Arbeitsteil).

Das divergente Denken ist ein produktives, von den üblichen Gewohnheiten abweichendes Denken. Es wird bei Problemen eingesetzt, bei denen die Lösungswege weniger festgelegt sind und unter Umständen sogar verschiedene Lösungen denkbar sind.

Das kreative Denken kann man als ein Zusammenspiel zwischen divergentem und konvergentem Denken auffassen. Die oben beschriebene Kontroverse »Kreative Persönlichkeit« gegen »Relevantes Wissen« lässt sich vielleicht auflösen, indem man die Wissensbasis als Voraussetzung für das mehr intuitive Erfassen der Lösungsidee unterstellt.

Kreativ-Methoden

Die Beschäftigung mit kreativem Problemlösen hat zur Ausbildung spezieller Methoden geführt, von denen die drei bekanntesten vorgestellt werden (Tab. 5.1).

Kreativität kann unter zwei Gesichtspunkten betrachtet werden:
▶ Der erzeugte Nutzeffekt (kreatives Produkt)
▶ Bedeutung für die Persönlichkeit (kreativer Prozess).

Der erste Aspekt steht bei der Anwendung der Ergebnisse der Kreativitätsforschung auf Entscheidungs- und Innovationsprozesse des industriellen Managements ganz im Vordergrund, während im Bereich der Pädagogik der zweite Gesichtspunkt vorrangig ist.

Tabelle 5.1 Drei Kreativ-Methoden (aus Haseloff, 1972, S. 69)

	Morphologie	Brainstorming	Methode 635
Methode:	Das zu lösende Problem wird in seine Problem-Bestandteile zerlegt, die in einem »morphologischen Kasten« untereinander angeordnet werden. Neben jedes Problem-Element werden dann möglichst viele Lösungsmöglichkeiten geschrieben. Lösungen des Gesamtproblems ergeben sich durch Kombination der einzelnen Lösungsideen. Unter der Vielzahl der Kombinationsmöglichkeiten befinden sich zumeist einige praktikable Lösungen.	Zum Brainstorming treffen sich Gruppen von etwa sieben Problemlösern, um 15 bis 30 Minuten lang alles zu äußern, was ihnen zu einem Problem einfällt. Quantität geht dabei vor Qualität, Vernunft und Logik sind nicht gefragt, Kritik jeder Art ist verboten. Ein Protokollführer notiert die produzierten Lösungsansätze für alle sichtbar an einer Tafel. Über die Bewertung der Lösungen wird erst nach Abschluss des Brainstorming entschieden.	Sechs Problemlöser schreiben je drei Lösungsansätze zu einem Problem auf ein Blatt Papier und tauschen nach fünf Minuten die Blätter untereinander aus. Ausgehend von den Lösungsvorschlägen des Vorgängers, bringt jeder wieder innerhalb von fünf Minuten drei Lösungen zu Papier. Das wiederholt sich so lange, bis alle sechs Blätter von jedem der sechs Teilnehmer mit drei Lösungsideen beschrieben sind.
Bewertung:	Die Methode garantiert im Allgemeinen, dass nichts übersehen wird, was für die Lösung des gestellten Problems wichtig ist. Sie ermöglicht eine präzise Problemanalyse und erhöht das Problembewusstsein. Wirklich originelle Lösungen lassen sich jedoch mit ihr nur selten finden. Wegen ihrer Systematik ist sie vor allem als Vorstufe zu den intuitiven Problemlösungsverfahren nützlich.	Entscheidend für den Erfolg eines Brainstorming ist, dass sich die Teilnehmer an die Spielregeln halten und nicht mit sogenannten »Killerphrasen« (»Das haben wir schon mal gehabt, das geht nicht«) jede ungehemmte Ideenproduktion unterbinden. Hierarchische Unterschiede zwischen den Gruppenmitgliedern lähmen ebenfalls häufig den freien Gedankenfluss. In der Regel erweisen sich drei bis sechs Prozent der produzierten Ideen als brauchbar.	Diese Variante des Brainstorming hat den Vorteil, dass sich Gruppen-Spannungen nicht auf die kreative Produktion auswirken. Außerdem hat sich gezeigt, dass um so bessere Ideen entwickelt werden, jemehr bereits produzierte Lösungsansätze aufgegriffen werden. Die Erfolgsrate der Methode 635 liegt deshalb bei über 15 Prozent. Ein weiterer Vorteil: Die Produzenten patentreifer Lösungen lassen sich eindeutig identifizieren.

5.5.7 Problemlösen durch Systemdenken

Beispiel

Das Lohhausen-Problem
»Stellen Sie sich vor, Sie werden plötzlich Bürgermeister von Lohhausen (3372 Einwohner) (…).

Die ökonomische Basis der Stadt (…) ist eine Uhrenfabrik. Außerdem gibt es eine Bank, Gaststätten, Lebensmittelhändler, Textilwaren- und andere Geschäfte. Natürlich gibt es auch eine Schule, Kindergärten, ein Bad, einen Sportverein samt zugehörigem Fußballplatz und eine Stadtverwaltung.

Alle Betriebe in der Stadt, mit Ausnahme der Geschäfte, der Post und der Bahn, sind städtisch. Außerdem gehören alle Gebäude und Wohnungen der Stadt und auch der gesamte Grundbesitz. Dafür hat sie aber auch Verpflichtungen: die Stadt zahlt die medizinische Versorgung, direkt oder indirekt die Pensionen und die Arbeitslosengelder.

Lohhausen existiert natürlich nicht tatsächlich. Aber alle Verhältnisse in Lohhausen sind so, daß sie tatsächlich existieren könnten. Allerdings sind die Verhältnisse in Lohhausen einfacher als in der Realität, wiewohl immer noch kompliziert genug, um Ihnen Schwierigkeiten zu bereiten.

Sie betreten also nun am 2. Januar 1976 das Rathaus, um Ihr neues Amt anzutreten. Wiederum im Gegensatz zur Realität haben Sie fast diktatorische Vollmachten. Alles, was Sie beschließen, wird tatsächlich durchgeführt. Ihre Aufgabe ist es, für das Wohlergehen der Stadt in der näheren und ferneren Zukunft zu sorgen. Was Sie dafür unternehmen, ist Ihre Sache …« (Dörner et al., 1983, S. 105 f.).

Mit den zum Bürgermeister ernannten Versuchspersonen werden acht Sitzungen von je zwei Stunden Dauer durchgeführt. Alle Entscheidungen, die sie treffen, werden einem Computer zugeführt, der

Lohhausen simuliert. Die Versuchspersonen haben die Aufgabe, mit ihren Planungen und Maßnahmen einen Zeitraum von zehn Jahren zu erfassen. Sie können bei dem Versuchsleiter jederzeit Informationen einholen.

Zahlreiche Versuchspersonen wirtschafteten Lohhausen in kürzester Zeit in den Bankrott.

Dörner spricht bei solchen Problemen vom »Umgang mit Unbestimmtheit und Komplexität«.

> **Definition**
>
> Die **Problemsituation** ist durch folgende Merkmale gekennzeichnet:
> - *Komplexität*. Es ist eine Vielzahl von Einflussfaktoren zu beachten.
> - Teilweise *Intransparenz*. Nicht alle Informationen sind zugänglich.
> - *Vernetztheit*. Es besteht eine gegenseitige Beeinflussung der einzelnen Faktoren.
> - *Eigendynamik*. Elemente des Problems und somit auch das ganze Problem entwickeln sich weiter.
> - *Offenheit des Zielzustandes*. Das Ziel muss präzisiert werden.
> - *Polytelie*. Es liegen mehrere Ziele vor, die sich ggf. auch widersprechen können.

Die meisten Menschen sind wenig befähigt, in einem solchen System zu denken. Wir neigen dazu, uns um die augenblicklich vorhandenen Missstände zu kümmern. Dies bezeichnet man als »Überwertigkeit des aktuellen Motivs«. Dörner spricht in diesem Zusammenhang von einem »linearen Ursachen-Wirkungs-Denken«. Wir suchen nach Mitteln, die geeignet sind, die aktuelle Schwierigkeit zu beheben. So beendet die Einnahme einer Tablette möglicherweise sehr schnell den Kopfschmerz. Das *lineare Denken* ist ein Denken in einfachen Wenn-dann-Beziehungen. In solchen Fällen werden Neben- und Fernwirkungen nicht bedacht. Unter Umständen führt die Behebung des augenblicklichen Missstandes zu viel schwerwiegenderen neuen Missständen.

> **Beispiel**
>
> Das Schädlingsbekämpfungsmittel DDT wurde nach seiner Entwicklung als große Errungenschaft begrüßt. Inzwischen gibt es weltweit resistente Insektenstämme. Die Anwendung des Mittels ist jetzt in den meisten Ländern verboten. Im Verlauf der Nahrungskette ist es bereits in der Muttermilch nachgewiesen worden.
>
> Bei der scheinbaren Lösung eines Problems sind eine Reihe neuer Probleme aufgetaucht.

Bei Problemen wie Umweltbelastung, Erhalt von Ökosystemen, Arbeitslosigkeit oder Rentenfinanzierung wird durch isolierte Maßnahmen keine wirkliche Lösung gefunden. Bei solchen Systemen, die komplex, teilweise intransparent, vernetzt, eigendynamisch, offen und polytelisch sind, ist ein »*komplexes Denken* in Netzen« (Dörner) nötig. Die Analyse eines im Augenblick drängenden Problems reicht nicht aus. Es gilt, ein Realitätsmodell zu konstruieren oder mit anderen Worten die Struktur und Dynamik des Systems zu erfassen. Hierbei spielt neben einem expliziten sprachlichen Wissen die Intuition eine bedeutende Rolle.

Bei diesem Systemdenken lassen sich nach Dörner et al. (1983, S. 37 f.) besonders zwei Schwerpunkte hervorheben: Zielpräzisierung und Strukturwissen.

Zielpräzisierung

Der Zielzustand ist bei solchen Problemen meist relativ offen (»Den Menschen in Lohhausen soll es gut gehen«. »Die Arbeitslosigkeit soll abgebaut werden«). Für eine Handlungsplanung sind aber wohldefinierte Ziele eine wichtige Voraussetzung. Bei komplexen Problemen sind in der Regel zudem mehrere Ziele zu verfolgen, die sich möglicherweise nicht gleichzeitig realisieren lassen. So stellen beispielsweise bei zahlreichen Produktionsverfahren minimale Betriebskosten und minimale Umweltbelastung kontradiktorische (einander widersprechende) Verhältnisse dar. Es sind dann Kompromisse notwendig, die Zielbalancierungen genannt werden.

Strukturwissen

Probleme treten in einem bestimmten Realitätsbereich auf. Das zunächst vorhandene Wissen ist einerseits zu global und oberflächlich und andererseits zu punktuell. Es ist notwendig, den Ausschnitt des Realitätsbereichs zu strukturieren. Der erste Schritt hierzu ist die Informationssammlung. Wichtiger ist jedoch die Bildung relativ umfassender Hypothesen. Hierbei spricht Dörner von der Analogiebildung und der Verwendung abstrakter Strukturschemata.

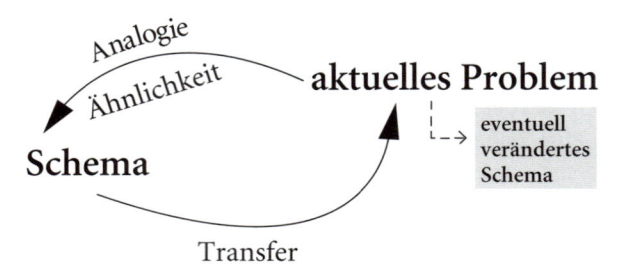

Abbildung 5.20 Lösungsschema

Ein aktuelles Problem wird (im Idealfall) dadurch gelöst, dass eine *Analogie* hergestellt wird (eine Ähnlichkeit erkannt wird) zu einem bereits erfolgreich gelösten Problem. Übernommen wird aber nicht die spezifische Lösung, sondern nur das *Schema* (Duncker: Lösungsprinzip). Dieses wird auf das aktuelle Problem übertragen (Transfer). Eventuell wird im Gedächtnis abschließend ein modifiziertes Schema abgespeichert.

Beispiel

Petra besucht Schulen, die dem sozialen Lernen große Bedeutung beimessen. Petra ist Klassensprecherin, arbeitet in der Schülerverwaltung und in verschiedenen studentischen Ausschüssen.

Später wird Petra Schulleiterin und dann Dezernentin im Landkreis Schönhausen. In dieser Funktion leitet sie eine Kommission, die Vorschläge für einen neuen Erlass des Kultusministeriums ausarbeiten soll.
Problem: Die Situation ist insgesamt komplex und zahlreiche Einzelfragen sind unbestimmt. Wie leitet man eine Kommission?
Informationssammlung: Welche ministeriellen Rahmenbedingungen sind gegeben? Wo wurden bereits ähnliche Tagungen durchgeführt? Wie waren diese organisiert? Wen kann man fragen?
Analogiebildung: Suchen eines gut bekannten Realitätsbereiches, der dem neuen, relativ unbekannten in gewisser Weise ähnlich ist. Wo habe ich so etwas Ähnliches schon einmal gemacht? In der Schule und an der Universität.
Abstraktes Strukturschema: Loslösung der gefundenen Struktur von der konkreten Realisierung damals in der Schule und Entwicklung einer abstrakten Vorstellung, wie man solche Vorhaben plant und erfolgreich durchführt. Verwendung dieses allgemein anwendbaren Strukturprinzips in dem noch wenig bekannten Realitätsbereich (Kommissionsarbeit).

Erfolgreiche Problemlöser

Sie weisen nach Dörner folgende Merkmale auf:
(1) **Umgang mit Komplexität.** Relativer Überblick über die komplexe Problemsituation und Erfassung der Struktur und Dynamik des Systems.
(2) **Spezifische intellektuelle Leistungsfähigkeit.** Als nicht relevant erweist sich die Intelligenz, wie Intelligenztests sie messen. Allerdings sind ein breit gefächertes Wissen und die Fähigkeit zur Analogiebildung wichtig. Die Möglichkeit, die Problemsituation zu strukturieren bewirkt, dass die Person neuartigen Situationen nicht hilflos gegenübersteht.
(3) **Entscheidungsfreudigkeit.** Es werden relativ viele Hypothesen gebildet und die daraus folgenden relevanten Maßnahmen anschließend auf ihre Effizienz überprüft.
(4) **Selbstsicherheit.** Fähigkeit, Unsicherheit zu ertragen. Bereitschaft, sich als falsch erweisende Hypothesen zu korrigieren. Keine übertriebene Tendenz, ein positives Bild von der eigenen Kompetenz zu bewahren.
(5) **Verantwortung und Stabilität des Handelns.** Keine Delegation von Problemen. Kein Ausweichen auf unbedeutende Nebenfragen. Selbstreflexion (»Erst muss ich mich mit A beschäftigen, dann mit dem Problem B und dann darf ich nicht vergessen, mich um C zu kümmern«).

5.5.8 Problemlöseprozess

Es ist nicht zu übersehen, dass sich die dargestellten Theorien teilweise überlappen. Bei jeder der fünf Formen des problemlösenden Denkens wurden prototypische Fälle besprochen. Es gibt jedoch keine wirklich überzeugende Klassifikation von Problemen.

In diesem Abschnitt wird versucht, die zentralen Gesichtspunkte der unterschiedlichen Konzepte zusammenzufassen. Dabei soll ein allgemeines Modell des Ablaufs eines Problemlöseprozesses entwickelt werden (Abb. 5.21).

Problem- | Situations- | Such- | Lösung und
raum | analyse | raum | Evaluation

PROBLEM | LÖSUNG

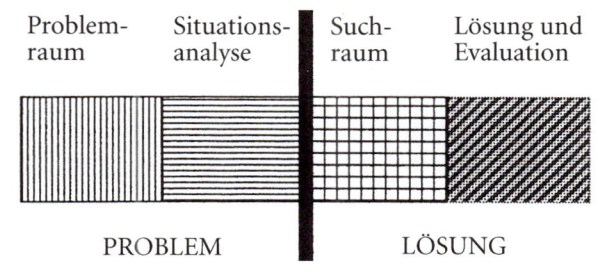

Abbildung 5.21 Problemlöseprozess als stufenweise Umstrukturierung

Problemraum

Der Problemraum beinhaltet die innere Repräsentation der Problemsituation (»Es geht nicht«). An dieser Stelle sind eine Reihe bereits besprochener Gesichtspunkte in Erinnerung zu rufen. Der Aufbau eines Problemraums ist als subjektiver kognitiver Strukturierungsprozess zu begreifen. Durch Selektions- und Interpretationsprozesse werden Problemsituationen individuell unterschiedlich abgebildet. Eine besondere Rolle spielen in diesem Zusammenhang das Wissen des Problemlösers über den Realitätsbereich und das Erlebnis der Barriere.

Weist der Problemraum eine besonders unübersichtliche Struktur auf, kann es zu einem Ausstieg aus dem begonnenen Lösungsprozess kommen: Durch Beschaffung von zusätzlichem Wissen (neue Information, Hinzuziehung von Fachleuten) wird das Problem in eine Aufgabe umgewandelt.

Situationsanalyse

Hier können die Vorstellungen von Duncker (1935) übernommen werden.

Es gilt, ein schlecht definiertes Problem (unscharfer Anfangs- oder Endzustand) in ein wohldefiniertes (präzisierter Anfangs- und Endzustand) umzustrukturieren. Im Mittelpunkt stehen hierbei die Zielanalyse (»Was ist gesucht und was nicht?«) und die Konfliktanalyse (»Warum geht es nicht?«). Durch diese beiden Maßnahmen, deren Reihenfolge gleichgültig ist, werden die wichtigsten Komponenten des Problemraums, das Ziel und die Barriere, mit einem hohen Grad an Bewusstheit untersucht.

Suchraum

Aus der Verbindung von Merkmalen der Problemsituation mit den Handlungsmöglichkeiten des Problemlösers entsteht der Suchraum. Der ursprünglich relativ umfangreiche Problemraum hat sich jetzt wieder umstrukturiert. Er beinhaltet nur noch jene Ausschnitte der Problemsituation, an denen der Problemlöser mit seinen Mitteln Veränderungen vornehmen kann (»Wie könnte es geschehen?«).

Die Lösungssuche kann sich je nach Art des Problems und der Kompetenz des Problemlösers sehr unterschiedlich gestalten. Die Transformation vom unbefriedigenden Ausgangszustand zum erwünschten Zielzustand kann von folgender Art sein:

- Beim Problemlösen durch Versuch und Irrtum wird die Lösung mehr zufällig gefunden (oder auch nicht).
- Nach Duncker stellt sich im Anschluss an eine sehr gute Situationsanalyse das Lösungsprinzip fast von alleine ein (die präziseste Fassung des Problems ist zugleich seine Lösung).
- Bei Strategien besteht der Lösungsweg in einer längeren Kette von Entscheidungen.
- Bei der Kreativität taucht ggf. nach einer Entspannungsphase im Zuge einer Eingebung (Inspiration)/Erleuchtung (Illumination) die Lösung spontan auf.
- Beim Systemdenken wird (im Idealfall) eine Ähnlichkeit (Analogie) mit anderen, bereits gelösten Problemen erkannt. In diesen Fällen kommt es zur Übernahme (Transfer) erfolgreicher Lösungsprinzipien oder Strukturschemata.

Lösung und Evaluation

Wird eine Lösung gefunden (»So ist es richtig«), dann kann es zu einer Evaluation kommen. Die Lösung wird nach Art der eingesetzten Maßnahmen und hinsichtlich ihrer Ökonomie bewertet. Unter Umständen wird ein Lösungsschema erkannt, das zukünftig dann bei ähnlichen Problemen eingesetzt werden kann (Transfer).

> **Beispiel**
>
> Das Auto springt nicht an. Es ist ein kalter, nebliger Herbstmorgen. Als erstes gilt es, negative Emotionen einzudämmen, damit wir uns dem Problem vorwiegend kognitiv nähern können.
>
> Der Problemraum ist zunächst durch Unübersichtlichkeit gekennzeichnet. Haben wir ein sehr geringes Wissen in diesem Realitätsbereich, dann bleibt nichts anderes übrig, als das Auto in die Werkstatt abschleppen zu lassen.
>
> Im anderen Fall könnte die Situationsanalyse mit der Konfliktanalyse beginnen: Ist noch Benzin im

Tank? Liefert die Batterie noch Energie? Sind alle Kabel in Ordnung? usw.

Da all diese Dinge in Ordnung sind, fällt uns vielleicht ein, dass bei diesem (schon etwas älteren) Modell manchmal Feuchtigkeit in den Verteiler (von dem aus die Zündkerzen mit Strom versorgt werden) eindringt. Das dürfte das eigentliche Problem sein: Der Verteiler muss trocken sein und möglichst trocken bleiben. Damit ist ein Lösungsprinzip gewonnen.

Es müssen jetzt Möglichkeiten gesucht werden, wie man Dinge trocken hält. Beispielsweise Regenmantel anziehen, Schirm aufspannen, Buch in Plastiktüte tragen, bereits feuchte Dinge durch Wärme trocknen usw. Nun kann man schlecht unter dem Auto ein Feuer anzünden (Duncker: Materialanalyse). Es muss eine andere Lösung gesucht werden.

Es bietet sich an: Verteiler öffnen, Feuchtigkeit entfernen, geschlossenen Verteiler mit Plastiktüte umwickeln.

Wegen bestimmter Gefahren ist diese relativ kreative Lösung nur mit besonderer Vorsicht zu imitieren.

Zusammenfassung

- Ein Problem ist durch eine Barriere zwischen unerwünschtem Ausgangszustand und erwünschtem Zielzustand gekennzeichnet. Problemlösen ist die Überwindung dieses Hindernisses.
- Die kognitive Struktur gliedert sich in die epistemische Struktur (Wissensstruktur) und die heuristische Struktur (Problemlösestruktur).
- Aufgrund der Problemmerkmale und der Personmerkmale ergibt sich, dass Probleme manchmal nur Probleme für bestimmte Personen sind.
- Wir unterscheiden fünf Formen des problemlösenden Denkens:
  - Problemlösen durch Versuch und Irrtum
  - Problemlösen durch Umstrukturieren
  - Problemlösen durch Anwendung von Strategien
  - Problemlösen durch Kreativität
  - Problemlösen durch Systemdenken
- Beim Problemlöseprozess ergeben sich vier Phasen:
  - Problemraum
  - Situationsanalyse
  - Suchraum
  - Lösung und Evaluation

5.6 Anwendungsbereiche

Modelllernen ist eine sehr häufige Form des sozialen Lernens und spielt auch in der Psychotherapie eine Rolle. Im Kontext Schule kann zur Verbesserung der Lehrerhandlung der Austausch subjektiver und objektiver Theorien beitragen. Problemlösen sollte in Schulen wesentlich intensiver geübt werden.

5.6.1 Alltag

Häufigkeit des Modelllernens. In Familie, Freundeskreis, Nachbarschaft, Schule und Verein sind wir umgeben von Modellen und sind selbst eines. Wir lernen von unseren Eltern, Großeltern und Geschwistern das Sprechen, wir schauen uns von ihnen soziales Verhalten ab, Männer- und Frauenrollen, Tischmanieren, Einstellungen, Konfliktlösestrategien, Trink- und Essgewohnheiten, Erziehungsverhalten usw. Im Jugendalter werden Peers als Modelle immer wichtiger. Sie bieten uns Vorbilder für Einstellungen, Musikvorlieben, Verhalten gegenüber Erwachsenen. Von ihnen schauen wir uns ab, wie man sich bei einem Discobesuch verhält, wie man sich schminkt, was man anziehen kann und was nicht, wie Skateboard-Fahren funktioniert, wie man sein Facebook-Profil gestaltet und vieles mehr.

Modelle in den Medien. Darüber hinaus bieten Medien Modelle an. Ausgestattet mit Attributen, die die Modelle attraktiv und erfolgreich erscheinen lassen, nehmen sie somit Einfluss auf das Erleben und Verhalten der Konsumenten. Ganz zu Recht wird vor den Gefahren gewarnt, die Gewalt darstellende Filme und Spiele bergen, auch wenn deren Konsum nicht unbedingt zu Nachahmungshandlungen führen muss. Jugendliche und Erwachsene lernen Rollenmuster, Trends und Moden nicht nur durch Beobachtung von Erwachsenen in ihrem unmittelbaren Lebensumfeld, sondern auch von Figuren aus Werbung, Film, Musik und Literatur. So wurde z. B. das magersüchtige britische Model Twiggy in den 1960er Jahren zur Stilikone, was in der Folge zu einem deutlichen Anstieg von Essstörungen bei Mädchen führte.

Auf Goethes Romanfigur anspielend wird als »Werther«-Effekt das Phänomen bezeichnet, dass das Bekanntwerden einer Selbsttötung Nachahmungen provoziert. Ähnlich ziehen Amok-Läufe, bekanntgewordene Erpressungen und andere Straftaten Trittbrettfahrer an. Der Einfluss von Musikern wie Elvis Presley und den Beatles ist legendär. Vom Trend-Faktor der Prominenten nutznießen Mode- und Parfumhersteller, Diätprodukt- und Sportartikelanbieter.

Lehrer als Modelle. Lehrer können Modelle sein für
- angemessenes Sozialverhalten (z. B. Kooperation, helfendes Verhalten),
- angemessenes emotionales Verhalten (z. B. Äußerung und Kontrolle von Gefühlen),
- kognitive Leistungen (z. B. Art der Informationsverarbeitung),
- planvolles Handeln und Problemlösen (z. B. effizientes Handeln, Kreativität).

Da Eltern und Lehrer über viele Jahre hinweg täglich mehrere Stunden lang wahrgenommen werden und über Charakteristika verfügen, die das Modelllernen fördern (Prestige, Beziehungsverhältnis zum Beobachter), sind sie bedeutsame Modelle für Kinder und Jugendliche. Leider ist festzustellen, dass Erwachsene nicht selten ein unangemessenes Modellverhalten zeigen.

Effizientes Handeln. Effizientes Handeln bedeutet:
- Das Ziel muss klar erfasst sein und die Aufgabenschwierigkeit bzw. die Problemstruktur sowie die situativen Bedingungen müssen realistisch eingeschätzt werden.
- Im Handlungskonzept ist ein Handlungsschema repräsentiert, das einerseits äußeren Schwierigkeiten flexibel angepasst werden kann, andererseits bei unerwarteten Änderungen der Situation aber nicht aufgegeben wird.
- Bei der Ausführung der Teilhandlungen wird das Endziel nie aus dem Auge verloren.

An einer so schlichten Episode wie »Eine Einladung zu einem Abendessen aussprechen und dieses planen und schließlich durchführen« lässt sich die große Spannweite der Befähigung zu effizientem Handeln anschaulich erkennen.

5.6.2 Psychotherapie

Das hier einschlägige therapeutische Verfahren wird als kognitives Modellieren bezeichnet (Lauth & Schlottke, 2009, S. 109 f.).

Der Therapeut vermittelt als Modell, wie eine Anforderung bewältigt werden kann. Dazu löst er eine Aufgabe und demonstriert, wie er vorgeht. Er verdeutlicht sein Vorgehen und benutzt dabei Selbstanweisungen, um die Regeln und Strategien zu veranschaulichen, denen er folgt. Seine Selbstanweisung spricht er jeweils laut sowie in »Ich-Form« (offene Selbstverbalisierung). Die Selbstanweisungen beziehen sich auf wichtige Stadien des Problemlösens (z. B. ein Problem erkennen, ein Ziel bestimmen, einen Lösungsweg ableiten, ein Ergebnis überprüfen …). Die Kinder sollen durch Beobachten lernen, wie sie vorgehen können. Ihnen wird vermittelt, welche offenen und welche verdeckten (kognitiven) Verhaltensweisen sie einsetzen sollten, um die Aufgabe erfolgreich bearbeiten zu können.

Beim Selbstinstruktionstraining wird das kognitive Modellieren dadurch erweitert, dass die Kinder zu Selbstanweisungen angeregt werden. Sie sollen lernen, sich selbst Anweisungen zu geben und dies in kritischen Situationen zur Steuerung ihres Verhaltens zu nutzen (verbale Handlungsregulation).

Das wird in fünf Stufen eingeübt:

(1) **Modelldemonstration.** Der Therapeut demonstriert das förderliche Verhalten und begleitet sein Tun durch Selbstanweisung; das Kind beobachtet. Das Ziel der weiteren Trainingsstufen ist nun die allmähliche Übernahme dieser Modellierung. Angestrebt wird die Verinnerlichung des gezeigten Verhaltens.

(2) **Externe Verhaltenssteuerung.** Das Kind handelt nach den Selbstanweisungen des Trainers.

(3) **Offene Selbstinstruierung.** Das Kind lenkt sein Verhalten durch eigene Selbstanweisungen.

(4) **Ausgeblendete Selbstinstruierung.** Das Kind lenkt sein Verhalten durch flüsternde Selbstanweisungen.

(5) **Verdeckte Selbstinstruierung.** Das Kind soll sein Verhalten über verinnerlichte Selbstverbalisierungen (Selbstanweisungen »denken«) steuern.

Besondere Erfolge wurden mit diesem Verfahren bei aufmerksamkeitsgestörten/hyperaktiven Kindern erzielt.

5.6.3 Unterricht und Erziehung

Die Verbesserung der Lehrerhandlung. Bei der Untersuchung der Unterrichtstätigkeit von Lehrern hat sich das Interesse von der Beobachtung des äußeren Verhaltens auf die Analyse kognitiver, nicht direkt erfassbarer Prozesse verlagert. Es wird angenommen, dass subjektive Theorien einen bedeutsamen Einfluss auf pädagogisches Handeln haben. Solche Theorien werden auch als naive Verhaltenstheorien (Laucken, 1974), Alltagstheorien, Common-sense-Psychologie oder Berufstheorien bezeichnet. Den subjektiven Theorien stehen die objektiven (wissenschaftlichen) Theorien gegenüber. Letztere sind durch systematisches und methodenkontrolliertes Vorgehen zur Gewinnung empirischer Daten und durch explizite Aussagen gekennzeichnet.

Subjektive Theorien stellen eine Ansammlung von Kognitionen (besonders von Erklärungsbegriffen) dar. Sie sind in ihrer Struktur mit einer wissenschaftlichen Theorie vergleichbar und haben auch die gleichen Funktionen, nämlich die Beschreibung, Erklärung und Prognose eines Sachverhalts. Subjektive Theorien können sich in einem Handlungskonzept aktualisieren und somit entscheidend die Steuerung der eigentlichen Handlung beeinflussen.

Subjektive Theorien der Lehrer sind das Produkt der Auseinandersetzungen mit den Berufsanforderungen. Sie ermöglichen es, die alltäglichen Aufgaben und Probleme im Klassenzimmer mehr oder minder erfolgreich anzugehen. Subjektive Theorien haben zunächst eine handlungsleitende Funktion. Sie vermitteln dem Benutzer ein Gefühl der Gewissheit und sind durch widersprüchliche Informationen nur schwer zu ändern. Diese Stabilisierungstendenz ist begründet in dem teilweise implizierten Charakter der Theorien, der eine Reflexion und Korrektur kaum zulässt. Subjektive Theorien haben so gesehen auch eine handlungsrechtfertigende Funktion.

Versucht man Lehrerhandeln zu verändern, kann man nicht am Verhalten ansetzen (instrumentelles Lernen, Modelllernen), sondern man muss sich um Veränderungen der handlungsleitenden Kognitionen bemühen. Hierbei kommt es zu einem Austausch zwischen subjektiver und objektiver Theorien (Hofer, 1981; Wahl et al., 1983).

Lernprobleme Erwachsener. In einer Studie über Probleme, die bei einem Kursus in Fernstudien auftreten, wurden von Friedrich et al. (1987) folgende drei Schwerpunkte untersucht:

▶ Auseinandersetzung mit dem Lernstoff (Verstehen der Texte)
▶ Lernorganisation (kaum Außensteuerung wie in der Schule)
▶ Lernkoordination (Abstimmung mit Beruf und Familie)

Probleme bereitet im überwiegenden Maße der erste Punkt. Hier wird die Bedeutung des didaktischen Aspektes deutlich.

Übung des Problemlösens. Nur durch Üben des Problemlösens in Schulen wird die Denkfähigkeit erhöht, die zum Lösen von Problemen nötig ist. Problemlösungen müssen in den einzelnen Unterrichtsfächern regelrecht geübt werden. Problemlösendes Denken entwickelt sich nicht als Zusatzeffekt beim Wissenserwerb. Besonders bei komplexen Problemsituationen sind viele Menschen überfordert. Dies liegt einerseits an der Begrenztheit unserer kognitiven Ausstattung und andererseits am mangelnden Training. Der Erwerb von Wissen wird in Schulen sehr sorgfältig organisiert und die Übung von Problemlöseverhalten grob vernachlässigt.

> **Definition**
>
> Wenn früheres Lernen späteres Lernen beeinflusst, spricht man von **Transfer** (Lernübertragung). Ein **positiver Transfer** liegt vor, wenn das vorangehende Lernen das nachfolgende erleichtert oder verbessert. Bei **negativem Transfer** wird das spätere Lernen verzögert oder erschwert.

Allerdings darf man keine allgemeine Entwicklung solcher Denkfähigkeiten erwarten. Es findet im Regelfall nur ein Transfer auf eine ganz bestimmte Klasse von Problemen statt. Daraus folgt, dass beispielsweise Einsichtsgewinnung in relativ einfach strukturierte Probleme, strategisches Denken, kreative Einfälle und Systemdenken in spezifischer Weise geübt werden müssen.

Was hier über den Schüler gesagt wurde, gilt in gleicher Weise für den Lehrer. Auch dessen Problemlösekompetenz, besonders in belastenden Situationen, muss differenziert aufgebaut werden.

> **Zusammenfassung**
>
> ▶ Modelllernen ist eine sehr häufige und sehr effiziente Form der Verhaltensbeeinflussung.

- Modelllernen wird in der Psychotherapie als kognitives Modellieren angewandt.
- Lehrerhandlung kann auch durch Beeinflussung der handlungsleitenden Kognitionen verändert werden.
- Bei Lernproblemen Erwachsener spielt häufig die eigentliche Auseinandersetzung mit dem Lehrstoff eine große Rolle.
- Neben dem Wissenserwerb muss Problemlösen als eigenständige Fertigkeit geübt werden.

5.7 Die wesentlichen Gesichtspunkte des Kapitels

- Zwischen Kapitel 4 und Kapitel 5 besteht ein deutlicher Unterschied. Bei Begriffsbildung und Wissenserwerb wurden vorwiegend (statische) Strukturen beschrieben, während Handeln und Problemlösen als (dynamische) Prozesse aufzufassen sind. In diesem Zusammenhang spricht man auch von deklarativem und von prozeduralem Wissen.
- Die sozial-kognitive Theorie des Modelllernens kann als Vorläufer der Handlungstheorien aufgefasst werden. Das in bildhafter oder sprachlicher Form gespeicherte Modellverhalten ist wesentlich an der Steuerung des vom Beobachter gezeigten Verhaltens beteiligt.
- Der »ideale Handelnde« ist durch folgende Merkmale gekennzeichnet: Innensteuerung durch ein Subjekt, Entscheidung zwischen Handlungsalternativen, subjektiver Sinn, Intentionalität (Zielgerichtetheit), Bewusstsein, flexibles Handlungskonzept, Verantwortlichkeit, Wissenserwerb. Je nach Betonung einzelner Attribute ergeben sich unterschiedliche Handlungsbegriffe.
- Während verhaltenstheoretische Auffassungen des Lernens von einer Außensteuerung durch Reize ausgehen, betonen Handlungstheorien die Innensteuerung durch die Person selbst.
- Verhalten ist ein gewohnheitsmäßiges Tun, das motiviert und zielgerichtet, aber eng an bestimmte Situationen gebunden ist. Es wird wesentlich durch die dem Verhalten nachfolgenden Konsequenzen (Reize) gesteuert. Handeln weist die Merkmale des »idealen Handelnden« mehr oder minder vollständig auf. Es erscheint sinnvoll, einen kontinuierlichen Übergang zwischen Verhalten und Handeln anzunehmen.
- Es gibt keine einheitliche Handlungstheorie. Man kann drei Schwerpunkte unterscheiden. Im Zentrum der sogenannten Willenshandlung steht die Entscheidung für Ziele, d. h. die Ausbildung einer Intention. Ein weiterer Akzent ist die Entwicklung eines Handlungskonzeptes (Handlungsplans). Die abschließende Handlungsregulation meint die Steuerung des Handlungsvollzugs durch das Handlungskonzept.
- In Wahlsituationen entscheiden sich Menschen für jene Alternative, die im subjektiven Kalkül die günstigste Bilanz aus materiellen und immateriellen Nutzen und Kosten ergibt.
- Neben auf konkrete einzelne Handlungen bezogenen Handlungskonzepten werden auch allgemeine Handlungsschemata gelernt, die auf eine ganze Kategorie von Handlungen anwendbar sind. Die Gesamtheit der Handlungskonzepte und Handlungsschemata, über die eine Person verfügt, nennt man Handlungskompetenz.
- Das effiziente (zielerreichende) Handeln ist durch drei Merkmale ausgezeichnet: Es ist realistisch, stabil-flexibel und hierarchisch-sequentiell organisiert.
- Problemlösen ist ein Sonderfall des planvollen Handelns. Ein Problem liegt vor, wenn ein Ziel wegen einer Barriere nicht auf direktem Wege zu erreichen ist.
- Die kognitive Struktur besteht aus zwei Teilstrukturen. Die epistemische Struktur (Wissensstruktur) befähigt zu reproduktivem Denken und ermöglicht die Bewältigung von Aufgaben. Die heuristische Struktur (Problemlösestruktur) befähigt zu produktivem Denken und ermöglicht die Lösung von Problemen.
- Die wichtigsten Problemmerkmale sind die Art der Barriere (z. B. schlecht definiertes Problem) und die Komplexität. Die wichtigsten Personmerkmale sind der Wissensumfang in dem Realitätsbereich sowie die Verfügbarkeit von Problemlöseverfahren. Daraus ergibt sich: Ein Problem ist nicht an und für sich ein Problem, sondern meist nur ein Problem für bestimmte Personengruppen.
- Es wurden fünf Problemlösetheorien besprochen: Problemlösen durch Versuch und Irrtum, Umstrukturieren, Anwendung von Strategien, Kreativität und Systemdenken.

- Bei unübersichtlichen Problemsituationen (große Informationsfülle) neigen wir zu einem Versuch-Irrtum-Verhalten. Häufig zeigt sich aber wenigstens ansatzweise eine Strategie in Form der sukzessiven Hypothesenprüfung.
- Problemlösen durch Umstrukturieren = Klärungsprozess = Einsichtsgewinnung bedeutet, die Elemente der Problemsituation in neuen Zusammenhängen zu sehen. Der Entwicklung der Lösung geht die Entwicklung des Problems voraus. Die präziseste Fassung des Problems ist zugleich seine Lösung.
- Zur Frage der Kreativität gibt es zwei unterschiedliche Positionen:
  - Kreativität ist der durch Inspiration gewonnene Einfall einer kreativen Persönlichkeit.
  - Kreativität ist die originelle Nutzung einer reichen und hochwertigen Wissensbasis.
- Beim Systemdenken ist die Problemsituation durch folgende Merkmale gekennzeichnet: Komplexität, teilweise Intransparenz, Vernetztheit, Eigendynamik, Offenheit des Zielzustandes, Polytelie. Im Mittelpunkt stehen die Analogiebildung und die Verwendung abstrakter Strukturschemata.
- Beim Problemlöseprozess wurde eine Umstrukturierung in vier Phasen beschrieben:
  (1) Problemraum
  (2) Situationsanalyse
  (3) Suchraum
  (4) Lösung und Evaluation
- Problemlösen muss geübt werden. Problemlösen entwickelt sich nicht als Zusatzeffekt beim Wissenserwerb.

5.8 Arbeitsteil

Dieser Arbeitsteil bietet Ihnen die Möglichkeit, das erworbene Wissen über Handeln und Problemlösen anzuwenden. Sie sollen angeregt werden, selbstständig komplexere Probleme aus dem Alltag und dem Bereich der Schule zu *analysieren* und zu *beurteilen*.

5.8.1 Forschungsberichte

In der Studie von Bandura und Kollegen (1) wird gezeigt, wie durch Modelllernen die Hundeängstlichkeit von Kindern vermindert werden kann. Die Untersuchung von Kantona (2) ist ein Klassiker der Problemlöseforschung. Darin wird der Einfluss verschiedener Formen von Instruktionen beim Problemlösen untersucht.

Forschungsbericht (1)

Bandura, J. E., Grusec, J. E. & Menlove, F. L. (1967). Vicarious Extinction of avoidance behavior. Journal of Personality and Social Psychology, 5, 16–23.

Problem:
Es sollte untersucht werden, ob ausgeprägtes Furchtverhalten von Kindern gegenüber Hunden durch die Beobachtung eines furchtfreien Modells vermindert werden kann.

Versuchsdurchführung:
Die Untersuchung wurde mit 48 drei- bis fünfjährigen Kindergartenkindern durchgeführt, deren Angstausmaß durch den Kontakt mit einem realen Hund und durch Befragung der Eltern festgestellt worden war.
  Per Zufallsauswahl wurden die Kinder vier verschiedenen Versuchsgruppen zugeteilt.
  Die Behandlungsphase bestand aus acht 10-minütigen Sitzungen, die an vier aufeinanderfolgenden Tagen durchgeführt wurden.

1. Gruppe:
Beobachtung eines Modells in positiver emotionaler Atmosphäre
  In der fröhlichen Atmosphäre eines Festes konnten die Kinder in Vierergruppen beobachten, wie die Modellperson – ein vierjähriger Junge – furchtlos mit einem Hund spielte. Hierbei wurde von Sitzung zu Sitzung jeweils drei Minuten lang ein zunehmend engerer Kontakt mit dem Hund demonstriert.

2. Gruppe: Beobachtung eines Modells in neutraler Atmosphäre
  Die gleiche Versuchsdurchführung in neutraler Atmosphäre sollte bei einem Vergleich mit der ersten Gruppe eine Abschätzung des durch die positive emotionale Atmosphäre erzeugten zusätzlichen Effektes liefern.

3. Gruppe:
Kein Modell, aber Beobachtung eines Hundes in positiver emotionaler Atmosphäre
  Diese Versuchsgruppe sollte Aufschluss darüber geben, ob die bloße Konfrontation mit dem Furchtobjekt bereits zu einer Reduzierung der Angstreaktion führt. Zusammen mit der vierten Gruppe diente sie als Kontrollgruppe.

4. Gruppe:
Fröhliche Aktivitäten ohne Hund und Modell
  Ziel dieser Versuchsbedingung war es, festzuhalten, ob die Anwesenheit eines Hundes einen aversiven oder heilenden Effekt auf die Kinder ausübte.

Nach Ablauf der Behandlungsphase wurden die Kinder Situationen ausgesetzt, die die gleiche graduelle Annäherung an den Hund erforderten wie bei der Modellperson. Hierbei war die Reihenfolge der Aufgaben etwa: den Hund in einer Art Laufstall streicheln, den Hund an einer Leine im Zimmer herumführen usw., allein mit dem Hund im Raum bleiben, zu dem Hund in den Laufstall klettern.

Diese Aufgaben wurden einen Monat später wiederholt, um die Dauerwirkung der erzielten Erfolge zu überprüfen.

Beim ersten und zweiten Test wurde jeweils der aus der Behandlungsphase bekannte und ein fremder Hund vorgeführt.

Ergebnis:
Die Befunde sind in Tabelle 5.2 dargestellt.

Tabelle 5.2 Anzahl der Annäherungsreaktionen (Mittelwerte) der verschiedenen Versuchsgruppen an beide Hunde zu beiden Zeitpunkten der Erhebung

Zeitpunkt	1. Gruppe	2. Gruppe	3. Gruppe	4. Gruppe
1. Test				
Hund 1	10,83	9,83	2,67	6,08
Hund 2	5,83	10,25	3,17	4,17
2. Test				
Hund 1	10,83	9,33	4,67	5,83
Hund 2	12,59	9,67	4,75	6,67
Zusammenfassung	10,02	9,77	3,81	5,69

Demnach ergab sich: Die Annäherung der Kinder an die zwei Hunde war bei der ersten und zweiten Untersuchung gleich.

Die beiden Experimentalgruppen mit Modellbeobachtungen zeigten keine signifikanten Differenzen untereinander, ebenso wenig ergab sich eine Differenz zwischen den beiden Kontrollgruppen ohne Modellbeobachtung.

Die Unterschiede im Annäherungsverhalten zwischen Experimental- und Kontrollgruppen waren jedoch hochsignifikant. 55 Prozent der Kinder mit Beobachtung eines Modells waren in der Lage, allein im Raum und mit dem Hund zusammen im Laufstall zu bleiben, während die Kinder ohne Beobachtung eines Modells dies nur in 13 Prozent der Fälle schafften.

Die beiden Gruppen, die ein angstfreies Modell beobachtet hatten, zeigten eine deutliche, dauerhafte Verminderung ihrer Angstreaktionen. Dadurch, dass man die Kinder absichtlich nicht darüber informierte, dass die Hunde eigentlich harmlos waren, wurde versucht, kognitive Faktoren möglichst nicht in die Untersuchung einzubeziehen.

Forschungsbericht (2)

Katona, G. (1940). Organizing and memorizing. New York: Columbia University Press.

Problem:
Der Einfluss unterschiedlicher Instruktionen (Lehrmethoden) auf Behalten und Transfer bei Problemlöseaufgaben.

Versuchsdurchführung:
Bei den berühmt gewordenen »Streichholzaufgaben« (genauer: Streichholz-Problemen) handelt es sich darum, durch das Umlegen einer Anzahl von Streichhölzern andere Figuren herzustellen. In dem hier berichteten Experiment (Katona, S. 91–101) besteht das Problem darin, durch das Verlegen von drei Streichhölzern die fünf Quadrate auf vier zu reduzieren (Abb. 5.22).

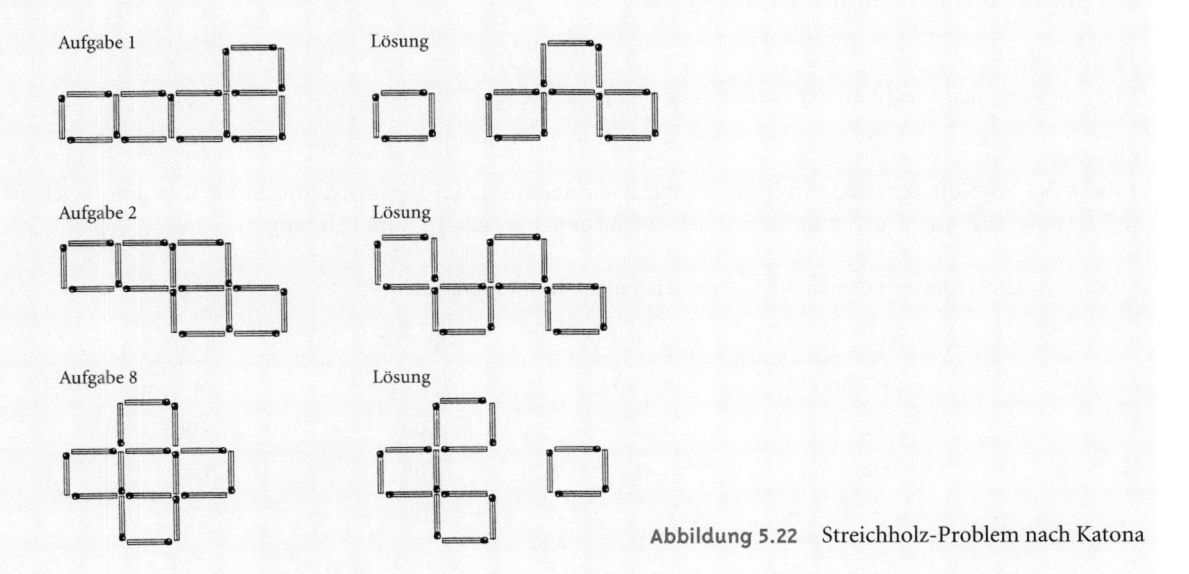

Abbildung 5.22 Streichholz-Problem nach Katona

Das Experiment verlief in folgender Weise:
(1) Übungsphase von zehn Minuten Dauer unter Verwendung von zwei Aufgaben (Nr. 1 und 8).
(2) Test, sofort im Anschluss an die Übungsphase mit vier neuen Aufgaben.
(3) Nachtest, vier Wochen später, mit den zwei Aufgaben aus der Übungsphase, zwei Aufgaben aus dem ersten Test und zwei neuen Aufgaben.

In der Übungsphase verwandten vier Gruppen von Versuchspersonen (= Vpn, amerikanische College-Studenten) folgende unterschiedlichen Lernmethoden:

Versuchsgruppe A: Einprägenlassen der Lösung
Bei einer Aufgabe erklärt der Versuchsleiter an der Tafel die einzelnen Lösungsschritte. Den Vpn wird gesagt, dass jetzt die Lösung der Aufgabe wiederholt werde, damit sie gut bekannt sei. Hierauf wird diese Aufgabe sechsmal in gleicher Weise erklärt. Das Gleiche geschieht mit einer zweiten Aufgabe.

Versuchsgruppe B: Lernen mit Hilfen
Die Vpn werden gebeten, die Lösung zu finden. 30 Sekunden später fordert der Versuchsleiter die Vpn auf, sich um Verständnis für die jetzt von ihm vorgeführte Aufgabenlösung zu bemühen. Die Lösung wird in einer zweiten Zeichnung neben der Aufgabe entwickelt. Hierbei gibt der Versuchsleiter eine einzige Erklärung ab: »Nun haben wir die Aufgabe gelöst, indem wir die Lage von 3 Linien verändert haben.« Das Gleiche geschieht mit einer zweiten Aufgabe.

Versuchsgruppe C: Darbietung einer Regel
Folgende Regel wird den Teilnehmern langsam vorgelesen: »Wir haben fünf Quadrate, die aus 16 gleichen Linien bestehen. Wir wollen nun die fünf Quadrate in vier ebensolche Quadrate umwandeln. Da wir 16 Linien

haben und vier Quadrate bekommen wollen, muss also jedes Quadrat seine eigenen vier Seiten haben, die nicht gleichzeitig Seiten irgendeines anderen Quadrates sein dürfen. Daher müssen alle Linien mit einer doppelten Funktion, also Linien, die gleichzeitig 2 Quadrate begrenzen, zu Linien verändert werden, die nur eine einzige Funktion haben, also nur ein Quadrat begrenzen.«

Dann wurde eine Aufgabe mithilfe der Regel gelöst. Anschließend wurde die Regel noch einmal vorgelesen und eine zweite Aufgabe in gleicher Weise gelöst.

Kontrollgruppe K:
Diese Gruppe nahm nicht an der Übungsphase teil.

Ergebnis:
Tabelle 5.3 zeigt die durchschnittlichen Punktzahlen der einzelnen Versuchsgruppen bei Test und Nachtest, wobei die höchstmögliche Punktzahl beim Test 13, beim Nachtest 15 Punkte betrug.

Tabelle 5.3 Unterschiedliche Instruktionsformen beim Lösen von Problemen

	K	A	B	C
Gruppe	29 Vpn	27 Vpn	25 Vpn	24 Vpn
Test	2,92	3,82	6,00	5,00
Nachtest	2,38	4,41	8,08	5,67

Beim ersten Test unterscheidet sich Gruppe B (Lernen mit Hilfen, einsichtiges Lernen) signifikant von der Gruppe A (Einprägenlassen der Lösung, mechanisches Lernen), während zwischen den Gruppen B und C (Lernen einer Regel) kein statistisch bedeutsamer Unterschied nachgewiesen werden konnte.

Im zweiten Test (Nachtest) hat sich die Differenz zwischen den Gruppen B und C beträchtlich vergrößert und ist jetzt signifikant, während der Unterschied zwischen den Gruppen C und A jetzt nicht mehr bedeutsam ist. Eine Aufschlüsselung der Punktwerte nach den einzelnen Aufgaben ergab, dass die Gruppe A relativ hohe Punktwerte bei den bereits geübten Aufgaben erzielte, die bei unbekannten Aufgaben erreichten Leistungen sich dagegen kaum von denen der Kontrollgruppe unterschieden.

Die Gruppe B, bei der eine einsichtige Lösung der Aufgaben initiiert worden war, erreichte dagegen etwa gleich gute Ergebnisse bei den bekannten wie den unbekannten Aufgaben, d. h., die Vpn hatten das Prinzip der Problemlösung erfasst und reproduzierten nicht nur bereits geübte Lösungen.

Die Gruppe C zeigte ebenfalls gleiche Leistungen bei neuen wie bei geübten Aufgaben, wies aber insgesamt merklich geringere Punktwerte auf als Gruppe B.

Zusammenfassend lässt sich sagen, dass eine sinnvolle Instruktion anhand von Beispielen den Transfer erlernter Lösungsprinzipien auf neue Aufgaben begünstigt und besonders auf längere Sicht zu besseren Leistungen führt als mechanisch eingeprägte Lösungswege oder die Vermittlung einer abstrakten Regel.

5.8.2 Übungen
(1) Beobachten Sie Eltern oder Lehrer in einer konkreten Erziehungssituation! Sind die Erwachsenen ein Modell für angemessenes soziales und emotionales Verhalten sowie für Leistungsverhalten?
(2) Erklären Sie einen Fall von Handlungssteuerung unter Verwendung der TOTE-Einheit! Diese Aufgabe wird Ihnen leichter fallen, wenn Sie zunächst eine relativ einfache Handlung auswählen, z. B. Koffer packen.

(3) Handlungen sind hierarchisch-sequentiell organisiert. Studieren Sie dies an einer komplexen Handlung (z. B. Urlaubsreise planen und durchführen)! Wird eine bewusstseinsmäßige Entlastung der unteren Regulationsebenen (Teilpläne, Teilhandlungen) sichtbar?

(4) Beobachten Sie bei sich oder anderen Menschen effizientes bzw. ineffizientes Handeln! In welcher Form lassen sich die Merkmale realistisch, stabil-flexibel, organisiert nachweisen?

(5) Handlungsschemata weisen eine gleichbleibende Struktur auf, sind wiederholbar und innerhalb gewisser Grenzen auf neue Situationen übertragbar. Betrachten Sie ein einzelnes Handlungsschema, z. B. Einkaufen gehen!

(6) In welcher Weise zeigen sich die handlungsleitenden und handlungsrechtfertigenden Funktionen von subjektiven Theorien über Hygiene im Haushalt, Anwendung von Strafen usw.? Analysieren Sie konkrete Aussagen einzelner Personen über die angesprochenen Beispiele!

(7) Unter welchen Umständen ist für eine Person die Herstellung einer Sauce Béarnaise eine Aufgabe oder ein Problem? Untersuchen Sie solche Alltagssituationen, bei denen entweder die Anwendung epistemischer oder heuristischer Regeln erforderlich ist!

(8) Untersuchen Sie Strategien! Auf sehr komplexe Regeln werden Sie beim Schachspiel und dem Zauberwürfel (Rubik's Cube) stoßen. Vielleicht können Sie mit einem Tonband eine Phase sukzessiver Hypothesenprüfung am Anfang einer Unterrichtsstunde aufnehmen.

(9) Führen Sie mit Bekannten einmal ein Brainstorming durch! Beachten Sie dabei aber sehr genau die Spielregeln dieser Kreativ-Technik!

(10) Systemdenken wird bei manchen Spielen geübt (z. B. Ökolopoly). Spielen Sie einmal ein solches Spiel.

5.8.3 Diskussion

(1) Handlungstheorien beschreiben den »idealen Handelnden«, der sich ggf. Ziele selbst setzt, die Wahl zwischen Handlungsalternativen hat, in der Handlung einen subjektiven Sinn erkennt und insgesamt mit einem hohen Grad an Bewusstheit flexibel und effizient seine Ziele erreicht. Ist eine solche Art von Handeln im Alltag und im Beruf häufig zu beobachten? Sind »ideale Handlungen« nicht vielmehr eine Seltenheit?

(2) Ein Kernpunkt von Handlungstheorien ist die Annahme einer internen Handlungssteuerung. Gibt es aber nicht außerordentlich zahlreiche Aktivitäten, bei denen sich ein starkes Ausmaß von Außensteuerung durch tatsächlich auftretende oder antizipierte belohnende oder bestrafende Konsequenzen nachweisen lässt? Soll man bei der kognitiven Repräsentation dieser Außenreize noch von einer Innensteuerung sprechen? Wie lassen sich Handeln und Verhalten gegeneinander abgrenzen?

(3) Im Straßenverkehr lässt sich eine eindeutige Tendenz zur Außensteuerung der Verkehrsteilnehmer beobachten. Eine Fülle von Verkehrsschildern und elektronischen Steuerungsanlagen, Bußgeldkatalogen und Strafen versuchen einsichtige und eigenverantwortliche Entscheidungen der Autofahrer zu ersetzen. In West- und Mitteleuropa werden zahlreiche Verbote, Gebote und Warnungen missachtet, während der Verkehrsteilnehmer in Nordskandinavien sehr schnell lernt, ein Verkehrsschild ernst zu nehmen.

(4) Analysieren Sie eine Handlung! Erkennen Sie eher eine Akzentuierung der Entscheidung zwischen Handlungsalternativen oder die Entwicklung eines Handlungskonzeptes oder eher eine Betonung der Handlungsregulation? Oder sind alle Gesichtspunkte gleich wichtig?

(5) Partialisierte Handlungen, d. h. Handlungen, die nur noch wenige Merkmale der »idealen« Handlung aufweisen, sind im Beruf und im Alltag sehr häufig und für viele Menschen unbefriedigend. Welche Möglichkeiten gibt es zur Verringerung der Häufigkeit partialisierten Handelns?

(6) Es wurde darauf hingewiesen, dass zum Erlernen einer eigenständigen Handlungsregulation bei Kindern und Jugendlichen Freiräume und die Übung eigenverantwortlichen Handelns notwendig sind. Wie kann dies in Familien und Schulen realisiert werden?

(7) Die Suche nach allergieauslösenden Stoffen bei einer Person hat eine deutliche Komponente des Problemlösens durch Versuch und Irrtum. Welche Formen des problemlösenden Denkens lassen sich im Alltag und Beruf noch auffinden?

(8) Divergentes Denken und kreatives Problemlösen werden vermutlich in Familien und Schulen wenig toleriert und noch weniger unterstützt. Wie beurteilen Sie diese Vermutung? Welche Möglichkeiten der Förderung bieten sich vielleicht dennoch?

(9) Während in älteren Problemlösetheorien meist einfach strukturierte Probleme untersucht werden (Streichholz-Problem), befasst sich Dörner mit komplexen Problemen. Er hat u. a. festgestellt, dass die meisten Menschen wenig befähigt zum Systemdenken sind. Wenn Politiker und Fachleute zur Lösung komplexer Probleme vorwiegend ein lineares Denken einsetzen, kann dies zu gefährlichen Entwicklungen führen.

5.8.4 Weiterführende Literatur

▶ Die Theorie des Modelllernens wurde entwickelt von:
Bandura, A. (1979). Sozial-kognitive Lerntheorie. Stuttgart: Klett.

▶ Über die damals neue Willenspsychologie informieren:
Heckhausen, H., Gollwitzer, P. M. & Weinert, F. E. (Hrsg.). (1987). Jenseits des Rubikon: Der Wille in den Humanwissenschaften. Berlin: Springer.
Gollwitzer, P. M. (1991). Abwägen und Planen. In Kuhl, J. & Halisch, F. (Hrsg). Motivationsforschung, (Band 13). Göttingen: Hogrefe.

▶ Über neue Entwicklungen im Bereich der Problemlösepsychologie informiert:
Neber, H. (Hrsg.), (1987). Angewandte Problemlösepsychologie. Münster: Aschendorff.

▶ Einen Überblick über die Kreativitätsforschung bieten:
Ulmann, G. (1973). Kreativitätsforschung. Köln: Kiepenheuer & Witsch.
Weinert, F. E. (1991). Kreativität – Fakten und Mythen. Psychologie heute, 9, 30–37.

▶ Als Handbuch der Pädagogischen Psychologie sei genannt:
Krapp, A. & Weidenmann, B. (Hrsg.) (2006). Pädagogische Psychologie. Weinheim: Beltz.

| Test | Die Grundbegriffe des Handelns und Problemlösens kennen | (S. 1/2) |

Mit diesem Test können Sie überprüfen, ob Sie das Lernziel »Die Grundbegriffe des Handelns und Problemlösen kennen« erreicht haben.

Die Zeit zur Bearbeitung des Tests ist nicht begrenzt. Im Informationsteil oder anderen Lehrbüchern dürfen Sie jetzt nicht mehr nachschlagen. Zu jeder Aufgabe sind vier Antworten (Lösungen) vorgegeben. Nur eine dieser vorgeschlagenen Antworten ist richtig bzw. die beste Lösung und ist deshalb anzukreuzen.

Am Ende des Buches finden Sie einen Lösungsschlüssel, mit dessen Hilfe Sie Ihr Ergebnis selbst kontrollieren können.

Wenn Sie sieben oder mehr Aufgaben richtig lösen, haben Sie das Ziel erreicht.

Und nun: **Viel Erfolg!**

(1) Nach Bandura wird das offene Verhalten des Beobachters wesentlich gesteuert durch die **kognitive Repräsentation** des Modellverhaltens. Das eigentliche Lernen findet statt im Bereich der
   a) Aufmerksamkeitsprozesse. ☐
   b) Gedächtnisprozesse. ☐
   c) motorischen Reproduktionsprozesse. ☐
   d) Verstärkungs- und Motivationsprozesse. ☐

(2) Man kann verschiedene Schwerpunkte von Handlungen unterscheiden. Bei der sogenannten **Willenshandlung** steht im Mittelpunkt
   a) die Entscheidung zwischen Handlungsalternativen und die Bildung von Vorsätzen. ☐
   b) die Prüfung der Realisierbarkeit und Wünschbarkeit. ☐
   c) der Übergang von der Fiat-Tendenz zur eigentlichen Handlung. ☐
   d) Evaluation als Rückblick und Vorausschau. ☐

(3) Ein weiterer wichtiger Aspekt bei Handlung ist das **Handlungskonzept**. Es bedeutet
   a) die Vorwegnahme (Antizipation) des späteren Handelns. ☐
   b) die Betonung der Innensteuerung im Gegensatz zur Außensteuerung. ☐
   c) eine Ableitung aus den Merkmalen des idealen Handelnden. ☐
   d) ein Plan, der schwerpunktmäßig die Zweckrationalität unterstreicht. ☐

(4) Der dritte Aspekt einer Handlung ist die **Handlungsregulation**. Davon spricht man, wenn
   a) das flexible Handlungskonzept im Vordergrund steht. ☐
   b) alle Teilpläne beachtet werden. ☐
   c) die Person für die Handlung verantwortlich ist. ☐
   d) die aktuelle Steuerung der Handlung gemeint ist. ☐

(5) Die Gesamtheit der **Handlungskonzepte und Handlungsschemata**, über die eine Person verfügt, nennt man
   a) Handlungsstruktur. ☐
   b) Handlungsalternative. ☐
   c) Handlungskompetenz. ☐
   d) Handlungskonzept. ☐

(6) Ein Handeln ist dann effizient, wenn es sein Ziel erreicht. Die drei Merkmale des **effizienten Handelns** sind
   a) autonom, reflexiv, absichtlich. ☐

> **Test** Die Grundbegriffe des Handelns und Problemlösens kennen (S. 2/2)

       b) willentlich, verantwortlich, flexibel. ☐
       c) partialisiert, restringiert, strategisch. ☐
       d) realistisch, stabil-flexibel, organisiert. ☐

(7) Die kognitive Struktur besteht aus der Wissensstruktur und der Problemlösestruktur. Die **Wissensstruktur** beinhaltet
       a) das durch sinnvoll rezeptives Lernen erworbene Sachwissen. ☐
       b) die durch sinnvoll entdeckendes Lernen erworbenen fundamentalen Begriffe und Regeln. ☐
       c) Begriffe und Regeln und befähigt zur Bewältigung von Aufgaben. ☐
       d) Heurismen und befähigt zum Lösen von Problemen. ☐

(8) Beim Problemlösen durch Umstrukturierung spielt der **Funktionalwert** eine bedeutende Rolle. Dieser Begriff beschreibt
       a) die Ziel- und Konfliktanalyse. ☐
       b) das allgemeine Lösungsprinzip. ☐
       c) die Entwicklung eines Suchmodells. ☐
       d) das Finden einer spezifischen Lösung. ☐

(9) Beim kreativen Prozess lassen sich verschiedene Phasen unterscheiden. Im Zentrum steht die Phase der **heuristischen Regression**. Sie ist gekennzeichnet durch
       a) Umstrukturierung und Neuorganisation von Erfahrungen, Informationen und Wissensbeständen. ☐
       b) ein von emotionaler Entspannung begleitetes scheinbares Vergessen des Problems. ☐
       c) das Zurückgleiten auf eine kindliche, dramatisierte und vieldeutige Realitätsbegegnung. ☐
       d) die systematische Ausarbeitung des noch unfertigen Lösungsansatzes. ☐

(10) Manche Probleme sind gekennzeichnet durch zahlreiche Einflussfaktoren. Zur Lösung **komplexer Probleme** benötigt man
       a) Systemdenken. ☐
       b) strategisches Denken. ☐
       c) divergentes Denken. ☐
       d) lineares Denken. ☐

6 Von der Lerntheorie zur Lernpraxis

Herr Brandt hat sein Referendariat mit Bravour absolviert. Seit zwei Jahren unterrichtet er nun an der Gesamtschule in H. Er denkt viel über seinen Unterricht und seine Schülerinnen und Schüler nach. Da ihn Lernpsychologie schon immer fasziniert hat, hat er einen Blick dafür entwickelt, wie viele Formen und Facetten von Lernprozessen bei ihm und bei den Kindern deutlich werden. Letztlich, so stellt er fest, sind die Erfahrungen, die Menschen bilden, entweder mehr durch die Umwelt gesteuert oder eben mehr durch die Person selbst. In seinem Unterricht versucht er, diese Einsicht gezielt umzusetzen. Deshalb kombiniert er Instruktionsphasen mit Phasen selbstgesteuerten Lernens in Einzelarbeit und kooperativen Lernsequenzen. Alles in allem hat er mit diesem Ansatz positive Erfahrungen gemacht. Kopfzerbrechen bereiten ihm allerdings zwei Fragen: Woher die Zeit für Übungen nehmen – denn ohne Übung keine Meisterschaft? Und kann es jemals gelingen, ein so starkes Interesse und eine so hohe intrinsische Motivation am Lernstoff in der Schule zu entzünden, wie Schüler sie aufbringen, wenn sie sich intensiv mit ihren Hobbys befassen? Vielleicht schon – Herr Brandt hat da eine Idee …

Was Sie in diesem Kapitel erwartet. Lernen in der Schule und die pädagogische Situation sind nur zwei Prototypen der Lernsituation. Lernen ist häufig unabsichtliche Erfahrungsbildung in vielfältigen Lebensbezügen.

Um die Vielfalt der Lernprozesse in eine systematische Ordnung zu bringen, werden vier grundlegende Lernformen unterschieden: das Reiz-Reaktions-Lernen, das instrumentelle Lernen, Begriffsbildung und Wissenserwerb, sowie das Lernen von Handeln und Problemlösen.

Die hier vorgestellte Auffassung von Lernen lässt sich als eine dualistische Lerntheorie bezeichnen: Es gibt Lernprozesse, bei denen die Außensteuerung durch Reize eine ausschlaggebende Rolle spielt und andere, bei denen die Innensteuerung durch subjektive kognitive Strukturierungsprozesse im Vordergrund steht. Professionell gestaltete Lernumgebungen lassen sich diesen beiden Grundpositionen zuordnen oder vermitteln zwischen diesen. Die in solchen Umgebungen initiierten Lernprozesse können mehr oder weniger nachhaltig sein. Wie Erfahrungen verfestigt, als Routinen automatisiert und auf andere Bereiche übertragen werden, hängt von Übung, Expertiseerwerb und Transferfähigkeiten ab.

Motivation hat dabei eine ganz entscheidende Bedeutung. Es lassen sich eine intrinsische (von innen kommende) und eine extrinsische (von außen hinzugefügte) Motivation unterscheiden.

Das Kapitel gliedert sich in folgende Abschnitte:
6.1 Lernbegriff
6.2 Lernumgebungen
6.3 Nachhaltigkeit
6.4 Motivation
6.5 Die wesentlichen Gesichtspunkte des Kapitels
6.6 Arbeitsteil

6.1 Lernbegriff

6.1.1 Lernen als Erfahrungsbildung

Pädagogisch vermittelte oder unmittelbare Erfahrung

In der Umgangssprache wird der Begriff des Lernens besonders im Zusammenhang mit der Schule gebraucht. Dort lernt man Schreiben, Lesen, Rechnen, erwirbt erdkundliches und geschichtliches Wissen usw. Auch der Erwerb bestimmter sozialer Umgangsformen wird in diesem Verständnis gelernt. Im Mittelpunkt dieser Auffassung von Lernen steht die *pädagogische Situation*. Prototypen sind der vom Lehrer organisierte Unterricht und die erziehenden Eltern.

Der psychologische Lernbegriff ist wesentlich weiter gefasst. Hier sprechen wir auch vom Lernen von Angst und Sicherheit, vom Erwerb von Vorlieben und Abneigungen, der Ausbildung von Gewohnheiten, der Befähigung zu planvollem Handeln und problemlösendem Denken. Ein solches Lernen findet im *Alltag* außerordentlich häufig statt.

Gemeinsames Merkmal aller Lernprozesse ist die (unmittelbare oder sozial vermittelte) *Erfahrungsbildung*. Von Lernprozessen abzuheben sind die weitgehend durch Vererbung festgelegten und im Verlauf der *Reifung* auftretenden Verhaltensmöglichkeiten (z. B. die motorische Entwicklung im ersten Lebensjahr, u. a. das fälschlicherweise sog. Gehen*lernen*).

> **Definition**
>
> Die Begriffe **Lernen** und **Gedächtnis** beschreiben nicht zwei unterschiedliche Erscheinungen. Wenn man von Lernen spricht, meint man schwerpunktmäßig die Prozesse der Aneignung und bei Gedächtnis mehr die Vorgänge der Speicherung und des Abrufs. **Menschliche Informationsverarbeitung** ist eine andere Bezeichnung für Lernen und Gedächtnis.

Außensteuerung und Innensteuerung

Nach der Feldtheorie von Lewin (Abschn. 2.4.1) ist menschliche Aktivität zu einem konkreten Zeitpunkt abhängig von Faktoren in der Person und in der Umwelt. Hierbei ist zu betonen, dass der Zusammenhang zwischen P und U am besten als *Interaktion* oder *Wechselwirkung* aufgefasst werden kann. Das Gewicht der beiden Faktoren Person und Umwelt kann im Einzelfall sehr unterschiedlich sein. Menschliche Aktivität kann sich entweder mehr auf *Anpassung an die Umwelt* oder mehr auf aktive *Gestaltung der Umwelt* beziehen. Im ersten Fall wird das Verhalten in starkem Maße durch Umweltreize kontrolliert. Wir sprechen in diesem Fall von der *Außensteuerung* des Verhaltens. Im zweiten Fall geht die Aktivität schwerpunktmäßig von der Person aus. Beim planvollen Handeln sprechen wir deshalb von *Innensteuerung*.

> **Beispiel**
>
> **Außensteuerung**
> ▶ Der Probealarm von Luftschutzsirenen löst bei manchen Menschen Angst aus.
> ▶ Falsches Parken wird dann unterlassen, wenn regelmäßig kontrolliert wird und eine empfindsame Strafe droht.
>
> **Innensteuerung**
> ▶ Ein Student gliedert ein Thema für ein Referat in eine Reihe von sinnvollen Gesichtspunkten.

> ▶ Jemand plant eine Urlaubsreise und besucht frühromanische Kirchen.

Foppa (1965, S. 13) beschreibt den Gegenstand der Lernpsychologie folgendermaßen: »Letzten Endes geht es jedoch immer um die Frage, auf welche Weise sich der Organismus den mannigfaltigen Anforderungen seiner Umwelt anpaßt.« Dieser Aussage ist nur zuzustimmen, wenn man den Begriff der Anpassung weit fasst und darunter auch eine aktive Form der Beeinflussung der Umwelt, z. B. durch Handeln, versteht. Aus diesem Grund erscheint es vorteilhafter, im Zusammenhang mit Lernen nicht mehr von Anpassung, sondern von *Auseinandersetzung mit der Umwelt* zu sprechen. Dieser Gesichtspunkt wird etwas später unter der Bezeichnung »Dualistische Lerntheorie« noch einmal aufgenommen.

> **!** Im Zuge dieser mehr außen- oder mehr innengesteuerten Auseinandersetzung mit der Umwelt kommt es zur Bildung von Erfahrungen, die in der Zukunft neue Aktivitäten beeinflussen. Dies ist das wesentliche Merkmal des Lernens.

Lernen ist dispositionell

Der Prozess des Lernens führt zu dem Produkt des Neuerwerbs oder Veränderung psychischer *Dispositionen*, d. h. zur Bereitschaft und Fähigkeit, bestimmte seelische oder körperliche Leistungen zu erbringen. Manchmal spricht man in diesem Zusammenhang auch vom Erwerb eines »Verhaltenspotentials«. Lernen ist durch relativ überdauernde Veränderungen im Organismus gekennzeichnet, während die Leistung (Performanz) von momentanen Bedingungen (z. B. Ermüdung usw.) abhängt. Das eigentliche Lernen besteht also im Erwerb von Dispositionen, d. h. von Verhaltens- und Handlungs*möglichkeiten*. Dies bedeutet, dass der Lerner nach Abschluss des Lernprozesses sich anders verhalten, anders denken, anders wollen, anders handeln *kann*.

Der psychologische Begriff des Lernens schließt nicht nur das durch Unterricht absichtlich und planvoll organisierte Lernen ein. Lernen ist auf keinen Entwicklungsabschnitt beschränkt. Sowohl der Säugling als auch der alte Mensch verändern laufend ihren Erfahrungsschatz. Lernen meint nicht nur den Erwerb einzelner, isolierter Dispositionen, sondern auch den Aufbau einer komplexen Persönlichkeit durch die Aneignung der menschlichen Kultur in einem individuellen Lebensweg.

6.1.2 Grundformen des Lernens

Die Vielfalt der Lernprozesse

Unter dem Begriff des Lernens werden sehr unterschiedliche Erscheinungen zusammengefasst.

> **Beispiel**
>
> - Beim Anblick einer delikaten Speise kann einem das Wasser im Munde zusammenlaufen.
> - Die Vorstellung eines bestimmten Vorgesetzten vermag Angstgefühle auszulösen.
> - Manche Leute spielen mit einer erstaunlichen Ausdauer an Glücksspielautomaten.
> - Ein Kind, das sich einmal verbrannt hat, scheut das Feuer.
> - Kinder lernen in der Grundschule den Begriff »fließende Gewässer«.
> - Nach dem Studium dieses Buches hat der Leser (hoffentlich) ein klar gegliedertes Wissen über die Lernpsychologie erworben.
> - Jemand plant den Bau eines Hauses (Finanzierung, Grundstück, Architekt usw.) und kann endlich einziehen.
> - Ein Lehrer entwickelt ein neues Unterrichtskonzept und lernt, auftretende Probleme zu lösen.

Die Schwierigkeit besteht nun darin, in diese Vielfalt eine Ordnung zu bringen.

Nach 100 Jahren moderner Lernforschung – von der russischen Reflexologie und dem amerikanischen Behaviorismus über die sogenannte kognitive Wende in der Psychologie bis hin zu den Handlungstheorien – besteht keine Einigkeit darüber, wie viele Unterkategorien von Lernprozessen man sinnvollerweise annehmen sollte (Foppa, 1965; Bower & Hilgard, 1984; Lefrançois, 1986).

Ein solches Kategoriensystem ist immer auch ein subjektiver Strukturierungsprozess. So kann man beispielsweise darüber streiten, ob das Modelllernen als eigenständige Lernform aufgefasst werden soll.

Die vier Formen des Lernens

In diesem Buch werden folgende vier grundlegende Lernformen unterschieden:

- **Das Reiz-Reaktions-Lernen**
  Aufbau von Verbindungen zwischen Reizen und Reaktionen
- **Das instrumentelle Lernen**
  Aufbau von Verbindungen zwischen Verhalten und nachfolgenden Konsequenzen
- **Begriffsbildung und Wissenserwerb**
  Aufbau von Verbindungen zwischen den Elementen von kognitiven Strukturen
- **Das Lernen von Handeln und Problemlösen**
  Aufbau von Verbindungen zwischen Wissen und Aktivität

Das Verlernen wäre als Unterbrechung dieser Verbindungen zu begreifen.

Je komplexer ein Lernphänomen ist, desto wahrscheinlicher ist es, dass mehrere der genannten (Teil-)Lerntheorien zur Erklärung herangezogen werden können.

> **Beispiel**
>
> - Eine Person trinkt gerne Whisky und eine andere verabscheut dieses Getränk. Der Aufforderungscharakter bestimmter Marken ist stark durch die Werbung beeinflusst (S-R-Lernen).
> - Im Zusammenhang mit dieser Spirituose bilden sich gewisse Trinkgewohnheiten aus, wie pur, mit Quellwasser oder mit Eiswürfeln genießen (instrumentelles Lernen).
> - Der Kenner wird Scotch deutlich von Bourbon unterscheiden können und zudem wissen, dass es in Schottland reine Maltwhiskies und Blended Whiskies gibt (Begriffsbildung und Wissenserwerb).
> - Man kann sich für den Kauf einer Flasche Whisky entscheiden und sich eine günstige Einkaufsquelle überlegen (planvolles Handeln).

Allerdings steht bei der Analyse von Lernprozessen meist *eine* Sichtweise im Vordergrund.

6.1.3 Dualistische Lerntheorie

Die in diesem Buch vertretene Auffassung von Lernen lässt sich als eine dualistische Lerntheorie kennzeichnen (Edelmann, 2010). Es werden zwei Hauptkategorien von Lernprozessen unterschieden. Jede der beiden Hauptkategorien wird noch in zwei Unterkategorien gegliedert. Bei der *Außensteuerung* können einmal die Reize eine Reaktion auslösen (Reiz-Reaktions-Lernen) oder im anderen Fall bestimmen die dem Verhalten nachfolgenden Reize dessen zukünftige Auftretenswahrscheinlichkeit (instrumentelles Lernen).

S-R-LERNEN	IL
bes. emotional-motivationale Reaktion	gewohnheitsmäßiges, motiviertes Verhalten
Kontiguität	Kontingenz
Reize lösen Reaktionen aus	nachfolgende Konsequenzen bestimmen die Auftretenswahrscheinlichkeit
Reizsubstitution	
Organismus reaktiv	Organismus aktiv

Außensteuerung

Abbildung 6.1 Reaktion und Verhalten

Bei der *Innensteuerung* kann es entweder mehr um den Aufbau kognitiver Strukturen, d. h. um den Erwerb von Sachwissen gehen (kognitives Lernen im engeren Sinn) oder es steht die Ausbildung von Handlungswissen im Vordergrund (Handeln und Problemlösen).

KL	p.H.
Begriffsbildung und Wissenserwerb	Handeln und Problemlösen
kognitive Struktur	Handlungskonzept/Heurismen
Informationsaufnahme und -verarbeitung	Handlungssteuerung
Person aktiv	Person aktiv

Innensteuerung

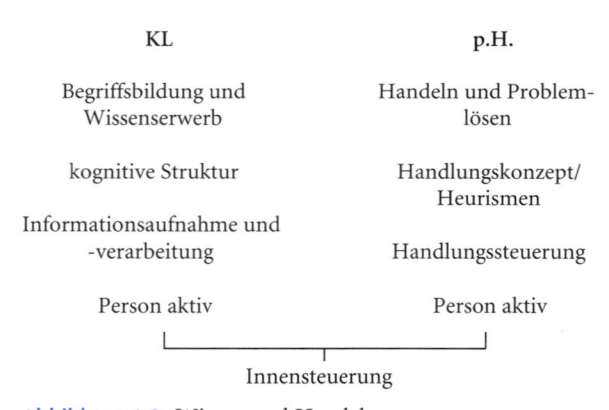

Abbildung 6.2 Wissen und Handeln

Jede Lernpsychologie, die nur eine der beiden Hauptkategorien für menschliches Lernen als relevant unterstellt, ist defizitär. Seit geraumer Zeit werden besonders neobehavioristische Auffassungen in der Literatur vernachlässigt.

> **Beispiel**
>
> Im Straßenverkehr hofft man dringend, dass der Fahrer auf einem reflektorischen Niveau gelernte Reiz-Reaktions-Verbindungen aufgebaut hat und beispielsweise bei plötzlicher Wahrnehmung der gelben Mütze eines Schulanfängers quasi automatisch auf die Bremse tritt.

Bei allen Nachteilen nicht mehr reflektierten, routinemäßigen Verhaltens ist dieses jedoch unverzichtbar. Gut eingespielte, erprobte und erfolgreiche Gewohnheiten sind im Beruf und privaten Alltag nicht wegzudenken. Häufiges, mit einem hohen Ausmaß an Bewusstheit verbundenes Problemlösen (womöglich noch in Form von Versuch und Irrtum) kann sehr ineffizient sein.

6.1.4 Grundlagenwissenschaft und Anwendungsbezug

Die Allgemeine Psychologie ist die Lehre von den grundlegenden psychischen Funktionen, wie z. B. Wahrnehmung, Lernen, Gedächtnis, Wissen, Denken, Gefühl, Handeln. Mit speziellen Gesichtspunkten befassen sich die Differentielle Psychologie, die Sozialpsychologie und die Entwicklungspsychologie.

Bei der Angewandten Psychologie werden traditionell die Klinische Psychologie, die Arbeits-, Betriebs- und Organisationspsychologie sowie die Pädagogische Psychologie unterschieden.

Die Lernpsychologie kann innerhalb einer solchen Systematik der Psychologie an zwei Stellen ihren Platz finden. Das Thema Lernen ist einmal der Gegenstand der Allgemeinen Psychologie. Die (meist experimentelle) Lernforschung untersucht *allgemeine Gesetzmäßigkeiten des Lernens* beim Menschen und bei Tieren.

Lernen ist aber auch ein zentraler Bereich der Pädagogischen Psychologie. Deren Aufgabe kann in der Bereitstellung, Vermittlung und Anwendung psychologischen Wissens zur *Optimierung von Entwicklungsprozessen* gesehen werden (vgl. hierzu Brandtstädter et al., 1979). Wesentlicher Teil der vorgeschlagenen Definition ist die Forderung, psychologischen Sachverstand nicht mehr nur zur Beschreibung und Erklärung, sondern letzten Endes zur Optimierung individuellen Verhaltens und Erlebens einzusetzen. Pädagogische Psychologie dient nach diesem Verständnis nicht nur der Verbesserung von Unterricht und Erziehung, sondern befasst sich mit zahlreichen Sozialisationsfeldern und -institutionen (z. B. Berufsberatung, Umweltplanung). Hierbei spielt eine anwendungsbezogene Lernpsychologie eine wichtige Rolle.

> **Zusammenfassung**
>
> ▶ Gemeinsames Merkmal von Lernprozessen ist die Erfahrungsbildung. Diese Erfahrungen können unmittelbar gewonnen werden oder sozial vermittelt sein.
> ▶ Die Auseinandersetzung mit der Umwelt ist entweder mehr außen- oder mehr innengesteuert.
> ▶ Beim Lernen kommt es zur Ausbildung von Dispositionen, d. h. zur Fähigkeit, bestimmte Leistungen zu erbringen.
> ▶ Es werden folgende vier Lernformen unterschieden: das Reiz-Reaktions-Lernen, das instrumentelle Lernen, Begriffsbildung und Wissenserwerb sowie Handeln und Problemlösen.
> Bei den ersten beiden Formen ist die Außensteuerung durch Reize ausschlaggebend und bei den anderen beiden die Innensteuerung durch die Person.
> ▶ Lernen ist auch Bestandteil der Pädagogischen Psychologie und dient der Optimierung von Entwicklungsprozessen.

6.2 Lernumgebungen

Leutner (2006) begründet die Notwendigkeit, sich über eine Psychologie des Lernens hinaus auch mit einer Psychologie des Lehrens zu beschäftigen, folgendermaßen: »Weder sind Biologen notwendigerweise gute Bauern, noch Bauingenieure gute Architekten«. Kenntnisse über lernpsychologische Gesetzmäßigkeiten und Modelle führen deshalb noch nicht notwendigerweise dazu, »ein guter Lehrer, Ausbilder oder Trainer zu sein: Über die Beschreibung, Erklärung und Vorhersage von *Lern*prozessen hinaus sind Erkenntnisse über die Wirksamkeit von *Lehr*prozessen erforderlich, um erfolgreich lehren, ausbilden und trainieren zu können« (S. 261).

> **Definition**
>
> Situationen, in denen Lehrprozesse absichtsvoll und institutionalisiert zum Zweck des Lernens bzw. der Auslösung und Beeinflussung von Lernvorgängen hergestellt werden (Unterricht, Ausbildung, Training), werden als **Instruktion** bezeichnet.

Diese zu untersuchen ist Gegenstand der *Instruktionspsychologie*, also der Psychologie des Lernens in zu diesem Zweck hergestellten Lernumgebungen. Im Unterschied zur Didaktik als Teildisziplin der Erziehungswissenschaft geht es ihr weniger darum, Unterrichtsmodelle oder -rezepte zu entwerfen, sondern vielmehr darum, psychologisch begründete instruktionale Interventionen lernpsychologisch abzuleiten und empirisch zu überprüfen.

In diesem Abschnitt werden unterschiedliche theoretische Ansätze der Gestaltung von Lernumgebungen behandelt. Sie werden grob unterteilt in solche, die Lernprozesse vorwiegend über Außensteuerung beeinflussen und solche, die vorwiegend die Innensteuerung von Lernprozessen anregen (→ Dualistische Lerntheorie, Abschn. 6.1.3). Während bei der ersten Form eine (weitgehend) von außen initiierte und gelenkte Veränderung des *Verhaltens* im weitesten Sinne (also auch Wissen, Fertigkeiten und Einstellungen) angestrebt wird, zielt die zweite Form auf die Förderung des (weitgehend) innen- bzw. selbstgesteuerten Lernens als eigenverantwortliches, planvolles *Handeln* ab.

Wenn im Folgenden zuerst die beiden Grundpositionen gegenübergestellt werden, erfolgt das hauptsächlich aus systematischen und heuristischen Gründen. Häufig treten Zwischenformen beider Positionen auf. Auf solche vermittelnden bzw. integrierenden Instruktionsmodelle wird im dritten Abschnitt eingegangen.

6.2.1 Lernen durch Außensteuerung

Die Idee, Lernumgebungen so zu konzipieren, dass Lernprozesse außengesteuert beeinflusst werden, basiert auf *behavioristischen* Theorien des Lernens, wonach Veränderungen des Verhaltens durch Reiz-Reaktions-Konstellationen in der Umwelt, durch Erfolge und kontingente Konsequenzen erzielt werden können (Reiz-Reaktions-Lernen, instrumentelles Lernen). Solche behavioristischen Instruktionstheorien beziehen sich in ihren Lehrzielen auf beobachtbares Verhalten, dessen Auftretenswahrscheinlichkeit verändert werden soll. Der Lerner wird als *tabula rasa* oder als *black box* betrachtet; seine Vorkenntnisse und interne kognitive, motivationale und emotionale Prozesse spielen keine konzeptionelle Rolle (Leutner, 2006).

Unterrichten heißt bei dieser Lehrgestaltung hauptsächlich, Lernziele und -inhalte vorzugeben und darzubieten, Lernzwischenstände zu kontrollieren sowie Schritte in die erwünschte Richtung zu verstärken. Es ist also weniger lernprozess- als vielmehr lernproduktorientiert. Der aktive Part in derart gestalteten Lernumgebungen liegt (überwiegend) bei der Lehrperson: Sie hat die Lernziele definiert; sie trifft die Entscheidung über die Auswahl und die Art und Weise, wie Inhalte aufgeteilt und dargestellt werden; sie gibt Anweisungen, was die Lernenden zu tun haben; sie übernimmt die Lenkung des Lernprozesses, indem sie Konsequenzen darbietet und sie kontrolliert den Lernerfolg. Die Position der Lernenden ist hingegen eher passiv: Sie führen aus, werden verstärkt oder korrigiert und getestet.

Das gängige *Instruktionsprinzip* ist die Idee des Auswendiglernens unter Einsatz von Verstärkung bzw. Bestrafung und Übung.

Auch wenn bislang immer von Lehrpersonen die Rede gewesen ist, bedeutet das nicht, dass Lernimpulse und -kontrolle nur von anwesenden, realen Personen ausgehen müssten. Auch vermittelt über Medien, ja sogar über indirekt oder implizit wirkende Elemente, die dem Lernenden gar nicht als Konstellationen einer Lernsituation gewärtig sein müssen, können Lernumgebungen nach dem Außensteuerungsprinzip gestaltet werden.

> **Beispiel**
>
> **Gestaltung von Lernumgebungen nach dem Außensteuerungsprinzip**
> ▶ Anleitungen auf CD, DVD im Internet z. B. für Yoga oder für Autogenes Training
> ▶ Gebrauchsanweisungen für technische Geräte
> ▶ Bonuspunkte, Items und neue Level in Computerspielen

In der praktischen Umsetzung dieses Prinzips zeigen Lernumgebungen durch Außensteuerung folgende sechs Merkmale:

(1) Das Unterrichtsziel ist die Veränderung beobachtbaren Verhaltens in Richtung eines angestrebten Optimalzustandes. Entsprechend werden Lernziele operationalisiert, also als beobachtbares Verhalten beschrieben.
(2) Die Veränderung des Verhaltens wird durch die Darbietung von Reiz-Reaktions-Verbindungen und durch den Einsatz von kontingenten Konsequenzen erzielt.
(3) Der Lernstoff wird in Einzelelemente zerlegt und dosiert sequenziert angeboten.
(4) Der Lernprozess wird vor allem durch Auswendiglernen und mechanisches → Üben (Abschn. 6.3.1) gestaltet.
(5) Fehler werden negativ bewertet. Sie zeigen Defizite bzw. Differenzen zwischen Soll- und Ist-Zustand an und sollen entsprechend minimiert werden.
(6) Die Kontrolle des Unterrichts und des Lernerfolgs liegt bei der Lehrperson.

Als Prototyp von Lernumgebungen durch Außensteuerung gilt das *programmierte Unterrichten*. Das von Skinner (Instrumentelles Lernen, Kap. 3) entwickelte Instruktionsdesign lässt Lernende Aufgaben lösen, die in ihrem Schwierigkeitsgrad allmählich steigen. Die Richtigkeit der jeweiligen Lösung bzw. Antwort wird sofort zurückgemeldet. Die lernende Person kann erst dann mit zunehmend schwierigeren Aufgaben fortfahren, wenn die vorhergehenden Lösungen richtig waren. Solange dies nicht der Fall ist, muss sie auf dem aktuellen Niveau üben. Zur Unterstützung wurden anfangs mechanische »Lernmaschinen« eingesetzt, die zumeist so funktionierten, dass die richtigen Antworten zu vorgegebenen Fragen ausgewählt werden müssen. Ein Auslassen von Aufgaben wurde verhindert, sodass am Ende die lernende Person alle Aufgaben richtig gelöst haben musste. So ermöglichte z. B. eine Kurbel, zur nächsten Aufgabe zu gelangen, aber nur dann, wenn zuvor die richtige Lösung gefunden war. Bei falschen Antworten war sie blockiert. Bei anderen Maschinen übernahm ein Stanzmechanismus die Überwachung. Mit der Weiterentwicklung der Ton- und Videotechnik, vor allem mit dem Aufkommen von Computern konnte dieses Unterrichtsprinzip auf verschiedene Lernbereiche übertragen und vervollkommnet werden. So war in den 1970er Jahren der Einsatz von Sprachlabors für das Fremdsprachenlernen sehr beliebt. In Einzelkabinen wurden den Lernenden über Kopfhörer Sequenzen vorgesprochen und Aufgaben gestellt, die nachgesprochen bzw. gelöst werden mussten. Ein Weiterschreiten im Lernprozess war nur dann möglich, wenn ein vorangegangener Lernabschnitt beherrscht wurde. Bis heute sind außerdem eine Reihe von Lernsoftwareprogrammen nach dem Prinzip des programmierten Unterrichtens gestaltet (z. B. ELFE-T, ein Trainingsprogramm zur Förderung des Leseverständnisses für Schüler der 1. bis 6. Klasse von Lenhard & Lenhard, 2006). Nicht anders funktionieren Computerspiele, bei denen ein neues Level erst dauerhaft erreicht werden kann, wenn zuvor nachgewiesen wurde, dass bestimmte »Gegenstände« eingesammelt oder Punktzahlen erreicht – also bestimmte Fertigkeiten perfektioniert wurden.

Neben dieser klassischen Form einer Lernumgebung durch Außensteuerung lassen sich vielfältige weitere aufzählen.

Beispiel

▶ Bei der Benutzung von *Lernkarteisystemen*, z. B. zum Vokabellernen oder zum Lernen von Geschichtsdaten, wird das Prinzip des programmierten Unterrichtens umgesetzt. Beschriftete Karteikarten (auf der Vorderseite die zu lernende Information, auf der Rückseite die richtige Lösung), werden durch Selbstüberprüfung bei richtiger Lösung in das nächste Fach weitergegeben, bei einer nicht gewussten Antwort ins Anfangsfach zurückgelegt. Das Lernen gilt als erfolgreich abgeschlossen, wenn alle Karteikarten im letzten Fach liegen und eine abschließende Wiederholung zeigt, dass jede Vokabel oder jede Jahreszahl gewusst wird.

▶ Trainings im Bereich des Sports, des Instrumentenlernens, aber auch des Sozialverhaltens können nach dem Prinzip der Außensteuerung konzipiert sein. Für die Ausbildung zukünftiger Lehrerinnen und Lehrer wurden z. B. sogenannte *Microteachings* entwickelt, bei denen Unterrichtshandeln in einzelne Bausteine zerlegt und diese Teilhandlungen intensiv geübt bzw. trainiert werden.

▶ Auch die Gestaltung von *Werbung* kann als eine Form der Lernumgebung durch Außensteuerung bezeichnet werden. Beim Entwurf von Werbefotos, -filmen oder -kampagnen, ja selbst bei der Gestaltung von Supermärkten, Einkaufszentren und Internetshops ist jedoch das Ziel, das Verhalten der Käuferinnen und Käufer zu beeinflussen, es »aufzubauen«. Die Materialien und Umgebungen werden so gestaltet, dass das Zielverhalten (Konsum) durch die wiederholte Darbietung geschickter Reiz-Reaktions-Verbindungen und durch Verstärker gelenkt wird. Verkaufszahlen und Marktforschungsuntersuchungen gewährleisten die Erfolgskontrolle. Dass bei sogenannten »Schnäppchenangeboten« die rationale Kontrolle der Käufer weitgehend ausgeschaltet und dafür reflexhaft biologische und psychische Belohnungssysteme ausgelöst werden, die das Verhalten als Erfolg wahrnehmen und so stabilisieren, ist inzwischen auch durch bildgebende neurophysiologische Verfahren gezeigt worden (→ Hirnareale, Abschn. 1.2.5).

Die Einwände gegen Lernumgebungen nach dem Prinzip der Außensteuerung lassen sich in drei Punkten zusammenfassen:

(1) Die Lernenden verbleiben möglicherweise in einer passiven, rezeptiven Haltung und damit in einer Abhängigkeit vom Lehrenden.
(2) Für Lernerfolge ist hauptsächliche der Lehrende mit seinem Instruktionsdesign verantwortlich. Die Eigenverantwortlichkeit des Lernenden einschließlich ihrer Kompetenzen zur Lernzielsetzung, Lernsteuerung und Lernfähigkeit wird weder angestrebt noch ausgebildet.
(3) Lernen findet losgelöst vom Kontext statt. Das so erworbene Wissen läuft Gefahr, nicht auf andere Situationen flexibel angewandt werden zu können (→ träges Wissen, Abschn. 6.3.1).

!

▶ In Lernumgebungen, die Lernen außengesteuert fördern, werden Lernziele als Veränderung äußerlich sichtbaren Verhaltens formuliert.
▶ Das Lernen wird durch Darbietung von Reiz-Reaktions-Kontiguitäten und kontingenten Konsequenzen gelenkt.
▶ Der Lernprozess besteht in einem wiederholten Darbieten bzw. Ausführen und gilt als beendet, wenn sich die Auftretenswahrscheinlichkeit des anvisierten Verhaltens bis zu dem vorher festgelegten Ziel gesteigert hat.

▶ Kritisiert wird vor allem die Passivität der Lernenden, die Verantwortungsdelegation an die Lehrenden und die Gefahr, träges Wissen zu erzeugen.

6.2.2 Lernen durch Innensteuerung

Instruktionstheorien, die das Lernen durch Innensteuerung in den Blick nehmen, basieren auf *konstruktivistischen* Prämissen. Diese lassen sich in fünf Punkten zusammenfassen (Reinmann-Rothmeier & Mandl, 1998):

Lernen ist aktiv. Der Lernende muss motivational-emotionale und kognitive Leistungen vollbringen, Informationen so zu verarbeiten, dass er sie behält und versteht.

Lernen ist konstruktiv. Der Erwerb von Wissen und von Fertigkeiten ist ein Prozess subjektiver Informationskonstruktion und -integration, der hauptsächlich darin besteht, neue Informationen vor dem Hintergrund individueller Erfahrungen zu interpretieren, mit dem Vorwissen zu verbinden und dieses nach subjektiven Kriterien zu strukturieren. Wissen ist also keine Kopie der Wirklichkeit, sondern eine Konstruktion.

Lernen ist zielgerichtet. Lernen ist dann effektiv, wenn dem Lernenden das Ziel gegenwärtig ist und wenn er angemessene Erwartungen hat.

Lernen ist situiert. Erfahrungsbildung erfolgt situationsbezogen und ist damit an spezifische Kontexte gebunden. Wissen weist deshalb immer kontextuelle Bezüge auf; es ist bereichsspezifisch.

Lernen vollzieht sich in sozialen Bezügen. Wissen erwächst aus sozialen Aushandlungsprozessen. Es ist zwar das Ergebnis individueller kognitiver Prozesse, diese sind aber durch die Einbindung des Einzelnen in soziale Gemeinschaften und Situationen immer auch geprägt durch die sozialen und soziokulturellen Bedingungen, unter denen sie sich vollziehen.

Für entsprechende Instruktionsdesigns liegt der Schwerpunkt der Lernaktivität beim Lernenden selbst. Er wird als eigenverantwortlicher, selbsttätiger und selbstständiger Konstrukteur seiner Wirklichkeitsentwürfe betrachtet. Diese Entwürfe entziehen sich den üblichen Lernergebniskriterien eines mehr oder weniger »richtigen« oder »falschen« Wissens. Vielmehr sind es die Konstruktionsprozesse selbst, die in Lernumgebungen verdeutlicht und verändert werden sollen, indem die Lernenden zu weitgehend selbstständigem Lernen und Problemlösen durch die Entwicklung heuristischer, also allgemein problemlösender Kompetenzen angehalten werden.

Allerdings können Lehrende darauf nicht direkt Einfluss nehmen. Ihr Part besteht vielmehr darin, Bedingungen zu schaffen, die Wissens- und Könnenserwerb ermöglichen, anregen, unterstützen und begleiten. Insgesamt aber nehmen sie beim eigentlichen Lernprozess eine eher defensive Position ein.

Gängiges *Instruktionsprinzip* ist die Idee des → entdeckenden Lernens (Abschn. 4.3.4). In der Pädagogik wird von »offenen« Lernumgebungen gesprochen. Unsere nicht-instruktional gestaltete Umwelt kann als eine solche offene Lernumgebung aufgefasst werden. In unseren Alltagsvollzügen setzen wir uns von Geburt an (und schon davor) entdeckend mit der sozialen und gegenständlichen Umwelt auseinander, entwickeln Ideen darüber, wie diese Welt funktioniert und wie wir in ihr funktionieren und erschließen Interessenfelder, ohne von außen dazu angehalten oder systematisch darin eingewiesen zu werden. Es lassen sich aber auch Beispiele für planvolle, zum Zweck des Lernens gestaltete Instruktionsdesigns finden, die Lernumwelten nach konstruktivistischen Prinzipien gestalten.

Beispiel

▶ Schon lange vor der Etablierung konstruktivistischer Theorien des Lernens und Lehrens wurden in der Reformpädagogik auf der Basis von Bildungs- und Entwicklungstheorien entsprechende Ideen formuliert und umgesetzt. Ein prominentes Beispiel ist die Montessori-Pädagogik, die das Kind als aktiven Gestalter seiner eigenen Entwicklung betrachtet. Diese Entwicklung wird nicht von außen aktiv gesteuert, sondern dadurch gefördert, dass Betreuungspersonen auf Impulse des Kindes mit der Bereitstellung von angemessenen Handlungsmaterialien und -situationen reagieren.

▶ Es gibt komplexe Computer- oder Internetspiele, die als Erlebniswelten konfiguriert sind und in denen sich die Spieler diese Welten selbst erschließen, erkunden und das eigene Agieren darin durch das Ausprobieren und Erkennen von Strukturen und Problemlösungswegen optimieren lernen (z. B. Zelda, Die Sims).

▶

▶ Im Literaturmuseum der Moderne (LiMo) in Marbach am Neckar werden Archivstücke ohne Erklärung ausgestellt. Gestaltet ist lediglich eine Grundstruktur: In vier nebeneinander stehenden Vitrinenreihen sind chronologisch geordnet zuerst Manuskripte, dann Bücher, Briefe und letztlich Nachlassobjekte von Dichtern ausgelegt. Die Beschriftung ist mit dem Namen des Verfassers bzw. Eigentümers und einer Jahreszahl äußerst spärlich gehalten. Mithilfe eines über Infrarotschnittstellen mit diesen Vitrinen kommunizierenden Navigationsguides, einer Art Tablet-Computer, sind die Besucher gehalten, im Museum ihre eigenen Wege, Netzwerke und Assoziationen zu entwickeln.

Ein Unterricht, der sich an der Idee des Lernens durch Innensteuerung orientiert, weist folgende sechs Merkmale auf:
(1) Das Unterrichtsziel ist der Erwerb flexiblen und komplexen konzeptuellen Wissens sowie von Selbstlern- und heuristischen Kompetenzen.
(2) Im Mittelpunkt steht weniger das Lernprodukt, sondern vorrangig der Lernprozess.
(3) Der Lernprozess wird durch die Gestaltung eines offenen Lernumfeldes ermöglicht. Er vollzieht sich durch die eigenverantwortliche, aktive, entdeckend-lernende Auseinandersetzung des Lerners mit diesem Umfeld.
(4) Das Lernmaterial ist in konkrete Situationskonstellationen eingebettet und besitzt einen hohen Komplexitätsgrad.
(5) Das Auftreten von Fehlern ist erwünscht. Sie zeigen Missverständnisse auf, die nur behoben werden können, wenn sie bewusst werden. Fehler bilden so die Grundlage für neues Lernen.
(6) Das Lernen findet im Austausch mit anderen Personen statt.

Typische Formen derart gestalteter Lernumgebungen sind das problemorientierte und das selbstgesteuerte Lernen. Beim ersten Ansatz liegt der Schwerpunkt darauf, die Konstruktion komplexen konzeptuellen Wissens einschließlich des Erwerbs spezifischer Problemlösestrategien zu fördern. Der zweite Ansatz zielt vorrangig auf die Ausbildung allgemeiner heuristischer und lernstrategischer Kompetenzen ab.

Problemorientiertes Lernen

Beim problemorientierten Lernen werden die Lerner – wie der Begriff andeutet – mit einem relativ komplexen, in der Regel dem Alltag entnommenen oder in Alltagskontexte verpackten Problem konfrontiert. Sie sollen dieses Problem meist gemeinschaftlich lösen und ihre Lösung begründen können. Dieser Ansatz ermöglicht es den Lernenden, selbstentdeckend Einsichten in Strukturen und Gesetzmäßigkeiten und zugleich Problemlösestrategien zu entwickeln. Eindrucksvolle Beispiele problemorientierter Anfangssequenzen im Mathematikunterricht sind in den Videos der TIMMS-Studie (Reusser et al., 2007) dokumentiert. In elaborierter Form ausgearbeitet und umfangreich evaluiert ist das Konzept der *Anchored Instruction* (anchored = narrative Anker). In Form einer Video-Abenteuergeschichte des Jasper Woodbury werden Probleme aufgezeigt, die mathematische Lösungen erfordern. Die Form des Geschichtenerzählens soll zunächst Interesse wecken und dann die Möglichkeit bieten, eigenständig und entdeckend diese Probleme zu erkennen, zu definieren und zu lösen (Reinmann-Rothmeier & Mandl, 1998). Die technische Unterstützung des Anchored-Instruction-Ansatzes durch Video- und Computereinsatz wird auch bei *Simulationen*, *Planspielen* und *Mikrowelten* verwendet, um Lernen durch Innensteuerung anzuregen. Sie sind virtuelle Ersatzsituationen für Experimente, die den Lernenden die Möglichkeit bieten, sich konzeptuelles Wissen durch authentisches Handeln in quasi-realen Situationen entdeckend anzueignen. So wie in Computer- und Internetspielen werden in den instruktionellen Umgebungen komplexe lebensweltliche Systeme dargeboten, in denen die Lernenden planend, entscheidend, handelnd und evaluierend agieren können. Beispiele solcher Programme sind das geographische Planspiel »Hunger in Nordafrika« (Leutner & Schrettbrunner, 1989) sowie »PlanAlyzer« (Lyon et al., 1990) für die ärztliche Ausbildung diagnostischer Kompetenzen. Simulationen wurden im Übrigen auch entwickelt, um die zugrundeliegenden Prozesse des Problemlösens zu erforschen. Das bekannteste Programm ist »Lohhausen«, ein von Dörner (1983) entworfenes Szenario einer Kleinstadt, die von der Bürgermeisterposition aus zu gestalten ist (Abschn. 5.5.7).

Selbstgesteuertes Lernen

Eine konkrete Umsetzung des Prinzips des selbstgesteuerten Lernens ist die *Projektmethode*. Deren Besonderheit besteht darin, dass die Lernenden ganz reale, komplexe Vorhaben zu realisieren haben. Gewöhnlich sind Projekte in der Schule fächerübergreifend angelegt und erfordern die arbeitsteilige Zusammenarbeit mehrerer Personen. Zwar handelt es sich bei Projekten auch um Problemstellungen – man könnte sie also auch dem problemorientierten Lernen zuordnen –, doch liegt das Hauptaugenmerk in solchen Lehr-Lern-Situationen weniger auf dem Wissenserwerb denn auf dem Erwerb von Kompetenzen zum eigenständigen, planvollen Handeln in sozialen Gemeinschaften. Darüber hinaus gibt es, trotz des vielen Redens über selbstgesteuertes Lernen, kaum andere elaborierte didaktische und empirisch geprüfte Modelle für den schulischen Unterricht. Ohne solche bleibt jedoch eine wirkungsvolle breite Ausbildung und Förderung von Selbstlernkompetenzen, die über die Fähigkeiten zum Auswendiglernen und Reproduzieren hinaus eine konstruktive, verstehensorientierte Auseinandersetzung mit dem Lernstoff ermöglichen, aus. Gegenwärtig ist der übliche Schulunterricht nicht so angelegt, dass diese Kompetenzen implizit erworben werden könnten. Unterrichtsbeobachtungen zeigen, dass die Lernstrategieförderung durch Lehrer unzureichend ist. Im Durchschnitt beziehen sich (bei allerdings großer Varianz) weniger als zehn Prozent aller Unterrichtshandlungen auf die Vermittlung und Reflexion von Lernprozessen und -strategien (Hamman et al., 2000; Kistner et al., 2009).

Die Praxis, das Erlernen und Verstehen von Lernplanungs-, -steuerungs- und -kontrollkompetenzen an die häusliche *Hausaufgaben*situation zu delegieren, zeigt in der Regel wenig Erfolg. Diesem Problem versuchen Schulen durch ins Curriculum eingebundene Kurse zum »Lernen lernen« zu begegnen. Abgesehen davon, dass die direkte Instruktion von Lernstrategien und -techniken der konstruktivistischen Grundidee eigenaktiver Entwicklung von Einsichten und Kompetenzen nicht entspricht, sind solche Maßnahmen auch nur dann wirkungsvoll, wenn die eingeübten Lernstrategien auch tatsächlich im alltäglichen Unterrichtsgeschehen abverlangt werden und somit nützlich sind (→ Transfer, Abschn. 6.3.3).

Die als Alternative zum Frontalunterricht eingesetzte *Gruppenarbeit* entspricht hingegen deutlicher den Prämissen von Lernumgebungen durch Innensteuerung. In der Praxis scheitert sie jedoch oft daran, dass das Hauptaugenmerk der Lehrpersonen nicht auf dem Lernprozess, sondern auf dem zuvor als optimal definierten Lernprodukt liegt. Soziale Fertigkeiten, die zur gemeinschaftlichen Lösung von Aufgaben notwendig sind, sowie konkrete Lernaktivitäten, die den Arbeits- und Lernprozess ermöglichen und erleichtern, werden nur selten thematisiert, noch seltener systematisch erarbeitet und evaluiert. Gelingen kann Gruppenarbeit, wenn sie nach den Prinzipien des → kooperativen Lernens (Abschn. 6.2.3) gestaltet ist.

Gegen instruktionspsychologische Theorie des Lernens durch Innensteuerung werden verschiedene Einwände vorgebracht:

▶ Folgt man diesem Ansatz konsequent, dann wären Lernprozesse völlig ergebnisoffen. In Bildungsinstitutionen (selbst in sogenannten »offenen« oder »freien« Schulen) müssen aber per definitionem Lernzielevaluationen und Zertifikationen von Leistungen bzw. Kompetenzen erstellt werden. Insofern ist ein ganz und gar selbstbestimmtes Lernen in diesen Lernumgebungen derzeit nicht möglich.
▶ Entdeckendes Lernen braucht Zeit, und Zeit ist in Schulen und anderen Bildungsinstitutionen ein rares Gut.
▶ Empirische Befunde lassen darauf schließen, dass »offene« Lernumgebungen nur für einige Lerner förderlich sind, für andere sind sie eher ungeeignet. Als wichtigste Grundlage für erfolgreiches Lernen in solchen Instruktionsdesigns gilt das Vorwissen. Bei geringem Vorwissen sind Lerner bei der Bearbeitung komplexer Probleme und bei der Notwendigkeit, Lernen selbst zu planen, zu steuern, zu überwachen und gegebenenfalls zu korrigieren, kognitiv und motivational-emotional überfordert.

> ▶ In Lernumgebungen, die sich an der Innensteuerung von Lernprozessen orientieren, sollen Einsicht, Problemverständnis, heuristische und Selbstlernkompetenzen gefördert werden.
> ▶ Die Lernumgebungen sind nach konstruktivistischen Grundprinzipien gestaltet, wonach Wissenserwerb durch aktive, konstruktive, zielgerichtete, situierte und sozial-eingebundene Auseinandersetzung mit Problemkonstellationen erfolgt.
> ▶ Lerner mit geringem Vorwissen sind in konstruktivistisch gestalteten Lernumgebungen zumeist überfordert.

6.2.3 Lernen durch Integration von Außen- und Innensteuerung

In der Praxis kommen die beiden bislang vorgestellten Instruktionsansätze in ihren Extremformen und als ausschließlich so gestaltete Lernumgebungen eher selten vor. Die jeweiligen Vorzüge sind immer auch mit bedeutsamen Einschränken verbunden: Zwar ist das Lernen durch Außensteuerung effektiv und effizient, es mangelt aber an Flexibilität und Transfer des so erworbenen Wissens bzw. der so erworbenen Fertigkeiten. Lernen durch Innensteuerung ermöglicht hingegen Flexibilität und Transfer, ist aber oftmals wenig effektiv und effizient.

> **Definition**
>
> Mit **Effektivität** wird die Wirksamkeit bzw. die Leistungsfähigkeit eines Verfahrens bezeichnet. Eine Lehrmethode ist also umso effektiver, je größer der erzielte Lernzuwachs ist. **Effizienz** bezeichnet das Verhältnis von Wirksamkeit zu geleistetem Aufwand. Eine Lehrmethode ist umso effizienter, je geringer der instruktionale Aufwand und die Lernzeit sind, mit denen ein möglichst großer Lernzuwachs erreicht wird.

Das Ziel vermittelnder bzw. integrierender Instruktionstheorien ist es, die Vorteile beider Herangehensweisen zu nutzen und zugleich deren Nachteile zu minimieren. Dazu muss das Lernen durch Außensteuerung mit Möglichkeiten zur Selbststeuerung und Konstruktion und das Lernen durch Innensteuerung mit Anleitungen, Hilfestellungen und Verstärkung kombiniert werden. Das kann in integrierenden Lernumgebungen auf verschiedene Weise und mit verschiedenen Schwerpunktsetzungen geschehen.

Im Folgenden werden vier Varianten vorgestellt:
- die direkte Instruktion
- die indirekte Instruktion
- gemäßigt-konstruktivistische Lernumgebungen
- adaptives Unterrichten

Ihnen ist gemeinsam, dass sich die zugrundeliegende Instruktionstheorie auf den Erwerb, das heißt den Aufbau oder die Veränderung kognitiver Strukturen und Prozesse bezieht. Das gängige *Instruktionsprinzip* ist die Idee des verstehenden Lernens durch (äußere) Darbietung einer Wissensstruktur oder Handlungsprozedur, die vom Lernenden in die (innere) vorhandene Vorwissensstruktur integriert bzw. durch kognitive Konstruktionsprozesse verstanden werden soll (→ sinnvolles Lernen, Abschn. 4.3.3). Sowohl Lehrende als auch Lernende sind dabei in aktiver Weise tätig: Die Lehrenden, indem sie Lerninhalte darbieten und Hilfestellungen geben, die Lernenden, indem sie kognitive Aktivitäten der Assimilation und Konstruktion in Gang setzen und aufrechterhalten.

Direkte Instruktion

Der Begriff der Instruktion wird im Rahmen dieses Ansatzes in einem sehr engen Sinn etwa als Anweisen, Darbieten oder Vorgeben gebraucht. Prototypisch stehen dafür die didaktischen Konzepte des Frontalunterrichts und der Vorlesung sowie medial vermittelte Formen wie Lehrbücher, Ratgeber oder auch Reportagen und Nachrichtensendungen. Die Grundidee der direkten Instruktion ist die des *Wissenstransfers*, also einer Übertragung einer von einem Lehrenden *präsentierten* in eine vom Lernenden *repräsentierte* Wissensstruktur.

Üblicherweise werden solche Ansätze als kognitivistisch bzw. kognitionspsychologisch bezeichnet. Die begriffliche Differenzierung zwischen kognitivistisch und konstruktivistisch führt aber unseres Erachtens eher zu Verwirrung, als dass sie Klarheit stiftet. Schließlich zielen auch konstruktivistische Ansätze auf die Beschreibung, Erklärung und Veränderung kognitiver Strukturen ab und kognitivistische Ansätze schließen Annahmen zur eigenaktiven Konstruktion von Wissen mit ein. Die Unterschiede sind also nicht grundlegender, sondern nur gradueller Art.

Eine an Ausubels Ansatz des rezeptiv-sinnvollen Lernens orientierte direkte Instruktion zeichnet sich durch folgende Merkmale aus:

- **Soll-Analyse:** Es wird ein Zielzustand hinsichtlich des Wissens und Könnens der Lernenden beschrieben, der Lehrstoff analysiert und entsprechend des Zieles ausgewählt (Lehrzieldefinition und Lehrstoffanalyse).
- **Ist-Analyse:** Das zielrelevante Wissen und Können der Lernenden wird analysiert (Vorwissensstand und Lernvoraussetzungen).
- **Darbietung:** Der Lernstoff wird präsentiert.
- **Einordnungs- und Strukturierungshilfen:** Vorangestellte Einordnungshilfen (→ »Advanced Organizer«, Abschn. 4.3.3), explizite Hinweise bei den Übergängen zu neuen Abschnitten, Vergleiche zwi-

schen Vorwissen und neuen Informationen sowie Zusammenfassungen werden geboten.
▶ **Messung und Evaluation:** Es werden Verfahren zur Kontrolle des Erfolgs der Intervention entworfen, eingesetzt und deren Ergebnisse zurückgemeldet.

> **Beispiel**
>
> Advanced Organizer können sowohl verbal formuliert als auch symbolisch-bildlich gestaltet sein. Ein Beispiel für verbale formulierte Advanced Organizer könnte folgende Einführung in die Bedienung eines Telefons sein: Im folgenden Kapitel werden Ihnen drei Möglichkeiten erklärt, wie Sie Anrufe mit dem Telefon XYZ tätigen können. In psychologischen Fachzeitschriften steht am Anfang jedes Aufsatzes ein *Abstract*, also eine kurze Zusammenfassung. Auch das ist ein verbaler Advanced Organizer.
>
> Symbolisch-bildlich werden Advanced Organizer häufig in Form von Graphiken und Mindmaps angeboten, wie z. B. in diesem Lehrbuch auf den Innenseiten des Umschlags.

Obwohl die direkte Instruktion die wohl am meisten gestaltete Lernumgebung ist, gibt es erstaunlicherweise nur wenige empirische Untersuchungen, die sich mit der Wirksamkeit ihrer einzelnen Komponenten befassen. Als bedeutsame Lernhilfe stellen sich jedoch, ganz unabhängig von sonstigen denkbaren Varianten des Aufbereitens und Präsentierens, vor allem Einordnungs- und Strukturierungshilfen dar.

> **Experiment**
>
> In einem Experiment an der texanischen Universität Austin erhielten 67 Schülerinnen und Schüler der Sekundarstufe eine Einführung in die Transformation des dekadischen in das binäre Zahlensystem entweder mit oder ohne Strukturierungshilfen. Der Unterricht mit Strukturierungshilfen bewirkte nachweislich größere Lernerfolge. Bemerkenswert war darüber hinaus, dass sich die Strukturierungshilfen unabhängig von den Vorkenntnissen in Mathematik positiv auswirkten: Schwache Schüler profitierten davon ebenso wie gute (nach Klauer & Leutner, 2007).

Insgesamt zeichnet sich ab, dass direkte Instruktion ein sehr effektives und effizientes Instruktionsdesign sein kann. Weinert (1996b, S. 30f.) weist auf folgende Befunde hin:

▶ Besonders im Elementarbereich ergeben sich bei größeren Lerngruppen (Schulklassen) im Vergleich zu anderen Instruktionsmethoden insgesamt höhere Durchschnittsleistungen sowie bessere individuelle Lernergebnisse auch bei schwächeren Schülern.
▶ Angemessene Lernzielvorgaben vorausgesetzt, kommt es zu einer Maximierung der aktiven Lernzeit.
▶ Durch die ständige Beeinflussung durch die Lehrperson wird die Schüleraktivität auf die eigentlichen Lerninhalte ausgerichtet.
▶ Motivation wird durch die zahlreichen positiven Rückmeldungen über die Leistungsfortschritte gefördert.

Im Gegensatz zu dieser, auf empirischen Ergebnissen basierenden, deutlich positiven Bewertung, wird die direkte Instruktion in der pädagogischen Diskussion völlig zu Unrecht diskreditiert. Auch bei einer rezeptiven Lernhaltung ist der Schüler keineswegs passiv, sondern im Idealfall im höchsten Maße aktiv. Er muss nämlich den neuen Lehrstoff in das Vorwissen assimilieren. Selbstverständlich gibt es wie bei allen Instruktionsmethoden auch ausgesprochen negative Fälle. Bei der direkten Instruktion bestehen die häufigsten und gravierendsten Fehler in unsystematischen, langweiligen oder anders rhetorisch ungeschickten Darstellungen des Stoffs, im Ignorieren des Vorwissens der Lernenden und in fehlenden Einordnungs- und Strukturierungshilfen. Erfolgreiche Lehre setzt auf der Seite des Lehrers eben eine gewisse *Instruktionskompetenz* voraus.

Indirekte Instruktion

Wenn Musterlösungen vorgeführt und damit ein Lernergebnis oder -prozess beispielhaft dargestellt werden, kann von indirekter Instruktion gesprochen werden. Das *Instruktionsprinzip* ist das → Modelllernen (Abschn. 5.1). Die Lernenden erwerben bzw. konstruieren über die Beobachtung und das Nachvollziehen vorgegebener (Experten-)Modelle Ideen darüber, wie ein Verhalten auszuführen bzw. wie ein Konzept konstruiert und zu verstehen ist. Im Unterschied zur direkten Instruktion wird hier also nicht Wissen *präsentiert*, sondern es werden Lösungswege, Handlungsvollzüge und kognitive Prozeduren *demonstriert*. Das in Abschnitt 5.6.2

vorgestellte Verfahren zur Therapie aufmerksamkeitsgestörter Kinder, bei dem die Therapeutin das systematische Bearbeiten von Aufgaben als kognitives Modell vorführt, kann als eine solche indirekte Instruktion bezeichnet werden. Ein gut evaluiertes didaktisches Unterrichtsmodell, das auf diesem Prinzip beruht, ist das *Lernen mit Lösungsbeispielen*. In der Regel wird dem Lernenden ein (situiertes) Problem vorgestellt und dazu ein ausgearbeitetes Lösungsbeispiel einschließlich einer schrittweisen Anweisung oder Beschreibung der Lösungsschritte geboten. Gegebenenfalls erhält der Lerner danach ähnliche Problemstellungen, die analog zu lösen sind. Besonders häufig ist diese Form von Lernumgebung bei Themen aus der Mathematik, der Physik und der Computerprogrammierung untersucht worden.

Eine Spezialform des Lernens mit Lösungsbeispielen ist das *fallbasierte Lernen*. Es wird als didaktisches Modell breit und wirkungsvoll z. B. in der Ausbildung von kaufmännischen Berufen, Medizinern und Psychotherapeuten eingesetzt. Die vorgegebenen Probleme sind realistische oder aber realitätsnahe Fallbeschreibungen. Die Lernsituation ist also in nahezu idealer Weise situiert und komplex. Zugleich bieten die präsentierten Expertenlösungen Anregungen zur adäquaten Repräsentation des Problems und der relevanten Analyse- und Problemlöseprozesse.

Gemäßigt konstruktivistische Lernumgebungen

Erfahrungswerte und Ergebnisse empirischer Untersuchungen zeigen immer wieder auf, dass Lernumgebungen, die Lernen durch Innensteuerung nach konstruktivistischen Grundprinzipien anregen wollen, nur dann Erfolge zeigen, wenn
▶ der Prozess des Entdeckens behutsam gelenkt wird,
▶ fehlendes, aber notwendiges Wissen im Bedarfsfall direkt vermittelt wird und
▶ die Komplexität des Problems nicht zu hoch ist oder angemessen reduziert wird (Klauer & Leutner, 2007, S. 158 f.).

Es erweist sich also als durchaus hilfreich und nützlich, entdeckendes Lernen nicht ungeregelt und ungesteuert, ganz und gar »selbstbestimmt« geschehen zu lassen, sondern es durchaus zu lenken. Mit dieser Einsicht wird bei gemäßigt-konstruktivistischen Lernumgebungen das Lernen durch Innensteuerung mit Elementen der direkten oder indirekten Instruktion und mitunter auch mit Elementen der Außensteuerung, also Verstärkung, angereichert. Entsprechende Instruktionsmodelle unterscheiden sich darin, welche dieser Zusatzelemente in welcher Weise und in welchem Umfang in die innensteuerungsorientierte Lernumgebung eingebunden werden. Als didaktische Konzepte können die Kombination und die Integration unterschieden werden.

Kombination. Bei der *Kombination* werden Instruktions- und Konstruktionssequenzen zeitlich getrennt voneinander angeboten, also additiv ergänzt. In der Regel geschieht dies dadurch, dass auf eine Phase der direkten Instruktion (z. B. Vorlesung, Lehrervortrag im Frontalunterricht) eine Lernumgebung gestaltet wird, in der in Partner- oder Gruppenarbeit selbstständig und problembasiert Wissenskonstruktionsprozesse vollzogen werden können.

> **Beispiel**
>
> Im Rahmen eines medizinischen Ausbildungsprogramms an der Universität München wurde das Lernen anhand authentischer Fälle mit tutoriell begleiteter Kooperation in Kleingruppen verbunden und in bereits laufende Lehrveranstaltungen integriert. Das bewirkte sowohl eine hohe Akzeptanz bei den Studierenden als auch einen deutlich verbesserten Lernerfolg (Putz et al., 1999).

Ein komplexes didaktisches Unterrichtsmodell, dessen Wirksamkeit überzeugend empirisch nachgewiesen ist (z. B. Slavin et al., 2003), ist das *kooperative Lernen*, bei dem die Prämisse der sozialen Eingebundenheit selbstgesteuerter, eigenaktiver Wissenskonstruktion im Vordergrund steht. Im Unterschied zur »freien« Gruppenarbeit werden beim kooperativen Lernen allerdings soziale Fertigkeiten, die für gemeinschaftliches Lernen und Arbeiten notwendig sind, nicht einfach vorausgesetzt, sondern systematisch gefördert. Zudem sind sozialpsychologische Grundlagen gelingender sozialer Lern- und Arbeitsprozesse, vor allem die individuelle Verantwortungsübernahme und die wechselseitige positive Abhängigkeit (Interdependenz) durch verschiedene sozialpsychologische Techniken und instruktionale Maßnahmen inszeniert und strukturiert. So werden z. B. komplementäre Rollen verteilt, Ressourcen verknappt und Bedingungen geschaffen, die die Anteile jedes einzelnen Gruppenmitgliedes am Gesamtergebnis sichtbar machen. Der Aufbau kognitiver Strukturen und kognitiv-prozeduraler Fertigkeiten erfolgt in der

Regel nach einem Drei-Schritte-Prinzip, wobei die drei Schritte nacheinander ermöglicht werden.
(1) Gewöhnlich führt zuerst die Lehrperson in einen Themenbereich ein (direkte oder indirekte Instruktion).
(2) Danach wird den Lernenden in Einzelarbeit eine individuelle Auseinandersetzung mit dem Gesamtbereich oder mit Ausschnitten daraus ermöglicht.
(3) Im letzten Schritt sind soziale Austauschprozesse zwischen den Lernenden vorgesehen, in denen sie sich wechselseitig Wissen vermitteln, Bedeutungen aushandeln, Verstehen überprüfen und Lernergebnisse fixieren.

Kooperatives Lernen kann also in zweifacher Hinsicht als Kombination von Lernen durch Außensteuerung mit Lernen durch Innensteuerung betrachtet werden:
▶ Soziale Fertigkeiten werden nach dem Prinzip der Außensteuerung durch Verstärkungstechniken und Inszenierung der arbeitsteiligen sozialen Lernprozesse aufgebaut.
▶ Bei der Förderung des Wissenserwerbs tritt dieses Prinzip in den Hintergrund. Stattdessen wird für diesen Bereich eine sukzessive Kombination dreier Phasen gewählt: direkte oder indirekte Instruktion, individuelle, eigenaktive, selbstgesteuerte Konstruktion und soziale Co-Konstruktion.

Inzwischen gibt es eine fast unüberschaubare Vielfalt kleinerer und komplexerer Unterrichtsmethoden des kooperativen Lernens. Eine bekannte Methode ist das Gruppenpuzzle (Jigsaw). Eine weitere ist die reziproke Lehre, die im folgenden Abschnitt vorgestellt wird.

Integration. Bei der *Integrationsvariante* sind Instruktions- und gegebenenfalls auch Außensteuerungselemente unterstützend in die eigentliche Konstruktionsphase integriert. Gewöhnlich entscheidet der Lerner, wann er welche Hilfsangebote in welchem Umfang wahrnimmt.

Beispiel

▶ Bei Computer- und Internetspielen lässt sich gewöhnlich jederzeit ein Hilfefenster öffnen, das spielstandsbezogene Tipps bereithält. Auch in entsprechenden Handbüchern kann der Spieler nach Bedarf nachlesen, wenn er an einer Stelle nicht weiterkommt. Die Hilfen sind zumeist in Form direkter Instruktionen gestaltet. Mitunter findet man aber auch »intelligente« Hilfesysteme, die nicht direkt instruieren, sondern lediglich Anregungen zum Problemlösen geben.
▶ Hilfeelemente werden auch in ursprünglich rein nach dem Innensteuerungsprinzip von Lernprozessen entwickelten Lernumgebungen eingearbeitet. So wurde in der Jasper-Woodbury-Story, die nach dem Anchored-Instruction-Ansatz ursprünglich ohne Hilfestellungen konzipiert wurde, inzwischen ein »Jasper Planning Assistant« entwickelt. Dieser bereitet Rechenwege für verschiedene mathematische Probleme vor, indem er die Lernenden unter anderem beim Navigieren durch die einzelnen Geschichten etwa durch richtungsweisende Fragen unterstützt (Reinmann-Rothmeier & Mandl, 1998).
▶ Klassenbibliotheken und Internetzugänge im Klassenzimmer eröffnen Schülern bei eher entdeckend gestaltetem Unterricht die Möglichkeit, sich selbstbestimmt und bedarfsgerecht mit unterstützenden Informationen zu versorgen.

Adaptiver Unterricht

Grundidee adaptiver Lernumgebungen ist, dass eine für alle Lernenden gleichermaßen optimale Instruktionsmethode schlechterdings undenkbar ist, weil Personmerkmale des Lernenden in komplexer Weise mit Merkmalen der Lernumgebung interagieren und zusammen den Lernerfolg beeinflussen. So weiß man inzwischen, dass Lernende mit ungünstigen Lernvoraussetzungen (z. B. geringem Vorwissen) mehr von einem hoch strukturierten und angeleiteten Lernumfeld profitieren als Lernende mit guten Lernvoraussetzungen. Das Instruktionsdesign muss also die Möglichkeit eröffnen, die situationalen Bedingungen den einzelnen Lernenden anzupassen. In der Pädagogik steht dafür die Idee des differenzierten Unterrichts. Ein erfolgversprechendes didaktisches Modell, das auf dieser Grundidee basiert, ist der *Cognitive-Apprenticeship-Ansatz*. Er orientiert sich an der schon im Mittelalter entwickelten Praxis handwerklicher Meisterlehre und an Lev Wygotskis sozial-konstruktivistischer Entwicklungstheorie, wonach sich individuelle Denkstrukturen durch Internalisierung ursprünglich sozialer Handlungs- und Aushandlungsprozesse ausbilden. Eine typische Lernumgebung nach dem Prinzip des Cognitive-Apprenticeship-Ansatzes besteht aus drei Sequenzen (Reinmann-Rothmeier & Mandl, 1998):

(1) **Modelling.** Der Lehrende macht sein Vorgehen an einem authentischen Problem vor und verbalisiert dabei ablaufende Prozesse und Aktivitäten.
(2) **Scaffolding.** Danach befasst sich der Lernende selbst mit dem anstehenden Problem. Seine Versuche werden jedoch vom Lehrenden gezielt unterstützt (»Gerüstbau«).
(3) **Fading.** Diese Unterstützung wird allmählich ausgeblendet, um den Lernenden von Hilfestellungen unabhängig zu machen und selbstgesteuerte Aktivitäten zu fördern. Es findet sozusagen ein dosierter, am aktuellen Lernstand orientierter »Gerüstabbau« statt.

Reziprokes Lernen. Eine konkrete Umsetzung des Cognitive-Apprenticeship-Ansatzes findet sich im Bereich des kooperativen Lernens z. B. beim didaktischen Konzept des *reziproken Lernens*. Entwickelt wurde das Verfahren von Palincsar und Brown (1984) zur Förderung verstehenden Lesens. Die Lehrperson demonstriert als Modell, wie die zu vermittelnde Lesestrategie aussieht und wie sie im konkreten Fall angewandt wird: Fragen stellen, Wortbedeutungen klären, den Absatz kurz zusammenfassen, Vorhersagen über den vermutlichen Inhalt des nächsten Absatzes formulieren. Danach übernimmt in Partnerarbeit ein Lerner die Rolle der Lehrperson (stellt also Fragen, lässt Wortbedeutungen klären, zusammenfassen und Vorhersagen formulieren). Diese Rolle wird beim nächsten Textabschnitt dem anderen Lerner übertragen, sodass beide wechselseitig mal in der Rolle des Lehrenden, mal in der des Lernenden agieren. Die Lehrkraft beobachtet und greift notfalls korrigierend ein. Sie nimmt ihre Unterstützung mit dem Zuwachs an Kompetenz der Lernenden in ihrer Rolle als Lehrende zurück.

> ▶ Lernumgebungen, die sowohl Außen- als auch Innensteuerungsprozesse des Lernens anregen, minimieren die Einschränkungen beider Extrempositionen und optimieren somit den Lernerfolg.
> ▶ Zu solchen Lernumgebungen zählen die direkte Instruktion, die indirekte Instruktion, gemäßigt-konstruktivistische Ansätze und adaptives Unterrichten.

Lehrende müssen sich entscheiden, wie sie ihren Unterricht gestalten. Als Orientierung können ihnen verschiedene Kriterien dienen.

Philosophisch-anthropologische Überzeugungen. Je nachdem, welches Menschenbild die Lehrperson präferiert, kann sie entweder die Lernenden als eher passiv oder als eher aktiv am Prozess des Wissens- und Fertigkeitserwerbs betrachten. Danach richtet sich dann, ob die Lernumgebung eher nach dem Prinzip der Außensteuerung oder nach dem Prinzip der Innensteuerung konzipiert und welche Lehrmethoden eingesetzt werden.

Zielvorstellungen. Oft beeinflussen Vorstellungen über Lern- und Erziehungsziele die Gestaltung von Lernumgebungen und die konkrete Auswahl von Lehrmethoden. Wer vorrangig Selbstlernfähigkeiten und heuristische Kompetenzen fördern möchte, neigt eher dazu, die Innensteuerung von Lernprozessen zu ermöglichen. Wem es eher um die Vermittlung einer gut strukturierten Wissensbasis geht, wird eher die direkte Instruktion wählen.

Wirksamkeit. Solche übergeordneten Erwägungen können also ausschlaggebend für die Gestaltung der Lernumgebungen sein, die den Lernenden angeboten werden. Ob sie allerdings zweckdienlich sind, also tatsächlich lernförderlich, lässt sich nur entscheiden, wenn zwei andere Kriterien beachtet werden: die Effektivität und die Effizienz. Jenseits philosophisch-anthropologischer oder pädagogisch-erziehungswissenschaftlicher Grundsätze sollte aus lern- und instruktionspsychologischer Sicht immer der *Lerneffekt* für den Lernenden der Maßstab für die Auswahl von Lernumgebungen und konkreter didaktischer Maßnahmen sein. Eine Lernumgebung ist nur so gut, wie sie nachweislich in der Lage ist, das jeweils notwendige oder erwünschte Wissen und Können beim Lernenden zu fördern.

Bei der Gestaltung von Lernumgebungen sind demnach folgende fünf Aspekte zu beachten:
(1) Lernziele
(2) Lerngesetzmäßigkeiten
(3) Lernervoraussetzungen
(4) Kontextbedingungen
(5) Wirksamkeit

Letztlich: Wissenschaftliche Modelle sind keine unveränderlichen Theoriegebäude, sondern individuell unterschiedlich nutzbare – und auch bezweifelbare – Denkmöglichkeiten. Gleichzeitig ist eine Praxis ohne theoretische Basis unprofessionell. Zur Klärung offener

Fragen bedarf es einer theoriegeleiteten empirischen Forschung und einer empirisch geprüften problembewussten Theoriebildung.

> **Zusammenfassung**
>
> ▶ In Lernumgebungen, die Lernen außengesteuert durch die Darbietung von Reiz-Reaktions-Kontiguitäten und kontingenter Konsequenzen fördern, werden Lernziele als Veränderung äußerlich sichtbaren Verhaltens formuliert. Das Instruktionsprinzip ist das Auswendiglernen durch wiederholtes Darbieten und (mechanisches) Üben.
> ▶ An Lernumgebungen durch Außensteuerung wird vor allem die Passivität der Lernenden, die Verantwortungsdelegation an die Lehrenden und die Gefahr, träges Wissen zu erzeugen, kritisiert.
> ▶ Bei Lernumgebungen durch Innensteuerung sollen Einsicht, Problemverständnis, heuristische und Selbstlernkompetenzen gefördert werden. Sie sind nach konstruktivistischen Grundprinzipien gestaltet, wonach Wissenserwerb durch aktive, konstruktive, zielgerichtete, situierte und sozial-eingebundene Auseinandersetzung mit Problemkonstellationen erfolgt. Das Instruktionsprinzip ist das entdeckende Lernen.
> ▶ Lerner mit geringem Vorwissen sind in konstruktivistisch gestalteten Lernumgebungen zumeist überfordert.
> ▶ Lernumgebungen, die sowohl Außen- als auch Innensteuerungsprozesse des Lernens anregen, minimieren die Einschränkungen beider Extrempositionen und optimieren somit den Lernerfolg. Entsprechende Instruktionstheorien sind direkte Instruktion, indirekte Instruktion, gemäßigt-konstruktivistische Ansätze und adaptives Unterrichten.
> ▶ Die Entscheidung für die Gestaltung der Lernumgebung und die Auswahl der konkreten didaktischen Maßnahmen müssen sich am Lerneffekt für den Lernenden orientieren.

6.3 Nachhaltigkeit

Ziel absichtsvollen Lernens ist es zumeist, das Gelernte über einen längeren Zeitraum behalten und in verschiedenen Situationen anwenden zu können. Das gilt sowohl für Verhaltensmuster und Handlungskonzepte als auch für Sachwissen. Dafür soll der aus der Forstwirtschaft und Ökologie stammende Begriff der *Nachhaltigkeit* übernommen werden.

> **Definition**
>
> Mit **Nachhaltigkeit** sollen im Rahmen der Lernpsychologie beständige und anwendungsfähige Wissens- und Könnensstrukturen bezeichnet werden, die den Lerner in die Lage versetzen, diese über große Zeiträume und verschiedene Anforderungssituationen hinweg aufgaben- und zielangemessen abzurufen.

Nachhaltigkeit in diesem Sinne lässt sich durch mindestens drei Prozesse unterstützen:
- ▶ Automatisierung prozeduralen Wissens, also von Verhaltens- und Handlungsprozeduren, und Festigung deklarativen Wissens durch *Übung*.
- ▶ Aufbau konzeptuellen Wissens, also komplexer Wissens- und Handlungskonzepte für einen bestimmten Gegenstandsbereich, durch *Expertiseerwerb*.
- ▶ Übertragung von Wissens- und Handlungskonzepten auf (andere) Gegenstands- und Anwendungsbereiche durch *Transfer*.

Übung ist dabei dem Expertiseerwerb und dem Transfer übergeordnet. Auch wenn Übung weder das eine noch das andere automatisch hervorbringt, so sind doch weder Expertise noch Transfer ohne Übung denkbar.

6.3.1 Übung

Es ist eine häufig zu beobachtende Tatsache, dass bei einem Lernvorgang erst nach einer Reihe von Wiederholungen ein abschließendes Ergebnis erzielt wird.

> **Beispiel**
>
> ▶ Strukturelle Engramme bauen sich in der Regel erst durch häufige dynamische Engramme auf.
> ▶ Zu lernende Reiz-Reaktions-Verbindungen bedürfen meist einer Reihe von Bekräftigungen. ▶

- Instrumentelles Verhalten entsteht erst allmählich durch gleichbleibende kontingente Konsequenzen.
- Begriffe bilden sich in der Kindheit erst nach und nach aus.
- Handlungsschemata und Handlungskonzepte oder Problemlösestrategien werden erst nach vielfachen Erfahrungen mit ähnlichen konkreten Situationen (z. B. Restaurant- oder Kinobesuche) und Handlungsvollzügen (z. B. Partys ausrichten, Urlaubsreisen planen, Hausarbeiten schreiben) entwickelt bzw. automatisiert.

Besonders deutlich ist die Bedeutung der Wiederholung bei der *Automatisierung prozeduralen Wissens*, also motorischer Fertigkeiten wie Radfahren oder Griffen beim Gitarrespielen oder dem Essen mit Besteck sowie kognitiver Fertigkeiten wie dem Lernen der schriftlichen Multiplikation oder Division und der Konjugation von Verben einer Fremdsprache.

Ebenfalls dient Wiederholung aber auch der *Festigung deklarativen Wissens*, z. B. beim Vokabellernen, beim Auswendiglernen des Einmaleins, beim Lernen von Geschichtsdaten, kulturhistorischen Epochen, Lebensdaten von Philosophen, geographischen Fakten, Schiedsrichterzeichen beim Basketball bis hin zu Geburtstagen und PIN-Zahlen.

Als drittes Ziel von Wiederholungen kann auch die *Unterdrückung konkurrierender Verhaltensweisen* betrachtet werden, wenn z. B. Routinen eingeübt werden, den Fernseher während der Nachmittagsstunden zugunsten der Hausaufgaben ausgeschaltet zu lassen oder joggen zu gehen statt Computer zu spielen.

Definition

Unter **Übung** wird die häufige und teilweise systematisch variierte Ausführung bekannter Lernhandlungen verstanden, um Leistungsverhalten zu stabilisieren, zu verbessern oder konkurrierende Verhaltensweisen zu unterdrücken (nach Arnold & Linder-Müller, 2006).

Natürlich ist es auch möglich, dass man eine Sache bei einmaliger Begegnung begreift. Beispielsweise gibt uns jemand einen Tipp, was im konkreten Fall zu beachten ist, und wir haben dadurch ein ausreichendes Wissen erworben (»Aha«-Erlebnis). Auch bei besonderen Ereignissen in unserem Leben, z. B. dem ersten Kuss oder einem dramatischen politischen Ereignis, reicht zumeist eine einmalige Erfahrung, um diese Information dauerhaft zu speichern. Dies ist aber eher der Ausnahmefall. In der Regel bedarf es mehrerer Wiederholungen und Erfolge von Verhaltenssequenzen oder entscheidungsbasierter Handlungsvollzüge, um Lernprozesse und deren Ergebnisse dauerhaft zu behalten.

Exkurs

Die *Bedeutung des Schlafs* für die Festigung von neu Gelerntem wird schon seit vielen Jahren untersucht. Dabei ist man sich einig, dass tagsüber aufgenommene Informationen oder ausgeführte Tätigkeiten durch nächtliche neurophysiologische Aktivitäten des Gehirns, insbesondere dem → Zusammenspiel kortikaler und subkortikaler Strukturen (Abschn. 1.5), zum Aufbau des Langzeitgedächtnisses beitragen. Neuere Untersuchungen von Born und Plihal (2000) geben interessante Hinweise darauf, dass unterschiedliche Schlafstadien für die Konsolidierung verschiedener Gedächtnissysteme maßgeblich sind: Im regulären Nachtschlaf junger Menschen bestehen die ersten drei bis vier Stunden aus 40 Prozent Tiefschlaf, in der zweiten Nachthälfte beträgt dieser Anteil nur noch ca. zehn Prozent. Umgekehrt verhält es sich mit dem REM-Schlaf, dem sogenannten Traumschlaf, dessen Anteil mit zunehmender Schlafdauer ansteigt. Experimentell ließ sich zeigen, dass deklarative Gedächtnisinhalte sehr viel stärker von der vom Tiefschlaf dominierten ersten Schlafhälfte, prozedurale Gedächtnisinhalte hingegen stärker von der vom REM-Schlaf dominierten zweiten Hälfte profitieren. Schlafentzug oder eine Veränderung der Schlafarchitektur, etwa wenn wegen bevorstehender Prüfungen Schlafzeiten deutlich reduziert oder medikamentös beeinflusst werden, reduzieren die Gedächtnisleistungen des Gehirns sowohl für deklarative als auch für prozedurale Inhalte.

Übungen kommen in zweierlei Form vor (Abb. 6.3).

```
          Übung = Wiederholung
         ┌─────────┴─────────┐
      mechanisch         elaborierend
         │                   │
      erhaltend           vertiefend
         │                   │
     Pauken/Drill      variantenreiche Formen
```

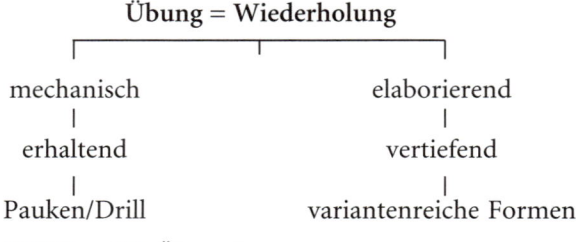

Abbildung 6.3 Übungsformen

Man kann *mechanisch* lernen und üben. Hier ist an die Gegenpole sinnvolles Lernen und mechanisches Lernen (Abschn. 4.3.2) zu erinnern. Beim kognitiven Lernen spricht man auch vom Pauken, beim Erwerb von Fertigkeiten von Drill. Übung ist hier tatsächlich die (relativ) unveränderte Wiederholung des Lernvorganges, also sowohl des Einspeicherns als auch des Abrufens bzw. Ausführens, z. B. wenn mündliche Prüfungssituationen mehrfach zuvor rollenspielartig durchgespielt werden. Die wichtigsten Funktionen dieser Art von Übung bestehen darin, dem Vergessen entgegenzuwirken (*Die → Vergessenskurve*, Abschn. 4.6.2) und Fertigkeiten zu automatisieren.

Dass bis zur Perfektionierung von Handlungsabläufen jahrelange regelmäßige Übung notwendig ist, zeigen sowohl Untersuchungen zur industriellen Fließbandarbeit als auch Studien über Schachspieler, Mathematiker, Ärzte, Wissenschaftler, Schriftsteller, Sportler und Musiker (zusammenfassend Spitzer, 2002). Beispielhaft sind in den Abbildungen 6.4 und 6.5 Zusammenhänge zwischen Übungszeit und Lernstand dargestellt.

Wie man sieht, hat ein exzellenter Musiker (oder eine exzellente Musikerin) bis zum 20. Lebensjahr mindestens 10.000 Stunden mit dem Instrument zugebracht. Das entspricht einer jährlichen Gesamtübungszeit von etwa 1500 Stunden (!), bei der insgesamt mehrere Millionen Töne erzeugt wurden. Bei einfacheren manuellen Tätigkeiten ist es nicht anders: Eine optimale Leistung wird erst nach ein bis zwei Millionen solcher Handgriffe erreicht.

Die andere Art der Übung kann man als *elaborierend* bezeichnen. Sie ist gekennzeichnet durch variantenreiche Übungsformen, die Bedeutungsstrukturen herausarbeiten. Ihre wichtigste Funktion ist die Elaboration, d. h. die weitere Ausarbeitung des Lerngegenstandes, indem das neue Wissen oder die neuen Fertigkeiten mit vorhandenen Strukturen verknüpft und diese erweitert und verändert werden. Dies ist identisch mit dem, was der Begriff der → Assimilation (Abschn. 4.3) meint. In dieser Auffassung ist Übung Bestandteil des Lernprozesses, etwa indem Muster und Regeln erkannt werden

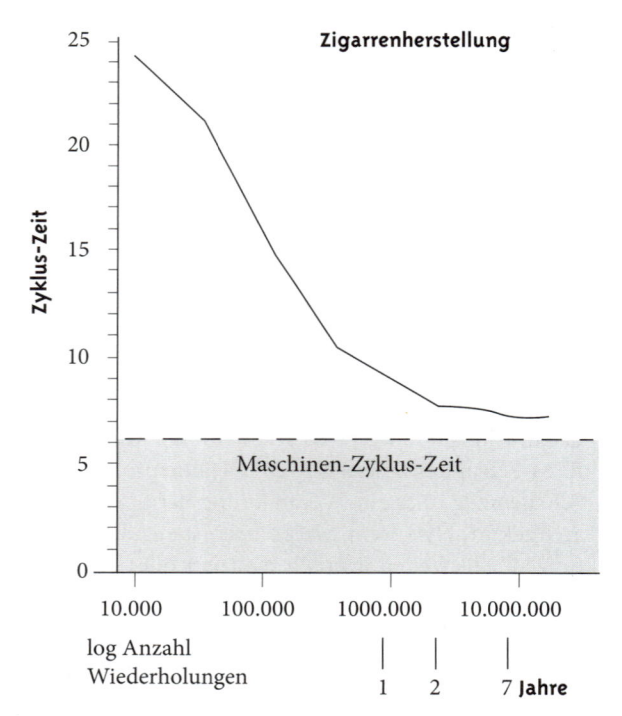

Abbildung 6.4 Zeit, die für eine bestimmte Folge von Handgriffen bei der Zigarrenherstellung benötigt wird, in Abhängigkeit von der bereits durch die Arbeiter hergestellten Anzahl von Zigarren (aus Spitzer, 2003, S. 185)

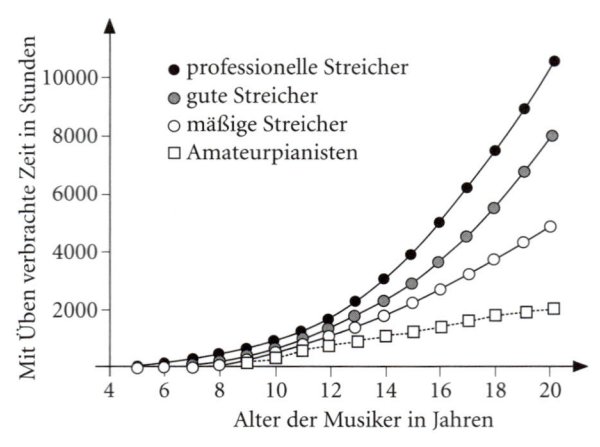

Abbildung 6.5 Zusammenhang zwischen Übungszeit und Alter dem Musiker, die unterschiedliche Professionalisierungsniveaus auf ihrem Instrumenten erzielt haben (nach Lehmann & Ericsson, 1998, aus Spitzer, 2002, S. 317)

(→ Transfer, Abschn. 6.3.2), und keine spätere Hinzufügung. Erst durch elaborierende Übungen wird das differenzierte Endergebnis erreicht.

Im folgenden Beispiel werden beide Übungsformen gegenübergestellt. Es zeigt, dass bei geschickter Gestaltung mechanisches Üben zur Konsolidierung deklarativen Wissens und zur Automatisierung (kognitiver) Prozeduren durch ein Üben ergänzt oder ersetzt werden kann, das elaborierend den Lerngegenstand erfasst und damit den Aufbau konzeptionellen Wissens fördert.

> **Beispiel**
>
> Das Einmaleins kann durch reine Wiederholung der immer gleichen Kombinationen, also durch mechanisches Üben, gefestigt werden. Aufgaben, die dieser Form des Übens entsprechen, sehen z. B. so aus:
> $1 \times 2 = 2, 2 \times 1 = 2, 1 \times 3 = 3, 3 \times 1 = 3, 1 \times 4 = 4, 4 \times 1 = 4, 2 \times 2 = 4$ usw.
>
> Elaborierendes Üben, das zu einem vertieften Verständnis der mathematischen Strukturen und zur Vorbereitung des Verständnisses z. B. von Primzahlen und Quadratzahlen führt, könnte hingegen so gestaltet sein, dass gefragt wird: Welche Multiplikationsaufgaben führen zu dem jeweiligen Ergebnis?
>
> **2:** $1 \times 2 = 2, 2 \times 1 = 2$
> **3:** $1 \times 3 = 3, 3 \times 1 = 3$
> **4:** $1 \times 4 = 4, 2 \times 2 = 4, 4 \times 1 = 4$
> **5:** $1 \times 5 = 5, 5 \times 1 = 5$
> **6:** $1 \times 6 = 6, 2 \times 3 = 6, 3 \times 2 = 6, 6 \times 1 = 6$
> **7:** $1 \times 7 = 7, 7 \times 1 = 7$
> **8:** $1 \times 8 = 8, 2 \times 4 = 8, 4 \times 2 = 8, 8 \times 1 = 8, 2 \times 2 \times 2 = 8,$
> **9:** $1 \times 9 = 9, 3 \times 3 = 9, 9 \times 1 = 9$ usw.
>
> (Stern, 2011)

Die Auffassung, dass Üben lediglich der Automatisierung psychischer Funktionen dient und daher überall dort nötig sei, wo geistige Akte nicht nur einsichtig durchdrungen, sondern bis zur Sicherheit und Geläufigkeit eingeschliffen werden müssen, ist in ihrer Verallgemeinerung daher eindeutig falsch. Vielmehr ist sowohl mechanische als auch elaborierende Übung die Basis sämtlicher Fähigkeiten und Fertigkeiten sowohl im kognitiven Bereich als auch im Verhalten.

> **Definition**
>
> Wenn Übung systematisch geplant, angeleitet und kontrolliert wird und auf möglichst langfristige, flexible Veränderungen von deklarativem und prozeduralem Wissen und Können abzielt, spricht man auch von **Training**.

- **Sporttrainings** sind sich systematisch wiederholende Übungen mit dem Ziel, physische und psychische Konstitutionen so zu verbessern, dass eine stabile oder erhöhte Leistungsfähigkeit in der jeweiligen Sportart resultiert. Nebenbei bemerkt: Trainerwechsel z. B. in der Fußball-Bundesliga bedeuten nicht nur Wechsel von Personen, sondern eben auch von Trainings- bzw. Übungs-»Philosophien« (z. B. Klinsmann vs. van Gaal beim FC Bayern München).
- **Musikalische Ausbildungen** werden zwar zumeist als Methode oder System bezeichnet, sind aber ebenfalls Trainings im hier gemeinten Sinn (z. B. beim Klavierlernen der Piano Syllabus, beim Violinenlernen z. B. die Suzuki-Methode).
- In der **Psychotherapie** werden Behandlungsprogramme zur Ausbildung von stabilen Verhaltens- und Erlebensmustern auch als Training bezeichnet, z. B. Autogenes Training, Progressive Muskelrelaxation, Training sozialer Kompetenzen, psychoedukative Trainings z. B. für Aufmerksamkeitsregulation (Abschn. 3.6.1).
- **Pädagogisch-psychologisch fundierte Trainingsprogramme** zur Ausbildung und Förderung kognitiver Fähigkeiten und Fertigkeiten nehmen einen zunehmend großen Stellenwert ein (z. B. kognitive Trainings s. Klauer, 2007; Training verstehendes Lesen mit dem Programm Textdetektive von Gold, 2006).
- Für die Professionalisierung von Berufsgruppen schon während der **Ausbildung** bzw. dem **Studium** werden zusätzlich zur Wissensvermittlung Kompetenztrainings angeboten; für Lehramtsstudierende z. B. das Konstanzer Trainingsmodell (Tennstädt et al., 1991) oder Trainings sozial kompetenten Lehrerverhaltens (Hinsch & Ueberschär, 1998).
- In der **Wirtschaft** werden Weiterbildungsmaßnahmen zur Förderung von Arbeitsfertigkeiten, sozialem und Kommunikationsverhalten, Leitungsfertigkeiten, Verkaufsfertigkeiten usw. als Training bezeichnet.

6.3.2 Expertise

Mechanisches und elaborierendes Üben kann, wie im Multiplikations-Beispiel demonstriert wurde und wie es sich in vielfältigen Bereichen wie dem Sprachlernen, dem Instrumentlernen und dem Sport zeigt, zu außergewöhnlichen Leistungen führen. Wenn das geschieht, spricht man von Expertise.

> **Definition**
>
> Wenn Personen in bestimmten, abgegrenzten Gegenstandsbereichen dauerhaft ungewöhnliche, herausragende Fähigkeiten ausbilden, bezeichnet man sie als **Experten**. Entsprechend wird unter **Expertise** das Vorhandensein von herausragenden Fähigkeiten und Fertigkeiten in einem klar umrissenen Bereich verstanden.

Gewöhnlich grenzt man Experten von Novizen bzw. Laien ab.

> **Definition**
>
> Als **Novizen** werden Personen bezeichnet, die in der Domain noch keine spezifischen Erfahrungen besitzen, also »neu« sind. Ob sie aufgrund geringerer Begabung oder aber wegen fehlender Übung, Lernerfahrung und Praxis das Niveau der Experten (noch) nicht erreicht haben oder gar nicht erreichen können, ist dabei unerheblich.

Expertise ist also nicht unbedingt eine Frage des Alters, denn auch Kinder können durchaus Experten und Erwachsene Laien in verschiedensten Bereichen sein.

> **Beispiel**
>
> - Es gibt Kinder, die hervorragend Schach spielen und dabei gegen ältere Kinder und Erwachsene mühelos gewinnen.
> - Viele Kinder und Jugendliche sind Experten in bestimmten Computerspielen. Sie erkennen Konstellationen, Gefahren, Optionen, sind äußerst reaktionsschnell und vorausschauend.
> - Erwachsene sind mitunter Laien im Umgang mit modernen Kommunikationsmedien, z. B. bei der Informationssuche im Internet oder in der Nutzung von Smartphones.
> - Haben Sie schon erlebt, wie viele Dinosaurier mit lateinischer Bezeichnung, Merkmalen der Größe, des Gewichts und der Nahrungsgrundlage von Vorschulkindern gekannt werden?

Experten zeichnen sich im Wesentlichen dadurch aus, dass sie in ihrem Spezialgebiet

- hervorstechende Leistungen zeigen,
- großen Problemlöseerfolg aufweisen,
- schnell, effizient und präzise tätig sind und
- eine geringe Fehlerquote haben.

Diese herausragenden Leistungen basieren auf reichhaltigen Erfahrungen im Umgang mit domainspezifischen Aufgabenstellungen. Man geht davon aus, dass es ungefähr zehn Jahre bzw. 10.000 Stunden intensivster Beschäftigung und Übung braucht, um tatsächlich Expertise zu erwerben. In dieser Zeit bilden Personen in vier Bereichen Besonderheiten ihres deklarativen und prozeduralen Wissens und Könnens aus, die die Basis für ihre Expertise bilden: Wissensumfang, Wissensorganisation, Zugang zum Wissen und Geschwindigkeit der kognitiven Prozesse.

Wissensumfang. Experten verfügen über eine umfangreichere Wissensbasis in ihrer Domain als Laien. So wird z. B. geschätzt, dass ein Schachmeister etwa 50.000 Muster bzw. Stellungen im Gedächtnis gespeichert hat, ein guter Spieler etwa 1000 und ein Anfänger nur ein paar wenige Muster.

Wissensorganisation. Das bereichsspezifische Wissen der Experten ist außergewöhnlich gut organisiert und repräsentiert. Während Laien Informationen eher vereinzelt und nach Oberflächenmerkmalen klassifizieren, ist Expertenwissen in Form allgemeiner Prinzipien und funktionaler Merkmale repräsentiert und zugleich mit Handlungsoptionen assoziiert. Abbildung 6.6 verdeutlicht die Unterschiede von Laien und Experten bei der Kategorisierung und Klassifikation am Beispiel von Gebrauchsgegenständen. Die Besonderheiten der Begriffsbildung und -repräsentation versetzen Experten in die Lage, nicht lediglich – wie etwa Laien – Einzelheiten und Oberflächenaspekte von Aufgabenkonstellationen wahrzunehmen, sondern sinnvolle, problemlöserelevante Muster (Chunks) zu erkennen und damit zugleich zu wissen, was zu tun ist. Für Schachexperten sind Stellungen solche sinnvollen, als Chunks repräsentierten Muster. Ist ein solches Muster beispielsweise symptomatisch für einen schwachen Flügel des gegne-

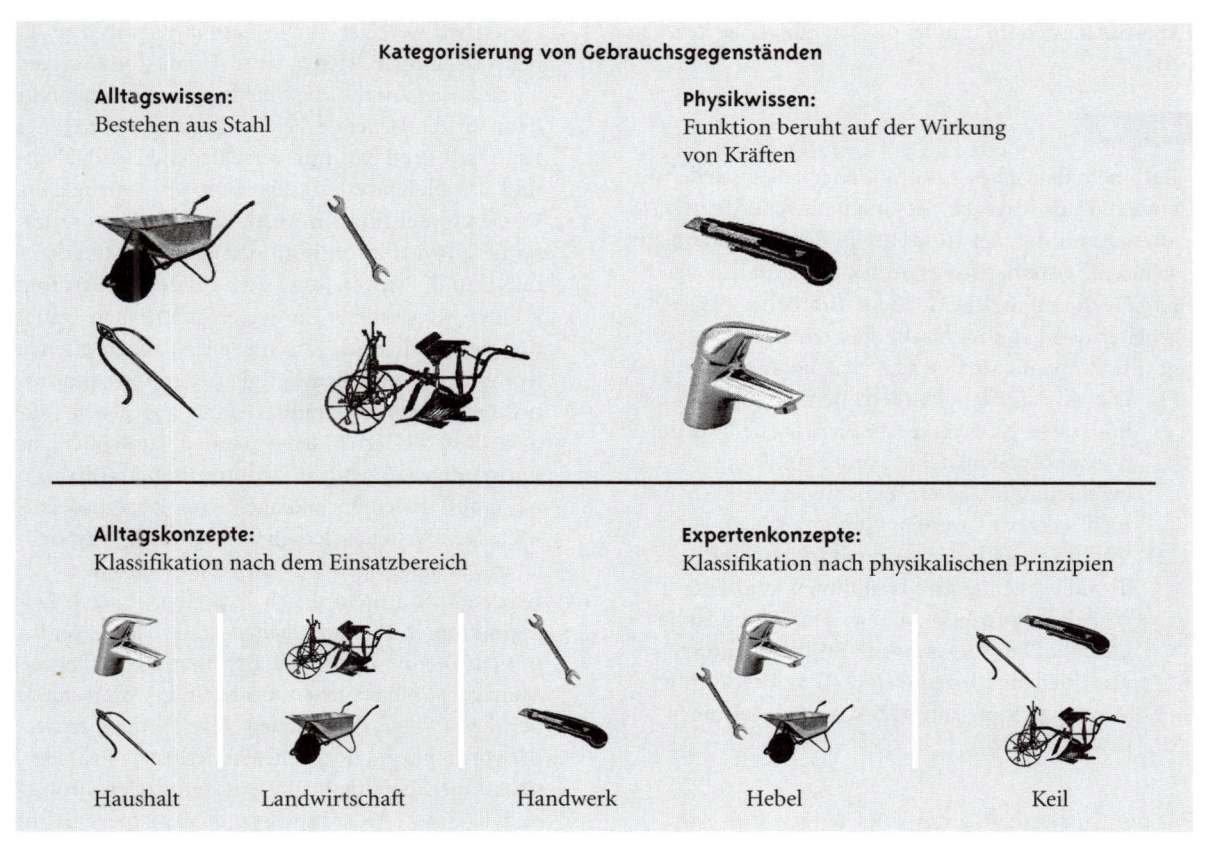

Abbildung 6.6 Kategorisierung und Klassifikation von Objekten nach Oberflächenmerkmalen (Material, Einsatzbereich) und nach funktionalen Merkmalen (Funktion, physikalische Prinzipien) durch Experten (nach Stern, 2011)

rischen Spielers, dann »sehen« geübte Schachspieler quasi automatisch, was zu tun ist – nämlich den schwachen Flügel anzugreifen. Sie müssen es sich nicht erst ausdenken, wie dies ein Laie tun müsste (Solso, 2005). Gleiches gilt für Lehrer mit Berufserfahrung im Vergleich zu Referendaren: Während Berufseinsteiger nach einer Unterrichtsstunde eher Einzelheiten, auch eigentlich für den Unterrichts- und Lernprozess unwichtige Ereignisse erinnern, überblicken erfahrene Lehrer eher weniger Details, dafür aber sinnvolle, für das Unterrichtsgeschehen typische oder wichtige Episoden (Bromme, 1992).

Zugang zu diesem Wissen. Experten nutzen ihr bestehendes Wissen über einen Gegenstandsbereich, um abstrakte, hoch spezialisierte Mechanismen für den Zugang zum und den Abruf von bedeutsamen Mustern aus dem Langzeitgedächtnis zu entwickeln.

Geschwindigkeit der kognitiven Prozesse. Mit der Praxis, also der Übung, nimmt die Geschwindigkeit zu, mit der Experten Muster erkennen, enkodieren und abrufen können.

Oft ist es so, dass Experten ihr Wissen und Können gar nicht (oder gar nicht mehr) genau beschreiben und also auch nicht verbal an andere Personen vermitteln können. Der Grund dafür liegt im zentralen Prozess des Expertiseerwerbs: in der Umwandlung von deklarativem, abstrakt-aussagenartig bzw. analog repräsentiertem Wissen in automatisierte, handlungsmäßig repräsentierte Prozeduren (→ Repräsentation, Abschn. 4.4). Das kann unter Umständen dazu führen, dass hohe Expertise bei neuartigen Problemen auch hinderlich sein kann, und zwar dann, wenn Experten nicht mehr imstande sind, basales deklaratives Wissen zu nutzen (Gruber, 2006). Es stellt sich aber auch zunehmend z. B. für wirtschaftliche Unternehmen als Problem dar. Der Abgang von langjährigen Mitarbeiterinnen und Mitarbeitern bedeutet für sie einen Verlust an Expertise, und es erweist sich als außerordentlich schwierig, diese

Expertise zu sichern und an die Nachfolger weiterzugeben.

> **Beispiel**
>
> Bei einem deutschen Automobilhersteller wurden ab etwa 2002 als Folge der personalpolitischen Strategie, ältere Arbeitnehmer frühzeitig in den Ruhestand zu schicken, systematische Formen der Expertiseweitergabe dieser ausscheidenden Mitarbeiter und Mitarbeiterinnen an ihre Nachfolger entwickelt. Als größte Probleme stellten sich zwei heraus:
> (1) Die ausscheidenden Personen verfügten über informelle Netzwerke, die zusätzliche Informationspools bereitstellten und Handlungsbeschleunigungen ermöglichten, aber eben nicht »vererbt« werden können.
> (2) Vor allem sind sie aber nicht in der Lage, detailliert genug ihre Handlungs- und Entscheidungsprozesse zu beschreiben und zu begründen. Für dieses zweite Problem wurden verschiedene Prozeduren (z. B. in bestimmter Weise gestaltete Interviews, Visualisierungen usw.) erprobt.

Für die Unterstützung des langwierigen Prozesses, der zu Expertise führen kann, sind mindestens vier Punkte zu bedenken:
(1) Einer dauerhaften, kognitiv hoch anspruchsvollen Auseinandersetzung mit einem Gegenstandsbereich liegen *motivationale und emotionale Bedingungen* zugrunde, die diese Aktivitäten überhaupt in Gang setzen, aufrechterhalten und gegen Widerstände abschirmen. Über einige dieser Bedingungen wurde bereits berichtet (Aufforderungscharakter, Handlungstheorien), auf spezifische Formen der Motivation, z. B. intrinsischen Motivation und Interesse, wird noch im folgenden Abschnitt 6.4 eingegangen werden.
(2) Expertiseerwerb basiert darauf, dass durch *vielfältige Praxis*, man kann auch Übung dazu sagen, selbstständig Muster und Regeln abgeleitet, als Chunks gespeichert und effiziente, komplexe Enkodier- wie Abrufmechanismen ausgebildet werden. Man kann die Zeit, die dafür benötigt wird, nicht reduzieren, und man kann der lernenden Person diese kognitive Aktivität, die sie aufbringen muss, auch nicht abnehmen.
(3) Expertiseerwerb ist nur in *Lernumgebungen* möglich, die immer wieder neue Herausforderungen bereitstellen und Rückmeldungen bieten. Nur dann ist die lernende Person angeregt und in der Lage, selbstreflexiv mit verschiedenen Aufgaben- und Problemfacetten der Domain umzugehen, Wissen in der nötigen Abstraktionsstufe zu repräsentieren und flexible Routinen in der Mustererkennung und -anwendung auszubilden. Allerdings können, abgesehen von der erforderlichen Dauer und der (individuell verschiedenen) angemessenen Komplexität und Schwierigkeit der Instruktionsbedingung, keine Garantien dafür abgegeben werden, dass die lernenden Personen tatsächlich die notwendigen günstigen kognitiven und motivational-emotionalen Grundlagen von Expertise entwickeln. Sie stellen lediglich (vielleicht) Ermöglichungsbedingungen von Expertiseerwerb her.
(4) Experten sind nicht gleich Experten. Je nach Domain können *Routineexperten* (z. B. Fachärzte, Ingenieure) von *adaptiven Experten* (z. B. Lehrer, Manager) unterschieden werden. Die Unterschiede beruhen darauf, dass die jeweilige Domain entweder vorrangig gut oder schlecht definierte Problemsituationen bereithält. Bei gut definierten Problemen ist das Ziel klar, und es gibt aus Expertensicht eine optimale Lösung, die zu konstruieren ist. Schlecht definierte (sogenannte »ill-defined«) Probleme zeichnen sich dadurch aus, dass eine größere Anzahl teils widersprüchlicher Ziele verfolgt werden müssen, wobei die Entscheidung für ein Ziel immer auch zugleich die Entscheidung gegen ein anderes ist. Immer wieder stehen also unterschiedliche Handlungsmöglichkeiten offen, deren Auswirkungen jedoch nicht vorhersehbar sind. Während also Routineexperten in zwar komplexen, aber dennoch wohl definierten Problemsituationen mit zunehmender Erfahrung und Routine Wissen bündeln und auf einen Blick erkennen lernen, was zu tun ist, stehen adaptive Experten wegen der ständigen Entscheidungen unter Unsicherheit vor der Aufgabe, Routinen nur in geeigneten Subbereichen auszubilden, ansonsten aber beständig ihre Entscheidungen zu reflektieren und sich vor voreiligen Schlüssen und Ursachenzuschreibungen zu schützen. Bei der Initiierung und Unterstützung von Expertiseerwerb ist dieser Unterschied unbedingt zu beachten.

6.3.3 Transfer

Bruner hat einmal den Transfer das »Herzstück der Erziehung« genannt. In der Tat ist es eine faszinierende Vorstellung, Lernvorgänge so zu organisieren, dass nachfolgende günstig beeinflusst werden.

Hierzu gibt es mehrere Auffassungen.

Theorie der formalen Bildung. Insbesondere durch die klassischen Sprachen Griechisch und Latein sowie durch den Mathematikunterricht sollen die allgemeinen geistigen Vermögen (z. B. das logische Denken, das Verständnis für Sprache) gestärkt werden. Diese Idee der *Generalisierung* von Fähigkeiten und Fertigkeiten wurde auch auf andere Bereiche, z. B. den Mannschaftssport übertragen, wonach die dort gelernten notwendigen sozialen Kompetenzen wie Fairness und Teamgeist persönlichkeitsformend seien und damit auch in anderen Lebensbereichen gezeigt werden.

Theorie der identischen Elemente. Bereits 1901 stellten dagegen Thorndike und Woodworth in einer groß angelegten Studie fest, dass ein Transfer nur insoweit stattfindet, als früher Gelerntes *identisch* in neuem Lehrstoff auftaucht bzw. umso wahrscheinlicher wird, je mehr Elemente einer Aufgabensituation mit einer anderen identisch sind. »Um ein konkretes Beispiel zu nehmen: Lernsteigerung im Addieren wird die Fertigkeit eines Menschen im Multiplizieren verändern, weil das Addieren mit dem Multiplizieren teilweise völlig identisch ist« (Thorndike, 1922, S. 221).

Strukturalistische Transfertheorie. Diese Vorstellung von Lernübertragung geht davon aus, dass Einsichten in strukturelle Zusammenhänge, Prinzipien und Gesetzmäßigkeiten auf neue Inhalte übertragen und damit in neuen Lern- und Problemsituationen zur Anwendung gelangen können. Eine beträchtliche Schwierigkeit für den Lerner besteht darin, die Ähnlichkeit der aktuellen Situation mit einer gelernten relevanten Struktur zu erkennen.

Im Gegensatz zu diesen Transfertheorien scheint es jedoch zumeist so zu sein, dass vieles von dem, was in institutionellen Bildungskontexten, sei es in Schulen, Hochschulen oder Weiterbildungseinrichtungen, vermittelt und erworben wurde, nicht angewandt oder nicht in erwünschtem Maße auf andere Bereiche übertragen werden kann. Es ist also oft eine klaffende Lücke zu beobachten zwischen Wissen und Handeln, zwischen Kenntnissen und Fertigkeiten in einem Bereich und der Unfähigkeit, diese in einem anderen Bereich zur Geltung zu bringen. Dieses Phänomen ist bereits von Alfred N. Whitehead (1929) unter dem Begriff des *trägen Wissens* (»inert knowledge«) in Analogie zur trägen Masse beschrieben worden.

> **Beispiel**
>
> ▶ Ein erfolgreicher Manager in einem florierenden Unternehmen kann in der eigenen Haushaltsführung völlig unbeholfen sein.
> ▶ Die in Lernstrategietrainings erworbenen Techniken sinnverstehenden Lesens, der Organisation von Lernmaterial oder der elaborierenden Visualisierung werden bei der Anfertigung von Hausaufgaben nicht angewandt.
> ▶ In Israel wurde ein Programm entwickelt, das die Lernfähigkeit von Einwandererkindern mit bildungsfernem Hintergrund verbessern sollte. Trainiert wurden intelligenztestähnliche Aufgaben. Zwar konnte die Intelligenztestleistung verbessert werden; ein Einfluss auf die Schulleistung blieb allerdings aus (nach Mähler & Stern, 2006).
> ▶ Psychologen, die mit professioneller Gesprächsführung und sozial kompetentem Verhalten in ihren beruflichen Aufgabenbereichen bestens vertraut sind, wenden die Techniken in ihren privaten oder kollegialen Beziehungen nicht an.

Genereller und spezifischer Transfer. Seit einiger Zeit werden zumindest die Möglichkeiten des unspezifischen, *generellen Transfers*, wie sie in der Theorie der formalen Bildung postuliert sind, entweder grundsätzlich bestritten oder aber nur eingeschränkt positiv beurteilt. Die Kritik an dieser Transferidee beruht im Wesentlichen auf empirischen (Misserfolgs-)Erfahrungen und auf konstruktivistischen Überlegungen, wonach sich Lernen immer situiert vollzieht und dadurch Wissen situiert und bereichsspezifisch gespeichert wird. Empirische Untersuchungen scheinen das zu bestätigen und verweisen zugleich darauf, dass *spezifischer Transfer* zu nahezu identischen oder aber strukturell ähnlichen Aufgabensituationen möglich ist. Das heißt aber, es müssten alle erdenkbaren Fälle und Anwendungsvarianten für einen gelingenden Transfer eingeübt werden – ist aber voraussehbar, unter welchen Bedingungen das jeweilige Wissen gebraucht wird?

> **Experiment**
>
> Haag und Stern (2000) untersuchten allgemeine und spezifische Transfereffekte von Lateinunterricht. Sie gingen in ihrer Längsschnittstudie der Frage nach, ob Schülerinnen und Schüler mit vierjährigem Lateinunterricht im Vergleich zu solchen, die die gleiche Zeitdauer Englisch als fremdsprachlichen Anfangsunterricht hatten, in ihrer Intelligenzleistung (allgemeine Transfereffekte) und in ihren muttersprachlichen Fertigkeiten (spezifische Transfereffekte) profitierten. Die Untersuchung erbrachte keinerlei Hinweise auf Unterschiede in der Intelligenzentwicklung. Leichte Vorteile zeigten sich dagegen bei einigen grammatikalischen Aktivitäten in der Muttersprache Deutsch, z. B. beim effektiveren Konstruieren von komplexen Sätzen und beim buchstabengetreuen Lesen. Darüber hinaus fanden sie keinerlei Anhaltspunkte dafür, dass sich vier Jahre Lateinunterricht positiv auf das Lesen deutscher Texte auswirken.

Auch wenn Transfer eine zwar wünschenswerte, vielleicht sogar notwendige Zielstellung institutionellen, nachhaltigen Lernens ist, kann also nicht davon ausgegangen werden, dass er sich zwangsläufig einstellt. Bestehendes Wissen wird zumeist nicht automatisch zur Bewältigung von neuen Anforderungen herangezogen, sondern nur dann, wenn es speziell dafür aufbereitet wurde. Transferleistungen sind demnach nicht ohne gezielte Interventionen zu erwarten. Mähler und Stern (2006) zeigen fünf Optionen auf, wie Transfer gelingen und unterstützt werden kann:

- **Gemeinsamkeiten in Basis- und Zielaufgabe.** Transfer ist nur zu erwarten, wenn zur Bewältigung einer bestimmten Anforderung A und einer bestimmten Anforderung B auf die gleichen Wissensressourcen zurückgegriffen werden kann (Theorie der identischen Elemente). Es hängt also von der Art und vom Umfang der Wissensrepräsentation einer Person ab, ob es zum Transfer kommt oder nicht. Bei der Förderung von Transfer sind demnach die genaue Kenntnis der Wissensressourcen, des Vorwissens also, und eine analoge Konstruktion einer Zielanforderung notwendig.
- **Umgang mit mentalen Werkzeugen.** Für das Erkennen struktureller Prinzipien sind mentale Werkzeuge (natürliche und formale Sprache, bildlich-graphische Darstellungsformen) und deren adäquater Einsatz maßgeblich. Präzise, in Form logischer Strukturen repräsentierte Begriffe (Abschn. 4.2) sowie formalsprachliche wie bildlich-graphische Darstellungsformen erleichtern den Transfer, wenn es gelingt, mit diesen Mitteln die Struktur der (objektiven, externen) Anforderungssituation mit ihren Möglichkeiten und Einschränkungen als (subjektives, internes) Situationsmodell so zu repräsentieren, dass alle für das Handlungsziel relevanten Aspekte, also die gleichen Möglichkeiten und Einschränkungen wie die Anforderungssituation, enthalten sind. Das bedeutet: Transfer wird dadurch gefördert, dass Kompetenzen im Umgang mit mentalen Werkzeugen erworben werden. Das kann z. B. in der Schule dadurch unterstützt werden, dass Schüler den Umgang mit graphischen Darstellungsformen für verschiedene Lebensbereiche (und Unterrichtsfächer) üben.
- **Bewusste Vergleiche und Analogiebildung.** Analogiebildung führt nicht automatisch zu Transferleistung. Vor allem, wenn das Wissen einer Person nicht so organisiert ist, dass die entscheidenden Gemeinsamkeiten erkannt werden oder wenn sich die Person bei der Analogiebildung von Oberflächenmerkmalen leiten lässt, bleibt ein Transfer entweder aus oder aber es kommt zum negativen Transfer (→ Übung des Problemlösens, Abschn. 5.6.3). Gute Aussichten auf erfolgreichen Transfer bestehen allerdings dann, wenn schon der Wissenserwerb durch systematische Vergleiche analoger Problemkonstellationen erfolgt (analoges Enkodieren). Auf diese Weise kann es Lernenden gelingen, ein Wissensnetzwerk aufzubauen, in dem einerseits abstrakte Regeln und Prinzipien und andererseits konkrete Fallbeispiele und deren Kontextbedingungen integriert sind. Auf einer solchen Grundlage können verschiedene Aufgaben flexibel und adäquat gelöst und somit Transferleistungen erbracht werden.
- **Metakognitive Kontrolle.** Die Fähigkeit zur Selbstüberwachung ist bei Experten besonders deutlich ausgeprägt. Auch für Transferleistungen scheinen metakognitive Prozesse förderlich zu sein: nämlich Anforderungen eines Problems erfassen, Lösungspläne entwerfen, angemessene Lösungsstrategien auswählen, sukzessive Annäherungen an das Ziel überwachen und gegebenenfalls modifizieren zu können. Diese Fähigkeiten können trainiert werden.

Übung, Expertise und Transfer stehen in enger Verbindung. Am Anfang von Kapitel 4 wurde das Sachwissen (deklaratives Wissen) vom Handlungswissen (prozedurales Wissen) unterschieden. Es sollte nun deutlich geworden sein, dass eine wichtige Art der Übung, des Expertiseerwerbs und des Transfers in der Überführung des Sachwissens in Handlungswissen und umgekehrt in der Transformation des (impliziten) Handlungswissens in (explizites) Sachwissen besteht. Auch unter dem Gesichtspunkt des Anwendungsbezugs und des Expertiseerwerbs sollte eine zugleich wiederholende, aber auch transferfördernde und gleichzeitig reflektierende Übung wesentlicher Bestandteil von Lernprozessen sein. Erst die basale Übung, die Übung der Anwendung und die kognitive Reflexion des Übungsprozesses und seiner Resultate schafft die Voraussetzung für Expertise und selbstständigen Transfer.

Übung, Expertiseerwerb und Transfer haben aber noch mehr gemeinsam: Unabhängig davon, welche spezifischen Prozeduren erforderlich sind und gefördert werden sollten, hängt ihr Erfolg entscheidend von der individuellen Motivationslage des Lernenden ab. Nur wenn die Motivation zur jeweiligen Aufgabenbearbeitung sowohl in der Lernphase als auch in der Anwendungsphase hoch ist und wenn dem Lernstoff sowie der Lernsituation eine hohe Wertschätzung entgegengebracht wird, können Wissen und Fertigkeiten nachhaltig ausgebildet werden.

Zusammenfassung

▶ Nachhaltigkeit von Lernprozessen wird durch Übung, Expertiseerwerb und Transfer ermöglicht und gesichert. Übung ist dabei die sowohl für Expertise als auch für Transfer die unabdingbare Grundlage.
▶ Übung kann mechanisch oder elaborierend erfolgen. Sie führt zu Automatisierung von Fertigkeiten, Verfestigung von deklarativem Wissen und zum Aufbau von komplexem konzeptuellem Wissen.
▶ Expertise ist gekennzeichnet durch eine umfangreiche Wissensbasis, Wissensrepräsentationen nach funktionalen Merkmalen, Regeln und Mustern, abstrakte, hoch spezialisierte Mechanismen für den Zugang zu diesem Wissen und eine hohe Geschwindigkeit bei den Enkodier- und Abrufprozessen. Bei der Förderung von Expertise ist auf vielfältige Übungsmöglichkeiten, auf anregende, herausfordernde und Rückmeldungen bietende Lernumgebungen sowie auf die Besonderheit des spezifischen Bereichs (gut vs. schlecht definierte Probleme) zu achten.
▶ Während die Idee eines generellen Transfers aufgegeben werden sollte, kann spezifischer Transfer gefördert werden durch gemeinsame Elemente von Basis- und Zielaufgaben, Übung im angemessenen Umgang mit mentalen Werkzeugen, analoges Enkodieren und metakognitive Kontrolle.
▶ Übung, Expertiseerwerb und Transfer sind an die individuelle Motivationslage der Lernenden gebunden.

6.4 Motivation

6.4.1 Der Begriff der Motivation

Analysierend lassen sich kognitive, emotionale und motivationale Prozesse unterscheiden:
▶ Durch **Kognitionen** erlangt der Organismus Kenntnis von seiner Umwelt. Durch kognitive Prozesse (Wahrnehmung, Vorstellung, Denken, Sprache) wird Wissen erworben.
▶ **Emotionen** können entweder kurzzeitig andauernde Gefühlsregungen (Freude, Ärger, Mitleid, Abscheu) oder länger andauernde Stimmungen (Heiterkeit, Trauer, Missmut) sein.
▶ **Motivationen** sind aktivierende Prozesse. Personinterne Triebe oder das Interesse an einer Sache oder die Attraktivität von Personen oder Dingen können uns zu bestimmter Aktivität veranlassen.

Diese drei Funktionen stehen aber nicht getrennt nebeneinander. Besonders eng ist der Zusammenhang zwischen Motivationen und Emotionen. Aber auch kognitive Prozesse sind eigentlich immer von Gefühlen und Motivationen begleitet.

Vielfalt der motivationalen Prozesse

Motivationale Vorgänge sind aktivierende Prozesse. Sie treten in außerordentlicher Vielfalt auf. Man stelle sich vor, welche Bedürfnisse, Strebungen, Neigungen, Wünsche, Interessen wir im Laufe eines Tages verfolgen. Wir wollen saubere Luft atmen, nicht frieren, gut aussehen, eine neue Bluse kaufen, ein italienisches Menu essen, eine Klausur bestehen, in unserem Beruf Anerkennung erfahren, anderen helfen, brauchen selbst Zärtlichkeit, usw.

Motivationstheorien

Bei dieser Verschiedenartigkeit kann es nicht überraschen, dass es nicht nur eine umfassende Motivationstheorie geben kann, sondern eine ganze Reihe von Motivationsmodellen:

▶ **Triebtheoretische Auffassungen von Motivation**
Homöostase = Herstellung von Gleichgewichtszuständen im Organismus oder Trieb als Abfuhr psychischer Energie.
▶ **Neugiermotivation**
Tiere und Menschen sind permanent aktiv und explorieren ihre Umwelt.
▶ **Anreiztheoretische Auffassungen**
Motive als Persönlichkeitsdispositionen werden durch den emotionalen Aufforderungscharakter der Dinge angeregt.
▶ **Entscheidungs- und austauschtheoretische Modelle**
In der sozialen Interaktion entscheiden sich Menschen nach dem Nutzen-Kosten-Prinzip (→ Abschn. 5.3.4).

Besonders gut untersucht sind die Bereiche Sexualität, Aggression, helfendes Verhalten, soziale Anerkennung und Leistungsmotivation.

Im Mittelpunkt dieses Abschnitts stehen als Gegenpole die intrinsische (»von innen kommend«) und die extrinsische (»von außen hinzugefügt«) Motivation.

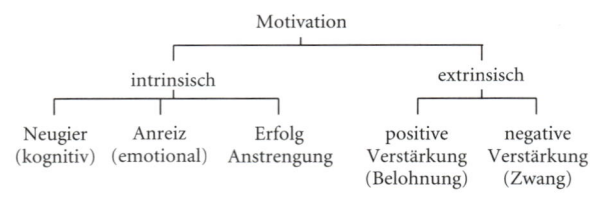

```
                        Motivation
            ┌───────────────┴───────────────┐
        intrinsisch                     extrinsisch
    ┌───────┼───────┐               ┌───────┴───────┐
  Neugier  Anreiz  Erfolg          positive      negative
 (kognitiv)(emotional) Anstrengung Verstärkung   Verstärkung
                                  (Belohnung)    (Zwang)
```

Abbildung 6.7 Intrinsische und extrinsische Motivation

6.4.2 Die intrinsische Motivation

Manche Autoren verstehen unter dem Begriff der *intrinsischen Motivation* ausschließlich die Neugiermotivation. Wir denken, man müsste die Anreizmotivation und gewisse Aspekte der Leistungsmotivation mit hinzunehmen.

Die Neugiermotivation

Tiere und Menschen erkunden mit zum Teil großer Ausdauer ihre Umwelt. Dieses *Explorationsbedürfnis* richtet sich aber nur auf bestimmte Gegenstände. Dinge erregen dann unsere Neugier, wenn eine »optimale Inkongruenz« (Nicht-Übereinstimmung) zwischen der neuen Information und bisherigem Wissen besteht.

Andere Begriffe für diesen mittleren Informationswert sind:
▶ Dosierte Diskrepanz
▶ Kognitiver Konflikt
▶ Dissonanz (Widerspruch)

Diese Inkongruenz zwischen kognitiven Elementen (neues und altes Wissen) darf nicht zu groß und nicht zu klein sein.

Der optimale Widerspruch wird besonders durch im Folgenden dargestellten Reizqualitäten erreicht.

Relative Neuheit. Absolut (oder relativ) neue Dinge lösen Überraschung oder Verblüffung aus und regen in besonderer Weise dazu an, sich mit diesen Erscheinungen zu beschäftigen. Ein zunächst neuartiges Objekt verliert jedoch im Laufe der Zeit seinen Anreizwert für die Exploration, da es keine neuen Informationen mehr vermittelt. Man spricht in diesem Fall von Habituation. Optimal ist ein subjektiv etwa mittleres Ausmaß an Neuheit. Beispielsweise werden zeitgenössische bildende Kunst oder Musik von zahlreichen Menschen nicht interessiert zur Kenntnis genommen, da die individuellen Denkschemata und Erwartungen zu stark von diesen Konzeptionen abweichen.

Relative Komplexität. Unter Komplexität versteht man die Vielfältigkeit und Verschiedenartigkeit der Teile eines Ganzen. Lebewesen sind aufgrund ihrer Erfahrung an bestimmte Komplexitätsniveaus gewöhnt. Wenn sie wählen können, bevorzugen sie Aufgaben, die etwas komplexer sind als jene, an die sie gewöhnt sind. Auch hier gilt wieder die Regel von einem optimalen mittleren Bereich. Ein individuell zu geringes oder zu hohes Ausmaß an Komplexität verhindert eine Neugiermotivation. Für einen Professor ist es beispielsweise bei der Planung einer Vorlesung oder eines Seminars recht schwierig, intuitiv für eine größere Anzahl von Teilnehmern ein angemessenes Komplexitätsniveau zu finden.

Relative Ungewissheit. Zweideutigkeit, Widersprüchlichkeit, Zweifel, Verwirrung oder objektive Unsicherheit spiegeln kognitive (und emotionale) Konflikte wider. Ähnliche Auswirkungen haben Wissenslücken. Zeichnungen, die unsere Wahrnehmung leicht täuschen (z. B. Kippfiguren, Zeichnungen von Escher) wecken unmittelbar unser Interesse und irgendwann ist es für ein Kind möglicherweise im höchsten Maße spannend zu erfahren, ob es nun einen Weihnachtsmann gibt oder nicht. Menschen weisen ein Bedürfnis nach Widerspruchsfreiheit und Sicherheit auf und versuchen deshalb, solche ungewissen Situationen aufzuklären. In diesen Zusammenhang gehört auch das Interesse an Ereignissen, die in der Zukunft liegen (z. B. die Erwartung einer bestimmten Zahl beim Würfelspiel, die Frage, ob man einen bestimmten Studienplatz bekommt usw.), da deren Ausgang *objektiv* unsicher ist.

Relative Neuheit, Komplexität und Ungewissheit schaffen in der Person eine *subjektive Unsicherheit*. Daraus entsteht das Bedürfnis, die entstandenen kognitiven Konflikte durch Explorationsverhalten abzubauen.

Richtet sich das Neugierverhalten häufig auf den gleichen Bereich, wird es sozusagen kanalisiert, dann sprechen wir von der Ausbildung von *Interessen*. Ein *aktuelles* (situatives, momentanes) Interesse (Neugier) wird im Unterricht durch eine spannende Aufbereitung der Lehrstoffe angeregt (relative Neuheit, relative Komplexität, relative Ungewissheit). Daraus kann sich *dauerhaftes* (internalisiertes, individuelles) Interesse entwickeln. Dies findet statt, wenn zusätzlich zur Neugier der Lerninhalt als etwas persönlich Sinnvolles wahrgenommen wird. Interesse ist also einmal *motivationale Bedingung* und außerdem *Ziel* schulischen Lernens. »Gelungene Bildung« wäre in diesem Sinne der Übergang von der Neugier in konkreten Situationen zur Entwicklung überdauernder Motive.

Es ist allerdings festzuhalten, dass das durchschnittliche Interesse an den Schulfächern im Laufe der Schulzeit sinkt. In manchen Fällen lässt sich jedoch lediglich eine Verschiebung der Schwerpunkte feststellen.

Die Anreiztheorie
Während bei der Neugiermotivation kognitive Aspekte ganz im Vordergrund stehen, spielen bei anreiztheoretischen Auffassungen Gefühle eine entscheidende Rolle.

Das Modell der Anreiztheorie (→ Aufforderungscharakter, Abschn. 2.4) weist folgende Komponenten auf:
- In der Person sind **Motive** (Bedürfnisse, Strebungen usw.) latent (ruhend) vorhanden. Es handelt sich um Persönlichkeitsdispositionen.
- Wenn sie von Situationsfaktoren angeregt werden, gehen sie in den Zustand der aktuellen **Motivation** über.
- Der **Aufforderungscharakter** (Anreiz, emotionale Valenz) kann als ein vorrangig emotionaler Wert aufgefasst werden. Dieser Aufforderungscharakter ist häufig erlernt. Ein Musterbeispiel hierfür ist die Werbung.

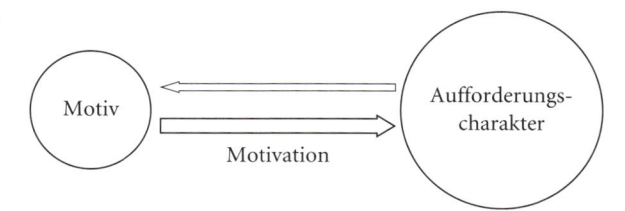

Abbildung 6.8 Motivationsvorgang als Wechselwirkung zwischen Aufforderungscharakter und Motiv

> **Beispiel**
>
> Wir gehen am Abend in der Stadt spazieren und betrachten die Schaufenster. Da lesen wir ein Schild: »Pizzeria«. Die Vorstellung dieser Speise (positiver Aufforderungscharakter) aktiviert das bisher latente Motiv (nämlich etwas zu essen) und es kommt zur aktuellen Motivation, d. h. wir betreten das Lokal und bestellen eine Pizza.

Neugier- und Anreizmotivation stehen häufig in enger Verbindung. Nach Krapp (1998) sind Interessen stabile Person-Gegenstands-Bezüge, also dauerhafte Interaktionen zwischen der Person und ihrer gegenständlichen Umwelt. Ein starkes Explorationsbedürfnis des Gegenstandsbereichs (Neugiermotivation) geht einher mit positiven emotionalen Erfahrungen während der Interessenhandlung (Anreiztheorie).

Leistungsmotivation
Im Folgenden werden zwei Gesichtspunkte aus dem Gebiet der Leistungsmotivation angesprochen:
- Erfolgsorientierung
- Anstrengungsbereitschaft

Erfolgsorientierung. Mit Heckhausen kann man im Zusammenhang mit Leistung auch vom »ernsthaften Aufgabencharakter« sprechen. Eine Leistung liegt vor, wenn ein bestimmter Standard erreicht (Erfolg) oder verfehlt werden kann (Misserfolg). Bei diesem *Gütemaßstab* kann es sich um fremdgesetzte Kriterien (z. B. Anforderung in einer Prüfung) oder um selbstgesetzte Standards handeln. In diesem Fall spricht man von *Anspruchsniveau.* Das normalerweise latente (ruhende) Leistungsmotiv (Bedürfnis, Leistung zu erbringen) wird in einer akuten Situation insbesondere durch die Erfolgserwartung und den emotionalen Anreiz angeregt. Man könnte auch sagen: Ziel des Leistungsmotivs ist der *Erfolg* bei der Auseinandersetzung mit einem Gütemaßstab. Hoch leistungsmotivierte Menschen sind demnach dadurch ausgezeichnet, dass sie bei ihren Aktivitäten häufig Erfolg erwarten, während niedrig leistungsmotivierte Personen durch Befürchtungen vor Misserfolgen gekennzeichnet sind (Atkinson, 1975).

> **Beispiel**
>
> Wenn Lehrer von der Annahme ausgehen, Leistungen seien von Natur aus normal verteilt und demgemäß normalverteilte Noten anstreben, dann wird ein bestimmter Prozentsatz von Schülern immer wieder Misserfolge erzielen.

! Eine der wesentlichen Aussagen der Pädagogischen Psychologie lautet: Nur wer häufig Erfolge erwartet und dann auch wirklich erreicht, kann leistungsmotiviert sein.

Anstrengungsbereitschaft. Einen weiteren Gesichtspunkt liefert uns die Attributionstheorie von Weiner. Menschen haben das Bedürfnis, Erfolge und Misserfolge nicht nur zu registrieren, sondern auf bestimmte Bedingungen (umgangssprachlich: »Ursachen«) zurückzuführen. Weiner geht zunächst davon aus, dass man für Erfolg und Misserfolg innere (in der Person liegende) und äußere (in der Situation liegende) Gründe annehmen kann.

Sowohl bei einer internalen (auf die Person bezogene), wie auch bei einer externalen (auf die Situation bezogenen) Attribution (Zuschreibung) können Gründe zusätzlich stabil (zeitlich überdauernd) sein oder variabel (innerhalb einer Zeitspanne sich verändernd) sein. Aus der Zusammenfassung beider Gesichtspunkte ergibt sich das Vier-Felder-Schema von Weiner (Tab. 6.1).

Erfolg und Misserfolg können nach dieser Auffassung durch die handelnde Person (ihre überdauernde Fähigkeit oder einmalige Anstrengung) oder durch situative Faktoren (Schwierigkeiten einer Aufgabe verändern sich normalerweise nicht oder zufälliges Glück oder Pech) begründet werden.

Tabelle 6.1 Klassifikationsschema der Gründe für Handlungsergebnisse (nach Weiner, 1988)

	internal	external
stabil	Fähigkeit	Schwierigkeit
variabel	Anstrengung	Zufall

> **Beispiel**
>
> Stell dir vor, du hast eine sehr gute Klassenarbeit geschrieben.
> Warum war die Arbeit sehr gut?
> a) Die Arbeit war ziemlich leicht.
> b) Ich bin in schriftlichen Arbeiten meistens gut.
> c) Ich war zufällig an diesem Tag gut in Form.
> d) Ich habe mir sehr viel Mühe gegeben, die Arbeit gut zu schreiben.
> (aus Attributionsfragebogen AEM 5–7, 1977)

Zur Förderung der Leistungsbereitschaft ist es besonders günstig, sowohl Erfolg als auch Misserfolg häufig internal-variabel zu attribuieren, d. h. auf hohe oder zu geringe Anstrengungsbereitschaft zurückzuführen.

! Leistungsmotivation ist gekennzeichnet durch Erfolgsorientierung und Anstrengungsbereitschaft.

6.4.3 Die extrinsische Motivation

Zur extrinsischen Motivation zählen die *positive Verstärkung* (= Belohnung, Abschn. 3.2) und die *negative Verstärkung* (= Zwang, Abschn. 3.3).

> **Beispiel**
>
> Bei einem Schüler ist die Versetzung bedroht. Für den Fall, dass er sich in Mathematik sehr bemüht und wenigstens die Note »ausreichend« erzielt, versprechen ihm die Eltern ein neues Fahrrad.

Dies ist ein Beispiel für positive Verstärkung. Zwar muss der Verstärker (das neue Fahrrad) motivationsadäquat sein, das heißt, der Schüler muss sich über diese Belohnung freuen, mit dem Fach Mathematik hat die ganze Aktion jedoch nichts zu tun.

> **Beispiel**
>
> Ein anderer Schüler zeigt ebenfalls in Mathematik sehr schlechte Leistungen. Die Eltern fordern ihn in drastischer Weise auf, sich mehr anzustrengen und drohen damit, dass die im Sommer stattfindende Paddeltour mit dem Kanuclub gestrichen wird.

Dies ist ein Beispiel für negative Verstärkung. Ein unangenehmes (aversives) Ereignis droht und wird durch ein bestimmtes Verhalten (vermehrte Übung) abgeschaltet oder vorbeugend vermieden.

6.4.4 Die Selbstbestimmungstheorie

Deci und Ryan (1993) gehen davon aus, dass eine auf Selbstbestimmung basierende Lernmotivation positive Auswirkungen auf den Lernenden hat.

»Menschen gelten dann als motiviert, wenn sie etwas erreichen wollen« (S. 224). Dies bezeichnet man Intentionalität. »Manche Handlungen erlebt man als frei gewählt (…). Andere werden dagegen als aufgezwungen erlebt« (S. 225). Motivierte Handlungen lassen sich demnach nach dem Grad ihrer *Selbstbestimmung* bzw. dem Ausmaß der Kontrolliertheit unterscheiden. Insbesondere die intrinsische Motivation kann als relativ autonom angesehen werden, da sie als persönliches Interesse und ohne die Erwartung nachfolgender Konsequenzen (Belohnungen) auftritt.

Dabei müssen intrinsische und extrinsische Motivation nicht unbedingt Gegensätze sein. Im Zuge der Internalisierung tut man manchmal etwas, weil es normativ festgelegt ist, weil es sich so gehört.

Die Selbstbestimmungstheorie postuliert drei angeborene psychische Bedürfnisse, die sowohl für die intrinsische wie auch für die extrinsische Motivation von Bedeutung sind:

- **Bedürfnisse nach Kompetenz**
  Menschen haben das Bestreben, sich als handlungsfähig zu erleben.
- **Bedürfnisse nach Autonomie oder Selbstbestimmung**
  Menschen möchten Ziele und Handlungen selbst bestimmen.
- **Bedürfnisse nach sozialer Eingebundenheit**
  Menschen haben das Bedürfnis nach befriedigenden Sozialkontakten.

Handlungsziele sind besonders dann motivierend, wenn dadurch solche angeborenen Bedürfnisse befriedigt werden.

6.4.5 Lernmotivation – ein zentrales pädagogisches Problem

Als Zusammenfassung lassen sich jetzt zwei prototypische (beispielhafte) Personen konstruieren. Beide haben die Aufgabe, über das Wochenende eine Hausarbeit anzufertigen.

Frau A ist intrinsisch hoch motiviert.

- Sie verspürt das Bedürfnis, die optimal inkongruente Situation (relative Neuheit usw.) zu erforschen. Dadurch erlebt sie die Aufgabe als (kognitiv) interessant.
- Die Aufgabe hat für sie einen positiven Aufforderungscharakter, d. h. die ganze Sache macht Spaß (positive Emotionen).
- Sie hat die optimistische Erwartung, die Aufgabe gemäß eines bestimmten Gütekriteriums (z. B. am Montag abgeben) erfolgreich zu beenden. Das schafft ein Gefühl des Stolzes.

Herr B ist intrinsisch niedrig motiviert.

- Er findet die Aufgabe wenig interessant und hat nur ein geringes Bedürfnis, die Sache aufzuklären.
- Die Aufgabe hat für ihn einen negativen Aufforderungscharakter. Die Beschäftigung mit der Fragestellung ist ausgesprochen aversiv.
- Er hat die Erwartung eines Misserfolges, d. h. er glaubt nicht, dass er die gestellte Aufgabe bewältigen wird. Dies schafft ein Gefühl der Beschämung.

Obwohl Herr B intrinsisch wenig motiviert ist, kann er durch Hinzufügen einer extrinsischen Motivation unter Umständen doch ausreichend motiviert werden, die Aufgabe zu lösen. Da man für wenig motivierte Schüler häufig über keine wirkungsvollen Prämien verfügt, wird meist die Zwangsmotivation eingesetzt. Man könnte beispielsweise unserem Studenten B androhen, dass er keinen Schein erhält, die Universität verlassen muss usw.

An diesen beiden Personen kann man sehr schön die Bedeutung der Motivation für kognitive Leistungen erkennen. Man sieht die unterschiedliche psychische Verfassung bei intrinsischer und extrinsischer Motivation und kann über die unterschiedliche Qualität der Lernleistung spekulieren.

Nicht wenige Lehrer und Studierende im Bereich der Erziehungswissenschaft glauben nicht an die Bedeutung und Wirksamkeit dieser Art der Lernmotivation. Intrinsische Motivation, d. h. an Sachen interessiert sein, dabei Spaß haben, in Leistungssituationen über eine optimistische Erwartung verfügen und sich anzustrengen, ist eine ebenso kostbare Gabe wie eine gute Intelligenz. Das Gegenmodell ist die Außensteuerung des Lerners durch Belohnung oder Zwang.

Zusammenfassung

- Kognitionen, Emotionen und Motivationen sind meist miteinander verbunden.
- Es gibt eine ganze Reihe von Motivationstheorien.
- Zur intrinsischen Motivation zählen die Neugiermotivation, der emotionale Anreiz und aus dem Bereich der Leistungsmotivation die Erfolgsorientierung und die Anstrengungsbereitschaft.
- Man kann eine aktuelle (situierte) Neugier von einem dauerhaften (internalisierten) Interesse unterscheiden.
- Die extrinsische Motivation besteht entweder aus der positiven oder aus der negativen Verstärkung.
- Eine auf Selbstbestimmung beruhende Lernmotivation, beispielsweise die intrinsische Motivation, hat positive Auswirkungen auf das Lernen.

6.5 Die wesentlichen Gesichtspunkte des Kapitels

- Es werden vier Lernformen unterschieden: das Reiz-Reaktions-Lernen, das instrumentelle Lernen, Begriffsbildung und Wissenserwerb, sowie das Lernen von Handeln und Problemlösen.
- Es handelt sich um eine dualistische Lerntheorie: Bei manchen Lernprozessen steht die Außensteuerung durch Reize im Vordergrund, bei anderen die Innensteuerung durch die Person.
- Lernumgebungen: Situationen, in denen Lehrprozesse absichtlich und institutionalisiert zum Zwecke des Lernens hergestellt werden (Unterricht, Ausbildung, Training) bezeichnet man als Instruktion.
- Es gibt Lernumgebungen, in denen Lernprozesse schwerpunktmäßig außengesteuert beeinflusst werden. Als Prototyp kann das programmierte Unterrichten gelten.
- Vorläufer von Instruktionstheorien, die Lernen vorwiegend durch Innensteuerung erklären, sind reformpädagogische Ideen. Heute beruhen solche Instruktionsmodelle häufig auf konstruktivistischen Vorstellungen. Eine Methode ist der Projektunterricht.
- In der Praxis findet Lernen häufig durch Integration von Außen- und Innensteuerung satt. Beispiele sind das fallbasierte und das kooperative Lernen.
- Unter Nachhaltigkeit versteht man relativ überdauernde Wissens- und Könnensstrukturen. Wesentliche Voraussetzung ist die Übung.
- Wenn Personen in abgegrenzten Bereichen herausragende Fähigkeiten entwickeln, werden Sie als Experten bezeichnet. Ihre besondere Kompetenz wird Expertise genannt.
- Von Transfer spricht man, wenn bestehendes Wissen neue Lern- und Denkprozesse positiv beeinflusst. Man geht davon aus, dass es nur eine spezielle Lernübertragung, beispielsweise durch Analogiebildung gibt.
- Zur intrinsischen Motivation werden gerechnet: Die Neugiermotivation, die Anreizmotivation und die Erfolgsorientierung. Zur extrinsischen Motivation zählen die positive Verstärkung (Belohnung) und die negative Verstärkung (Zwang).
Eine auf Selbstbestimmung beruhende Lernmotivation hat positive Auswirkungen auf das Lernen.

6.6 Arbeitsteil

Dieser Arbeitsteil bietet Ihnen die Möglichkeit, das erworbene Wissen über Lerntheorien und Lernpraxis anzuwenden. Sie sollen angeregt werden, selbstständig komplexere Probleme aus dem Alltag und dem Bereich der Schule zu *analysieren* und zu *beurteilen*.

6.6.1 Forschungsberichte

In der Untersuchung von Anja Edelmann (1) geht es um die Nutzung von Computern und Softwareprogrammen als Werkzeuge zur Lösung von Aufgaben.

Das Buch von Holland und Skinner (2) ist keine Forschungsarbeit. Es veranschaulicht aber in ausgezeichneter Weise frühe Formen des programmierten Unterrichts.

Forschungsbericht (1)

Edelmann, A. (2003). Hypertextbasierte Softwaredokumentation. Eine experimentelle Untersuchung zur Rezeption. Lübeck: Verlag Schmidt-Römhild.

Problem:
Es geht um die Verbesserung der technischen Dokumentation. Welche Informationen sind in Softwaredokumentationen erforderlich, um die Textrezeption und die Handlungsausführung effizient zu gestalten? Dabei handelt es sich um Hypertextstrukturen (→ Abschn. 4.5.2 und 4.5.3), die am Bildschirm dargeboten werden. Aus der Vielzahl von Faktoren bei technischen Dokumentationen wird die Frage hervorgehoben, welche deklarativen (informativen) und welche prozeduralen (handlungsanweisenden) Informationen die Instruktion enthalten sollte.

Versuchsdurchführung:
Eine der beiden untersuchten Computerbedienungen war die Aufgabe »Jugendherberge«. Hier musste die Versuchsperson mithilfe eines Jugendherbergsverzeichnisses auf CD-Rom eine Jugendherberge suchen, die bestimmten Kriterien (in einem Schloss, in Koblenz) entsprechen sollte.

Es wurden vier Textvarianten eingesetzt. Die Variant A war die rein instruktive Grundvariante. Die Varianten B bis D boten deklarative bzw. prozedurale Zusatzinformationen.

Tabelle 6.2 Definition der Textvarianten

Textvariante	Deklarative Informationen	Prozedurale Informationen
A	–	–
B	–	+
C	+	–
D	+	+

Textvariante A
Jugendherberge suchen – Gehen Sie wie folgt vor:
(1) Klicken Sie auf die Schaltfläche ›Suche JH‹.
(2) Klicken Sie auf das Kästchen ›JH in Schloss/Burg‹.
(3) Klicken Sie auf die Schaltfläche ›Mittelpunkt wählen‹.
(4) Klicken Sie auf ›Koblenz‹.
(5) Bestätigen Sie mit ›Okay‹.
(6) Klicken Sie auf die Schaltfläche ›JH anzeigen‹.
Drücken Sie die Enter-Taste, um weiterzublättern.

Textvariante B
Jugendherberge suchen – Gehen Sie wie folgt vor:
(1) Klicken Sie auf die Schaltfläche ›Suche JH‹.
   Das Fenster ›Suchkriterium eingeben‹ wird geöffnet.
(2) Klicken Sie auf das Kästchen ›JH in Schloss/Burg‹.
   Das Kästchen wird markiert.
(3) Klicken Sie auf die Schaltfläche ›Mittelpunkt wählen‹.
   Eine Karte von Deutschland erscheint.
(4) Klicken Sie auf ›Koblenz‹.
   Koblenz wird mit mehreren pinkfarbenen Kreisen markiert.
(5) Bestätigen Sie mit ›Okay‹.
   Das Fenster ›Suchkriterium eingeben‹ wird geöffnet.
(6) Klicken Sie auf die Schaltfläche ›JH anzeigen‹.
   Die Jugendherberge Ehrenbreitstein wird angezeigt.
Drücken Sie die Enter-Taste, um weiterzublättern.

Textvariante C
Mit dem Computer-Jugendherbergsverzeichnis können Sie anhand verschiedener Kriterien Jugendherbegen aussuchen. Dazu müssen Sie diese Kriterien eingeben. Das Computer-Jugendherbergsverzeichnis zeigt dann die gefundenen Jugendherbergen an.
Gehen Sie wie folgt vor:
(1) Klicken Sie auf die Schaltfläche ›Suche JH‹.
(2) Klicken Sie auf das Kästchen ›JH in Schloß/Burg‹.
(3) Klicken Sie auf die Schaltfläche ›Mittelpunkt wählen‹.
(4) Klicken Sie auf ›Koblenz‹.
(5) Bestätigen Sie mit ›Okay‹.
(6) Klicken Sie auf die Schaltfläche ›JH anzeigen‹.
Drücken Sie die Enter-Taste, um weiterzublättern.

Textvariante D
Mit dem Computer-Jugendherbergsverzeichnis können Sie anhand verschiedener Kriterien Jugendherbegen aussuchen. Dazu müssen Sie diese Kriterien eingeben. Das Computer-Jugendherbergsverzeichnis zeigt dann die gefundenen Jugendherbergen an.
Gehen Sie wie folgt vor:
(1) Klicken Sie auf die Schaltfläche ›Suche JH‹.
   Das Fenster ›Suchkriterium eingeben‹ wird geöffnet.
(2) Klicken Sie auf das Kästchen ›JH in Schloß/Burg‹.
   Das Kästchen wird markiert.
(3) Klicken Sie auf die Schaltfläche ›Mittelpunkt wählen‹.
   Eine Karte von Deutschland erscheint.
(4) Klicken Sie auf ›Koblenz‹.
   Koblenz wird mit mehreren pinkfarbenen Kreisen markiert.
(5) Bestätigen Sie mit ›Okay‹.
   Das Fenster ›Suchkriterium eingeben‹ wird geöffnet.
(6) Klicken Sie auf die Schaltfläche ›JH anzeigen‹.
   Die Jugendherberge Ehrenbreitstein wird angezeigt.
Drücken Sie die Enter-Taste, um weiterzublättern.

Ergebnis:
Die Daten der Experimente wurden mithilfe der PESt (Psychologische Experimentalsteuerung) erfasst (z. B. Mausklicks, Darbietungs- und Reaktionszeiten). Am ersten Experiment nahmen insgesamt 68 Versuchspersonen teil. Die wichtigsten Befunde werden im Folgenden dargestellt.
- Die Faktoren deklarative und prozedurale Information haben keinen Einfluss auf die Handlungsausführung.
- Ohne diese beiden Faktoren wird schneller gelesen.
- Beide Faktoren haben keinen Einfluss auf die Anzahl der falschen Mausklicks.
- Beide Faktoren haben keinen Einfluss auf die Anzahl der erneuten Textaufrufe.

Zusammenfassung:
Kurze Texte, die sich auf Handlungsanweisungen beschränken, eignen sich am besten, um Texte schnell zu erfassen. Zusätzliche Informationen verbessern nicht die Handlungsausführung.

Vor den Untersuchungen wurde ein Experten-Rating (19 Technische Redakteure) durchgeführt. Entgegen den späteren experimentellen Befunden wurden von den Experten die Textvarianten C und D als am besten geeignet eingestuft.

Bei den Experimenten handelt es sich um relativ einfache Aufgaben. Ob die Ergebnisse auch für komplexere Aufgaben (z. B. Bedienung einer komplizierten Maschine) zutreffen, bleibt offen.

Forschungsbericht (2)

Holland, J. G. & Skinner, B. F. (1974). Analyse des Verhaltens. München: Urban und Schwarzenberg.

Das Prinzip des programmierten Unterrichts (PU) besteht darin, »dass der Lerner erst wenn er getan hat, wozu er auf der ersten Seite angewiesen wurde, die zweite Seite sichtbar wird ...« (S. V).
Als Vorteile dieser Art von Instruktion werden drei Punkte genannt:
- Jeder Schüler arbeitet nach seinem Tempo.
- Er macht aufgrund dieser Technik fast keine Fehler.
- Er erhält eine sofortige Bestätigung für seinen Erfolg.

In einem konventiellen Buch liest man eine Seite links oben beginnend nach unten. Dann folgt die zweite Seite. Das vorliegende Lehrprogramm ist davon abweichend auf jeder Seite in sechs etwa drei Zentimeter hohe Bänder gegliedert (Abb. 6.9).

(1) Konditionierung (2) Löschung (Extinktion)	In Pawlows berühmten Konditionierungs-Experiment war --- die unkonditionierte Reaktion.
3-24	3-25

Abbildung 6.9 Lernschritte beim programmierten Unterricht: Links richtige Antwort der vorangehenden Aufgabe, rechts die neue Aufgabe mit der auszufüllenden Leerstelle.

Der Lerner bearbeitet zunächst die Aufgaben in der obersten Zeile bis an das Ende des Buches, anschließend die Aufgaben der zweiten Zeile bis an das Ende des Buches usw. In der Folge stellt er das Buch auf den Kopf und bearbeitet die (vorherigen) Rückseiten der Blätter in gleicher Weise.

Bei dem PU in Buchform liest der Schüler die Aufgabe und schreibt seine Antwort auf ein Blatt Papier. Die richtige Lösung steht auf der nachfolgenden Seite links neben der nächsten Aufgabe. Erst bei einer richtigen Lösung soll der Schüler im Text weitergehen. Beim Einsatz von Lehrmaschinen schreibt der Schüler seine Antwort in ein Fenster. Die Maschine blockiert ein Fortschreiten, bis die richtige Lösung eingegeben ist.

Dies ist ein Beispiel für ein extremes Ausmaß von Außensteuerung des Lerners. Zur Veranschaulichung der Methode sind in den Online-Materialien vier vollständige Seiten dieses Programms wiedergegeben.

6.6.2 Übungen

(1) Sie haben im Laufe Ihrer Entwicklung und Sozialisation eine Menge gelernt. Suchen Sie Beispiele für Lernprozesse, die sich mithilfe der vier grundlegenden Lernformen erklären lassen!

(2) Analysieren Sie sich selbst: Welche Ihrer Verhaltens- und Handlungsweisen haben Sie vermutlich eher außengesteuert und welche eher durch Innensteuerung erworben?

(3) Analysieren Sie Ihren Unterricht in der Schule oder Lehrveranstaltungen in Ihrem Studium nach den jeweils zugrundeliegenden Instruktionsdesigns. Findet eher eine Außensteuerung, eine Innensteuerung oder eine Kombination bzw. Integration dieser Ansätze zur Förderung der Lernprozesse statt?

(4) Sie sollen ein Referat halten. Wie kann es Ihnen gelingen, die Innensteuerung von Lernprozessen Ihrer ZuhörerInnen zu aktivieren?

(5) Stellen Sie sich einen Experten und einen Novizen in einem bestimmten Bereich (Musik, Sport, Autos) vor. Können Sie die Besonderheiten von Expertise erkennen?

(6) In welchen Bereichen verfügen Sie selbst, Ihre Eltern und Ihre Großeltern über Expertise?

(7) Suchen Sie Beispiele für gelungenen oder auch misslungenen spezifischen und generellen Transfer. Denken Sie z. B. an Projekte zu »Lernen lernen«, an Förderprogramme für sozial kompetentes Verhalten, an Problemlösestrategien usw.

(8) Suchen Sie Beispiele für Neugiermotivation und die Ausbildung von Interessen!

(9) Nach Weiner ist das vorherrschende Attributionsmuster für zukünftige Motivationsvorgänge von Bedeutung. Untersuchen Sie Beispiele für alle vier Fälle von Attribution bei Erfolg und Misserfolg!

(10) Nach Deci und Ryan kann aus einer extrinsischen Motivation intrinsische werden, wenn die drei psychischen Grundbedürfnisse nach Autonomie, Kompetenzerleben und soziale Einbindung befriedigt werden. Wie müsste Unterricht gestaltet sein, der dieser Grundidee der Internalisierung von extrinsischer (Lern-)Motivation gerecht wird?

6.6.3 Diskussion

(1) Die Lehrform der Vorlesung im Studium stammt aus den Anfängen universitärer Bildung, als es noch keine bzw. nur wenige gedruckte Bücher gab und die Dozenten den Studierenden eigene oder fremde Werke vortrugen. Inzwischen gibt es jedoch Lehrbücher und computer- bzw. internetgestützte Informationssysteme. Dennoch sind Vorlesungen noch immer fester Bestandteil der Hochschuldidaktik. Ist das noch zeitgemäß? Könnte darauf verzichtet werden?

(2) Berufliche Aus- und Weiterbildungen finden häufig nicht im Frontalunterricht statt, sondern mit starkem Handlungsbezug, der die berufstypischen Erfahrungen und die lebenspraktischen Erwartungen und Ziele der Teilnehmenden zu berücksichtigen sucht. Was halten Sie von diesem Ansatz?

(3) Glaser (1985) schlägt vor, im Unterricht die Inhaltsvermittlung zugunsten der Vermittlung von Lern- und Denkstrategien zu reduzieren. Würden Sie dieser Idee folgen? Und wenn ja: Wie müssten Schule und Lehrerausbildung verändert werden, damit dies sinnvoll gelingt?

(4) Kann man Eltern von älteren Kindern als Experten und Eltern von jüngeren Kindern als Novizen bezeichnen? Was meinen Sie? Und wenn ja: Wären dann die Eltern ältere Kinder eher Routine- oder eher adaptive Experten?

(5) Profitieren Kinder, die ein Musikinstrument erlernen oder lange Zeit einer Mannschaftssportart nachgehen, auch in anderen Lebensbereichen von den Fertigkeiten, die sie dort erwerben? Wie ist Ihre Erfahrung?

(6) Seit 2006 wird der Deutsche Schulpreis jährlich an Schulen verliehen, die sich u. a. durch innovative Lehrkonzepte und besondere Schülerleistungen auszeichnen. 2011 ging der erste Preis an die Georg-Christoph-Lichtenberg-Gesamtschule in Göttingen. In der Laudatio heißt es: »Die Schule setzt durchgängig auf Teamstrukturen mit größtmöglicher Eigenverantwortung. Im kleinsten Team, in der bewusst heterogen zusammengesetzten Tischgruppe, die über einen langen Zeitraum miteinander lernt, übernehmen Schülerinnen und Schüler die Verantwortung für das eigene Lernen und Handeln, aber auch für das Weiterkommen der anderen. Die extreme Spannbreite im Leistungsbereich der Lernenden wird produktiv genutzt: Individualisierte Lernprozesse, die Möglichkeit, unterschiedliche Niveaustufen zu erreichen, sind integriert in das gemeinsame Lernen.« Inwiefern können kleine Lerngruppen und Heterogenität als lern- und leistungsförderliche Lernumgebungen betrachtet werden?

6.6.4 Weiterführende Literatur

▶ Wer sich ausführlicher und genauer mit Instruktionspsychologie beschäftigen möchte, findet eine gut aufbereitete Zusammenstellung in:
Klauer, K. J. & Leutner, D. (2012). Lehren und Lernen. Einführung in die Instruktionspsychologie (2. Aufl.). Weinheim: Beltz.

▶ Inzwischen sind auch Lehrbücher nach dem Modell der indirekten Instruktion erschienen. Als Beispiele seien genannt:
Steiner, G. (2008). Lernen. 20 Szenarien aus dem Alltag (4. Aufl.). Bern: Huber.
Zumbach, J. & Mandl, H. (2008). Pädagogische Psychologie in Theorie und Praxis: Ein fallbasiertes Lehrbuch. Göttingen: Hogrefe.

▶ Eine praxisnahe Einführung in Kooperatives Lernen bietet:
Johnson, D. W., Johnson, R. W. & Holubec, E. J. (2005). Kooperatives Lernen, kooperative Schule: Tipps – Praxishilfen – Konzepte. Mülheim a. d. R.: Verlag an der Ruhr.

▶ Der Klassiker der Motivationspsychologie ist:
Heckhausen, J. & Heckhausen, H. (2007). Motivation und Handeln. Berlin: Springer.

| Test | Die Grundbegriffe von Lerntheorie und Lernpraxis kennen | (S. 1/2) |

Mit diesem Test können Sie überprüfen, ob Sie das Lernziel **»Die Grundbegriffe von Lerntheorie und Lernpraxis kennen«** erreicht haben.

Die Zeit zur Bearbeitung des Tests ist nicht begrenzt. Im Informationsteil oder anderen Lehrbüchern dürfen Sie jetzt nicht mehr nachschlagen.

Zu jeder Aufgabe sind vier Antworten (Lösungen) vorgegeben. Nur eine dieser vorgeschlagenen Antworten ist richtig bzw. die beste Lösung und ist deshalb anzukreuzen.

Am Ende des Buches finden Sie einen Lösungsschlüssel, mit dessen Hilfe Sie Ihr Ergebnis kontrollieren können. Wenn Sie sieben oder mehr Aufgaben richtig lösen, haben Sie das Ziel erreicht.

Und nun: **Viel Erfolg!**

(1) Die vier beschriebenen Lernformen werden als dualistische Lerntheorie beschrieben. Neben der Außensteuerung gibt es die **Innensteuerung**. Diese ist ausgezeichnet durch
   a) Begriffsbildung und Wissenserwerb. ☐
   b) Verhaltenssteuerung durch Reize. ☐
   c) kognitive Strukturprozesse durch die Person. ☐
   d) Anwendungsbezug der Lerninhalte. ☐

(2) Lernprozesse können durch Außen- und durch Innensteuerung ausgelöst werden. Bei einem Unterricht, der Lernprozesse durch **Außensteuerung** beeinflusst,
   a) werden Fehler positiv bewertet. ☐
   b) werden keine kognitiven Lernfortschritte erzielt. ☐
   c) werden Lernziele und -inhalte vorgegeben. ☐
   d) wird die Lehrperson von den Lernenden verstärkt. ☐

(3) Instruktionsdesigns, die auf Innensteuerung von Lernprozessen zielen, basieren auf **konstruktivistischen Prämissen**. Welche der folgenden Annahmen gehört nicht dazu?
   a) Lernen ist aktiv. ☐
   b) Lernen ist konstruktiv. ☐
   c) Lernen ist situiert. ☐
   d) Lernen ist komplex. ☐

(4) **Konstruktivistische Lernumgebungen** bieten große Chancen für die Lernenden, bereiten manchen aber auch Probleme. Schwierigkeiten haben besonders solche Personen, die
   a) über ein geringes Vorwissen verfügen. ☐
   b) sozial ängstlich sind. ☐
   c) hohe Expertise mitbringen. ☐
   d) weniger intelligent sind. ☐

(5) Integrierte Unterrichtsansätze kombinieren Lernen durch Außensteuerung mit Lernen durch Innensteuerung. Bei **gemäßigt konstruktivistischen Lernumgebungen** trifft eines der folgenden Merkmale nicht zu:
   a) Dem Thema gehen *Advanced Organizer* voran. ☐
   b) Der Prozess der Entdeckung wird behutsam gelenkt. ☐
   c) Fehlendes Wissen wird direkt vermittelt. ☐
   d) Die Komplexität wird eventuell reduziert. ☐

> **Test** Die Grundbegriffe von Lerntheorie und Lernpraxis kennen

(6) Adaptives Unterrichten kann als Integration außen- und innensteuerungsorientierter Instruktionsansätze betrachtet werden. **Adaptives Unterrichten** bedeutet, dass
    a) die Lehrperson die situationalen Bedingungen dem Niveau der Lernenden anpasst. ☐
    b) die Lehrperson die Lernziele an das Niveau der Lernenden anpasst. ☐
    c) die Lernenden sich an die Anforderungen der Lehrperson allmählich gewöhnen. ☐
    d) die Lernenden ihr Verhalten den von der Lehrperson vorgegebenen Standards anpassen. ☐

(7) Es können zwei Formen von Übung unterschieden werden: mechanisches und elaboratives Üben. **Elaboratives Üben** ist gekennzeichnet durch
    a) einen hohen Abstraktionsgrad des Lernstoffs. ☐
    b) den Einsatz elaborativer, bedeutungsgenerierender Lesetechniken. ☐
    c) variantenreiche Lerndurchgänge, bei denen Bedeutungsstrukturen herausgearbeitet werden. ☐
    d) Überlernen des Lernmaterials und aussagenartige Repräsentation des dabei erworbenen Wissens. ☐

(8) Expertise ist eine Form von nachhaltigen Wissenserwerbsprozessen. Von **Expertise** wird dann gesprochen, wenn eine Person
    a) herausragende Fähigkeiten in einem abgegrenzten Gegenstandsbereich ausgebildet hat. ☐
    b) ein besonderes Interesse für einen abgegrenzten Gegenstandsbereich zeigt. ☐
    c) eine hohe Grundintelligenz hat, die zu herausragenden Fähigkeiten und Fertigkeiten prädestiniert. ☐
    d) in einem klar umrissenen Bereich langjährige Erfahrung gesammelt hat. ☐

(9) Wenn erworbenes Wissen nicht auf andere Kontexte übertragen kann, spricht man von trägem Wissen. Das Gegenteil ist der Transfer (Lernübertragung). Ein **Transfer** gelingt umso eher, je
    a) weniger komplex das Ausgangswissen ist. ☐
    b) eher bewusste Vergleiche und Analogiebildungen möglich sind. ☐
    c) unterschiedlicher Ausgangs- und Zielaufgabe sind. ☐
    d) größer die Expertise im Umgang mit den Ausgangsaufgaben ist. ☐

(10) Man unterscheidet eine intrinsische und eine extrinsische Motivation. Die **intrinsische Motivation** ist ausgezeichnet durch
    a) relative Neuheit, Komplexität, Ungewissheit. ☐
    b) Neugiermotivation, Anreizmotivation, Leistungsmotivation. ☐
    c) Motive und Aufforderungscharakter. ☐
    d) Erfolgsorientierung, Anstrengungsbereitschaft. ☐

Lesebrille

Zeichnung: Miriam Edelmann, Bremen

Neben dem hoch motivierten Leser, der aus Interesse an der Sache den Text gründlich studiert, wird es andere geben, die als Vorbereitung auf die Prüfung nur die zentralen Gesichtspunkte zur Kenntnis nehmen wollen. Für diese gibt es diese **Lesebrille**.

Liebe Studierende,

das wesentlichste Merkmal beim Lernen größerer Wissensgebiete ist die Vernetztheit. Man muss sich einen Überblick über den gesamten Bereich verschaffen und dann begreifen, wie die einzelnen Teilgebiete miteinander zusammenhängen. Ein enzyklopädisches Lernen und isoliertes Einprägen von Wissenselementen ist wenig sinnvoll. Deswegen spätestens jetzt sofort das → **Netzwerk lernpsychologischer Grundbegriffe** (S. 15) lesen und dann unbedingt beim Durcharbeiten des Buches die Struktur wirklich selbst zeichnen.

Um dem Interesse an der Sache zusätzlich eine extrinsische Motivation hinzuzufügen, wird jedes Jahr das beste Poster prämiert. Abgabe der Arbeiten bzw. Einsendungen per Mail an wittmann@ph-ludwigsburg.de bis jeweils 15. März des jeweils folgenden Jahres. Die Gewinner werden in den Online-Materialien dieses Lehrbuchs auf www.beltz.de bekanntgegeben.

Also jetzt die **Lesebrille** aufsetzen und los geht's. Sie werden sehen: Lernen kann ausgesprochen Spaß machen.

Kapitel 1: Neurobiologische Grundlagen von Lernen und Gedächtnis

Die Struktur und Leistungsfähigkeit unseres Gehirns determiniert in gewisser Weise unser Lernen. Es reicht aus, wenn man die grundlegenden Vorstellungen gewonnen hat.

- ▶ Die beiden Hemisphären unserer Großhirnrinde besitzen unterschiedliche Leistungsfähigkeiten (→ Abschn. 1.3.3)
- ▶ Kortikale und subkortikale Strukturen wirken eigentlich immer zusammen (→ Abschn. 1.5)
- ▶ Bedeutung dieser Tatsache für die Psychologie (→ Abschn. 1.5.4)

Kapitel 2: Das Reiz- Reaktions- Lernen

Man muss begreifen, dass bei dieser Art des Lernens der Mensch weitgehend reaktiv ist. Oft bemerkt man die Beeinflussung gar nicht.

- ▶ Modell des S-R-Lernens (→ Abschn. 2.2)
- ▶ Aufbau durch Bekräftigung (→ Abschn. 2.3.1) und Abbau durch Löschung (→ Abschn. 2.3.2) oder Gegenkonditionierung (→ Abschn. 2.3.5)
- ▶ Aufforderungscharakter (→ Abschn. 2.4)
- ▶ Ein Anwendungsbeispiel: Entweder Werbung (→ Abschn. 2.5.1) oder Verhaltenstherapie (→ Abschn. 2.5.2)

Kapitel 3: Das instrumentelle Lernen

Dieses Lernen ist ein Musterbeispiel für die Außensteuerung des Organismus. Äußere Konsequenzen (Reize) beeinflussen das Verhalten.

- Formen (→ Abschn. 3.1.2)
- Instrumentelles Lernen als gewohnheitsmäßiges Verhalten (→ Abschn. 3.1.4)
- Verhaltensaufbau: Die positive Verstärkung, besonders FAZIT (→ Abschn. 3.2.5)
- Verhaltensaufbau: Die negative Verstärkung (→ Abschn. 3.3)
- Verhaltensaufbau: Bestrafung und Löschung (→ Abschn. 3.4)
- positive und negative Verhaltenskontrolle (→ Abschn. 3.5.1), bes. Atmosphäre des Gelingens

Kapitel 4: Begriffsbildung und Wissenserwerb

Hier wird die Innensteuerung durch die Person sichtbar. Wissen bedeutet subjektive kognitive Strukturierungsprozesse.

- Begriffe Kognitionen und Wissen (→ Anfang von Abschn. 4.1.1)
- Eigenschaftsbegriffe Klassische Theorie und Prototypentheorie (→ Abschn. 4.2.1)
- Komponenten (→ Abschn. 4.2.5)
- sinnvolles und mechanisches Lernen (→ Abschn. 4.3.5)
- Repräsentation (→ Abschn. 4.4) Es reicht aus, wenn man grundsätzlich eine aussagenartige, analoge und handlungsmäßige Repräsentation unterscheiden kann, sowie weiß, was eine multiple Repräsentation ist
- Vernetztheit (→ Abschn. 4.5.1 bis 4.5.4)

Kapitel 5: Handeln und Problemlösen

Hier geht es nicht mehr um Sachwissen, sondern um Handlungswissen. Problemlösen ist ein Sonderfall des planvollen Handelns.

- Modell-Lernen (→ Abschn. 5.1)
- der »ideale Handelnde« (→ Abschn. 5.2.2)
- Handeln und Verhalten (→ Abschn. 5.2.4)
- die Willenshandlung (→ Abschn. 5.3.3)
- Handlungskonzept und -regulation (→ Abschn. 5.3.5 und 5.3.6)
- Problemlösen (→ Abschn. 5.5.1) und zusätzlich entweder Problemlösen durch Kreativität (→ Abschn. 5.5.6) oder Problemlösen durch Systemdenken (→ Abschn. 5.5.7)

Kapitel 6: Von der Lerntheorie zur Lernpraxis

Das wesentliche Merkmal des Lernens ist die Erfahrungsbildung. Es kann mehr außen- oder mehr innengesteuert sein. Motivation ist ein entscheidender Faktor jeder kognitiven Leistung.

- vier Formen des Lernens, dualistischer Lernbegriff (→ Abschn. 6.1)
- Lernumgebungen nach dem Prinzip der Außensteuerung (→ Abschn. 6.2.1), der Innensteuerung (→ Abschn. 6.2.2), sowie der Integration von Außen- und Innensteuerung (→ Abschn. 6.2.3). Jeweils sollte man die zugrundeliegende Idee erkennen.
- Bedeutung und Formen der Übung (→ Abschn. 6.3.1). Charakteristika des Experten und der Expertise (→ Abschn. 6.3.2)
- Problematik des Transfers (→ Abschn. 6.3.3)
- intrinsische und extrinsische Motivation (→ Abschn. 6.4.2 und 6.4.3)

Wir kommen jetzt zum Schluss

Uff! Nicht jammern! Es muss einen doch mit einem gewissen Stolz erfüllen, einen solchen Überblick geschafft zu haben.

Was sagen Sie? »Alles Quatsch, ich lasse mir doch nicht sagen, welche Mosaiksteinchen ich lernen soll. Ich bin in der Lage, das Gebiet der Lernpsychologie selbst zu strukturieren. Mich interessiert die Sache. Deshalb will ich weit differenzierter lernen. Und die Arbeitsteile und Internetangebote finde ich auch toll.«

Ausgezeichnet! In diesem Fall legen Sie die Lesebrille weg und kommen Sie entweder zu mir nach Braunschweig oder zu mir nach Ludwigsburg. Egal wo: Wir werden dann eine Tasse Kaffee oder ein Glas Wein zusammen trinken.

Mit freundlichen Grüßen

Walter Edelmann
Simone Wittmann

Glossar

A

Alarmsystem, menschliches. Zusammenwirken kortikaler und subkortikaler Strukturen mit dem hormonalen System, das den menschlichen Organismus in Gegenwart eines Gefahrenreizes bzw. bei dessen Antizipation in einen Zustand angespannter Erregung versetzt. Dieses System ermöglicht (unter bestimmten Bedingungen) ein der Situation optimal angepasstes Wahrnehmen und Denken und damit ein Handeln unter bestmöglicher Ausnutzung der motorischen Leistungsfähigkeit.

Analogie. Annäherung, Ähnlichkeit, Erklärung durch Vergleich. Der Begriff Analogie im Zusammenhang mit der Repräsentation von Wissen weist darauf hin, dass zwischen der äußeren Erscheinung eines Objektes, einer Person, einer Situation usw. und der inneren Repräsentation eine bestimmte Ähnlichkeit besteht.

Anreiz. → Aufforderungscharakter

Assimilation (*assimilation*). Verankerung neuer Informationen in das Vorwissen. Bei der Assimilation werden sowohl die zu verankernden Informationen als auch die vorhandene Vorwissensstruktur verändert.

Assoziation. Verknüpfung psychischer Inhalte im Bewusstsein.

Aufforderungscharakter (*valency, appeal*). Attraktivität einer Sache. Individuelle emotionale oder auch intellektuelle Bewertung von Umweltaspekten, die das Verhalten bzw. das Handeln lenken. Umweltreize erlangen für den Menschen in der Regel über Reiz-Reaktions-Lernen ihren Aufforderungscharakter.

Außensteuerung. Nach der Feldtheorie von Lewin ist die menschliche Aktivität zu einem konkreten Zeitpunkt abhängig von Faktoren in der Person und in der Umwelt. Person und Umwelt stehen in Interaktions- bzw. Wechselwirkungsbeziehungen. Das Gewicht der beiden Faktoren kann im Einzelfall sehr unterschiedlich sein. Bezeichnet den Einfluss auf das Verhalten eines Organismus maßgeblich durch Umweltreize (→ Reiz-Reaktions-Lernen, → instrumentelles Lernen). Menschliche Aktivität kann sich entweder mehr auf Anpassung an die Umwelt oder mehr auf aktive Gestaltung der Umwelt beziehen. Im ersten Fall wird das Verhalten in starkem Maße durch Umweltreize kontrolliert. Wir sprechen in diesem Fall von der Außensteuerung des Verhaltens.

B

Bedingte Reaktion. Reaktion, die durch einen → bedingten (= gelernten) Reiz (S1) hervorgerufen wird.

Bedingter Reiz (S1). Beim klassischen Konditionieren der ursprünglich neutrale Reiz, der durch gewöhnlich mehrfach dargebotene Kombination mit einem anderen, → unkonditionierten Reiz nach dem Lernprozess dessen Reaktion auslöst. Beim Reiz-Reaktions-Lernen bzw. bei → Konditionierungen höherer Ordnung der Reiz, der gelernt wird, auf den also nach dem Lernprozess eine andere Reaktion gezeigt wird.

Begriff (*concept*). Ergebnis kognitiver Ordnungs- und Strukturierungsprozesse.

Begriffsbildung. Kognitive Ordnungs- und Strukturierungsprozesse (→ Informationsverarbeitungsprozess).

Behaviorismus (*behaviorism*). Der Behaviorismus grenzt aus methodologischen und wissenschaftstheoretischen Gründen innerpsychische Vorgänge wie Vorstellungen, Denken, Gefühl, Wollen usw. aus dem Gegenstandsbereich der Psychologie aus (»Black Box«). Als objektive Verhaltenslehre mit experimentell-naturwissenschaftlicher Methodik werden nur äußerlich wahrnehmbare Aktivitäten des Organismus betrachtet.

Bekräftigung → Kontiguität

Bestrafung. Strafen oder Strafandrohung haben Verbotscharakter. Sie führen immer zu einer Schwächung oder Unterdrückung eines Verhaltens, niemals zu einer Verstärkung.

Bewusstsein (*consciousness*). (von lat. *conscientia* = Mitwissen). Im weitesten Sinne die erlebbare, (potentiell) verbalisierbare Existenz mentaler Zustände und Prozesse.

C

Chaining (Reaktionsverkettung). Aufbau von Verhaltensketten durch → positive Verstärkung, wobei eine Verhaltensweise als diskriminativer Hinweisreiz für die nächste wirkt.

D

Definition. Sprachliche Beschreibung einer Kategorie oder eines theoretischen Erklärungsmodells. Sie soll sicherstellen, dass zwei Personen, die den gleichen Begriffsnamen verwenden, auch das Gleiche meinen.

Letztlich geht es um die Eindeutigkeit einer Aussage. Es lassen sich drei Definitionsformen unterscheiden: Realdefinition, Nominaldefinition und operationale Definition.

Dekodieren. Prozess des (gelingenden) Abrufs von Informationen aus dem Gedächtnis.

Diskriminativer Hinweisreiz (*discriminative stimulus*). Bestandteil der Reizsituation, bei dessen Vorhandensein ein bestimmtes Verhalten mit hoher Wahrscheinlichkeit verstärkt wird.

E

Effektivität. Wirksamkeit bzw. die Leistungsfähigkeit eines Verfahrens. Eine Lehrmethode ist umso effektiver, je größer der erzielte Lernzuwachs ist.

Effizienz. Verhältnis von Wirksamkeit zu geleistetem Aufwand bei einem Verfahren. Eine Lehrmethode ist umso effizienter, je geringer der instruktionale Aufwand und die Lernzeit sind, mit denen ein möglichst großer Lernzuwachs erreicht wird.

Eigenschaftsbegriffe. Kategorien, die entweder auf der Basis von → kritischen Attributen und deren logischer Struktur oder auf der Basis von → Prototypen gebildet werden und zugleich eine Zuordnung von Einzelfällen zu eben dieser Kategorie ermöglichen. Das wesentliche Merkmal von Eigenschaftsbegriffen ist ihre Ordnungsleistung.

Elaboration (*elaboration*). (von lat. *laborare* = arbeiten). Vertiefte Informationsverarbeitung (→ Verarbeitungstiefe), Vernetzung von Informationen, die zu einer Erweiterung i. S. einer qualitativen Veränderung des Vorwissens führt (→ Assimilation). Als Lernstrategie umfasst Elaboration die drei Substrategien: Verbindungen zwischen zwei oder mehr Lerninhalten herstellen, Verknüpfungen mit dem Vorwissen herstellen, Transfer herstellen (Übertragung in andere Wissensbereiche oder in den Anwendungsbereich). Techniken im Rahmen der Elaborationsstrategien sind z. B. Beispiele überlegen, Informationen mit eigenen Worten erklären, Eselsbrücken bauen, Textinformationen visualisieren.

Engramm, strukturelles. Gedächtnisspur. Allgemeine Bezeichnung für ein physiologisches Struktur- und Erregungsmuster, das eine Reizeinwirkung als dauernde strukturelle oder funktionale Änderung im Gehirn hinterlässt. Je häufiger ein solches Muster in den komplexen neuronalen Regelkreisen abgespielt wird, umso leistungsfähiger werden seine Synapsen im Vergleich zu anderen Nervenbahnen. Dem sich allmählich stabilisierenden Engramm entspricht ein mehr oder minder überdauernder und abrufbarer Gedächtnisinhalt.

Enkodieren. Lernen im engeren Sinne. Prozess der aktiven, konstruktiven Informationsaufnahme, -bearbeitung und -einspeicherung in das Gedächtnis.

Entdeckendes Lernen (*discovery learning*). Lernmaterial wird im Gegensatz zum → rezeptiven Lernen nicht in fertiger Form dargeboten, sondern muss vom Lernenden selbst entdeckt, also selbst generiert werden, indem Informationen neu geordnet, Regeln abgeleitet, Probleme gelöst werden. Entdeckendes Lernen kann – wie rezeptives Lernen auch – → sinnvoll oder → mechanisch sein, je nachdem, ob die selbst generierten Informationen mit oder ohne Herstellung zufallsfreier Beziehungen (→ Assimilation) im Gedächtnis gespeichert werden.

Epistemische Struktur. → Kognitive Struktur

Erklärungsbegriffe. Kategorien (z. B. aggressive Verhaltensweisen, motivationale Vorgänge), deren wesentliches Merkmal im Unterschied zu → Eigenschaftsbegriffen die Erklärung des Phänomens durch bestimmte theoretische Annahmen ist.

Experten. Personen, die in bestimmten, abgegrenzten Gegenstandsbereichen dauerhaft ungewöhnliche, herausragende Fähigkeiten ausbilden.

Expertise. Vorhandensein von herausragenden Fähigkeiten und Fertigkeiten in einer klar umrissenen Domäne.

Exploration(sverhalten). Freies Suchverhalten, mit dem neue Gegebenheiten auf ihre Eigenschaften und ihre Bedeutung für den Organismus erkundet werden.

F

Fallbasiertes Lernen. Spezialform des Lernens mit Lösungsbeispielen, bei dem realistische bzw. realitätsnahe Probleme (Fallbeschreibungen) geschildert und dazu ein ausgearbeitetes Lösungsbeispiel dargeboten wird. Die Lernsituation ist in nahezu idealer Weise → situiert und komplex. Zugleich bieten die präsentierten Expertenlösungen Anregungen zur adäquaten Repräsentation des Problems und der relevanten Analyse- und Problemprozesse.

Fluchtlernen. Form der → negativen Verstärkung, bei der eine Person direkt mit dem aversiven Ereignis konfrontiert wird und Maßnahmen ergreift, diesem zu entkommen.

G

Gedächtnis (*memory*). Der Begriff beschreibt vor allem die Vorgänge der Speicherung und des Abrufs im Prozess der Informationsverarbeitung, während der Begriff des → Lernens schwerpunktmäßig die Prozesse der Aneignung meint. Die Begriffe Lernen und Gedächtnis stehen also nicht für unterschiedliche Erscheinungen, sondern akzentuieren lediglich Teilprozesse der → menschlichen Informationsverarbeitung. Analytisch können verschiedene Gedächtnisse z. B. nach ihren Inhalten in ein semantisches (Sachwissen), episodisches (biographisches bzw. Ereigniswissen) und prozedurales (Fertigkeiten) Gedächtnis oder nach Dauerhaftigkeit und Umfang in Kurzzeit- und Langzeitgedächtnis unterteilt werden.

Gegenkonditionierung. Reiz-Reaktions-Lernen, das sich in keinem Punkt von dem Normalfall der Konditionierung unterscheidet. Die Vorsilbe »Gegen« weist lediglich darauf hin, dass gegen eine bereits erworbene Reiz-Reaktions-Verbindung angegangen werden soll (→ Konditionierung höherer Ordnung, → Systematische Desensibilisierung).

Gelernte Hilflosigkeit. Auf Erfahrung basierende Erwartung, unvermeidbare aversive Ereignisse nicht kontrollieren, d. h. nicht beeinflussen zu können. Der Organismus ist nicht in der Lage, durch ein Flucht- bzw. Vermeidungsverhalten den aversiven Reiz abzuschalten oder vorbeugend zu vermeiden.

H

Handlung (*action*). Auch planvolles Handeln. Aktivität auf der Grundlage einer Zielbildung und der Umsetzung eines situational angepassten Handlungsskripts (→ Innensteuerung). Wesentliche Merkmale von Handlungen sind: Innensteuerung durch ein Subjekt, Entscheidung zwischen Handlungsalternativen, subjektiver Sinn, Intentionalität (Zielgerichtetheit), Bewusstheit, flexibles Handlungskonzept, Verantwortlichkeit, Wissenserwerb.

Hemisphäre. Halbkugelförmige linke und rechte Hirnhälfte. Beide Hirnhälften sind über das Corpus callosum (den sogenannten Balken) miteinander verbunden.

Heuristische Struktur. → Kognitive Struktur

I

Informationsverarbeitung (*information processing*). Aktive, subjektive kognitive Strukturierungsprozesse des Lernens (Aneignung) und Gedächtnisses (Speicherung und Abruf).

Innensteuerung. Nach der Feldtheorie von Lewin ist die menschliche Aktivität zu einem konkreten Zeitpunkt abhängig von Faktoren in der Person und in der Umwelt. Person und Umwelt stehen in Interaktions- bzw. Wechselwirkungsbeziehungen. Das Gewicht der beiden Faktoren kann im Einzelfall sehr unterschiedlich sein. Das Verhalten eines Organismus wird maßgeblich durch Umweltreize bestimmt (→ Reiz-Reaktions-Lernen, → instrumentelles Lernen). Menschliche Aktivität kann sich entweder mehr auf Anpassung an die Umwelt oder mehr auf aktive Gestaltung der Umwelt beziehen. Wenn die Aktivität schwerpunktmäßig von der Person ausgeht, sprechen wir von Innensteuerung (→ planvolles Handeln).

Instruktion. Situationen, in denen Lehrprozesse absichtsvoll und institutionalisiert zum Zweck des Lernens bzw. der Auslösung und Beeinflussung von Lernvorgängen hergestellt werden (Unterricht, Ausbildung, Training).

Instrumentelles Lernen (*instrumental learning/operant learning*). Veränderung der Auftretenswahrscheinlichkeit oder Intensität von Verhalten, die sich durch die Konsequenzen ergibt, die dem Verhalten folgen. Das Verhalten ist demnach das Instrument bzw. Mittel, das die entsprechenden Konsequenzen hervorruft. Die Beziehung zwischen Verhalten und Verhaltenskonsequenzen (→ Kontingenz) kann auch zu Verhaltensformung (→ shaping) und -verkettung (→ chaining) führen. Eine einheitliche Terminologie für diese Art des Lernens hat sich in der Literatur nicht durchgesetzt. Wir verwenden den Begriff instrumentelles Lernen, um uns von der radikal-behavioristischen Lesart Skinners, der von operanter Konditionierung sprach, abzusetzen.

Interesse. Der Begriff kennzeichnet die besondere Qualität der Beziehung einer Person zu einem Gegenstand (konkrete Objekte, intellektuelle Sachverhalte, Tätigkeitsklassen). Diese Beziehung besteht aus zwei Komponenten: einer positiven (kognitiven) Wertschätzung und positiver (emotionaler) Zustände während des Umgangs mit dem Gegenstand. Bei einer aktuellen Anregung eines Interesses wird von situationalem Interesse gesprochen. Überdauernde derartige Person-Umwelt-Beziehungen werden als personales Interesse bezeichnet. Aus prozessorientierter Sicht umfasst Interesse eine »catch«- und eine »hold«-Komponente.

K

Kategorisierung. Prozess und Ergebnis der → Begriffsbildung.

Klassisches Konditionieren (*classical conditioning*). Prozedur, durch die ein vormals neutraler Reiz nach ausreichend häufiger Kombination mit einem unkonditionierten (reflexauslösenden) Reiz die gleiche Reaktion hervorruft wie dieser. Die Gesetzmäßigkeit des klassischen Konditionierens wurde von Pawlow am Speichelreflex von Hunden untersucht, später dann von Watson auf das Erlernen grundlegender Emotionen beim Menschen übertragen. Eine Adaption auf komplexere und mehrfach überlernte menschliche Erlebens- und Verhaltensphänomene stellt das → Reiz-Reaktions-Lernen dar.

Kognition, situierte (*situational cognition*). → Situiertes Lernen

Kognitionen. (lat. *cognoscere* = auf Erkenntnis bezogen). Vorgänge, durch die ein Organismus Kenntnis von seiner Umwelt erlangt. Im menschlichen Bereich sind dies besonders: Wahrnehmung, Vorstellung, Denken, Urteilen, Sprache. Durch kognitive Prozesse werden kognitive Strukturen aufgebaut. Diese sind also kein »Abbild« der Umwelt, sondern mentale (geistige) Konstruktionen.

Kognitive Struktur. Gesamtheit der aus Begriffen und Regeln bestehenden Wissensstruktur (epistemische Struktur) und der Problemlösestruktur (heuristische Struktur) von Problemlöseverfahren (Heurismen).

Kognitive Wende (*cognitive revolution*). In der Psychologie: In den 60er Jahren des 20. Jahrhunderts stattgefundener Paradigmenwechsel. Abwendung vom zu dieser Zeit vorherrschenden behavioristischen Paradigma, wonach nur beobachtbare Reizsituationen und beobachtbares Verhalten Gegenstand wissenschaftlicher psychologischer Forschung seien, und (Wieder-)Hinwendung zur (experimentellen) Erforschung der vormals als »black box« bezeichneten intrapsychischen, insbesondere kognitiven Prozesse.

Kognitives Modellieren. Einflussnahme auf kognitive Strukturen und Prozesse eines Beobachters durch eine Modellperson (kognitives Modell), die ihre Denk-, Entscheidungs-, Problemlöse- und Selbststeuerungsprozesse in der Regel durch Verbalisierung (lautes Denken) präsentiert.

Kognitivismus (*cognitivism*). Theoretischer Ansatz der Psychologie, der in Abgrenzung zum → Behaviorismus entwickelt wurde (→ Kognitive Wende). Kognitivistische Lerntheorien zielen auf die Beschreibung, Erklärung und Veränderung kognitiver Strukturen ab. Sie gehen davon aus, dass der Mensch durch kognitive Denk- und Verstehensprozesse lernt und die über die Sinnesorgane wahrgenommenen Reize aktiv verarbeitet. Diese intrapsychischen Vorgänge werden als Informationsverarbeitungsprozesse verstanden, mit denen sich Vorgänge wie Wahrnehmung, Wissenserwerb, Planung, Einsicht und Entscheidungen erklären lassen. Der Unterschied zum → konstruktivistischen Lerntheorien ist nicht grundlegender, sondern nur gradueller Art.

Konditionierter Reiz (*conditioned stimulus*). → bedingter Reiz (S1)

Konditionierung höherer Ordnung (*higher-order conditioning*). Reiz-Reaktions-Lernen, beim dem der »unbedingte« Reiz S2 eben nicht ungelernt ist, also keine angeborene Reaktion auslöst, sondern in vorangegangenen Lernprozessen bereits konditioniert wurde. Beim Menschen sind solche bedingten Reaktionen höherer Ordnung, d. h. ganze Ketten von einzelnen bedingten emotional-motivationalen Reaktionen, vermutlich sehr häufig.

Konfliktsituation. Eine Situation, in der zwei Kräfte annähernd gleicher Stärke und entgegengesetzter Richtung auf eine Person wirken.

Konsolidierung. Etablierung und Stabilisierung → struktureller Engramme als mehr oder minder überdauernde und abrufbare Gedächtnisinhalte.

Konstrukt. Beschreibungs- oder Erklärungsmodell für existente, empirisch aber nicht unmittelbar erkennbare, sondern aus anderen, messbaren Indikatoren erschlossene Sachverhalte. Die Bezeichnung weist darauf hin, dass solche Modelle »erfunden« bzw. konstruiert sind, um einerseits empirische Sachverhalte angemessen zu beschreiben, und um andererseits theoretische Interpretationen anbieten zu können. Man spricht daher auch von latenten Konstrukten bzw. latenten Variablen. Der Prozess des Erschließens wird Operationalisierung genannt. Deskriptive Konstrukte dienen der beschreibenden Zuordnung von Phänomenen (z. B. Lob und Strafe als Konstrukte für einzelne Erziehungsmaßnahmen). Explikative Konstrukte werden auch hypothetische Konstrukte genannt, da sie Hypothesen oder Vermutungen darstellen, die im Laufe weiterer empirischer Untersuchungen überprüft werden können (z. B. Selbstwirksamkeitserwartung als Konstrukt, das im Rahmen der sozial-kognitiven Lerntheorie eine motivationale Bedingung für Imitationsverhalten darstellt).

Konstruktivismus (*constructivism*). Der Konstruktivismus in lernpsychologischer Hinsicht postuliert, dass menschliches Erleben und Lernen Konstruktionsprozessen unterworfen ist, die durch sinnesphysiologische, neuronale, kognitive und soziale Prozesse beeinflusst werden. Seine Kernthese besagt, dass Lernende im Lernprozess eine individuelle Repräsentation der Welt schaffen. Was jemand unter bestimmten Bedingungen lernt, hängt somit stark, jedoch nicht ausschließlich, von dem oder der Lernenden selbst und seinen/ihren Erfahrungen ab. Der Unterschied zum → Kognitivismus ist nicht grundlegender, sondern nur gradueller Art.

Kontiguität (*contiguity*). Wiederholtes zeitlich-räumliches Zusammentreffen zweier Reize, die unterschiedliche Reaktionen auslösen. Lernbedingung bzw. Lernprinzip beim → Reiz-Reaktions-Lernen.

Kontingenz (*contingency*). Zentraler Begriff des → instrumentellen Lernens. Mit Kontingenz ist die Regelmäßigkeit (bzw. hoher Grad an Wahrscheinlichkeit) und relative Unmittelbarkeit gemeint, mit der auf bestimmte Verhaltensweisen bestimmte Konsequenzen folgen, also eine Art Wenn-Dann-Beziehung, die aber nicht inhaltlich logisch sein muss. Der Aufbau solcher Beziehungen zwischen Verhalten und Konsequenzen erhöht oder vermindert die Auftretenswahrscheinlichkeit eben dieses Verhaltens.

Kontingenzvertrag/Kontingenz-Management (*contingency management*). Festlegung von Verhaltenskonsequenzen. Verfahren, das im Rahmen der → Verhaltensmodifikation angewandt wird. Die Festlegung wird oft schriftlich fixiert und von den Beteiligten unterzeichnet. Kontingenzverträge bereiten in der Regel positive Verstärkungspläne vor und begleiten sie, mitunter werden sie aber auch als Kombination von positiver Verstärkung und negativer Bestrafung gestaltet.

Kooperatives Lernen. Form des gemeinschaftlichen Lernens, bei dem die Lernenden in der Zielerreichung wechselseitig voneinander abhängig sind, individuelle Verantwortung für das eigene Lernen wie für das Lernen der anderen Gruppenmitglieder tragen und ihre Lernergebnisse und -prozesse regelmäßig evaluieren.

Kortex. Großhirnrinde; äußere, stark gestülpte bzw. gefaltete Zellschicht des Gehirns.

Kortikale Strukturen. Struktur- und Funktionseinheiten des → Kortex. Die morphologischen Einheiten des Kortex sind zugleich funktional bedeutsam, da sie spezielle primäre Verarbeitungsareale abbilden. Die Strukturen des vorderen Abschnitts des Frontallappens (präfrontaler Kortex) werden z. B. mit Handlungsplanung und -initiierung in Verbindung gebracht.

Kreativität. (lat. *creare* = etwas neu schöpfen, etwas erfinden, etwas erzeugen, herstellen, auch: auswählen sowie lat. *crescere* = geschehen, wachsen). Die Mehrdeutigkeit des Begriffs – zwischen aktivem Tun und passivem Geschehenlassen – spiegelt sich auch in den unterschiedlichen Positionen moderner Kreativitätskonzepte wider: Kreativität als durch Inspiration gewonnener Einfall einer kreativen Persönlichkeit vs. Kreativität als originelle Nutzung einer reichen und hochwertigen Wissensbasis. Die Beschäftigung mit kreativem Problemlösen hat zur Ausbildung spezieller Methoden geführt, z. B. Brainstorming, Methode 635, Morphologie, die als → Problemlösetechniken eingesetzt werden können.

Kritische Attribute. Merkmale eines Objektes, die deren Zuordnung zu einem Begriff bestimmen.

L

Leistungsmotivation. Auseinandersetzung mit einem Gütemaßstab. Selbst gesetzte Gütemaßstäbe nennt man Anspruchsniveau. Leistungsmotivation ist gekennzeichnet durch Erfolgsorientierung und Anstrengungsbereitschaft.

Lernmotivation. Gesamtheit sämtlicher emotionaler und kognitiver Prozesse, die dazu führen, dass eine Person intentional etwas Neues lernt.

Limbisches System. (von lat. *limbus* = Saum). Teil der → subkortikalen Struktur des Gehirns, der als Funktionseinheit maßgeblich an der Erkennung, Verarbeitung, Regulierung und Weiterleitung von Emotionen, der Entstehung von Triebverhalten, der Verarbeitung sensorischer Stimuli (Schmerz, Gerüche usw.) und am Gedächtnis beteiligt ist. Zudem ist das limbische System ein wesentlicher Bestandteil des Belohnungssystems.

Logische Struktur (*logical structure/relational concept*). Kombinationsregel kritischer Attribute bei der Begriffsbildung. Nach der klassischen Begriffsbildungstheorie ist (bei den Eigenschaftsbegriffen) die Erfassung dieser logischen Struktur der wesentliche Punkt der Begriffsbildung. Eine Sache hat man dann begriffen, wenn man die Struktur der gemeinsamen Merkmale der Objekte einer Kategorie erkannt hat.

Löschung (*extinction*). Beim → instrumentellen Lernen: Ausschaltung von Verstärkerquellen, was nach einer mitunter auftretenden kurzen Zunahme des instrumentellen Verhaltens letztlich aber zu dessen Reduktion führt. Intermittierend aufgebautes instrumentelles Verhalten ist langsamer und schwerer zu löschen als ein Verhalten, das durch Immerverstärkung aufgebaut wurde.

Löschung (*extinction*). Beim Reiz-Reaktions-Lernen: Vorgang der Verhaltensabschwächung oder -löschung, der dann auftritt, wenn der → bedingte Reiz (S1) mehrfach ohne den → unbedingten Reiz (S2) dargeboten wird.

M

Mechanisches Lernen (*rote learning*). Auswendiglernen, Bildung von verbalen Ketten (Gagné), geringe → Verarbeitungstiefe von neuen Informationen. Beim mechanischen Lernen kann das Lernmaterial zwar potentiell bedeutungshaltig sein, es wird aber im Gegensatz zum → sinnvollen Lernen wortwörtlich (nicht inhaltlich) gelernt, und der neue Lernstoff kann nicht zufallsfrei auf Vorwissen bezogen werden, weshalb er auch nicht assimiliert werden kann.

Metakognition (*metacognition*). Abgeleitet vom Begriff → Kognition. Wissen über das eigene Wissen und über die eigenen Lern- und Gedächtnisfähigkeiten. Darüber hinaus auch Bezeichnung für kognitive Prozesse der Planung, Überwachung, Kontrolle und Regulation eigener Lernprozesse einschließlich der Bewertung von Schwierigkeitsgraden der Lernaufgabenstellung. Die Grenze zwischen den Begriffen kognitiv und metakognitiv ist fließend.

Modelllernen (*oberservational learning*). Auch Lernen am Modell, Beobachtungslernen, Nachahmungslernen, Imitationslernen. Veränderung von kognitiven und motorischen Verhaltensmustern durch Beobachtung anderer Personen. Bandura (1976) gliedert in seiner sozial-kognitiven Theorie den Vorgang des Modelllernens in zwei Abschnitte, die jeweils noch einmal untergliedert sind: die Aneignungsphase (Akquisition) mit Aufmerksamkeits- und Gedächtnisprozessen sowie die Ausführungsphase (Performanz) mit motorischen Reproduktions- und Verstärkungs- bzw. Motivationsprozessen. Banduras Theorie und seine experimentellen Studien markieren in der Psychologie die → kognitive Wende.

Motiv. Situationsüberdauernde Personeigenschaft, aufgrund derer bestimmte Tätigkeiten und bestimmte Situations- oder Handlungsergebnisse einen hohen → Anreizwert für entsprechende Handlungen des Individuums haben.

Motivation. Aktuell bzw. situativ gegebene aktivierende Ausrichtung eines Organismus auf positive bewertete Zielzustände. Motivation äußert sich in Richtung, Intensität und Dauer des Verhaltens bzw. der Handlung.

N

Nachhaltigkeit. Im Rahmen der Lernpsychologie bezeichnet der Begriff beständige und anwendungsfähige Wissens- und Könnensstrukturen, die den Lerner in die Lage versetzen, diese über große Zeiträume und verschiedene Anforderungssituationen hinweg aufgaben- und zielangemessen abzurufen.

Negative Verstärkung (*negative reinforcement*). Form des → instrumentellen Lernens, mit der eine Erhöhung der Auftretenswahrscheinlichkeit oder Intensität eines instrumentellen Verhaltens bezeichnet wird, die dadurch auftritt, dass dem Verhalten kontingent ein Entzug einer (motivationsadäquaten) unangenehmen Konsequenz folgt. Negative Verstärkung kann auch als Zwang bezeichnet werden. Dem Gebotscharakter der Zwangssituation entsprechend wird ein bestimmtes instrumentelles Verhalten (häufiger, intensiver) gezeigt.

Neugier(motivation). Orientierung eines → Explorationsverhaltens auf intellektuelle Anreize in der Umwelt, die dann unter der Bedingung einer optimalen Inkongruenz (Nichtübereinstimmung) zwischen der neuen Information und bisherigem Wissen auftritt. Andere Begriffe für diesen mittleren Informationswert sind: dosierte Diskrepanz, kognitiver Konflikt, Dissonanz (Widerspruch). Diese Inkongruenz zwischen kognitiven Elementen (neues und altes Wissen) darf nicht zu groß und nicht zu klein sein. Der optimale Widerspruch wird besonders durch folgende Reizqualitäten erreicht: relative Neuheit, relative Komplexität, relative Ungewissheit. Diese drei Faktoren schaffen in der Person eine *subjektive Unsicherheit*. Daraus entsteht das Bedürfnis, die entstandenen kognitiven Konflikte durch Explorationsverhalten abzubauen. Richtet sich das Neugierverhalten häufig auf den gleichen Bereich, wird es sozusagen kanalisiert, dann sprechen wir von der Ausbildung von *Interessen*. »Gelungene Bildung« stellt sich als Übergang von der Neugier in konkreten Situationen zur Entwicklung eines überdauernden personalen → Interesses.

Novizen. Personen, die in einer klar umrissenen Domäne keine spezifischen Erfahrungen besitzen, also sozusagen »neu« sind. Ob sie aufgrund geringerer Begabung oder aber wegen fehlender Übung Lernerfahrung und Praxis das Niveau der → Experten (noch) nicht erreicht haben oder gar nicht erreichen können, ist dabei unerheblich.

P

Paradigma. Ein zu einer bestimmten Zeit anerkanntes Denkmodell, das bei der Lösung bisher nicht lösbarer wissenschaftlicher Probleme erfolgreich war und nun als Beispiel oder Modell zur Lösung neuer Probleme verwendet wird. Paradigmen betonen den instrumentellen Charakter von Ideen und Konzepten für die wissenschaftliche Arbeit in einem Fachgebiet. Sie begründen eine bestimmte Sichtweise der zu erforschenden Phänomene. Befunde, die mit den Grundannahmen eines Paradigmas nicht zu vereinbaren sind, nennt man »Anomalien«. Der Wissenschaftsbetrieb ist sozusagen blind für Tatsachen außerhalb der Reichweite des Paradigmas. Solche Anomalien, d. h. von den Theorien nicht erklärbare Sachverhalte, führen unter Umständen dazu, dass ein Paradigma durch ein anderes ersetzt wird. Paradigmenwechsel können als wissenschaftliche Revolutionen (Kuhn, 1973) aufgefasst werden (→ kognitive Wende).

Permissives Verhalten. Nachgebendes, inkonsequentes Verhalten, durch das ein unangemessenes Verhalten aufgebaut wird (→ negative Verstärkung).

Planvolles Handeln. → Handlung

Positive Verstärkung (*positive reinforcement*). Form des → instrumentellen Lernens, mit der eine Erhöhung der Auftretenswahrscheinlichkeit oder Intensität eines instrumentellen Verhaltens bezeichnet wird, die dadurch auftritt, dass dem Verhalten kontingent eine (motivationsadäquate) angenehme Konsequenz folgt.

Problem. Sonderfall einer Aufgaben- bzw. Handlungssituation, in der ein unerwünschter Ausgangszustand nicht mithilfe vorhandener Handlungskonzepte (Vorwissen) in einen erwünschten Zielzustand überführt werden kann. Das Hindernis wird als Barriere bezeichnet. Die Überwindung der Barriere ist der Problemlöseprozess, bei dem neue Handlungskonzepte generiert oder vorhandene modifiziert werden (Wissenserwerb). Vom Problem ist die Aufgabe zu unterscheiden. Bei einer Aufgabe verfügen wir bereits über Regeln (Wissen, Know how), wie die Lösung zu erreichen ist.

Problemlösen (*problem solving*). Sonderfall des → planvollen Handelns, der dadurch gekennzeichnet ist, dass wegen eines Hindernisses (Barriere) ein erwünschter Zielzustand nicht auf direktem Wege erreichbar ist. Es können verschiedene Formen bzw. Strategien des problemlösenden Denkens unterschieden werden: Problemlösen durch Versuch und Irrtum, durch Umstrukturierung, durch Anwendung von Strategien, durch Kreativität, durch Systemdenken. Der Problemlöseprozess gliedert sich in vier Phasen: Problemraum (innere Repräsentation der Problemsituation: »Es geht nicht.«), Situationsanalyse (Zielanalyse: »Was ist gesucht und was nicht?«, Konfliktanalyse: »Warum geht es nicht?«), Suchraum (Ausschnitte der Problemsituation, an denen Veränderungen vorgenommen werden: »Wie könnte es gehen?«), Lösung/Evaluation (»So ist es richtig!«/ »Was ist das Lösungsschema und wie ökonomisch ist es?«)

Proposition. Der Begriff ist der Logik und Linguistik entnommen. Er bezeichnet die kleinste Bedeutungseinheit, die als selbstständige Behauptung stehen kann, also die kleinste Einheit, die sinnvoll als wahr oder falsch beurteilt werden kann. Propositionen sind keine sprachlichen Sätze, sondern abstrakte, bedeutungsrepräsentierende Wissenselemente. Am häufigsten ist die Darstellung in Form einer Ellipse, von der Pfeile ausgehen. Verknüpfungen von Propositionen werden propositionales Netz(werk), Ereignisnetzwerk oder Episode genannt.

Prototyp. Repräsentatives Beispiel, typisches Objekt, idealer Vertreter (Prototyp von griech. *protos* = der Erste). Häufige Speicherform von Begriffen des Alltagswissens.

R

Reiz-Reaktions-Lernen. Adaption der Prinzipien des → klassischen Konditionierens auf komplexe und mehrfach nach dem gleichen Prinzip überlernte menschliche Erlebens- und Verhaltensphänomene.

Reizsubstitution. Reizersetzung. Ein zunächst neutraler Reiz löst nach Abschluss des Lernvorgangs die gleiche oder eine ähnliche Reaktion aus wie der mit ihm gemeinsam dargebotene unbedingte Reiz (S2).

Repräsentation (*representation*). Mentale Modelle, die im Prozess der Informationsverarbeitung gebildet und als Wissen bzw. Gedächtnis bezeichnet werden. Es werden drei Repräsentationsformen von Wissen unterschieden: analog (Vorstellungsbilder), aussagenartig (abstrakt, aussagenartig → Schema, → Proposition), handlungsmäßig.

Response Cost (Verstärkerentzug). Verfahren der → Verhaltensmodifikation, bei dem durch Verstärkerentzug (negative Bestrafung) unerwünschtes Verhalten abgebaut wird.

Rezeptives Lernen (*receptive learning*). Gegenteil von → entdeckendem Lernen. Nach Ausubel (1974) Aneignung von Inhalten, die vollständig und in relativ fertiger Form dargeboten werden, z. B. als Text oder als Vortrag. Vom Lernenden wird keinerlei selbstständige Entdeckung verlangt, sondern gefordert, sich präsentierten Stoff so einzuprägen, dass er zu einem späteren Zeitpunkt zur Verfügung steht bzw. reproduziert werden kann. Rezeptives Lernen kann sowohl → mechanisch als auch → sinnvoll erfolgen. So kann man eine Definition auswendig lernen oder sie so begreifen, dass man auch in der Lage ist, den Inhalt mit anderen Worten auszudrücken.

S

Schema (*cognitive schema, cognitive set*). Auf Erfahrung basierende, elementare Sach- und Handlungswissensstrukturen, die typische Zusammenhänge eines Realitätsbereichs repräsentieren. Ein Schema enthält in der Regel mehrere Attribute (Merkmale), die (mindestens teilweise) als Leerstellen, also variabel besetzbare Konkretisierungen bzw. Charakterisierungen ausgebildet sind und somit durch bestimmte Werte ausgefüllt werden können. Eine Variante von Schemata sind Skripts. Sie repräsentieren Handlungsabläufe und werden manchmal als Drehbücher mit vorgegebenen Rollen beschrieben.

Selbstbestimmungstheorie (*self determination theory*). Von Deci und Ryan (1985) entwickelte allgemeine Motivationstheorie. Der Theorie zufolge streben Menschen nach Entwicklung und nach Bewältigung von Herausforderungen. Dabei ist die Erfüllung dreier psychologischer Grundbedürfnisse (nach Autonomie, nach Kompetenzerleben und nach sozialer Einbindung) die Grundlage einer stufenweisen Internalisierung extrinsischer Anreize in das Selbst und damit der Persönlichkeitsentwicklung und der Herausbildung von Selbstregulationsfähigkeiten einschließlich des Gefühls der Entscheidungsfreiheit. Mit dieser Theorie wird die Dichotomie extrinsischer vs. intrinsischer Motivation relativiert.

Selbstgesteuertes Lernen (*self-regulated learning*). Form der Innensteuerung von Wissenserwerbsprozessen, bei der die lernende Person die Planung, Überwachung, Evaluation und wenn nötig die Korrektur des eigenen Lernprozesses selbstbestimmt ausübt.

Selbstverstärkung (*self-reinfocement*). Der Lerner setzt die Konsequenzen, die seinem instrumentellen Verhalten folgen, selbst und nimmt so Einfluss auf die Auftretenswahrscheinlichkeit bzw. Intensität. Der Lerner übernimmt somit die Außensteuerung seines Verhaltens durch Management der Konsequenzen (vgl. → Innensteuerung).

Semantisches Netzwerk. Auch Begriffsnetzwerk, bildet die Inhalte des → semantischen Gedächtnisses ab. Ihre elementaren Bestandteile sind → Schemata. Das wesentliche Merkmal dieser Netzwerke ist deren hierarchische Struktur, also die Organisation des semantischen Wissens in Ober- und Unterbegriffe.

Shaping (Annäherungskonditionierung). Verhaltensformung durch differenzierte → positive Verstärkung solcher Verhaltensweisen, die dem Zielverhalten am nächsten kommen.

Sinnvolles Lernen (*ideational learning*). Nach Ausubel (1974) besteht das Wesentliche eines sinnvollen Lernprozesses darin, dass symbolisch ausgedrückte Vorstellungen zufallsfrei und inhaltlich (nicht wortwörtlich) bezogen werden auf bestehende relevante Aspekte der Vorwissensstruktur (→ Assimilation, große → Verarbeitungstiefe).

Situiertes Lernen (*situated learning*). Bezeichnung für das allgemeine Merkmal jeder Art von Lernen, in einer bestimmten Situation bzw. in einem bestimmten Kontext stattzufinden, wodurch dieser Kontext zu einem impliziten Bestandteil des Lerninhaltes bzw. des Wissens wird.

Skinner-Box. Versuchsanordnung, mit deren Hilfe das instrumentelle Lernen an Tieren (vor allem an Ratten und Tauben) untersucht wurde. In einer typischen Skinner-Box befinden sich ein Hebel oder Knopf oder eine Kontaktplatte, die bei Berührung oder Betätigung je nach Verstärkerplan Futterportionen zuteilt.

Split-Brain-Methode. Trennung des Corpus callosum (Balken), der beide → Hemisphären des Gehirns verbindet. Durch die Trennung wird die Übertragung der Erregung auf die andere Hirnhälfte verhindert. Diese Trennung führt z. B. dazu, dass das Sprachzentrum in der linken Hemisphäre nicht mehr mit dem visuellen Zentrum der rechten Hemisphäre kommunizieren kann.

Strategie. (von griech. *strategós* = Feldherrenplan). In der Kognitionspsychologie verwendeter Begriff, der die Planung und Durchführung eines Gesamtkonzepts bezeichnet, während der Begriff der Taktik die Realisierung der einzelnen Schritte meint. Der Strategiebegriff lässt sich besonders dann auf Denkvorgänge anwenden, wenn das Denken in einer Abfolge von äußerlich sichtbaren Tätigkeiten und Entscheidungen beobachtet werden kann. Im Rahmen des → Problemlösens begreift man eine Strategie als heuristische Regel, als eine Suchanweisung, die die zu treffenden Entscheidungen in einem gewissen Rahmen festlegt. Die Anwendung von Strategien als Problemlöseverfahren beinhaltet z. B. die (flexible) Festlegung von Zwischenzielen sowie die (flexible) Planung von Lösungsschritten von »unten« (Anfang) nach »oben« (Ziel) (bottom-up-Strategie) oder von »oben« nach »unten« (top-down-Strategie).

Subkortikale Strukturen. Struktur- und Funktionseinheiten des »inneren« Gehirns, also von Hirnschichten unterhalb des → Kortex, z. B. das limbische System.

Systematische Desensibilisierung (*systematic desensitisation therapy*). Auf Wolpe (1958) zurückgehende verhaltenstherapeutische Methode vor allem bei der Behandlung von Ängsten und Phobien. Um solche erlernten emotional-motivationalen Reaktionen abzustellen, wird eine relativ starke Reiz-Reaktions-Verbindung, die mit Angst unvereinbar ist (Entspannung, Wohlbefinden) aufgebaut (Entspannungstraining). Außerdem wird vom Klienten eine Angsthierarchie (Liste von den schwächsten bis zu der am stärksten angstauslösenden Situation) aufgestellt. Zu immer stärkeren Angstzuständen fortschreitend, wird der Klient im Verlauf der Therapie auf jeder Stufe → gegenkonditioniert. Ziel ist es, dass der Klient auf die angstauslösenden Reize weniger sensibel reagiert.

Systemdenken. In Problemkonstellationen bzw. Systemen, die komplex, teilweise intransparent, vernetzt, offen und polythetisch (Zielvielfalt, ggf. auch Zielwidersprüchlichkeit) sind, gelingt eine → Problemlösung nur durch die Konstruktion eines Realitätsmodells, d. h. durch die Erfassung der Struktur und Dynamik des Systems. Hierbei spielt neben einem expliziten sprachlichen Wissen die Intuition eine bedeutende Rolle. Bei diesem Systemdenken lassen sich besonders zwei Schwerpunkte hervorheben: Zielpräzisierung und Strukturwissen. Ein aktuelles Problem wird (im Idealfall) dadurch gelöst, dass eine Analogie hergestellt wird (eine Ähnlichkeit erkannt wird) zu einem bereits erfolgreich gelösten Problem. Übernommen wird aber nicht die spezifische Lösung, sondern nur das Schema. Dieses wird auf das aktuelle Problem übertragen (Transfer). Eventuell wird im Gedächtnis abschließend ein modifiziertes Schema abgespeichert.

T

Token-Economies (Münzverstärkerpläne). Verfahren der → Verhaltensmodifikation, bei dem durch Vergabe von sekundären Verstärkern (Chips bzw. Tokens, Sternchen, Punkte u. Ä.), die gegen andere Verstärker (Spielzeit, Spielzeug, Privilegien u. Ä.) eingetauscht werden können, erwünschtes Verhalten aufgebaut wird.

Träges Wissen (*inert knowledge*). Wissen, das nicht angewandt werden kann.

Training. Systematisch geplante, angeleitete und kontrollierte → Übung, die auf möglichst langfristige, flexible Veränderungen von deklarativem und prozeduralem Wissen und Können abzielt.

Transfer. Beeinflussung späteren Lernens durch früheres Lernen (Lernübertragung). Ein positiver Transfer liegt vor, wenn das vorangehende Lernen das nachfolgende erleichtert oder verbessert. Bei negativem Transfer wird das spätere Lernen verzögert oder erschwert.

U

Übung. Häufige und teilweise systematisch variierte Ausführung bekannter Lernhandlungen, um Leistungsverhalten zu stabilisieren, zu verbessern oder konkurrierende Verhaltensweisen zu unterdrücken.

Umstrukturierung. → Problemlösestrategie, bei der die Lösung dadurch gesucht wird, dass Elemente der Problemsituation und deren Beziehung zueinander in neuen Zusammenhängen gesehen bzw. in neue Zusammenhänge gebracht werden (Einsichtsgewinnung: das plötzliche Erfassen der Beziehung zwischen den Elementen der Problemsituation, »Aha-Erlebnis«). Das Problem wird (im Idealfall) so lange umstrukturiert, bis eine optimale Struktur – die Lösung – gefunden ist. Problemlösen durch Umstrukturieren ist so gesehen der Gegenpol zu Problemlösen durch → Versuch und Irrtum.

Unbedingter Reiz (S2). Beim klassischen Konditionieren der unkonditionierte (ungelernte) Reiz, der angeborenermaßen eine unkonditionierte Reaktion (Reflex) auslöst. Beim Reiz-Reaktions-Lernen bzw. bei → Konditionierungen höherer Ordnung der Reiz, dessen Reaktion auf den mit ihm kombinierten Reiz S1 übertragen wird.

Unkonditionierter Reiz (*unconditioned stimulus*). → Unbedingter Reiz (S2)

V

Verarbeitungstiefe (*depth of processing*). Ein auf Craik und Lockhart (1972) zurückgehender Zentralbegriff ihres Gedächtnismodells, wonach die Gedächtnisleistung von der Art und Anzahl mentaler Operationen mit einem Inhalt abhängt. Je mehr und anspruchsvollere mentale Operationen vorgenommen werden (z. B. Begriffe vergleichen, Assoziationen bilden, Vergleichsinformationen aus dem Langzeitgedächtnis abrufen, mentales Vorstellungsbild generieren), desto höher ist die Verarbeitungstiefe des Gedächtnisprozesses.

Verhalten (*behaviour/behavior*). In der Biologie wird der Begriff meist als Oberbegriff für jede nach außen gerichtete Aktivität von Lebewesen benutzt. Wir verwenden den Begriff im Rahmen des → instrumentellen Lernens für relativ komplexe, gewohnheitsmäßige (»automatisierte«) Reaktionsmuster, die Konsequenzen hervorrufen (können).

Verhaltenskontrolle. Beeinflussung des Verhaltens durch spezifische Gestaltung der Umweltbedingungen, insbesondere durch Darbietung bzw. Entzug bestimmter Konsequenzen.

Verhaltensmodifikation (*behaviour modification*). Auf lerntheoretischen Prinzipien basierende Verfahren zur systematischen Veränderung von Verhalten.

Vermeidungslernen. Form der → negativen Verstärkung, bei dem im Unterschied zum → Fluchtlernen ein aversiver Reiz nicht gegenwärtig ist, sondern dessen Auftreten durch das instrumentelle Verhalten aktiv umgangen wird.

Verstärkerplan. Schema der Verstärkersetzung, mit dem die Orientierung an einem Verhaltensereignis oder einem Zeitpunkt (Quote vs. Intervall) sowie die Regelmäßigkeit oder Unregelmäßigkeit (kontinuierlich vs. intermittierend, fest vs. variabel) der Verstärkung charakterisiert wird.

Verstärkung (*reinforcement*). Im Rahmen des → instrumentellen Lernens verwendete Bezeichnung für die Erhöhung der Auftretenswahrscheinlich oder Intensität von Verhalten. Diese Veränderung im Verhalten wird bewirkt durch eine kontingente Beziehung zwischen → instrumentellem Verhalten und einer → Konsequenz, die entweder als positives Ereignis dem Verhalten folgt oder als negatives Ereignis durch das Verhalten beendet, beseitigt oder reduziert wird.

Versuch und Irrtum (*trial and error*). → Problemlösestrategie, die die Lösung durch Herumprobieren (zufällig) gefunden wird. Diese Strategie wird vor allem bei unübersichtlichen Problemsituationen angewandt. Beim Menschen liegt allerdings selten ein blindes Ausprobieren vor. Vielmehr zeigt sich wenigstens ansatzweise ein strategisches Vorgehen als sukzessive Hypothesenprüfung.

W

Wissen (*knowledge*). Organisierte, strukturierte → Kognitionen. Der Begriff des Wissens kann in der Lernpsychologie unter folgenden Gesichtspunkten betrachtet werden: Begriffsbildung, Assimilation, Repräsentation, Vernetztheit, Bewusstheit. Es lassen sich verschiedene Wissens- bzw. Wissensrepräsentationsformen unterscheiden: deklaratives (Sach-)wissen vs. prozedurales (Handlungs-)wissen, semantische Netze vs. propositionale Netzwerke.

Z

ZNS (Zentralnervensystem). Teil des Nervensystems, das Gehirn und Rückenmark umfasst. Zentrales Integrations-, Koordinations- und Regulationsorgan, das der Verarbeitung von Reizen dient, die von den Sinnesorganen aufgenommen oder im Organismus selbst produziert werden.

Literatur

Ach, N. (1905). Über die Willenstätigkeit und das Denken. Göttingen: Vandenhoek & Ruprecht.

Ach, N. (1910). Über den Willensakt und das Temperament. Leipzig: Quelle & Meyer.

Ach, N. (1913). Willensuntersuchungen in ihrer Bedeutung für die Pädagogik. Zeitschrift für Pädagogische Psychologie, 14, 1–11.

Adameit, H., Heidrich, W., Möller, Ch. & Sommer, H. (1983). Grundkurs Verhaltensmodifikation. Ein handlungsorientiertes einführendes Arbeitsbuch für Lehrer und Erzieher (3. Aufl.). Weinheim: Beltz.

Aebli, H. (1980/1981). Denken: Das Ordnen des Tuns. 2 Bde. Stuttgart: Klett.

Anderson, J. R. (2007). Kognitive Psychologie (6. Aufl.). Heidelberg: Spektrum Akademischer Verlag (Original erschienen 1980: Cognitive psychology and its implications).

Angermeier, W. F. (1976). Kontrolle des Verhaltens. Das Lernen am Erfolg. Berlin: Springer.

Angermeier, W. F. & Peters, M. (1973). Bedingte Reaktionen. Berlin: Springer.

Asanger, R. & Wenninger, G. (Hrsg.). (1995). Handwörterbuch Psychologie (5. Aufl.). Weinheim: Beltz.

Arnold, K.-H. & Lindner-Müller, C. (2006). Übung. In D. H. Rost (Hrsg.), Handwörterbuch Pädagogische Psychologie (3. Aufl.) (S. 798–804). Weinheim: Beltz.

Atkinson, J. W. (1975). Einführung in die Motivationsforschung. Stuttgart: Klett (Original erschienen 1964: An introduction to motivation).

Atkinson, R. L., Atkinson, R. C. & Hillgard, E. R. (1983). Introduction to Psychology. New York: Harcourt Brace Jovanovich.

Ausubel, D. P. (1974). Psychologie des Unterrichts. 2 Bde. Weinheim: Beltz. (Original erschienen 1968: Educational psychology – A cognitive view).

Ausubel, D. P., Novak, J. D. & Hanesian, H. (1980/1981). Psychologie des Unterrichts. 2 Bde. (2. Aufl.). Weinheim: Beltz.

Baddeley, A. (1986). So denkt der Mensch. Unser Gedächtnis und wie es funktioniert. München: Knaur.

Bandura, A. (1976). Lernen am Modell: Ansätze zu einer sozialkognitiven Lerntheorie. Stuttgart: Klett.

Bandura, A. (1979). Sozial-kognitive Lerntheorie. Stuttgart: Klett.

Bandura, A. (1986). Social foundations of thought and action. New Jersey: Prentice Hall

Bandura, A., Ross, D. & Ross, S. A. (1963). Imitation of film-mediated aggressive models. Journal of Abnormal and Social Psychology, 66, 3–11.

Bandura, A. & Walters, R. H. (1963). Social learning and personality development. New York: Holt.

Banyard, P., Cassells, A., Green, P., Hartland, J., Hayes, N. & Reddy, P. (Hrsg. Gerstenmaier, J.) (1995). Einführung in die Kognitionspsychologie. München: Reinhardt.

Bartlett, F. C. (1932). Remembering. A study in experimental and social psychology. Cambridge: Cambridge University Press.

Bartmann, U. (2007). Verhaltensmodifikation als Methode der sozialen Arbeit. Ein Leitfaden (2. Aufl.). Tübingen: dgvt-Verlag.

Batra, A., Wassmann, R. & Buchkremer, G. (2009). Verhaltenstherapie: Grundlagen – Methoden – Anwendungsgebiete (3. Aufl.) Stuttgart: Thieme.

Becker-Carus, C. (2004). Allgemeine Psychologie: Eine Einführung. Heidelberg: Spektrum.

Berkowitz, L. & Knurek, D. A. (1969). Label-mediated hostility generalization. Journal of Personality and Social Psychology, 13, 200–206.

Berlyne, D. E. (1974). Konflikt, Erregung, Neugier. Zur Psychologie der kognitiven Motivation. Stuttgart: Klett. (Original erschienen 1960: Conflict, arousal and curiosity).

Betsch, T. (2005). Wie beeinflussen Routinen das Entscheidungsverhalten? Psychologische Rundschau, 56, 261–270.

Birbaumer, N., Frey, D., Kuhl, J., Schneider, W. & Schwarzer, R. (Hrsg.) (seit 1993). Enzyklopädie der Psychologie. Göttingen: Hogrefe.

Bloom, B. S. (Hrsg.), Engelhart, M. D., Fürst, E. J., Hill, W. H. & Krathwohl, D. R. (1972). Taxonomie von Lernzielen im kognitiven Bereich. Weinheim: Beltz.

Born, J. & Plihal, W. (2000). Gedächtnisbildung im Schlaf. Die Bedeutung von Schlafstadien und Streßhormonfreisetzung. Psychologische Rundschau, 51, 198–208.

Bower, G. H. & Hilgard, E. R. (1983/1984). Theorien des Lernens. 2 Bde. (Bd. 1: 5. Aufl.; Bd. 2: 3. Aufl.). Stuttgart: Klett.

Brengelmann, J. C. (1987). Verhaltensmodifikation und Sport. In G. Bäumler & J. C. Brengelmann (Hrsg.), Verhalten und Verhaltensmodifikation im Sport (S. 9–24). München: Röttger.

Bromme, R. (1992). Der Lehrer als Experte. Bern: Huber.

Brown, P. & Elliot, R. (1965). Control of aggression in a nursery school. Journal of Experimental Child Psychology, 2, 103–107.

Bruner, J. S. (1973). Der Prozeß der Erziehung. Düsseldorf: Schwann (3. Aufl.). (Original erschienen 1961: The process of education).

Bruner, J. S. (1971). Entwurf einer Unterrichtstheorie. Düsseldorf: Schwann. (Original erschienen 1966: Toward a theory of instruction).

Bruner, J. S. (1973). Der Akt der Entdeckung. In H. Neber (Hrsg.), Entdeckendes Lernen. Weinheim: Beltz. (Original erschienen 1961: The act of discovery).

Bruner, J. S., Goodnow, J. J. & Austin, G. A. (1956). A study of thinking. New York: Wiley.

Bruner, J. S., Olver, R. R. & Greenfield, P. M. (1971). Studien zur kognitiven Entwicklung. Stuttgart: Klett. (Original erschienen 1966: Studies in cognitive growth).

Buzan, T. & Buzan, B. (1997). Das Mind-Map-Buch. Die beste Methode zur Steigerung ihres geistigen Potentials. Landsberg a. L.: mug-verlag.

Chua, A. (2011). Die Mutter des Erfolgs. Nagel & Kimche.

Clark, H. H. (1974). Semantics and Comprehension. In R. A. Sebeok (Hrsg.), Current Trends in Linguistics, Bd. 12. The Hague: Mouton

Craik, F. I. M. & Lockhart, R. S. (1972). Levels of processing: A framework for memory research. Journal of Verbal Learning and Verbal Behavior, 11, 671–684.

Csikszentmihalyi, M. (1992). Flow – Das Geheimnis des Glücks (Original erschienen 1975: Beyond Boredom and Anxiety: Experiencing Flow in Work and Play). Stuttgart: Klett-Cotta.

de Kleer, J. & Brown, J. S. (1983). Assumptions and ambiguities in mechanistic mental models. In Gentner, D. & Stevens, A. L (Hrsg.), Mental models. Hillsdale, N. J.: Erlbaum.

Delgado, F. M. R. (1969). Physical Control of the Mind. New York: Harper & Row.

Dietz, F., Schmid, S. & Fries, S. (2005). Lernen oder Freund treffen? Zeitschrift für Pädagogische Psychologie/German Journal of Educational Psychology, 19, 173–189

Dörner, D. (1979). Problemlösen als Informationsverarbeitung (2. Aufl.). Stuttgart: Kohlhammer.

Dörner, D. & Selg, H. (1985). Psychologie – Eine Einführung in ihre Grundlagen und Anwendungsfelder. Stuttgart: Kohlhammer.

Dörner, D., Kreuzig, H. W., Reither, F. & Ständel, Th. (Hrsg.). (1983). Lohhausen. Vom Umgang mit Unbestimmtheit und Komplexität. Bern: Huber.

Dörner, D. (2003). Die Logik des Misslingens. Strategisches Denken in komplexen Situationen. Reinbek: rororo.

Domarus, M. (1965). Hitler, Reden und Proklamationen 1932–1945. München: Süddeutscher Verlag.

Dorsch, F. (1992). Psychologisches Wörterbuch (11. Aufl.). Bern: Huber.

Dreher, E. (1994). Willenserziehung: Ein Thema für die Pädagogische Psychologie? Psychologie in Erziehung und Unterricht, 41, 291–302.

Dudel, F. (1985). Funktionen der Nervenzellen. In R. F. Schmidt & G. Thews (Hrsg.). Physiologie des Menschen. Berlin: Springer.

Düker, H. & Tausch, R. (1957). Über die Wirkung der Veranschaulichung von Unterrichtsstoffen auf das Behalten. Zeitschrift für Experimentelle und Angewandte Psychologie, 4, 384–400.

Düker, H. (1965). Ein Test aus den Marburger Untersuchungen zur Eidetik. Psychologische Beiträge, 8, 244.

Duncker, K. (1935). Zur Psychologie des produktiven Denkens. Berlin: Springer (Neudruck: 1974).

Ebbinghaus, H. (1885). Über das Gedächtnis. Untersuchungen zur experimentellen Psychologie. Darmstadt: Wissenschaftliche Buchgesellschaft (Nachdruck der Ausgabe: 1971).

Eccles, J. C. (1979). Das Gehirn des Menschen (4. Aufl.). München: Piper.
Eccles, J. C. (1982). Das Rätsel Mensch. München: Reinhardt.
Eccles, J. C. (1984). Die Psyche des Menschen. München: Reinhardt.
Eckes, T. (1985). Zur internen Struktur semantischer Kategorien: Typikalitätsnormen auf der Basis von Ratings. Sprache und Kognition, 4, 192–202.
Eckes, T. (1991). Psychologie der Begriffe. Göttingen: Hogrefe.
Edelmann, A. (2003). Hypertextbasierte Softwaredokumentation. Eine experimentelle Untersuchung zur Rezeption. Lübeck: Verlag Schmidt-Römhild.
Edelmann, W. (1991). Suggestopädie – ganzheitliches Lernen. Unterrichtswissenschaft, 1, 6–22.
Edelmann, W. (2005). Behaviorismus. In S. Jordan & G. Wendt (Hrsg.), Lexikon Psychologie. Hundert Grundbegriffe (S. 56–59). Stuttgart: Reclam.
Edelmann, W. (2010). Lernen. In S. Jordan & M. Schlüter (Hrsg.), Lexikon Pädagogik (S. 451–455). Stuttgart: Reclam.
Euler, H. A. (1973). Die Reduktion des Zigarettenrauchens durch Selbst-Monitoring. Zeitschrift für Klinische Psychologie und Psychotherapie, 3, 271–282.

Friedrich, F., Below, E., Kucklich, P. & Mandl, H. (1987), In H. Neber (Hrsg.), Angewandte Problemlösepsychologie (S. 217–239). Münster: Aschendorff.
Fürntratt, E. (1977). Zwang und Repression im Schulunterricht. Weinheim: Beltz.
Fürntratt, E. & Möller, Chr. (1982). Lernprinzip Erfolg. Entwurf einer Pädagogischen Psychologie auf verhaltenstheoretischer Grundlage (2 Bd.). Frankfurt/M.: Peter Lang.

Gagné, R. M. (1969). Die Bedingungen des menschlichen Lernens. Hannover: Schroedel.
Gehirn und Nervensystem (Heftthema) (1987) (8. Aufl.). Heidelberg: Spektrum der Wissenschaft.
Gentner, D. & Gentner, D. (1983). Flowig waters or teeming crowds: mental models of electricity. In D. Gentner & A. Stevens (Hrsg.), Mental models. Hillsdale, N. Y.: Erlbaum.
Gerschwind, N. (1987). Die Großhirnrinde. Spektrum der Wissenschaft, 11, 127–136.
Gibson, J. J. (1982). Der ökologische Ansatz in der visuellen Wahrnehmung. München: Urban & Schwarzenberg.
Gold, A. (2006). Wir werden Textdetektive (3. Aufl.). Göttingen: Vandenhoeck & Ruprecht.
Gollwitzer, P. M. (1991). Abwägen und Planen. In J. Kuhl & F. Halisch (Hrsg.), Motivationsforschung (Bd. 13). Göttingen: Hogrefe.
Groeben, N. & Scheele, B. (1977). Argumente für eine Psychologie des reflexiven Subjekts. Darmstadt: Steinkopff.
Großmann, G. U. (1988). Hannover und das südliche Niedersachsen. Köln: DuMont.
Gruber, H. (2006). Expertise. In D. H. Rost (Hrsg.), Handwörterbuch Pädagogischen Psychologie (3. Aufl.) (S. 175–180). Weinheim: Beltz.

Hacker, W. (1978). Allgemeine Arbeits- und Ingenieurpsychologie. Bern: Huber.
Hacker, W. (1986). Arbeitspsychologie. Psychische Regulation von Arbeitstätigkeiten. Bern: Huber.
Haefs, H. (1991, 5. Januar). Nutzlos. Frankfurter Rundschau.
Hamlyn, L.H. (1963). An electron microscope study of pyramidal neurons in the Ammon's Horn of the rabbit. Journal of anatomy, 97, 189–201.
Hamman, D., Berthelot, J., Saia, J. & Crowley, E. (2000). Teachers' coaching of learning and its relation to students' strategic learning. Journal of Educational Psychology, 92, 342–348.
Hascher, T. (2004). Schule positiv erleben. Ergebnisse und Erkenntnisse zum Wohlbefinden von Schülerinnen und Schülern. Bern: Haupt.
Haseloff, O. (1971). Fünf Stufen der Kreativität. Manager-Magazin, 2, 83–90.
Haygood, R. C. & Bourne, L. E. Jr. (1965). Attribute – and rule-learning aspects of conceptual behavior. Psychological Review, 72, 175–195.
Heckhausen, H. (1980). Motivation und Handeln. Berlin: Springer. (3. Aufl.: 2007)
Heckhausen, H., Gollwitzer, P. M. & Weinert, F. E. (Hrsg.). (1987). Jenseits des Rubikon: Der Wille in den Humanwissenschaften. Berlin: Springer.
Hellhammer, D. (1983). Gehirn und Verhalten. Münster: Aschendorff.
Hennehofer, G. & Heil, K. D. (1975). Angst überwinden. Selbstbefreiung durch Verhaltenstraining. Reinbek: Rowohlt.

Herkner, W. (1986). Psychologie. Wien: Springer. (2. Aufl.: 1992)

Hinsch, R. & Ueberschär, B. (1998). Gewalt in der Schule. Ein Trainingsprogramm für Lehrer und Lehramtsstudenten (Potsdamer Berichte zur Bildungs- und Sozialisationsforschung, Bd. 3). Landau: Verlag Empirische Pädagogik.

Hinsch, R. & Pfingsten, U. (2007). Gruppentraining sozialer Kompetenzen (GSK). Grundlagen, Durchführung, Anwendungsbeispiele (5. Aufl.). Weinheim: Beltz.

Hiroto, D. S. & Seligman, M. E. P. (1975). Generality of learned helplessness in man. Journal of Personality and Social Psychology, 31, 311–327.

Hofer, M. (Hrsg.). (1981). Informationsverarbeitung und Entscheidungsverhalten von Lehrern. München: Urban & Schwarzenberg.

Hofstätter, P. R. (1973). Gruppendynamik. Reinbek: Rowohlt.

Holland, J. G. & Skinner, B. F. (1974). Analyse des Verhaltens (2. Aufl.). München: Urban & Schwarzenberg.

Höhne, E. (1977). Tiere im Gebirge. München: Rother.

Ingenkamp, K. (Hrsg.). (1977). Attribuierungsfragebogen für Erfolg und Mißerfolg in der Schule. AEM 5–7. Weinheim: Beltz.

Jänig, W. (1985). Das vegetative Nervensystem. In Schmidt, R. F. & Thews, G. (Hrsg.), Physiologie des Menschen.

Johnson, D. W., Johnson, R. W. & Holubec, E. J. (2005). Kooperatives Lernen, kooperative Schule: Tipps – Praxishilfen – Konzepte. Mühlheim a. d. R.: Verlag an der Ruhr.

Johnson-Laird, P. N. (1983). Mental models: Towards a cognitive science of language, inference and consciousness. Cambridge: Cambridge University Press.

Jones, M. C. (1924). A laboratory study of fear: The case of Peter. Pedagogical Seminary, 31, 308–315.

Jones, M. C. (1973). Eine experimentelle Untersuchung der Furcht: Der Fall Peter. In M. Hofer & F. E. Weinert (Hrsg.), Pädagogische Psychologie, Funk-Kolleg Grundlagentexte Bd. II (S. 28–36). Frankfurt/M.: Fischer.

Kaminski, G. (1981). Überlegungen zur Funktion von Handlungstheorien in der Psychologie. In Lenk, H. (Hrsg.), Handlungstheorien interdisziplinär (Bd. 3, 1. Halbband). München: Fink.

Kamphausen, A. (1983). Norwegen. München: Pestel.

Kanfer, F. H. & Phillips, J. S. (1975). Lerntheoretische Grundlagen der Verhaltenstherapie. München: Kindler.

Katona, G. (1940). Organizing and memorizing. New York: Columbia University Press.

Kintsch, W. (1974). The Representation of Meaning in Memory. Hillsdale, N. Y.: Erlbaum.

Kistner, S., Rakoczy, K., Dignath, C., Büttner, G. & Klieme, E. (2009). Förderung von selbstreguliertem Lernen – Ein Blick in den Unterricht. Vortrag, 12. Fachtagung Pädagogische Psychologie, Saarbrücken.

Klauer, K. J. (2007). Handbuch kognitives Training (2. Aufl.). Göttingen: Hogrefe.

Klauer, K. J. & Leutner, D. (2007). Lehren und Lernen. Einführung in die Instruktionspsychologie. Weinheim: Beltz.

Klix, F. & Rautenstrauch-Goede, K. (1967). Struktur- und Komponentenanalyse von Problemlösungsprozessen. Zeitschrift für Psychologie, 174, 167–193.

Kluwe, R. (1979). Wissen und Denken. Stuttgart: Kohlhammer.

Köhler W. (1917). Intelligenzprüfungen an Anthropoiden. Berlin: Springer (Neudruck 1963).

Konorski, J. & Miller, S. (1937). The two types of conditioned reflex. Journal of Genetic Psychology, 16, 264–272.

Krapp, A. & Weidenmann, B. (Hrsg.) (2006). Pädagogische Psychologie. Weinheim: Beltz.

Kroeber-Riel, W. & Esch, F.-R. (2010). Strategie und Technik der Werbung: Verhaltenswissenschaftliche Ansätze für Offline- und Online-Werbung (7. Aufl.). Stuttgart: Kohlhammer.

Kroeber-Riel, W. & Meyer-Hentschel, G. (1982). Werbung – Steuerung des Konsumentenverhaltens. Würzburg: Physica.

Krohne, H. W. (2010). Psychologie der Angst. Stuttgart: Kohlhammer.

Kuhlen, R. (1991). Hypertext. Ein nicht-lineares Medium zwischen Buch und Wissensbank. Berlin: Springer.

Kuhn, T. S. (1973). Die Struktur wissenschaftlicher Revolutionen (2. Aufl.). Frankfurt/M.: Suhrkamp.

Landau, E. (1974). Psychologie der Kreativität (3. Aufl.). München: Ernst Reinhardt Verlag.
Lashley, K. S. (1950). In search of the engram. Symposia of the Society for Experimental Biology, 4, 454–482.
Laucken, U. (1974). Naive Verhaltenstheorie. Stuttgart: Klett.
Lazarus, A. (1980). Innenbilder. München: Pfeiffer.
Lauth, G. W., Naumann, K., Roggenkämper, A. & Heine, A. (1996). Verhaltensmedizinische Indikation und Evaluation einer kognitiv-behavioralen Therapie mit aufmerksamkeitsgestörten/hyperaktiven Kindern. Zeitschrift für Kinder- und Jugendpsychiatrie und Psychotherapie, 24, 164–175.
Lauth, G. W. & Schlottke, P. F. (2009). Training mit aufmerksamkeitsgestörten Kindern (6. Aufl.). Weinheim: Beltz.
Lefrancois, G. (1986). Psychologie des Lernens. Berlin: Springer.
Legewie, H. & Ehlers, W. (1972). Knaurs moderne Psychologie. Mannheim/München: Droemer.
Lehmann, A. & Ericsson, A. (1998). Historical development of expert performance: public performance of music. In A. Steptoe (Ed.), Genius and the Mind. Studies of Creativity and Temperament (pp. 67–94). Oxford: Oxford University Press.
Lenhard, W. & Lenhard, A. (2006). ELFE-Trainingsprogramm: ELFE-T. Förderung des Leseverständnisses für Schüler der 1. bis 6. Klasse. Göttingen: Hogrefe.
Leontjew, A. N. (1977). Tätigkeit, Bewußtsein, Persönlichkeit. Stuttgart: Ernst Klett Verlag.
Leutner, D. & Schrettbrunner, H. (1989). Entdeckendes Lernen in komplexen Realitätsbereichen: Evaluation des Computer-Simulationsspiels »Hunger in Nordafrika«. Unterrichtswissenschaft, 17, 327–341.
Leutner, D. (2006). Instruktionspsychologie. In D. H. Rost (Hrsg.), Handwörterbuch Pädagogischen Psychologie (3. Aufl.) (S. 261–270). Weinheim: Beltz.
Levy, J. (1986). Das Gehirn hat keine bessere Hälfte. Psychologie, 1, 32–37.
Lewin, K. (1963). Feldtheorie in den Sozialwissenschaften. Bern: Huber. (Original erschienen 1951: Field theory in social science).
Lewin, K. (1969). Grundzüge der topologischen Psychologie. Bern: Huber. (Original erschienen 1936: Principles of topological psychology).
Lewin, K. (1974). Die psychologische Situation bei Lohn und Strafe. Stuttgart: Hirzel.
Lewin, K. (1926). Vorsatz, Wille und Bedürfnis. Psychologische Forschung, 7, 294–385.
Lippert, W. (1992). China: Tradition im Zusammenhang von Schule und Erziehung über längere Zeitspannen. In v. Hohenzollern, J. G. (Hrsg.), Erziehung und Schule zwischen Tradition und Innovation (S. 128–148). Bad Heilbrunn: Klinkhardt.
Lozanov, G. (1979). Suggestology and outlines of suggestopedia. New York: Gordon & Breach. (Original erschienen 1971: Suggestologija).
Lyon, H. D., Healy, J. C., Bell, J. R., O'Donnell, J. F., Shulth, E. K, Wigton, R. S., Hirai, F. & Beck, J. R. (1990). PanAlyzer. Cases on Hematology. Hanover: Darthmouth Medical School.

Mähler, C. & Stern, E. (2006). Transfer. In D. H. Rost (Hrsg.), Handwörterbuch der Pädagogischen Psychologie (3. Aufl.) (S. 782–793). Weinheim: Beltz.
Mednick, S. A., Pollio, H. R. & Loftus, E. F. (1975). Psychologie des Lernens. München: Juventa.
Miller, G. A., Gallanter, E. & Pribram, K. H. (1973). Strategien des Handelns. Stuttgart: Klett. (Original erschienen 1960: Plans and the structure of behavior).
Miller, N. E. (1948). Studies of fear as an acquirable drive: I. Fear as motivation and fear-reduction as reinforcement in the learning of new responses. Journal of Experimental Psychology, 38, 89–101.
Mischel, W., Shoda, Y. & Rodriguez, M. L. (1989). Delay of gratification in children. Science, 244, 933–938.
Mowrer, O. H. (1947). On the dual nature of learning – A re-interpretation of »conditioning« and »problem-solving«. Harvard Educational Review, 17, 102–148.

Neber, H. (Hrsg.). (1987). Angewandte Problemlösepsychologie. Münster: Aschendorff.
Neisser, U. (1974). Kognitive Psychologie. Stuttgart: Klett. (Original erschienen 1967: Cognitive Psychology).
Neisser, U. & Weene, P. (1962). Hierarchies in concept attainment. Journal of Experimental Psychology, 64, 640–645.
Norman, D. A., Rumelhart, D. E. The LNR Research Group (1975). Explorations in cognition. San Francisco, CA: Freeman.

O'Brian, R. M. und Simek, T. C. (1980). From short putts to tee shots. Behavior Improvement News, 4, 5–6.
Oerter, R. (1971). Psychologie des Denkens. Donauwörth: Auer.
Osgood, C. E., Suci, G. J. & Tannenbaum, P. H. (1957). The measurement of meaning. Urbana, IL: University of Illinois Press.

Paivio, A. (1979). Imagery and verbal processes. Hillsdale, NJ: Erlbaum.
Palincsar, A. S. & Brown, A. L. (1984). Reciprocal teaching of comprehension fostering and comprehension-monitoring activities. Cognition and Instruction, 2, 117–175.
Pawlow, I. P. (1973). Auseinandersetzungen mit der Psychologie. München: Kinder.
Pohl, R. (2007). Das autobiografische Gedächtnis. Stuttgart: Kohlhammer.
Pongratz, L. J. (1967). Problemgeschichte der Psychologie. Bern: Francke.
Popper, K. & Eccles, J. C. (1982). Das Ich und sein Gehirn. München: Piper.
Popper, K. & Eccles, J. C. (2005). Das Ich und sein Gehirn (9. Aufl.). München: Piper.
Posner, M. I. (1976). Kognitive Psychologie. München: Juventa.
Putz, R., Christ, F., Mandl, H., Bruckmoser, S., Fischer, M., Peter, K. & Moore, G. (1999). Das Münchner Modell des Medizinstudiums (München-Harvard Educational Alliance). Medizinische Ausbildung, 16, 30–37.

Rayfield, D. (1977). Handlung. In G. Meggle (Hrsg.), Analytische Handlungstheorie. Bd. 1: Handlungsbeschreibungen (S. 69–88). Frankfurt/M.: Suhrkamp.
Reimann, P. (1990). Problem solving models of scientific discovery learning processes. Europäische Hochschulschriften, Reihe XI, Bd. 425. Frankfurt/M.: Lang.
Reinmann-Rothmeier, G. & Mandl, H. (1997). Lehren im Erwachsenenalter. Auffassungen vom Lehren und Lernen, Prinzipien und Methoden. In F. E. Weinert & H. Mandl (Hrsg.), Enzyklopädie der Psychologie. Themenbereich D. Praxisgebiete. Serie I Pädagogische Psychologie. Bd. 4 Psychologie der Erwachsenenbildung (S. 355–403). Göttingen: Hogrefe.
Reinmann-Rothmeier, G. & Mandl, H. (1998). Wissensvermittlung: Ansätze zur Förderung des Wissenserwerbs. In F. Klix & H. Spada (Hrsg.), Wissen. Enzyklopädie der Psychologie, Bd. 6 Kognition (S. 457–500). Göttingen: Hogrefe.
Rosch, E. (1973). Natural categories. Cognitive Psychology, 4, 328–350.
Rosch, E. (1975). Cognitive representations of semantic categories. Journal of Experimental Psychology: General, 104, 192–233.
Rosch, E. (1983). Prototype classification and logical classification: The two systems. In E. K. Scholnick (Hrsg.), New trends in conceptual representation: Challenges to Piaget's theory? Hillsdale, NJ: Erlbaum.
Rumelhart, D. E., Lindsay, P. H. & Norman, D. A. (1972). A process model for longterm memory. In E. Tulving & W. Donaldson (Hrsg.), Organization of memory. New York: Academic Press.

Saltz, E., Soller, E. & Sigel, E. (1972). The development of natural language concepts. Child Development, 43, 1191–1202.
Samuels, S. J. (1970). Effects of pictures on learning to read, comprehension and attitudes. Review of Education Research, 40, 397–407.
Sanders, M. R., Markie-Dadds, C. & Turner, K. M. T. (2000). Positive Erziehung : Triple P (2. Aufl.). Münster: Verlag für Psychotherapie.
Schacter, D. L. (2001). Wir sind Erinnerung. Reinbek bei Hamburg: Rowohlt.
Schank, R. C. & Abelson, R. P. (1977). Scripts, plans, goals, and understanding: An inquiry into human knowledge structures. Hillsdale, NJ: Erlbaum.
Scheibe, W. (1984). Die Reformpädagogische Bewegung 1900–1932. Weinheim: Beltz.
Schiefele, U. & Pekrun, R. (1996). Psychologische Modelle des fremdgesteuerten und selbstgesteuerten Lernens. In Weinert, F. E. (Hrsg.), Psychologie des Lernens und der Instruktion. Enzyklopädie der Psychologie, Serie »Pädagogische Psychologie«, Bd. 2 (S. 249–278). Göttingen: Hogrefe.
Schmidt, R. & Lang, F. (Hrsg.). (2007): Physiologie des Menschen mit Pathophysiologie (30. Aufl.). Heidelberg: Springer.
Schmidt, R. F. & Thews, G. (Hrsg.). (22. Aufl. 1985; 27. Aufl. 1997). Physiologie des Menschen. Berlin: Springer.

Schoenfeld, W. N. (1950). An experiental approach to anxiety, escape and avoidance behaviour. In P. H. Hoch & J. Zubing (Hrsg.), Anxiety (S. 70–99). New York: Grune.

Schönpflug, W. & Schönpflug, U. (1996). Psychologie (4. Aufl.). Weinheim: Beltz.

Seligman, M. E. P. & Maier, S. F. (1967). Failure to escape traumatic shock. Journal of Experimental Psychology, 74, 1–9.

Skinner, B. F. (1938). The behavior of organisms. New York, NY: Appleton Century Crofts.

Skinner, B. F. (1972). Futurum Zwei »Walden Two«. Die Vision einer aggressionsfreien Gesellschaft (S. 51 ff.). Reinbek: Rowohlt.

Skinner, B. F. (1973). Jenseits von Freiheit und Würde. Reinbek: Rowohlt.

Skinner, B. F. (1974). Die Funktion der Verstärkung in der Verhaltenswissenschaft. München: Kindler. (Original erschienen 1969: Contingencies of Reinforcement).

Skinner, B. F. (1978). Was ist Behaviorismus? Reinbek: Rowohlt.

Slavin, R. E. (2006). Educational Psychology. Theory and Practice. Boston: Pearson.

Slavin, R. E., Hurley, E. A. & Chamberlain, A. (2003). Cooperative learning and achievement: Theory and research. In W. M. Reynolds & G. E. Miller (Hrsg.), Handbook of psychology: Educational Psychology (S. 177–198). Hoboken, NJ: Wiley & Sons.

Snow, R. E. & Swanson, J. (1992). Instructional psychology: Aptitude, adaption, and assessment. Annual Review of Psychology, 43, 583–626.

Solso, R. L. (2005). Kognitive Psychologie. Heidelberg: Springer.

Spada, H. (2006). Lehrbuch Allgemeine Psychologie (3. Aufl.). Bern: Huber.

Spada, H. & Wichmann, S. (1996). Kognitive Determinanten der Lernleistung. In Weinert, F. E. (Hrsg.). Psychologie des Lernens und der Instruktion. Enzyklopädie der Psychologie, Serie »Pädagogische Psychologie«, Bd. 2 (S. 119–152). Göttingen: Hogrefe.

Sperry, R. W. (1964). The great cerebral commissure. Scientific American, 210, 42–52.

Sperry, R. W. (1968 a). Hemisphere disconnection and unity in consciousness. American Psychologist, 23, 344–346.

Sperry, R. W. (1968 b). Mental unity following surgical disconnection of the cerebral hemispheres. Harvey Lectures, 62, 293–323.

Sperry, R. W. (1970). Perception in the absence of the neocortical commissures. Research Publications of the Association for Research in Nervous and Mental Disease, 48, 123–138.

Sperry, R. W. (1974). Lateral specialization in the surgically separated hemispheres. Neurosciences, Third Study Program, 5–19.

Sperry, R. W. (1977). Forebrain commissurotomy and conscious awareness. Journal of Medicine and Philosophy, 2, 101–126.

Spitzer, M. (2002). Musik im Kopf. Hören, Musizieren, Verstehen und Erleben im neuronalen Netzwerk. Stuttgart: Schattauer.

Spitzer, Manfred (2003). Nervensachen. Perspektiven zu Geist, Gehirn und Gesellschaft. Stuttgart: Schattauer.

Springer, S. P. & Deutsch, G. (1995). Linkes rechtes Gehirn (3. Aufl.). Heidelberg: Spektrum Akademischer Verlag.

Staats, A. W. & Staats, C. W. (1958). Attitudes established by classical conditioning. Journal of Abnormal and Social Psychology, 57, 37–40.

Städtler, T. (2003). Lexikon der Psychologie. Stuttgart: Kröner.

Steiner, G. (2008). Lernen. 20 Szenarien aus dem Alltag (4. Aufl.). Bern: Huber.

Stern, Elsbeth (2011). Herausforderungen im Lehrerberuf aus psychologischer Sicht. Vortrag an der Pädagogischen Hochschule Ludwigsburg am 20. Januar 2011.

Svantesson, I. (2006). Mind Mapping und Gedächtnistraining (8. Aufl.). Offenbach: Gabal.

Tausch, R. & Tausch, A. (1998). Erziehungspsychologie (11. Aufl.). Göttingen: Hogrefe.

Tennstädt, K.-C., Krause, F., Humpert, W. & Dann, H.-D. (1991). Das Konstanzer Trainingsmodell (KTM). Einführung. Bern: Huber.

Tetzlaff, I. (1975). Die Provence. Köln: DuMont.

Thomae, H. (Hrsg.). (1983). Theorien und Formen der Motivation. Enzyklopädie der Psychologie, Serie »Motivation und Emotion«, Bd. 1. Göttingen: Hogrefe.

Thomae, H. (Hrsg.). (1983). Psychologie der Motive. Enzyklopädie der Psychologie, Serie »Motivation und Emotion«, Bd. 2. Göttingen: Hogrefe.

Thomas, E. L. & Robinson, H. A. (1972). Improving reading in every class: A sourcebook for teachers. Boston: Allyn and Bacon.

Thorndike, E. L. (1913). The Psychology of Learning. New York.

Thorndike, E. L. (1898). Animal intelligence: An experimental study of the associative processes in animals. Psychological Review, Monograph Suppelement, No. 8.

Thorndike, E. L. & Woodworth, R. S. (1901). The influence of improvement in one mental function upon the efficiency of other functions. Psychological Review, 8, 247–261.

Tomaszewski, T. (1978). Tätigkeit und Bewußtsein. Weinheim: Beltz.

Tulving, E. (1972). Episodic and semantic memory. In E. Tulving & W. Donaldson (Hrsg.), Organization of memory. New York, NY: Academic Press.

Ulmann, G. (1970). Kreativität: neue amerikanische Ansätze zur Erweiterung des Intelligenzkonzeptes. Weinheim: Beltz.

Ulmann, G. (1973). Kreativitätsforschung. Köln: Kiepenheuer & Witsch.

Vogl, S. (1974). Modellernen. In Kraiker, C. (Hrsg.), Handbuch der Verhaltenstherapie. München: Kindler.

Vollmeyer, R. & Reinberg, F. (1998). Motivationale Einflüsse auf Erwerb und Anwendung von Wissen in einem computersimulierten System. Zeitschrift für Pädagogische Psychologie, 12, 11–23.

Volpert, W. (1974). Handlungsstrukturanalyse. Köln: Pahl-Rugenstein.

Wallin, J. A. & Johnson, R. D. (1976). The positive reinforcement approach to controlling employee absenteeism. Personnel Journal, 55, 390–392.

Watson, J. B. (1913). Psychology as the behaviorist views it. Psychological Review, 20, 158–177.

Watson, J. B. (1976). Behaviorismus (2. Aufl.). Frankfurt/M.: Fachbuch für Psychologie. (Original 1925: Behaviorism).

Watson, J. B. & Rayner, R. (1920). Conditioned Emotional Reactions. Journal of Experimental Psychology, 3, 1–14.

Weber, M. (1976). Soziologische Grundbegriffe (3. Aufl.). Tübingen: Mohr.

Weidner, M. (2005). Kooperatives Lernen im Unterricht. Ein Arbeitsbuch (2. Aufl.). Seelze-Velber: Kallmeyer.

Weiner, B. (1988; 3. Aufl. 1994). Motivationspsychologie. Weinheim: Beltz.

Weinert, F. E. (1982). Selbstgesteuertes Lernen als Voraussetzung, Methode und Ziel des Unterrichts. Unterrichtswissenschaft, 2, 99–110.

Weinert, F. E. (1991). Kreativität – Fakten und Mythen. Psychologie heute, 9, 30–37.

Weinert, F. E. (1996 b). Lerntheorien und Instruktionsmodelle. In F. E. Weinert (Hrsg.), Psychologie des Lernens und der Instruktion. Enzyklopädie der Psychologie, Serie »Pädagogische Psychologie«, Bd. 2 (S. 1–48). Göttingen: Hogrefe.

Werbik, H. (1978). Handlungstheorien. Stuttgart: Kohlhammer.

Werner, U. S. (Hrsg.). (2010). »Ich krieg mich nicht mehr unter Kontrolle«. Kriegsheimkehrer der Bundeswehr. Köln: Fackelträger Verlag.

Wertheimer, M. (1964). Produktives Denken (2. Aufl.). Frankfurt/M.: Kramer.

Wessels, M. G. (1984). Kognitive Psychologie. New York: Harper & Row (Original 1982: Cognitive Psychology).

Westmeyer, H. (1973). Kritik der psychologischen Unvernunft. Stuttgart: Kohlhammer.

Whitehead, A. N. (1929). The Aims of Education. New York, NY: Macmillan.

Willows, D. M. (1978). Individual Differences in Distraction by Pictures in a Reading Situation. Journal of Educational Psychology, 70, 837–847.

Willows, D. M. (1978). A Picture Is Not Always A Thousand Words: Pictures as Distractors in Reading. Journal of Educational Psychology, 70, 255–262.

Wittling, W. (1989). Hemisphären-Asymmetrien der Blutdruckregulation bei lateralisierter Wahrnehmung eines emotionalen Films. Eichstätt: Katholische Universität, Lehrstuhl Psychologie I (= Eichstätter Neuropsychologische Berichte 1).

Wittling, W. & Pflüger, M. (1989a). Neuroendokrine Hemispshärenasymmetrien: Speichelcortisol-Sekretion während der lateralisierten Wahrnehmung eines emotional aversiven Films. Eichstätt: Katholische Universität, Lehrstuhl Psychologie I (= Eichstätter Neuropsychologische Berichte 2).

Wittling, W. & Pflüger, M. (1989b). Psycho-physische Kovariation in den zerebralen Hemisphären: Zeitreihenanalyse emotionaler Veränderungen während der lateralisierten Wahrnehmung von Filmen. Eichstätt: Katholische Universität, Lehrstuhl Psychologie I (= Eichstätter Neuropsychologische Berichte 3).

Wolpe, J. (1958). Psychotherapy by reciprocal inhibition. California: Stanford University Press.

Zimbardo, P. G. & Gerrig, R. J. (7. Aufl. 1999). Psychologie. Berlin: Springer.

Zimmer, D. E. (1987, 10. April). Das Gedächtnis. Im Kopf die ganze Welt (1). Die Zeit, S. 34–49.

Zumbach, J. & Mandl, H. (2008). Pädagogische Psychologie in Theorie und Praxis: Ein fallbasiertes Lehrbuch. Göttingen: Hogrefe.

Lösungsschlüssel

Tragen Sie Ihre Lösungen jeweils in die Zeile B ein und zählen Sie die Übereinstimmungen aus.

Sie können jetzt beurteilen, ob Sie das Lernziel erreicht haben. Haben Sie das Lernziel nicht erreicht, sollten Sie den Informationsteil oder einzelne Abschnitte noch einmal durcharbeiten. Das ist auch dann zu empfehlen, wenn Sie den Test zwar insgesamt bestanden haben, aber dennoch einige Aufgaben nicht richtig lösen konnten. Sie sollten auch die Items beachten und in Ihre Nacharbeit mit einbeziehen, die Sie richtig gelöst haben, bei denen Sie sich Ihrer Sache aber nicht so sicher waren. Wenn Sie an dieser Stelle konsequent sind, erleichtert Ihnen das die weitere Beschäftigung mit dem Arbeitsteil.

Kapitel 1
Test »Neurobiologische Aspekte von Lernen und Gedächtnis«
Folgende Lösungen waren richtig:

Aufgabe	1	2	3	4	5	6	7	8	9	10
A	c	b	a	c	d	c	b	d	b	a
B										

Kapitel 2
Test »Reiz-Reaktions-Lernen«
Folgende Lösungen waren richtig:

Aufgabe	1	2	3	4	5	6	7	8	9	10
A	a	c	d	d	b	b	a	b	c	d
B										

Kapitel 3
Test »Instrumentelles Lernen«
Folgende Lösungen waren richtig:

Aufgabe	1	2	3	4	5	6	7	8	9	10
A	c	b	a	c	d	c	a	d	b	a
B										

Kapitel 4
Test »Begriffsbildung und Wissenserwerb«
Folgende Lösungen waren richtig:

Aufgabe	1	2	3	4	5	6	7	8	9	10	11	12	13	14
A	c	a	c	d	d	b	d	c	a	a	d	c	b	b
B														

Kapitel 5
Test »Handeln und Problemlösen«
Folgende Lösungen waren richtig:

Aufgabe	1	2	3	4	5	6	7	8	9	10
A	b	a	a	d	c	d	c	b	c	a
B										

Kapitel 6
Test »Von der Lerntheorie zur Lernpraxis«
Folgende Lösungen waren richtig:

Aufgabe	1	2	3	4	5	6	7	8	9	10
A	c	c	d	a	a	a	c	a	b	b
B										

Hinweise zu den Online-Materialien

Zu diesem Lehrbuch gibt es interessante Zusatzmaterialien im Internet. Besuchen Sie unsere Website www.beltz.de. Auf der Seite dieses Lehrbuchs (z. B. über die Eingabe der ISBN im Suchfeld oder über den Pfad »Psychologie – Lehrbücher – Lernpsychologie«) sind diese Materialien erreichbar.

Die Autoren. Sie stellen sich mit Bild und einer kurzen Biographie vor.

Kommentierte Links und Tipps zu jedem Buchkapitel: Hier finden Sie Verweise auf Internetseiten, Bücher und Videoclips, die Anregungen für eine weiterführende, auch disziplinübergreifende und unterhaltsame Beschäftigung rund um das Thema Lernpsychologie bieten.

Programmierter Unterricht. Vier Seiten aus dem Programm von Holland und Skinner (s. Kapitel 6, Arbeitsteil) veranschaulichen die Methode.

Folien. Die wichtigsten Abbildungen des Buches sind hier nochmals als Folien zusammengestellt, um Ihnen Hilfestellungen für Vorträge und Referate zu bieten.

Online-Feedback

Über Ihr Feedback zu diesem Lehrbuch würden wir uns freuen:
http://www.beltz.de/psychologie-feedback

Sachwortverzeichnis

A

Abruf
  Siehe Dekodierung   141
Affirmation   113
Aggression   82, 113
Akquisition   166
Akzeptierungsgrenzen   113
Alarmsystem, menschliches   31
Algorithmus   179, 185
Angst   45
– motivation   83
– vermeidung   83
– Zweifaktorentheorie der -vermeidung   83
Anreiz
  Siehe Aufforderungscharakter   56
Anreiztheorie   231
Anspruchsniveau   231
Antizipation   167
Äquivalenz   112
Assimilation   124
Assoziation(s)
– forschung   46
– gesetze   45
– ketten   46
– komplex   46
– theorien   45
– Paar-   46
Attribute
– kritische   112 f., 119, 150
Attribution   232
Aufforderungscharakter   55, 119, 231
Aufgabe   179
Aufmerksamkeitsprozesse   166
Auftretenswahrscheinlichkeit   75
Ausführungsphase   166
Auslösefunktion
  Siehe Funktion   49
Aversionstherapie   60

B

Bedeutung
– denotative   119, 147
– konnotative   54, 119, 147, 152
Bedingen, klassisches
  Siehe Konditionierung   46
Begriff(s)
– bildung   114
– hierarchie   118
– identifikation   114
– ketten   121
– Netzwerk   131
– affirmativer   113
– Bewusstsein-   26
– denotative -komponente   119
– disjunktiver   113
– Eigenschafts-   111, 117, 149
– Erklärungs-   117, 149
– Klassische Theorie der -bildung   112
– Komplexität des   114
– konjunktiver   123
– konnotative -komponente   119
– Kontextabhängigkeit des   114
– Lern-   205
– logische Struktur des   113
– Prototypentheorie der -bildung   114
– relationaler   149
– Subjektivität der -bildung   119
– Vagheit des   114
– vorsprachlicher   117
Behaviorismus   74, 207
– Theorie(n)   47
Bekräftigung   52
Bestrafung(s)
– Begriff der   86
– Nebenwirkungen der   87, 90
– negative   86
– positive   86
– stellvertretende   165
– Wirksamkeit der   87
Bewusstheit   76, 169, 191
Bewusstsein   26
Beziehung
– kombinatorische   123
– übergeordnete   123
– untergeordnete   123
– zufallsfreie   123
Brainstorming   187

C

Cognitive-Apprenticeship-Ansatz   218

D

Deduktion   127
Definition
– Nominal-   118
– Operational-   118
– Real-   118
Dekodierung   142, 145
Denken
– abstraktes   27, 127
– analytisches   27, 127
– bildhaften   30
– deduktives   127
– diskursives   127
– induktives   127
– intuitives   30, 127
– konkret-anschauliches   133
– konkretes   27
– konvergentes   187
– produktives   183
– reproduktives   187
– System-   188
Desensibilisierung, systematische   60, 67
Differenzierung   53
Diffusion   186
Disjunktion   113
Diskrimination, multiple   118, 138
Disposition   87, 206

E

Effekt

– auslösender   164
– enthemmender   164
– hemmender   164
– modellierender   164
Effektivität   215, 219
Effizienz   215, 219
Elaboration   186, 222
Enkodierung   142
Erfahrungsbildung   133, 206, 212
Erkenntnistheorie   110
Experte   224
Expertiseerwerb   225
Exploration   186

F
Funktion
– Auslöse-   49
– Hinweis-   49
– Signal-   49
Funktionalwert   183

G
Gedächtnis(ses)
– prozesse   141, 166
– spur   32
– theorien   142
– Begriff des   141
– Bild-   143
– deklaratives   146
– episodisches   129, 146
– Kurzzeit-   32, 145
– Langzeit-   32, 145
– Mehrspeichermodell des   144
– Neurobiologische Grundlagen von   17
– prozedurales   146
– semantisches   129, 146
– sensorisches   144
Generalisierung   53
Gesetz der guten Gestalt   182
Gütemaßstab   231

H
Handeln
– effizientes   112, 175
– hierarchisch-sequentiell   175
– Lehrer-   194
– Lernen von   178
– Verhalten und   170

Handelnder, idealer   169
Handlung(s)
– alternativen   169
– begriff   169
– folgen   169, 174
– kompetenz   177
– konzept   173, 177
– regulation   174, 178
– schema   177
– spielraum   167, 176
– steuerung, externe   208
– steuerung, interne   139, 170, 206, 208
– theorien   171, 174
– wissen   131
– partialisierte   176
– Teil-   175
– Willens-   171
Hemisphären   22
Hilflosigkeit, gelernte   84

I
Induktion   127
Informations
– aufnahme   141
– speicherung   141
– verarbeitung   141
Ingratiation   82
Inkubation   186
Inspiration   186
Instruktion(s)
– psychologie   209
– Begriff der   209
– direkte   215
– indirekte   216
Integration(s)
– horizontale   33
– prozesse, zentrale   166
– vertikale   33
– von Außen- und Innensteuerung   215
Intention   169
Interesse   231
Intuition   127, 189
Ist-Soll-Diskrepanz   174

K
Kategorie
   Siehe Eigenschaftsbegriff   111

Kategorisierung   111
Kodierung
– des Modellverhaltens   167
– Begriff der   134
– De-   135, 142
– duale   134, 148
– En-   134, 142, 145
– motorische   133
– multiple   134
Kognition(en)
– Begriff der   109, 229
– handlungsleitende   174
– handlungsrechtfertigende   194
– situierte   110, 212, 227
Komplementäres Verhältnis   29
Komplexität
– eines Problems   180, 189
– mittlere   168
– relative   230
– Umgang mit   190, 217
Konditionierung   47
– emotionale   59
– Gegen-   54, 60
– klassische   46
– operante   73 f., 167
– rückwirkende   51
– simultane   51
Konflikt
– analyse   183, 191
– situation   91
– kognitiver   230
Konjunktion   113
Konsequenz(en)
– des Verhaltens   74, 90
– aversive   75, 86
– informative   78
– positive   75, 88, 165
Konstrukt
– deskriptives   116
– explikatives   116
Konstruktivismus   212, 215
Kontiguität   47
Kontingenz
– programme   95
– vertrag (-management)   93
– Begriff der   75
Konzeptualismus, instrumenteller   120

Kortex   20
Kreativitätsmethoden   187

L
Lernen(s)
– am Erfolg   73
– assoziatives   45 f., 122
– durch Versuch und Irrtum   73, 181
– mit Lösungsbeispielen   217
– Begriff des   205
– Dimensionen des sprachlichen   123
– Diskriminations-   119
– entdeckendes   125 f., 212
– fallbasiertes   217
– Flucht-   82
– Grundformen des verbalen   125
– Grundformen des   79, 207
– instrumentelles   48, 74
– kognitives   110, 229
– kooperatives   217
– mechanisches   124, 149
– Modell-   163
– problemorientiertes   213
– Regel-   121
– Reiz-Reaktions-   48, 83
– rezeptives   125
– selbstgesteuertes   213
– Signal-   47, 76
– sinnvolles   123, 126
– soziales   165
– Vermeidungs-   82
Lernumgebung
– behavioristische   209
– gemäßigt konstruktivistische   217
– integrierte   215
– konstruktivistische   212
Lohhausen   188, 213
Löschung(s)
– beim instrumentellen Lernen   88
– beim Reiz-Reaktions-Lernen   53
– resistenz   79

M
Menschenbild   169, 219
Methode
– 635   187
– PQ4R-   128
– Projekt-   176, 213
Mind Mapping   140
Modell
– des reflexiven Subjekts   169
– des Reiz-Reaktions-Lernens   48
– menschlicher Informationsverarbeitung   141
– behaviorales   169
– kybernetisches   174
– mentales   139
– Rubikon-   171
Morphologie   187
Motiv   55, 168
Motivation(s)
– adäquat   76
– theorien   230
– aktuelle   56, 231
– Angst-   83
– anreiztheoretischen Auffassung von   231
– Begriff der   55, 76, 229
– extrinsische   230, 232
– intrinsische   127, 230
– Leistungs-   231
– Lern-   62, 233
– Neugier-   56, 230
– triebtheoretische Auffassungen von   230
Münzverstärkersystem   93

N
Nachhaltigkeit   220
Nervensystem   17
Netzwerk
– in Form eines Graphen   140
– lernpsychologischer Grundbegriffe   139
– modelle   132
– Begriffs-   131, 137
– duales   137
– Ereignis-   130
– komplexes   139
– propositionales   130
– semantisches   131
Neugier   230
Neurobiologie   34
Novize   224

Nürnberger Trichter   128, 143
Nutzen-Kosten-Prinzip   172, 178, 230

O
Organisationshilfen   126, 216

P
Paradigma   169
Performanz   87, 141, 166, 178, 206
Persönlichkeit, kreative   186
Plan   167
Polytelie   189
Präsentation   129
Problem(s)
– löseprozess   190
– lösestrategien   181
– merkmale   180
– raum   191
– Begriff des   179
– Benzol-   185
– Helgoland-   181
– Lohhausen-   188
– löser, erfolgreiche   190
– Menschenfresser-   181
– Vogelflug-   184
Problematisierung   186
Problemlösen
– als Klärungsprozess   183
– durch Anwendung von Strategien   184
– durch Einsicht   183
– durch Kreativität   185
– durch Systemdenken   188
– durch Umstrukturieren   181
– durch Versuch und Irrtum   181
Proposition   129, 136
Psychologie
– Assoziations-   46
– Gedächtnis-   45, 143, 146
– Gestalt-   182
– handlungstheoretische   168
– Instruktions-   209
– Pädagogische-   208, 223
– verhaltenstheoretische   165
– Werbe-   58, 170
Psychotherapie   61, 148, 193

R

Reaktion
– bedingte   50, 52
– bedingte – höherer Ordnung   53
– emotional-motivationale   48, 50
– Reiz-   45

Reflex
– bedingter   47
– unbedingter   47

Reflexion   76, 169

Regel(n)
– als Begriffsketten   121
– hierarchie   122
– kreis, kybernetischer   174
– lernen   121
– epistemische   185
– Erwerb von   121
– heuristische   185
– Klassifikations-   147

Regression, heuristische   186

Reiz
– substitution   51, 58
– Außen-   48, 142
– aversiver   60
– bedingter   50
– diskriminativer Hinweis   76
– neutraler   47, 50
– Sicherheits-   60
– Straf-   87
– unbedingter   50, 54

Rekonstruktion, aktive   143
Relation   113

Repräsentation
– analoge   116, 133
– aussagenartige   129, 135
– handlungsmäßige   133
– innere   133
– multiple   134
– propositionale   129

Reproduktionsprozesse, motorische   166

S

Schema   131
Selbst
– beobachtung   47, 77
– bewertung   77
– kontrolle   100

– management-Methode   77
– Monitoring   100
– regulation   77
– steuerung   76
– verstärkung   77

Situationsabhängigkeit   76
Situationsanalyse   183, 191
Skinner-Box   73
Skript   131

Sozialisation(s)
– bezüge   212
– felder und -institutionen   209
– sprachliche   148

Split-Brain-Patienten   23

Steuerung
– Außen-   170, 206, 209
– Fremd-   76
– Handlungs-   173
– Innen-   170, 206, 212

Strategie   184

Struktur(en)
– ierungsprozesse, kognitive   110
– abstrakte -schemata   190
– epistemische   180
– heuristische   180
– kognitive   109, 123, 136, 149
– komplexe   136
– kortikale   30
– Lern-   123
– subkortikale   30

Strukturschema, abstraktes   190

Subsumtion
– derivative   123
– korrelative   123

System
– denken   188, 191
– daily card   94
– Gedächnis-   144
– limbisches   19, 30
– Münzverstärkungs-   93

T

Tätigkeit   168
Theorie(n)
– Anreiz-   231
– Assoziations-   45
– Attributions-   232
– Feld-   56, 206

– Handlungs-   171
– klassische   112
– Lern-, dualistische   207
– LNR-   130
– Prototypen-   114
– sozial-kognitive   165
– subjektive   194
– Transfer-   227
– Verhaltens-   23, 74, 169

Timing   51
TOTE-Einheit   174
Training   223

Transfer
– theorien   227
– genereller   227
– negativer   194
– positiver   127, 194, 228
– spezifischer   227

Turm von Hanoi   184

U

Übung   222
– Begriff der   221
– elaborierende   222
– mechanische   220

Umstrukturierung   182

Unterricht(en)
– adaptives   218
– programmiertes   210

V

Verantwortlichkeit   169
Verarbeitungstiefe   128, 145
Vergessenskurve   142

Verhalten(s)
– abbau   75, 86, 90
– aufbau   75, 77, 81, 90
– formung   80
– ketten   80
– kontrolle, negative   90
– kontrolle, positive   90, 94
– modifikation   92, 94, 100
– therapie   93
– Antwort-   48, 74
– Explorations-   230
– Flucht-   82
– gewohnheitsmäßiges-instrumentelles   76
– inkompatibles   90

– instrumentelles   75
– Konsequenz des   75
– permissives   88
– Vermeidungs-   82
Vernetztheit   111, 136, 189
Verstärker
– entzug   93
– Aktivitäts-   78
– informative   78
– materielle   78
– primäre   78
– sekundäre   78
– soziale   78
Verstärkung(s)
– pläne   78
– und Motivationsprozesse   166
– gelegentliche   78
– Immer-   78 f.
– intermittierende   78
– kontinuierliche   78
– Münz – ... – system   93
– negative   81, 90
– positive   77, 81, 90
– Selbst-   77, 89, 100, 167
– stellvertretende   167
– Zeitpunkt der   78
VVR-Einheit   174

W

Wahlsituation   172
Werbung   58
Wertrationalität   174
Wissen(s)
– begriff   109
– erwerb   109
– Alltags-   114
– deklaratives   111, 146, 229
– Handlungs-   131
– nutzloses   149
– progressive Differenzierung des   124
– propositionales   129
– Sach-   111
– träges   227

Z

Zentralnervensystem   19
Zusatznutzen   59
Zwangsmaßnahme   76, 85
Zwangssituation   85
Zweckrationalität   174

Personenverzeichnis

A
Abelson   131
Ach   171
Adameit   92, 94
Aebli   168, 169, 177
Ambler   104
Anderson   110, 129, 130, 133, 134, 144, 159
Angermeier   105
Aristoteles   45, 110
Arnold   221
Atkinson, J. W.   232
Atkinson, R. C   74
Austin   216
Ausubel   9, 121, 123–129, 136, 150, 156, 157, 215

B
Bacon   110
Bandura   10, 87, 117, 163–167, 197, 202, 203
Banyard   159
Bartlett   143
Bartmann   105
Batra   70
Becker-Carus   53
Berkowitz   53
Betsch   173
Born   221
Bourne   113
Bower   207
Brandstädter   208
Bromme   225
Brown, A. L.   219
Brown, J. S.   139, 219
Brown, P.   90, 98
Bruner   9, 112, 113, 117, 120, 121, 126–129, 134, 157, 162, 227
Buchkremer   70
Buzan   140

C
Cassells   159
Čapek   158
Chua   94
Clark   130
Collins   131

Comenius   134
Conolly   148
Craik   128, 145

D
da Vinci   111
Deci   233, 238
de Kleer   139
Delgado   31, 35, 36, 40
Descartes   110
Dienes   149
Dietz   173
Domarus   113
Dörner   179, 188–190, 213
Dorsch   172
Dreher   171
Düker   152
Duncker   179, 183, 190, 191

E
Ebbinghaus   45, 46, 142
Eccles   19, 24, 25, 40, 41
Edelmann   48, 207, 235
Elliot   90, 98
Ericsson   222
Euler   100

F
Foppa   206, 207
Foster   148
Freud   60
Friedrich   194
Fürntratt   90, 94

G
Gagné   121, 122, 124, 129
Gantt   53
Gentner   139
Gerrig   21, 31
Gerschwind   28
Gibson   110
Glaser   239
Gollwitzer   202
Green   159

Groeben   169
Großmann   158
Gruber   225
Grusec   197

H
Hacker   174–176
Haefs   149
Haseloff   186, 188
Haygood   113
Heckhausen   55, 168, 171, 172, 202, 239
Heil   31, 32
Hennenhofer   31, 32
Hilgard   207
Höhne   115
Hofer   194
Hofstätter   152
Holland   237
Holubec   239
Huxley   67, 68

J
Jänig   30
Johnson   81, 239
Johnson-Laird   139
Jones   65, 82

K
Kaminski   168
Kanfer   77, 105
Kant   110
Kantona   198, 199
Kintsch   130
Kistner   214
Klauer   216, 217, 223, 239
Klix   185
Kluwe   179
Knurek   53
Köhler   180
Krapp   202
Kroeber-Riel   58, 171
Krohne   70
Kuhlen   137

L
Lang   40
Lashley   32
Laucken   194

Lauth   93, 193
Lazarus, A.   148
Lazarus, R. S.   60
Lefrançois   207
Lehmann   222
Lenhard   211
Leontjew   169
Leutner   209, 210, 213, 216, 217, 239
Levy   30
Lewin   56, 91
Linder-Müller   221
Lindsay   130
Locke   110
Lockhardt   128
Loftus   67
Luria   148

M
Machiavelli   104
MacLean   68
Mähler   227, 228
Maier   84
Mandl   212, 213, 218
Mazur   105
Mednik   67
Meichenbaum   148
Menlove   197
Meyer-Hentschel   58, 171
Miller, G.A.   169, 174, 175
Miller, N.E.   83
Mischel   101
Möller   94
Mowrer   83
Müller   45

N
Neber   202
Neisser   110, 113
Norman   110, 130
Notting   82

O
O'Brian   80
Oerter   184

P
Paivio   134
Palincsar   219

Pawlow 45–47, 69
Pestalozzi 134
Pfingsten 94
Pflüger 29
Phillips 74
Piaget 127
Plihal 221
Pohl 146, 159
Pollio 67
Pongratz 26
Popper 23, 41
Porter 148
Posner 184
Protagoras 110
Putz 217

Q
Quillian 131

R
Rautenstrauch-Goede 185
Rayfiled 168
Rayner 55, 64, 69
Reddy 159
Reinecker 105
Reinmann-Rothmeier 212, 213, 218
Reusser 213
Robinson 128
Rodriguez 101
Rosch 114
Rumelhart 130
Ryan 233, 238

S
Sanders 96
Schacter 146
Schank 131
Scheele 169
Schlottke 93, 193
Schmelzer 105
Schmidt 25, 38, 40, 235
Schoenfeld 83
Schönpflug 68
Schrettbrunner 213
Sechenow 45

Seligman 84, 85
Shoda 101
Simek 80
Skinner 73, 74, 105, 237
Slavin 94, 95, 217
Solso 225
Spada 131
Sperry 7, 23, 26, 29, 39
Spitzer 222
Staats, A. W. 53
Staats, C. K. 53
Städler 159
Standing 144
Steiner 239
Stern 223, 225, 227, 228
Svantesson 141
Syer 148

T
Tausch 152, 153, 164
Tennstädt 223
Tetzlaff 158
Thews 25
Thomas 128
Thomaszewski 168
Thorndike 73, 88, 227

U
Ueberschär 223
Ulmann 186, 202

V
Vogl 165
Volpert 195, 176

W
Wahl 194
Wallin 81
Wassmann 70
Watson 47, 55, 64, 69
Weidenmann 202
Weiner 232, 238
Weinert 186, 202, 216
Werbik 168

Werner   49
Wertheimer   183
Wessels   110
Westmeyer   169
Whitehead   227
Wittling   28, 29

Wolpe 60
Woodworth   227

Z
Zimbardo   21, 31, 104
Zimmer 38

Abbildungsverzeichnis

Abbildung 1.1	Nervenzelle	18
Abbildung 1.2	Besonders die Dendriten sind mit zahlreichen anderen Nervenzellen durch Synapsen verbunden (Hamlyn & Anat, 1963)	19
Abbildung 1.3	Einige Bereiche des Zentralnervensystems (Legewie & Ehlers, 1972, S. 28)	19
Abbildung 1.4	Auf der Großhirnrinde der linken Hemisphäre erkennt man das motorische Rindenfeld vor dem sensorischen (in Richtung Stirn gesehen)	20
Abbildung 1.5	Veranschaulichung des sensorischen und des motorischen Rindenfeldes durch Projektion des gesamten Körpers auf die Hirnoberfläche. Gesicht und Stirn sind überproportional repräsentiert (aus Zimbardo & Gerrig, 1999, S. 74)	21
Abbildung 1.6	Den sensorischen und motorischen Rindenfeldern jeder Hirnhälfte sind die gegenüberliegenden Körperhälften zugeordnet (aus Eccles, 1982, S. 214)	22
Abbildung 1.7	Trennung der beiden Großhirnhemisphären infolge der Durchtrennung des Corpus callosum im Primatenhirn nach Sperry (Sperry, 1974, S. 6)	23
Abbildung 1.8	In der Versuchsanordnung in den Experimenten von Sperry erkennt man oben die Leinwand und unten einen Schirm, der verdeckt, was die Hand gerade tut (aus Sperry, 1970, S. 125)	24
Abbildung 1.9	Leistungen eines Split-Brain-Patienten (aus Eccles, 1979, S. 267)	24
Abbildung 1.10	Ein weiteres Experiment von Sperry (1970, S. 126)	24
Abbildung 1.11	Erkennen von Gesichtern durch die linke bzw. rechte Hemisphäre. Jede Hemisphäre ergänzt die ihr dargebotene Gesichtshälfte zu einem kompletten Gesicht	25
Abbildung 1.12	Arithmetisch oder geometrisch	27
Abbildung 1.13	Analytisch/abstrakt oder einheitlich/konkret	28
Abbildung 1.14	Strukturen des limbischen Systems (aus Zimbardo & Gerrig, 1999, S. 71)	31
Abbildung 1.15	Zusammenwirken kortikaler und subkortikaler Strukturen mit dem hormonalen System (aus Hennenhofer & Heil, 1975, S. 18)	31
Abbildung 1.16	Plastizität von Synapsen. Man erkennt deutlich die größere Leistungsfähigkeit einzelner Nervenbahnen durch häufigeren Gebrauch (aus Popper & Eccles, 1982, S. 461)	32
Abbildung 1.17	Schematische Darstellung der horizontalen und vertikalen Integration	33

Abbildung 1.18	Wilde Stiere greifen den Versuchsleiter an. Die Tiere können über Funk durch Hirnstimulation abrupt gestoppt werden. In der Hand des Mannes in der Arena erkennt man den Sender mit Antenne (aus Delgado, 1969, S. 170/171)	36
Abbildung 1.19	Ein weiteres Experiment mit Split-Brain-Patienten (aus Sperry, 1974, S. 9)	39
Abbildung 2.1	Schematische Darstellung verschiedener Formen von Assoziationen	46
Abbildung 2.2	Versuchsanordnung von Pawlow (Lefrancois, 1976, S. 75)	47
Abbildung 2.3	Hinweisfunktion eines Reizes: Zwei Reize werden miteinander verknüpft (S-S-Lernen)	49
Abbildung 2.4	Auslösefunktion des Reizes: Ein Reiz und eine Reaktion werden miteinander verknüpft (S-R-Lernen)	49
Abbildung 2.5	Schema des Reiz-Reaktions-Lernens (Lernen einer Reflex-Reaktion)	50
Abbildung 2.6	Schema des Reiz-Reaktions-Lernens am Beispiel des kleinen Albert (Lernen einer emotional-motivationalen Reaktion)	50
Abbildung 2.7	Aufbau einer bedingten Reaktion	52
Abbildung 2.8	Bedingen der Einstellung zur Nacktheit bei Kindern	52
Abbildung 2.9	Konnotationen (emotionaler) Bedeutungskomponenten von Begriffen; R+ = positive emotionale Reaktion	54
Abbildung 2.10	Schema des Reiz-Reaktions-Lernens bei der Gegenkonditionierung einer erlernten emotional-motivationaler Reaktion (Der Fall Peter)	55
Abbildung 2.11	Aufbau eines positiven (R) bzw. eines negativen (R) Aufforderungscharakters	57
Abbildung 2.12	Erwerb eines positiven Aufforderungscharakters von sekundären Verstärkern	57
Abbildung 2.13	Gezielter Einsatz des Reiz-Reaktions-Lernens in der Werbung. Das Produkt löst nach wiederholter Darbietung eine positive emotionale Reaktion (R+)	58
Abbildung 2.14	Werbeanzeige, die das Produkt mit Erotik bewirbt (mit freundlicher Genehmigung von Lancôme Paris)	59
Abbildung 2.15	Aversionstherapie bei Alkoholikern: Die Wirkung des Medikaments (S2) geht auf den zuvor positiv besetzten Alkohol (S1) über	61
Abbildung 3.1	Die Skinner-Box (aus Atkinson et al., 1983, S. 201) als typische Versuchsanordnung zur Untersuchung von Gesetzmäßigkeiten der operanten Konditionierung	74
Abbildung 3.2	Schema des instrumentellen Lernens	75

Abbildung 3.3	Schema und Beispiel für positive Verstärkung	77
Abbildung 3.4	Schema der negativen Verstärkung	82
Abbildung 3.5	Aggressives Verhalten als instrumentelles Verhalten IV, das kontingent und erfolgreich Angst reduziert K^{-av} und dadurch negativ verstärkt wird	82
Abbildung 3.6	Ingratiatives Verhalten als instrumentelles Verhalten IV, das kontingent und erfolgreich Angst reduziert K^{-av} und dadurch negativ verstärkt wird	83
Abbildung 3.7	Schema der Bestrafung	86
Abbildung 3.8	Verschränkung der beiden Lernformen bei der Bestrafung	86
Abbildung 3.9	Schema der Löschung	88
Abbildung 3.10	Wechselseitiger Lernprozess	91
Abbildung 3.11	Schematische Darstellung des Annäherungs-Vermeidungs-Konfliktes	91
Abbildung 3.12	Schematische Darstellung des doppelten Appetenz-Aversions-Konflikts	92
Abbildung 3.13	Beispiel eines Tageszeugnisses (Slavin, 2006, S. 351)	95
Abbildung 3.14	Ablauf der Untersuchung	99
Abbildung 3.15	Standard-Differenz-Kumulativkurve des Zigarettenkonsums	101
Abbildung 4.1	Kategorie »böse Kinder«	112
Abbildung 4.2	Mondfinsternis als Eigenschafts- und Erklärungsbegriff	117
Abbildung 4.3	Vereinfachte Darstellung einer Begriffshierarchie	118
Abbildung 4.4	Neues Wissen wird im Vorwissen verankert	123
Abbildung 4.5	Graphische Darstellung einer Proposition	130
Abbildung 4.6	Eine Episode besteht aus Ereignissen (aus Herkner, 1992, S. 129)	130
Abbildung 4.7	Skript »Restaurantbesuch«	131
Abbildung 4.8	Modifizierte Begriffshierarchie (nach Collins & Quillian, 1969)	131
Abbildung 4.9	Hinweis in einem Naturschutzgebiet	132
Abbildung 4.10	Multiple Repräsentation	135

Abbildung 4.11	Blattformen und ihre Bezeichnungen	135
Abbildung 4.12	Peter und Paula	136
Abbildung 4.13	Nicht-Linearität (aus Kuhlen, 1991. S. 7)	137
Abbildung 4.14	Holzblasinstrumente	138
Abbildung 4.15	Krummhorn mit Windkapsel (im Inneren der Windkapsel befinden sich die Rohrblätter)	138
Abbildung 4.16	Mind Map (leicht verändert aus Svantesson, 2006, S. 37)	141
Abbildung 4.17	Grundmodell der menschlichen Informationsverarbeitung	141
Abbildung 4.18	Vergessenskurve nach Ebbinghaus (1885)	142
Abbildung 4.19	Testbild zur Untersuchung von Eidetikern (aus Düker, 1965, S. 244)	144
Abbildung 4.20	Informationsfluss durch das Gedächtnissystem	145
Abbildung 4.21	Die Polaritätenprofile von »Einsamkeit« (offene Kreise) und »lonesomeness« (ausgefüllte Kreise) (aus Hofstätter, 1973, S. 74)	153
Abbildung 4.22	Schematische bildhafte Darstellungen (Piktogramme)	155
Abbildung 4.23	Die drei Formen geistiger Repräsentation	156
Abbildung 4.24	Testaufgabe zur Begriffsbildung (aus dem Intelligenztest BT 1–2)	157
Abbildung 5.1	Schema des Modelllernens	163
Abbildung 5.2	Sein erstes Wort: Der modellierende Effekt	164
Abbildung 5.3	Modelllernen als instrumentelles Lernen	165
Abbildung 5.4	Modelllernen als stellvertretende Verstärkung	165
Abbildung 5.5	Kontinuum von Verhalten und Handeln	170
Abbildung 5.6	Rubikonmodell (nach Dreher, 1994, S. 296)	171
Abbildung 5.7	Erweiterter entscheidungs- und austauschtheoretischer Ansatz Entscheidung für die günstigste Nutzen-Kosten-Bilanz	173
Abbildung 5.8	Schematische Darstellung einer Handlung	173
Abbildung 5.9	Außensteuerung beim Reiz-Reaktions-Lernen (oben) und beim instrumentellen Lernen (unten)	173

Abbildung 5.10	Teilhandlungen	175
Abbildung 5.11	Einschränkung von Handlungsmöglichkeiten	177
Abbildung 5.12	Aufgabe und Problem	179
Abbildung 5.13	Modell der kognitiven Struktur	179
Abbildung 5.14	Transformation des Ist-Zustandes in den Soll-Zustand	180
Abbildung 5.15	Umstrukturierung der Problemsituation	182
Abbildung 5.16	Organisationsprozesse in der Wahrnehmung	183
Abbildung 5.17	Parallelogramme	183
Abbildung 5.18	Turm von Hanoi	184
Abbildung 5.19	Strukturmodell des Benzolringes	185
Abbildung 5.20	Lösungsschema	190
Abbildung 5.21	Problemlöseprozess als stufenweise Umstrukturierung	191
Abbildung 5.22	Streichholz-Problem nach Katona	199
Abbildung 6.1	Reaktion und Verhalten	208
Abbildung 6.2	Wissen und Handeln	208
Abbildung 6.3	Übungsformen	222
Abbildung 6.4	Zeit, die für eine bestimmte Folge von Handgriffen bei der Zigarrenherstellung benötigt wird, in Abhängigkeit von der bereits durch die Arbeiter hergestellten Anzahl von Zigarren (aus Spitzer, 2003, S. 185)	222
Abbildung 6.5	Zusammenhang zwischen Übungszeit und Alter dem Musiker, die unterschiedliche Professionalisierungsniveaus auf ihrem Instrumenten erzielt haben (nach Lehmann & Ericsson, 1998, aus Spitzer, 2002, S. 317)	222
Abbildung 6.6	Kategorisierung und Klassifikation von Objekten nach Oberflächenmerkmalen (Material, Einsatzbereich) und nach funktionalen Merkmalen (Funktion, physikalische Prinzipien) durch Experten (nach Stern, 2011)	225
Abbildung 6.7	Intrinsische und extrinsische Motivation	230
Abbildung 6.8	Motivationsvorgang als Wechselwirkung zwischen Aufforderungscharakter und Motiv	231
Abbildung 6.9	Lernschritte beim programmierten Unterricht (Holland & Skinner, 1974)	237

Tabellenverzeichnis

Tabelle 1.1	Verschiedene spezifische Leistungen der linken und rechten Hemisphäre (verändert nach Eccles, 1979, S. 276)	26
Tabelle 3.1	Die vier Formen des instrumentellen Lernens	75
Tabelle 3.2	Verschiedene Arten von Verstärkungsplänen	79
Tabelle 3.3	Formen des Auf- und Abbaus von Verhalten	90
Tabelle 3.4	Häufigkeit von Aggressionen	99
Tabelle 3.5	Daten der Kumulativkurve	100
Tabelle 4.1	Logische Struktur von Begriffen	114
Tabelle 4.2	Komplexität der logischen Struktur	114
Tabelle 4.3	Typikalitätsnorm am Beispiel des Begriffs »Fortbewegungsmittel« (aus Eckes, 1985, S. 196–198)	115
Tabelle 4.4	Unterschiedliche Begriffsinhalte	120
Tabelle 4.5	Logische Struktur des Begriffes »sinnvolles Lernen« nach Ausubel	124
Tabelle 4.6	Die vier Grundformen des Lernens nach Ausubel	125
Tabelle 4.7	Ergebnisse des zweiten Versuchs (von Düker & Tausch, 1957)	154
Tabelle 5.1	Drei Kreativ-Methoden (aus Haseloff, 1972, S. 69)	188
Tabelle 5.2	Anzahl der Annäherungsreaktionen (Mittelwerte) der verschiedenen Versuchsgruppen an beide Hunde zu beiden Zeitpunkten der Erhebung	198
Tabelle 5.3	Unterschiedliche Instruktionsformen beim Lösen von Problemen	200
Tabelle 6.1	Klassifikationsschema der Gründe für Handlungsergebnisse (nach Weiner, 1988)	232
Tabelle 6.2	Definition der Textvarianten	235

Pädagogische Psychologie – kurz und knapp

Lernstrategien, moralische Erziehung, epistemische Neugier – die Konzepte der Pädagogischen Psychologie sind ebenso vielfältig wie die Anwendungsbereiche des Fachgebiets. Es spielt in Schule und Unterricht, Erziehungs- und Familienberatung eine zunehmend wichtigere Rolle.

»Pädagogische Psychologie kompakt« verdeutlicht die Grundstruktur des Fachs, wichtige Konzepte und zentrale Denkweisen. Immer wieder zeigt Schnotz die wesentlichen Argumentationslinien auf und macht die Zusammenhänge zwischen den einzelnen Teilgebieten – etwa Lernstrategien, Motivation und Erziehungseinfluss – deutlich. Dabei kommt aber auch der Bezug zu Alltagsfragen nicht zu kurz, ob beim Lernen mit neuen Medien, Erziehungsstilen, Erfolgs- und Misserfolgsmotivation oder moralischer Erziehung.

Ideal für die Prüfungsvorbereitung: Lernziele, Anwendungsbeispiele, Diskussionsfragen, Zusammenfassungen und Literaturtipps – für Studierende der Psychologie und Pädagogik sowie Praktiker in der Lehre und Weiterbildung.

Wolfgang Schnotz
Pädagogische Psychologie kompakt
Mit Online-Materialien
2., überarbeitete Auflage 2011.
224 Seiten. Broschiert.
ISBN 978-3-621-27773-0

Verlagsgruppe Beltz • Postfach 100154 • 69441 Weinheim • www.beltz.de

Grundlagen der Motivationspsychologie

Wir sprechen von motivierten Schülern, Studentinnen oder Mitarbeitern. Wir fragen uns, ob ein Bremsmanöver unmotiviert ist oder was eigentlich die Motive eines Verbrechens sind. Manchmal sagen wir über uns selbst, es mangle uns an Motivation, etwa im Rahmen einer Prüfungsvorbereitung. Der Begriff der Motivation ist allgegenwärtig.

Die grundlegende Frage der Motivationspsychologie ist: Was sind die Beweggründe menschlichen Handelns? Das beliebte Lehrbuch von Udo Rudolph gibt Antworten auf diese Frage. Es behandelt die wichtigsten Ansätze der Motivationspsychologie, z. B. Freuds Psychoanalyse, behavioristische Konzeptionen, klassische Attributionstheorien oder moderne evolutionäre Ansätze. Neben dem praktischen Nutzen und den Auswirkungen jeder Theorie werden auch die Grenzen aufgezeigt.

Zahlreiche Beispiele, Definitionen und Zusammenfassungen erleichtern das Verständnis der Inhalte, Prüfungsfragen und Denkanstöße regen zur eigenen Auseinandersetzung mit den Themen an.

Udo Rudolph
Motivationspsychologie kompakt
Mit Online-Materialien
3., überarb. Auflage 2013
224 Seiten. Broschiert
ISBN 978-3-621-27793-8

Verlagsgruppe Beltz • Postfach 100154 • 69441 Weinheim • www.beltz.de

Darauf warten Studenten: Statistik verständlich erklärt

Nullzellenproblem, Dummy-Kodierung, Identifikation von Ausreißern — klingt witziger, als es ist, wenn man in der Statistikvorlesung sitzt und offensichtlich kein »Statistisch« spricht!

In diesem Lehrbuch werden Forschungsmethoden und Statistik verständlich und anschaulich erläutert. Sie erhalten das Handwerkszeug von der Vorlesung im ersten Semester bis zur Abschlussarbeit. Rechenschritte werden dabei in einzelnen Schritten erklärt und durch Beispiele und konkrete Anwendungen ergänzt. So wird klar, wozu Statistik gut ist – und wie sie funktioniert!

Fit für die Prüfung
- Übungsaufgaben und Lernfragen zu jedem Kapitel
- Zahlreiche Beispiele
- Kapitelzusammenfassungen zum schnellen Wiederholen
- Vertiefungen für die, die es genau wissen wollen
- Über 150 Abbildungen und Tabellen

Online lernen und lehren
- Datensätze zum Rechnen der Übungsaufgaben
- Antworthinweise zu den Lernfragen
- Kommentierte Links
- FAQs u.a.

Ob Bachelor, Master oder Diplom – für alle, die Statistik verstehen wollen!

Michael Eid • Mario Gollwitzer • Manfred Schmitt
Statistik und Forschungsmethoden
Mit Online-Materialien
3. Auflage 2013. 1056 Seiten.
Gebunden.
ISBN 978-3-621-27524-8

Verlagsgruppe Beltz • Postfach 100154 • 69441 Weinheim • www.beltz.de

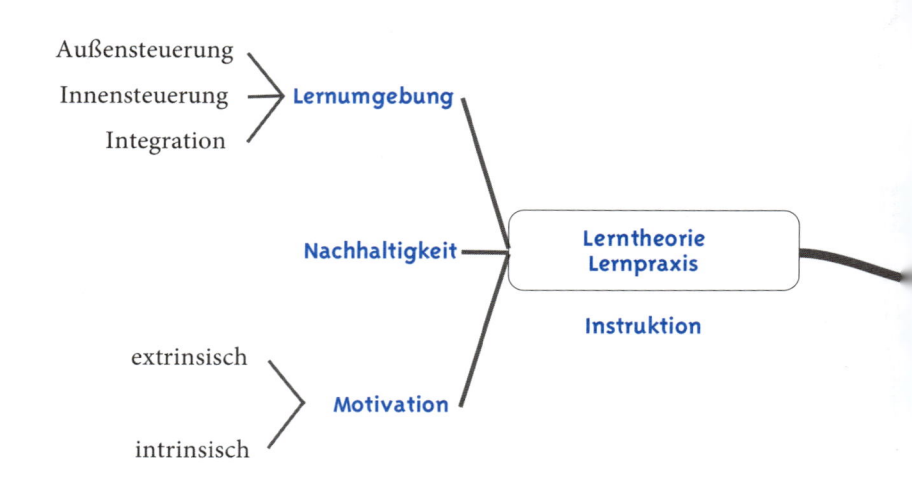

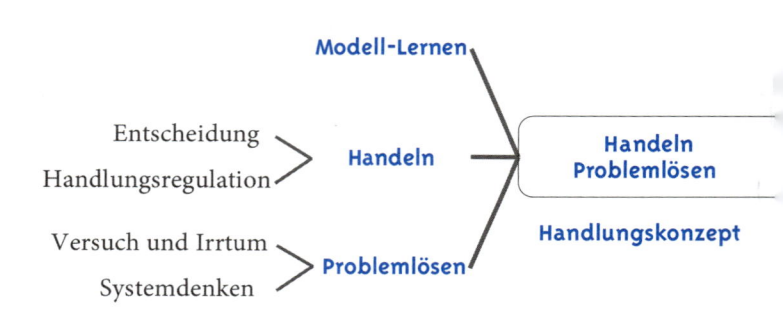

- linke Hemisphäre ⟶ **horizontale Integration**
- rechte Hemisphäre ⟶
- kortikale Prozesse ⟶ **vertikale Integration**
- subkortikale Prozesse ⟶

Neurobiologische Grundlagen

Nervensystem

- Außensteuerung
- Innensteuerung ⟶ **Lernumgebung**
- Integration

Nachhaltigkeit

Lerntheorie Lernpraxis

Instruktion

- extrinsisch
- intrinsisch ⟶ **Motivation**

Modell-Lernen

- Entscheidung
- Handlungsregulation ⟶ **Handeln**
- Versuch und Irrtum
- Systemdenken ⟶ **Problemlösen**

Handeln Problemlösen

Handlungskonzept